GASTON DE CAQUERAY

EXPLICATION DES PASSAGES DE DROIT PRIVÉ CONTENUS DANS LES ŒUVRES DE CICÉRON

Elibron Classics
www.elibron.com

Elibron Classics series.

ISBN 1-4212-1247-1 (paperback)
ISBN 1-4212-1246-3 (hardcover)

This Elibron Classics Replica Edition is an unabridged facsimile of the edition published in 1857 by Durand, Paris.

EXPLICATION

des

PASSAGES DE DROIT PRIVÉ

CONTENUS DANS LES

ŒUVRES DE CICÉRON.

RENNES. — IMPRIMERIE DE CH. CATEL ET Cie.
RUE DU CHAMP-JACQUET, 25.

EXPLICATION

DES

PASSAGES DE DROIT PRIVÉ

CONTENUS DANS LES

ŒUVRES DE CICÉRON,

PAR G. DE CAQUERAY,

PROFESSEUR DE DROIT ROMAIN A LA FACULTÉ DE DROIT DE RENNES.

PARIS,

DURAND, LIBRAIRE-ÉDITEUR,

RUE DES GRÈS-SORBONNE, 7, PRÈS LE PANTHÉON.

1857.

INTRODUCTION.

L'antiquité, si fertile en maîtres dans l'art de penser et d'écrire, a-t-elle produit un génie plus élégant, plus souple et plus fin que Cicéron? A-t-il même jamais existé un écrivain aussi pur et aussi aimable, sachant unir avec autant de bonheur l'agrément du style à l'énergie de la pensée? Nous nous contenterons de citer un littérateur dont les décisions font loi. M. Villemain, dans ses *Études de littérature ancienne et étrangère* (p. 48, édit. Didier, 1854, Notice sur Cicéron), s'exprime ainsi : « Ce grand homme n'a rien perdu de sa gloire en traversant les siècles; il reste au premier rang comme orateur et comme écrivain ; peut-être même, si on le considère dans l'ensemble et dans la variété de ses ouvrages, est-il permis de voir en lui le premier écrivain du monde; et quoique les créations les plus sublimes et les plus originales de l'art d'écrire appartiennent à Bossuet et à Pascal, Cicéron est peut-être l'homme qui s'est servi de la parole avec le plus de science et de génie, et qui, dans la perfection habituelle de son éloquence et de son style, a mis le plus de beautés et laissé le moins de fautes. »

Il n'est donc pas surprenant que Cicéron ait toujours eu le privilége d'attirer l'attention des littérateurs et des esprits cultivés. Dès le XVIe siècle, à cette époque de la renaissance des études sur l'antiquité, il fut l'objet de travaux importants, et, aujourd'hui encore, il a conservé le don de captiver et même d'enthousiasmer un certain nombre de personnes qui croient, avec raison, que son génie vivra et sera goûté tant qu'il y aura une société civilisée où les lettres occuperont la place qui ne saurait leur être enlevée impunément.

Cet écrivain offre, en effet, une mine inépuisable à celui qui veut l'étudier avec le soin et l'intérêt qu'il mérite.

Comme orateur, il partage avec Démosthène le sceptre de l'éloquence antique. Il a retracé, dans d'admirables Traités, les préceptes de cette science si difficile, et, dans ses Discours, il les a mis en pratique. Doué au suprême degré du talent oratoire, le plus beau et en même temps le plus dangereux que la Providence puisse départir à l'homme, il sut l'apprécier à sa juste valeur, et il nous a laissé, entre plusieurs, ce passage qu'il n'est pas inutile de rappeler à une époque où quelques esprits semblent se donner le triste plaisir de dénigrer l'art de la parole, comme si l'éloquence n'était pas aussi un des instruments dont la Providence s'est constamment servie pour maintenir le monde dans les voies de la vérité et de la justice.

Dans son Traité *De natura Deorum* (liv. 2, N° 59), Cicéron s'écrie : « *Jam vero domina rerum eloquendi vis, quam est præclara, quamque divina? Quæ primum efficit ut ea quæ ignoramus, discere, et ea, quæ scimus, alios docere possimus. Deinde hac cohortamur, hac persuademus, hac consolamur afflictos, hac deducimus perterritos a timore, hac gestientes comprimimus, hac cupiditates iracundiasque restinguimus. Hæc nos juris, legum, urbium societate devinxit;* HÆC A VITA IMMANI ET FERA SEGREGAVIT. »

Veut-on le considérer comme simple littérateur? Jamais auteur a-t-il rendu des hommages plus élevés et mieux sentis aux lettres, dont il comprenait toute la puissance? « *Hæc studia*, dit-il, *adolescentiam alunt, senectutem oblectant, secundas res ornant, adversis perfugium ac solatium præbent; delectant domi, non impediunt foris; pernoctant nobiscum, peregrinan-*

tur, rusticantur. » Et quand il assistait aux dernières convulsions de la république romaine, retiré à Tusculum, au milieu de ses méditations, ne laissait-il pas échapper ce cri de l'âme fatiguée des luttes politiques : « *Quid est enim dulcius otio litterato.* »

Comme moraliste, il nous a laissé ces immortels Traités que la légèreté de notre enfance a souvent dédaignés, mais que notre âge mûr goûte avec avidité et sait apprécier à leur juste valeur. Que n'a-t-on pas dit des Traités de l'Amitié et de la Vieillesse, et de son sublime ouvrage sur les Devoirs. Est-il sorti de l'intelligence d'un homme qui n'était pas éclairé par la vive lumière du christianisme quelque chose de plus parfait?

Cicéron nous a transmis une foule de maximes morales. Si elles sont insuffisantes pour mettre l'homme à même de lutter avec avantage contre les mauvaises passions qui viennent sans cesse l'assaillir, au moins sont-elles une excellente préparation pour l'élever vers une sphère plus haute, et il faudrait, à ce propos, citer tout le Traité *De Officiis*. Comme le chrétien peut s'inspirer de ces belles paroles du païen, dans son ouvrage *De Senectute* : « *Quo propius ad mortem accedam, quasi terram videre videar, aliquandoque in portum ex longa navigatione esse venturus... Hac vita discedo tanquam ex hospitio, non tanquam ex domo : commorandi enim natura diversorium nobis, non habitandi locum dedit* (1). *O præclarum diem, quum ad illud divinum animorum concilium cœtumque proficiscar, quumque ex hac turba et colluvione discedam.* » Et ces maximes si vraies : « *Libidinosa etenim, et intemperans adolescentia effœtum corpus tradit senectuti.* » Ailleurs : « *Luxuria vero quum omnis ætati turpis, tum senectuti fœdissima est.* »

Mais, dira-t-on peut-être, il n'est pas bien sûr que Cicéron

(1) « *Tuis enim fidelibus, Domine, vita mutatur, non tollitur, et dissoluta terrestris hujus habitationis domo, æterna in cœlis habitatio comparatur.* » (Préface des Morts, Rituel parisien.)

croyait à l'immortalité de l'âme; et sans ce dogme, quelle pouvait être la base de la morale qu'il enseignait?

Il est vrai que dans son discours *Pro Cluentio Avito,* il traite la croyance à ce dogme consolateur et aux peines et récompenses de l'autre vie de *vieilles rêveries.* Mais ailleurs, dans ses ouvrages philosophiques, il paraît pleinement convaincu du dogme platonique d'une vie future. Nous venons d'en avoir la preuve par les citations précédentes; il suffirait d'ailleurs d'invoquer le célèbre songe de Scipion.

C'est le cas de se rappeler l'aveu naïf que Cicéron fait lui-même dans ce même discours *Pro Cluentio Avito* : « *Sed errat vehementer, si quis in orationibus nostris quas in judiciis habuimus, auctoritates nostras se habere arbitratur. Omnes enim illæ orationes, causarum et temporum sunt, non hominum ipsorum ac patronorum* (1). »

Aussi, dans ses Philippiques, il ne craint pas de parler des supplices qui attendaient aux enfers les soldats d'Antoine, et des récompenses qui devaient être le partage de leurs adversaires dans le séjour des hommes de bien.

Cicéron a, du reste, subi le sort de tous les génies de l'antiquité. Leurs croyances religieuses ont toujours été très-vacillantes, et les vérités les plus élémentaires que nos enfants connaissent, étaient ou ignorées ou obscurcies par ces grands hommes. C'est là une preuve irréfragable de la vérité de notre religion et de la faiblesse du rationalisme moderne; car si les génies antiques, livrés aux seules forces de la raison, sont tombés si bas, les modernes peuvent-ils se flatter d'échapper à ces chutes? On peut consulter sur ce point l'ouvrage de Mgr Affre, de respectable mémoire : « *Introduction philosophique à l'étude du Christianisme,* » et spécialement le chapitre ainsi intitulé : « *L'expérience prouve que le rationalisme n'a pu sauver les dogmes de la religion naturelle au sein des nations païennes.* »

(1) Le passage entier est très-curieux à lire.

De quelque côté que l'on se tourne, il n'est pas d'idées que ce génie si varié n'ait abordées. Dans certains Traités, il a retracé la subtile philosophie des Grecs, et ailleurs, dans ses ouvrages *De Legibus* et *De Republica*, il a su s'élever aux plus hautes questions politiques et sociales.

Ses lettres enfin, dont il ne nous appartient pas de louer le style si admiré par les littérateurs, ses lettres sont les véritables mémoires du temps. Que de détails précieux ne renferment-elles pas pour l'historien! On y voit, en effet, l'âme inquiète et agitée de Cicéron balancer sans cesse entre César et Pompée; et pour nous autres, contemporains aussi de révolutions, ces luttes intérieures, retracées avec tant d'art et d'abandon, nous offrent un piquant attrait. Malgré nous, notre pensée ne peut s'empêcher de se reporter sur certains de nos politiques modernes qui, eux aussi, ont tour-à-tour encensé Pompée, César et Brutus.

Au surplus, la versatilité de Cicéron peut être excusée. Où était, à cette époque, le grand principe d'ordre et d'autorité auquel pût se rattacher par un lien énergique l'âme du grand citoyen? Il aimait, il est vrai, la liberté de Rome, ses institutions républicaines; il était modéré en politique, mais il voulait aussi que l'on s'occupât de lui, et sa vanité l'excitait à jouer un rôle au milieu des agitations de son pays.

Ses Lettres nous le représentent toujours fier de ce qu'il a fait pour la république romaine, mais n'ayant pas constamment un caractère à la hauteur de son génie. En les parcourant, on s'explique parfaitement bien que l'habileté du vieux politique ait été un jour en défaut.

Cicéron a donc été lu, relu, fouillé, et toujours on a trouvé dans ses œuvres des richesses inépuisables. Mais le jurisconsulte a-t-il été envisagé par les littérateurs? Non. A quoi cela tient-il? Il faut répondre sans hésiter : à la séparation malheureuse qui existe entre les études littéraires et les études juridiques. Le littérateur a l'habitude de considérer le Droit comme une science de *chicane* et de *procédure*, et il croit qu'il serait au-dessous de lui de se livrer à l'étude, même superficielle, de cette science qu'ont illustrée tant et de si grands génies. Il serait presque tenté de dire comme un des interlocuteurs du Traité *De Oratore* : le légiste n'est qu'un *vendeur d'actions*, un *charlatan de formules*, un *homme qui fait la guerre aux mots*.

D'un autre côté, nos jurisconsultes n'ont pas tous suivi la voie tracée par l'école du XVIe siècle, qui avait su allier l'étude des lettres antiques à celle du Droit.

Voici, en effet, ce qu'on lit dans l'*Histoire du Droit Romain* de M. Giraud (p. 282) : « A la connaissance de ces littératures étrangères, les jurisconsultes romains joignaient la culture de leur littérature indigène. A la différence de ce qui se passe chez nous, où les hommes de lettres sont complètement étrangers aux hommes de loi, et réciproquement, où toute couleur littéraire dans une œuvre de Droit est proscrite comme une damnable légèreté, et où toute connaissance de la législation est en horreur aux hommes de lettres, la littérature et le Droit se prêtaient, à Rome, un mutuel secours et un réciproque appui, au très-grand profit de l'une et de l'autre. »

Sans doute les jurisconsultes ne sont pas actuellement aussi étrangers aux lettres que le ferait supposer le passage précédent. Il nous suffit de citer, entre autres, le savant doyen de la Faculté de Paris qui, dans des leçons si substantielles que nous avons entendues, savait éclairer les Commentaires de Gaius par des rapprochements puisés dans les œuvres de Cicéron. Les diverses publications qu'il a données (1) servent à montrer que le jurisconsulte peut unir la pureté et l'énergie du style avec la connaissance approfondie du Droit.

Maintenant, on nous permettra de retracer la manière dont

(1) Voy. notamment *Commentaire sur la Dot* et explication du titre *De jure dotium*. — *Exposé des principes généraux sur la propriété et ses principaux démembrements*, etc.

nous avons été amené à donner l'explication des passages de Droit privé contenus dans les œuvres de Cicéron.

Nommé, en 1853, professeur titulaire de Droit Romain près la Faculté de Droit de Rennes, un de nos premiers soins fut de lire les œuvres du grand orateur. Nous vîmes bientôt que ses ouvrages renferment beaucoup de textes importants pour le jurisconsulte qui s'occupe de l'étude du Droit Romain, textes, du reste, généralement mal saisis dans les diverses traductions que nous pûmes consulter. Nous conçûmes dès lors le projet de donner l'explication analytique et exégétique de ces divers passages. C'est cet ouvrage que nous publions.

Mais une première question se présente d'abord. Cicéron était-il jurisconsulte? Ses ouvrages peuvent-ils être consultés avec sécurité? Et d'abord, était-il jurisconsulte? La moindre réflexion suffit pour adopter l'affirmative. Comment, en effet, croire que ce grand homme, qui était allé à Athènes pour s'inspirer de la philosophie et de la littérature grecques, ait négligé la science du Droit, qui était une science indigène, nationale; la science du juste et de l'injuste, du Droit divin et humain, comme dit Ulpien.

La lecture de ses ouvrages, et particulièrement des Topiques, donnerait un démenti à ceux qui ne voudraient pas reconnaître dans Cicéron un écrivain connaissant parfaitement la science du Droit.

Aussi M. Giraud (*Histoire du Droit Romain*, p. 26) dit-il : « Parmi les écrivains latins, celui qui a le plus d'importance, dans l'intérêt du Droit Romain, c'est Cicéron. »

Mais ses ouvrages peuvent-ils être consultés avec pleine et entière sécurité? M. Giraud continue : « Il faut distinguer cependant ses écrits *ex professo* de ses plaidoyers, où le Droit est quelquefois ébréché dans l'intérêt du client; toutefois, son discours pour Cécina est une source estimée, d'autant plus qu'elle est presque unique sur le sujet. Ses livres les plus précieux, pour le Droit, sont ses *Topiques*, son *Traité des Lois*, celui des *Devoirs,* et le Traité de la *République,* qu'a exhumé d'un long oubli la sagacité prodigieuse de M. l'abbé Maï. Regrettons que les portions de ces ouvrages, qui sont du pur Droit Romain, aient été si imparfaitement traduites en notre langue. Un de nos premiers écrivains, M. Villemain lui-même, n'a pas été affranchi à ce sujet de reproches, exprimés avec trop d'âpreté peut-être, mais quelque peu fondés en vérité. »

De ce passage il résulte que les Discours ne sont pas toujours l'expression d'une doctrine exacte, et nous aurons l'occasion de le répéter quelquefois dans le cours de notre travail, surtout à l'occasion des discours *Pro Publio Quintio*, *Pro Cæcina* et *Pro Tullio*. Ce sera le cas de se rappeler l'aveu que l'orateur fit dans sa défense de Cluentius Avitus, et que nous avons cité plus haut.

Nous conviendrons en outre que les textes n'ont pas toujours la précision des grands jurisconsultes romains. Pour n'en citer qu'un exemple, le texte sur la Gentilité, dans lequel Cicéron prétend donner une définition complète qui ne laisse plus rien à désirer, n'a pas résolu le problème, qui semble même encore être insoluble. D'autres fois, ils ont un certain vague qu'il est difficile de saisir; mais presque toujours le langage est celui de l'orateur qui a étudié cette langue juridique, cette langue des affaires qui exige une étude approfondie, et souvent même Cicéron a toute la précision du jurisconsulte.

Sa lecture est donc surtout précieuse et même nécessaire pour ceux qui s'occupent de Droit Romain. Il nous a laissé des documents importants en ce qui concerne l'organisation de la famille romaine, la substitution pupillaire, les actions, et certaines parties du Droit dont le manuscrit de Gaius est venu compléter l'explication.

Puis, pour le jurisconsulte et l'historien, quelle étude intéressante que celle de tous ces passages! Cicéron vivait à une époque de transition : le vieux Droit Romain formaliste, rigoureux, étroit, œuvre de l'aristocratie romaine et révélé seulement aux initiés, commençait à être divulgué. Les jurisconsultes l'étudiaient, le professaient en s'inspirant de la philosophie stoïcienne et du Droit naturel. Or, qui plus que Cicéron a contribué à faire sortir le vieux Droit des langes dans lesquels il était renfermé? N'a-t-il pas été le précurseur des Papinien, des Paul et des Ulpien, celui qui a professé que le Droit prenait sa source dans la plus intime philosophie, « *ex intima philosophia jus hauritur;* » qui dans son Traité de la République, remontant à la loi naturelle, autrement dit, au Droit fondé sur la pure raison, s'exprimait ainsi : « *Est quidem vera lex, recta ratio, naturæ congruens, diffusa in omnes, constans, sempiterna; quæ vocet ad officium jubendo, vetando a fraude deterreat..... Huic legi nec obrogari fas est, neque derogari ex hac aliquid licet, neque tota abrogari potest; nec vero aut per senatum, aut per populum solvi hac lege possumus; neque est quærendus explanator aut interpres ejus alius, nec erit alia lex Romæ, alia Athenis; alia nunc, alia posthac : sed et omnes gentes et omne tempore una lex, et sempiterna, et immutabilis continebit; unusque erit communis quasi magister et imperator omnium Deus, ille legis hujus inventor, disceptator, lator; cui qui non parebit, ipse se fugiat, ac naturam hominis aspernatus, hoc ipso luet maximas pœnas, etiamsi cetera supplicia, quæ putantur, effugerit.* »

Le jurisconsulte et le littérateur doivent donc avoir un grand intérêt à connaître les passages de Droit contenus dans les œuvres de Cicéron. Avec notre ouvrage, le premier en aura de suite la connaissance, sans être obligé de se livrer à de longues recherches; le second, qui serait arrêté dans la lecture de l'orateur romain par des passages de Droit, pourra consulter l'explication que nous en donnons. Des Discours entiers (notamment *Pro Publio Quintio*, — *Pro Roscio comœdo*, — *Pro Cæcina*, — *Pro Tullio*) échappent aux littérateurs, et cependant ils donnent une idée de la vigueur d'argumentation et de la profonde habileté de ce génie si multiple.

Mais reste une objection. Cicéron, dira-t-on, ne croyait pas à la science du Droit, et il prisait fort peu le talent du jurisconsulte. Les plaisanteries si fines, si piquantes, dans son discours *Pro Murena,* le prouvent (voy. p. 328 et suiv.). « En trois jours, dit-il, je serais jurisconsulte. » Or, ce qui s'apprend en trois jours ne saurait être décoré du nom de science.

La réponse à cette objection a été faite par le regrettable professeur de Droit Romain de la Faculté de Droit de Toulouse, par M. Benech (*Revue de Législation,* année 1853). Cet auteur, dont les études tendaient à expliquer les classiques par le Droit Romain, et qui a même donné un travail important sur les poëtes satyriques, a bien restitué à Cicéron sa véritable pensée.

Dans le discours *Pro Murena,* son client était un homme de guerre, l'accusateur un jurisconsulte. Les besoins de la cause exigeaient que le jurisconsulte fût déprécié au profit du guerrier, aussi le défenseur de Muréna n'y manqua pas. Il accomplit sa tâche avec une finesse de pensée et d'expressions qui nous ont prouvé bien souvent que Cicéron méritait d'être goûté, surtout en France.

Actuellement, que l'on parcoure le discours *Pro Cæcina,* et là, dans une autre défense, on verra Cicéron se livrer à des appréciations tout opposées. En réponse à son adversaire qui avait critiqué le Droit civil et les jurisconsultes, il dira : « *Nam qui jus civile contemnendum putat, is vincula revellit non modo judiciorum, sed etiam utilitatis vitæque communis — nihil esse in civitate tam diligenter quam jus civile retinendum — quid est enim jus civile? Quod neque inflecti gratia, neque perfringi potentia, neque adulterari pecunia possit; quod si non modo oppressum, sed etiam desertum, aut negligentius adservatum erit, nihil ut quod quisquam sese habere certum, aut a patre accepturum, aut relicturum liberis arbitretur.* »

Et dans son Traité *De Oratore,* alors qu'il était affranchi des nécessités de la cause, quelles paroles ne met-il pas dans la bouche de Crassus, auquel il semble avoir voulu donner l'avantage sur ses interlocuteurs (1)? Parlant des lois, il s'exprime ainsi (liv. 1er, N° 43) : « *Ex his enim et dignitatem maxime expetendam, videmus, quum verus, justus, atque honestus labor honoribus, præmiis, splendore decoratur; vitia autem hominum, atque fraudes, damnis, ignominiis, vinculis, verberibus, exsiliis, morte multantur; et docemur non infinitis, concertationumque plenis disputationibus, sed auctoritate, nutuque legum, domitas habere libidines, coercere omnes cupiditates, nostra tueri, ab alienis mentes, oculos, manus abstinere.* »

Au N° 44, après l'éloge de la loi des XII Tables : « *Fremant omnes licet! Dicam quod sentio : bibliothecas nec hercule omnium philosophorum unus mihi videtur XII Tabularum libellus, si quis fontes et capita viderit, et auctoritatis pondere et utilitatis ubertate superare;* » Cicéron parle ensuite de l'amour de la patrie, et il ajoute : « *Cujus primum nobis mens, mos, disciplina, nota esse debet; vel quia est patria, parens omnium nostrum, vel quia tanta sapientia fuisse in jure constituendo putanda est, quanta fuit in his tantis operibus imperii comparandis.* »

Que l'on veuille bien remarquer que, dans son Traité *De Oratore*, Cicéron se représentait le type de l'orateur dont il fait une si belle description, qui répond aussi à de certaines accusations si communes de nos jours (N° 46) : « *Non enim causidicum nescio quem, neque proclamatorem, aut rabulam hoc sermone nostro conquirimus, sed eum virum, qui primum sit ejus artis antistes, cujus quum ipsa natura magnam homini facultatem daret, tamen esse Deus putabatur, ut et ipsum, quod erat hominis proprium, non partum per nos, sed divinitus ad nos delatum videretur; deinde, qui possit, non tam caduceo, quam nomine oratoris ornatus, incolumis, vel inter hostium*

(1) C'est du moins l'observation de M. Andrieux. (Note 28, p. 227, édition Panckoucke.)

tela, versari; tum, qui scelus fraudemque nocentis possit dicendo subjicere odio civium, supplicioque constringere; idemque ingenii præsidio innocentiam judiciorum pœna liberare; idemque languentem lubentemque populum aut ad Deum excitare, aut ab errore deducere, aut inflammare in improbos, aut incitatum in bonos, mitigare; qui denique, quemcumque in animis hominum motum res et causa postulet, eum dicendo vel excitare possit, vel sedare. »

C'est à cet orateur que Cicéron impose l'étude approfondie du Droit civil, et l'on viendrait soutenir qu'il avait un profond dédain pour cette science!

Enfin, s'il restait quelque doute à cet égard, nous dirions : le moraliste qui, dans un de ses Discours, a pu nier l'immortalité de l'âme, alors que dans ses Traités il a fait une magnifique description de ce dogme consolateur, peut bien expliquer la conduite de l'orateur qui avait tourné en ridicule le talent du jurisconsulte Servius Sulpicius, qu'il exalta plus tard dans ses Philippiques.

C'est donc un point qui nous paraît acquis : Cicéron connaissait la science du Droit, il l'appréciait à sa juste valeur; aussi nous a-t-il laissé de belles peintures de la puissance du Droit civil et du talent des jurisconsultes. Enfin, il fut le précurseur de la grande et belle époque de la jurisprudence romaine.

Nous n'avons envisagé ses œuvres qu'au point de vue du Droit privé. Deux motifs nous ont empêché de l'étudier sous le rapport du Droit public. D'abord, nos connaissances sur ce point sont beaucoup trop superficielles, puis nous n'aurions pu expliquer Cicéron par le Droit Romain et les jurisconsultes de Rome; ce sont, au contraire, ses ouvrages qui doivent être directement consultés, pour dissiper les obscurités qui planent sur le Droit politique de cette nation.

Nous devons dire maintenant quelque chose de l'ordre que nous avons suivi dans notre travail.

Dans un ouvrage qui n'a d'autres mérites, si toutefois

il en a, que la patience et les recherches qu'il a nécessitées, nous avons été obligés de procéder souvent par renvois; or, les Topiques nous ont semblé être le Traité qui contenait le plus de Droit, et il nous eût paru fâcheux d'en scinder l'explication, en renvoyant à chaque instant le lecteur à d'autres ouvrages. Nous avons donc cru devoir commencer par les Topiques, après quoi nous avons abordé les Discours, les divers Traités, et enfin les Lettres. L'ordre et les divisions nous ont paru, du reste, avoir une importance secondaire. Quant au numérotage, nous nous sommes conformé à l'édition Panckoucke, en ajoutant les numéros admis dans d'autres éditions.

Nous n'avons pas la prétention d'avoir exploité une idée nouvelle. Dès le XVIe siècle, Hotman commentait Cicéron, et de nos jours Keller a publié trois dissertations remarquables, sur trois discours du grand orateur romain; mais ces œuvres ne peuvent être saisies que par un jurisconsulte, et Hotman est encore, même pour celui-ci, fort difficile à comprendre. D'ailleurs, tous les vieux auteurs écrivaient avant la découverte des Commentaires de Gaius, qui a eu lieu en 1816.

Nous serions largement récompensé, si notre travail pouvait exciter les professeurs distingués que renferme la France, tant dans l'instruction secondaire que dans l'instruction supérieure, à cultiver davantage la science du Droit Romain qui, avec la littérature latine, est l'image la plus fidèle de la civilisation de cette nation, d'où la nôtre a été formée en grande partie. Il ne faut pas se le dissimuler, l'Allemagne, sous ce rapport, a laissé la France bien loin derrière elle. Gaius est inconnu aux littérateurs français (1), et cependant, depuis 1816, quelle lumière la découverte de l'ouvrage original de ce juris-

(1) Nous devons faire une exception pour une remarquable introduction de M. Amédée Thierry dans son ouvrage sur la Gaule, sous l'administration romaine. L'on y trouve une exposition substantielle et exacte des progrès du Droit Romain.

consulte n'a-t-elle pas jeté sur les matières de Droit Romain, auxquelles Cicéron fait des allusions fréquentes.

Pourquoi les littérateurs, et surtout les professeurs de littérature, ne s'astreindraient-ils pas à suivre les cours de Droit Romain qui sont actuellement de deux années, et dans lesquels le professeur peut donner un développement suffisant pour la connaissance de la législation romaine. Espérons que cette excellente division des cours, introduite en 1853, sera maintenue; et l'on finira par comprendre que s'il est utile de faire contracter aux étudiants l'alliance du droit et des lettres, il doit être aussi nécessaire aux littérateurs qui étudient les monuments de l'antiquité romaine d'avoir une notion au moins superficielle de cette législation qui fut une œuvre originale, indigène et non d'emprunt, comme le furent sa littérature et sa philosophie. D'ailleurs, est-il possible de connaître l'histoire d'un peuple, si l'on ne connaît pas sa législation?

Avant de terminer cette introduction, on nous permettra de payer la dette de la reconnaissance. Nous la devons, avant tout, à nos professeurs de la Faculté de Droit de Paris, qui nous ont inspiré le goût d'une science dont l'étude nous a déjà procuré bien des moments agréables. Nous mentionnerons particulièrement notre professeur de Code Napoléon, M. Bugnet, qui, par sa méthode si simple, nous a, pendant nos années d'étudiant, aplani les difficultés d'une science par elle-même fort ardue : nous n'oublierons ni M. Pellat, le savant doyen de la Faculté de Droit de Paris, ni M. du Caurroy, à la mémoire duquel nous devons un souvenir tout particulier.

Nous serions ingrat si nous omettions de remercier nos deux collègues et amis, M. Hue, professeur de Code Napoléon à la Faculté de Droit de Rennes, et M. Bodin, professeur de Droit Romain près la même Faculté. Leur complaisance et leurs observations, toujours accueillies, nous permettent d'offrir au public un ouvrage qui ne sera peut-être pas jugé trop mauvais pour le fond et pour la forme. Ils pourront, dans ce cas, revendiquer une bonne part du succès. Nous devons aussi des remerciements tout spéciaux à notre ami et collègue M. Veron Duverger, professeur de Code Napoléon à la Faculté de Paris. Il a bien voulu jeter un coup d'œil sur notre manuscrit et nous encourager par ses précieux suffrages.

TOPICA.

Les Topiques forment un traité dans lequel Cicéron expose une méthode d'argumentation. Cet ouvrage est dédié à Trébatius, jurisconsulte et ami de l'auteur. Cicéron fait souvent l'éloge de Trébatius, auquel il a adressé plusieurs lettres remarquables par les passages juridiques qu'elles renferment. Pomponius, jurisconsulte lui-même, qui écrivait sous Marc-Aurèle, avait composé un ouvrage intitulé *De Origine Juris;* cet ouvrage, curieux surtout pour l'histoire externe du droit, nous est parvenu en partie. Dans le Digeste, au livre 1er, titre 2, la loi 2 renferme un long fragment extrait de l'ouvrage de Pomponius. Parlant des jurisconsultes contemporains de César, il dit au § 45 : *Fuit eodem tempore et Trebatius, qui idem Cornelii-Maximi auditor :* « A la même époque existait Trébatius, qui fut le disciple de Cornélius-Maximus. » L'autorité de Trébatius comme jurisconsulte était considérable, et il eut l'honneur d'avoir pour élève l'illustre Labéon, chef de l'école Proculéienne, ainsi appelée du nom de Proculus, disciple lui-même de Labéon (voy. § 47). Pomponius dit en parlant de Labéon : « *Institutus est autem a Trebatio.* » Au § 45, ce même jurisconsulte nous apprend que Trébatius était plus habile (*peritior*) qu'un autre jurisconsulte appelé Cascellius, mais moins éloquent que ce dernier. Quant à un autre jurisconsulte nommé Offilius, il était, dit Pomponius, *utroque doctior*. Enfin, il paraît qu'au temps de Pomponius plusieurs ouvrages de Trébatius existaient encore; mais, ajoute le jurisconsulte, *minus frequentantur,* « ils sont moins lus, » ce qui tenait probablement au progrès de la jurisprudence romaine qui avait dû les faire vieillir. Quoi qu'il en soit, Trébatius est souvent cité dans le Digeste. Dans ses Institutes (livre 2, titre 25), Justinien nous donne un exemple de l'autorité de ce jurisconsulte.

Il s'agissait de savoir si l'institution nouvelle des codicilles devait être accueillie : « *dicitur*, dit Justinien, *autem Augustus convocasse prudentes inter quos Trebatium quoque*, CUJUS TUNC AUCTORITAS MAXIMA ERAT, *et quæsisse an posset hoc recipi, nec absonans a juris ratione codicillorum usus esset.* »

Justinien ajoute que Trébatius fit entrevoir l'utilité qu'il y avait à rendre les codicilles obligatoires.

Les Topiques contiennent de nombreux passages de droit, et les fragments que Cicéron présente comme modèles sont empruntés, en grande partie, à la science du droit; cela se conçoit, puisque cet ouvrage était dédié à un jurisconsulte.

No 2. (no 9.) — Cicéron veut donner une idée de divers arguments, et il cite trois exemples, tous trois empruntés au droit : : 1o *Jus civile est, æquitas constituta iis, qui ejusdem civitatis sunt, ad res suas obtinendas; ejus autem æquitatis utilis est cognitio; utilis est ergo juris civilis scientia.* « Le droit civil est l'équité formulée en préceptes, pour que ceux qui font partie de la même cité puissent obtenir ce qui leur appartient; la connaissance de cette équité est utile, donc la science du droit civil est utile. »

Ce passage, facile à saisir, demande cependant une explication.

Les jurisconsultes Romains divisaient le droit privé en droit des gens et en droit civil. Le droit des gens était cette portion du droit privé, commune au peuple romain et aux autres nations. Le droit civil était, au contraire, cette portion du droit privé résultant des institutions romaines et spéciale aux citoyens romains. Gaius commence ainsi ses Institutes (Comm. 1er, § 1er) : « *Omnes populi qui legibus et moribus reguntur, partim suo proprio, partim communi omnium hominum jure utuntur : nam quod quisque populus ipse sibi jus constituit, id ipsius proprium est vocaturque jus civile, quasi jus proprium ipsius civitatis. Quod vero naturalis ratio inter omnes homines constituit, id apud omnes populos peræque custoditur vocaturque jus gentium, quasi quo jure omnes gentes utuntur. Populus itaque Romanus, partim suo proprio, partim communi omnium hominum jure utitur.* »

Quant au *jus civile*, il se subdivisait lui-même en droit civil proprement dit et en droit prétorien : le premier était rigoureux, strict, souvent contraire à l'équité; le second, à l'inverse, était basé sur les principes de l'équité, car le préteur était toujours *naturali æquitate motus :* au temps de Cicéron, la législation romaine s'inspirait déjà du droit des gens, qui n'était, au fond, que ce que nous appelons aujourd'hui *droit naturel;* et Cicéron pouvait déjà dire que le droit civil était l'équité formulée pour les membres de la même cité, parce qu'à son époque, le préteur puisait largement dans le droit des gens, et Cicéron, par le mot *jus civile,* comprenait aussi la législation émanée de l'influence prétorienne.

Cicéron continue (nº 2 et nº 10) : « *Si neque censu, neque vindicta, nec testamento liber factus est, non est liber; neque est ulla earum rerum; non est igitur liber.* » « Si l'esclave n'a été affranchi ni par le cens, ni par la vindicte, ni par testament, il n'est pas libre; aucun de ces modes d'affranchissement n'a eu lieu, donc l'esclave n'est pas libre. »

Au temps de Cicéron, pour qu'un esclave fût libre et citoyen romain, il fallait une double condition : 1º le maître devait avoir sur l'esclave affranchi le *dominium ex jure quiritium;* 2º l'affranchissement devait avoir été effectué par un mode dit *solennel.* Or ces modes solennels étaient le cens, la vindicte et le testament.

Pour comprendre la première condition, il est nécessaire de savoir que les choses (*res*) se divisaient en *res* dites *mancipi,* et en *res* dites *nec mancipi :* les premières, pour que la propriété fût transférée d'un citoyen romain à un autre, devaient avoir été l'objet d'un mode *civil* d'aliénation; et parmi ces modes *civils* figurait la *mancipatio,* dont les formes sont décrites par Gaius (Comm. 1er, § 119). On les disait *res mancipi* pour *res mancipii,* choses susceptibles d'être mancipées. Les autres choses étaient dites *nec mancipi,* parce qu'elles n'étaient pas susceptibles de cette mancipation. Elles étaient aliénées par un mode du droit des gens que l'on appelait *traditio*, et qui consistait à livrer simplement la possession de la chose à celui qui voulait acquérir. Quant au mot *mancipatio,* il dérivait de *manu capere*, saisir par la main, parce que celui qui jouait le rôle d'acquéreur devait prendre à la main la chose ou une partie de la chose qu'il voulait acquérir. Si c'était un meuble, il le prenait en réalité; si c'était un immeuble, il pouvait n'en prendre que la représentation, une tuile de la maison, une motte du fonds de terre, par exemple. Maintenant, quelle était la raison d'être de ces formes? Pourquoi tels objets étaient-ils plutôt *mancipi* que d'autres? Ces questions sont l'objet de vives discussions parmi les érudits; elles ont donné lieu à diverses solutions : nous nous bornerons à renvoyer aux auteurs qui ont présenté des conjectures plus ou moins heureuses (1). Ce sont là des questions dont la solution est impossible, puisqu'il faudrait connaître les origines les plus reculées de la législation romaine, et l'histoire de Rome n'offre sur ce point que des incertitudes.

Quant au catalogue des *res mancipi*, il est parfaitement connu. Ulpien d'une part (Règles d'Ulpien, § 1 du titre 19), et de l'autre Gaius (Comm. 1er, § 120; Comm. 2, § 15 et 16), donnent des *res mancipi* une énumération qui est limitative. Ce qu'il y a de certain, c'est que l'esclave était *res mancipi*. Pour en devenir propriétaire *ex jure quiritium*, c'est-à-dire, pour en acquérir la propriété du droit civil, dite propriété *quiritaire*, il était nécessaire de l'avoir reçu après avoir accompli les formes solennelles de la *mancipatio*.

Quel droit avait sur l'esclave celui auquel on l'avait simplement *livré?* A l'origine, il n'avait aucun droit, car un seul domaine existait, le *dominium ex jure quiritium*. Seulement, comme il avait reçu l'esclave de quelqu'un qui avait l'intention de l'aliéner, il le possédait, et si sa possession se prolongeait pendant un an, à l'expiration de ce délai, il avait acquis le domaine quiritaire par cet usage prolongé : c'était ce que l'on appelait *usucapio (capere usu)*. Dans l'intervalle, c'est-à-dire, pendant l'année, le possesseur était ainsi exposé à être dépouillé, et privé de l'esclave, son droit n'étant pas sanctionné par le *jus civile*.

(1) Voy. Blondeau, Chrestomathie, p. 195. — Cet auteur analyse les divers systèmes présentés par les auteurs, tels que Gibbon, Puffendorf, Hugo, etc.; — Ortolan, Inst. expliquées, 3e édit., tome 1er, p. 338; — de Fresquet, Traité élémentaire de droit romain (1er vol., p. 213). — Voy. surtout pour l'exposé des principes M. Pellat, Principes généraux de la propriété (p. 11, 2e édit.).

Mais les préteurs, plus tard, reconnurent à côté du domaine quiritaire une propriété que l'on peut appeler du droit des gens, et qu'ils qualifièrent d'*in bonis;* d'où les commentateurs ont fait le domaine *bonitaire*. Celui qui avait reçu l'esclave par la tradition avait donc tout de suite l'*in bonis;* il était garanti par des voies juridiques que lui fournissait le droit prétorien, et il arrivait à la propriété *ex jure quiritium* au bout de l'année de possession. Dans l'intervalle, celui qui avait voulu aliéner l'esclave, et qui l'avait *livré*, conservait le *dominium ex jure quiritium;* mais les préteurs s'étaient arrangés pour faire cesser le conflit qui s'élevait naturellement entre celui qui avait le *dominium ex jure quiritium* et celui qui avait l'*in bonis*. Le premier ayant voulu aliéner, ayant lui-même livré la chose, devait, d'après l'équité, succomber dans cette lutte, et c'est ce qui avait lieu; aussi avait-on fini par décider que le *tradens* qui n'avait pas employé les formes de la *mancipatio* pour la *res mancipi* conservait le *jus quiritium*, mais *nudum*, nu, dépouillé de tous ses avantages.

Gaius expose ces principes de droit dans son Commentaire 2, § 40 et 41 : — § 40. *Sequitur ut admoneamus, apud peregrinos quidem unum esse dominium, itaque ut dominus quisque sit aut dominus non intelligatur. Quo jure etiam populus romanus olim utebatur; aut enim ex jure quiritium unusquisque dominus erat, aut non intelligebatur dominus : sed postea divisionem accepit dominium,* UT ALIUS POSSIT ESSE EX JURE QUIRITIUM DOMINUS, ALIUS IN BONIS HABERE. — § 41. *Nam si tibi rem mancipi neque mancipavero neque in jure cessero, sed tantum tradidero, in bonis quidem tuis ea res efficietur, ex jure quiritium vero mea permanebit, donec tu eam possidendo usucapias : semel enim impleta usucapione, proinde pleno jure incipit, id est, et in bonis et ex jure quiritium tua res esse, ac si ea mancipata vel in jure cessa esset* (1).

Mais si celui qui avait l'*in bonis* avait en réalité la propriété *utile* avec ses attributs, il ne pouvait cependant, s'il s'agissait d'un esclave, l'affranchir et en faire, ni un citoyen romain, ni même un homme libre, un tel affranchissement, d'après le droit civil, étant nul. En un mot, pour créer un citoyen romain, il

(1) Nous allons avoir l'occasion de dire ce que Gaius entend par la *cessio in jure*.

fallait avoir sur l'esclave affranchi une propriété reconnue par le droit des quirites, le *dominium ex jure quiritium;* il fallait avoir avec l'affranchi des rapports reconnus par le droit civil des Romains, or l'*in bonis* ne constituait que des rapports admis par le droit des gens.

A cette première condition nécessaire pour que l'esclave affranchi fût libre, s'en joignait une seconde qui nous ramène au texte de Cicéron ; il fallait que le *dominus ex jure quiritium* eût employé un des trois modes solennels dont parle Cicéron.

1° Le cens (*census*). — Ulpien, dans ses Règles (titre 1er, § 8), nous enseigne en quoi consistait la formalité du cens : « *Censu*, dit-il, *manumittebantur olim, qui lustrali censu Romæ jussu dominorum inter cives romanos censum profitebantur.* » Lors du recensement qui se faisait tous les cinq ans, l'esclave, avec la permission de son maître, se faisait inscrire sur les tablettes du cens, parmi les citoyens romains.

2° La vindicte (*vindicta*). — Pour comprendre cette forme sur laquelle les littérateurs se sont singulièrement mépris, il faut remonter aux principes qui régissaient la *cessio in jure*. La *cessio in jure* était l'abandon d'un droit fait devant le magistrat sous la forme d'un acquiescement à la revendication dirigée contre celui qui acquiesçait. Je m'explique : le droit de propriété est garanti de plusieurs manières ; entre autres sanctions que peut réclamer le propriétaire, figure l'action dite *en revendication* (REI VINDICATIO).

A Rome, le propriétaire traduisait devant le magistrat, c'est-à-dire, *in jure* (*jus* désignant le lieu, le tribunal, où on disait le droit *jus dicebatur*), l'individu qui détenait la chose objet de son droit. Les parties étant en présence du magistrat, le demandeur qui se prétendait propriétaire disait, en désignant la chose : AIO HANC REM ESSE MEAM EX JURE QUIRITIUM : *Je prétends que cette chose est à moi, d'après le droit des quirites ;* le magistrat se tournait du côté du défendeur, et lui demandait : AN TU CONTRA VINDICAS? *Et toi, contre revendiques-tu?* Si le défendeur contredisait le demandeur, il y avait litige, et le magistrat, dès le temps de Cicéron, rédigeait une formule, véritable mandat écrit par lequel il appelait le *judex* à trancher la controverse. Le *judex* qui était un citoyen romain examinait le procès et statuait sur le litige ; les parties étaient alors *in judicio*.

Si au contraire, le défendeur convaincu que les prétentions du demandeur étaient justes, avouait le bien fondé de la demande en revendication, il y avait aveu devant le magistrat (*in jure*); le procès était terminé, le magistrat n'avait plus qu'à constater le droit (*dicere jus*), et on disait *confessus in jure pro judicato habetur*. Celui qui avait avoué *in jure*, devant le magistrat, était considéré comme s'étant jugé lui-même.

Ce que nous disons de l'action en revendication de la propriété pouvait aussi se dire de toute action en revendication d'un de ces droits que l'on appelle réels, comme l'usufruit, l'usage, etc.

Ces principes menèrent les parties à user de cet aveu fait devant le magistrat pour opérer la translation de propriété d'une *res mancipi* ou *nec mancipi*. Le propriétaire qui voulait aliéner et celui qui voulait acquérir allaient tous deux d'accord devant le magistrat. Celui qui voulait jouer le rôle d'acquéreur disait en imitant les formes de la revendication : *Aio hanc rem esse meam ex jure quiritium*; le magistrat se tournait vers le propriétaire qui voulant aliéner jouait le rôle de défendeur, et lui demandait : *An tu contra vindicas?* Naturellement le propriétaire interpellé n'opposait aucune résistance à la demande du revendiquant, avec lequel il était d'accord, et le magistrat disait le droit (*addicebat*); la propriété était dès lors transférée, et transférée par la *cessio in jure*.

Gaïus (Comm. 2, § 24), s'exprime ainsi : « *In jure cessio autem hoc modo fit apud magistratum populi romani, velut Prætorem vel apud Præsidem provinciæ : is cui res in jure ceditur, rem tenens ita dicit :* HUNC EGO HOMINEM EX JURE QUIRITIUM MEUM ESSE AIO; *deinde postquam hic vindicaverit, Prætor interrogat eum qui cedit, an contra vindicet; quo negante aut tacente, tunc ei qui vindicaverit eam rem addicit*..... »

Ulpien (titre 19, § 9 et 10 de ses Règles) dit : *In jure cessio quoque communis alienatio est et mancipi rerum et nec mancipi. Quæ fit per tres personas, in jure cedentis, vindicantis, addicentis.* — § 10. *In jure cedit dominus, vindicat is cui ceditur, addicit Prætor.* »

Revenons actuellement à l'affranchissement par la vindicte (*vindicta*). Le procès qui s'élevait sur la question de savoir si un individu était libre ou esclave, s'appelait *causa liberalis*. Si l'individu dont l'état était en question *en fait* était esclave, on disait qu'il revendiquait sa liberté, *vindicabat se in libertatem;* si au contraire, *en fait* il était libre, on disait de celui qui le revendiquait comme esclave, que *vindicabat in servitutem.* La *causa liberalis* était soutenue au nom de celui qui se prétendait libre par un *adsertor libertatis,* par un *champion de la liberté.* L'esclave ne pouvant figurer en justice, celui sur l'état duquel il y avait doute devait être représenté par cet *adsertor.* L'*adsertor libertatis* traduisait donc devant le magistrat le prétendu maître de l'esclave, et l'esclave étant présent, il disait : *Aio hunc hominem esse liberum ex jure quiritium;* le magistrat se tournait vers le défendeur et lui demandait : *An tu contra vindicas?* Si le défendeur ne résistait pas, le magistrat appliquait le principe *confessus in jure pro judicato habetur,* disait le droit, et déclarait que l'individu était libre; si au contraire, le défendeur résistait, il y avait litige, et la cause était renvoyée devant un *judex* qui prononçait sur le fond de l'affaire.

Le maître qui voulait affranchir son esclave s'entendait avec un homme libre qui jouait le rôle d'*adsertor libertatis :* accompagnés de l'esclave que l'on voulait affranchir, ils se rendaient devant le magistrat, et simulant le procès sur la liberté, l'*adsertor libertatis* prétendait que cet individu était libre; le maître ne contredisant pas, le préteur déclarait que cet esclave était libre; il y avait alors affranchissement par la *vindicta,* et ce n'était au fond que la *cessio in jure* du droit de propriété dominicale faite par le maître de l'esclave.

Ulpien dit en effet (Règle 1, § 7) : « *Vindicta manumittuntur apud magistratum, velut prætorem, consulem, proconsulem.* » Le magistrat était, comme le disait Gaius (voy. plus haut, page 7), tantôt le préteur à Rome, tantôt le président dans les provinces.

Mais pourquoi appelait-on ce mode d'affranchissement *vindicta?* Gaius va encore nous montrer l'origine de cette expression.

La première procédure qui fut en vigueur à Rome fut celle des *actions de la loi.* Cette procédure se distinguait par des formules rigoureuses que les plaideurs devaient prononcer sous peine de perdre leur procès. Ainsi, Gaius (Comm. 4, § 11) nous cite l'exemple d'un plaideur qui prétendait que l'on avait coupé ses vignes : il se servit du mot *vites* au lieu d'employer le mot *ar-*

bores qui était le mot consacré par le texte de la loi des XII Tables; il perdit son procès.

Comment expliquer un pareil résultat? L'histoire seule peut donner la raison de cette apparente singularité.

A l'époque de la loi des XII Tables, les patriciens dominaient encore; seuls ils occupaient les hautes dignités de la république; c'était parmi eux que se recrutait le corps sacerdotal. Or, les pontifes étaient les seuls qui, à cette époque, étudiassent le droit; eux seuls étaient consultés; ils avaient renfermé la science juridique dans un certain nombre de formules qui n'étaient connues que des initiés, et c'était un moyen très-sûr de tenir les plébéiens sous la dépendance du patriciat, puisque le plébéien était obligé d'aller consulter le pontife patricien.

Ce ne sont pas là de simples conjectures; le jurisconsulte Pomponius (dans la loi 2 au Digeste, *De origine juris*, § 6) s'exprime ainsi : « *Deinde ex his legibus, eodem tempore fere, actiones compositæ sunt, quibus inter se homines disceptarent : quas actiones ne populus prout vellet, institueret certas solennesque esse voluerunt : et appellatur hæc pars juris* LEGIS ACTIONES, *id est, legitimæ actiones, et ita eodem pene tempore tria hæc jura nata sunt : leges Duodecim Tabularum : ex his fluere cœpit jus civile; ex iisdem legis actiones compositæ sunt. Omnium tamen harum et interpretandi scientia, et actiones apud collegium pontificum erant* (1). »

Parmi ces actions de la loi, se présentait l'action dite *sacramenti*, ainsi nommée parce que chaque plaideur déposait une certaine somme qui était destinée aux *sacra publica*; celui qui gagnait son procès reprenait la somme consignée, on disait alors que le *sacramentum* était *justum*. Celui qui perdait le procès perdait aussi la somme déposée, son *sacramentum* était dit *injustum*.

Gaius nous décrit dans son Commentaire 4, § 16, les formes compliquées de l'action *sacramenti*, quand on revendiquait un droit de propriété. On y voit, entre autres choses, que chacune des parties était munie d'une baguette *(festuca)*, et Gaius dit : « *Qui vindicabat* FESTUCAM *tenebat, deinde ipsam rem apprehendebat velut hominem, et ita dicebat*, HUNC EGO HOMINEM EX JURE QUIRITIUM MEUM ESSE AIO *secundum suam causam, sicut dixi, ecce tibi*

(1) Voir aussi Cicéron, *Pro Murena*, nos 11 et 12.

VINDICTAM *imposui; et simul homini festucam imponebat. Adversarius eadem similiter dicebat et faciebat.* » Ainsi, chacune des parties, munie de la baguette, prononçait ces paroles solennelles et frappait la chose revendiquée de cette baguette.

Que signifiait cette baguette? Gaius, même paragraphe, nous le dit de la manière la plus claire. « *Festuca autem utebantur quasi hastæ loco, signo quodam justi dominii; quia maxime sua esse credebant quæ ex hostibus cepissent. Unde in centumviralibus judiciis hasta præponitur.* » Ainsi, cette baguette était le symbole de la propriété; les Romains regardaient la conquête comme le titre le plus légitime d'acquisition, et cette baguette représentait le javelot du soldat romain, qui fit acquérir à Rome l'univers entier.

Qu'était la *cessio in jure*, sinon l'ancienne action de la loi appelée action *sacramenti*; maintenue même sous l'empire d'une autre procédure, dans un acte que l'on appelle *extra judiciaire* ou de *juridiction gracieuse*, parce que les parties qui se présentaient devant le magistrat étaient d'accord. Cette *cessio in jure*, quand il s'agissait de l'affranchissement d'un esclave, prenait alors le nom spécial de *vindicta*, et ce à raison de la baguette dont l'*adsertor libertatis* était armé dans ce procès fictif où il revendiquait la liberté; rien donc de plus simple à concevoir que cet affranchissement *vindicta*. Le mot *vindicta* en était venu à désigner la baguette dont était armé le revendiquant, qui *vindicabat in libertatem*. M. Giraud (Droit français au moyen âge, ch. 4 A. 2, 1er vol., page 311) dit très-bien : « Le nom même de la *manumissio per vindictam* indique à nos esprits une origine tirée de la *vindicatio in libertatem*, à moins qu'on ne préfère admettre l'opinion peu probable de ceux qui la faisaient dériver d'un esclave appelé *vindicius*. »

Au lieu de cette explication, les littérateurs en ont donné une autre.

Voici en effet la note que nous trouvons dans une des excellentes traductions de Cicéron : « Il y avait, dans l'ancienne législation romaine, trois manières d'affranchir les esclaves : ou par le *cens* quand un esclave, par l'ordre ou avec le consentement de son maitre, était inscrit sur le rôle du censeur; ou par la baguette *vindicta*, lorsque le maître conduisait l'esclave devant le consul ou le préteur, et que celui-ci touchait avec une petite baguette la tête de l'esclave, en disant : « Je déclare que cet homme est libre, *jure quiritium;* » ensuite le maître donnait un léger soufflet à l'esclave, le prenait par le bras, le faisait tourner vivement en tout sens, et le lâchait ensuite brusquement, pour lui marquer qu'il avait la liberté d'aller où il voudrait. C'est ce qu'on voit dans Perse, v. 79 :

> Verterit hunc dominus; momento turbinis, exit
> Marcus Dama.

Et plus bas, v. 89 :

> Vindicta postquam meus a prætore recessi. »

Il est évident que le dernier vers du satirique ne prouve rien pour cette version. On peut très-bien traduire « *après que par suite de la vindicte, j'ai quitté le préteur, maître de moi.* » L'autre vers est plus obscur, mais il est difficile de bâtir un système d'affranchissement sur ce seul passage : peut-être, après tout, le maître faisait-il pirouetter l'esclave, mais ce n'était pas là une forme exigée par la procédure; et d'ailleurs cela ne rend pas compte de l'expression *vindicta*, tandis que Gaius est aussi explicite que possible.

Dans la traduction Panckoucke (tome 5, p. 290), on lit : « Ou par la baguette *vindicta,* lorsque en présence du maître le préteur touchait avec une petite baguette la tête de l'esclave, en disant : « Je déclare que cet homme est libre, *jure quiritium.* » Le traducteur se trompe; c'était l'*adsertor libertatis* qui touchait de la baguette l'esclave en disant : « *Aio hunc hominem esse liberum ex jure quiritium.* » Quelquefois l'*adsertor libertatis* était un licteur du magistrat.

C'est ce qui a trompé d'autres littérateurs : ainsi, on lit au mot *vindicta,* dans le dictionnaire Quicherat (page 1275) : « Baguette dont un licteur touchait la tête de l'esclave, pendant que le préteur prononçait la formule d'affranchissement. »

M. Michelet, dans un livre assurément plus poétique que juridique, dans ses Origines du droit français (p. 120) dit : « L'homme libre par la paille *(festuca liber)* était le serf affranchi. Plus tard, il semble que la paille ait grandi; c'est une baguette dont le licteur touche la tête de l'esclave. » Puis l'auteur cite Boethius dans son Commentaire sur les Topiques de Cicéron.

Voici, en effet, ce que dit Boethius : « *Erat etiam pars altera adipiscendæ libertatis, quæ vindicta vocabatur. Vindicta vero est virgula quædam, quam lictor manumittendi servi capiti imponens, eumdem servum in libertatem vindicabat, dicens quædam verba solennia, atque ideo illa virgula vindicta vocabatur.* »

Mais Boece écrivait à la fin du ve siècle ou au commencement du vi^e, alors que probablement le licteur jouait le rôle d'*adsertor libertatis*, et tout son passage se rapporte parfaitement à celui de Gaius. Justinien supprima la nécessité de l'*adsertor libertatis*; la *vindicta* tomba en désuétude et fut remplacée par un autre mode solennel, l'affranchissement *in sacrosanctis ecclesiis.*

Cicéron signale enfin, comme troisième mode d'affranchissement solennel, le testament (*testamentum*) : en effet, le testament devait être fait *calatis comitiis*, devant les comices réunis (voy. Gaius, Comm. 2, § 101). L'affranchissement était dès lors fait suivant un mode solennel, car le testament était une loi : *uti legassit....* disait la loi des XII Tables, *ita jus esto.* »

Ainsi, à l'époque de Cicéron, faute d'avoir été affranchi par une personne qui eût sur lui le *dominium ex jure quiritium*, ou de l'avoir été par un mode solennel, l'esclave ne figurait pas parmi les hommes libres, et *en droit* restait esclave; mais Gaius nous apprend que le préteur *en fait* le maintenait dans l'état d'homme libre. Voici en effet ce que nous lisons (Comm. 3, § 56) : « Olim *ex jure quiritium servos fuisse, sed auxilio prætoris in libertatis forma servari solitos.* » L'esclave vivait comme un homme libre et mourait comme un esclave; il y avait, il est vrai, d'autres modes d'affranchissement, mais qui n'étaient pas solennels et qui ne conféraient pas la liberté à l'affranchi; seulement, s'ils avaient été employés, le préteur lui donnait une liberté *de fait* pendant sa vie; ces modes étaient l'affranchissement entre amis ou par lettre, etc.

Si l'on en croit certains auteurs, dès l'an de Rome 671, c'est-à-dire alors que Cicéron avait 24 ans, parut la loi Junia Norbana, qui décida que les esclaves affranchis par des maîtres qui ne rempliraient pas les deux conditions voulues, ne seraient pas citoyens romains, mais seraient libres et auraient la condition sociale des Latins coloniaires. On les appela dès lors *Latins juniens; Latins* à cause de leur position sociale, *Juniens* à cause de la loi *Junia* qui leur avait donné cette position. Gaius, dans le Commentaire 3, § 56, ajoute : « *Postea vero per legem Juniam eos omnes quos Prætor in libertate tuebatur, liberos esse cœpisse, et appellatos esse Latinos Junianos : Latinos ideo, quia lex eos liberos perinde esse voluit, atque si essent cives romani ingenui, qui ex urbe Roma in Latinas colonias deducti, Latini coloniarii esse cœperunt; Junianos ideo, quia per legem Juniam liberi facti sunt, etiamsi non cives romani.* »

Cette loi améliora considérablement la position de ces affranchis, car il leur était très-facile, étant Latins, d'arriver à la cité romaine. On peut consulter sur ce point Ulpien, Règles, titre 3. — Ce jurisconsulte indique les faveurs dont jouissait le Latin, et les moyens faciles à l'aide desquels le titre de citoyen romain pouvait lui être conféré. (Voir aussi Gaius, Comm. 1er, § 28 à 35.)

Après la loi Junia Norbana, toujours d'après ces auteurs, vint la loi Ælia Sentia rendue sous Auguste (l'an 757 de Rome). Elle décida, entre autres choses, que pour être citoyen romain, l'affranchi devrait avoir 30 ans, parce que sans cela il n'offrait pas assez de garanties; et Gaius, qui écrivait sous Adrien et Marc-Aurèle, résumait ainsi les conditions nécessaires pour que, de son temps, l'affranchi fût citoyen romain (Comm. 1er, § 17) : « *Nam in cujus persona tria hæc concurrunt, ut major sit annorum triginta, et ex jure Quiritium domini, et justa ac legitima manumissione liberetur, id est, vindicta aut censu aut testamento, is civis Romanus fit; sin vero aliquid eorum deerit, Latinus erit.* »

Cette triple condition pour être citoyen romain subsista jusqu'à Justinien, qui l'abolit dans ses Institutes (livre 1er, tit. 5, § 3): « *Nullo nec ætatis manumissi, nec dominii manumissoris, nec in manumissionis modo discrimine habito,* » en décidant que tous les affranchis seraient citoyens romains, titre du reste de peu de valeur, au VIe siècle, pour des habitants de Constantinople.

D'autres auteurs, au contraire, placent la loi Junia Norbana après la loi Ælia Sentia, en l'an 772, sous le règne de Tibère. — Voici, à cet égard, la note que l'on trouve dans les Institutes de Justinien expliquées par M. du Caurroy (tome 1er, 7e édit., p. 57) : « La loi Ælia Sentia portée pendant le règne d'Auguste, l'an de

Rome 757, sous le consulat d'Ælius Catus et de Sextius Saturninus, 86 ans après la loi Junia Norbana, que l'on placerait mal à propos sous le consulat de Junius Silanus et de Norbanus Balbus, en l'année 772. Le texte de Gaius (1. Inst. 29, 30, 31, 66, etc.; 3. Inst. 73 et 74), prouve l'antériorité de la loi Junia sur la loi Ælia Sentia; il faut donc reporter la première au consulat de Junius Norbanus, et à l'an de Rome 671. »

Les textes que cite M. du Caurroy nous font incliner pour son opinion, mais le passage de Cicéron ne lui est pas aussi favorable, car Cicéron écrivait ses Topiques en 710, à l'âge de 63 ans, c'est-à-dire 39 ans après l'apparition de la *loi Junia Norbana;* or, d'après cette loi, les affranchis étaient libres, car ils avaient la position sociale des Latins. Il faudrait admettre que Cicéron se reportait au droit qui était en vigueur dans sa jeunesse, c'est-à-dire avant 671. — Ce point de l'histoire du droit romain nous paraît donc fort obscur.

N° 2. (N° 10.) Cicéron donne un troisième exemple : « *Cum lex assiduo vindicem assiduum esse jubeat, locupletem jubet locupleti; locuples enim est assiduus, ut ait Ælius, appellatus ab asse dando.* »

« La loi ordonne qu'il se présente un *vindex assiduus* pour un *assiduus;* elle ordonne donc que le riche fournisse un *vindex* riche. Car celui qui est *assiduus* est riche, et il est ainsi appelé, comme dit Ælius, de ce qu'il peut donner l'*as.* »

Ce passage est une allusion à la loi des XII Tables. Dans la première Table, cette loi célèbre organisait la procédure à suivre contre celui qui était appelé en justice (*in jus vocatio*). Cette procédure est un reflet de la barbarie de l'époque. Elle permettait au demandeur de saisir le défendeur et de l'entraîner de force (*obtorto collo*) devant le magistrat, mais elle ajoutait : « *Assiduo vindex assiduus esto; proletario quisquis volet vindex esto.* » Le *vindex* était un champion qui promettait de prendre la défense de la partie citée et de se présenter à sa place. Festus dit (V° *vindex*) : « *Vindex ab eo quod vindicat quominus is qui prensus est ab aliquo teneatur.* » La loi des XII Tables permettait donc à la partie citée de ne pas comparaître en justice, à condition d'offrir un *vindex;* mais le riche devait offrir un *vindex* riche qui pût offrir des garanties, si le demandeur obtenait une condamnation; quant au prolétaire, le premier venu pouvait être son *vindex*. Cicéron nous indique l'étymologie du mot *assiduus* (*ab asse dando*).

Plusieurs manuscrits portent le mot *lex Ælia Sentia*. Boece, dans son Commentaire, maintient ces expressions. Mais il y a là une erreur évidente, car la loi *Ælia Sentia* est postérieure à Cicéron, et, en outre, le texte de la loi des XII Tables que nous venons de rapporter est donné par Aulugelle dans ses Nuits Attiques. Dès le XVIe siècle, Lambin avait cru devoir supprimer les mots *Ælia Sentia;* il avait été taxé de témérité. Aujourd'hui le doute même n'est plus permis.

No 3. (No 12.) « *Si compascuus ager est, jus est compascere.* » « Si un champ est en pâturage commun, on a le droit d'y envoyer les troupeaux paître en commun. » Cicéron suppose qu'il y a doute entre deux voisins sur la question de savoir s'ils peuvent envoyer paître leurs troupeaux sur un champ ; il répond, en donnant l'exemple d'un argument tiré des *conjugués :* si ce champ est *compascuus,* il s'ensuit qu'ils ont le droit d'envoyer les troupeaux paître en commun. *Compascuus* répond un peu à ce que l'on appelle la *vaine pâture.*

No 3. (No 13.) « *Quoniam argentum omne mulieri legatum est, non potest ea pecunia, quæ numerata domi relicta est, non esse legata; forma enim a genere, quoad suum nomen retinet, nunquam sejungitur; numerata autem pecunia nomen argenti retinet; legata igitur videtur.* »

Cicéron veut présenter ce qu'il appelle un argument de genre. « Puisque tout l'argent a été légué à la femme, il n'est pas possible que l'argent comptant laissé à la maison ne lui ait pas été légué; car l'espèce ne se sépare jamais du genre, tant qu'elle garde le même nom. Or, l'argent comptant conserve le nom d'argent, il a donc été légué. »

No 3. (No 14.) Cicéron veut actuellement faire un argument d'espèce. « *Si ita Fabiæ pecunia legata est a viro,* SI EA UXOR MATERFAMILIAS ESSET ; *si ea in manum non convenerat, nihil debetur. Genus enim est, uxor : ejus duæ formæ; una, matrumfamilias earum, quæ in manum convenerunt; altera, earum, quæ tantummodo uxores habentur : qua in parte quum fuerit Fabia, legatum ei non videtur.* »

« Un mari a légué de l'argent comptant à Fabia : SI CETTE FEMME

ÉTAIT MÈRE DE FAMILLE ; si Fabia n'était pas *sub manu mariti*, rien ne lui est dû. En effet, le genre, c'est l'*uxor*, et il y en a deux espèces : l'une se compose des *mères de famille* qui ont fait la *conventio in manum*, l'autre de celles qui sont simplement *uxores*. Comme Fabia faisait partie de cette dernière espèce, le legs ne lui est pas dû. »

Ce passage, très-important, a donné lieu à de singulières méprises de la part des littérateurs. Exposons d'abord les principes tels qu'ils résultent des Institutes de Gaius.

Les Romains reconnaissaient deux droits de puissance : l'un des maîtres sur les esclaves, *la puissance dominicale;* l'autre du père de famille sur ses enfants, *la puissance paternelle*, PATRIA POTESTAS. La première était du droit des gens, la seconde était *proprium civium romanorum*. A côté de la première se présentait une puissance analogue, le *mancipium*. Ceux qui étaient *in mancipio* étaient *servorum loco*, des quasi-esclaves (voy. Gaius, Comm. 1er, § 116 à 118. — § 138 à 141). A côté de la puissance paternelle s'en présentait une autre également analogue; la *manus* conférée au mari sur sa femme. La femme était par rapport au mari *loco filiæ*, une quasi-fille de famille.

Comment s'acquérait cette puissance appelée *manus?* Écoutons Gaius (Comm. 1er, § 108) : *Nunc de his personis quæ in manu nostra sunt : quod et ipsum jus civium romanorum est.* « Parlons, dit Gaius, des personnes qui sont *in manu*, ce droit est propre aux citoyens romains. » On voit de suite que la *manus*, comme la *patria potestas*, était une institution essentiellement réservée au *civis romanus*. — § 109. *Sed in potestate quidem et masculi et feminæ esse solent, in manum autem feminæ tantum conveniunt.* « Les personnes du sexe masculin et du sexe féminin sont soumises à la *potestas*, mais les femmes seules tombent *in manum*. » — § 110. *Olim itaque tribus modis in manum conveniebant : usu, farreo, coemptione.* « Autrefois, la *manus conventio* résultait de l'usage, de la confarréation, de la *coemptio*. » — § 111. *Usu in manum conveniebat quæ anno continuo nupta perseverabat : nam velut annua possessione usucapiebatur, in familiam viri transibat, filiæque locum obtinebat. Itaque lege Duodecim Tabularum cautum erat, si qua nollet eo modo in manum mariti convenire, ut quotannis trinoctio abesset, atque ita usum cujusque anni interrumperet; sed hoc totum jus partim legibus sublatum est, partim ipsa desuetudine obliteratum est.* « La femme qui, pendant une année continue, persévérait dans le mariage (dans la cohabitation commune, voilà ce que veut dire Gaius), tombait *in manum;* elle était usucapée (*capere usu*), pour ainsi dire, par une possession annale; elle passait dans la famille de son mari et y tenait la place d'une fille. La loi des XII Tables avait établi que la femme qui ne voudrait pas être soumise à la *manus* pourrait s'absenter trois nuits chaque année, et de cette façon, chaque année, elle interrompait l'usage. Mais ce droit, en partie a été abrogé par les lois, en partie est tombé en désuétude. »

Arrêtons-nous un instant sur ce premier moyen, à l'aide duquel le mari obtenait la *manus.*

La loi des XII Tables faisait figurer parmi les modes d'acquérir la propriété, l'usucapion, dont nous avons déjà parlé plus haut (page 4). On acquérait ainsi, *usu* par l'usage, une chose dont on n'était pas propriétaire au moment où on commençait à la posséder (1). Quelle devait être la durée de la possession ? Le texte de la loi des XII Tables portait : « *fundi biennio; cœteræ res anno usucapiuntor.* » Il décidait donc que l'on devait posséder un fonds de terre deux ans et les autres choses un an. Aux fonds de terre on assimila les maisons, ainsi que nous l'apprend Cicéron lui-même (voy. *infra*), mais les autres choses restèrent soumises à la possession d'une année, au bout de laquelle, si on avait rempli les conditions voulues, on était *dominus.* Or, parmi ces choses figurait la femme, qui pouvait être usucapée par une possession annale; seulement, elle avait la faculté d'interrompre cette possession par une absence de trois nuits; il y avait alors *usurpatio.* « *Usurpatio,* dit le jurisconsulte Paul (loi. 2, *De usucapionibus,* liv. 41, tit. 3 au Digeste), *est usucapionis interruptio. Oratores autem usurpationem frequentem usum vocant.* » La femme qui évitait ainsi de tomber *in manum,* était unie à son mari par ce que l'on est convenu d'appeler un *mariage libre,* mariage dans lequel la femme était indépendante.

(1) Je n'ai pas besoin de faire observer que la propriété est un droit *jus,* et que la possession est le *fait* à l'aide duquel on exerce ce droit; or, il peut arriver que le fait soit séparé du droit, c'est-à-dire, que celui-là possède qui n'est pas propriétaire.

Ce mode d'acquérir la *manus*, qui est l'indice d'une grande rudesse dans les mœurs, était tombé en désuétude au temps de Gaius. Mais en était-il de même au temps de Cicéron ? Il ne paraît pas qu'il eût complètement disparu si l'on s'en réfère à un passage de son discours *pro Flacco*, N° 34. Là, il se demande si une femme était tombée *in manum*, usu par l'usage. Il est cependant permis de croire que ce mode était peu en rapport avec les mœurs déjà relâchées de la Rome républicaine, mœurs qui tendaient à multiplier le *mariage libre*.

Gaius continue, § 112 : « *Farreo in manum conveniunt per quoddam genus sacrificii..... in quo farreus panis adhibetur ; unde etiam confarreatio dicitur : sed complura præterea hujus juris ordinandi gratia cum certis et solemnibus verbis, præsentibus decem testibus, aguntur et fiunt. Quod jus etiam nostris temporibus in usu est : nam Flamines majores, id est, Diales, Martiales, Quirinales, sicut reges sacrorum, nisi sint confarreatis nuptiis nati, inaugurari non videmus.* »

« On tombe *in manum mariti* par la *confarreatio*. C'est une espèce de sacrifice dans lequel on emploie un pain de froment, d'où la cérémonie s'appelle *confarreatio*. Beaucoup d'autres cérémonies ont lieu avec des paroles précises et solennelles en présence de dix témoins. Ce droit est en usage de notre temps, car les grands flamines, c'est-à-dire les prêtres de Jupiter, de Mars, de Quirinus, comme les rois des sacrifices, ne peuvent être revêtus de ces fonctions que s'ils sont nés d'époux unis par la *confarreatio*. »

Il existe beaucoup de controverses à propos de la *confarreatio*. Ainsi, on ne connaît pas au juste les cérémonies que Gaius ne croit pas devoir indiquer (1). On soutient que ces cérémonies qui, dit-on, venaient des Étrusques, étaient réservées aux seuls patriciens ; mais on répond que ni Cicéron, ni Gaius, ni Ulpien, ni aucun des jurisconsultes anciens ne justifient cette solution. D'ailleurs, depuis longtemps, le sacerdoce était communiqué aux plébéiens ; quant aux paroles qui devaient être prononcées, on prétend que le mari disait *ego sum caius*, je suis le maître, et la

(1) Voy. ces cérémonies décrites par Pothier, Pandectes de Justinien, p. 22 et 23, 1er volume (édition Latruffe).

femme *ego sum caia*, je suis la servante. Ce qui parait certain, c'est que, outre la *potestas* que le mari acquérait sur sa femme, la *confarreatio* rendait aptes aux fonctions sacerdotales les enfants issus de parents *confarreati* (Gaius le dit positivement). Ces enfants étaient appelés *patrimi* et *matrimi*.

Que devint la *confarreatio* ? Elle était une cérémonie empruntée à un vieux culte; et à la fin de la république romaine, le scepticisme avait déjà fait de rapides progrès. D'un autre côté, comme on l'a dit tout à l'heure, les mariages libres tendaient à se propager, et, dès lors, les femmes ne se souciaient pas d'accomplir les formalités de la *confarreatio* pour tomber sous la *manus* de leur mari.

Cet état de choses rendait le recrutemeut de certaines fonctions sacerdotales très-difficile : aussi, sous Tibère, on transigea. C'est Tacite qui, dans ses Annales (liv. 4, nº 16), nous l'apprend : « Pour nommer, dit-il, le grand *flamine Dialis*, on choisissait trois patriciens nés de parents *farreati*, et l'on élisait l'un d'eux. Mais ces mariages étaient devenus rares, parce que, d'abord, les cérémonies de la confarréation étaient difficiles, et surtout parce que la *manus* faisait sortir la femme de la puissance paternelle. Alors, une loi décida que la femme du grand *flamen Dialis* ne serait *in manu* que *ad sacra*, que, du reste, elle serait dans la position des autres femmes. »

Jusqu'à cette loi, la femme qui tombait *in manum mariti* quittait sa famille et les sacrifices de cette famille pour entrer dans celle de son mari, *loco filiæ*, sous sa *manus*, et dès lors elle n'était plus sous la *potestas* de son père. Pour qu'un pareil résultat pût se produire, le père de famille qui mariait sa fille devait consentir à la *manus*, et il arrivait, comme le dit Tacite, qu'il ne voulait pas l'autoriser dans la crainte de voir sa *potestas* s'évanouir.

Mais on décida que dorénavant, la *confarreatio* ne ferait plus acquérir au mari la *manus* avec tous ses effets, que la femme serait seulement dans la famille de son mari *quoad sacra;* de cette façon, on put avoir encore des époux *confarreati*, et dès lors le recrutement du sacerdoce fut assuré.

Gaius (Comm. 1er, § 136) confirme le témoignage de Tacite. On lit dans ce paragraphe, un peu incomplet, le passage suivant : « *Mulier quæ in manum convenit, nisi coemptionem fecerit, potestate parentis non liberatur, velut flaminica Dialis, nam id senatusconsulto confirmatur, quo ex auctoritat Maximi et Tuberonis, cavetur ut hœc* QUOD AD SACRA TANTUM VIDEATUR IN MANU ESSE, QUOD VERO AD CÆTERA PERINDE HABEATUR ATQUE SI IN MANUM NON CONVENISSET. »

On voit qu'au temps de Gaius, la *confarreatio*, bien amoindrie quant à ses effets, subsistait encore pour les mariages, d'où devaient naître ceux qui étaient appelés à remplir les fonctions du sacerdoce.

Restait une troisième manière pour la femme de tomber sous la *manus* de son mari; c'était la *coemptio*. Écoutons Gaius (Comm. 1er, § 113) : *Coemptione in manum conveniunt per mancipationem id est per quamdam imaginariam venditionem, adhibitis non minus quam quinque testibus civibus romanis puberibus, item libripende, prœter mulierem, eumque cujus in manum convenit.* »

La *coemptio*, dont Cicéron parle encore assez souvent, était la *mancipatio*, vente solennelle de la femme, faite au mari, soit par le père de famille, soit par la femme elle-même. Seulement, Gaius (Comm. 1er, § 123) nous apprend que les paroles employées dans la *coemptio* étaient différentes de celles usitées dans la mancipation, et que dès lors la femme ne tombait pas dans un état analogue à celui des esclaves; elle n'était pas *in mancipio, servorum loco;* elle était de suite *in manu mariti loco filiœ*, sans passer dans l'état transitoire du *mancipium*. Boece, dans ses Topiques, enseigne que la *coemptio* était réciproque. Voici comment il s'exprime : « *Coemptio vero certis solemnitatibus peragebatur, et se se in coemendo invicem interrogabant. Vir ita, an mulier sibi materfamilias esse vellet, illa respondebat velle; item mulier interrogabat, an vir sibi paterfamilias esse vellet, ille respondebat velle.* »

La femme pouvait donc se trouver *in manu mariti* de trois façons : *usu, confarreatione, coemptione.* Elle était alors, dit Cicéron, *materfamilias*, et Gaius (Comm. 1er, § 114) ajoute que la *manus* avait eu lieu *matrimonii causa.* Au temps de ce jurisconsulte, la *coemptio* était seule en vigueur avec tous ses effets primitifs.

Gaius va plus loin : il enseigne aussi que la femme pouvait se donner en *coemptio* à son mari, *fiduciœ causa* (Comm. 1, § 114), Alors la femme se vendait à son mari; mais en même temps elle convenait avec lui qu'il dissoudrait la *manus;* le mari devait alors émanciper la femme, en vertu de ce contrat dit de fiducie *(fiducia, confiance)*; de cette façon, elle devenait *sui juris*, et avait son mari pour tuteur (voy. *infra*, livre 1er, No 7. *De finibus bonorum et malorum*). Dans cette hypothèse, elle pouvait, sans divorcer, contraindre son mari à l'émanciper, tandis que si la *manus* avait eu lieu *matrimonii causa*, elle ne pouvait le forcer à dissoudre la *manus* sans envoyer le *repudium divortii*. (Voy. Gaius, Comm. 1er, § 137, *in fine*.)

Mais que la *manus* eût lieu *matrimonii* ou *fiduciæ causa*, la femme était toujours *loco filiæ* quant à son mari; Gaius (1, § 115b) dit en effet : « *Licet autem mulier fiduciæ causa cum viro suo fecerit coemptionem, nihilominus filiæ loco incipit esse; nam si omnino qualibet ex causa uxor in manu viri sit, placuit eam jus filiæ nancisci.* »

Comme on le voit, d'après le passage de Cicéron, la femme qui a contracté un mariage est dite *uxor*, c'est le terme générique. Pour avoir le nom de *materfamilias*, il faut, dit Cicéron, qu'elle soit *in manu mariti;* dès lors, il résulte de ce texte seul que le mariage et la *manus* sont deux choses tout à fait distinctes, et que l'une n'entraîne pas l'autre; il n'y a pas *manus* sans mariage, mais il peut y avoir mariage sans *manus*. Ce passage, à lui seul, aurait dû éclairer les littérateurs, et ne pas les faire tomber dans une erreur qu'ils ont répétée à l'envi les uns des autres.

Ainsi, l'un des plus célèbres dit : « Le *mariage* se contractait de trois manières, savoir : par la confarréation, par l'usage, par la coemption. La confarréation était...... Le mariage se contractait par l'usage, lorsque le mari et l'épouse avaient habité constamment ensemble pendant un an, au bout duquel la femme était acquise par droit de *prescription* (mot incorrect) (1), *uxor usucapta*, à celui avec lequel elle avait habité; elle ne dépendait de l'époux que pendant la durée du mariage (Aulugelle, 3, 2), et n'avait pas droit à sa succession (nouvelle erreur). Le *mariage* par *coemption* exigeait certaines solennités. C'était une espèce de marché réciproque, et l'homme et la femme se donnaient l'un à

(1) L'usucapion et la prescription étaient des institutions tout à fait distinctes.

l'autre une petite pièce de monnaie. On y employait aussi des formules consacrées par les lois romaines. Le mari demandait à celle qu'il épousait : « Voulez-vous *être ma femme* et mère de famille? » Elle répondait : « J'y consens. » Elle demandait à son tour : « Voulez-vous *être mon époux* et père de famille? » Le mari répondait : « Je le veux. » On mettait ensuite la main de la femme dans la main de celui qui l'épousait; de là, peut-être, l'expression *convenire in manum.* (Boece, Commentaire sur les Topiques; Nonius, 12, 50) (1). La femme, en vertu de cette alliance, passait sous la puissance du mari, faisait partie de sa maison, et se trouvait, à sa mort, comprise dans sa succession. (Nous n'avons vu nulle part, dans le droit romain, que la femme *in manu* fît partie de la succession de son mari; peut-être l'auteur a-t-il voulu dire qu'elle était héritière sienne, *sua*, et succédait au premier degré en concurrence avec les enfants issus du mariage.) Il ne faut pas attacher aux mots latins *matrona* et *materfamilias* le sens que nous donnons, en français, aux mots qui les rappellent; c'étaient deux titres de distinction. Le premier se donnait, en général, aux femmes légitimes de condition libre. Le second s'accordait à l'épouse *après le mariage par coemption*, *postquam in manum convenerat,* parce qu'elle était appelée à partager avec son mari les soins domestiques et la conduite des esclaves. Pour celle qui n'était que simple épouse, *matrona*, on disait *in matrimonium convenire*. Voir les jurisconsultes.

L'erreur capitale de cette note est de confondre le mariage et *la manus*. Revenons donc sur ce point.

On reconnaissait à Rome deux unions légitimes, c'est-à-dire, admises par le droit. L'une s'appelait *justæ nuptiæ*. Entre autres conditions, il fallait que les deux époux fussent citoyens romains, ou s'ils étaient latins ou pérégrins, qu'ils eussent obtenu le *jus*

(1) J'en demande pardon au traducteur; mais Boece ne dit pas que les parties se demandaient : *Voulez-vous être ma femme, voulez-vous être mon époux?* nous avons transcrit le passage. Elles se demandaient seulement : Voulez-vous être *materfamilias,* voulez-vous être *paterfamilias?* ce qui est tout différent. Car pour que ces questions eussent lieu, il fallait que les interrogateurs fussent déjà *vir* et *uxor*. Quant à l'expression *manus,* elle désigne la puissance *potestas*. La femme est *sub manu mariti*.

connubii (Gaius, 1, § 56. — Ulpien, Règles, tit. 5, § 2 et 4). Ce dernier jurisconsulte dit, § 2 : *Justum matrimonium est, si inter eos qui nuptias contrahunt, connubium sit.* — § 4. *Connubium habent cives romani cum civibus romanis; cum latinis autem et peregrinis,* ITA SI CONCESSUM SIT. » Si les *justæ nuptiæ* avaient eu lieu, l'époux prenait le nom de *vir,* la femme celui d'*uxor;* elle était sur le pied de l'égalité avec son mari, et le jurisconsulte Modestinus (livre 23, tit. 2, *De ritu nuptiarum*) définissait ainsi les justes noces : « *Nuptiæ sunt conjunctio maris et feminæ consortium omnis vitæ, divini et humani juris communicatio.* »

Comment se contractaient ces justes noces? Il existe, sur ce point, une controverse entre les commentateurs du droit romain. Les uns (1) enseignent que les justes noces se contractaient *solo consensu.* D'autres (2), que le consentement ne suffisait pas, mais qu'il fallait que la femme fût *deducta in domum mariti,* c'est-à-dire livrée et conduite dans la maison conjugale. Mais tous ceux qui ont étudié le droit romain sont d'accord pour reconnaître que ni l'*usus,* ni *la confarreatio,* ni *la coemptio,* n'étaient nécessaires pour constituer les justes noces.

Une des conséquences des justes noces était que le mari (*vir*) pouvait acquérir sur sa femme (*uxor*) la *manus.* Mais pour que cette *manus* fût acquise au mari, il fallait qu'il intervînt un des trois évènements que nous venons de rappeler, autrement la femme était *uxor*, mais, comme dit Cicéron, n'était pas *materfamilias;* il y avait ce que l'on appelait le *mariage libre.* Gaius vient confirmer le passage de Cicéron : il traite des conditions des *justes noces* au Comm. 1er, § 56 et suivants; puis au § 108, après avoir traité de la *patria potestas,* il passe à la *manus,* puissance analogue à la puissance paternelle.

On peut cependant conjecturer que peut-être, au temps de la loi des XII Tables, les justes noces devaient être souvent accompagnées ou suivies de la *manus;* mais, au temps de Cicéron, les femmes s'efforçaient de se soustraire à cette puissance et se réfugiaient dans le mariage libre, de sorte que les mœurs de

(1) Voy. M. du Caurroy (1er vol., p. 79 et 80, 7e édition, Inst. expliquées).

(2) M. Ortolan (1er vol. p. 195, 3e édition, Inst. expliquées).

Rome n'offraient que deux extrêmes : ou l'entier assujétissement de la femme à son mari, ou son entière indépendance.

A côté des justes noces se plaça, plus tard, une autre union reconnue par la législation romaine; c'était le *concubinat,* mot qui ne doit pas réveiller les idées que nous y attachons aujourd'hui. Le concubinat était le mariage du droit des gens, une espèce de mariage de la main gauche : la femme n'avait pas le rang de son mari, elle n'était pas *uxor*, elle n'avait pas mérité ce que les jurisconsultes appelaient l'*affectio maritalis*. Le concubinat avait divers effets communs avec les justes noces, mais la *manus* ne pouvait s'ajouter à une pareille union, et les mots *vir* et *uxor* étaient réservés aux *justæ nuptiæ*. On voit donc combien Cicéron est exact dans le passage qui nous occupe, et combien a été grande l'erreur commise par les littérateurs. Cette erreur a été encore augmentée par M. Michelet dans son Histoire romaine (tome 1er, pages 181 et 182). « Pour que la femme tombe dans la main de l'homme, le jeune Camille Etrusque, *le cumerum,* le gâteau, l'as offert aux lares, ne sont plus nécessaires, comme dans la *confarreatio;* pas davantage la balance et l'airain, qui dans la *coemptio* livraient la fiancée par une vente. Le consentement et la jouissance (mot profane), la possession d'une année suffiront désormais, *et bientôt ce sera assez de trois nuits* (TRINOCTIUM USURPATIO). » L'auteur a cru que trois nuits suffisaient pour usucaper la femme et acquérir la *manus*, tandis que, tout au contraire, ces trois nuits d'absence étaient un moyen d'interrompre l'usucapion (*usurpatio est interruptio possessionis*).

Dans l'édition Panckoucke, on répète très-fréquemment l'erreur commune. Dans la traduction des Topiques (p. 291, 5e vol.), on lit ce qui suit : « On distinguait à Rome l'épouse par usage, *uxor usu capta,* de l'épouse par coemption, *materfamilias*. Dans le premier cas, il suffisait que le mari et la femme eussent habité constamment ensemble pendant un an. Dans le second, l'union se faisait avec plus de solennité : le mari demandait à celle qu'il épousait : Voulez-vous être *mère de famille?* Lorsqu'elle avait répondu : J'y consens, elle passait sous la puissance du mari, *viri conveniebat in manum*. Ce mariage était appelé de *coemption,* et la femme avait le titre de mère de famille. »

Ce passage est inexact et incomplet : ce que nous avons dit

précédemment le prouve. Peut-être Boece, dans son Commentaire sur les Topiques, est-il la cause de ces erreurs qui se sont perpétuées jusqu'à nos jours (1). Voici, en effet, ce qu'on y lit : « *Uxoris species sunt duæ, una matrum familias, altera usu, sed communi generis nomine uxores vocantur... mater vero familias esse non poterat nisi quæ convenisset in manum, hæc autem erat species nuptiarum. Tribus nempe modis uxor habebatur, usu, farreatione, coemptione : sed confarreatio solis pontificibus conveniebat. Quæ in manum per coemptionem convenerat, hæc materfamilias vocabatur ; quæ vero usu vel farreatione, minime.* »

Boece avance donc d'abord que l'on était *uxor* de trois manières : *usu, farreatione, coemptione.* Or, ceci est contraire aux textes de Gaius et d'Ulpien. Puis il ajoute que la *materfamilias* était seulement celle qui avait employé la *coemptio.* Rien ne justifie cette seconde explication, car Cicéron dit que la *materfamilias* est celle qui *convenit in manum,* et Gaius ajoute (§ 110, Comm. 1er) : « *Olim itaque tribus modis in manum conveniebant : usu, farreo, coemptione.* »

On s'explique facilement l'erreur de Boece. Il écrivait au ve siècle, peut-être au commencement du vie, à une époque où l'institution de la *manus* était tombée en désuétude ; on voit même qu'il parle de l'*usus* et de la *confarreatio,* comme en parlait Gaius. L'*usus* depuis longtemps n'existait plus, la *confarreatio* était réservée aux pontifes, et, dès lors, suivant Boece, on n'était *materfamilias* que lorsqu'il y avait eu *coemptio.* Mais au temps de Cicéron il n'en était point ainsi.

On doit comprendre que les traductions se ressentent de ces erreurs. Ainsi, on lit dans l'une d'elles : « Si donc elle (la femme) ne lui était pas unie par la *coemption,* il ne lui est rien dû (c'est l'erreur de Boece)..... l'une est celle des mères de famille unies par ces rites et ces formalités. » Tous ces détours sont pris pour ne pas traduire *in manum convenerant.* — Nous en dirons autant de la traduction Panckoucke (5e vol., p. 225), qui traduit *in manum convenerat* par ceux-ci, *unie par la coemption* (2).

(1) Voy. M. Troplong, Revue de Législation, t. 21, année 1844, p. 129.

(2) On nous permettra de citer, comme offrant un excellent résumé des principes sur la *manus,* la thèse de M. Léon Sauvé, docteur en droit de la

N° 3. (N° 15.) Cicéron veut présenter un argument tiré de la similitude. « *Si ædes eæ corruerunt, vitiumve fecerunt, quarum ususfructus legatus est, heres restituere non debet, nec reficere, non magis, quam servum restituere, si is, cujus ususfructus legatus est, deperisset.* »

« Si des maisons dont on a légué l'usufruit viennent à périr ou à menacer ruine, l'héritier n'est tenu ni de les rebâtir, ni de les réparer, pas plus qu'il n'est tenu de procurer un nouvel esclave si celui sur lequel l'usufruit avait été légué venait à mourir. »

Ce passage contient une allusion aux principes juridiques qui régissent les rapports d'un nu-propriétaire et d'un usufruitier. Le nu-propriétaire n'est point un *débiteur* de l'usufruitier, il est seulement tenu à le *laisser jouir;* l'usufruitier n'a que le droit de demander UTI FRUI SIBI LICERE. Dès lors, si la chose soumise au droit d'usufruit vient à périr, le nu-propriétaire n'est pas tenu de la remplacer, la chose périt pour l'usufruitier. L'article 607 du code Napoléon, porte : « *Ni le propriétaire,* ni l'usufruitier, ne sont tenus de rebâtir ce qui est tombé de vétusté, ou ce qui a été détruit par cas fortuit. »

Il n'en serait pas de même d'un propriétaire dans ses relations avec son locataire ou son fermier. Il est débiteur et tenu de *faire jouir, præstare uti frui.* Dès lors, si l'objet du bail périt ou est détérioré, le propriétaire, pour avoir droit au prix du bail, doit réparer ou reconstruire (1).

N° 3. (N° 16.) Cicéron veut présenter un argument tiré de la différence : « *Non, si uxori vir legavit omne argentum, quod suum esset, idcirco, quæ in nominibus fuerunt, legata sunt : multum enim differt, in arcane positum sit argentum, an in tabulis debeatur.* »

« Parce qu'un mari a légué à sa femme tout son argent, il ne s'ensuit pas qu'il ait légué les créances qu'il peut avoir. Il faut,

Faculté de Rennes. — Ces thèses de doctorat sont très-souvent d'excellentes monographies, et pour notre compte nous ne trouvons pas au-dessous de nous de les consulter.

(1) La note de M. Victor Leclerc (p. 336, 5e vol.) n'est point exacte. Le passage des Instit. de Justinien, que signale l'auteur, a trait à un autre ordre d'idées.

en effet, bien distinguer si l'argent est renfermé dans une caisse ou s'il est dû par suite de l'inscription sur les registres. »

Ce passage contient une interprétation d'un legs, interprétation bien facile à saisir. On distingue l'argent comptant de l'argent dû, qui forme ce que l'on appelle *une créance.* L'argent comptant était dit *in arcâ* dans le coffre-fort, dans la caisse. La créance s'appelait *nomen,* parce que le nom du débiteur était porté sur les registres (*tabulæ*) du créancier (1).

N° 3. (N° 17.) Cicéron veut présenter un argument tiré des contraires : « *Non debet ea mulier, cui vir bonorum suorum usumfructum legavit, cellis vineariis et oleariis plenis relictis, putare id ad se pertinere; usus enim, non abusus legatus est : ea sunt inter se contraria.* »

« Cette femme, à qui son mari a légué l'usufruit de tous ses biens, ne doit pas croire qu'elle a le droit de disposer des celliers remplis de vin et des magasins remplis d'huile, on lui a légué *usus* et non *abusus;* or, ce sont là des choses contraires entre elles. »

Pour bien saisir ce passage, il faut remonter aux droits du propriétaire et à ceux de l'usufruitier.

Le *dominium* ou droit de propriété consiste dans le *jus utendi, fruendi* et *abutendi. Uti* se servir d'une chose, c'est employer la chose à un usage *qui puisse se renouveler.* Ainsi, se servir d'un cheval, c'est lui faire traîner des fardeaux; *frui*, c'est percevoir les produits de la chose, et notamment les produits qui *peuvent se renouveler,* que l'on appelle *fruits.* Les fruits sont *naturels,* quand ils sont le produit spontané de la terre; les fruits sont *industriels,* quand ils sont le résultat du travail de l'homme, les moissons, par exemple; les fruits sont *civils,* quand ils sont produits non pas *ex re*, mais *occasione rei;* par exemple, les loyers d'une maison, les intérêts d'une somme d'argent, ce sont des fruits qui proviennent d'une convention juridique. *Abuti,* c'est faire de la chose un usage *qui ne puisse plus se renouveler.* Ainsi, c'est transformer la chose, défricher un bois et en faire une terre arable; c'est détruire la chose, par exemple, démolir une maison; enfin, c'est l'aliéner,

(1) Voir sur les registres tenus par les citoyens romains, *infra*, le discours *pro Roscio comœdo.*

rem suam alienam facere, car ici l'usage ne peut plus se renouveler pour celui qui aliène (1). On voit que *abusus* est pris par opposition à *usus*; il y a *usus* quand l'usage peut se renouveler, et *abusus* quand l'usage ne peut plus se renouveler. Le propriétaire a donc le droit d'user de la chose, d'en percevoir les produits, et il a l'*abusus*. Il est maître, *dominus*.

L'usufruitier a seulement *jus utendi fruendi* : il a ce que l'on appelle un démembrement de sa propriété, car la propriété est un droit complexe composé de trois éléments. L'usufruitier a deux de ces éléments, *usus* et *fructus*, mais il n'a pas *abusus*; il n'a pas même le droit de percevoir tous les produits de la chose, mais seulement les *fruits*, c'est-à-dire, les produits *qui peuvent se renouveler;* ainsi, le trésor appartient au nu-propriétaire et non à l'usufruitier, parce que le trésor ne se renouvelle pas.

Ceci posé, il est certaines choses qui, par leur nature, ne sont susceptibles ni d'*usus* ni de *fructus;* ce sont les choses qui se consomment *primo usu* qui, dès le premier usage, sont détruites; de sorte que ces choses sont susceptibles d'*abusus* et non d'*usus*. Tels sont, par exemple, pour en revenir à Cicéron et à son texte, les tonneaux de vin et les amphores d'huile ; l'on ne peut en jouir *salva substantia,* en en conservant la substance. L'usufruitier ne peut, par l'usage qu'il en fera, que les absorber, et alors il y a *abusus* et non *usus*. Ces choses ne sont donc pas susceptibles d'usufruit. Et par suite, comme le dit Cicéron, un mari a légué à sa femme l'universalité de ses biens *en usufruit,* ce legs ne saurait comprendre les choses qui ne sont pas susceptibles *d'usus*, mais seulement d'*abusus*, car on a légué *usus* et non *abusus*.

Plus tard un sénatus-consulte, rendu probablement sous Tibère, décida que le legs portant sur des choses *quæ ipso usu consumuntur* recevrait son exécution, en ce sens que le légataire serait propriétaire de ces choses, mais qu'il s'engagerait à restituer des choses de pareille quantité et qualité, ou bien leur valeur en argent si le testateur les avait estimées. La restitution devait avoir lieu aux époques auxquelles finit ordinairement l'usufruit, par exemple, lors de la mort de l'usufruitier. Le légataire devait, en outre, fournir une caution à l'héritier. Voici, en effet, ce que

(1) Voy. M. Pellat, p. 1 et suiv., Du Droit de propriété, 2e édit.

dit Ulpien (Règles, tit. 24, § 27) : « *Senatusconsulto cautum est ut, etiam si earum rerum quæ in abusu continentur, ut puta vini, olei, tritici, ususfructus legatus sit, legatario res tradantur, cautionibus interpositis de restituendis eis cum ususfructus ad legatarium pertinere desierit.* »

On appelle ce legs, legs d'un *quasi-usufruit ;* mais, comme dit Justinien (liv. 2, tit. 4, Instit., § 2) : « *Senatus non fecit quidem earum rerum usumfructum (nec enim poterat) sed per cautionem* QUASI USUMFRUCTUM *constituit.* » L'article 587 du code Napoléon consacre la doctrine romaine. Mais il faut toujours dire que le légataire est vraiment propriétaire, car la nature des choses s'oppose à ce qu'il y ait usufruit. Seulement Cicéron nous apprend que, de son temps, pareil legs n'eût amené aucun résultat.

N° 4. (N° 18.) Cicéron veut présenter un argument tiré des dépendances *(ab adjunctis) :* « *Si ea mulier testamentum fecit, quæ se capite nunquam deminuit, non videtur ex edicto prœtoris secundum eas tabulas possessio dari; adjungitur enim, ut secundum servorum, secundum exsulum, secundum puerulorum tabulas possessio videatur ex edicto dari.* »

« Si une femme qui n'a jamais subi de *capitis diminutio* a fait un testament, le préteur ne peut pas donner la possession de biens *secundum tabulas ;* autrement il devrait la donner à propos du testament des esclaves, des exilés, des enfants. »

Ce passage demande plusieurs explications très-importantes : et d'abord, quelle était à Rome la position de la femme? Elle pouvait être sous la puissance de son père ou sous celle de son mari (s'il y avait *manus*), elle était alors *alieni juris*, fille de famille. Elle n'avait rien en propre, et, par conséquent, ne pouvait faire de testament; car pour tester, il fallait avoir une *familia*, c'est-à-dire, un patrimoine dont on pût disposer. La femme pouvait, à l'inverse, être indépendante ou *sui juris*, elle était alors en tutelle perpétuelle et ne pouvait faire son testament sans que le tuteur donnât son autorisation (*auctoritas*). Le tuteur était souvent son agnat, ou son patron si c'était une affranchie; cet agnat et ce patron étaient héritiers, d'après la loi des XII Tables, de sorte qu'ils avaient intérêt à ce que la femme ne disposât pas par testament des biens auxquels ils étaient appelés *ab intestat.* La tutelle était donc organisée dans leur intérêt, et il dépendait du tuteur de donner son *auctoritas* ou de la refuser. Cette tutelle était aussi organisée dans un but politique, car les familles patriciennes dominaient alors, et maintenaient ainsi les biens dans les familles, en en perpétuant la splendeur. Nous verrons ce que l'on entendait par *agnats*. Il suffit, pour le moment, de savoir qu'ils représentaient la famille aristocratique.

A côté des tuteurs dits légitimes, vinrent se placer des tuteurs testamentaires et des tuteurs désignés par le magistrat. Ils devaient aussi donner leur *auctoritas*, notamment, pour que le testament fût valable. Mais déjà, du temps de Cicéron, le magistrat les forçait à donner cette *auctoritas*. Ces tuteurs n'étaient plus sérieux; dans son discours *pro Murena* (N° 11, *infra*) l'orateur se moque des jurisconsultes qui ont inventé des tuteurs qui sont sous la puissance des femmes.

La tutelle légitime demeura sérieuse. L'agnat, le patron, et, avec le patron, le père qui avait émancipé sa fille, restèrent libres de donner ou de refuser l'*auctoritas* au testament de la femme. Mais, sous Claude, les agnats abusèrent probablement de leur droit qui n'était plus dans les mœurs, et on abrogea la tutelle légitime des agnats sur les femmes. (Voy. Gaius, Comm. 1er, § 157.) (1)

Au temps de Gaius, les tutelles légitimes du patron et de l'ascendant émancipateur étaient donc seules sérieuses. Voici, en effet, ce que dit Gaius (Comm. 1er, § 192) : « *Sane patronorum et parentum legitimæ tutelæ vim aliquam habere intelliguntur, eo quod hi neque ad testamentum faciendum....... auctores fieri coguntur.* » Et dans le § 190, il s'exprimait ainsi : « *Feminas vero perfectæ ætatis in tutela esse, fere nulla pretiosa ratio suasisse videtur; nam quæ vulgo creditur, quia levitate animi plerumque decipiuntur, et æquum erat eas tutorum auctoritate regi, magis speciosa videtur quam vera. Mulieres enim quæ perfectæ ætatis sunt, ipsæ sibi negotia tractant,* ET IN QUIBUSDAM CAUSIS DICIS GRATIA TUTOR INTERPONIT AUCTORITATEM SUAM; SÆPE ETIAM INVITUS AUCTOR FIERI A PRÆTORE COGITUR. »

(1) Tout le monde est d'accord pour admettre que la *Lex Claudia* supprima la tutelle des agnats sur les femmes âgées de douze ans, c'est-à-dire, *puberes*. Mais *quid* à l'égard des femmes *impuberes*? La question est controversée.

Ulpien (tit. 11 des Règles, § 1) dit que les femmes étaient en tutelle « *propter sexus infirmitatem, et propter forensium rerum ignorantiam.* » Mais déjà Gaius regardait ces motifs comme plus spécieux que fondés. Cette tutelle, répétons-le, était une institution politique de la Rome primitive, institution qui tendait à disparaître tous les jours.

Le jurisconsulte Gaius nous indique le moyen que la femme employait pour substituer à son tuteur légitime un tuteur dont l'autorité ne fût plus que nominale. Il dit en effet (Comm. 1er, § 114) : « *Potest autem coemptionem facere mulier non solum cum marito suo, sed etiam cum extraneo. Quare aut matrimonii causa facta coemptio dicitur, aut fiduciæ causa : quæ enim cum marito suo facit coemptionem, ut apud eum filiæ loco sit, dicitur matrimonii causa fecisse coemptionem; quæ vero alterius rei causa facit coemptionem cum viro suo, aut cum extraneo,* VELUT TUTELÆ EVITANDÆ CAUSA, *dicitur fiduciæ causa fecisse coemptionem.* — § 115. *Quod est tale : si qua velit quos habet tutores reponere, ut alium nanciscatur, iis auctoribus coemptionem facit; deinde a coemptionatore remancipata ei cui ipsa velit, et ab eo vindicta manumissa incipit eum habere tutorem a quo manumissa est : qui tutor fiduciarius dicitur.* » « Cela se passe ainsi : si la femme veut laisser de côté ses tuteurs et en obtenir un autre, elle fait la *coemptio* avec leur *auctoritas* (c'est-à-dire elle obtient l'*auctoritas* de ses tuteurs légitimes, et se vend dans les formes de la *mancipatio* à un individu appelé *coemptionator* acheteur, puis le *coemptionator* la remancipe (la revend dans les formes de la *mancipatio*) à la personne que la femme désigne (la femme tombe dans le *mancipium* de cette personne ; elle est quasi esclave, *servorum loco*). Mais affranchie par la vindicte, elle a pour tuteur celui qui l'a affranchie, et on le nomme tuteur fiduciaire (1). » Ce tuteur prenait donc la place du tuteur *légitime*. On l'appelait fiduciaire, à cause du contrat de fiducie qui intervenait lors de la *coemptio* d'abord, et ensuite lors de la *remancipatio* faite par le *coemptionator* au tiers désigné par la femme. Ce tiers ne pouvait garder la femme *in mancipio;* le *coemptionator* au-

(1) Pour mieux saisir ce passage, voir *infra*, n° 7, *De finibus bonorum et malorum.*

rait agi contre lui, et l'eût forcé à l'affranchir par la vindicte. Quant aux pouvoirs du tuteur fiduciaire, ils étaient purement nominaux, et dès lors, s'il se refusait à donner son *auctoritas*, le préteur pouvait l'y contraindre. La femme pouvait donc plus facilement faire son testament. Ce n'est pas tout : Gaius nous révèle encore un autre cas, où la femme pouvait se donner en *coemptio*, *fiduciæ causa* (Comm. 1er, § 115b), et dit : « *Olim etiam testamenti faciendi gratia fiduciaria fiebat coemptio : tunc enim non aliter feminæ testamenti faciendi jus habebant, exceptis quibusdam personis, quam si coemptionem fecissent remancipatæque et manumissæ fuissent; sed hanc necessitatem coemptionis faciendæ ex auctoritate divi Hadriani senatus remisit.* »

La loi des XII Tables ne supposait pas que la femme qui ne pouvait aborder les comices pût tester (le testament se faisait alors *calatis comitiis*, devant les comices du peuple). On présume qu'un texte accordait ce droit à la femme affranchie, du moins si elle avait l'*auctoritas* de son patron. Alors les jurisconsultes trouvèrent un moyen indirect de placer la femme dans la position d'une affranchie. En se donnant en *coemptio*, elle était remancipée par le *coemptionator*, tombait *in mancipio (servorum loco)*, de celui qui l'achetait, et affranchie par la vindicte, elle était sous la tutelle fiduciaire. Elle obtenait ainsi la position d'une affranchie, et par suite le droit de tester. Ce point de droit était encore en vigueur à l'époque de Cicéron.

La position de la femme *sui juris* étant ainsi expliquée, il faut actuellement examiner ce que l'on entendait par *capitis diminutio*.

Le citoyen romain avait ce que l'on appelait son *status*, mot qui ne peut se traduire dans notre langue sans donner lieu à des inexactitudes. Ce *status* était triple. On distinguait le *status* : 1° *libertatis*, 2° *civitatis*, 3° *familiæ*. Le Romain figurait dans la corporation des hommes libres, dans la corporation des citoyens, et enfin il comptait parmi les membres d'une famille. S'il était réduit en esclavage, il perdait d'abord le *status libertatis*, et, par voie de conséquence, les *status civitatis et familiæ*. Il y avait ce que l'on appelait MAXIMA CAPITIS DIMINUTIO. S'il perdait sa qualité de citoyen, il conservait le *status libertatis*, mais était déchu du *status civitatis*, et, par voie de conséquence, du *status familiæ*. Il y avait alors MAJOR ou MEDIA CAPITIS DIMINUTIO.

S'il perdait seulement sa qualité de membre de telle ou telle famille, il y avait déchéance du *status familiæ*, et partant MINIMA CAPITIS DIMINUTIO. Il conservait alors les *status libertatis, et civitatis*. Paul s'exprime ainsi dans la loi 11, *De capite minutis* (au Digeste, liv. 4, tit. 5) : « *Capitis diminutionis tria genera sunt ; maxima, media, minima. Tria enim sunt, quæ habemus, libertatem, civitatem, familiam. Igitur, cum omnia hæc amittimus, hoc est, libertatem, et civitatem et familiam,* MAXIMAM *esse capitis diminutionem : cum vero amittimus civitatem, libertatem retinemus :* MEDIAM *esse capitis diminutionem : cum et libertas, et civitas retinetur, familia tantum mutatur,* MINIMAM *esse capitis diminutionem constat.* »

D'où venait le mot *capitis diminutio*? On en a donné des explications assez bizarres; voici celle qui est aujourd'hui généralement adoptée. *Caput* désignait l'ensemble des droits qui compétaient à un homme libre, à un citoyen romain, au membre de telle ou telle famille; c'était une espèce de capital juridique; on était alors privé de son *caput*, soit comme homme libre, soit comme citoyen romain, soit comme membre de telle ou telle famille, et il y avait grande, moyenne et petite *capitis diminutio* (on dit : *minutus capite,* comme on dit *minutus honoribus*). On voit donc que le mot *capitis diminutio* ne peut être traduit, ou il faudrait dire *capitis diminution* comme on dit *usucapion* (1).

Parmi les évènements qui entraînaient la *minima capitis diminutio*, figurait la *coemptio* de la femme. Était-elle *sui juris* sous la tutelle de ses agnats, la *coemptio* brisait son *status familiæ;* elle n'avait plus de relations civiles avec ses agnats, elle tombait pour un instant *in mancipio* de celui qui l'achetait, devenait *alieni juris :* puis affranchie, elle se trouvait former à elle

(1) *Voy.* M. Pellat, *De la Propriété*, 2e édit., p. 84 en note.

On a dit aussi que le mot *caput* venait du système suivi quant à la perception des impôts. Chaque citoyen romain avait son chapitre (*caput*) où il était porté parmi les hommes libres et les citoyens; s'il perdait les droits de liberté ou de cité, son *caput* était rayé, il était *minutus capite.* Par analogie, les jurisconsultes ont supposé que l'on était rangé dans le chapitre ouvert à telle ou telle famille. Si on changeait de famille, on était alors privé de ce *caput.*

seule une nouvelle famille en redevenant *sui juris*, avec un nouveau *status familiæ*. Elle avait donc acquis notamment le droit de tester avec l'*auctoritas* de son tuteur fiduciaire, et ce droit était la conséquence de la *minima capitis diminutio* qu'elle avait subie. Gaius (Comm. 1er, § 162) dit en effet : « *Minima capitis diminutio est, cum et civitas et libertas retinetur, sed status hominis commutatur : quod accidit in his..... qui coemptionem faciunt.* »

Avant de revenir sur le passage de Cicéron qui demande toutes ces explications, disons quelques mots de l'institution prétorienne appelée *possession de biens*.

Le droit civil avait établi un système de succession testamentaire et *ab intestat*. L'appelé en vertu du droit civil se nommait héritier (*heres*, de *herus*, maître), et la succession *hereditas*. Mais le droit civil, qui avait son point de départ dans la loi des XII Tables, était très-rigoureux et souvent même contraire à l'équité. Après avoir énuméré les principes de l'hérédité *ab intestat* d'après la loi des XII Tables, Gaius (Comm. 3, § 18) nous dit : « *Hactenus lege XII Tabularum finitæ sunt intestatorum hereditates; quod jus quemadmodum strictum fuerit, palam est intelligere,* » et § 25, Comm. 3 : « *Sed hæ juris iniquitates edicto Prætoris emendatæ sunt.* »

Le préteur organisa parallèlement au droit civil un système de succession qu'il appela *possession de biens*. L'appelé à cette succession était le *possesseur de biens*, c'est-à-dire, celui qui s'était fait envoyer en possession des biens du défunt en vertu de l'édit du préteur. Or, le préteur tantôt confirmait le droit civil en déférant la possession de biens à celui qui déjà venait à l'hérédité *jure civili;* tantôt corrigeait la rigueur de ce même droit, en appelant des personnes repoussées par le *jus civile*; tantôt enfin suppléait aux lacunes du droit civil en déférant la succession à des personnes qui n'étaient pas comprises dans les catégories dressées par le *jus civile*.

Parmi ces possessions de biens figuraient des possessions de biens testamentaires et d'autres *ab intestat*. Les premières étaient conformes aux tablettes sur lesquelles était inscrit le testament, et dites *secundum tabulas*, ou contraires à ces mêmes tablettes, et dites *contra tabulas*. La possession de biens *secundum tabulas* était souvent donnée à des personnes repoussées par le droit civil.

Étudions maintenant Gaius : au § 118 du Comm. 2, ce jurisconsulte rappelle d'abord, que le testament de la femme *sui juris*, pour être valable, doit être fait *cum tutoris auctoritate* : « *Observandum prœterea est, ut, si mulier quæ in tutela sit, faciat testamentum, tutore auctore facere debeat : alioquin inutiliter jure civili testabitur.* » Dans les § 119 et 120, Gaius retrace les principes du droit prétorien. D'après le § 119, si le testament était revêtu seulement des formes exigées par le préteur, quoiqu'il fût nul, *jure civili*, le préteur accordait la possession de biens *secundum tabulas* à l'héritier institué ; et d'après le § 120, une constitution d'Antonin-le-Pieux avait trouvé moyen, à l'aide d'une forme de procédure, d'assurer gain de cause définitif à cet héritier institué qui recevait la possession de biens du préteur. Mais, ajoute Gaius (§ 121) : « *An autem et ad ea testamenta feminarum quæ sine tutoris auctoritate fecerint, hæc constitutio pertineat, videbimus.* » Il se demande donc si cette constitution d'Antonin-le-Pieux donnera gain de cause *irrévocable* à cet héritier institué, appelé dans un testament fait par la femme *sine tutoris auctoritate*. Le testament de la femme pouvait être nul pour deux motifs : 1° la femme avait testé avec l'*auctoritas* de son tuteur, sans suivre les formes voulues par le droit civil ; dans ce cas, pas de difficulté, le préteur accordait à l'héritier institué la possession de biens *secundum tabulas*. Toutefois cet envoi en possession pouvait n'être que provisoire, parce que l'héritier *ab intestat* pouvait, en dernière analyse, enlever le bénéfice accordé à l'héritier institué, par l'édit du préteur. Gaius dit en effet (§ 119) : « *Et si nemo sit ad quem ab intestato jure legitimo pertineat hereditas, velut frater eodem patre natus, aut patruus, aut fratris filius, ita poterunt scripti heredes retinere hereditatem.* » Mais la constitution d'Antonin, qui permit au possesseur de biens de retenir d'une manière définitive la succession déférée par le droit prétorien, s'appliquait au testament fait par la femme avec l'*auctoritas* de son tuteur.

2° La femme pouvait encore avoir fait un testament sans l'*auctoritas* de son tuteur. Le préteur donnait alors la possession de biens *secundum tabulas*, si le testament était revêtu des formes prétoriennes ; mais il y avait doute sur la question de savoir si la constitution d'Antonin s'appliquait à ce cas, et si le triomphe du possesseur de biens était *provisoire* ou *définitif* (§ 121).

Enfin, Gaius enseigne (§ 122) que la possession de biens *secundum tabulas* n'était pas donnée à l'héritier institué dans le testament d'une femme qui avait testé sans *l'auctoritas* de ses tuteurs *légitimes*. « *Loquimur autem*, dit-il, *de his scilicet feminis quæ non in legitima parentium aut patronorum tutela sunt, sed de his quæ alterius generis tutores habent, qui etiam inviti coguntur auctores fieri; alioquin parentem et patronum, sine auctoritate ejus facto testamento, non summoveri palam est.* » Gaius ne parle pas des agnats, on en sait le motif. De son temps, la tutelle des agnats n'existait plus. Le préteur, du reste, ne donnait jamais la possession de biens à un individu qui, d'après le droit civil, n'avait pas la capacité d'être institué héritier. Ulpien (loi 12, § 1er, *De bonorum possessionibus* au Digeste) dit : « *Ubicumque lex, vel senatus, vel constitutio capere hereditatem prohibet, et bonorum possessio cessat.* » Ainsi, pour être institué valablement héritier, il fallait être citoyen romain; le préteur n'eût point accordé la possession de biens *secundum tabulas* à un pérégrin institué héritier.

Ces principes exposés, revenons au texte de Cicéron; il est actuellement facile de le comprendre.

D'abord, dit-il, si la femme n'a jamais subi de *capitis diminutio* et qu'elle ait fait son testament, le préteur n'accordera pas la possession de biens *secundum tabulas*. Ceci est tout à fait conforme au § 115_a, Comm. 1er, de Gaius. Ce jurisconsulte enseigne que, avant Adrien, pour avoir le droit de faire son testament, il fallait que la femme se fût donnée en *coemptio*, c'est-à-dire, comme nous l'avons démontré, eût subi la *capitis diminutio*. Elle avait alors un tuteur fiduciaire, et quand même elle eût testé sans *l'auctoritas* de ce tuteur, l'héritier institué, ainsi que nous venons de le voir, eût pu demander la possession de biens *secundum tabulas*.

Puis, Cicéron ajoute que cette même possession ne sera pas accordée à l'héritier institué dans le testament d'un esclave, d'un exilé, c'est-à-dire, d'un banni qui n'était plus citoyen romain, et enfin d'un enfant. Pour faire un testament valable, il fallait premièrement être citoyen romain et père de famille (autrefois le testament se faisait dans les comices, *calatis comitiis*); ensuite il fallait avoir non-seulement la *jouissance*, mais encore l'*exercice* du droit, c'est-à-dire, pouvoir mettre le droit en mouvement.

Ainsi, un impubère *sui juris* et citoyen romain, avait bien la *jouissance*, mais il n'avait pas l'*exercice* du droit de tester. Dans tous ces cas, par analogie du principe rappelé plus haut, le préteur méconnaissait aussi le testament de cet esclave, de ce banni et de cet enfant.

Le Commentaire de Boece, sur ce passage, n'est pas exact : d'abord il contient une erreur, en ce qu'il signale la *deportatio* comme un exemple de *maxima capitis diminutio*, tandis que la *deportatio* ne faisait encourir que la *media capitis diminutio;* Boece enseigne aussi que la femme ne pouvait faire de testament sans être tombée *in manu mariti*, ce qui est une erreur profonde, car la femme étant alors *loco filiæ*, fille de famille, n'avait plus rien à elle, et dès lors ne pouvait faire de testament. La *conventio in manum mariti*, bien loin de lui donner le droit de tester, le lui enlevait.

M. Victor Leclerc, dans la note 14 (p. 336, tome 5e, 2e édit.), rappelle l'avis de Boece, et ajoute que ce passage se rapporte à la *coemption fiduciaire* et s'explique par le § 115 de Gaius, qui est même rapporté *in extenso*.

No 4. (No 19.) Cicéron présente un argument tiré des antécédents : « *Si viri culpa factum est divortium, etsi mulier nuntium remisit, tamen pro liberis manere nihil oportet.* »

« Si le divorce a eu lieu par la faute du mari, quoique ce soit la femme qui ait envoyé la répudiation, il ne faut pas cependant que le mari garde quelque chose pour les enfants. »

Ulpien (dans ses Règles, tit. VI, *De dotibus*) enseigne qu'en cas de divorce, le mari doit restituer la dot à sa femme. Mais il a le droit d'opérer plusieurs rétentions sur la dot (voy. § 9); parmi ces causes de rétentions figurent les enfants. Voici ce que dit ce jurisconsulte : « *Propter liberos retentio fit, si culpa mulieris aut patris cujus in potestate est, divortium factum sit. Tunc enim singulorum liberorum nomine sextæ retinentur ex dote; non plures tamen quam tres. Sextæ in retentione sunt, non in petitione.* »

M. Pellat (textes sur la dot, p. 17) donne le motif de cette décision : « La rétention *propter liberos* a lieu quand le divorce est arrivé par la faute de la femme ou du père sous la puissance duquel elle se trouvait. Le mari, sur qui continue de peser une partie des charges du mariage, l'éducation et l'entretien des enfants, conserve ainsi une partie de la dot qui était destinée à subvenir à ces charges, et qui remplirait encore cette destination sans la faute de la femme ou du beau-père qui a amené la dissolution du mariage.

Cette rétention est d'un sixième pour chaque enfant; mais elle ne dépasse jamais trois sixièmes, quel que soit le nombre des enfants.

Elle a un double but, savoir : de punir la femme à qui est imputable la rupture du mariage, et d'indemniser le mari des charges que lui laisse cette rupture qui ne peut lui être imputée. Il n'y a pas ici uniquement intention de punir la femme ; car, malgré sa faute, elle ne perdra aucune partie de la dot s'il ne reste pas au mari des charges dont il faille l'indemniser. Il n'y a pas non plus seulement intention d'indemniser le mari, car bien que la rétention soit proportionnelle, dans une certaine limite, au nombre d'enfants dont il demeure chargé, elle ne lui est accordée qu'autant qu'il y a eu faute de la part de la femme. »

Le passage de Cicéron prouve que si le mari était en faute, quand même la femme envoyait la répudiation (*Nuntius* était un messager qui portait au mari le *libellum divortii*), le mari n'avait pas le droit d'opérer la rétention *propter liberos.*

Ce point est encore confirmé par un texte de Papinien, qui forme le § 121 des fragments de droit découverts au Vatican. « *Non ab eo culpa dissociandi matrimonii procedit, qui nuntium divortii misit, sed qui discidii necessitatem inducit.* » « La faute d'avoir dissous le mariage ne procède pas de celui qui a envoyé le message de divorce, mais de celui qui a amené la nécessité de cette séparation. »

Boece, sur ce passage de Cicéron, cite d'abord un texte du jurisconsulte Paul, extrait du second livre de ses Institutes, au titre *De dotibus* : « *Si divortium est matrimonii, et hoc sine culpa mulieris factum est, dos integra repetetur. Quod si culpa mulieris factum est divortium, in singulos liberos sexta pars dotis a marito retinetur, usque ad mediam partem duntaxat dotis.* » Et Boece ajoute : « *Facto igitur divortio contenditur : an dotis pars pro liberis, apud virum debeat permanere....... At si viri culpa factum est divortium, video, mulierem dotis parte non posse mulctari, etiam si prima repudii nuntium misit. Quod enim antecessit ut viri culpa fierit divortium, id non permittit, ut dotis pars mulieri pereat, quamvis prima repudii nuntium mittat. Non enim quia prius libellum repudii nuntiavit, dotis parte mulctanda est, sed absolvenda potius damno, quod non sua factum est, sed viri culpa divortium.* »

Du reste, le mari pouvait convenir qu'il opérerait la rétention *propter liberos,* même si le divorce avait lieu par sa faute; c'est ce qui semble résulter des §§ 106 et 107 des fragments du Vatican. (Voy. Comm. sur la dot, M. Pellat, page 20.)

Enfin, on remarquera qu'Ulpien donne au mari le droit de retenir; mais s'il a rendu toute la dot à sa femme, il ne peut plus agir pour obtenir les sixièmes auxquels il avait droit. On lui donnait une arme défensive, le *droit de rétention,* mais non une arme offensive, l'*action.*

N° 4. (N° 20.) Cicéron cite un argument tiré des conséquents : « *Si mulier, quum fuisset nupta cum eo, quicum connubium non esset, nuntium remisit; quoniam qui nati sunt, patrem non sequuntur, pro liberis manere nihil oportet.* » « Si une femme unie à un homme, avec qui elle n'avait pas le droit de contracter de justes noces, a envoyé la répudiation, comme les enfants qui sont nés ne suivent pas le père, rien ne doit rester pour les enfants. »

Nous avons déjà dit que l'on reconnaissait à Rome deux unions licites : les justes noces, puis le concubinat. Pour qu'il y eût justes noces, il fallait que les époux eussent le *jus connubii* qui, d'après Ulpien, est *uxoris ducendæ facultas* (Règles, titre 5, § 3), c'est-à-dire, le droit de prendre une femme à titre d'*uxor.* (Voy. plus haut, page 22.)

Les enfants issus des justes noces suivaient la condition de leur père *au jour de la conception :* ceux, au contraire, issus du concubinat, suivaient la condition de leur mère *au jour de la naissance.* Ulpien (§ 8, du titre 5 de ses Règles) dit : « *Connubio interveniente liberi semper patrem sequuntur; non interveniente connubio matris conditioni accedunt.* »

Cicéron suppose que la femme a envoyé le message de répudiation : le mari n'avait pas donné lieu au divorce, c'est ce qu'il faut supposer; il aurait donc eu droit à la rétention *propter liberos;* mais il n'y a pas *justæ nuptiæ,* partant pas de dot, car *dos sine matrimonio esse non potest;* et, d'un autre côté, les enfants ne se rattachent pas au père, puisqu'ils suivent la condition de leur mère et non celle de leur père; celui-ci n'a pas d'enfants et, par suite, pas de *retentio*.

Ce passage de Cicéron fait voir que s'il n'y avait aucun motif de divorce, le premier des époux qui le provoquait était considéré comme entraînant la dissolution du mariage par sa faute; et dès lors, si le mari avait une conduite irréprochable et que la femme divorçât, le mari avait le droit, si le mariage était valable, d'opérer la rétention *propter liberos*.

N° 4. (N° 21.) Cicéron présente un argument tiré des choses qui répugnent entre elles, *a repugnantibus* : « *Si paterfamilias uxori ancillarum usumfructum legavit a filio, neque a secundo herede legavit, mortuo filio mulier usumfructum non amittet : quod enim semel testamento alicui datum est, id ab eo invito, cui datum est, auferri non potest : repugnat enim recte accipere, et invitum reddere.* » « Si un père de famille a légué à sa femme l'usufruit de ses femmes esclaves, et qu'il ait imposé le legs à son fils institué héritier, sans l'imposer au second héritier (c'est-à-dire, au *substitué*), quand même le fils viendrait à mourir, la femme ne perdrait pas son droit d'usufruit; car ce qui a été donné par testament ne peut plus être enlevé au légataire malgré lui; il répugne, en effet, que celui qui a le droit de recevoir puisse être forcé à rendre. »

On appelle héritier celui qui *succedit in universum jus quod defunctus habuit*, c'est-à-dire, qui succède à tous les droits et à tous les devoirs du défunt; il est, comme on dit, le *représentant du défunt* : aux yeux du droit, l'héritier et le défunt ne font qu'un; il n'existe pas entre eux de solution de continuité.

Les Romains tenaient essentiellement à avoir un héritier de leur choix; aussi l'héritier testamentaire l'emportait, à Rome, sur l'héritier de la loi, dit héritier *ab intestat*. Ce principe était gravé dans ce passage de la loi des XII Tables, qui n'était que l'expression des mœurs romaines : « *Uti legassit super pecunia tutelave suæ rei* ITA JUS ESTO. » « La loi que le citoyen romain aura portée sur son patrimoine et sur la tutelle de ses enfants, sera le droit. » Ainsi, le testament prenait la place de la loi elle-même.

Parmi les dispositions testamentaires figurait d'abord l'institution d'héritier : elle était *caput atque fundamentum totius testamenti*. Non-seulement cette institution devait être contenue dans le testament, mais même elle devait être en tête du testament, et toutes les dispositions testamentaires écrites avant elle eussent été nulles.

Le legs était considéré comme un prélèvement sur l'hérédité *delibatio hereditatis;* le légataire ne succédait ni aux créances ni aux dettes du défunt; il n'était pas le représentant de ce défunt; ce qu'il prenait était autant de moins que l'héritier recueillait de l'hérédité.

Les héritiers, dits *externes*, devaient faire adition d'hérédité (*ire ad hereditatem*), c'est-à-dire, manifester leur intention d'être héritiers; s'ils venaient à mourir avant cette manifestation de volonté, l'institution était *caduque*. Le testateur courait donc la chance, même après avoir institué un héritier, de mourir *ab intestat*, si l'institué refusait l'hérédité ou s'il mourait avant d'avoir fait adition. Mais en multipliant les institutions et les subordonnant les unes aux autres, on augmentait par là même la chance d'avoir un héritier testamentaire : ainsi, le testateur disait : « *Primus heres esto : — Si Primus heres non erit, tunc Secundus heres esto : — Si Secundus heres non erit, tunc Tertius heres esto.* » Comme on le voit, Primus est institué héritier : si Primus ne veut pas ou ne peut pas faire adition d'hérédité, Secundus est appelé à cette hérédité; et enfin, si Secundus la refuse, Tertius peut se porter héritier. Le testateur avait l'habitude de mettre à la fin du testament, au dernier degré, un de ses esclaves qui était héritier *nécessaire*, malgré lui, SIVE VELIT, SIVE NOLIT, et les jurisconsultes romains nous apprennent que les testateurs insolvables employaient ce moyen de s'assurer un héritier sous le nom duquel les biens du défunt étaient vendus, et, de cette façon, ils évitaient l'infamie qui se serait attachée à leur mémoire. (Voy. Gaius, Comm. 2, § 154.)

Ces héritiers, institués au second et au troisième degré, s'appelaient *substitués*. La substitution était donc une institution d'héritier subordonnée à une autre institution. On distinguait deux substitutions : la *vulgaire*, celle dont nous venons de parler : elle était ainsi appelée parce qu'elle se faisait fréquemment (*vulgo fit*); puis la substitution pupillaire, celle à laquelle Cicéron fait allusion.

Le pupille était l'individu impubère *sui juris*, c'est-à-dire, qui n'était pas sous la puissance d'un autre citoyen; il était en tutelle. Pour faire son testament il fallait être pubère ; si l'on venait à mourir encore impubère, on mourait nécessairement *intestat*. Ainsi, un père de famille instituait son fils héritier, et, prévoyant le cas où le fils mourrait avant lui, il lui substituait un autre héritier; ce substitué ne venait pas à l'hérédité si le fils survivait à son père, car le fils de famille était aussi héritier *nécessaire*. Si donc celui-ci devenu *sui juris* mourait ensuite *intra pubertatem*, étant encore impubère, il avait pour héritiers ceux qui étaient appelés par la loi des XII Tables; il mourait donc inévitablement sans héritier testamentaire.

On permit au père qui voulait éviter ce résultat, de substituer au fils institué héritier, non-seulement pour le cas où il décèderait avant son père, mais même pour celui où il viendrait à mourir *intra pubertatem;* de sorte que le substitué recueillait l'hérédité du père 1° si le fils mourait avant ce dernier, 2° s'il mourait après avoir recueilli son hérédité, mais étant encore impubère, et par suite avant d'avoir pu faire son testament. La formule de cette substitution, dite *pupillaire,* se trouve dans Gaius (Comm. 2, § 179) : « *Titius filius meus mihi heres esto si filius meus mihi heres non erit, sive heres erit et prius moriatur quam in suam tutelam venerit, Seius heres esto.* » « Que Titius mon fils soit mon héritier, si mon fils n'est pas mon héritier (c'est-à-dire, s'il meurt avant moi), ou bien s'il est mon héritier, mais qu'il meure avant d'être arrivé à la puberté, alors que Seius soit héritier. » Seius est le substitué *pupillaire*, et il est appelé *secundus heres*, le second héritier du testateur. Cicéron, du reste, en d'autres passages de ses ouvrages, nous a laissé des textes importants sur cette substitution pupillaire.

On remarquera que c'était là une conséquence de la puissance paternelle, qui allait jusqu'à permettre au père de faire le testament pour son fils soumis à sa puissance.

Maintenant, voici ce que suppose Cicéron : le père de famille a légué l'usufruit de femmes esclaves à sa femme : son fils est institué héritier et chargé du legs (*legari ab herede* veut dire non que le legs est fait par l'héritier, mais que le legs lui est imposé), la femme recueille le legs, puis le fils meurt *intra pubertatem,* c'est-à-dire, avant d'être sorti de tutelle; le substitué (*secundus heres*) vient recueillir l'hérédité du père, il ne pourra enlever le legs à la femme, quoique le testateur n'ait pas imposé formellement ce legs au second héritier. D'après un principe qui avait prévalu dans la législation romaine, les legs imposés au fils et au substitué pupillaire ne faisaient qu'une seule et même masse qui grevait l'hérédité du père; de là des conséquences qu'il est inutile de retracer.

N° 4. (N° 22.) Cicéron présente un argument tiré des causes efficientes : « *Omnibus est jus parietem directum ad parietem communem adjungere, vel solidum, vel fornicatum; at si quis, in pariete communi demoliendo, damni infecti promiserit, non debebit præstare, quod fornix vitii fecerit : non enim ejus vitio, qui demolitus est, damnum factum est, sed ejus operis vitio, quod ita ædificatum est, ut suspendi non posset.* » « Tous ont le droit d'appuyer sur un mur commun dans sa longueur un mur plein ou voûté; mais si quelqu'un, en démolissant le mur commun, a donné la caution *damni infecti*, il ne devra pas payer le dommage qui arriverait par suite de la ruine de la voûte, car le dommage n'a pas eu lieu par la faute de celui qui a démoli, mais bien par suite de la faute du constructeur qui a bâti le mur de façon à ce que la voûte était mal soutenue. »

Qu'entendait-on par la *cautio damni infecti?* Il était de principe, à Rome, que si la chose d'autrui me causait un préjudice, j'avais contre le propriétaire de cette chose une action en dommages-intérêts (*quanti interest*) ; mais le propriétaire pouvait se soustraire aux conséquences de cette action en abandonnant la chose qui avait causé le délit; c'est là ce que l'on appelait faire l'*abandon noxal.* Ainsi, la maison de mon voisin tombait sur la mienne et me causait du dommage; le voisin se libérait en abandonnant les matériaux, réparation illusoire, comme il est facile de s'en convaincre.

Le préteur, dans son édit, donna à la personne menacée le droit de traduire le voisin *in jure* devant le magistrat, et d'exiger de lui la promesse formelle de réparer la totalité du dommage, sans pouvoir faire l'abandon noxal. Le voisin devait faire cette promesse dans les formes de la stipulation, c'est-à-dire, en répondant à l'interrogation du demandeur. Celui-ci disait : « *Me promettez-vous la réparation de la totalité du dommage qui sera causé?* » Et le voisin devait répondre : « Je le promets. » La personne menacée avait reçu la *cautio damni infecti* (*cautio*, c'est-à-dire garantie de *cavere*. — *Damni infecti id est, damnum nondum factum.* Si le dommage avait été causé, il eût été trop tard pour réclamer cette *cautio*).

Si le voisin ne voulait pas donner cette garantie, le préteur prenait des moyens énergiques qui sont retracés dans le Digeste, au liv. 39, tit. 2, *De damno infecto.*

Cicéron suppose que le démolisseur a donné au propriétaire du mur appuyé sur le mur commun la *cautio damni infecti.* Il ne sera pas responsable, dit-il, si la chute du mur provient, non de la démolition, mais de la mauvaise construction. Le constructeur devait prévoir que le mur commun viendrait à être démoli. Il résulte même de la loi 12 *Communi dividundo* au Digeste (liv. 10, tit. 3), que l'un des co-propriétaires du mur commun a le droit d'exiger la démolition, si cette démolition est indispensable.

N° 4. (N° 23.) Cicéron cite un argument d'après les effets : « *Quum mulier viro in manum convenit, omnia, quæ mulieris fuerunt, viri fiunt dotis nomine.* » Lorsque la femme tombe *in manum mariti*, tous les biens de la femme appartiennent au mari, à titre de dot. »

Une femme *sui juris* se marie et tombe *in manum mariti, usu, confarreatione,* ou *coemptione;* elle devient *alieni juris,* et est considérée comme la fille de son mari, *loco filiæ.* Dès lors elle n'a plus rien à elle, et tous ses biens appartiennent au mari, qui est le père de famille, or le père de famille est seul *dominus.* Ulpien le définit : « *Is qui in domo dominium habet.* » Ces biens, ajoute Cicéron, sont chez le mari à titre de dot. La femme sera dorénavant un instrument d'acquisition pour son mari.

Comment devra-t-il restituer la dot? Devait-il même la restituer? M. Pellat (textes de la dot, p. 334), à propos de ce texte de Cicéron, enseigne que les documents manquent sur ce point.

N° 4. (N° 23.) Qui prouve le plus prouve le moins. « *Si in urbe fines non reguntur, nec aqua in urbe arceatur.* » « Si la loi ne donne pas dans une ville l'action *finium regundorum*, à plus forte raison ne donne-t-elle pas dans la ville l'action *aquæ pluviæ arcendæ.* »

Cicéron parle de deux actions admises dans le droit romain, et d'abord de l'action *finium regundorum.* On appelait *fines* un espace de cinq pieds qui, d'après la loi des XII Tables, devait être maintenu entre les héritages ruraux. Cet espace n'était pas susceptible d'être acquis par usucapion. Dirksen a restitué ainsi le passage de la loi des XII Tables : « *Spatium quinque pedum (quod vacuum inter duos agros erat ad accessum et circumductum aratri) usucapere jus non esto.* » Quand les voisins n'étaient pas d'accord sur la limite des *fines*, on en venait à l'action *finium regundorum*, véritable action en bornage. Cicéron en parle, notamment dans son traité *De legibus* (No 21 du livre 1er); c'est aussi dans le même sens qu'il a intitulé un de ses traités : *De finibus bonorum et malorum*.

Quant à l'action *aquæ pluviæ arcendæ*, il en est traité au Digeste, liv. 39, tit. 3. Ulpien (dans la loi 1re, *principium*, et § 1er) nous dit : « *Si cui aqua pluvia damnum dabit, actione aquæ pluviæ arcendæ avertetur aqua. Aquam pluviam dicimus, quæ de cœlo cadit atque imbre excrescit : sive per se hæc aqua cœlestis noceat, ut Tubero ait, sive cum alia mixta sit.* » « Si l'eau de pluie cause un dommage, elle sera détournée par l'action *aquæ pluviæ arcendæ*. Nous appelons eau de pluie, celle qui tombe du ciel et s'accroît par la pluie, soit que cette eau nuise par elle seule, comme le dit Tuberon, soit qu'elle se mêle à une autre. » Au § Ier, le même jurisconsulte ajoute : « *Hæc autem actio locum habet in damno nondum facto; opere tamen jam facto : hoc est, de eo opere ex quo damnum timetur. Totiens que locum habet, quotiens manu facto opere* AGRO AQUA NOCITURA EST : *id est, cum quis manu fecerit, quo aliter flueret, quam natura soleret; si forte immittendo eam aut majorem fecerit, aut citatiorem, aut vehementiorem : aut si comprimendo redundare effecit. Quod si natura aqua noceret, ea actione non continetur.* »

« Cette action s'applique à un dommage non encore causé, pourvu que les travaux soient déjà exécutés, c'est-à-dire, les travaux qui font craindre le dommage. Elle est admise toutes les fois que l'eau de pluie doit nuire à un champ à l'aide des travaux qui ont été exécutés, par exemple, si l'homme a détourné l'eau de son cours naturel; si en la faisant couler, il a rendu son cours plus rapide, plus prompt, et la masse de l'eau plus abondante; ou bien si, au contraire, en construisant une digue il l'a fait refluer : si le dommage causé par l'eau de pluie est naturel, cette action n'est pas applicable. » On voit, d'après ce texte, que l'eau de pluie devait être laissée à son cours naturel ; c'est ce que répète l'article 640 du code Napoléon : « Les fonds inférieurs sont assujettis, envers ceux qui sont plus élevés, à recevoir les eaux qui en découlent naturellement sans que la main de l'homme y ait contribué. — Le propriétaire inférieur ne peut point élever de digue qui empêche cet écoulement. — Le propriétaire supérieur ne peut rien faire qui aggrave la servitude du fonds inférieur. »

Revenons à Cicéron. L'action *finium regundorum* plus importante, dit-il, que l'action *aquæ pluviæ arcendæ*, n'est pas donnée dans la ville, donc cette dernière sera exclusivement réservée aux héritages ruraux.

N° 4. (N° 23.) Cicéron, à l'inverse, présente un argument d'après lequel qui prouve le plus prouve le moins (*a fortiori*), et il ajoute qu'il suffit de renverser l'exemple précédent ; puis, dit-il, qui prouve une chose, la prouve par une chose pareille (*a pari*) : « *Quoniam usus auctoritas fundi biennium est, sit etiam ædium ; at in lege ædes non appellantur, et sunt cæterarum rerum omnium, quarum annuus est usus. Valeat æquitas, quæ paribus in causis paria jura desiderat.* » « Puisque l'usage, pour acquérir la propriété des fonds de terre, doit être de deux ans, qu'il en soit ainsi des maisons ; mais la loi des XII Tables ne parle pas des maisons, et elles figurent parmi les autres choses dont l'usage doit durer un an. Mais l'équité doit l'emporter, et elle veut que dans des causes identiques on applique des principes identiques. »

La loi des XII Tables portait : « *fundi biennio ; cæteræ res anno usucapiuntor.* » On sait que l'usucapion est l'acquisition de la propriété de la chose d'autrui par une possession prolongée pendant un certain temps (voy. plus haut, p. 4 et 17). La loi des XII Tables avait fixé le délai de deux ans pour un fonds de terre et d'un an pour les autres choses. Les édifices étaient compris dans la dénomination générale des *cæteræ res,* mais Cicéron nous apprend que, d'après l'équité, on assimila les maisons aux fonds de terre.

Quant au mot *auctoritas*, il voulait dire que celui qui avait l'*auctoritas* était à l'abri de tout danger, de toute éviction ; ainsi, ces mots *usus auctoritas* veulent dire que par l'usage prolongé d'une chose on arrivait à conquérir l'*auctoritas* sur cette chose, c'est-à-dire la propriété (*dominium*), et dès lors on n'avait plus rien à craindre de la part de l'ancien propriétaire. C'est dans le même sens que la loi des XII Tables contenait ce texte célèbre : « *Adversus hostem æterna auctoritas esto.* » « Contre l'ennemi, c'est-à-dire contre l'étranger, le citoyen romain sera toujours propriétaire. » Les droits ne seront jamais communiqués à l'*hostis.*

N° 4. (N° 24.) « *Quoniam P. Scævola id solum esse ambitus ædium dixerit, quod, parietis communis tegendi causa, tectum projiceretur, ex quo in tectum ejus, ædes qui protexisset, aqua deflueret, id tibi jus videri.* »

Ce passage est assez obscur. C'est à Boece que nous allons en emprunter l'explication.

Le pourtour d'une maison (*ambitus*) est la portion de terrain que ce pourtour peut englober. Scévola enseignait qu'il s'étendait jusqu'à la partie couverte par la projection du toit. Comme on le voit, *ambitus* désigne ce que nous appellerions *le chemin de ronde; le tour d'échelle.*

Il est évident, ajoute Boece, que les toits doivent être plus étendus que les maisons, afin que les eaux puissent tomber plus loin. Voici l'espèce sur laquelle fut consulté Scévola. Un individu voulait couvrir un mur commun, on demandait s'il avait le droit de couvrir. Scévola répondit qu'il avait ce droit, pourvu qu'il eût soin de faire couler les eaux sur ses toits et non sur ceux du voisin, qui n'est pas obligé de supporter cette servitude. Cicéron ajoute, en s'adressant à Trébatius, que cette décision, appuyée de l'autorité du jurisconsulte Scévola, doit être admise (*id tibi jus videri*).

N° 5. (N°s 26 et 27.) « *Definitionum autem duo sunt genera prima : unum earum rerum, quæ sunt ; alterum earum, quæ intelliguntur. Esse ea dico, quæ cerni tangive possunt, ut fundum, ædes, parietem, stillicidium, mancipium, pecudem, supellectilem, penus, cetera; quo ex genere quædam interdum nobis definienda sunt. Non esse rursus ea dico, quæ tangi demonstrarive non possunt, cerni tamen animo, atque intelligi possunt : ut, si usucapionem, si tutelam, si gentem, si agnationem, definias.* » « Les définitions ont deux espèces principales ; l'une comprend les choses qui existent réellement, l'autre s'applique aux choses qui sont saisies par l'intelligence. Existent réellement celles qui peuvent être touchées et vues, par exemple, un fonds de terre, des maisons, un mur, une gouttière, un esclave, un troupeau, des meubles meublants, des provisions de bouche et autres. Parmi ces objets, quelques-uns doivent être définis. N'existent pas en réalité les choses qui ne peuvent ni être touchées, ni désignées, mais que l'esprit peut saisir et comprendre, par exemple, si on définit l'usucapion, la tutelle, la gens, l'agnation. »

Cicéron fait allusion à une division des choses en corporelles *quæ tangi possunt,* et en incorporelles *quæ in intellectu consistunt.* Cette division était admise par les jurisconsultes romains, ainsi que le prouve Gaius, Comm. 2, § 12, 13 et 14.

Parmi les expressions mentionnées par Cicéron, deux seules mériteraient une explication, ce sont les mots *gens* et *agnatio,* mais tous les deux se retrouveront tout à l'heure, dans un texte important. (Pour le mot *usucapion,* voy. p. 4).

N° 5. (N° 28.) Définition par énumération des parties. « *Si quis jus civile dicat id esse, quod in legibus, senatusconsultis, rebus judicatis, jurisperitorum auctoritate, edictis magistratuum, more, æquitate consistat.* »

« Si l'on disait que le droit civil résulte des lois, des sénatus-consultes, des sentences des juges, de l'autorité des jurisconsultes, des édits des magistrats, de la coutume, de l'équité. »

Cicéron énumère les sources du droit civil. Reprenons-les en y ajoutant les explications des jurisconsultes romains. D'abord, la loi *lex :* en principe, elle se divisait en *lex* proprement dite et en *plébiscite.* Gaius, Comm. 1er, § 3, définit ainsi la *lex :* « *Lex est, quod populus jubet atque constituit.* » Justinien ajoute (liv. 1er, tit. 2, § 4) : « *Lex est quod populus romanus, senatorio magistratu interrogante, veluti consule, constituebat.* » Un magistrat de l'ordre des sénateurs, un consul, par exemple, proposait au peuple réuni dans les comices par centuries le projet de loi. Il employait la formule *Rogo vos, quirites, velitis jubeatis.* Justinien ajoute : « *Nam appellatione populi universi cives significantur, connumeratis etiam patriciis et senatoribus.* » (Voy. aussi Gaius, § 3, *loc. cit*).

Le plébiscite postérieur à la *lex,* et qui fut une source du droit civil, depuis le triomphe des plébéiens, est défini par Gaius (Comm. 1er, § 3) : « *Plebiscitum est, quod plebs jubet atque constituit.* » Justinien ajoute (*loco citato*) : « *Quod plebs, plebeio magistratu interrogante, veluti tribuno, constituebat.* Gaius continue ainsi : *Plebs autem a populo eo distat, quod populi appellatione universi cives significantur, connumeratis etiam patriciis; plebis autem appellatione sine patriciis cives significantur. Unde olim patricii dicebant plebiscitis se non teneri, quia sine auctoritate eorum facta essent : sed postea lex Hortensia lata est, qua cautum est ut plebiscita universum populum tenerent; itaque eo modo legibus exœquata sunt.* »

A la fin de la république romaine et même au commencement de l'empire, il intervint un grand nombre de plébiscites. Ils étaient alors désignés sous le nom de *leges ;* aussi Cicéron n'établit-il aucune distinction entre la *lex* et le plébiscite.

Le sénatus-consulte est, d'après Gaius (§ 4) : « *Quod senatus jubet atque constituit.* » Cicéron le signale parmi les sources du droit privé, et cependant Gaius ajoute : « *Idque legis vicem obtinet, quamvis fuit quœsitum.* » Au temps de Cicéron, on ne rencontre pas de sénatus-consultes sur le droit privé, mais ils se multiplièrent sous l'empire à partir de Tibère, alors que, sous cet empereur, comme dit Tacite : « *comitia e campo ad patres translata.* » A l'époque de Cicéron, le Sénat était un conseil de haute administration : il l'appelle ailleurs : « *Summum populi romani consilium. — Consilium publicum. — Consilium reipublicœ sempiternum.* »

Rebus judicatis désigne l'autorité résultant des jugements, ce que nous appelons aujourd'hui *la jurisprudence.* Mais ce n'est là qu'une autorité doctrinale. Ainsi, la loi oblige sans distinction tous les citoyens; c'est un *prœceptum commune.* Une sentence n'oblige également que les parties qui sont en cause : de là le principe de droit : « *Res inter alios judicata aliis neque nocet neque prodest.* » Mais la sentence peut être invoquée dans une cause identique, comme autorité de doctrine.

Jurisperitorum auctoritas ; c'est l'autorité des jurisconsultes. Pomponius (loi 2, *De Origine juris,* tit. 2, liv. 1er, au Digeste) l'appelle *disputatio fori.* Voici ce que dit ce jurisconsulte : « *Hœc disputatio et hoc jus quod* SINE SCRIPTO VENIT, *compositum a prudentibus est.* » Gaius (Comm. 1er, § 7) et Justinien (liv. 1er, tit. 2, § 8, désignent cette source sous le nom de *responsa prudentium.* Des institutions importantes du Droit Romain lui ont dû leur origine. Comme la précédente, elle faisait partie du *jus non scriptum,* c'est-à-dire, du droit : « *Quod usus comprobavit : nam diuturni mores consensu utentium comprobati legem imitantur.* » Il est vrai qu'il y a controverse sur la question de savoir si les *responsa prudentium* faisaient partie du droit écrit ou plutôt du droit non écrit; mais il paraît certain que, du temps de Cicéron, la *disputatio fori* ne devait être comprise que dans le *jus non scriptum*.

Edictis magistratuum. Les magistrats du peuple romain, et notamment les préteurs, avaient le *jus edicendi*, c'est-à-dire, le droit de rendre des édits obligatoires pour tous. Le préteur, *naturali œquitate motus*, avait fait pénétrer l'équité dans la législation romaine, et, comme nous l'avons vu, sa mission était triple. Aussi Papinien (loi 7, § 1, tit. 1er, liv. 1er, Digeste) dit-il : « *Jus prœtorium est, quod prœtores introduxerunt, adjuvandi, vel supplendi, vel corrigendi juris civilis gratia, propter utilitatem publicam : quod et honorarium dicitur, ad honorem prœtorum sic nominatum.* » C'est là un des points les plus intéressants de la législation romaine; car on peut dire, sans être taxé d'exagération, que le droit prétorien est l'une des sources les plus abondantes de notre législation moderne. A Rome, on rencontre le dualisme entre le droit civil proprement dit, qui est maintenu en théorie, comme une institution vieille et digne de respect, et le droit prétorien, qui est le droit pratique, et finit par supplanter le droit civil. Les préteurs sont des législateurs qui suivent, pas à pas, les progrès de la civilisation et des idées nouvelles, et donnent satisfaction aux intérêts légitimes que le droit civil ne protège pas encore. On l'a dit avec raison : ils font sans cesse dans le droit des révolutions pacifiques.

A l'origine, les magistrats, et notamment les préteurs, n'avaient que le pouvoir judiciaire et exécutif; ce ne fut que plus tard, et après avoir tâtonné, qu'ils exercèrent le pouvoir législatif, et que leurs édits devinrent une source abondante du droit privé (1).

(1) « Il faut écarter toute idée que les préteurs aient jamais eu le pouvoir législatif *per prius*, pour parler le langage des commentateurs, c'est-à-dire, directement et dans le sens propre. » Bouchaud, Mémoire de l'Académie des inscriptions et belles-lettres, 41e volume, page 86. Cet auteur admet que, dès l'origine, le préteur avait le droit de rendre des édits, *mais sans faire de nouvelles lois*, sans *abroger les anciennes*. Nous ne serions peut-être pas de cet avis, nous penserions que le préteur n'avait pas dès l'origine le *jus edicendi*. (Voir, du reste, *pro Cecina infra*).

Voici ce que dit Gaius (Comm. 1er, § 6) sur ce point : « *Jus autem edicendi habent magistratus populi romani; sed amplissimum jus est in edictis duorum prætorum, urbani et peregrini, quorum in provinciis jurisdictionem præsides earum habent; item in edictis ædilium curulium : quorum jurisdictionem in provinciis populi romani quæstores habent; nam in provincias Cæsaris omnino quæstores non mittuntur, et ob id hoc edictum in his provinciis non proponitur.* » Ce passage indique les magistrats qui avaient le *jus edicendi*.

Cicéron, en citant les édits des magistrats parmi les sources du droit civil, prend les mots *jus civile* dans un sens général, par opposition à droit des gens, *jus gentium* (1), tandis que le mot *jus civile* est pris dans un sens moins large, par opposition à *jus honorarium*.

Enfin, Cicéron signale encore les mœurs et l'équité parmi les sources du droit civil, mais du droit civil *non écrit*. Ainsi la substitution pupillaire, dont nous avons parlé plus haut, découlait des mœurs (*moribus*).

N° 5 (N° 28). « *Abalienatio est ejus rei, quæ mancipi est, aut traditio alteri nexu, aut in jure cessio, inter quos ea jure civili fieri possunt.* » « L'aliénation est, ou la tradition accompagnée de la mancipation, de la chose *mancipi* à un autre, ou la *cessio in jure* intervenue entre ceux qui peuvent la faire, d'après le droit civil. »

Aliéner, c'est *rem suam alienum facere* : faire que sa chose devienne chose d'autrui. Nous avons déjà dit que les choses se divisaient en *res mancipi* ou *res nec mancipi*. Cicéron ne parle que des premières (voy. leur énumération, Ulpien, tit. 19, § 1 de ses Règles, et Gaius, Comm. 1er, § 120; Comm. 2, § 15 et 16). Elles étaient susceptibles de mancipation, et pouvaient être aliénées dans les formes solennelles de la *mancipatio* (voy. Gaius, Comm. 1er, § 119). La *cessio in jure*, décrite également plus haut, page 7, était un mode général d'aliénation pour les choses *mancipi et nec mancipi*. Ulpien (Règles, tit. 19, § 9) dit : « *In jure cessio quoque communis alienatio est et mancipi rerum et nec mancipi.* » Mais pour figurer dans la *mancipatio*, comme dans la *cessio in jure*, il fallait être citoyen romain, ou avoir, en ce qui concernait la *mancipatio*,

(1) C'est aussi le point de vue de Gaius et de Justinien.

le *jus commercii*. Ulpien (Règles, tit. 19, § 4 et 5) dit : « *Mancipatio locum habet inter cives Romanos et Latinos colonarios; Latinosque Junianos, eosque peregrinos quibus commercium datum est. — Commercium est emendi vendendique invicem jus.* »

Cicéron dit donc que l'aliénation des choses *mancipi* a lieu par la mancipation et la *cessio in jure*, pourvu que ces formalités interviennent entre personnes capables d'y figurer.

Il reste à expliquer les mots « *traditio alteri nexu.* » Le mot *nexus* ou *nexum*, qui avait différents sens, doit être, dans ce passage, pris dans celui indiqué par Varron : « *Nexum est omne quod per æs et libram geritur in quo sunt mancipia.* » Ainsi, *nexu* est, pour Cicéron, synonyme de *mancipatione*. C'est alors une expression primitive et générique qui désigne tous les actes civils qui s'accomplissent au moyen de l'emploi réel ou fictif de la pesée *per æs et libram*, par la pièce d'airain et la balance (voy. formes de la *mancipatio*, Gaius, 1, § 119 et suivants). Boece dit positivement : « *Nexus est quædam juris solemnitas, quæ fiebat eo modo quem in institutionibus Gaius exponit.* » Puis, Boece transcrit successivement les passages de Gaius sur les formalités de la *mancipatio* et sur celles de la *cessio in jure*. Comme le fait remarquer ce commentateur qui, dans cet endroit, a toute l'exactitude d'un jurisconsulte romain, la tradition d'une chose *mancipi*, sans *le nexum*, ne transférait pas la propriété ; pour que l'aliénation fût consommée, il fallait qu'elle fût accompagnée de la mancipation. Il n'en faudrait pas conclure que la mancipation renfermât toujours la tradition, c'est-à-dire, la *mise en possession;* cette conséquence est démentie par Gaius lui-même (Comm. 2, § 204, et Comm. 4, § 131). Enfin, on n'oubliera pas que celui à qui une chose *mancipi* avait été simplement livrée, acquérait sur cette *chose* l'*in bonis*. (Voy. p. 5.) (1)

N° 6. (N° 29.) Cicéron donne l'exemple de définitions : « *Hereditas est pecunia. — Commune adhuc : multa enim genera sunt pecuniæ. Adde quod sequitur : — quæ morte alicujus ad quempiam pervenit. — Nondum definitio est : multis enim modis sine hereditate teneri mortuorum pecuniæ possunt. Unum adde verbum, — jure. — Jam a*

(1) Je dois dire que ce passage est mal traduit par les auteurs que j'ai consultés.

communitate res disjuncta videbitur, ut sit explicata definitio sic : —Hereditas est pecunia, quæ morte alicujus ad quempiam pervenerit jure. —Nondum est satis : adde, —nec ea aut legata testamento, aut possessione retenta : — confectum est. »

« L'hérédité est un bien ou de l'argent. — Ce caractère est commun, car il y a plusieurs espèces de biens. Ajoutez ce qui suit : —qui parvient à quelqu'un par suite de la mort d'une personne. La définition n'est pas complète, car, sans être héritiers, nous pouvons avoir les biens de personnes mortes. Ajoutez un seul mot, —en vertu de la loi, —déjà la chose se distingue de celles qui ont un caractère commun, et la définition se développe ainsi : — L'hérédité est un bien qui nous arrive par suite de la mort d'une personne, et ce en vertu de la loi. —Cela ne suffit pas, il faut ajouter : — et qui n'a été ni légué par testament, ni retenu par suite de la possession que l'on avait : —la définition est complète. »

Le mot *hereditas* a différents sens, comme le mot *succession*. Le jurisconsulte Gaius (loi 24, *De verborum significatione*, au Digeste, liv. 50, tit. 16) dit : « *Nihil est aliud hereditas, quam successio in universum jus quod defunctus habuit.* » « L'hérédité, c'est la succession à tous les droits du défunt. » Sous ce point de vue, le mot *hereditas* désigne le droit de succéder au défunt, et de le représenter; est héritier celui qui est appelé au *nomen juris*. Dans un autre sens, *hereditas* désigne la masse des biens. C'est ce que veut dire Cicéron : *hereditas est pecunia*.

Que veut dire *pecunia ?* Hermogenien (loi 222, *De verb. signif.*, Digeste, tit. 16, liv. 50) dit : « *Pecuniæ nomine non solum numerata pecunia; sed omnes res, tam soli, quam mobiles, et tam corpora, quam jura continentur.* » « *Pecunia* désigne non-seulement l'argent comptant, mais toutes les choses, soit mobilières, soit immobilières, les choses corporelles comme les droits. » Dans ce sens, *pecunia* est synonyme de *bona*. « *Bonorum appellatio sicut hereditatis, universitatem quamdam ac jus successionis, et non singulares res demonstrat,* » dit la loi 208 du même titre. C'est dans ce sens que Cicéron dit *hereditas est pecunia*, ce qui est difficile à traduire dans notre langue, à moins de dire : l'hérédité est un ensemble de biens.

Il faut ajouter : « qui nous arrive par la mort de quelqu'un. »

Cela ne suffit pas, dit avec raison Cicéron, car on peut avoir les biens d'un défunt de plusieurs autres manières que par une hérédité, par exemple, comme dit Boece, si quelqu'un est tué à la guerre et dépouillé. Il faut donc ajouter : en vertu de la loi. En effet, l'hérédité est dévolue, soit par la loi testamentaire, soit par la loi des XII Tables. Enfin, il peut se faire qu'à raison de cette loi du testament on recueille des biens du défunt à titre de legs, ou que l'on soit nu-propriétaire d'un bien dont le défunt avait l'usufruit et que l'on reprend après la cessation de l'usufruit; donc, pour donner une définition complète, il faut mentionner que les biens ne sont pas dévolus en vertu de ces circonstances.

Cicéron emploie les mots *possessione retenta,* parce que le nu-propriétaire possède la chose malgré la jouissance de l'usufruitier; c'est pourquoi, si ce dernier meurt, le nu-propriétaire reprend les choses en vertu même de la possession qu'il avait retenue. Telle est, du reste, l'explication que donne Boece et que répète M. Victor Leclerc. (P. 279, 5e vol., 2e édit.)

N° 6. (N° 29.) Autre modèle de définition : « *Gentiles sunt, qui inter se eodem nomine sunt.—Non est satis.—Qui ab ingenuis oriundi sunt. — Ne id quidem satis est. — Quorum majorum nemo servitutem servivit. — Abest etiam nunc : — Qui capite non sunt deminuti. — Hoc fortasse satis est. Nihil enim video Scævolam, pontificem, ad hanc definitionem addidisse.* » « Les gentils sont ceux qui portent le même nom.— Ce n'est pas assez.— Ce sont ceux qui, en outre, sont nés d'ingénus. —Cela ne suffit pas;—dont aucun des ancêtres n'a été esclave;—ce n'est pas tout;—qui n'ont pas subi la *capitis diminutio.* En voilà peut-être assez, car je ne vois pas que le pontife Scévola ait rien ajouté à cette définition. »

Cette définition complète, suivant Cicéron, n'a pas empêché les savants et ne les empêche pas de discuter encore tous les jours sur la gentilité. On ne sait pas au juste ce qu'était la *gens,* ce qu'étaient les *gentiles.*

Gaius traitait cette matière dans son Commentaire 1er, à propos de la tutelle. La loi des XII Tables déférait l'hérédité, d'abord aux héritiers siens, c'est-à-dire, aux enfants qui étaient sous la puissance du défunt, puis aux agnats, puis, enfin, aux gentils. Voici son texte, qui était contenu dans la table Ve : « *Si intestato moritur, cui suus heres nec sit, adgnatus proximus familiam habeto. Si adgnatus nec escit, gentilis familiam nancitor.* » Or, la tutelle était organisée parallèlement à l'hérédité. L'agnat héritier de l'impubère *sui juris*, était son tuteur, parce qu'il était son héritier; après l'agnat, venait le *gentilis*, héritier et tuteur. Ainsi, un père de famille mourait laissant deux enfants sous sa puissance, un âgé de 25 ans, l'autre de 10 ans; tous deux devenaient *sui juris*, et étaient, comme nous allons le voir tout à l'heure, agnats l'un de l'autre; mais l'enfant de 10 ans était impubère, et dès lors sous la tutelle de son frère, qui était aussi son héritier. S'il n'avait point eu de frère ni d'autre agnat, il eût été sous la tutelle de son *gentilis*. Mais quel était ce *gentilis* ? Là est la question.

Gaius, au Comm. 3, à propos de l'hérédité *ab intestat*, nous dit (§ 17) : « *Si nullus agnatus sit, eadem lex XII Tabularum gentiles ad hereditatem vocat. Qui sint autem gentiles, primo commentario retulimus, et cum illic admonuerimus totum gentilitium jus in desuetudinem abiisse, supervacuum est hoc quoque loco de ea re* CURIOSIUS *tractare.* »

La partie du manuscrit où Gaius traitait de la gentilité n'a pu être reproduite, et dès lors, le problème est resté tel qu'il était avant la découverte des Institutes de Gaius.

Pour le comprendre, il faut d'abord bien connaître ce que l'on entendait par *agnation*, *agnats*, et ensuite revenir à la définition donnée par Cicéron. On nous pardonnera les détails dans lesquels nous allons entrer, ils nous paraissent indispensables.

Les agnats sont définis par Gaius (Comm. 1er, § 156) : « *Sunt autem agnati per virilis sexus personas cognatione juncti, quasi a patre cognati, veluti frater eodem patre natus, fratris filius neposve ex eo, item patruus et patrui filius et nepos ex eo. At hi qui per feminini sexus personas cognatione junguntur, non sunt agnati, sed alias naturali jure cognati : itaque inter avunculum et sororis filium non agnatio est, sed cognatio; item amitæ, materteræ filius non est mihi agnatus sed cognatus, et invicem scilicet ego illi eodem jure conjungor, quia qui nascuntur patris, non matris familiam sequuntur.* » Nous traduisons : « Les agnats sont ceux qui sont unis par des personnes du sexe masculin, c'est-à-dire cognats par le père, par exemple, le frère né du même père, son fils et le fils de ce dernier, et, pareillement, l'oncle paternel, son fils et le fils de ce dernier. Les personnes unies par le sexe féminin ne sont point agnats, mais cognats d'après le lien naturel ; c'est pourquoi, entre un oncle et le fils de sa sœur, n'existe pas d'agnation, mais le lien naturel de la cognation ; de même, le fils de ma tante paternelle, le fils de ma tante maternelle n'est point mon agnat, mais mon cognat, et je lui suis uni par le même lien, car les enfants qui naissent suivent la famille de leur père et non celle de leur mère. »

Pour bien saisir l'agnation, il faut remonter à la constitution même de la famille romaine.

A sa tête se présentait le *paterfamilias*, le père de famille. Il avait sous sa puissance, *sub potestate*, d'abord ses esclaves ; puis ses enfants, sans distinction, issus des justes noces, fils ou filles ; parmi ses petits-enfants, les fils et filles de ses fils, et non les enfants de ses filles ; parmi ses arrière-petits enfants, les fils et filles de ses petits-fils, et non les enfants de ses petites-filles. Les enfants ne suivaient pas la famille de leur mère, mais bien la famille de leur père : *Patris non matris familiam sequuntur*. Ainsi, Paul, père de famille, avait sous sa puissance son fils Primus et sa fille Prima ; Primus contractait des justes noces avec Secunda ; les enfants issus de cette union étaient sous la puissance de Paul leur aïeul paternel. Prima se mariait avec Secundus ; les enfants issus de ces justes noces n'étaient pas sous la puissance de Paul leur aïeul maternel, car ils ne suivaient pas la famille de leur mère, et ils étaient sous celle de Secundus leur père, ou du père de leur père, de leur aïeul paternel, s'il y avait un aïeul *paterfamilias*.

Le mot *familia* primitivement désignait un ensemble *d'alieni juris*, sous la puissance du *paterfamilias* qui seul avait le *dominium in domo*. Écoutons Ulpien (loi 195, liv. 50, tit. 16 au Digeste) : « *Jure proprio familiam dicimus plures personas, quæ sunt sub unius potestate, aut natura, aut jure subjectæ, utputa patremfamilias, matremfamilias, filiumfamilias, filiamfamilias, quique deinceps vicem eorum sequuntur, ut puta nepotes et neptes, et deinceps. Pater autem familias appellatur, qui in domo dominium habet : recteque hoc nomine appellatur, quamvis filium non habeat ; non enim solam personam ejus, sed et jus demonstramus. Denique et pupillum patremfamilias appellamus.* »

« Dans un sens propre, sous le nom de *familia*, nous désignons plusieurs personnes qui sont sous la puissance d'un seul, ou par la nature, ou par le droit; par exemple, nous disons le père de famille, la mère de famille, le fils de famille, la fille de famille, et ceux qui les suivent, comme les petits-fils et les petites-filles. On appelle père de famille celui qui a le domaine dans la *domus*; et on lui donne à bon droit ce nom, quoiqu'il n'ait pas de fils; car c'est le droit que nous voulons démontrer, et non pas la personne que nous avons en vue. »

Ce texte nécessite quelques explications. D'abord, on pouvait tomber sous la puissance du père de famille, soit *natura*, soit *jure*; *natura*, quand l'enfant était issu des justes noces; *jure*, quand il était uni au *paterfamilias* par les liens civils seulement. Ainsi, un père de famille, se donnant en adoption, consentait à cesser d'être indépendant et *sui juris*, pour tomber sous la *potestas* d'un autre père de famille; il y avait ce que l'on appelait *adrogation*, et l'adrogé était dorénavant *alieni juris*, sous la puissance du père adrogeant, il était fils de famille *jure*. De même, un fils de famille était donné en adoption par son père naturel à un père adoptif, il restait *alieni juris;* mais, à partir de l'adoption, il était fils de famille du père qui l'avait adopté, l'était *jure* et non *natura;* enfin, la femme *sui juris* accomplissait une des formalités qui faisaient acquérir la *manus* au mari (voy. plus haut, p. 16), elle était *loco filiæ*, le mari était *paterfamilias*, et il avait le droit de la puissance paternelle sur la femme *jure* et non *natura*. Ainsi, comme on le voit, la constitution de cette première famille romaine était toute civile : d'un côté, le père de famille pouvait avoir sous sa puissance des enfants qui ne lui étaient pas unis par les liens du sang; et de l'autre, il n'avait pas sous cette puissance ceux qui lui étaient unis par les liens du sang, comme les enfants de sa fille qui n'étaient pas dans la famille de leur mère.

La mère pouvait être *materfamilias*, mais fût-elle *sui juris*, elle n'avait jamais sous sa puissance ses enfants; toujours ceux-ci tombaient sous celle de leur père. Aussi Ulpien disait-il de la femme, qu'elle était *familiæ suæ caput et finis* (loi 195, § 5, liv. 50, tit. 16 au Digeste).

Remarquons encore que le jurisconsulte appelle père de famille, *paterfamilias,* celui qui n'avait aucun enfant sous sa puissance, et même qui ne pouvait en avoir, comme le pupille qui, étant impubère, ne pouvait contracter de justes noces. C'est que le mot *paterfamilias* voulait dire celui qui n'était sous la *potestas* d'aucun autre citoyen romain, qui était indépendant, qui était *sui juris,* qui avait le *dominium,* qui était propriétaire, et, sous ce rapport, on pouvait être père de famille en naissant ; ainsi, les enfants issus du concubinat suivaient, comme nous l'avons dit (p. 39), la condition de leur mère au moment de la naissance. Comme la mère ne pouvait avoir la *potestas,* ils étaient donc *sui juris* et pères de famille dès leur naissance ; mais, dit Ulpien, *jus et non personam demonstramus.*

Complétons encore ceci par un texte du même jurisconsulte. Ulpien (loi 4, au Digeste, liv. 1, tit. 6, *De his qui sui vel alieni juris sunt*) dit : « *Civium romanorum quidam sunt patresfamiliarum : alii filiifamiliarum, quædam matresfamiliarum, quædam filiæfamiliarum; patresfamiliarum sunt,* QUI SUNT SUÆ POTESTATIS, *sive puberes, sive impuberes; simili modo matresfamiliarum. Filii et filiæfamiliarum, qui sunt in aliena potestate.*

Nam qui ex me et UXORE *mea nascitur, in mea potestate est, item qui ex filio meo et uxore ejus nascitur, id est, nepos meus et neptis, æque in mea sunt potestate, et pronepos, et proneptis, et deinceps cæteri.* »

On remarquera que le mot *materfamilias* avait changé d'acception dans l'intervalle qui s'était écoulé entre Cicéron et Ulpien. D'après Cicéron, *materfamilias* désignait la femme qui était *in manu mariti* (p. 15) ; Ulpien, par ce mot, désigne, au contraire, la femme *sui juris,* independante, qui est *caput atque finis familiæ.*

Revenons à l'agnation. A la mort du *paterfamilias,* les enfants du premier degré devenaient tous *sui juris,* tous pères de familles et chacun tête d'une nouvelle famille, mais ils étaient reliés entre eux par le lien de l'agnation.

Ainsi, un citoyen romain avait sous sa puissance deux fils et une fille et les enfants de ses fils. A sa mort, ses deux fils et sa fille étaient *sui juris;* les deux fils avaient la puissance paternelle sur leurs propres enfants, et la fille *sui juris* seule n'avait pas la *potestas,* comme nous l'avons dit tout à l'heure. Mais tous trois, les deux fils et la fille, étaient agnats entre eux, car ils étaient parents *per virilis sexus cognationem;* ils descendaient du même père.

Ulpien nous dit (loi 195, *De verb. signif.*, liv. 50, tit. 16, § 2) : « *Cum paterfamilias moritur, quotquot capita ei subjecta fuerunt, singulas familias incipiunt habere : singuli enim patrumfamiliarum nomen subeunt....... Communi jure familiam dicimus omnium adgnatorum : nam et si, patrefamilias mortuo, singuli singulas familias habent : tamen omnes, qui sub unius potestate fuerunt, recte ejusdem familiæ appellabuntur, qui ex eadem domo et gente proditi sunt.* »

« Lorsque le père de famille meurt, tous ceux qui ont été soumis à son pouvoir commencent à avoir des familles propres ; tous prennent, en effet, le nom de pères de famille..... Dans un sens plus général, nous appelons famille tous les agnats; car, bien qu'à la mort du père chacun d'eux ait une famille, cependant tous ceux qui ont été sous la puissance d'un seul font partie de la même famille, comme ayant fait partie de la même *domus* et de la même *gens*. »

La famille agnatique était donc plus considérable que celle dont nous nous occupions tout à l'heure, car elle comprenait plusieurs pères de famille, plusieurs familles individuelles réunies par un lien commun plus général, le lien de l'agnation. Mais on voit, d'après les textes d'Ulpien et de Gaius, que pour faire partie des agnats, *il fallait avoir été ou pu être sous la puissance de l'auteur commun, et avoir été ou pu être membre de la même* **FAMILIA**.

Ainsi, Gaius nous dit : sont agnats les parents unis par les générations de mâles : *cognati per virilis sexus cognationem conjuncti*, et il donne les exemples suivants : le frère consanguin est agnat avec son frère consanguin; tous deux sont nés du même père et tous deux ont été sous sa puissance. Le frère utérin n'est pas agnat avec son frère consanguin, car il n'a pas suivi la famille de sa mère, mais celle de son père ; il n'a donc jamais été sous la puissance de son aïeul maternel. *Autre exemple* : l'oncle paternel était agnat avec le fils de son frère consanguin, car tous deux eussent été sous la puissance de l'aïeul ; le neveu a suivi la famille de son père et son père était sous la puissance de l'aïeul concurremment avec son frère consanguin, oncle paternel de celui dont il s'agit. Au contraire, la tante maternelle n'est point agnate avec le fils de sa sœur, parce que ce fils suit la famille de son père et non celle de sa mère; il n'a donc pas été et il n'a pu être sous la puissance de son aïeul maternel, concurremment avec sa mère et sa tante maternelle qui ont été sous cette puissance. *Autre exemple :* les enfants ne sont point agnats avec leur mère, car leur mère, que nous supposons *sui juris*, est dans une famille distincte de celle de leur père, et ils suivent la famille de leur père et non celle de leur mère.

Ces exemples, empruntés au texte même de Gaius, prouvent que des relations agnatiques n'existaient entre des citoyens romains que *s'ils avaient été ou s'ils avaient pu être* membres de la même *familia*, c'est-à-dire, *s'ils avaient été ou pu être soumis* à la puissance du même *paterfamilias;* autrement, ils ne pouvaient être agnats entre eux, n'ayant jamais fait partie de la même *familia*, et l'agnation n'était rien autre chose que cette même *familia* étendue et développée lors de la mort du chef de famille.

Cette famille agnatique était toute civile. Elle pouvait être constituée par suite de l'adrogation, de l'adoption et de la *manus*. En effet, si un citoyen romain *sui juris*, se donnait en adrogation, ou si un *alieni juris* était donné en adoption, ils tombaient *jure* sous la puissance du père adrogeant ou du père adoptif, concurremment avec les enfants issus des justes noces; il étaient donc dans la même *familia*. Si le chef venait à mourir, l'enfant adoptif et l'enfant issu des justes noces étaient des pères de famille, des *sui juris*, unis entre eux par les liens de l'agnation. De même, si la femme tombait in *manu mariti*, elle était *loco filiæ*, *quasi* fille de son mari et sœur de ses enfants; à la mort de son mari, elle devenait *sui juris*, et était agnate de ses enfants.

Les textes confirment ces doctrines. Gaius (Comm. 3, § 10) nous dit : « *Vocantur autem agnati, qui legitima cognatione juncti sunt : legitima autem cognatio est ea quæ per virilis sexus personas conjungitur. Itaque eodem patre nati fratres agnati sibi sunt, qui etiam consanguinei vocantur; nec requiritur an etiam matrem eamdem habuerint. Item patruus fratris filio, et invicem is illi agnatus est. Eodem numero sunt fratres patrueles inter se, id est, qui ex duobus fratribus progenerati sunt, quos plerique etiam consobrinos vocant.* » « On appelle agnats ceux qui sont unis par une parenté légitime. La parenté légitime existe entre ceux qui sont joints par des personnes du sexe masculin. Des frères nés du même père, que l'on appelle consanguins, sont agnats entre eux. De même de l'oncle paternel dans ses rapports avec son neveu, fils de son frère. Les *fratres patrueles*, nés de deux frères que l'on appelle aussi cousins, sont agnats. »

Enfin, au § 14 du même Comm. 3, Gaius dit encore : « *Sororis autem nobis loco est etiam mater aut noverca, quæ per in manum conventionem apud patrem nostrum jura filiæ nancta est.* » « Est au lieu et place d'une sœur, la mère ou la marâtre qui, par la *conventio in manum,* a acquis auprès de notre père les droits d'une fille. »

La famille naturelle d'où résultait la *cognation*, comprenait tous les parents descendant les uns des autres, ou d'un auteur commun, sans distinguer ceux qui descendaient par les mâles de ceux qui descendaient par les femmes. L'agnation, au contraire, ne comprenait que les parents descendant par les mâles; la transmission du nom peut donner une idée de l'agnation romaine. Partout où nous rencontrons en France le nom de famille, nous pouvons dire, sauf une restriction que nous ferons tout à l'heure, qu'à Rome il y aurait eu agnation.

La cognation avait des effets importants, même d'après le droit civil, mais elle ne conférait ni l'hérédité ni la tutelle. La loi des XII Tables, par des motifs aristocratiques qu'il est facile de comprendre, avait réservé ces faveurs importantes à la famille agnatique, dont elle perpétuait ainsi la splendeur. Cette famille fut successivement ruinée par les réformes du droit civil, du droit prétorien, et, plus tard, par les constitutions impériales du Bas-Empire. Enfin Justinien l'abolit d'une manière définitive dans sa Novelle 118, alors qu'il édicta un système successoral, uniquement basé sur les liens du sang.

Le lien de l'agnation était détruit par la *capitis diminutio*, qu'elle fût *maxima, media* ou *minima*. (Nous avons déjà expliqué ces expressions, p. 32.)

La *minima capitis diminutio* suffisait pour faire perdre l'agnation. Ainsi, un père de famille mourait laissant deux enfants qui, tous deux, étaient sous sa puissance, ils devenaient agnats; l'un d'eux se donnait en adrogation et passait sous la puissance et dans la famille de son père adrogeant; il était *capite minutus* et, dès lors, le lien de l'agnation était brisé, car l'on ne pouvait appartenir simultanément à deux familles. Il devenait, au contraire, agnat avec les membres de la famille du père adrogeant. De même si l'un des fils de famille avait été ou donné en adoption, ou émancipé, ou, enfin, si la femme mariée s'était donnée en *coemptio*, l'agnation, lien civil, était dissoute par la *capitis diminutio.* (Voy. Gaius, Comm. 1er, § 162.)

La cognation était-elle détruite par la *capitis diminutio?* Gaius répond (Comm. 1er, § 158) : « *Sed agnationis quidem jus capitis diminutione perimitur, cognationis vero jus non commutatur, quia civilis ratio civilia quidem jura corrumpere potest, naturalia vero non potest.* »

Malgré cette assertion, Justinien, reproduisant la doctrine des jurisconsultes romains (§ 6, liv. 1er, tit. 16, Institutes), nous apprend que la *maxima* et la *media capitis diminutio* faisaient perdre le *jus cognationis.* Mais il est facile de concilier Gaius et Justinien. Gaius se plaçait au point de vue du droit naturel et disait que, malgré la *capitis diminutio,* la cognation subsistait; mais Justinien, envisageant le droit positif, faisait remarquer que *les effets civils* de la cognation étaient détruits par la perte de la qualité d'homme libre ou de citoyen romain, parce qu'il y avait alors ce qu'on appelle la *mort civile.*

Mais la *minima capitis diminutio* ne faisait perdre que le *status familiæ* et l'agnation, et ne portait aucune atteinte au droit de la cognation. « *Si minima capitis diminutio interveniat, manet cognatio.* » (Justinien, *loco citato.*)

Comment arriver à une définition exacte de l'agnation?—Celle de Gaius « *cognati per virilis sexus cognationem cunjuncti,* » est très-bonne, à la condition d'ajouter : « *et qui non sunt capite minuti.* » En effet, le fils émancipé comme le fils resté sous la puissance sont nés du même père, et cependant ils ne sont pas agnats, parce que l'un d'eux, l'émancipé, a été *capite minutus.*

Il vaut donc mieux dire avec Ulpien : que *sont agnats ceux qui, en supposant l'auteur commun vivant, seraient sous sa puissance.* »

Quant à la transmission du nom qui, disions-nous, représente l'agnation, elle pourrait encore induire en erreur, car le fils émancipé conserve son nom de famille.

Après cette longue digression, qui nous a paru nécessaire, revenons au problème que soulève le texte de Cicéron.

Suivant Cicéron, les gentils sont soumis à quatre conditions : 1° ils portent le même nom, 2° ils sont tous nés d'ingénus, 3° aucun de leurs ancêtres n'a été esclave, 4° aucun d'eux n'a été *capite minutus*.

On voit de suite que deux de ces conditions sont communes à l'agnation et à la gentilité, ce sont la première et la dernière. Les agnats portent aussi le même nom, et l'agnation comme la gentilité, est détruite par la *capitis diminutio;* mais les deux autres conditions peuvent ou ne pas se rencontrer ou se rencontrer dans l'agnation.

Elles peuvent ne pas se rencontrer, disons-nous : en effet, pour être agnat, il n'est pas nécessaire d'être né d'*ingénu*, c'est-à-dire, d'un père qui n'a jamais été esclave. Ainsi, un esclave était affranchi, devenait *sui juris* et chef d'une nouvelle *familia;* il contractait des justes noces, avait des enfants ; à sa mort, ses enfants étaient agnats, et cependant ils étaient nés d'un *libertinus* et non d'un *ingenuus*; voilà donc des agnats qui, d'après la définition de Cicéron, ne pouvaient être *gentiles*. En outre, les agnats pouvaient être nés d'un père ingénu et ne pas satisfaire à la troisième condition. Ainsi, un citoyen romain était esclave, puis affranchi, contractait de justes noces et avait un fils unique; ce fils unique se mariait à son tour et avait plusieurs enfants. A la mort du père, tous ces enfants étaient agnats, et ils étaient nés d'un père qui n'avait jamais été affranchi, qui était ingénu, mais ils n'étaient pas *gentiles*, car leur grand-père avait été esclave.

Là n'est donc pas le problème, puisqu'on voit parfaitement que l'agnation peut exister dans des circonstances où n'existe pas la gentilité.

Mais ces deux conditions peuvent aussi se rencontrer dans l'agnation. Ainsi, supposons un descendant des grandes familles de Rome, un Scipion, si l'on veut : il se mariait, avait des enfants ; à sa mort, tous ses enfants étaient agnats, et réunissaient les quatre conditions qui, suivant Cicéron, constituent la gentilité. Ils portaient le même nom, étaient nés d'ingénus, leurs ancêtres avaient toujours été libres; enfin, ils n'avaient pas subi de *capitis diminutio*.

Dès lors, quel est le véritable cachet distinctif de l'agnation et de la gentilité? Quel est le *criterium* à l'aide duquel on fixera le point où finira l'agnation et où commencera la gentilité? C'est ce problème qui paraît insoluble et qui est livré à la dispute des érudits; et nous disons d'avance qu'il est insoluble dans l'état actuel des documents que nous possédons; si la solution en était possible, elle ne donnerait pas lieu à tant de recherches et de controverses, qui sont du domaine de l'érudition proprement dite.

Nous nous bornerons donc à l'exposition succincte des systèmes que nous connaissons, en nous contentant aussi d'exposer les arguments contraires que l'on fait valoir. On ne trouvera pas mauvais que nous fassions l'office d'un simple rapporteur.

Premier système. — La *gens* se composait des familles entre lesquelles la communauté de nom révélait une origine commune; mais la trace de la généalogie étant perdue, il était impossible de constater l'existence des liens d'agnation.

Ce système s'appuie sur un texte où Cicéron, parlant de Servius Tullius, dit : « *regnante meo gentili.* » (Quest. Tusculanes, liv. 1er, no 16, *infra.*)

On rejette ce texte comme contenant une simple plaisanterie, et d'ailleurs, des droits aussi importants que ceux d'hérédité et de tutelle ne pouvaient être dévolus à des personnes qui réunissaient la circonstance insignifiante de porter le même nom, surtout quand on réfléchit que la parenté naturelle était écartée par la loi des XII Tables. De plus, les *gentiles* étaient appelés en masse comme les agnats, et il fallait dès lors établir des degrés entre eux. Enfin, dans ce système, qu'eût fait la *capitis diminutio* qui, suivant Cicéron, détruisait la gentilité?

M. Ortolan caractérise très-bien ce système, en disant : « Cette opinion est sans contredit la plus superficielle : opinion de littérateur plutôt que de jurisconsulte. »

Deuxième système. — Voici comment le résume M. Ortolan, qui du reste le combat (p. 31, 2e vol., 3e édit. Institutes de Justinien expliquées) : « La *gens* a été primitivement une agrégation politique de diverses familles patriciennes, étrangères l'une à l'autre par les liens du sang et de la puissance paternelle, mais unies politiquement en une sorte d'association civile sur une division territoriale de la ville particulière à chacune d'elles, formant ainsi une sorte d'unité politique, dans un quartier commun, sous un nom commun, avec un culte privé et des sacrifices communs *(sacra gentilitia)*, et une participation commune, c'est-à-dire prise ensemble, comme en un seul corps, aux fonctions politiques de la cité. Le nombre de ces *gentes* est clos et arrêté, fixé par la Constitution elle-même. Ce sont précisément les trois tribus et les curies dont nous parle l'histoire romaine, qui contiennent en leur sein cette division. Chaque tribu est composée de dix curies, chaque curie de dix *gentes;* de sorte qu'il y a en tout cent *gentes* dans chaque tribu, trois cents dans toute la cité. Les comices par curies *(comitia curiata)* sont ceux où se trouvent convoquées, dans les trente curies qu'elles composent, ces agrégations, ces *gentes* patriciennes qui y votent chacune comme une seule unité, le suffrage s'y donnant, non par individu, mais par *gens*. »

Plus loin, M. Ortolan ajoute : « Les affranchis et les clients des patriciens, attachés en quelque sorte au patron, font avec lui partie de la *gens* à laquelle celui-ci appartient; ils sont aussi les *gentiles* des membres divers de cette *gens;* ils participent aux droits de la gentilité, mais sans droit de voter dans les curies....... » Enfin, on signale « des *gentes* secondaires (de la bourgeoisie, de la commune, de la municipalité), dont l'agrégation n'est pas reconnue, comme *gens*, sous le rapport de la constitution politique, mais qui n'en existent pas moins avec les droits de la gentilité entre leurs membres. »

Ce système a été développé par M. Niebuhr dans son *Histoire Romaine* (2e vol., traduction de M. de Golbery) : M. Giraud, aujourd'hui professeur de Droit Romain à la Faculté de Droit de Paris, l'a reproduit et fortifié dans un article inséré dans la *Revue de Législation* (p. 38 et suiv., 27e vol., année 1846). L'auteur s'efforce surtout d'établir que la gentilité constituait une famille civile et politique, une espèce de clan comme les clans d'Écosse, dont le célèbre romancier nous a donné une idée dans *Waverley*. La définition de Cicéron, dit-il, n'exige pas l'identité d'origine, elle n'exige que l'identité de nom.

L'opinion de M. Niebuhr et de M. Giraud a été attaquée d'abord dans la *Revue de Législation* elle-même (28e vol., année 1847, p. 5 et suiv.) par M. Troplong, qui résume ainsi le système de M. Giraud : « La *gens* romaine n'était pas, comme on l'a trop souvent répété, une association de famille. Sortie du même tronc et unie par le lien d'une commune origine, la *gens* reposait sur un tout autre principe; elle n'était qu'une agrégation toute politique de familles étrangères les unes aux autres et réunies seulement par des rapports municipaux et religieux. » M. Troplong rappelle ensuite les arguments que M. Giraud avait empruntés à la législation grecque, et termine en disant : « Voilà le résumé de la dissertation de M. Niebuhr; c'est absolument le système de M. Giraud. Ce dernier surpasse seulement son devancier par la clarté, la logique, l'abondance des précieux détails et l'heureux enchaînement des idées. »

Pour combattre ce système, M. Troplong s'efforce, à l'aide de nombreux textes, d'établir que les *gentiles* devaient avoir une origine commune. Il est vrai que Cicéron ne le dit pas dans sa définition qu'il emprunte au jurisconsulte Scévola, mais tout le monde est d'accord pour reconnaître qu'il y a un *sous-entendu* dans cette définition. Quel est ce *sous-entendu*? C'est la question.

M. Ortolan *(loco citato)* repousse également le système de MM. Niebuhr et Giraud par les textes qu'invoque M. Troplong. C'est d'abord celui du grammairien Festus : « *Gentilis dicitur et ex eodem genere ortus et is qui simili nomine appellatur; ut ait Cincius : Gentiles mihi sunt qui meo nomine appellantur.* » Varron *(De lingua latina,* 7, 2), voulant indiquer la filiation des mots, dit : « *Ut in homines sunt agnationes et gentilitates, sic in verbis : ut enim ab Æmilio homines orti, Æmilii ac gentiles.* »

Enfin, c'est le texte d'Ulpien que l'on invoque (voir la loi que nous avons citée plus haut) : « *Omnes qui sub unius potestate fuerunt recte ejusdem familiæ appellabantur, qui ex eadem* DOMO *et* GENTE *proditi sunt.* »

M. Troplong termine ainsi : « La définition de Scévola, dans quelque système que ce soit, demande un complément. Il est impossible que le nom à lui seul décide des droits de famille les plus précieux. Il faut derrière le nom quelque chose qui prouve que l'homonymie n'est pas un accident fortuit.

MM. Niebuhr et Giraud veulent que ces rapports nécessaires, qui complètent le lien de gentilité indiqué par le nom, soient des rapports politiques unissant systématiquement les *gentiles*, abstraction faite de toute consanguinité. Je soutiens, au contraire, avec Cujas, Heineccius, Pothier, que la *gens* avait pour base la descendance d'un même tronc (1). »

Troisième système. — Ce système a été exposé par M. Laferrière dans son Histoire du Droit Civil de Rome et du Droit Français (p. 78 du 1er vol., et appendice du 2e vol., p. 521).

Il consiste à prendre à la lettre les mots d'Ulpien : « *qui sub unius potestate fuerunt,* » et à ne reconnaître pour agnats que ceux qui ont été *effectivement* sous la même puissance. *Gentiles* seraient ceux qui auraient pu être, mais qui n'ont pas été sous la même *potestas,* par suite de la mort du père. Ainsi, deux fils *sub patria potestate* se mariaient et avaient des enfants; l'aïeul vivait encore; les cousins-germains étaient agnats, car ils étaient tous *en réalité* sous la puissance de l'aïeul; mais celui-ci mourait, les cousins-germains agnats se mariaient, leurs enfants étaient *gentiles* entre eux.

Autre exemple. — Deux fils devenus *sui juris* par la mort de leur père se mariaient et avaient des enfants. Ces cousins-germains étaient entre eux *gentiles;* si l'aïeul commun avait vécu, ils eussent été agnats.

On a répondu victorieusement à ce système : que ces circonstances devaient se présenter fréquemment du temps de Gaius; comment donc ce droit était-il tombé en désuétude? De plus, pourquoi exiger que les ancêtres n'eussent pas servi? Ainsi, un esclave avait été affranchi, il se mariait, avait des enfants et mourait. Ses enfants *sui juris,* nés d'un père affranchi, se mariaient à leur tour et avaient des enfants. Ces enfants étaient-ils agnats ou *gentiles?* D'après ce système, ils ne seraient ni l'un ni l'autre. Ils n'étaient pas agnats, car ils n'avaient jamais été sous la puissance de leur aïeul; ils n'étaient pas davantage *gentiles,* car l'aïeul avait été esclave. Qu'étaient-ils donc?

(1) Dans cet article, M. Troplong cite le texte de Cujas, et prouve que M. Giraud avait eu tort de compter le grand jurisconsulte parmi ses partisans. M. Giraud a reconnu son erreur (p. 242, même année 1847, 28e vol.)

Quatrième système. — Il consiste à limiter l'agnation au septième degré, au-delà duquel aurait existé la gentilité. (Voy. M. Domenget, Institutes de Gaïus traduites, p. 230 et suiv.)

Ce système, qui n'a pas eu d'écho, est contraire à un texte des Institutes de Justinien (§ 5 du livre 5, titre 3), où l'on voit que l'agnat a droit à l'hérédité *et si decimo gradu sit;* or, il est constant que le dixième degré est indiqué *exempli gratia,* et qu'il n'y avait aucune limite à l'agnation, tandis que la cognation était limitée au septième (même paragraphe). D'ailleurs, s'il en eût été ainsi, cette institution de la gentilité serait-elle tombée en désuétude?

Cinquième système. — Ce système a été enseigné par M. Ortolan, professeur à la Faculté de Droit de Paris (2e vol., p. 34, Institutes expliquées, 3e édit.).

Cet auteur prend pour point de départ un texte de Cicéron (*De legibus*), où le philosophe cite les trois parentés : l'*agnatio,* la *gens* et la *cognatio,* et enseigne que l'homme est uni à Dieu par cette triple parenté.

Il ajoute : « La famille a lieu pour tous les citoyens sans exception; patriciens ou plébéiens, de race ingénue ou affranchie, peu importe. Nous savons qu'elle est fondée sur une base toute civile, la puissance; que le lien qui forme l'agnation entre ses membres, *c'est le pouvoir paternel ou marital qui les unit ou qui les unirait tous sous un chef commun, si le chef le plus reculé de la famille vivait encore.*

« La *gens* n'a pas lieu pour tous les citoyens; l'idée de la clientèle et de l'affranchissement est indispensable, à notre avis, pour bien comprendre cette relation du droit quiritaire. La *gens* a lieu seulement pour ceux qui sont d'origine perpétuellement ingénue, dont aucun des aïeux n'a jamais été en une servitude ou clientèle quelconque, qui par conséquent se forment à eux-mêmes, de génération en génération, leur propre généalogie (*gens*). Quant aux familles actuellement ingénues, mais dont un des ancêtres, si reculé qu'il soit, a été, soit client d'un patricien, soit esclave, elles n'ont pas une généalogie propre; elles doivent leur vie, leur génération civile à la race de patronage ou d'affranchissement dont elles ont pris le nom et les *sacra,* qui est véritablement, dans la cité, leur noyau générateur, leur *gens.* Ainsi, les membres de la famille d'origine perpétuellement ingénue sont à la fois, entre eux, *agnats* et *gentils;* ils sont, de plus, les gentils des membres de toutes les familles de clients, ou de toutes les familles dérivées que leur *gens* a produites, par affranchissement, à une époque quelconque, et à qui elle a donné son nom et ses *sacra. Ces derniers ont des gentils, mais ils ne le sont de personne.* Ils portent le nom, ils participent aux *sacra* de la *gens* à laquelle ils se rattachent, ou dont ils émanent; il peut être permis de les déposer dans la sépulture de cette *gens*, mais ils n'ont certainement pas la qualité de gentils, ni les droits d'hérédité ou de tutelle attachés à cette qualité.

« Quant à la cognation, de même que la famille, elle a lieu pour tous les citoyens, sans distinction. »

L'auteur, plus loin, s'exprime ainsi : « Voyons ce que comprend la *gens* dans les diverses agnations qui la composent ou qui en dépendent :

« 1° D'abord, et au-dessus de toutes ces agnations, la famille ou agnation d'origine perpétuellement ingénue, franche, à toute époque, de toute clientèle et de toute servitude, noyau générateur, qui est à soi-même sa propre généalogie, qui forme celle des autres, et qui leur donne à toutes son nom avec ses *sacra*. C'est là la *gens, ses membres sont entre eux à la fois agnats, gentils et cognats, et, en outre, ils sont les gentils de tous les membres des diverses agnations rattachées par clientèle à la leur, ou dérivées par affranchissement de la leur, et ayant pris son nom et ses* sacra.

« 2° Au-dessous de cette *gens*, comme dérivant d'elle, comme en ayant reçu l'existence civile avec son nom et ses *sacra*, toutes les familles ou agnations actuellement ingénues, mais qui sont provenues, à une époque quelconque, d'un affranchissement opéré par la *gens. Les membres de ces diverses familles ou agnations, sont entre eux, chacun dans sa famille respective, agnats et cognats; mais tous ont pour gentils les membres de la* gens, *noyau générateur d'où ils sont issus civilement.*

« 3° Probablement aussi, les familles ou agnations issues des clients, attachées par ces liens de clientèle à la *gens* suprême, dont elles ont reçu le nom et les *sacra*, chacun de ceux qui les composent a pour agnats tous les membres de sa famille respective, et pour gentils tous ceux de sa *gens*. »

S'il fallait nous prononcer pour l'un ou l'autre de ces systèmes, nous dirions sans hésiter que le second et le cinquième peuvent seuls soutenir la discussion, et nous inclinerions pour le dernier par plusieurs motifs. D'abord, M. Niebuhr enseigne que le titre et les droits de gentils appartenaient aux affranchis et à leurs descendants; or, la définition de Cicéron exige que pour être *gentilis*, aucun ancêtre n'ait été esclave; de plus, M. Ortolan ne viole aucun des textes, ni celui de Cicéron, ni celui de Festus. Enfin, il serait vraiment extraordinaire que la gentilité ne se rattachât pas au système de clientèle pratiqué, à l'origine de Rome, par les patriciens vis-à-vis des plébéiens; et si nous ignorons quels étaient les rapports juridiques qui existaient entre le client et le patron, c'est que cette institution de la clientèle, déjà bien amoindrie à la fin de la république romaine et du temps de Cicéron, devait être tombée en complète désuétude à l'époque de Gaius.

Il nous reste à reproduire le passage de Boece, qui n'est que la paraphrase de la définition de Cicéron.

« *Gentiles etenim sunt, qui eodem nomine inter se sunt, ut Scipiones, Bruti et cæteri, — quid si servi sunt? Num ulla gentilitas servorum esse potest? minime. Adjiciendum igitur : qui ab ingenuis oriundi sunt. — Quid si libertinorum nepotes civium Romanorum eodem nomine nuncupentur? Num gentilitas ulla est? ne id quidem. Quoniam ab antiquitate ingenuorum gentilitas ducitur, addatur igitur : quorum majorum nemo servitutem servivit. — Quid si per adoptionem in alterius familiam transeat? Tunc etiam si ejus gentis ad quam migravit, nomine nuncupetur, licet ab ingenuis, et ab eis ortus parentibus sit, qui nunquam servitutem servierint, tamen quoniam in familia suæ gentis non manet, ne in gentilitate quidem manere potest. Addendum igitur est, neque capite sunt deminuti.* »

Quelques traductions portent : « *qui ab ingenuis oriundi sunt,* » « qui sont nés de parents libres. » Un affranchi *libertinus* donnait le jour à des enfants nés d'un père *libre*, mais non d'un père *ingénu*. L'ingénuité est la liberté, mais la liberté innée, acquise dè la naissance, « *qui statim ut natus est liber est, hic ingenus est.* » L'affranchi était libre, mais il avait été esclave, « *a justa servitute manumissus est.* »

N° 7. (N° 31.) « *Si quis jus in legem, morem, æquitatem, dividat.* »

Ce passage a été expliqué plus haut : il faut distinguer le droit écrit et le droit non écrit, *jus scriptum et jus non scriptum*.

N° 7. (N° 32.) Cicéron parle du jurisconsulte Aquilius Gallus, son collègue dans la préture en 687, et son ami, « *collega et familiaris meus.* »

Pomponius, dans la loi 2, *De origine juris* (Digeste, liv. 1er, tit. 2, § 42), nous apprend qu'Aquilius fut disciple du grand pontife Quintus Mucius Scévola, et qu'il eut à son tour pour disciple le jurisconsulte Servius Sulpicius, qui, dit-il (§ 43), *in causis orandis primum locum aut pro certo post Marcum Tullium obtineret.* » Plusieurs institutions juridiques furent introduites par Aquilius Gallus.

N° 8. (N° 33.) Dans l'énumération des parties, dit Cicéron, il faut n'en omettre aucune : *Ut, si partiri velis tutelas, inscienter facias, si ullam prætermittas. At si stipulationum aut judiciorum formulas partiare, non est vitiosum, in re infinita prætermittere aliquid.* » « Si vous voulez énumérer les tutelles, vous avez tort d'en omettre quelqu'une. Mais si vous voulez énumérer les stipulations ou les formules d'actions, vous pouvez, dans une chose aussi étendue, en omettre quelques-unes. »

Les jurisconsultes romains n'étaient pas d'accord sur la division des tutelles (voy. Gaius, Comm. 1er, § 188). Quintus Mucius enseignait qu'il y avait cinq genres de tutelle, Servius Sulpicius trois, et Labéon deux; d'autres en augmentaient le nombre; mais il était facile d'énumérer toutes les tutelles; la controverse ne roulait que sur une question de méthode.

Qu'entend-on par stipulation? La stipulation est un contrat qui se formait par demande et par réponse. Les Romains partaient du principe qu'ordinairement la convention seule ne donnait pas au créancier le droit de poursuivre le débiteur en justice. Ils disaient que le pacte nu ou convention *(duorum vel plurium in idem placitum consensus)* n'engendrait pas d'action, « *pactum nudum nullam parit actionem.* » Celui qui s'était porté débiteur n'était tenu que *naturaliter* et non *civiliter;* il pouvait se refuser à prester ce à quoi il s'était engagé.

Pourquoi en était-il ainsi? Cela tenait d'abord à une cause historique. Au temps de la loi des XII Tables, on n'était débiteur que si certaines formalités avaient été accomplies; le droit, à l'origine des sociétés, est toujours matérialisé. Ensuite, la simple convention n'indiquait pas suffisamment de la part du débiteur la volonté de s'obliger; elle pouvait avoir été faite à la légère, et il fallait que son attention se reportât sur l'obligation qu'il voulait contracter. Si le créancier, s'adressant au débiteur, lui disait : « *Promittis ne mihi centum?* » « Me promettez-vous cent? » et que celui-ci répondît : « *Promitto;* » « Je le promets; » il y avait ce que l'on appellait stipulation (1). Justinien (titre 15, 3e livre des Instit.) dit : « *Verbis obligatio contrahitur ex interrogatione et responsione;* » « l'obligation est contractée *verbis*, à l'aide d'une demande et d'une réponse. » Le créancier a, par suite, action contre le débiteur, il peut le traduire en justice; on dit que le pacte n'est plus *nudum,* mais qu'il est revêtu du vêtement de la *stipulation*. La convention qui préexistait a pris la forme de la demande et de la réponse, et est devenue une *stipulation.*

Dans un pays où l'écriture était peu en usage, la stipulation avait, en outre, l'avantage de préciser les conventions des parties et d'éviter le vague. Il n'était aucune convention qui ne pût se ployer à cette forme et ne pût être traduite dans une demande et une réponse. Aussi devait-elle être très-fréquente, et Justinien (§ 3, tit 18 du liv. 3, Instit.) a raison de dire qu'il y a autant de stipulations conventionnelles qu'il y a de contrats « *Quarum totidem genera sunt quot, pene dixerim, rerum contrahendarum.* »

C'est avec non moins de raison que Cicéron dit qu'on ne peut les énumérer.

« *Judiciorum formulas,* » ajoute Cicéron. On sait (voy. plus haut p. 8) qu'à Rome exista d'abord une procédure rigoureuse, celle des actions de la loi; puis, au temps de Cicéron, était en vigueur la procédure formulaire, dont le cachet distinctif consistait dans une formule ou *mandat écrit* que le magistrat délivrait au demandeur, et avec lequel il allait devant le *judex* : ce *judex* était, comme on l'a vu, un citoyen romain appelé à trancher le litige. On disait de la première partie, de l'instance qui s'accomplissait devant le magistrat, qu'on était *in jure* (le mot *jus* désignait l'en-

(1) On n'est pas d'accord sur l'étymologie du mot. Voir M. Ortolan, Inst expliquées, t. 2, p. 132 et 134, 3e édit.

droit où siégeait le magistrat); de la seconde partie, qu'on était *in judicio*.

La *formula* délivrée par le préteur ou le président de la province (1) engendrait un droit que l'on appelait *actio*, droit qui consistait à poursuivre devant le *judex* ce qu'on prétendait être dû ; et là devant le *judex* avait lieu l'instance appelée *judicium :* la filiation des idées est donc facile à saisir. La *formula* était palpable, visible, elle tombait sous les sens, elle donnait le DROIT appelé *actio*, que le jurisconsulte Celsus définissait : « *jus persequendi in judicio, quod sibi debitur* » Muni de ce droit qui résultait de la formule, le demandeur allait devant le *judex*.

L'effet fut souvent pris pour la cause, et *judicium et actio* devinrent synonymes. Au lieu de dire : j'ai telle action qui me donne le droit d'agir *in judicio*, on dit : j'ai un *judicium*, pour dire j'ai une action, j'ai une formule d'action (2).

Par ces mots *judiciorum formulas*, Cicéron veut donc désigner les *formules d'actions* que le magistrat pouvait délivrer, et qui, étant innombrables, ne pouvaient être énumérées.

Les traducteurs rendent cette expression par celle de « *jugements.* » On voit combien ils se trompent.

Nº 8. (Nº 36.) Cicéron veut prouver qu'on tire beaucoup d'arguments de l'étymologie : « *Ut quum quæritur, Postliminium quid sit (non dico, quæ sint postliminii; nam id caderet in divisionem, quæ talis est : postliminio redeunt hæc, homo, navis, mulus clitellarius, equus, equa quæ frena recipere solet) : sed quum ipsius postliminii vis quæritur, et verbum ipsum notatur. In quo Servius noster, ut opinor, nihil putat esse notandum, nisi* POST ; *et* LIMINIUM *illud productionem esse verbi vult, ut in* FINITIMO, LEGITIMO, ÆDITIMO, *non plus esse* TIMUM, *quam in* MEDITULLIO, TULLIUM. *Scævola autem, publii filius, junctum putat esse verbum, ut sit in eo et* POST *et* LIMEN : *ut, quæ a nobis alienata sunt, quum ad hostem pervenerint, et ex suo tanquam limine, exierint, dein quum redierint post ad idem limen, postliminio videantur rediisse. Quo in genere etiam Mancini causa*

(1) Le magistrat de la province tenait des assisses *conventus*, où il délivrait les formules d'actions aux plaideurs. (*Voy.* Verrines, 2, 29; — Let. 204e, ad. Att.

(2) *Voy.* Du Caurroy, Inst. expliq., p. 343 du 2e vol., 7e édit.

defendi potest, postliminio rediisse : deditum non esse, quoniam non sit receptus. Nam neque deditionem, neque donationem sine acceptione intelligi posse. »

Avant de traduire et d'expliquer Cicéron, exposons, en partie du moins, la théorie du *postliminium*. Cette matière est particulièrement traitée dans le tit. 15 du liv. 49 au Digeste, intitulé : *De captivis et de postliminio*, etc.

Le citoyen romain fait prisonnier à la guerre était esclave des ennemis; *fit servus hostium* (Gaius, Comm. 1er, § 129). Il était *capite minutus*. S'il parvenait à rentrer dans sa patrie, il était censé n'avoir jamais été captif, en vertu d'une fiction que l'on appelait *postliminium* (*jure postliminii*). Pendant sa captivité, ses droits étaient donc en suspens, *pendebant jura*. Était-il père de famille? Gaius nous dit (*loco citato*) : « *Pendet jus liberorum propter jus postliminii, quia hi qui ab hostibus capti sunt, si reversi fuerint, omnia pristina jura recipiunt : itaque reversus habebit liberos in potestate.* » Le captif, de retour, reprenait ainsi la puissance paternelle, qu'il était même censé n'avoir jamais perdue. Il reprenait aussi tous ses autres droits, et notamment ses droits de propriété.

Pomponius, dans la loi 5 (liv. 49, tit. 15, au Digeste), extraite d'un Commentaire de ce jurisconsulte sur un ouvrage de Quintus Mucius Scévola, nous révèle des détails curieux sur les conditions nécessaires pour qu'il y eût lieu au *postliminium* :

« *Postliminii jus competit aut in bello, aut in pace.* » « Il y a droit au *postliminium*, soit dans la guerre, soit dans la paix. » — § 1er. *In bello, cum hi qui nobis hostes sunt, aliquem ex nostris ceperunt, et intra præsidia sua perduxerunt : nam si eodem bello is reversus fuerit, postliminium habet, id est, perinde omnia restituuntur ei jura, ac si captus ab hostibus non esset : antequam in præsidia perducatur hostium, manet civis : tunc autem reversus intelligitur, si aut ad amicos nostros perveniat, aut intra præsidia nostra esse cœpit.*

« *Pendant la guerre*, alors que nos ennemis ont pris l'un des nôtres et l'ont conduit dans leurs retranchements : car s'il s'échappe dans la même guerre, il a le droit de *postliminium*, c'est-à-dire, tous ses droits lui sont restitués, comme s'il n'avait pas été captif de l'ennemi : avant d'être arrivé aux retranchements des ennemis, il est toujours citoyen; et il est censé de retour quand il est parvenu chez un peuple ami, ou dans nos retranchements. »

§ 2. « *In pace quoque postliminium datum est : nam si cum gente aliqua neque amicitiam, neque hospitium, neque fœdus amicitiæ causa factum habemus : hi hostes quidem non sunt : quod autem ex nostro ad eos pervenit, illorum fit : et liber homo noster ab eis captus servus fit et eorum. Idemque est, si ab illis ad nos aliquid perveniat. Hoc quoque igitur casu postliminium datum est.* »

« Il y a lieu encore au *jus postliminii* pendant la paix : si nous n'avons aucun lien d'amitié, d'hospitalité, aucun traité d'amitié avec une nation, ses membres ne sont point nos ennemis (il s'agit des nations barbares); mais ce qui nous appartient, et leur parvient, devient leur propriété; l'homme libre pris par eux devient leur esclave; et il en est de même si nous nous emparons de quelque chose qui leur appartient; dans ce cas, il y a encore lieu au *postliminium.* »

Pomponius, dans ce texte, a en vue les nations avec lesquelles Rome était en guerre perpétuelle, comme celles qui habitaient au-delà du Rhin. On remarquera que le *postliminium* s'appliquait, par réciprocité, à l'ennemi capturé par les Romains. S'il revenait dans son pays, il était censé n'avoir jamais été captif.

§ 3. « *Captivus autem, si a nobis manumissus fuerit, et pervenerit ad suos, ita demum postliminio reversus intelligitur, si malit eos sequi, quam in nostra civitate manere : et ideo in Attilio Regulo, quem Carthaginienses Romam miserunt, responsum est, non esse eum postliminio reversum : quia juraverat Carthaginem reversurum, et non habuerat animum Romæ remanendi. Et ideo in quodam interprete Menandro, qui, posteaquam apud nos manumissus erat, missus est ad suos, non est visa necessaria lex, quæ lata est de illo, ut maneret civis Romanus. Nam sive animus ei fuisset remanendi apud suos, desineret esse civis : sive animus fuisset revertendi, maneret civis : et ideo lex esset supervacua.* »

« Le prisonnier affranchi par nous, s'il revient chez les siens, ne sera censé jouir du *postliminium* que s'il aime mieux demeurer parmi eux que de rester dans notre cité; et par ce motif, il fut répondu qu'Attilius Regulus, envoyé à Rome par les Carthaginois, n'était pas revenu en vertu du *postliminium,* parce qu'il avait promis sous serment de revenir à Carthage, et qu'il n'avait pas l'intention de demeurer à Rome. Quant à un certain interprète, nommé Ménandre, qui, après avoir été affranchi par nous, fut envoyé vers les siens, on ne voit pas en quoi était nécessaire la loi qui lui maintenait la qualité de citoyen romain; car, de deux choses l'une : ou il voulait rester chez les siens, et alors il cessait d'être citoyen romain; ou bien ayant l'esprit de retour, il conservait la qualité de citoyen, et dès lors la loi était inutile. »

Ce texte prouve que pour invoquer le *jus postliminii*, il fallait que le romain ou l'ennemi qui brisait ses fers revint dans sa patrie avec l'intention d'y rester (*cum animo remanendi*). Aussi Regulus ne jouit-il pas du *jus postliminii*; de là ces vers d'Horace :

Fertur pudicæ conjugis osculum,
Parvosque natos, ut CAPITIS MINOR,
A se removisse et virilem
Torvus humi posuisse vultum.

(Ode 5, liv. 3).

Regulus est de retour à Rome, mais il est toujours *servus hostium*, car il n'a pas *animus remanendi;* aussi Horace dit-il que Regulus est *capite minor* (sur la *capitis diminutio*, voy. p. 32).

Joignons encore la loi 12 du même titre : — Le jurisconsulte romain nous révèle une de ces coutumes qui eurent pour effet de créer la meilleure milice du monde.

« *In bello postliminium est, in pace autem his, qui bello capti erant, de quibus nihil in pactis erat comprehensum, quod ideo placuisse Servius scribit, quia spem revertendi civibus in virtute bellica magis quam in pace, Romani esse voluerunt : verum in pace qui pervenerunt ad alteros, si bellum subito exarsisset, eorum servi efficiuntur, apud quos jam hostes suo facto deprehenduntur : quibus jus postliminii est tam in bello, quam in pace : nisi fœdere cautum fuerat, ne esset his jus postliminii.* »

« Le *postliminium* a lieu pendant la guerre. Il a lieu pendant la paix, à l'égard de ceux qui ont été faits prisonniers pendant la guerre, et pour lesquels les traités ne contiennent aucune clause d'exclusion, car Servius enseigne que les Romains ont voulu que les citoyens eussent l'espoir de retour fondé plutôt sur leur courage que sur la paix. »

Le jurisconsulte veut dire que les traités de paix contenaient souvent la clause que les Romains, faits prisonniers et rendus par l'ennemi, ne jouiraient pas du *postliminium*. On craignait que les soldats ne se laissassent faire trop facilement prisonniers, dans l'espoir de recouvrer, quand la paix serait signée, tous leurs droits par suite du *jus postliminii*.

Le jurisconsulte ajoute : « Mais pendant la paix, ceux qui sont allés chez d'autres peuples deviennent, si la guerre vient tout à coup à s'élever, les esclaves de ceux qui les retiennent comme captifs; ils ont le droit de *postliminium* et pendant la guerre et pendant la paix, à moins que le traité ne déclare qu'ils ne jouiront pas de ce droit. »

D'après ce texte, il fallait une déclaration formelle dans le traité, car ces Romains n'avaient pas été pris à la guerre, et ils n'avaient été que victimes d'une déclaration tout à fait imprévue.

Ce *jus postliminii* s'appliquait, en outre, aux choses prises à la guerre. Le citoyen romain en perdait la propriété qu'il recouvrait, si elles étaient reprises sur l'ennemi; il était alors censé en avoir toujours été propriétaire.

Ainsi Marcellus, dans la loi 2 du tit. 15, liv. 49 au Digeste, nous dit, que ce droit s'appliquait aux navires *longis et onerariis*, mais non aux barques de plaisance. Il ajoute, § 1er : « *Equus item, aut equa freni patiens, recipitur postliminio : nam sine culpa equitis proripere se potuerunt.* »

Mais les armes et les vêtements ne jouissaient pas du *postliminium* : pris par l'ennemi, ils appartenaient au Romain qui les reprenait, et non à leur ancien maître; car, dit Marcellus (§ 2) et Pomponius (loi 3) : « *Nec sine flagitio amittuntur.* » Il y a honte pour le soldat à perdre ses armes et ses vêtements.

Revenons à Cicéron : il commence par dire, qu'il ne s'occupe pas des objets auxquels s'applique le *postliminium*, « car ce serait tomber dans la division qui consiste à dire : le droit de *postliminium* s'applique à l'homme, aux navires, aux mulets de bât, aux chevaux, aux juments qui portent le frein. »

Il s'étend ensuite sur la discussion qui s'était élevée entre deux jurisconsultes, sur l'étymologie du mot *postliminium*. Servius Sulpicius voulait que *post* (après) déterminât la signification du mot, et il ne voyait dans *liminium* qu'une addition dont la langue romaine lui offrait d'autres exemples. Quintus Mucius Scévola voulait, au contraire, que le mot provînt de *post* et de *limen*, comme si la chose, après avoir franchi le seuil de la patrie, revenait à Rome, en passant de nouveau par le même seuil.

L'interprétation de Scévola est adoptée par Justinien, dans ses Institutes, § 5 du tit. 12 du liv: 1er : « *Dictum est autem postliminium a* LIMINE *et* POST. *Unde eum qui, ab hostibus captus, in fines nostros postea pervenit, postliminio reversum recte dicimus; nam limina sicut in domibus finem quemdam faciunt, sic et imperii finem limen esse veteres voluerunt. Hinc et limes dictus est, quasi finis quidam et terminus; ab eo postliminium dictum, quia eodem limine revertebatur, quo amissus fuerat.* »

A la fin, Cicéron rappelle le trait du consul Mancinus, qui avait conclu avec les Numantins une paix honteuse, que le sénat romain ne voulut pas ratifier. Livré aux Numantins, il fut renvoyé; et Cicéron ajoute qu'il revint à Rome *jure postliminii*.

Nous ferons observer, que les jurisconsultes contemporains de Cicéron discutaient sur la question de savoir si le transfuge jouissait du *postliminium*. Voici ce que dit, à cet égard, Modestinus (loi 4, liv. 49, tit. 15 au Digeste) : « *An qui hostibus deditus reversus, nec a nobis receptus, civis Romanus sit, inter Brutum et Scœvolam varie tractatum est?* ET CONSEQUENS EST, UT CIVITATEM NON ADIPISCATUR. »

Quant à Mancinus, ayant été accueilli par les Romains, il était redevenu citoyen, suivant Cicéron, *jure postliminii*. Il est vrai qu'une décision du sénat l'avait privé de cette qualité, mais les Numantins n'ayant pas voulu l'accepter comme ôtage, il ne put être considéré comme ayant cessé d'être citoyen romain; car, dit Cicéron, il fallait que le peuple ennemi acceptât la proposition du sénat; comme pour qu'il y ait donation, il faut que le donataire accepte l'offre du donateur. Si, au contraire, les Numantins eussent accepté Mancinus, il n'aurait pu recouvrer *jure postliminii*, la qualité qui lui avait été enlevée par le sénat.

No 9. (No 38). « *Si aquam pluviam eam modo intelligeremus, quam imbri collectam videremus; veniret Mucius, qui, quia conjugata verba essent pluvia et pluendo, diceret, omnem aquam oportere arceri, quœ pluendo crevisset.* » Et plus loin (No 39) : « *Aqua pluvia ultimo genere ea est, quœ de cœlo veniens crescit imbri; sed propiore loco, in quo quasi jus arcendi continetur, genus est, aqua pluvia nocens; ejus generis formæ, loci vitio, et manu nocens : quarum altera jubetur ab arbitro coerceri; altera non jubetur.* »

« Si vous disiez que par eau de pluie on désigne celle qui vient des nuages, viendrait Mucius qui, parce que le mot pluie dérive de pleuvoir, soutiendrait qu'il faut réprimer toute entreprise faite sur l'eau qui s'augmente par la pluie. » « L'eau de pluie, dans le sens le plus général, est celle qui vient du ciel et s'accroît par les orages; mais dans un sens plus spécial, celui qui désigne le droit que l'on a de réprimer les entreprises faites en matière d'eau, on indique toute eau de pluie qui cause des dégâts. Les espèces de ce genre sont les dégâts qui viennent du vice des lieux, et ceux qui proviennent du travail de l'homme. Dans ce dernier cas, l'arbitre peut contraindre à détourner; dans le premier, il ne le peut pas. »

Nous avons parlé plus haut (p. 44) de l'action dite *aquæ pluviæ arcendæ*, et les textes des jurisconsultes romains expliquent la pensée de Cicéron. Nous avons vu, en effet, que cette action s'appliquait à toutes les eaux pluviales, soit à celles qui tombaient directement du ciel, soit à celles qui se mélangeaient à d'autres; enfin, le dommage n'était réprimé que s'il provenait du fait de l'homme.

Quant au juge, il portait alors le nom d'*arbiter*, d'arbitre.

Nº 9. (Nº 40.) « *Si dolus malus est, quum aliud agitur, aliud simulatur.* » « Il y a dol quand on fait une chose, et qu'on feint d'en faire une autre. »

Dans la loi 1, § 3 (*De dolo malo*, au Digeste), le jurisconsulte Ulpien nous apprend que l'on distinguait le bon dol et le mauvais dol : « *Veteres dolum etiam bonum dicebant, et pro solertia hoc nomen accipiebant : maxime, si adversus hostem latronemve quis machinetur.* »

Nº 10. (Nº 42.) « *Si tutor fidem præstare debet, si socius; si, cui mandaris; si, qui fiduciam acceperit : debet etiam procurator.* » « Si le tuteur, si l'associé, si le mandataire, si celui qui a reçu une chose avec le contrat de fiducie doivent prester la bonne foi, il doit en être de même du procureur. »

Qui fiduciam acceperit : Ces mots méritent une explication. Souvent, à Rome, l'on transférait la propriété d'un objet à un citoyen romain, à condition que le nouveau propriétaire retransférerait la propriété de ce même objet à l'aliénateur, quand tel ou tel évènement aurait lieu. L'aliénation s'opérait par une mancipation qu'accompagnait le contrat de fiducie (*fiducia*, confiance). Le nouveau propriétaire s'engageait à rétrocéder la propriété à l'aliénateur, et il devenait dès lors débiteur de la chose qu'il avait acquise, comme celui qui l'avait aliénée en était créancier.

Cette opération avait lieu particulièrement dans deux circonstances : 1° quand un débiteur remettait à son créancier un objet qui servait de gage à la créance. Le débiteur mancipait un esclave, par exemple, à son créancier; celui-ci s'engageait en même temps à rémanciper l'esclave quand le débiteur aurait acquitté la dette. C'était le contrat de fiducie; il avait reçu la fiducie, comme dit Cicéron (*fiduciam accipere*).

2° Un déposant transférait la propriété d'un objet à un dépositaire, et celui-ci s'engageait à retransférer la propriété au déposant, dès la première réquisition; le contrat de fiducie accompagnait encore la mancipation.

Gaius (§ 60, Comm. 2) dit : « *Sed cum fiducia contrahitur, aut cum creditore pignoris jure, aut cum amico, quod tutius nostræ res apud eum essent.* » « On fait le contrat de fiducie avec le créancier à titre de gage, ou avec un ami, afin que ce qui nous appartient soit plus en sûreté chez lui. »

Le premier cas est très-facile à saisir; le second est plus obscur, car on comprend peu ce dépôt dans lequel le déposant aliène la chose déposée. Mais Boece peut nous éclairer; voici ce que dit ce commentateur : « *Fiduciam vero accepit cuicumque res aliqua mancipatur, ut eam mancipatam remancipet : velut si quis tempus dubium timens, amico potentiori fundum mancipet, ut ei cum tempus quod suspectum est præterierit, reddat. Hæc mancipatio fiduciaria nominatur, idcirco, quod restituendi fides interponitur.* »

C'est un déposant qui, craignant les mauvais jours, les proscriptions, transfère la propriété à un ami puissant, et vient lui redemander l'exécution de ses engagements, quand le danger est passé.

L'on traduit donc mal ces mots : *qui fiduciam acceperit* par ceux-ci : *un fidéicommissaire*. Le fidéicommis était une autre institution par laquelle un testateur chargeait son héritier de restituer l'hérédité, une partie de l'hérédité ou un objet individuel à un tiers appelé fidéicommissaire; celui qui était chargé de cette restitution s'appelait *fiduciaire*.

Procurator désigne le mandataire, et notamment, celui qui doit défendre un citoyen romain, en justice : *procurator ad lites*. Cicéron dit donc que ce *procurator* doit se conformer à la bonne foi, à l'équité comme un tuteur, un associé, un mandataire ordinaire, et celui qui a reçu à titre de fiducie. En effet, ces diverses personnes sont, à un certain point de vue, des mandataires.

Pour bien comprendre le passage de Cicéron, il faut savoir aussi que, dans la législation romaine, on distinguait les contrats de bonne foi des contrats de droit strict. Dans les premiers, le juge statuait *ex bono et æquo*, et les parties étaient astreintes à tout ce qu'exigeait l'équité. Dans les seconds, au contraire, le juge ne statuait que d'après la rigueur du droit civil. Les contrats de tutelle, de société, de mandat, de fiducie, étaient tous de bonne foi. (Voy. *infra*, n° 17.)

N° 10. (N° 43.) « *Quemadmodum, si in urbe de finibus controversia est, quia fines magis agrorum videntur esse, quam urbis, finibus regundis adigere arbitrum non possis : sic, si aqua pluvia in urbe nocet, quoniam res tota magis agrorum est, aquæ pluviæ arcendæ adigere non possis arbitrum.* »

Ce passage a déjà été expliqué par ce que nous avons dit, p. 44.

N° 10. (N° 44.) « *Crassus in Curiana causa exemplis plurimis usus est, agens de eo, qui testamento sic heredem instituisset, ut, si filius natus esset in decem mensibus, isque mortuus prius, quam in suam tutelam venisset; secundus heres hereditatem obtineret.* » « Crassus, dans la cause de Curius, allégua plusieurs exemples. Il était question d'un testateur qui avait institué un héritier, à condition que si un fils lui naissait dans les dix mois qui suivraient son décès, et que ce fils vînt à mourir avant d'être arrivé à la puberté, le second héritier obtiendrait l'hérédité. »

Cicéron suppose une substitution pupillaire. La femme du testateur est enceinte ou supposée telle; le testateur institue son fils, que l'on appelait postume; puis, prévoyant le cas où ce fils mourrait *intra pubertatem*, il lui substitue un autre héritier appelé *secundus heres*. Nous avons vu ce que l'on entendait par substitution pupillaire (p. 41). Cicéron, dans plusieurs parties de ses ouvrages, reviendra sur cette cause, et nous verrons que la question à juger fut celle-ci : l'enfant du testateur ne vint pas à naître, l'héritier institué en deuxième lieu, pour le cas où le fils mourrait *intra pubertatem,* pouvait-il réclamer l'hérédité du père? La difficulté venait de ce que, d'après les termes du testament, il n'avait été institué que *si un fils naissait.*

Dans les dix mois, dit Cicéron, parce que le fils n'était légitime qu'à la condition de naître dans les dix mois de la mort de son père. C'est encore la disposition de l'art. 315 du Code Napoléon, car trois cents jours sont l'équivalent des dix mois du calendrier républicain.

N° 10. (N° 45.) « *Finge mancipio aliquem dedisse id, quod mancipio dari non potest : num idcirco id ejus factum est, qui accepit? aut num is, qui mancipio dedit, ob eam rem se ulla re obligavit?* » « Supposons que quelqu'un a mancipé ce qui n'est pas susceptible de mancipation, est-ce que l'objet est devenu la propriété de celui qui l'a reçu? Est-ce que celui qui a mancipé a pu s'obliger en quoi que ce soit à propos de cette chose? »

On a dit plus haut (p. 3) : que les choses *res* se divisaient en *mancipi* et *nec mancipi.* Ces dernières n'étaient pas susceptibles de mancipation, et dès lors cet acte n'était pas un mode d'en transférer la propriété. Ce principe explique le passage de Cicéron : ce que l'on a fait est nul et ne peut produire aucun effet; *quod nullum est nullum producit effectum.*

N° 11. (N° 46.) « *Non, quemadmodum quod mulieri debeas, recte ipsi mulieri, sine tutore auctore, solvas : ita quod aut pupillæ, aut pupillo debeas, recte possis eodem modo solvere.* » « De ce que si l'on doit à une femme, on peut régulièrement lui payer sans l'*auctoritas* de son tuteur, il ne s'ensuit pas que l'on puisse ainsi payer régulièrement à un pupille ou à une pupille ce qu'on peut leur devoir. »

L'obligation civile qui unit le créancier à un débiteur est définie par le Droit Romain : *vinculum juris,* un lien de droit qui donne au créancier le droit de poursuivre en justice le débiteur; ce lien est délié *(solvitur)* quand ce dernier accomplit l'obligation, car *solvere* c'est *præstare rem debitam.* C'est l'idée que réveille le mot *paiement,* qui désigne la prestation par le débiteur de ce qu'il peut devoir. Ainsi la dette est de 100 écus : payer, *sol-*

vere, c'est prester 100 écus; la dette est d'un cheval : payer, *solvere*, c'est prester le cheval; la dette consiste à faire un portrait : payer, *solvere*, c'est faire le portrait.

La femme pubère était en tutelle perpétuelle (p. 29). Elle pouvait aliéner les *res nec mancipi* seule, sans son tuteur. La créance était une *res nec mancipi;* donc, en recevant son paiement, elle acquérait la chose payée et perdait sa créance. Le débiteur était pleinement libéré. Mais le pupille ou la pupille ne pouvaient aliéner ni les *res mancipi*, ni les *res nec mancipi* sans l'*auctoritas* de leur tuteur; si le débiteur payait, l'impubère en tutelle acquérait l'objet payé, car il pouvait acquérir et rendre sa position meilleure sans l'*auctoritas* du tuteur; mais il gardait sa créance, qu'il ne pouvait aliéner seul. Il s'ensuivait que le débiteur qui avait payé l'incapable, était obligé de payer une seconde fois. Toutefois, si le pupille s'était enrichi, le débiteur avait le droit *jure prætorio*, en vertu de l'équité, de repousser la nouvelle demande du pupille, jusqu'à concurrence de ce dont ce dernier s'était enrichi. Ainsi, un pupille est créancier de 100, le débiteur le paie *sine tutore auctore*. Sur cette somme, le pupille dépense 50 en prodigalités, il place 50; d'après le droit civil, le débiteur est tenu de payer une seconde fois 100; mais, d'après le droit prétorien, il n'est tenu que de payer 50.

Écoutons Gaius (Comm. 2, § 83, 84 et 85) : « *At ex contrario res tam mancipi quam nec mancipi mulieribus et pupillis sine tutoris auctoritate solvi possunt, quoniam meliorem conditionem suam facere iis etiam sine tutoris auctoritate concessum est.* » Ainsi, la femme et le pupille acquèrent les choses *mancipi* ou *nec mancipi* qui leur sont payées, parce qu'ils peuvent améliorer leur condition, et qu'il est toujours avantageux de se porter acquéreur.

« *Itaque si debitor pecuniam pupillo solvat, facit quidem pecuniam pupilli, sed ipse non liberatur, quia nullam obligationem pupillus sine tutoris auctoritate dissolvere potest, quia nullius rei alienatio ei sine tutoris auctoritate concessum est; sed tamen si ex ea pecunia locupletior factus sit, et adhuc petat, per exceptionem doli mali summoveri potest.* »

« Si donc le débiteur paie une somme d'argent au pupille, le pupille devient propriétaire de l'argent; mais le débiteur n'est pas libéré, parce que le pupille ne peut éteindre une obligation sans l'*auctoritas* de son tuteur, car on ne lui a concédé ni le droit d'aliéner une *res mancipi,* ni celui d'aliéner une *res nec mancipi,* sans l'*auctoritas* de son tuteur. Si cependant il s'est enrichi et qu'il vienne à réclamer de nouveau, il sera repoussé par l'exception de dol. » La fin veut dire qu'il y a dol de la part du pupille enrichi à venir réclamer de nouveau ce dont il s'est enrichi; et, dès lors, le débiteur lui opposera un moyen de défense appelé *exception de dol*, moyen fourni par le préteur. (Nous reviendrons sur ce point.)

« *Mulieri vero etiam sine tutoris auctoritate recte solvi potest; nam qui solvit liberatur obligatione, quia res nec mancipi, a se dimittere mulier et sine tutoris auctoritate potest.* » « On peut payer régulièrement à la femme sans l'*auctoritas* du tuteur, et celui qui paie est libéré, car une femme peut aliéner une *res nec mancipi* sans l'*auctoritas* de son tuteur. »

Gaius confirme donc le passage de Cicéron.

N° 12. (N° 50.) Cicéron rappelle l'argument tiré des dépendances, et les conséquences que l'on devrait admettre : « *Si statuissemus, ex edicto secundum eas tabulas possessionem dari, quas is instituisset, cui testamenti factio nulla esset.* » « Si nous établissions que, d'après l'édit du préteur, la possession de biens doit être donnée à l'héritier institué, qui n'avait pas faction de testament. »

Voy. p. 29 l'explication de ce passage. Ajoutons que le mot *factio testamenti* avait deux sens. Dans un premier que nous avons vu précédemment (à l'endroit cité), avoir faction de testament, c'est pouvoir faire son testament, *condere testamentum,* c'est la faction *active;* ainsi un étranger, un enfant, etc., ne peuvent faire leur testament. Dans un second sens, avoir la *factio testamenti* veut dire pouvoir être institué héritier; c'est la faction de testament *passive.* Ainsi, le pérégrin ou étranger ne pouvait être institué héritier; il n'avait la faction de testament ni *activement,* ni *passivement;* l'impubère, au contraire, pouvait être institué héritier, quoiqu'il ne pût pas tester.

Cicéron nous enseigne donc que le préteur, bien que corrigeant souvent le droit civil, ne pouvait donner la possession de biens *secundum tabulas,* à une personne qui ne pouvait être instituée héritière.

N° 13. (N° 53.) Modèle d'arguments. « *Quum hoc sumseris, pecu-*

niam numeratam mulieri deberi, cui sit omne argentum legatum, utrum hoc modo concludas argumentum : — Si pecunia signata, argentum est, legata est mulieri : est autem pecunia signata argentum : legata igitur; — an illo modo : — Si numerata pecunia, non est legata; non est numerata pecunia argentum : est autem numerata pecunia argentum : legata igitur est; — an illo modo : — Non et legatum argentum est, et non est legata numerata pecunia : legatum autem argentum est : legata igitur numerata pecunia est. »

« Quand vous aurez entrepris de prouver qu'une femme à laquelle tout l'argent a été légué, a droit à l'argent monnayé, vous pourrez conclure ainsi : si l'argent monnayé est compris dans l'argent, il a été légué à la femme; or, l'argent monnayé est compris dans l'argent, donc il a été légué; — ou bien : — si l'argent monnayé n'a pas été légué, alors l'argent monnayé n'est pas compris dans l'argent; mais l'argent comprend l'argent monnayé, donc il a été légué; — ou bien enfin : — alors l'argent n'a pas été légué, et l'argent monnayé n'a pas été l'objet du legs; mais l'argent a été légué, donc l'argent monnayé a été légué. (Voy. la p. 15.)

N° 17. (N° 66.) « *In omnibus igitur iis judiciis, in quibus,* EX FIDE BONA, *est additum; ubi vero etiam,* UT INTER BONOS BENE AGIER; *in primisque in arbitrio rei uxoriæ, in quo est,* QUID ÆQUIUS, MELIUS, *parati esse debent. Illi enim dolum malum, illi fidem bonam, illi æquum, bonum, illi quid socium socio; quid eum, qui negotia aliena curasset, ei, cujus ea negotia fuissent; quid eum, qui mandasset, eumve, cui mandatum esset, alterum alteri præstare oporteret, quid virum uxori, quid uxorem viro, tradiderunt.* »

Cicéron a dit précédemment, que les affaires privées qui offrent le plus grand intérêt, lui paraissent reposer sur la sagacité des jurisconsultes, et il ajoute : « Dans toutes ces formules où l'on voit *ex fide bona,* même dans celles où l'on rencontre *ut inter bonos bene agier* ou *agitur,* et surtout dans l'action *rei uxoriæ,* où l'on trouve *quid æquius melius,* ils doivent se tenir sur leur garde. Ces jurisconsultes ont défini le dol, la bonne foi, le juste, le bon, les obligations réciproques des associés, du gérant d'affaires et de celui dont les affaires ont été gérées, du mandant et du mandataire, du mari et de la femme. »

Pour saisir ce passage très-important, il faut se rappeler que les jurisconsultes romains distinguaient deux classes de contrats, les contrats de bonne foi et ceux de droit strict. Sous la procédure formulaire, la formule délivrée au demandeur retraçait la nature du droit que ce dernier invoquait : s'il se prétendait créancier en vertu d'un contrat de bonne foi, cette formule, avec laquelle il se présentait devant le *judex*, indiquait que la cause devait être jugée *ex fide bona*.

Gaius (Comm. 4, § 47) nous donne une de ces formules dans l'action de dépôt, contrat de bonne foi : « JUDEX ESTO ; QUOD AULUS AGERIUS APUD NUMERIUM NEGIDIUM MENSAM ARGENTEAM DEPOSUIT, QUA DE RE AGITUR. » Cette partie était appelée la démonstration, parce qu'elle indiquait *qua de re agitur*. Le juge voyait le fait qui avait fait naitre le procès. « QUIDQUID OB EAM REM NUMERIUM NEGIDIUM AULO AGERIO DARE FACERE OPORTET EX FIDE BONA EJUS. » Cette seconde partie de la formule appelée *intentio* en était la partie fondamentale, celle où le demandeur posait ses conclusions, « *qua actor desiderium suum concludit.* » On voit que le juge devait apprécier les obligations de Numerius Negidius d'après la bonne foi. Enfin, la dernière partie, appelée *condemnatio*, était ainsi conçue : « *Id judex Numerium Negidium Aulo Agerio condemnato; si non paret absolvito.* » Ici le magistrat donnait au juge le pouvoir de condamner et d'absoudre : condamnation si les prétentions du demandeur étaient bien fondées, absolution si elles étaient mal fondées. La condamnation était toujours pécuniaire, c'est-à-dire, que le juge condamnait à une somme d'argent. Parmi ces contrats de bonne foi figuraient : 1° la société, 2° le mandat, 3° la gestion d'affaires. Il y a gestion d'affaires quand un individu est absent, et que, ses affaires ayant besoin d'être administrées, un tiers auquel il n'a pas donné mandat, s'immisce dans la gestion. Étaient encore de bonne foi, 1° l'action *fiduciæ* dont nous avons parlé plus haut (p. 89); la formule portait *ut inter bonos bene agitur;* 2° l'action *rei uxoriæ* donnée à la femme pour obtenir la restitution de sa dot; la formule portait alors *quidquid æquius melius*. Le juge avait dans cette action un pouvoir d'une latitude bien plus grande que dans les actions *bonæ fidei* ordinaires (1).

Parmi les nombreuses conséquences qui résultaient de ce que

(1) Voy. M. Pellat, Comm. de la Dot, p. 51.

l'action était de bonne foi, et que le juge devait statuer *ex bono et æquo,* nous n'en signalerons qu'une seule, qui fera comprendre le texte de Cicéron.

Si le défendeur est, à son tour, créancier du demandeur, et créancier en vertu du même contrat, *ex eadem causa,* il peut, pour être moins condamné, invoquer l'obligation du demandeur. Il y a lieu à ce que l'on appelle la compensation, *crediti et debiti inter se contributio.*

Ainsi, un associé a profité des choses de la Société et a retiré un profit que l'on peut évaluer à 100; mais, d'un autre côté, il a dépensé 50 pour les affaires de la Société. Poursuivi par son co-associé, il demandera au juge de compenser les 100 qu'il doit avec les 50 qui lui sont dus, et de n'être condamné qu'à 50, c'est-à-dire, à la différence. Ou encore, un mandataire doit 100 à son mandant, mais il a avancé 50 dans son intérêt; poursuivi par l'action de mandat, il demandera à n'être condamné qu'à 50. Même résultat pour le *negotiorum gestor,* débiteur de celui dont il a géré les affaires et créancier *ex eadem causa,* pour la même cause, en vertu de la gestion d'affaires; ou enfin pour le mari dans ses rapports avec la femme qui demande la restitution de la dot.

Mais pour que le juge puisse admettre cette compensation, il faut que la créance opposée par le défendeur, procède, disons-nous, *ex eadem causa.* Je suis créancier de Paul de 100, j'accepte son mandat, et je deviens, comme mandataire, son débiteur de pareille somme. Paul me poursuit et me réclame ces 100; je ne puis lui opposer les 100 qu'il me doit en vertu d'une autre cause, et non en vertu du mandat. Tel était l'état du droit au temps de Cicéron, et Gaius nous le confirme au § 61 de son 4e Commentaire : « *In bonæ fidei autem judiciis libera potestas permitti videtur judici, ex bono et æquo æstimandi quantum actori restitui debeat; in quo et illud continetur, ut habita ratione ejus quod invicem actorem ex eadem causa præstare oportet, in reliquum eum cum quo actum est, condemnare.* » Puis, dans le § 62, il cite comme action de bonne foi les actions *negotiorum gestorum, mandati, pro socio, fiduciæ.*

Pourquoi la compensation résultait-elle du principe, que l'action était de bonne foi? Parce que, comme le dit un jurisconsulte romain, « *melius est non solvere quam solutum repetere.* » « Mieux vaut ne pas payer, que de répéter ce que l'on a payé. » Il n'est pas juste que le défendeur soit obligé de désintéresser le demandeur, pour répéter de suite, en qualité de créancier, une partie de ce qu'il a payé. Cicéron, et plus tard Gaius, enseignent donc que dans les actions de bonne foi qu'ils énumèrent, le juge doit apprécier les obligations réciproques des parties.

Quant au mot *judiciis,* il désigne, ainsi que nous l'avons déjà dit (p. 72), l'instance engagée devant le *judex,* mais il indique aussi la formule même délivrée par le magistrat. Ainsi, cette formule était désignée sous le nom de *formula,* ou d'*actio,* ou de *judicium,* et même, comme on le voit dans notre passage, par le nom d'*arbitrium.* Dans les actions de bonne foi, le juge portait le nom d'*arbiter,* à raison de ses pouvoirs, qui lui permettaient d'arbitrer les condamnations *ex bono et æquo.*

Arbitrium rei uxoriæ désigne donc l'action *rei uxoriæ,* dont la *formula* portait les mots QUIDQUID ÆQUIUS MELIUS. On confondait souvent la cause et l'effet.

Voici ce que dit Boece relativement à l'action *rei uxoriæ :* « *Est autem judicium rei uxoriæ, quoties post divortium de dote contentio est. Dos enim licet matrimonio constante in bonis viri sit, sed tamen in uxoris jure, et post divortium velut res uxoria peti potest. Quæ quidem dos interdum his conditionibus dari solebat, ut si inter virum uxoremque divortium contigisset, quod melius æquius esset, apud virum remaneret, reliquum dotis restitueretur uxori, id est, ut quod in dote judicatum fuisset melius æquius esse, ut apud virum maneret, id vir sibi retineret : quod vero non esset, melius æquius apud virum manere, id uxor post divortium reciperet.............................. nam, si viri culpa divortium factum est, æquius melius est nihil apud virum manere. Si mulieris est culpa æquius melius est sextas retinere.* »

Boece commence par dire que l'action *rei uxoriæ* est donnée à la femme, pour obtenir la restitution de sa dot après le divorce. Le mari, pendant le mariage, est propriétaire de la dot, mais la femme n'est pas étrangère à cette dot, comme dit un jurisconsulte romain (loi 75, *De jure dotium,* liv. 23, tit. 3 au Digeste) : « *Quamvis dos in bonis mariti sit, tamen mulieris est.* » Et M. Pellat (Comment. de la dot, page 377) développe ainsi la pensée du jurisconsulte romain : « Quoique la femme, pendant le mariage n'ait point présentement la propriété des choses dotales, elle a une dot.

« Cet avantage d'être dotée ne consiste pas seulement en ce qu'elle a une *créance* conditionnelle, *éventuelle,* pour la restitution de la dot; elle en retire un *émolument actuel,* puisque les fruits des biens dotaux sont appliqués aux besoins communs, aux dépenses du ménage, aux charges du mariage, par conséquent employés dans son intérêt et à son profit, tout autant qu'au profit du mari. »

Aussi, ajoute Boece, elle réclame sa dot comme *res uxoria,* et de là le nom d'action *rei uxoriæ.*

Quant à la fin du passage, il suffit, pour le comprendre, de se reporter à la p. 37.

Une excellente traduction porte : ARBITRIO REI UXORIÆ, *dans les arbitrages sur les droits de la femme;* il vaut mieux dire dans l'*arbitrium* ou dans l'action *rei uxoriæ.* C'est également à tort que l'on traduit les mots NEGOTIORUM GESTORUM par ceux-ci : l'*intendant et celui qui l'a chargé de ses affaires;* ce qui est le caractère propre de la gestion d'affaires, c'est que le gérant s'immisce dans la gestion à l'insu du maître dont l'affaire est gérée.

N° 21. (N° 82.) « *Cum quæritur, a naturane jus profectum sit, an ab aliqua quasi conditione hominum et pactione.* »

« Lorsqu'on demande si le droit dérive de la nature ou s'il est le résultat de conditions ou de pactes établis entre les hommes. »

On voit que les questions sur l'origine du droit ne sont pas nouvelles.

N° 24. (N° 91.) « *Judicii finis est jus : ex quo etiam nomen.* »

« Le but de tout *judicium* est le droit, de là le nom de *judicium.* » On divisait les instances devant le juge, en deux : les *judicia* proprement dits et les *arbitria;* dans les premières, le juge s'appelait *judex,* et devait statuer d'après le *droit strict* et appliquer le JUS; dans les secondes, il portait le nom d'*arbiter* et devait statuer *ex bono et æquo.*

C'est à tort que l'on traduit *judicii* par jugement.

N° 25. (N° 96.) « *Nam hoc perspicuum est, non magis in legibus, quam in testamentis, in stipulationibus, in reliquis rebus, quæ ex scripto aguntur, posse controversias easdem existere.* »

« Il est évident que ces sujets de controverse peuvent exister non-seulement dans les lois, mais encore dans les testaments, les stipulations et autres questions qui se constatent par écrit. »

La stipulation était, avons-nous dit (p. 71), un contrat qui se formait *verbis*. Mais la preuve de ce contrat pouvait être faite par un écrit que l'on appelait *instrumentum*, et Cicéron suppose qu'il existe une controverse sur l'écrit appelé à constater la stipulation.

PRO SEXTO ROSCIO AMERINO.

Je place le disours *pro Roscio Amerino* avant celui *pro Publio Quintio*, en me conformant à l'édition Panckoucke.

Sextus Roscius avait été assassiné, pendant la nuit, dans une des rues de Rome; quel était le meurtrier? on l'ignorait. Chrysogon, affranchi par le dictateur Sylla et son favori, acheta les biens de Roscius. Ces biens, qui avaient une grande valeur, lui furent adjugés pour une somme minime. Il fit accuser ensuite Sextius, de la ville d'Amérie, fils du défunt, d'avoir été le meurtrier de son père. Erucius, et deux parents du jeune homme, l'accusèrent de parricide; Cicéron fut son défenseur.

N° 9. (N° 26.) « *Quumque id ita futurum T. Roscius Capito, qui in decem legatis erat, adpromitteret.* » « Comme T. Roscius Capito, qui faisait partie des dix députés, s'était porté *adpromissor.* » (Voy. sur l'*adpromissor infra*, n° 7, *pro Publio Quintio.*)

N° 29. (N° 80.) Cicéron, pour repousser l'accusation de parricide dirigée par Erucius contre Roscius, argumente de la manière suivante : il faut que Roscius ait commis le meurtre, soit par lui-même, soit par la main d'hommes libres, soit par des esclaves. Or, aucune de ces suppositions n'est acceptable. L'accusateur soutient qu'à cette époque, les assassinats étaient fréquents et impunis. Mais « *quid ais? Vulgo occidebantur. Per quos? et a quibus? Nonne cogitas, te a* SECTORIBUS *huc adductum esse? Quid postea? Nescimus, per ista tempora, eosdem fere* SECTORES *fuisse collorum, et bonorum?* »

Pour bien saisir ce passage, et le jeu de mots que fait Cicéron, il faut savoir ce qu'en droit, on entendait par *sectio* et *sector.* La *sectio* était la vente faite, par l'État, des biens d'un de ses débiteurs insolvables, ou des biens confisqués. Cette vente était faite en bloc, et le *sector* ou adjudicataire n'acquérait pas seulement des objets individuels, mais l'ensemble du patrimoine et des droits du citoyen dont les biens étaient mis en vente (1). Celui-ci était censé mort civilement, et le *sector* prenait sa place comme succédant *in universum jus*. Cicéron et son annotateur Asconius, nous apprennent que souvent le *sector* prenait des associés avant de se rendre adjudicataire.

Gaius (Comm. 4, § 146) dit : « *Item ei qui publica bona emerit, ejusdem conditionis interdictum proponitur quod appellatur sectorium,* QUOD SECTORES VOCANTUR QUI PUBLICA BONA MERCANTUR. » Le préteur, dit Gaius, donne un interdit à celui qui achète les biens vendus par l'État. Cet interdit était analogue à celui dont il parlait au § 145, et s'appelait *sectorium*, de *sectores*, nom de ceux qui achetaient ces sortes de biens.

Nous verrons plus loin ce que l'on entendait par interdit. Il suffit de savoir, pour le moment, que c'était une voie juridique donnée par le préteur, notamment aux *sectores*.

Le même jurisconsulte (Comm. 3, § 154) enseigne que la société était dissoute dans le cas où l'un des associés avait subi la confiscation (*publicatio*). « *Si bona* PUBLICE *aut privatim venierint, solvitur societas.* »

La loi 65, § 12 (au Digeste, *Pro socio,* liv. 17, tit. 2), du jurisconsulte Paul, porte : « *Publicatione quoque distrahi societatem diximus, quod videtur spectare ad universorum bonorum publicationem, si socii bona publicentur :* NAM, CUM IN EJUS LOCUM ALIUS SUCCEDAT, PRO MORTUO HABETUR. » Paul enseigne bien que la *sectio bonorum* entraînait une espèce de mort civile.

Varron (*De re rustica,* 2, 10) signale la *sectio* comme un moyen d'acquérir le *dominium ex jure quiritium*.

(1) Ces biens étaient vendus *sub hasta*, à l'encan, par le ministère du crieur public (*præco*). On dressait une pique, symbole de la propriété (voy. *supra*, p. 10, où nous avons cité le passage de Gaius). L'acquéreur était dit *sector* ou *manceps* (voy. le n° 8 de ce discours). Le mot *manceps,* comme la *mancipatio,* rappelle la conquête (*capere manu*), qui était le titre le plus légitime de l'acquisition de la propriété.

Cicéron répond donc à Erucius. « On tuait partout, dites-vous? Mais quels étaient les assassins? qui les excitait? Oubliez-vous que ce sont les *sectores* qui vous ont poussé jusqu'ici? Ne savons-nous pas que ce sont les mêmes hommes qui, à cette époque, étaient tout à la fois *sectores collorum et bonorum*, c'est-à-dire, qui coupaient nos têtes et se rendaient adjudicataires de nos biens? »

D'où venait le nom de *sectores*? Asconius, dans son Commentaire sur les Verrines (2e action, livre 1er, n° 23), dit : « *Sectores autem dicti sunt qui spem lucri sui secuti, bona condemnatorum semel auctionabantur, proque iis pecuniam pensitabant singulis, ac post ea pro compendio suo singulas quasque res pecunia populo venditabant.* » Ces adjudicataires revendaient en détail et coupaient par lot ce qu'ils avaient acheté en bloc. Le même auteur en donne une autre étymologie (Verres, 1, 20) : « *Sectorem dicit œstimatorem redemptoremque bonorum damnati atque proscripti, qui* SECUTUS *spem œstimationis suœ bona omnia auctione vendit et semel infert pecuniam vel œrario vel sociis.* » Suivant cette opinion, *sector* viendrait donc de *sequi*, suivre.

N° 36. (N° 103.) Cicéron ajoute : « *Quum de bonis et de cœde agatur, testimonium dicturus est is, qui et* SECTOR *est, et* SICARIUS; *hoc est, qui et illorum ipsorum bonorum, de quibus agitur, emptor et possessor est, et eum hominem occidendum curavit, de cujus morte quœritur.* »

Ce passage est expliqué par ce que nous venons de dire; *sector* et *sicarius*, c'est toujours le même jeu de mots.

On rencontre souvent dans ce discours cette expression *sector*. Il est inutile de revenir sur ce point.

N° 38. (N° 111.) « *In privatis rebus si qui rem mandatam non modo malitiosius gessisset, sui quœstus aut commodi causa, verum etiam negligentius, cum majores summum admisisse dedecus existimabant. Itaque mandati constitutum est judicium, non minus turpe, quam furti : credo propterea quod, quibus in rebus ipsi interesse non possumus, in his, operœ nostrœ vicaria, fides amicorum supponitur*, etc. »

Celui qui succombait dans certains procès était noté d'infamie et perdait son *existimatio*. L'infâme était frappé de certaines incapacités, soit dans l'ordre politique, soit dans l'ordre civil. Ainsi, 1° celui qui était déclaré infâme ne pouvait plus voter dans les assemblées du peuple, ni être élevé à une fonction publique; 2° le préteur déclara, dans son édit, que les infâmes ne pourraient pas postuler en justice pour autrui; 3° sous Auguste, les ingénus qui épousaient une femme notée d'infamie étaient privés de certains avantages que pouvaient recueillir les époux (1).

Le mandataire qui était condamné pour n'avoir pas accompli son mandat était noté d'infamie, comme celui qui avait été condamné pour vol. Ceci nous est attesté par Gaius, Comm. 4, § 182 : « *Quibusdam judiciis damnati ignominiosi fiunt : velut furti....... mandati.....* » Aussi, Cicéron dit-il : « *Itaque mandati constitutum est judicium non minus turpe quam furti.* » Quant au sens du mot *judicium*, il veut dire *action, formule, instance*. (Voy. p. 72.)

N° 38. (N°s 39 ou 112.) « *Ergo idcirco turpis hœc culpa est, quod duas res sanctissimas violat, amicitiam et fidem : nam neque mandat quisquam fere, nisi amico; neque credit, nisi ei, quem fidelem putat.* »

Ce passage, et tous les lieux communs que Cicéron débite à ce propos, peuvent cependant expliquer au jurisconsulte qui étudie le Droit Romain pourquoi la législation romaine était si sévère pour le mandataire. Il est permis de rapprocher ce passage de Paul (loi 1re, § 4, au Digeste, *Mandati vel contra,* liv. 17, tit. 1er) : « *Mandatum, nisi gratuitum, nullum est : nam originem ex officio, atque amicitia trahit.* »

N° 39. (N° 113.) « *In minimis rebus, qui mandatum neglexerit, turpissimo judicio condemnetur necesse est...* »....... plus loin. « *In minimis privatisque rebus etiam negligentia mandati in crimen judiciumque infamiœ vocatur.......* »

Tout cela est expliqué. Il en est de même de ce que Cicéron ajoute, quelques lignes plus loin : « *Nonne, si ex eo negotio tantulum in rem suam convertisset, damnatus per arbitrum, et rem restitueret, et honestatem omnem amitteret?* »

Dans toute cette partie, Cicéron emploie l'argument *a fortiori*.

N° 40. (N° 116.) « *In rebus minoribus socium fallere, turpissimum*

(1) Voy. Ulpien, Règles, tit. 16, § 2. — On peut consulter sur les conséquences de l'infamie, et sur les circonstances qui la produisaient, M. de Fresquet, Traité élémentaire de Droit Romain, 1er vol., p. 204.

est...... Recte igitur majores eum, qui socium fefelisset, in virorum bonorum numero non putarunt haberi oportere. »

Celui qui était condamné comme associé vis-à-vis de son associé, était aussi noté d'infamie (voy. Gaius, Comm. 4, § 182). Le jurisconsulte mentionne l'action *pro socio* donnée à l'un des associés contre son coassocié. Ceci tenait aux hautes idées de moralité que les Romains avaient adoptées. Ils voulaient que des associés se regardassent comme des frères. Ulpien, loi 63 au Digeste, *Pro socio* (liv. 17, tit. 2), nous dit : « *Societas jus quodammodo fraternitatis in se habet.* »

N° 43. (N° 126.) « UT EORUM BONA VENEANT, QUI PROSCRIPTI SUNT; *quo in numero Sex. Roscius non est* : AUT EORUM, QUI IN ADVERSARIORUM PRÆSIDIIS OCCISI SUNT. » La *sectio* ou vente en bloc du patrimoine avait lieu en différents cas; notamment, on vendait ainsi les biens des proscrits et de ceux qui avaient été tués dans les rangs ennemis. (*Junge, Philip.* 2, ch. 26, *infra.*)

PRO PUBLIO QUINTIO.

Voici le résumé de cette affaire, résumé qu'il est important de connaître, pour saisir les nombreux passages juridiques qui se trouvent dans ce discours.

Névius obtint d'un préteur, appelé Burrhienus, l'envoi en possession dans les biens de Publius Quintius, le client de Cicéron. Cette *missio in possessionem* avait été accordée à Névius, en vertu de l'édit du préteur. Cet édit la donnait aux créanciers d'un débiteur qui, étant absent, n'avait laissé personne pour le défendre en justice (*qui absens non defendebatur*; voir pour les développements, *infra*, nº 6). Il paraît que Quintius se trouvait dans cette situation prévue par l'une des clauses de l'édit.

De retour à Rome, Quintius réclama ses biens qui étaient détenus par Névius. Celui-ci demanda à son adversaire une caution appelée *satisdatio judicatum solvi* (voir *infra*, nº 7). Si la *satisdatio* était fournie, Névius devait restituer les biens, puis agir, à raison de sa créance, comme demandeur, contre Quintius : la caution garantissait les condamnations qui atteindraient ce dernier.

Mais Quintius soutint que les biens n'ayant pas été possédés trente jours, conformément à l'édit du préteur, la *satisdatio judicatum solvi* ne devait pas être fournie.

Dolabella ordonna à Quintius, ou de donner cette *satisdatio,* et de rester dès lors défendeur ; ou de se porter demandeur, et de prouver que les biens n'avaient pas été possédés, d'après les termes de l'édit prétorien. Cette demande dut être intentée à l'aide de la procédure *per sponsionem* (voir *infra*, n° 8). Quintius préféra suivre ce dernier parti et confia sa défense à Cicéron. Hortensius était chargé de celle de Névius.

Le jurisconsulte Aquillius était le *judex* de cette affaire.

N° 2. (N°s 6, 8, 9.) « *Primum magnitudo periculi summo timore hominem afficit, quod uno judicio de fortunis omnibus decernit.* » « Il n'envisage qu'avec effroi la grandeur du péril, dans une instance qui va décider de toute sa fortune. » « *Nam quid hoc iniquius, aut indignius, C. Aquilli, dici aut commemorari potest, quam me, qui caput alterius, famam fortunasque defendam, priore loco causam dicere?* « « Car, Aquillius, peut-on citer rien de plus injuste, de plus inique, que de me voir forcé, moi qui défends le *caput* d'un autre citoyen, sa renommée, sa fortune, de porter le premier la parole? » « *Id accidit prætoris iniquitate et injuria : primum, quod, contra omnium consuetudinem, judicium prius de probro, quam de re, maluit fieri; deinde, quod ita constituit id ipsum judicium, ut reus, antequam verbum accusatoris audisset, causam dicere cogeretur.* »

Avant de traduire, expliquons le grief de Cicéron. L'envoi en possession des biens d'un débiteur pouvait être suivi de la vente de ces mêmes biens (*emptio bonorum*). Cette vente faisait encourir l'infamie au débiteur exproprié; il était même, jusqu'à un certain point, *capite minutus* (sur cette expression, voy. p. 32 et suiv.), autrement, comme le dit Keller (p. 77) dans son excellent travail sur le discours qui nous occupe, ce débiteur éprouvait la *media capitis diminutio,* perdait la qualité de citoyen quant aux droits politiques, mais tout en conservant ses droits privés, *salvo tamen privato civium jure* (1).

D'après Cicéron, Névius devait intenter l'action sur le fond de l'affaire (*de re*), sans que Publius fût forcé de donner la *satisdatio judicatum solvi*, et il reprochait amèrement à Dolabella d'avoir placé Quintius dans l'alternative, ou de fournir cette *satisdatio* en restant défendeur, ou de se porter demandeur dans une cause où il s'agissait de son honneur; car il devait prouver que ses biens n'ayant pas été possédés conformément à l'édit du préteur, il

(1) L'auteur cite dans ce sens Bethmann-Holweg, — Niebuhr, — Savigny, — Stiéber.

Le travail de M. Keller est en latin (Turici, 1842).

n'avait pas encouru l'infamie. Cicéron disait donc, tout à l'heure, « que cette instance devait décider de la fortune de Publius, » « qu'il était obligé de porter le premier la parole dans cette « affaire où il s'agissait du *caput* de son client. » (Voir sur l'expression *caput*, p. 32.)

Il ajoute : « Cela est arrivé par suite de l'injustice et de l'iniquité du préteur; d'abord, contrairement à l'usage de tous ses collègues, il a préféré former une instance où il s'agit de l'honneur de Quintius (*de probro*, allusion à l'infamie attachée à l'*emptio bonorum*), plutôt que de faire juger le fond de l'affaire (*quam de re*); ensuite, il a réglé la procédure de telle façon, que celui-là qui devrait être défendeur est obligé de plaider sa cause avant d'avoir entendu les paroles de son accusateur. »

Nous aurons l'occasion de rechercher si les reproches de Cicéron étaient bien fondés. (Sur le sens du mot *judicium*, voy. p. 73.)

N° 3. (N° 11.) On rencontre l'expression *paterfamilias* (voy. Topiques, p. 58). Nous avons décrit l'organisation de la famille romaine; nous savons que père de famille désigne *is qui in domo dominium habet.*

N° 3. (N° 13.) « *Qua in re ita diligens erat, quasi ii, qui magna fide societatem gererent, arbitrium pro socio condemnari solerent.* »

Cicéron représente Névius, associé avec Caius Quintius, frère de Publius, comme puisant dans la caisse commune, pour augmenter sa fortune privée. « Il se conduisait, dit-il, comme si ceux qui administrent une société avec fidélité avaient coutume d'être condamnés par l'action *pro socio* : » *arbitrium pro socio* (voir sur le sens de ces expressions, Topiques, n° 17, p. 88). On dit, tantôt *actio pro socio*, tantôt *judicium pro socio*, tantôt enfin *arbitrium pro socio*. Le juge de l'action *pro socio* s'appelait *arbitre*, et l'action *arbitrium*, parce que l'action était de bonne foi, et le juge statuait comme arbitre, *ex fide bona*, *ex bono et æquo* (1).

N° 4. (N°s 15 et 17.) On trouve les expressions *nominibus*, *tabulis*. Nous les expliquerons bientôt à propos du discours *pro Roscio comœdo*. Traduisons-les : la première par *créances*, la seconde par *registres*.

(1) Voir Hotman, édit. 1600, 3e vol., p. 775.

N° 5. (N° 18.) « *Quasi domi nummos haberet, ita constituit Scapulis se daturum.* »

Cicéron parle ici du pacte de constitut. C'était un pacte par lequel le débiteur, ou un tiers pour le débiteur, prenait jour afin de payer le créancier (voy. Instit. de Justinien, liv. 4, tit. 6, § 9). Ce pacte était sanctionné par le préteur et non par le droit civil. La législation romaine contenait le dualisme du droit prétorien et du droit civil. Le préteur, comme nous l'avons vu (Topiques, n° 5, p. 50), tantôt confirmait, tantôt suppléait, tantôt enfin corrigeait le droit civil.

Or, ce droit partait du principe que la simple convention, le simple pacte (*duorum vel plurium in idem placitum consensus*) ne pouvait engendrer une *action;* il fallait, du moins en thèse générale, que quelque chose vint s'ajouter au consentement (ce quelque chose pouvait être la forme interrogative et responsive appelée *stipulation,* voy. Topiques, n° 8, p. 71). Cela tenait, comme nous l'avons vu (p. 71), à des motifs historiques, et aussi à cette idée que la volonté n'était pas assez sérieuse, tant qu'elle n'avait pas revêtu certaines formes, ou bien tant que l'une des parties n'avait pas exécuté la convention. Le pacte nu (*nudum pactum*) engendrait, il est vrai, une obligation naturelle, mais le créancier n'avait pas une action pour contraindre son débiteur à satisfaire à cette obligation; celui-ci pouvait ainsi se soustraire à l'accomplissement du pacte. (Voy. Top., p. 71.)

Le préteur, dans certains cas, donnait une action au créancier; et notamment, le pacte de constitut était sanctionné à l'aide de l'action *constitutæ pecuniæ,* parce que, disait-on, *grave est fidem fallere* (loi 1re, *Constit. pecun.*, au Digeste, liv. 12, tit. 5). Si donc le débiteur convenait avec son créancier de le payer tel jour (*constituebat se soluturum*), le créancier pouvait, *jure prætorio,* poursuivre le débiteur. Mais un pareil pacte fait par un banquier, *argentarius,* eût été obligatoire, même *jure civili.*

D'après Cicéron, son client ajoutant foi aux promesses de Névius, et « croyant avoir de l'argent chez lui, prit jour avec les Scapula pour faire le paiement, c'est-à-dire, fit avec eux le pacte de *constitut.* »

Dans ce passage, Cicéron parle aussi de l'*auctio* qui ne devait pas être confondue avec la *sectio,* dont nous avons parlé plus haut (p. 92). Elle n'embrassait pas une masse de biens, mais elle portait sur des objets particuliers qui étaient vendus aux enchères. Le plus souvent, elle s'appliquait, non pas à des ventes faites par le fisc, mais à des ventes volontaires; elle avait lieu après l'apposition d'affiches (*proscriptio*).

N° 5. (N° 22.) « *Itaque ex eo tempore res esse in vadimonium cœpit. Quum vadimonia sæpe dilata essent, et quum aliquantum temporis in ea re esset consumptum, neque quidquam profectum esset; venit ad vadimonium Nævius.* »

Quand, devant le préteur, l'affaire ne pouvait se terminer le jour même de la comparution, les parties se promettaient réciproquement de se représenter à jour fixe : cette promesse était connue sous le nom de *vadimonium.* On appelait *vades* les personnes qui se portaient caution de l'exécution du *vadimonium* (1).

Vas - vadis, veut dire caution. — Gaius parle du *vadimonium* au Comm. 4, § 184. — Varron (*De lingua latina*) dit : « *Vas appellatus qui pro altero vadimonium promittebat.* »

Horace dit aussi dans ses Satires (liv. 1er, satire 1re, vers 11) :

> Ille DATIS VADIBUS qui rure extractus in urbem est,
> Solos felices viventes clamat in urbe.

« Les parties, dit Cicéron, n'ayant pu s'accorder, on en vint au *vadimonium,* c'est-à-dire, que les deux adversaires durent se promettre réciproquement d'ester en justice, et garantir cette promesse par des *vades* ou cautions. On remit de jour en jour à faire ces *vadimonia* (si l'une des parties ne comparaissait pas, la caution (*vas*) était poursuivie); mais enfin *ad vadimonium venit Nævius.* »

Cicéron confirme la remarque faite par M. Bonjean (Traité des actions, 1er vol., p. 453) : « Le *vadimonium,* dit cet auteur, n'est autre que la *cautio in judicio sistendi,* c'est-à-dire, la promesse, diversement garantie, de se trouver à jour fixe devant le magistrat, soit que cette promesse intervienne *extra jus,* au moment de l'*in jus vocatio*, soit qu'elle intervienne *in jure,* après une première comparution devant le magistrat. »

(1) Voy. Bonjean (Traité des actions, 1er vol., p. 375 et 453, 456, 457).

. N° 6. (N° 23.) « *Se jam neque vadari amplius, neque vadimonium promittere.* »

Névius répondit qu'il n'avait plus désormais d'intérêts à débattre avec Publius, et, dès lors, il ne réclama plus des *vades* (des cautions) qui lui garantissent la promesse que ferait Quintius de se rendre devant le magistrat (*vadari*); et de son côté, il n'était plus tenu, ajoutait-il, de prendre le même engagement à l'égard de Publius Quintius, et de le faire garantir par des cautions (*vadimonium promittere*).

Cicéron ajoute : « *Hic, quum rem Gallicanam cuperet revisere, hominem in præsentia non vadatur : ita sine vadimonio disceditur.* »

« Publius, désirant aller visiter les biens qu'il avait en Gaule, ne réclame pas de *vadimonium*, et on se sépare, de part et d'autre, sans *vadimonium.* » Puis, ajoute encore l'orateur, avant de partir pour la Gaule, *vadimonia differt*, il obtient remise temporaire des promesses qu'il a pu faire d'ester en justice : c'est ce que l'on appellerait aujourd'hui obtenir des remises de causes.

Même n° 6. (N° 25.) Pendant l'absence de Publius, Nevius convoque des témoins : « *Veniunt frequentes : testificatur iste*, P. QUINTIUM NON STITISSE, ET SE STITISSE. » « Ils arrivent en grand nombre, et Névius les prend à témoins qu'il a accompli son obligation, qu'il s'est rendu devant le magistrat (*se stitisse*), tandis que Publius a contrevenu à sa promesse (*non stitisse*). » Névius, en d'autres termes, invoque un prétendu *vadimonium.* Il résulte aussi du passage que les banquiers (*argentarii*) jouaient un certain rôle, et que c'était auprès de leurs comptoirs que les parties devaient ordinairement se retrouver, parce que c'était là que l'on constatait le défaut (1).

Après cela, Névius « *postulat a Burrhieno prætore, ut ex edicto bona possidere liceat.* » « Il demande au préteur Burrhienus, qu'en vertu de son édit, il puisse posséder les biens de Publius Quintius. »

Pour bien saisir ce passage, et même tout le discours, il faut avoir une idée sommaire de l'institution romaine appelée *emptio bonorum*, institution dont parle Gaius, Comm. 3, § 77 et suivants.

La législation moderne a sur les droits des créanciers des idées

(1) Hotman, édit. 1600, 3e vol., p. 779 et 780.

qui n'étaient pas celles du Droit Romain primitif. Dans notre droit actuel, la personne qui est obligée oblige tous ses biens actuels et tous ses biens à venir (art. 2092 du Code Nap.). Tous ses biens sont le gage commun de ses créanciers (art. 2093). Les créanciers ont le droit, si le débiteur ne paie pas, de les faire vendre en justice et de se faire payer sur le prix. Ce n'est que dans des cas exceptionnels que les créanciers ont le droit de se saisir de la personne de leur débiteur et d'exercer la contrainte par corps. La liberté individuelle est le principe qui régit cette matière (art. 2063 du Code Nap.).

Telle n'était pas la législation des XII Tables. A cette époque, les créanciers n'avaient qu'un seul droit d'exécution, celui de saisir la personne du débiteur (*manus injectio*). Le débiteur qui ne payait pas était réduit en esclavage (1), et, s'il y avait plusieurs créanciers, ils pouvaient se partager le corps de leur débiteur (2).

Cette législation rude et grossière faisait une exception en faveur de l'État; l'État créancier avait le droit de saisir les biens du débiteur insolvable et de les faire vendre en bloc. C'était la *sectio bonorum*, dont nous avons parlé précédemment à propos du discours *pro Roscio Amerino*.

Les préteurs s'emparèrent de l'idée émise par le Droit civil, et permirent aux créanciers de saisir les biens du débiteur et de les faire vendre en masse. Celui qui offrait aux créanciers le prix le plus élevé était proclamé adjudicataire (*addictio*). Il était désigné sous le nom de *emptor bonorum*, et l'ensemble de l'opération s'appelait *emptio bonorum*. L'exproprié était censé mort civilement. Comme le *sector*, l'*emptor bonorum* était aussi un successeur universel, seulement il succédait *jure prætorio*, tandis que le *sector* succédait *jure civili*.

Voici les détails précieux que Gaius nous a laissés sur cette institution; au Comm. 3, § 77, il s'exprime ainsi : « *Videamus autem et de ea successione quæ nobis ex emptione bonorum competit.* § 78. *Bona autem veneunt aut vivorum aut mortuorum : vivorum,*

(1) Nous aurons l'occasion de développer ce point.

(2) Voir IIIe table. — Il résulte des discussions qui ont eu lieu sur ce texte : « *Tertiis nundinis partes secanto; si plus minusve secuerunt, se fraude esto,* » que le texte ne doit pas être pris au figuré.

velut eorum qui fraudationis causa latitant, nec absentes defenduntur; item eorum qui ex lege Julia bonis cedunt; item judicatorum post tempus quod eis partim lege XII Tabularum partim edicto Prætoris ad expediendam pecuniam tribuitur. Mortuorum bona veneunt, velut eorum quibus certum est neque heredes neque bonorum possessores neque ullum alium justum successorem existere. »

L'*emptio bonorum* s'appliquait donc aux biens des personnes vivantes comme à ceux des personnes mortes. On vendait les biens des premières quand elles se cachaient pour ne pas répondre à une demande en justice *(fraudationis causa)*; ou bien, lorsque, étant absentes, personne ne se présentait pour les défendre (*nec absentes defenduntur*). Le demandeur était dans l'impossibilité d'obtenir ce que l'on appelle *un jugement par défaut*, ce moyen étant inconnu à la procédure romaine. Il fallait que les deux parties fussent en présence, pour que le magistrat pût organiser la procédure, rédiger la formule (voy. p. 72), et renvoyer les parties devant le *judex*. Dès lors, les droits du créancier étaient paralysés si le débiteur se cachait ou s'absentait. Pour remédier à cet inconvénient, le préteur introduisit la *missio in possessionem* c'est-à-dire, le droit pour le demandeur de se faire envoyer en possession des biens du défendeur. Cet envoi en possession pouvait être suivi de la vente de ses biens.

Gaius ajoute, que l'on peut vendre le patrimoine de celui qui, d'après la loi Julia (rendue sous Auguste), a fait cession de biens. Cette cession était un bénéfice accordé au débiteur malheureux et de bonne foi, qui pouvait abandonner tous ses biens à ses créanciers. Par cet abandon, il évitait la *manus injectio* du Droit civil, et en outre il n'encourait pas l'infamie attachée à l'*emptio bonorum*.

Enfin, si, après un délai accordé tant par la loi des XII Tables que par l'édit du préteur, l'individu condamné par une sentence n'exécutait pas le jugement, le préteur faisait vendre les biens. La loi des XII Tables portait : « AERIS CONFESSI REBUSQUE JURE JUDICATIS TRIGINTA DIES JUSTI SUNTO. » Ces trente jours étaient dits *justi dies*. C'était une armistice légale accordée à celui qui avait avoué la dette (*aeris confessi*), ou qui avait été condamné (*rebus jure judicatis*); accordée, disons-nous, pour qu'il pût désintéresser son créancier. Après ces trente jours, il y avait lieu, d'après le

Droit civil, à la *manus injectio*, et, d'après le Droit prétorien, à l'*emptio bonorum*, à la vente du patrimoine.

Gaius ajoute que l'on vend les biens des personnes mortes quand elles décèdent sans héritier appelé par le Droit civil, sans possesseur de biens, c'est-à-dire, sans successeur appelé par le préteur, et enfin sans successeur reconnu par la loi (*justus possessor*).

Au § 79, le jurisconsulte retrace la procédure de l'*emptio bonorum*. S'agit-il des personnes vivantes, leurs biens devaient être possédés pendant trente jours; si, après les trente jours, le saisi ne se représentait pas ou ne satisfaisait pas son créancier, le préteur permettait de les faire vendre après apposition d'affiches (*tunc proscribi*). Les créanciers se réunissaient et choisissaient un syndic (*magistrum*) qui avait pour mission de faire procéder à cette vente. On rédigeait un cahier des charges (*lex bonorum vendendorum*). Enfin après un nouveau délai de trente jours, les biens étaient définitivement adjugés à celui qui offrait le prix le plus élevé (*emptor bonorum*) (1).

Même procédure pour les biens des personnes mortes; seulement les délais étaient plus courts, car, dit Gaius (§ 79) : « *Illa ratio est, quia de vivis curandum erat, ne facile bonorum venditiones paterentur.* »

Dans cette voie d'exécution forcée, il fallait distinguer la *missio in possessionem* prononcée par le préteur; la *possessio* réalisée par les créanciers; la *proscriptio* ou apposition des affiches; la *venditio*, ou vente au plus offrant et dernier enchérisseur au profit duquel le syndic prononçait l'*addictio*.

Au temps de Cicéron, les débiteurs insolvables étaient exposés à la *manus injectio* et à l'*emptio bonorum*. Gaius nous donne

(1) Voir, pour de plus grands détails, M. Ortolan (Instit. expliq., 2e vol., p. 102, 3e édit.); ils sont empruntés à la paraphrase grecque de Théophile, l'un des rédacteurs des Institutes. — Voir aussi le Mémoire couronné par la Faculté de Droit de Paris : *Des voies d'exécution sur les biens des débiteurs tant dans le Droit Romain que dans le Droit Français*, par M. Jules Tambour, docteur en droit. Ce lauréat, qui promettait à l'enseignement du Droit un professeur distingué, est mort au moment où il venait de recevoir la juste récompense de ses travaux. (Voy. 1er vol. p. 136 et suiv.) — Voir enfin le travail de Keller sur *Publius Quintius*, p. 69 et suiv.

(Comm. 4, § 21 et suiv.) des détails sur la *manus injectio,* voie d'exécution dont l'origine était dans la loi des XII Tables, et qui consistait dans la main mise sur la personne même du débiteur. Elle dut nécessairement tomber en désuétude en présence de l'*emptio bonorum,* voie moins rigoureuse et plus utile aux créanciers, qui atteignaient plus sûrement leur but, en faisant vendre les biens de leur débiteur.

L'*emptio bonorum* disparut à son tour de la législation romaine. Sous le Bas-Empire, les créanciers pouvaient faire saisir les biens soit individuellement, soit en masse; toutefois la vente avait lieu non plus en bloc, mais en détail, comme cela se pratique de nos jours.

Revenons à Cicéron. Névius soutenait que Publius Quintius, en ne se rendant pas devant le magistrat, avait manqué à sa promesse. Publius était absent; alors Névius réclama la *missio in possessionem,* puis *jussit bona proscribi;* il fit afficher la vente des biens. Mais Publius Quintius avait laissé pour procureur (*procurator*) Alphenus, son ami. Celui-ci se présenta en faisant connaître sa qualité (*denunciat se se procuratorem esse*); il s'efforça de repousser l'application de l'édit, car si Publius était absent, il était défendu, et il ne tombait pas sous le texte qui portait : *nec absentes defenduntur.*

N° 7. (N° 28.) « *Expulsus atque ejectus e prædio Quintius...... confugit ad C. Flaccum imperatorem.* » Nous verrons que celui qui avait subi la *dejectio* d'un fonds de terre qu'il possédait pouvait demander au préteur l'interdit *unde vi.* (Voy. Discours *pro Cecina.*)

N° 7. (N° 29.) « *Iste postulabat, ut procurator judicatum solvi satisdaret.* »

Ceci mérite une assez longue explication. Que signifie le mot *satisdatio* que l'on trouve assez souvent dans les ouvrages de Cicéron ? Pour bien comprendre la *satisdatio,* il faut se rappeler ce que l'on entendait par *stipulatio* (voy. Topiques, n° 8, p. 71). Quand le débiteur avait promis (*spondes ne — spondeo*); des tiers, c'est-à-dire, des personnes autres que le stipulant et le promettant venaient garantir cette dette, en promettant de désintéresser le créancier si le débiteur ne le satisfaisait pas; ces garants étaient dits *sponsores, fidepromissores, fidejussores,* suivant la formule employée. Ainsi, le créancier disait à Paul :

Et tu SPONDES *ne, vel* FIDEPROMITTIS *ne, vel* FIDEJUBES *ne centum quæ Primus mihi debet?* Si Paul répondait : *Spondeo*, il était *sponsor ; fidepromitto*, il était *fidepromissor; fidejubeo*, il était *fidejussor*. Le créancier avait alors deux débiteurs : un débiteur principal (*reus*), un débiteur accessoire (*adpromissor*), il y avait *satisdatio :* on disait donc du *reus* ou débiteur principal qu'il donnait la *satisdatio (satisdabat)*; et du créancier, que *satis accipiebat*. *Satisdare* peut se traduire par donner caution, parce que, en Droit Français, le mot *caution* a un sens spécial qu'il n'avait pas en Droit Romain. Ce mot *caution* correspond à *satisdatio*, tandis qu'à Rome, *cautio (cavere)* désignait une garantie quelconque.

Expliquons maintenant les règles applicables à ceux qui représentaient un citoyen en justice.

Sous la première procédure, celle des actions de la loi, ce n'était que dans des cas tout à fait exceptionnels que cette représentation pouvait avoir lieu (Gaius, Comm. 4, § 82). Cet obstacle fut levé sous la procédure formulaire; aussi Gaius dit-il dans le paragraphe précité : « *Nunc admonendi sumus, agere posse quemlibet aut suo nomine, aut alieno : alieno, veluti* COGNITORIO, PROCURATORIO. »

Le *cognitor* était constitué, à l'aide de paroles solennelles, par l'une des parties en présence de l'autre. Peu importait la présence ou l'absence du *cognitor*. (Voy. Gaius, Comm. 4, § 83.)

Le *procurator* était constitué sans paroles solennelles, et même en l'absence de l'adversaire. (Gaius, Comm. 4, § 84.)

Le *cognitor* représentait complètement la partie qui l'avait désigné (*merito domini loco habetur*, dit Gaius, Comm. 4, § 97); ce qui était jugé contre le *cognitor* ou à son profit, était jugé contre le maître ou au profit du maître; ce dernier pouvait s'emparer du jugement, comme on pouvait l'invoquer contre lui. Ceci résultait de ce que le mandat du *cognitor* était certain, puisqu'il était donné devant le magistrat, en présence des deux parties.

Le *procurator*, dans le principe, ne représentait pas le mandant. Celui-ci ne pouvait invoquer le jugement rendu au profit de son *procurator*, et on ne pouvait l'invoquer contre lui, s'il avait été rendu contre le *procurator*. De là, entre autres conséquences, la suivante : celui qui plaidait contre un *procurator* avait intérêt à ce que ce dernier lui garantît que le maître (*dominus litis*), ou le mandant, ratifierait le jugement (*ratam rem dominum habiturum*). Prenons un exemple qui fasse bien saisir notre pensée. Primus avait un procès contre Secundus; Primus était le demandeur, Secundus le défendeur. Primus était représenté par Tertius, son *procurator*. La prétention de Primus, soutenue par son procureur, pouvait être déclarée mal fondée. Si Secundus n'avait demandé aucune garantie à Tertius le *procurator*, voici à quoi il s'exposait : Primus renouvelait le procès, et Secundus n'avait pas le droit d'objecter qu'il y avait chose jugée (*res judicata*). Son adversaire répondait : ce qui a été jugé à l'égard de mon *procurator*, n'a pas été jugé à mon égard. Secundus était donc exposé à plaider de nouveau, et peut-être même à succomber dans cette nouvelle instance, sans avoir un recours en garantie contre qui que ce fût. Si, au contraire, il avait eu soin de requérir de Tertius la promesse que Primus ratifierait la chose jugée; alors, attaqué par Primus, qui ne voulait pas ratifier, Secundus réagissait contre Tertius, qui s'était obligé à lui procurer cette ratification, et il lui réclamait des dommages et intérêts pour ne pas avoir accompli sa promesse. A son tour, Tertius, mandataire de Primus, demandait à ce dernier une indemnité, en alléguant (ce qui était un principe du mandat) que lui, mandataire, ne pouvait souffrir de l'exécution du mandat; de sorte que les instances suivantes pouvaient naître : *première instance* entre Tertius, *procurator* de Primus, et Secundus sur le fond de l'affaire; *deuxième instance* entre Primus et Secundus, également sur le fond de l'affaire; *troisième instance* de Secundus contre Tertius, tendant à obtenir des dommages-intérêts, basés sur l'intérêt que pouvait avoir Secundus à ce que Tertius fit ratifier le jugement par son mandant; *quatrième instance* de Tertius contre Primus, à l'effet d'obtenir du mandant une indemnité; et comme, en définitive, Primus souffrait de cette évolution de procédure, il est probable qu'en pratique, il n'agissait pas lorsque son *procurator* avait donné la caution *ratam rem dominum habiturum*.

Comme le *cognitor* représentait le mandant, cette caution était inutile; la chose jugée avec le *cognitor* étant censée jugée avec le mandant, qui, par suite, ne pouvait renouveler le procès.

Plus tard, on distingua le *procurator presentis* du *procurator absentis*. Le premier étant institué devant le magistrat, par la partie présente, avait un mandat certain; il représentait entièrement le mandant, et était dès lors dispensé de promettre *ratam rem dominum habiturum*. Cette garantie continua d'être exigée du *procurator absentis*, c'est-à-dire, de celui qui avait été constitué par un absent; il pouvait avoir un mandat, mais rien ne prouvait que ce mandat n'eût pas été révoqué depuis le jour où il avait été constitué. (Voir à cet égard, fragments découverts au Vatican, Nos 317, 331, 332, 333.)

Cette distinction, entre le *procurator presentis* et le *procurator absentis*, est postérieure à Gaius, et par conséquent elle n'existait pas du temps de Cicéron. Il paraît même résulter de certains passages de cet auteur, que la faculté de se faire représenter par un *cognitor* ne fut d'abord qu'exceptionnellement permise (voy. *Rhétorique*, nº 13, liv. 2). Mais toujours est-il que le *cognitor* fut le premier représentant admis en justice. Cicéron dit (*Pro Roscio comœdo*, nº 18) : « *Alteri nemo potest* (il s'agit de la représentation en justice), *nisi qui cognitor est factus.* »

Jusqu'ici, nous avons supposé que le *procurator* agissait comme demandeur. Gaius nous apprend en outre que celui qui se présentait au nom d'autrui, comme défendeur, devait toujours *satisdare*. Voici ce que dit ce jurisconsulte (Comm. 4, § 101) : « *Ab ejus vero parte cum quo agitur, siquidem alieno nomine aliquis interveniat, omnimodo satisdare debet, quia nemo alienæ rei sine satisdatione defensor idoneus intelligitur. Sed siquidem cum cognitore agatur, dominus satisdare jubetur; si vero cum procuratore, ipse procurator.* »

Ainsi, que l'on fût *cognitor* ou *procurator*, si l'on jouait le rôle de défendeur, le demandeur avait toujours le droit de réclamer la *satisdatio;* seulement, dans un cas, le mandant (*dominus litis*) devait la fournir; dans l'autre, cette obligation incombait au *procurator* lui-même.

Sur quoi était fondée cette décision? Le *cognitor* ou le *procurator* pouvaient être revêtus d'un mandat dans leur propre intérêt. Ceci se présentait souvent dans la jurisprudence romaine; nous en donnerons un seul exemple : Primus, créancier de Secundus, avait dans son patrimoine cette créance qu'il vendait à Tertius, que l'on appelle *cessionnaire;* celui-ci ne pouvait s'adresser directement au débiteur Secundus, qui n'était point son obligé; mais il se faisait nommer *cognitor* ou *procurator* de Primus, puis, au nom de Primus, comme son mandataire, il attaquait Secundus qui devait payer. Mais Tertius avait un mandat dans son propre intérêt, et, dès lors, il n'était pas tenu de rendre compte au mandant. On disait qu'il était *cognitor ou procurator* IN REM SUAM. Si le *cognitor* était constitué *in rem suam,* il était soumis à l'effet du jugement; par exemple, s'il avait été condamné comme défendeur, il devait exécuter la sentence, toutefois le demandeur pouvait craindre que le *cognitor* poursuivi ne lui opposât qu'il n'était pas *cognitor in rem suam,* mais seulement le représentant du *dominus litis.* D'un autre côté, le maître soumis à l'action *judicati,* résultant du jugement, pouvait alléguer que, le *cognitor* étant *cognitor in rem suam,* il ne devait pas être atteint par les poursuites dirigées contre lui. Dans cette position, le demandeur ne savait à qui s'adresser, ou bien il était obligé de soutenir un nouveau procès. Pour éviter ce danger, il pouvait réclamer du *cognitor,* ou du *procurator,* une *satisdatio;* car le principe était : NEMO ALIENÆ REI SINE SATISDATIONE DEFENSOR IDONEUS INTELLIGITUR.

Quelle *satisdatio* devait fournir le défendeur? Le § 317 des Fragments du Vatican, répond : la *satisdatio judicatum solvi.* Ces mots *judicatum solvi,* veulent dire payer, acquitter le jugé. Le défendeur devait promettre trois choses : 1° qu'il satisferait à la chose jugée, et que, notamment, il acquitterait la condamnation; 2° qu'il se présenterait constamment en justice pour défendre; 3° qu'il ne commettrait aucun dol. Le jurisconsulte Ulpien dit en effet (loi 6, liv. 46, tit. 7, Digeste) : « *Judicatum solvi stipulatio tres clausulas in unam collatas habet : de re judicata, de re defendenda, de dolo malo.* » Ces promesses étaient garanties par un fidéjusseur. Le demandeur avait donc deux débiteurs : le débiteur principal (*reus*), qui était ici le *cognitor* ou le *procurator,* jouant le rôle de défendeur; puis le fidéjusseur, débiteur accessoire.

Cela posé, que veut dire Cicéron? Névius demandait que Alphenus, le *procurator,* fût tenu de donner la *satisdatio judicatum solvi.* Alphenus était défendeur; il avait repris, nous dit Cicéron (n° 6), un jeune esclave appartenant à Publius Quintius, et il avait dit : « *Si quid agere velit, judicio defendere.* » « Si Névius veut agir, je suis prêt à me porter défendeur. » Mais Alphenus répondait, qu'il n'était pas juste que le *procurator* donnât une *satisdatio*, alors que le défendeur ne serait pas tenu de la fournir, s'il comparaissait lui-même. « *Negat Alphenus, æquum esse, procuratorem satisdare, quod reus satisdare non deberet, si ipse adesset.* » *Reus* veut dire tantôt le défendeur, tantôt l'intéressé, celui *cujus de re agitur*, c'est une contraction.

La prétention d'Alphenus était-elle bien fondée? Evidemment non, car il était *procurator;* et Gaius a bien nettement posé le principe : « *Nemo alienæ rei sine satisdatione defensor* IDONEUS *intelligitur.* » Ce principe était en pleine vigueur au temps de Cicéron, ainsi que cela résulte d'un texte que nous rencontrerons plus tard (*Verres,* action 2e, liv. 2, no 24). Mais, répondait Alphenus : Publius présent ne serait pas obligé de donner cette *satisdatio.*

Névius pouvait répondre victorieusement : Je ne vous demande pas la *satisdatio* comme si j'avais possédé les biens de Publius Quintius; je vous la réclame parce que vous êtes *procurator*. Keller met parfaitement en lumière (pages 114 et suiv.) ce point important. L'auteur fait remarquer, qu'au moment où Alphenus se présenta, Névius n'avait point encore possédé les biens de Publius (les paroles de Cicéron le prouvent). Le préteur avait prononcé l'envoi en possession, et Névius s'efforçait de prendre la possession *réelle* et *effective,* quand Alphenus parut en qualité de *procurator*.

Alphenus ne pouvait donc s'appuyer sur les droits de Publius Quintius, pour se refuser à donner la *satisdatio.*

Aussi, après avoir combattu plusieurs auteurs, et notamment Hotman, Keller termine cette savante discussion en ajoutant : « *Recte prætorem decrevisse, quum judicatum solvi Nævio actori satisdare Alphenum procuratorem juberet.* »

Les tribuns du peuple intervinrent (1), et la contestation, dit Cicéron, se termina par la promesse d'Alphenus, que Publius se représenterait aux ides de septembre : « *Ut idibus septembribus P. Quintium sisti Sex Alphenus promitteret.* »

No 8. (No 29). « *Venit Romam Quintius; vadimonium sistit.* »

(1) Sur l'intervention des tribuns dans les procès civils, voir de Savigny, 6e vol., p. 493, traduction Guénoux. — Voir aussi M. Giraud (Journal de l'Instruction publique, 26 mars 1856); — Bonjean, Traité des Actions (2e vol., p. 511 et 512); — et Keller (*pro Publio Quintio*), p. 139 et suiv.

« Quintius arrive à Rome, il obéit au *vadimonium* donné par Alphenus. »

N° 8. (N°s 30 et 31.) Nous avons vu que la procédure de l'*emptio bonorum* était divisée en deux phases : pendant la première, les créanciers possédaient les biens de leur débiteur, à titre de gage (*custodiæ causa*) ; pendant la seconde, ils poursuivaient la vente des biens. Jusqu'à cette vente, le débiteur saisi pouvait prendre avec le créancier ou les créanciers saisissants tout accommodement quelconque, transiger, payer, et s'affranchir ainsi des effets de la saisie. Il lui était permis, ou de se faire défendre par un *procurator*, ou de se défendre lui-même; mais Ulpien (loi 33, § 1er, *De rebus auct. judic. possid.*, liv. 42, tit. 5, au Digeste) nous apprend, que le débiteur ou son *procurator* devaient donner la *satisdatio judicatum solvi*. Voici le texte de ce jurisconsulte : « *Defendere debitorem sicut antequam bona ejus possiderentur, licet; ita post bonorum quoque possessionem ejus, sive ipse sui, sive alius defensionem ejus suscipiat, debet satisdare : ut satisdatione interposita judicium accipiatur, et a possessione discedatur.* » Gaius (Comm. 4, § 102) signale également parmi les personnes *suspectes* qui devaient donner la *satisdatio*, celles dont les biens avaient été possédés par leurs créanciers : « *Cujusve bona a creditoribus possessa proscriptave sunt.* »

Les créanciers qui avaient possédé remettaient les biens soit au *procurator*, soit au débiteur lui-même, mais on leur donnait la *satisdatio judicatum solvi*, c'est-à-dire, qu'en échange des biens possédés, ils obtenaient la promesse du débiteur ou du *procurator* qu'il figurerait dans l'instance, et paierait la somme à laquelle il serait condamné. Cette promesse était garantie par des fidéjusseurs; voici, en effet, les derniers mots du texte précité : « *Ut satisdatione interposita judicium accipiatur, et a possessione discedatur.* »

Revenons à Cicéron. Névius, pendant dix-huit mois, ne demande rien (*nihil petit*), il se repose (*quiescit*); puis : « *A Cn. Dolabella denique prætore postulat, ut sibi Quintius judicatum solvi satisdet, ex formula*, QUOD AB EO PETAT, CUJUS (*et non quoniam ejus*) (1), EX EDICTO PRÆTORIS, BONA DIES XXX POSSESSA SINT. » « Né-

(1) Voy. Keller, *pro Quintio*, p. 4; ces mots *quod ab eo petat cujus*, etc., sont les termes mêmes de l'édit.

vius réclame au préteur Dolabella, la *satisdatio judicatum solvi*, que doit lui fournir Quintius, d'après l'édit qui est ainsi conçu : *Du moment où il agit contre celui qui a possédé les biens pendant trente jours, en vertu de l'édit du préteur.* » Hotman restitue le texte de la manière suivante : « *Quod ab eo petetur, cujus ex edicto prætoris Romani bona dies* xxx *possessa erunt, ejus rei nomine judicatum solvi satisdare jubebo.* »

Cicéron continue : « *Non recusabat Quintius, quin ita satisdare juberet, si bona possessa essent ex edicto.* » « Quintius ne refusait pas de donner cette *satisdatio*, mais il y mettait la condition que les biens eussent été possédés d'après l'édit. »

Que fit Dolabella? « *Jubet P. Quintium aut satisdare, aut sponsionem cum Sex. Nævio facere :* SI BONA SUA EX EDICTO P. BURRHIENI PRÆTORIS DIES XXX POSSESSA NON ESSENT. »

La stipulation, dont nous avons parlé plus haut (voy. p. 71), à l'origine, devait être faite dans une forme spéciale : *spondes spondeo*. Les citoyens romains pouvaient alors seuls participer à la stipulation, qui était du Droit civil et non du Droit des gens. Au temps de Cicéron, elle avait déjà été étendue aux pérégrins, et tous, sans distinction, citoyens romains ou pérégrins, pouvaient s'obliger sous cette forme. Néanmoins, la formule *spondes spondeo* conserva son caractère primitif, elle demeura exclusivement réservée aux citoyens romains, tandis que les autres peuples durent en emprunter une autre. Gaius dit, en effet (Comm. 3, § 93) : « *Sed hæc quidem verborum obligatio,* DARI SPONDES? SPONDEO, *propria civium Romanorum est; ceteræ vero juris gentium sunt.* »

A l'époque de Cicéron, quand deux personnes discutaient sur l'existence d'un droit ou d'un fait, le demandeur stipulait du défendeur une certaine somme d'argent, *si tel droit existait ou si tel fait avait eu lieu.* Ainsi, le demandeur disait : « *Spondes ne mihi centum aureos si homo quo de agitur meus est ex jure quiritium?* » « Me promettez-vous 100 sous d'or si l'esclave dont il s'agit est à moi d'après le droit des Quirites? » Ou bien, comme dans l'affaire de Quintius : « *Spondes ne mihi centum aureos si bona mea non ex edicto prætoris triginta dies possessa sint?* » « Me promettez-vous 100 sous d'or, si mes biens n'ont pas été possédés 30 jours, en vertu de l'édit du préteur? » C'était la *sponsio*. Le demandeur se faisait ensuite délivrer une formule par laquelle il réclamait les 100 sous d'or (nous parlerons de cette formule dans le discours *pro Roscio comœdo*); mais le juge ne pouvait condamner le défendeur que si le demandeur prouvait, soit qu'il était propriétaire, soit que ses biens n'avaient pas été possédés d'après l'édit du préteur. La procédure était donc organisée *per sponsionem*, à l'aide d'un pari (voir *infra*, notamment *in Verrem*, action 2e, liv. 1, n° 45). Le demandeur qui triomphait pouvait ensuite invoquer la sentence contre le défendeur. La *sponsio* n'était qu'un moyen détourné d'amener le *judex* à statuer sur le fond de l'affaire. Nous aurons l'occasion de revenir sur ce point.

Dolabella ordonna donc à Quintius, ou de donner la *satisdatio judicatum solvi*, ou de faire la *sponsio* suivante avec Névius : « Me promettez-vous tant, si mes biens n'ont pas été possédés trente jours, en vertu de l'édit du préteur? » (Il faut SI — NON (1).)

Dolabella permit d'abord au client de Cicéron de reprendre ses biens et de donner la *satisdatio judicatum solvi*, en promettant de défendre à l'action que Névius voulait intenter contre lui. Cette promesse devait être garantie par un *sponsor* ou une caution. Publius répondit, que ses biens n'avaient pas été possédés trente jours, en vertu de l'édit prétorien, et que, dès lors, il ne devait pas être tenu de fournir cette *satisdatio* (2). Alors Dolabella décida que Publius ferait avec Névius la *sponsio* suivante : « *Quintius*. SI BONA MEA EX EDICTO P. BURRHIENI PRÆTORIS DIES XXX POS-

(1) Voy. Keller, *pro Quintio*, p. 3, et p. 28 et suiv.

(2) Ulpien, dans le texte cité p. 111, ne dit pas que le créancier fût obligé de posséder trente jours, pour réclamer cette *satisdatio*; mais ce texte peut avoir été interpolé. Si Gaius, au Comm. 4, § 102, ne parle pas de ce délai, il le mentionne au Comm. 3, § 79, et il est probable que de son temps, comme de celui de Cicéron, il fallait que le créancier eût possédé le temps voulu, c'est-à-dire, trente jours, pour imposer au débiteur l'obligation de fournir la *satisdatio judicatum solvi*. — Cette possession, après le délai, était dite : *possession conforme à l'édit*; on sous-entendait *pendant trente jours*. Ce point est mis en lumière par Keller, p. 106 et suiv.; il cite les paroles mêmes de Cicéron dans ce discours. Avant les trente jours, le débiteur pouvait repousser le créancier et jouer le rôle de défendeur, sans qu'on requît contre lui la *satisdatio judicatum solvi*. En tout cas, il est indubitable qu'il en était ainsi à l'époque de Cicéron.

SESSA NON SINT H-S TU NÆVI DARE SPONDES? *Nævius* : SPONDEO. » Quintius devait se porter demandeur, et prouver que ses biens n'avaient pas été possédés pendant trente jours, conformément à l'édit; la procédure *per sponsionem* était organisée.

Mais les amis de Quintius, qui l'assistaient, repoussaient la décision de Dolabella. « *Demonstrabant de re judicium fieri oportere, ut aut uterque, inter se, aut neuter satisdaret; non necesse esset famam alterius in judicium venire.* » « Ils établissaient que l'instance devait s'engager d'abord sur le fond de l'affaire (*de re judicium fieri*); que, ou tous les deux devaient donner la *satisdatio,* ou que ni l'un ni l'autre ne devaient y être astreints; qu'il n'était pas nécessaire que la réputation de l'une des parties fût soumise à une instance. »

« *Clamabat porro ipse Quintius, sese idcirco nolle satisdare, ne videretur judicasse, bona sua ex edicto possessa esse; sponsionem porro si istiusmodi faceret, se, id quod nunc evenit, de capite suo priore loco causam esse dicturum.* »

Les avocats de Quintius et Quintius lui-même répondaient à l'alternative imposée par le préteur Dolabella, que l'obliger à donner la *satisdatio,* c'était le forcer à reconnaître que les biens avaient été possédés pendant trente jours, en vertu de l'édit du préteur, or, c'était positivement ce qui était en litige. D'un autre côté, contraindre Publius Quintius à stipuler tant de Névius *si ses biens n'avaient pas été possédés* d'après l'édit, c'était lui imposer le rôle de demandeur dans l'instance. En effet, il était, d'après la *sponsio,* créancier de Névius *si les biens n'avaient pas été possédés* pendant trente jours, en vertu de l'édit. Il devait donc, comme tout créancier, prouver son droit, et, dès lors, établir que cette possession ne s'était pas réalisée, pour en conclure que Névius lui devait le montant de la *sponsio;* c'était l'obliger à porter le premier la parole dans une affaire où il s'agissait de sa réputation, où il défendait son *caput.* (Sur cette expression et celle de *capitis diminutio,* voir Topiques, N° 4, p. 32; c'est une allusion à l'infamie qui résultait de l'*emptio bonorum,* voy. p. 97.)

Dans l'exorde, Cicéron avait déjà dit (N° 2) : « ... *Quum me qui caput alterius, famam fortunasque defendam, priore loco causam dicere.* »

Dolabella, ajoute Cicéron (et il profite de l'occasion pour attaquer les patriciens) : « *Aut satisdare, aut sponsionem jubet facere.* » « Dolabella ordonne de fournir la *satisdatio,* ou de faire la *sponsio.* »

N° 9. (N° 32.) « *Conturbatus sane discedit Quintius : neque mirum, cui hæc optio tam misera, tamque iniqua daretur, ut aut ipse se capitis damnaret, si satisdedisset; aut causam capitis, si sponsionem fecisset, priore loco diceret.* »

C'est toujours la même idée : s'il donne la *satisdatio,* il se reconnaît *capite minutus,* car les biens ont été possédés trente jours; s'il fait la *sponsio*, il prend le premier la parole, alors qu'il s'agit de savoir s'il est *capite minutus;* défendeur, la conduite du préteur lui a imposé le rôle de demandeur.

Enfin, « *sponsionem facere maluit;* » « il aima mieux faire la *sponsio.* » « *Ex sponsu egit;* » « il agit en justice en vertu de la *sponsio* qu'il avait faite (sur l'action délivrée *infra pro Roscio comœdo).* » « *In hoc summa judicii, causaque tota consistit.* » Cicéron dit à Aquillius le *judex* : « Voilà toute la cause, savoir si les biens ont été possédés par Névius. »

Il ajoute : « *Judicium esse, C. Aquilli, non de re pecunaria, sed de fama fortunisque P. Quintii vides. Quum majores ita constituerint, ut qui pro capite diceret, is posteriore loco diceret; nos, inaudita criminatione accusatorum, priore loco causam dicere intelligis.* »

« Vous voyez, Aquillius, que l'instance (*judicium*) roule non pas sur une simple question pécuniaire, mais sur la réputation et la fortune de Quintius. Nos ancêtres ont décidé que celui qui parlerait pour le *caput* d'un autre citoyen romain aurait le dernier la parole; vous voyez que, sans avoir entendu l'accusation, nous sommes obligés de plaider les premiers. »

Ici finit la narration et Cicéron va commencer l'argumentation. Mais, avant de passer outre, demandons-nous si ces reproches étaient bien fondés; et d'abord, à quel moment l'infamie était-elle légalement encourue? Suffisait-il d'une possession de trente jours pour que le débiteur fût frappé de l'ignominie légale, ou bien devait-on attendre que la vente des biens eût lieu?

Keller (p. 100 et suiv., § 6), en s'appuyant sur plusieurs textes, et notamment sur ce discours de Cicéron, et en faisant même la part de l'emphase déclamatoire, enseigne que l'infamie légale était encourue du moment où les créanciers avaient possédé les biens pendant trente jours, et avaient apposé les affiches pour la vente (*possessa, proscriptave sunt*). Il n'était pas nécessaire que la procédure fût arrivée à la période de la *venditio bonorum* (voir notamment *infra*, n° 15). Keller eût pu également citer, à l'appui de son opinion, le § 102 du Comm. 4 de Gaius, où ce jurisconsulte cite parmi les personnes *suspectes,* non pas celles dont les biens sont vendus, mais celles dont les biens sont *possessa, proscriptave.*

M. Jules Tambour (mémoire déjà cité, p. 181) dit aussi : « L'envoi en possession, au cas de défaut du débiteur, paraît notamment avoir porté une assez forte atteinte à l'*existimatio* (voir le sens de cette expression *infra*, n° 15); c'est du moins ce qu'on peut conclure des expressions dont se sert Cicéron dans son plaidoyer pour Quintius, dont le but est de faire déclarer la nullité d'un envoi en possession. Selon lui, dans le procès, c'est la *fama* de son client qui est engagée; c'est là une *causa capitis* (chap. 8, 9, 13, 14, 15). Il dit même, au chap. 15 : « *Cujus bona ex edicto possidentur, hujus omnis fama et existimatio cum bonis simul possidetur.* » Je veux bien qu'on ne prenne pas ces expressions à la lettre, et qu'on fasse la part de l'exagération oratoire; cependant, il est difficile de ne pas supposer qu'un certain déshonneur résultait de l'envoi en possession. »

Mais, comme le fait remarquer Keller (p. 106 et suiv.), cette ignominie légale, cette *capitis diminutio* (voy. p. 97 *supra*), ne devait être encourue que par une possession de trente jours, car si le débiteur pouvait avant ce délai ressaisir ses biens, et, sans donner la *satisdatio judicatum solvi*, forcer le créancier à agir contre lui, à plus forte raison, ne devait-il pas encourir la perte de son *existimatio*, et cette espèce de *capitis diminutio.*

Cicéron avait donc raison de dire que, si son client était vaincu dans le procès sur la *sponsio*, procès engagé devant Aquillius, il serait noté d'infamie, car il devait en résulter inévitablement que ses biens avaient été possédés le temps voulu. Le danger qui menaçait Publius Quintius, était vrai au fond, seulement Cicéron le grossissait encore dans la forme.

Mais Dolabella pouvait-il agir autrement qu'il n'avait fait? Lui était-il loisible d'obliger Névius à rendre les biens, sans que Publius donnât la *satisdatio judicatum solvi?* Du moment où Névius soutenait avoir possédé pendant trente jours, Dolabella ne pouvait prendre ce parti, contraire aux principes rappelés dans les textes de Gaius et d'Ulpien. (Voy. p. 111.)

Toutefois, les deux adversaires n'étaient pas d'accord sur le fait de la possession pendant les trente jours, et telle était la véritable question du procès.

Le préteur pouvait en connaître lui-même, entendre des témoins, s'éclairer de toutes manières; puis prononcer, ou que Publius serait obligé de fournir la *satisdatio*, parce que les biens avaient été possédés d'après l'édit, ou, qu'il reprendrait ses biens, sans la donner, sauf à répondre à l'action intentée ultérieurement par Névius. Mais la lecture de ce discours prouve que la cause était fort embrouillée, et à raison de ses occupations, Dolabella devait préférer le renvoi de la contestation à un *judex*. Keller (p. 19) fait même observer qu'au premier abord, Névius paraissait devoir l'emporter, et il en conclut que Publius Quintius devait se féliciter d'avoir tout le temps nécessaire pour défendre sa réputation et sa fortune devant Aquillius.

Dolabella devait donc appeler le *judex* à statuer *préjudiciellement* sur la question qui divisait Névius et Quintius. Plus tard, les préteurs soumirent ces contestations au *judex*, sous la forme d'une action dite *in factum*, parce que le juge était appelé à trancher une pure question de fait. La formule était probablement ainsi conçue : « JUDEX, PRÆJUDICIO QUERITO AN BONA PUBLII QUINTII XXX DIES POSSESSA NON SINT EX EDICTO PRÆTORIS BURRHIENI. » Le juge se serait borné à constater si, *en fait*, les biens avaient été possédés ou non, pendant les trente jours, et conformément à l'édit du préteur. Si la réponse eût été affirmative, Névius, muni de cette sentence préjudicielle (1), fût revenu devant Dolabella, pour lui demander d'en tirer les conséquences, et d'intimer à son adversaire la dation de la *satisdatio judicatum solvi*. Si, au contraire, la réponse eût été négative, Publius fût rentré dans la possession de ses biens, sans fournir cette *satisdatio*.

(1) Le *judex* avait rendu non un *judicium* avec condamnation pécuniaire, mais un simple *præjudicium* sans condamnation. La partie qui triomphait se bornait à en déduire les conséquences dans une autre instance.

Mais, au temps de Cicéron, ces actions *in factum* préjudicielles ne paraissent pas encore avoir été introduites dans la procédure romaine, et, comme nous l'avons dit (voy. p. 112), la question devait, pour être soumise au *judex*, à l'aide d'une formule, se présenter sous l'aspect d'une obligation et d'une question de droit. Il devait y avoir lieu à la procédure *per sponsionem*.

Dolabella pouvait agir de deux façons : Névius stipulait de Publius Quintius, une certaine somme déterminée, « *si ses biens* AVAIENT ÉTÉ POSSÉDÉS *trente jours en vertu de l'édit du préteur.* » « SI BONA TUA EX EDICTO BURRHIENI PRÆTORIS DIES XXX POSSESSA SINT. » Dans cette situation, Névius était demandeur; il se faisait délivrer la formule voulue (*condictio certi*, voy. *infra*, *pro Roscio comœdo*). Devant le *judex*, il devait établir qu'il était créancier de la somme promise, et dès lors prouver (*onus probandi incumbit illi qui agit*) que les biens *avaient été possédés*, en vertu de l'édit, pendant trente jours, car il était créancier *si*, c'est-à-dire, *sous cette condition*. Le juge, en condamnant Quintius, prononçait-il en faveur de Névius; celui-ci retournait devant Dolabella, et muni de cette sentence *préjudicielle*, il réclamait de son adversaire la *satisdatio judicatum solvi*. Quintius eût été obligé de la fournir, car il était implicitement jugé que les biens avaient été possédés *ex edicto prætoris*; et de plus, il encourait l'infamie, ainsi que nous l'avons vu tout à l'heure. Le juge était-il contraire à Névius; Quintius, absous reprenait ses biens sans autre obligation.

Quintius pouvait, au contraire (et c'est ce qu'avait décidé Dolabella), stipuler tant de Névius « *si ses biens* N'AVAIENT PAS ÉTÉ POSSÉDÉS *trente jours, en vertu de l'édit du préteur.* » « SI BONA MEA EX EDICTO P. BURRHIENI PRÆTORIS DIES XXX POSSESSA NON SINT. » Dans cette position, il était demandeur, et se faisait délivrer la même formule que précédemment. Devant le *judex*, il devait prouver son droit de créance en établissant que les biens *n'avaient pas été possédés*, en vertu de l'édit, pendant trente jours, car il était créancier *si*, c'est-à-dire, *sous cette condition*. Le juge prononçait-il contre lui, en absolvant Névius; celui-ci agissait, comme tout à l'heure, en s'emparant de la sentence préjudicielle. Quintius obtenait-il, au contraire, une condamnation, il en requérait l'application devant Dolabella, et rentrait dans ses biens.

Mais Névius absous, Quintius était noté d'infamie; car, il était jugé *implicitement* que ses biens avaient été possédés trente jours, en vertu de l'édit prétorien.

Cette procédure *per sponsionem*, permise à Dolabella, était même nécessaire. Que la *sponsio* fût faite par Névius ou par Quintius, que l'un ou l'autre fût demandeur ou défendeur, les conséquences étaient les mêmes si Quintius succombait; toujours l'infamie l'atteignait et il perdait son *existimatio*.

Mais Cicéron reproche amèrement à Dolabella de lui avoir imposé le rôle de demandeur (1).

Ce reproche était mal fondé, les choses n'étant pas entières. Névius possédait, en vertu de l'édit du préteur Burrhienus; Quintius était demandeur; il luttait contre les faits, et dès lors il devait, dans la *sponsio*, jouer le rôle de stipulant, et, dans le procès, celui de demandeur : à lui donc incombait le fardeau de la preuve.

Les amis de Publius avaient proposé que Névius et Quintius donnassent tous deux *satisdatio*, ou bien que le procès s'engageât sur le fond de l'affaire (*de re*), sans qu'elle fût donnée.

Le premier parti sauvait l'honneur de Quintius, car celui-ci ne donnait plus seul la *satisdatio* en vertu de l'édit du préteur sur la *missio in possessionem;* mais il eût été arbitraire et contraire au droit introduit par le préteur lui-même.

Quant au second parti, il eût violé ce même édit qui, suivant les textes que nous avons cités, imposait au débiteur, après une possession de trente jours de la part du créancier, l'obligation de fournir la *satisdatio judicatum solvi*. (Voir enfin sur tous ces points Keller, pages 1 et suiv., où cet auteur démontre que Cicéron invoquait de mauvais arguments.)

Après ces amères critiques, l'orateur entre dans l'examen du procès. Le *judex* Aquillius était appelé à connaître de la formule probablement ainsi conçue, en vertu de la *sponsio* qui avait été faite : « *Aquillius judex esto. Si paret Nævium Publio Quintio H-S dare oportere, judex condemna, si non paret absolve.* »

(1) *Sponsionem facere.* Ces mots s'entendaient toujours de celui qui devait *stipuler* et jouer le rôle de demandeur. (Voy. Keller et les nombreux textes qu'il cite, p. 30 et suiv.)

« Aquillius sois juge : s'il appert que Névius doive II-S à Publius Quintius, condamne; sinon, absous. »

Mais pour que Névius dût la somme, Cicéron devait prouver que les biens n'avaient pas été possédés trente jours, en vertu de l'édit; aussi commence-t-il cette preuve de la manière suivante :

N° 10. (N° 36.) « *Negamus, te bona P. Quintii, Sex. Nævi, possedisse ex edicto prætoris. In eo sponsio facta est.* » « Nous soutenons, Névius, que vous n'avez pas possédé les biens de P. Quintius, en vertu de l'édit du préteur. La *sponsio* a été faite sur cette question. »

Cicéron divise ensuite son argumentation : 1° aucun motif ne permettait à Névius de réclamer la *missio in possessionem;* 2° la possession n'a pu avoir lieu en vertu de l'édit; 3° Névius n'a pas possédé.

Cicéron consacre à la première partie, depuis le N° 11 jusqu'au N° 18 inclusivement. Du N° 11 au N° 14, il s'efforce de prouver que Névius n'était créancier de Quintius, ni en vertu de la société qui avait existé entre eux, ni à raison d'autres relations particulières.

N° 11. (N° 38.) Cicéron reproche à Névius de n'avoir élevé aucune réclamation, alors qu'étant en Gaule, il voyait tous les jours Publius Quintius. « *Moritur C. Quintius, qui tibi, ut ais, certis nominibus grandem pecuniam debuit.* » *Nomen* signifie créance; on la désigne ainsi, parce que le nom du débiteur était inscrit sur des registres (*tabulæ*). Cicéron veut donc dire : « Que C. Quintius meurt, lui qui, comme vous le prétendez, vous devait une forte somme d'argent d'après des *créances certaines,* ou, comme nous dirions, d'après des *titres certains.* »

N° 12. (N° 41.) « *In Gallia agi non potuit? At et in provincia jus dicebatur; et Romæ judicia fiebant.* » « Névius dira-t-il qu'on ne pouvait agir en Gaule? Mais, répond l'orateur, le droit était dit dans les provinces, et les instances judiciaires avaient lieu à Rome. » Dans les provinces, les présidents remplissaient les fonctions du préteur et délivraient les formules aux parties. Cela s'appelait *jus dicere;* dire le droit, c'était exercer un acte de juridiction.

N° 13. (N°s 43, 44, 45.) « *Ne in civitate sit?... Ne numeretur inter viros?* » Ce sont des allusions à l'ignominie légale qui atteignait le débiteur exproprié. Il en est de même du passage suivant : « *At neque C. Aquillius de capite alterius libenter judicat, et Q. Hortensius contra caput non didicit dicere.* » Nous ne reviendrons plus sur ce point.

Cicéron continue : « *Pecuniam petit; negamus deberi : judicium fiat statim; non recusamus.* » « Il demande de l'argent, nous soutenons qu'il ne lui en est pas dû ; que l'instance ait lieu de suite, nous ne nous y refusons pas. » Sur le mot *judicium*, voir p. 72. Il veut dire : *que la formule soit délivrée.*

« *Si veretur, ut res, judicio facto, parata sit; judicatum solvi satis accipiat : quibus a me verbis satis accipiet, iisdem ipse, quod peto, satisdet.* » « S'il craint que, la formule délivrée, l'affaire ne soit pas prête à recevoir sa solution, qu'il reçoive la *satisdatio judicatum solvi* (voy. plus haut, p. 109). Mais en même temps qu'il recevra cette *satisdatio*, qu'à son tour il me la donne pour ce que je réclame. »

« *Possumus petitoris personam capere, accusatoris deponere.* » — On est censé parler de Névius. « Ne pouvons-nous pas prendre le rôle ordinaire d'un demandeur (*petitor*) et laisser celui d'accusateur ? » Névius répond : « *Imo, inquit, abs te satis accipiam; ego autem tibi non satisdabo.* » « Je recevrai de vous la *satisdatio*, mais je n'en donnerai pas. »

N. 14. (N° 46.) « *Qui inter tot annos ne appellarit quidem Quintium, quum potestas esset agendi quotidie; qui, quo tempore primum male agere cœpit, in vadimoniis differendis tempus omne consumpserit; qui postea vadimonium quoque missum fecerit, hunc per insidias vi de agro communi dejecerit; qui, quum de re agendi, nullo recusante, potestas fuisset, sponsionem de probro facere maluerit; qui, quum revocetur ad id judicium, unde hæc nata sunt omnia, conditionem æquissimam repudiet : fateatur, se non pecuniam, sed vitam et sanguinem petere.* »

« Celui qui durant tant d'années n'a rien réclamé à Quintius, alors que tous les jours il avait le pouvoir d'intenter l'action ; qui, à l'époque où il a commencé à agir de mauvaise foi, a passé tout son temps à différer les *vadimonia ;* qui, après avoir fait remise du *vadimonium*, a chassé Quintius, par violence et par ruse, du domaine commun ; qui, alors que personne ne s'y opposait, avait le pouvoir de plaider sur le fond de l'affaire, et a préféré faire une *sponsio* honteuse (*sponsio de probro;* c'est encore une allusion à l'infamie qui s'attachait à l'*emptio bonorum*) ; qui enfin, alors qu'il est ramené à cette instance, source de toutes les autres, répudie les conditions les plus équitables ; qu'il avoue donc celui-là qu'il veut non de l'argent, mais la vie et le sang de Quintius. »

Cicéron, loin d'établir que Névius ne fût pas le créancier de Quintius, se borne à constater que Névius n'a rien réclamé, pendant un certain temps, ni à Publius, ni à son frère Caius. Aussi Keller dit-il (p. 174) : « *Quæ omnis argumentatio quam invalida sit atque caduca, neminem opinor rei judiciariæ mediocriter quidem peritum latebit.* »

L'orateur aborde ensuite la deuxième objection que l'on faisait à son client. On lui reprochait d'avoir déserté le *vadimonium* et de s'être placé sous les termes de l'édit : *nec absens defenditur* : il répond à ce point du N° 15 au N° 18.

N° 14. (N° 48.) « *Quid igitur demonstrat? Vadimonium sibi ait esse desertum.* » « Il soutient que Quintius ne s'est pas conformé au *vadimonium.* »

N° 15. (N°s 48, 49 et 50.) Remarquons d'abord les expressions « *ad vadimonium non venerat;* » « il avait contrevenu au *vadimonium,* » et cette pensée de Cicéron : « *Pecuniam si cuipiam fortuna ademit, aut si alicujus eripuit injuria; tamen, dum existimatio est integra, facile consolatur honestas egestatem.* »

« Si l'on a été dépouillé de ses biens par la fortune ou l'injustice de quelqu'un, tant que l'*existimatio* est intacte, on est facilement consolé de cette pauvreté par le sentiment de l'honnêteté. »

L'*existimatio* est définie au Digeste (loi 5, § 1er, *De extraord. cognit.*, liv. 50, tit. 13) : « *Existimatio est dignitatis illæsæ status, legibus ac moribus comprobatus, qui ex delicto nostro, auctoritate legum aut minuitur, aut consumitur.* »

Cicéron peint ensuite l'ignominie, l'espèce de mort civile (*funus*) qui s'attachait au débiteur dont les biens étaient *possessa proscriptave......* « *Ergo hercule, cujus bona ex edicto possidentur, hujus omnis famà et existimatio cum bonis simul possidetur : de quo libelli...... proponuntur* (allusion aux affiches qui indiquaient la vente), *magistri fiunt et domini constituuntur* (on nomme des syndics qui indiquent les conditions de la vente, qui agissent comme maîtres). Puis il traite les *bonorum emptores* de *carnifices*, de bourreaux. » De notre temps, on a dit des *loups-cerviers*, des *vampires*, des *vautours*. Tout ce passage est déclamatoire.

N° 16. (Nos 51, 52 et 53.) Cicéron s'efforce d'établir que l'on n'a recours à l'*emptio bonorum* que dans des cas très-rares, à la dernière extrémité; que le préteur ne donne l'autorisation de procéder à la vente des biens qu'en connaissance de cause : « *Prætores, ut considerate fieret, comparaverunt. Viri boni, quum palam fraudantur* (allusion à ceux QUI FRAUDATIONIS CAUSA LATITANT : voir Gaius, § 78, Comm. 3, cité plus haut, p. 102). *Quum experiundi potestas non est* (ABSENTES NON DEFENDUNTUR, disait Gaius). *Timide tamen et pedetentim istuc descendunt, vi ac necessitate coacti, inviti, multis vadimoniis desertis, sæpe illusi ac destituti.* »

Cicéron, pour faire ressortir la conduite de Névius, suppose que ce dernier objecte que « *Publius Quintius, ad vadimonium non venit.* » Mais, reprend l'orateur : c'était un parent, un associé; Publius était toujours prêt à vous répondre; et enfin Cicéron lui reproche d'avoir, au même instant où l'on ne faisait pas honneur au *vadimonium* (*vadimonium non sit obitum*), conçu le projet de dépouiller Publius Quintius.

N° 17. (Nos 54 et 55.) L'orateur dépeint ce que devait faire dans des circonstances pareilles, un parent, un associé. Nous nous contenterons de citer les passages qui sont expliqués par tout ce que nous avons dit précédemment : « *Vadimonium mihi non obiit quidam socius et affinis meus, quicum mihi necessitudo vetus, controversia de re pecuniara recens intercedit : postulone a prætore, ut ejus bona mihi possidere liceat?* »

Est-ce que tous ces beaux sentiments sont censés me regarder? s'écrie Névius : « *Et quemadmodum natus, et quo pacto educatus sim, memini : vetus est : De scurra multo facilius divitem, quam patremfamilias fieri posse.* » « Il est plus facile de rendre un bouffon riche, que d'en faire un bon père de famille. »

N° 18. (Nos 56, 57, 58, 59.) Névius est censé ajouter : « *Non dubitavi, inquit, quum vadimonium desertum esset, bona proscribere.* » « Je n'ai pas hésité à faire mettre ses biens en vente, puisque le *vadimonium* était violé. » *Improbe*, répond Cicéron..... « *Si vadimonium omnino tibi cum P. Quintio nullum fuit?* » « Si vous n'avez jamais fait de *vadimonium* avec P. Quintius. » « ... *At etiam-*

si desertum vadimonium esset; » « et quand même le *vadimonium* aurait été violé. » « *Tamen, in ista postulatione et proscriptione bonorum, improbissimus reperiebare.* »

« *Ais esse vadimonium desertum.* » Mais dès son retour à Rome, Quintius vous a demandé de lui indiquer le jour où, suivant vous, il avait fourni le *vadimonium.* « *Quo die vadimonium istuc factum esse diceres.* » Aux nones de février, avez-vous répondu. En vous quittant, Quintius s'efforça de se rappeler le jour où il avait quitté Rome pour la Gaule; il consulta ses éphémérides, et reconnut qu'il était parti la veille des calendes de février. S'il était à Rome aux nones de février, nous ne soutiendrions plus qu'il n'avait pas promis le *vadimonium.* « *Causæ nil dicimus, quin tibi vadimonium promiserit.* »

Cicéron cite des témoins qui attestent la vérité des allégations de Quintius; puis, dit-il, les lettres de Quintius devront être comparées *cum adstipulatore tuo.* Nouvelle expression juridique, qui mérite une explication.

Quelquefois, à un stipulant principal (voir sur la stipulation et ses formes p. 71), venait s'adjoindre un autre stipulant, qui stipulait la même chose, et qui, comme le créancier principal, avait le droit de poursuivre le débiteur. Le débiteur pouvait payer l'un ou l'autre, et se libérer par ce paiement. On appelait ce second stipulant *adstipulator.* Dans ses rapports avec le créancier principal, l'*adstipulator* était un mandataire qui devait lui rendre compte de ce qu'il avait touché.

Quand et pourquoi intervenait l'*adstipulator*? On a vu que deux systèmes de procédure avaient été successivement en vigueur dans le Droit Romain : le premier celui des actions de la loi, le second celui de la procédure formulaire. Nous avons déjà dit que sous le premier (p. 106), l'on ne pouvait se faire représenter en justice que dans des cas tout exceptionnels. Cela était très-embarrassant pour le citoyen romain, qui, voulant s'absenter, avait besoin d'un mandataire chargé de surveiller les affaires et de défendre les droits de cet absent. Aussi, il s'adjoignait un ami qui stipulait accessoirement avec lui, et, de cette sorte, le mandataire *adstipulator* avait le droit de poursuivre le débiteur, *en son nom,* puis il rendait compte au stipulant principal.

Probablement, Névius prétendait avoir un *adstipulator* qui

avait stipulé avec lui le *vadimonium*, et vis-à-vis duquel Públius Quintius s'était aussi obligé. Cicéron dit donc, que l'on pourra confronter les lettres avec les propres aveux de l'*adstipulator*. Mais a-t-il bien prouvé que son client n'avait pas manqué au *vadimonium?* Keller (p. 174 et 175) ne le pense pas. Névius, interrogé sur le jour du *vadimonium*, avait pu se tromper; d'ailleurs, les faits rapportés plus haut par Cicéron, les reproches qu'il adresse à Névius, ses injures, les conseils d'humanité qu'il lui donne, semblent démontrer qu'à cet égard il n'était pas bien sûr de sa défense.

Nº 19 (Nºs 60 et 61.) L'orateur romain arrive à la seconde partie de son argumentation. Il s'est efforcé de prouver qu'il n'y avait pas lieu de requérir la *missio in possessionem;* il va actuellement soutenir que la possession n'a pu avoir lieu en vertu de l'édit. Cette seconde partie s'étend du Nº 19 au Nº 27. Et d'abord, du Nº 19 au Nº 22, il prétend que son client n'était dans aucun des quatre cas prévus par l'édit. « *Recita edictum :* QUI FRAUDATIONIS CAUSA LATITARIT. *Non est is Quintius; nisi si latitant, qui ad negotium suum, relicto procuratore, proficiscuntur.* CUI HERES NON EXSTABIT. *Ne is quidem.* QUI EXSULII CAUSA SOLUM VERTERIT. *Dici hoc de P. Quintio non potest :* QUI ABSENS JUDICIO DEFENSUS NON FUERIT. »

« Donnez lecture de l'édit du préteur : *celui qui se cachera par suite de fraude;* cela ne s'applique pas à Quintius, à moins que ceux qui vont à leurs affaires après avoir constitué un procureur, ne soient considérés comme se cachant. *Celui qui n'a pas d'héritier;* ces mots ne regardent pas Quintius. *Celui qui pour s'exiler a quitté son pays;* on ne saurait l'appliquer à Publius Quintius. *Celui qui absent n'est pas défendu dans l'instance.* »

On voit que Cicéron reproduit ici les causes de la *missio in possessionem*, telles que Gaius les indiquait plus tard. (Voy. plus haut, p. 102.)

Il continue : « *Quo tempore existimas oportuisse, Nævi, absentem Quintium defendi, aut quo modo? Tum, quum postulabas, ut bona possideres? Nemo affuit : neque enim quisquam divinare poterat, te postulaturum; neque quemquam attinebat id recusare, quod prætor, non fieri, sed ex edicto suo fieri jubebat. Qui locus igitur absentis defendendi procuratori primus datus est? Quum proscribebas? Ergo affuit; non passus est; libellos dejecit Sex. Alphenus;*

qui primus erat officii gradus, servatus est a procuratore summa cum diligentia. »

« Quand et comment croyez-vous, Névius, qu'il eût fallu défendre Publius Quintius absent (1)? Lorsque vous demandiez la possession de biens, personne ne se présenta, car personne ne pouvait deviner qne vous la réclameriez; et, d'ailleurs, qui pouvait la repousser? Le préteur n'ordonnait pas que la possession de biens eût lieu, mais qu'elle eût lieu en vertu de son édit. Quand donc, pour la première fois, le fondé de pouvoirs a-t-il eu occasion de défendre l'absent? Lorsque vous affichiez les biens? Alphenus s'est présenté alors; il n'a pas souffert que ces affiches subsistassent; il les a déchirées. Cette première obligation du procureur, il l'a remplie avec le plus grand zèle. »

« *Debere tibi dicis Quintium : procurator negat. Vadari vis : promittit. In jus vocas : sequitur. Judicium postulas : non recusat. Quid aliud sit absentem defendi, ego non intelligo.* » « Vous dites que Quintius est votre débiteur, le procureur le nie; vous voulez qu'il donne le *vadimonium*, il promet; vous l'appelez *in jus*, c'est-à-dire, devant le tribunal du préteur, il vous suit; vous demandez une formule d'action (*judicium postulas*), il ne refuse pas l'instance. Si ce n'est pas là défendre un absent, je n'y entends plus rien. »

N° 20. (N° 63.) « *Postulabam, inquit, ut satisdaretur. Injuria postulabas. Ita jubebare. Recusabat Alphenus. Ita; verum prætor decernebat. Tribuni igitur appellabantur. Hic, te, inquit, teneo; non est istud judicium pati, neque judicio defendere, quum auxilium a tribunis petas.* »

« Je demandais, dit-il, que le procureur donnât la *satisdatio* (*judicatum solvi*); mais vous le demandiez, contrairement aux règles du droit (*injuria — contra jus*) (2). — Mais on vous l'ordonnait. — Alphenus s'y refusait. — Mais le préteur le voulait. — Aussi réclamait-on l'intervention des tribuns (voir sur ce point, plus haut, p. 110). — Ici, dit-il, je vous tiens. Ce n'est point

(1) Keller (*pro Publio Quintio*, § 2, p. 44 et suiv.) fait voir que Névius invoquait seulement contre Quintius le chef de l'édit relatif aux absents, en argumentant de ce que son adversaire avait déserté le *vadimonium*.

(2) Voy. plus haut, p. 110. La prétention de Névius était bien fondée.

accepter l'instance, ni se défendre, que de réclamer le secours des tribuns. »

Plus loin, l'on rencontre les mots « *fatetur vadimonium promisisse, judicium quin acciperet in ea ipsa verba, quæ Nævius edebat, non recusasse.* » « Il avoue que Alphenus a promis le *vadimonium*, a accepté la formule ou l'action, dans les termes mêmes que proposait Névius. »

Editio actionis était l'acte de la procédure, dans lequel le demandeur indiquait au défendeur l'action qu'il entendait réclamer. Cette déclaration avait lieu *in jure*, devant le magistrat.

N° 21 (N°s 66, 67, 68.) Cicéron continue à soutenir que son client avait été défendu par Alphenus. Celui-ci atteste, dit-il : « *Se paratum esse omni recta atque honesta ratione defendere, quod petat, non deberi; se judicium id, quod edat, accipere.* » « Il est prêt à établir par toutes les voies régulières et honnêtes, que ce que demande Névius n'est pas dû, et il accepte l'action que désignera ce dernier. »

« *Fit, rebus omnibus integris, neque proscriptis, neque possessis bonis, ut Alphenus promittat Nævio, sisti Quintium. Venit ad vadimonium Quintius.* »

« Les choses étant encore entières, les biens n'étant ni affichés, ni possédés, Alphenus a promis que Quintius esterait *in jure;* Quintius a été fidèle au *vadimonium.* »

Plus loin : « *Qualis is fuerit, si modo absentem defendebat per jus, et per magistratum, nihil ad rem arbitror pertinere.* »

« Quelles que fussent les qualités du *procurator,* du moment où il défendait Quintius absent, devant le magistrat (*per jus — per magistratum*). Le reste n'a pas d'intérêt. »

N° 22. (N°s 71, 72 et 73.) *Quid hoc tempore Quintio statuendum est? cui neque magistratus adhuc æquus inventus est, neque judicium redditum est usitatum; non conditio, non sponsio, non denique ulla unquam intercessit postulatio, mitto æqua, verum ante hoc tempus ne fando quidem audita.* »

« Que faut-il donc dire de Quintius? Il n'a pu encore rencontrer un magistrat équitable : on n'a pas délivré l'action usitée (*judicium* ou formule); il a été soumis à des conditions, à des *sponsiones* (voy. p. 112), à des demandes, je ne dirai pas seulement injustes, mais inouïes jusqu'alors. »

« *Causam capitis dicas, oportet.* » « Il faut que vous plaidiez sur cette cause, ou le *caput* est en jeu. » « *Quintius qui de capite decernit.* » « Quintius qui combat pour son *caput.* » (Voy. le sens de cette expression, p. 32.)

« *Quare aut doceas oportet, Alphenum negasse se procuratorem esse, non dejecisse libellos, judicium accipere noluisse; aut, quum hæc ita facta sint, ex edicto te bona P. Quintii non possedisse concedas.* »

« Vous devez donc prouver qu'Alphenus n'a pas déclaré être procureur, qu'il n'a pas arraché les affiches, qu'il a refusé la formule d'action ; ou si le contraire a eu lieu, il faut bien convenir que les biens de Quintius n'ont pas été possédés conformément à l'édit du préteur. » Névius invoquait seulement, avons-nous déjà dit, la clause de l'édit : « *Nec absentes defenduntur.* » L'avocat de Quintius n'a pas répondu à cet argument. Alphenus, pour être *procurator*, devait donner la *satisdatio judicatum solvi* (voy. p. 110). L'appel à l'intervention des tribuns ne constituait pas la défense de Quintius (ce point est mis en lumière par Keller). Alphenus n'avait donc pas défendu.

Dans les n°s 23 et 24, Cicéron soutient que si les biens avaient été possédés par Névius, en vertu de l'édit, les autres créanciers se seraient réunis à lui, pour les faire vendre; or, cette réunion n'a pas eu lieu; dès lors, conclut-il, Névius n'a pas possédé les biens de Quintius en vertu de l'édit prétorien.

N° 23. (N°s 73, 74 et 75.) « *Etenim si ex edicto possedisti, quæro, cur bona non venierint; cur ceteri sponsores et creditores non convenerint.* »

« Si vous avez possédé en vertu de l'édit, je vous le demande, pourquoi les biens n'ont-ils pas été vendus? pourquoi les autres *sponsores* et les autres créanciers ne se sont-ils pas réunis? » *Sponsores* désigne les tiers qui s'étaient portés cautions de Quintius ou de son frère, et qui avaient recours contre lui, comme la caution qui a payé le créancier a recours contre le débiteur, dont elle a payé la dette.

« *Neque tamen quisquam inventus est tam insignite improbus, qui violare P. Quintii existimationem absentis auderet.* »

« Nul ne fût animé d'une telle méchanceté, qu'il osât porter atteinte à l'*existimatio* de P. Quintius » (voy. plus haut, p. 122). Névius seul se présenta, dit l'orateur; et il ajoute : « *Ubi erant ceteri creditores? denique hoc tempore ubi sunt? quis est, qui fraudationis causa latuisse dicat? quis, qui absentem defensum neget esse Quintium? Nemo invenitur.* »

« Où étaient les autres créanciers? A ce moment, où sont-ils? Qui soutient qu'il s'est caché par fraude? Qui donc n'avoue pas que Quintius absent a été défendu? On ne trouve personne. »

« *In hujusmodi sponsionem testes dare oportebat ex eo numero, qui hæc dicerent : Vadimonium mihi deseruit; me fraudavit; a me nominis ejus, quod infitiatus esset, diem petivit : ego experiri non potui; latitavit, procuratorem nullum reliquit. Horum nihil dicitur.* »

« Dans une *sponsio* de cette espèce, Névius devrait fournir des témoins venant dire : Il a déserté le *vadimonium,* il m'a trompé; après avoir nié la dette (*nomen*), il a réclamé un terme pour payer (*diem petere*) : je n'ai pu agir, il s'est caché, il n'a laissé aucun procureur. Mais personne ne tient ce langage. »

Névius pouvait répondre : Ordinairement, le créancier envoyé en possession possède pendant trente jours, et, après ce délai, les autres créanciers sont convoqués, pour s'entendre sur les mesures à prendre à l'effet de parvenir à la *venditio bonorum.* Dans notre affaire, alors que j'étais envoyé en possession, j'ai consenti, sur l'invitation des tribuns du peuple, à me contenter de la promesse d'Alphenus, qui m'assurait que Quintius se présenterait à Rome, aux ides de septembre, et, de plus, Alphenus m'avait promis le *vadimonium* au nom de son ami (voy. p. 110). J'ai donc arrêté la convocation des créanciers; toutefois, malgré le *vadimonium,* malgré l'intervention des tribuns, j'ai continué à posséder, je n'ai différé que la vente des biens.

Keller ajoute (p. 179), que dans une affaire qui donnait lieu à tant de difficultés, il n'est pas étonnant que les autres créanciers aient hésité à se montrer, après avoir préféré en attendre l'issue.

N° 24. (N° 76.) Troisième argument de cette deuxième partie de la défense. Après avoir dit : « *Ergo hæc duo quæro...... cur bona, quæ ex edicto possidebat, non vendiderit; deinde, cur ex tot creditoribus aliis ad istam rationem nemo accesserit.* » Cicéron ajoute plus loin : « *Emisti bona Sex. Alpheni, L. Sulla dictatore vendente; socium tibi in hujus bonis edidisti Quintium. Plura non dico. Cum eo tu voluntariam societatem coibas, qui te in hereditaria societate fraudarat? et eum judicio tuo comprobabas, quem spoliatum fama fortunisque omnibus arbitrabare?* »

On a vu plus haut, *Pro Roscio Amerino,* p. 92, que la société était dissoute quand l'un des associés était soumis à l'*emptio bonorum.* « *Cum* PRIVATIM *bona venierint solvitur societas.* »

Cicéron dit à Névius : Vous avez acheté les biens d'Alphenus, et, pour cette acquisition, vous vous êtes associé Quintius. Vous avez donc reconnu que les biens n'avaient pas été possédés pendant trente jours, en vertu de l'édit, car vous avez désigné comme associé celui que vous prétendez être frappé d'infamie, et qui ne pouvait jouer ce rôle si ses biens avaient été *possessa et proscripta.*

Il est étonnant, dit Keller (p. 180 et 181), que Névius eût formé une société avec celui dont il possédait les biens. N'est-il pas plus probable que, lors de cette acquisition, Névius cita Quintius comme son associé (il l'avait été auparavant), et le fit inscrire sur les registres publics, où était consigné le nom de l'adjudicataire? On remarquera qu'il s'agissait d'une vente faite par suite de confiscation. Névius se serait porté *sector*, et Quintius eût figuré comme sa caution. (Voy. p. 92 sur le *sector.*)

Cicéron ne dit pas positivement que Névius forma alors une société avec Quintius : « *Socium tibi in hujus bonis edidisti Quintium.* » Telles sont ses expressions. Au surplus, l'orateur glisse sur ce fait.

Il passe donc à un autre argument qu'il traite aux nos 25 et 26.

Névius, si on le croyait, se serait mis en possession avant d'avoir demandé au préteur cette *missio in possessionem* : et il tâche de prouver cette thèse par le calcul des distances qui séparent Rome de la Gaule.

No 25. (No 79.) Cicéron suppose, par ironie, qu'un courrier eût pu partir de suite du tribunal du préteur. « *Statim de jure aliquis cucurrerit.* » Il parle aussi de la *dejectio* qu'avait subie son client. (Voir le discours *Pro Cecina*).

No 26. (Nos 81, 82 et 83.) « *An, antequam postulasti, ut bona possideres, misisti, qui curarent, ut dominus de suo fundo a sua familia vi dejiceretur?*

« Avez-vous, Névius, avant d'avoir demandé l'envoi en possession, dépêché des messagers qui fissent chasser Quintius de son domaine, par la main de ses esclaves? » *Familia* désigne aussi une réunion, un groupe d'esclaves. (Sur la *vi dejectio*, voir *Pro Cecina* et *Pro Tullio*.)

Cicéron reproche à Névius sa précipitation. « *Mittis injussu prætoris : quo consilio? Jussurum sciebas. Quid? quum jussisset, tum mittere nonne poteras? Postulaturus eras. Quando? post dies* XXX...... *Prætor jussisset. Opinor, si vellet, si valeret, si jus diceret, si nemo recusaret, quin ex ipsius decreto et satisdare, et judicium accipere vellet.* »

« Vous vous mettez en possession sans l'ordre du préteur. — A quel dessein? — Mais vous saviez que le préteur ordonnerait la *missio in possessionem*. — Quoi, ne pouviez-vous pas attendre qu'il l'eût ordonnée? — Mais vous deviez la demander. — Quand? — Après trente jours....... Oui, je vois; le préteur l'eût ordonnée s'il l'avait voulu, s'il s'était bien porté, s'il avait dit le droit, si personne ne s'était opposé en donnant la *satisdatio*, et en acceptant l'instance en son propre nom. »

Allusion à la *satisdatio judicatum solvi*, que devait donner le *procurator* du défendeur (voy. plus haut, p. 109.) « *Atque hæc perinde loquor, quasi ipso illo tempore, quum te prætor jussisset ex edicto possidere, si in possessionem misisses, debueris aut potueris P. Quintium de possessione deturbare.* » « Je parle comme si, dans le temps où le préteur vous permettait de posséder, en vertu de son édit, vous eussiez dû ou pu légalement déposséder Quintius. »

Mais Cicéron reconnaît lui-même que Névius s'était mis en possession, trois jours après que le préteur avait ordonné la *missio in possessionem*. Névius était donc dans son droit; il avait pu prendre les devants, afin que Quintius n'eût pas le temps de se soustraire à cet envoi en possession, en enlevant les esclaves, les meubles, et en ne laissant que les immeubles. Quant à Flaccus, magistrat romain qui était en Gaule, dont Cicéron fait l'éloge, il avait pu blâmer la conduite de Névius, parce qu'il ne connaissait pas le décret du préteur (voy. Keller, p. 184). C'est le cas d'appliquer la maxime : « *Plus est in re quam in existimatione.* » Névius agissait à ses risques et périls.

Dans le N° 27, Cicéron s'efforce d'établir que l'édit défendait à Névius de chasser Quintius, et que, dès lors, il n'a pas possédé conformément à l'édit; ce qui, suivant lui, eût suffit pour assurer le triomphe de Publius, quand même il eût été absent sans être défendu, quand même il eût abandonné le *vadimonium*.

N° 27. (N°s 84 et 85.) « *Prætor te quemadmodum possidere jussit? opinor ex edicto. Sponsio quæ in verba facta est?* SI EX EDICTO PRÆTORIS BONA P. QUINTII POSSESSA NON SINT. *Redeamus ad edictum. Id quemadmodum jubet possidere? Num quid est causæ, C. Aquilli, quin, si longe aliter possedit, quam prætor edixit, iste ex edicto non possederit, ego sponsione vicerim? Nihil opinor. Cognoscamus edictum :* QUI EX EDICTO MEO IN POSSESSIONEM VENERINT. *De te loquitur, Nævi, quemadmodum tu putas; ais enim te ex edicto venisse : tibi, quid facias, definit; te instituit; tibi præcepta dat :* EOS ITA VIDETUR IN POSSESSIONE ESSE OPORTERE. *Quomodo?* QUOD IBIDEM RECTE CUSTODIRE POTERUNT, ID IBIDEM CUSTODIANT; QUOD NON POTERUNT, ID AUFERRE ET ABDUCERE LICEBIT. *Quid tum?* DOMINUM, *inquit,* INVITUM DETRUDERE NON PLACET. *Eum ipsum, qui fraudandi causa latitet; eum ipsum, quem judicio nemo defendat; eum ipsum, qui cum omnibus creditoribus suis male agat, invitum de prædio detrudi vetat. Proficiscenti tibi in possessionem prætor ipse, Sex Nævi, palam dicit :* ITA POSSIDETO, UT TECUM SIMUL POSSIDEAT QUINTIUS; ITA POSSIDETO, UT QUINTIO VIS NE AFFERATUR. *Quid? tu id quemadmodum observas? mitto illud dicere, eum, qui non latitarit, cui Romæ domus, uxor, liberi, procurator esset; eum, qui tibi vadimonium non deseruisset; hæc omnia mitto : illud dico, dominum expulsum esse de prædio; domino a familia sua manus allatas esse ante suos lares familiares.* »

« Comment le préteur a-t-il autorisé à posséder? D'après son édit, je pense. Dans quels termes la *sponsio* a-t-elle été faite? *Si les biens de P. Quintius n'ont pas été possédés d'après l'édit.* Revenons à l'édit. Quelle possession autorise-t-il? N'est-il pas évident, Aquillius, que si Névius a possédé contrairement à l'édit du préteur, il n'a pas possédé d'après l'édit, et que je l'emporte dans la *sponsio* (*sponsione vincere* s'applique au demandeur qui gagne son procès)? — Oui, certes, — consultons l'édit : *ceux qui se mettront en possession d'après mon édit.* — Vous prétendrez, Névius, que l'édit s'applique à vous, car c'est en vertu de lui que vous avez pris possession; mais il vous indique ce que vous devez faire, il vous le prescrit, il vous donne une règle de conduite : *Ceux-là devront prendre possession de la manière suivante.* Comment? *Ce qu'ils pourront garder, qu'ils le gardent dans le lieu même; ce qu'ils ne pourront pas garder, qu'il leur soit permis de l'enlever.* Quoi, enfin? *Il n'est pas permis de dépouiller un propriétaire malgré lui.* Celui-là même qui se cache par fraude, que personne ne défend, qui se comporte mal à l'égard de tous ses créanciers, celui-là même ne peut être chassé de son domaine malgré lui. Névius : le préteur vous dit d'une manière claire, alors que vous partez pour prendre possession : *Possédez de façon que Quintius possède avec vous; possédez de façon qu'aucune violence ne soit faite à Quintius.* Quoi? Comment observez-vous les commandements du préteur? Je ne veux pas rappeler ce que vous avez fait à l'égard de celui qui ne se cachait pas, qui avait à Rome, sa famille, sa femme et ses enfants, qui avait laissé un procureur, qui n'avait pas oublié le *vadimonium;* j'en omets beaucoup, mais je dis seulement : un propriétaire a été expulsé de son domaine, des actes de violence ont été commis contre lui par ses esclaves, en présence de ses dieux lares. »

Ce passage est expliqué par ce que nous avons dit précédemment; il indique bien le véritable caractère de la *missio in possessionem.* Les créanciers n'avaient qu'une possession *custodiæ causa,* comme surveillants et gardiens. L'envoi en possession ne dépouillait le débiteur ni de la propriété, ni de la possession légale; il ne donnait aux créanciers que la *détention* des biens du débiteur. Celui-ci n'avait plus l'*administration* de ses biens. C'est ce qui résulte des termes mêmes de l'édit, ainsi qu'ils sont rapportés par Cicéron. Le débiteur n'était privé de la propriété et de la possession légale que lors de la vente. Pendant les délais, jusqu'au jour de cette vente, le droit prétorien protégeait les créanciers à l'aide d'un interdit spécial, *ne vis fiat ei qui in possessionem missus est* (il en est traité au Digeste, liv, 43, tit, 4). Assurément donc, la *missio in possessionem* ne donnait pas à Névius le droit de faire subir une *dejectio* à Quintius, mais s'ensuivait-il que Névius n'avait pas possédé les biens en vertu de l'édit? Évidemment, non. Comme dit Keller (p. 185), l'argument de Cicéron équivaut à celui-ci. « Celui qui a une femme ne doit pas vivre en concubinage avec la femme d'autrui. Il a vécu en concubinage, donc il n'a pas de femme. » D'ailleurs, le *judex* devait rechercher seulement si les biens avaient été possédés trente jours, en vertu de l'édit; la formule était conçue d'une manière générale, sans acception de personne (*in rem*); et si de plusieurs créanciers, l'un eût agi contrairement à l'édit, il ne s'en serait pas suivi que les biens n'eussent pas été possédés. Il va sans dire que Quintius avait action contre Névius, pour la *dejectio* qu'il avait subie. (Voy. Keller, *loco citato*.)

Cicéron soutenait, en troisième lieu, que Névius n'avait pas possédé. Ce passage manque.

Nos 28 et 29. (Nos 85 à 90.) Cicéron résume son argumentation. Bornons-nous à citer les passages suivants : « *Quo in loco conditionem tuli, si vellet pecuniam petere, P. Quintium judicatum solvi satisdaturum, dum ipse, si quid peteret, pari conditione uteretur.* » « Je lui offris alors de recevoir de Quintius la *satisdatio judicatum solvi*, pourvu qu'à son tour il donnât à Quintius la même *satisdatio*, pour le cas où celui-ci aurait quelque chose à réclamer. »

Plus loin : « *Docui, quum desertum esse dicat vadimonium, omnino vadimonium nullum fuisse.* » « J'ai prouvé que, tandis qu'il soutient que le *vadimonium* a été oublié, il n'y a pas eu en réalité de *vadimonium.* »

« *Omnino autem bona possessa non esse constitui : quod bonorum possessio spectetur non in aliqua parte, sed in universis, quæ teneri ac possideri possint.* »

Possidere signifie détenir une chose, avec l'intention de se comporter comme propriétaire (*animo domini*). Deux choses constituent la possession, d'abord le fait de la détention, puis l'*animus*. Par exemple, le voleur possède parce qu'il a l'intention de se comporter comme propriétaire de la chose. Il a l'*animus*, seulement, il est de mauvaise foi.

Tenere, c'est détenir sans avoir l'*animus domini*. Ainsi un fermier, un locataire détiennent la chose livrée, sans la posséder, parce qu'ils n'agissent pas comme propriétaires.

Le patrimoine d'un débiteur se compose de choses corporelles (esclaves, animaux domestiques, etc.) qui peuvent être possédées; mais on y rencontre aussi des créances contre d'autres personnes. Ces créances sont choses incorporelles (*jura*) qui ne peuvent être possédées, puisque l'idée de possession ne se conçoit pas sans celle d'une mainmise sur une chose. Paul (loi 1re, *De adquirenda vel amittenda possessione*, Digeste, liv. 41, tit. 2) dit : « *Possessio appellata est à sedibus, quasi positio : quia naturaliter tenetur ab eo, qui ei insistit.* » Cicéron dit donc : « J'ai établi que les biens n'avaient pas été possédés. La possession de biens s'étend, non pas à une partie seulement, mais à l'intégralité des choses qui peuvent être détenues ou possédées. »

L'endroit où l'orateur développait la troisième partie est perdu : mais, d'après son résumé, pour soutenir que Névius *n'avait pas possédé*, il se fondait sur la nature de la *missio in possessionem* qui embrassait l'intégralité du patrimoine ; or, disait-il, Névius ne s'est pas emparé de plusieurs choses qu'il énumère dans le N° 29.

Toutefois, ici encore, l'argument faisait défaut. Le créancier envoyé en possession n'était pas obligé de se mettre en contact avec tous les objets appartenant à son débiteur; il n'était pas tenu de les appréhender tous successivement; il suffisait qu'il se constituât *gardien* de l'ensemble du patrimoine (p. 133), et qu'il le détînt comme une *universitas* dont on n'est pas obligé de saisir toutes les individualités. D'ailleurs, le débiteur avait intérêt à ne pas contraindre le créancier à opérer une mainmise sur tous les objets. Enfin Névius, comme on l'a vu, avait voulu détenir toutes les choses de Quintius, mais Alphénus s'y était opposé, et il avait cru, dès lors, devoir être plus modéré dans l'exercice de ses droits.

Cicéron lui-même, dans le N° 31 (N° 98), représente Névius comme possédant les biens de son client, au point que « *illum in suis paternis bonis dominari videret, ipse filiœ nubili dotem conficere non posset.* » « Quintius voit Névius établi en maître dans les domaines de ses pères; il lui est impossible de constituer une dot à sa fille en âge de se marier. » (Voy. Keller, p. 187 et suiv.)

Nos 30 et 31. (Nos 91 à 99.) Péroraison du discours. « *Horribile est causam capitis dicere; horribilius, priore loco dicere.* » Nous avons répondu à cette plainte (p. 119). (Sur le mot *caput*, voy. p. 32.)

Cicéron gagna-t-il sa cause? La question est controversée parmi les érudits (voir résumé de Keller, p. 168). Toutefois, ce dernier auteur nous paraît avoir bien démontré la faiblesse des arguments de Cicéron. Nous avons suivi ce travail remarquable. Après tout, un avocat peut gagner une mauvaise cause et en perdre une bonne. Mais la vigueur d'argumentation, la méthode, l'abondance même un peu exubérante et parfois déclamatoire, devaient faire présager à Hortensius un rival qui devait bientôt l'éclipser.

PRO ROSCIO COMOEDO.

Ce discours est incomplet, et cependant, tel qu'il nous est parvenu, il offre un grand intérêt pour l'étude du Droit Romain.

Un nommé C. Fannius Cherea, ayant acheté un esclave appelé Panurge, avait chargé Roscius de le former dans son art, à condition qu'il serait commun entre eux, et qu'ils partageraient le gain qu'on en retirerait, quand il serait instruit. Roscius en fit un bon acteur. Panurge fut tué par Flavius de Tarquinies. Fannius, de concert avec Roscius, dont il se porta le *cognitor* (voy. p. 116), se chargea de poursuivre le meurtrier imprudent (par l'action *legis Aquiliæ*). Mais Roscius transigea avec Flavius, pour sa part, et en reçut une terre de la valeur de cent mille sesterces, selon Fannius. L'année d'après, Pison étant désigné comme arbitre, Roscius remit à Fannius, pour ses soins et parce qu'il avait été *cognitor*, une certaine somme d'argent, à condition que celui-ci partagerait avec lui ce qu'il pourrait obtenir de Flavius. Mais Fannius attaqua Roscius, comme s'étant fait payer au nom de la société, et lui devant en conséquence la moitié du prix de ce domaine. Nous verrons quelle fut la défense de Cicéron.

Il faut commencer par se faire une idée exacte des obligations littérales, ou des obligations que les Romains contractaient, entre eux, à l'aide de registres. Ce point obscur, avant la découverte des Institutes de Gaius, a été un peu élucidé depuis 1816.

On sait que, en principe, les Romains n'admettaient pas que la simple convention engendrât une obligation (voy. p. 72); ils voulaient, en général, du moins, qu'à la simple convention vînt s'ajouter quelque chose qui indiquât la volonté sérieuse de s'obliger. C'est ainsi qu'ils exigeaient, dans certains cas, la forme interrogative et responsive, c'est-à-dire, la stipulation (voy. plus haut, p. 72). En d'autres cas, l'écriture venant s'ajouter à la convention et étant consignée sur des registres tenus *ad hoc*, l'obligation naissait, et le créancier avait une action contre le débiteur. Il y avait alors une obligation non plus simplement *naturelle*, mais bien *civile*, parce qu'à la convention était venue s'ajouter l'écriture, fait générateur de cette obligation. (Les jurisconsultes romains disaient, dans ce cas, qu'il y avait *causa civilis*, la cause civile.)

Prenons un exemple afin d'être mieux compris. Primus disait à Secundus : Je m'engage à vous donner 10 sous d'or; Secundus acceptait ce simple pacte, suffisant pour le constituer créancier *naturel* de Primus qui était dès lors obligé *naturaliter;* mais afin que Primus le devînt *civiliter*, et que par suite Secundus pût agir contre lui, il fallait quelque chose de plus :

Il fallait qu'à la convention vinssent s'ajouter une interrogation et une réponse. Secundus disait : Me promettez-vous 100 (*promittis ne mihi centum?*) Je promets, répondait Primus. Cette forme était la *causa civilis* qui, jointe à la convention, produisait l'obligation civile, et l'on disait qu'il y avait obligation verbale ou *stipulation*.

Ou bien encore Primus, après ce pacte, consentait à être porté sur les registres de Secundus comme débiteur. Si Primus figurait sur les registres de son créancier comme débiteur de 10 sous d'or, l'obligation était contractée *litteris*. A la convention était venue s'ajouter l'écriture, qui était ici la *causa civilis* de l'obligation. Il y avait obligation *civile*, et non plus seulement *naturelle*.

D'un autre côté, quand la stipulation ou quand la consignation sur les registres du créancier avait eu lieu, le débiteur ne pouvait se refuser à acquitter l'obligation, en alléguant que la véritable cause pour laquelle il l'avait contractée ne s'était pas accomplie. Du moment où la *forme* existait, il était obligé, sans que le juge eût à se préoccuper de la question de savoir *comment* et *pourquoi* cette forme avait été employée. Ainsi, Primus voulait emprunter 10 sous d'or à Secundus ; celui-ci consentait à les prêter, mais il commençait par stipuler les 10 sous d'or, ou bien, du consentement de Primus, il portait ce dernier sur ses registres comme débiteur de cette somme. Primus était obligé dans le premier cas *verbis*, dans le second *litteris*. Plus tard, Secundus refusait de remettre les 10 sous d'or. Primus était-il tenu? Oui, d'après le Droit civil; car l'obligation était contractée en vertu de la *forme*. Le juge devait se préoccuper de la question de savoir *si* l'on rencontrait la stipulation ou l'écriture consignée sur les registres, et non de celle de savoir *comment* l'obligation avait été contractée. Dans ces cas, on peut dire que l'obligation était *civile* et non *naturelle*, car il était contraire au droit naturel, qui n'est que l'équité, que Secundus fût tenu, alors qu'il ne s'était obligé qu'en vue de la numération des espèces, numération qui ne lui avait pas été faite.

Du reste, le Droit prétorien (*prætor naturali æquitate motus*) donnait des moyens de défense que nous rencontrerons plus tard, et qui tendaient à *paralyser* l'action intentée par le créancier, action fondée *jure civili*.

Revenons aux registres. Les registres, au temps de Cicéron, étaient très-exactement tenus par les Romains, qui se distinguaient par leur esprit d'économie et de régularité. Asconius nous dit : « *Moris autem fuit, unumquemque domesticam rationem sibi totius vitæ suæ per dies singulos scribere, ex qua appareret, quid quisque de reditibus suis, quid de arte, fœnore lucrove seposuisset quoquo die, et quid idem sumtus damnive fecisset. Sed postquam, obsignandis litteris reorum, ex suis quisque tabulis damnari cœpit, ad nostram memoriam tota hæc vetus consuetudo cessavit.* » (Comm. sur *Verres*, action 2, liv. 1er, § 23.)

Ces registres domestiques s'appelaient *codices* ou *tabulæ*. Les créances et les dettes y étaient consignées. Ils étaient probablement tenus en partie double, et contenaient la colonne de l'actif et celle du passif (le *doit* et l'*avoir*). Ainsi, Primus prêtait 100 écus d'or à Secundus; il inscrivait cette somme comme pesée à Secundus. On disait, en conséquence : *pecunia lata est expensa.* — *Expensum ferre.* La mention était portée sur le *codex depensi*, à la colonne qui établissait le *debet* (le *doit*) de Secundus le débiteur, et par là même cette colonne indiquait l'*avoir* de Primus le créancier. Si, de son côté, Primus empruntait 100 écus d'or à Tertius, par exemple, il consignait sur son *codex* cette somme comme reçue; on disait : *pecunia accepta lata est. — Acceptum ferre.* La mention était portée sur le *codex accepti*, à la colonne qui établissait le *debet* de Primus, et par là même constituait l'*avoir* de ses divers créanciers. Si Primus avait reçu le paiement des 100 écus d'or prêtés à Secundus, il en eût porté la mention au *codex accepti.* Si enfin, on suppose un banquier (*argentarius*), il y avait alors des comptes courants, et le même individu figurait sur le *codex*, à la colonne du *debet* (*depensi*), et à celle de l'*avoir* (*accepti*). Ce mécanisme est facile à saisir.

Pline le naturaliste semble dire que ces registres étaient tenus en partie double. Parlant de la fortune, il s'exprime ainsi : « *Huic omnia* EXPENSA, *huic omnia feruntur* ACCEPTA : *et in tota ratione* (le livre de comptes) *mortalium, sola utramque paginam facit.* »

On disait aussi, quand une obligation était consignée sur le registre, qu'il y avait un *nomen* (*nomen facere*, — *nomina facere*). On voit bien actuellement l'étymologie de ce mot *nomen*, désignant une créance, parce que le nom du débiteur était porté sur le *codex*.

Il ne fallait pas confondre avec les *tabulæ* ou *codices*, ce que Cicéron, dans son discours *pro Roscio comœdo*, appelle les *adversaria*, les brouillons qui contenaient des notes sans ordre, et indiquaient les opérations de chaque jour (espèce de livre-journal). Au bout du mois, les notes devaient être reportées avec ordre sur le *codex*. Celui-ci, rédigé avec un grand soin, avait un caractère national (il était spécial aux citoyens romains), et aussi un caractère tout à la fois domestique et religieux. Il avait enfin une grande autorité en justice.

Avant de revenir à Cicéron, étudions le jurisconsulte Gaius. Les registres, tels qu'ils existaient du temps de Cicéron, tombèrent en désuétude, et Asconius nous en a donné le motif. On y recherchait des moyens d'accusation. Au temps de Gaius, ils ne contenaient plus la relation de tout ce qui s'était passé à l'égard du patrimoine, mais ils servaient encore à constituer l'obligation littérale. Il paraît aussi, d'après des textes insérés au Digeste, que les *argentarii*, qui, entre autres fonctions, exerçaient celle de banquiers, tinrent encore ces registres pendant longtemps.

Gaius en traite au Comm. 3, § 128 et suiv. § 128, 129 et 130 :

« *Litteris obligatio fit veluti in nominibus transcripticiis. Fit autem nomen transcripticium duplici modo, vel a re in personam, vel a persona in personam. — A re in personam transcriptio fit, veluti si id quod ex emptionis causa aut conductionis aut societatis mihi debeas, id expensum tibi tulero. — A persona in personam transcriptio fit, veluti si id quod mihi Titius debet, tibi id expensum tulero, id est, si Titius te delegaverit mihi.* »

« L'obligation littérale a lieu dans les *nomina transcripticia.* Ce *nomen* a lieu de deux manières : ou d'une chose envers une personne (*a re in personam*), ou d'une personne envers une personne (*a persona in personam).* Il y a transcription d'une chose envers une personne, par exemple, si ce que vous me devez par suite d'une vente, d'un louage ou d'une société, je vous le porte comme pesé (*expensum tibi tulero*). »

Voici l'exemple que suppose Gaius : Primus me doit 100 parce qu'il m'a acheté un cheval, ou par suite d'un louage, ou d'une société que nous avons formée ensemble; je porte cette créance de 100 à la colonne de l'avoir (*accepti)*; je mets : *centum Primo acceptum, emptionis,* ou *conductionis,* ou *societatis causa;* puis à la colonne du *debet (depensi),* j'ajoute : *centum Primo expensum.* De cette façon, Primus me doit toujours 100, seulement il ne me les doit plus comme vendeur, locataire ou associé, mais bien en vertu d'une obligation littérale, du *nomen transcripticium,* c'est-à-dire, de la créance transcrite. Il y a ce qu'on appelle, en Droit, novation. « *Novatio,* dit le jurisconsulte romain, *est debiti prioris in aliam obligationem transfusio atque translatio.* » Nover, c'est éteindre une obligation première, et la remplacer par une nouvelle obligation. Ainsi, j'ai porté sur mes registres Primus comme m'ayant payé 100 qu'il me devait; mais comme, en réalité, je n'ai rien reçu, de suite j'ai reconstitué sur ces mêmes registres une obligation à mon profit. (Nous verrons, traité *de officiis. infra,* liv. 3, N° 14, l'intérêt que l'on pouvait avoir à nover ainsi une ancienne obligation, et à la remplacer par une obligation *litteris.*)

Gaius continue : « La transcription a lieu d'une personne à une personne; par exemple, si ce que Titius me doit, je le porte en votre nom comme pesé (*tibi id expensum tulero*), c'est-à-dire, si Titius vous a délégué à moi. »

Voici l'hypothèse prévue par le jurisconsulte : Titius me doit

100; au lieu de me payer, il indique Mevius comme voulant bien se porter débiteur en son lieu et place. Je consens à libérer Titius et à prendre dorénavant Mevius pour seul et unique débiteur. Cette opération se fera de la manière suivante : je porterai à la colonne de l'avoir (*accepti*) *centum acceptum a Titio,* et à la colonne du *debet* (*depensi*) *centum expensum Mævio.* Titius n'a rien payé, mais, par suite de mon consentement mentionné sur les registres, il est libéré, et à sa place Mevius, qui a consenti à donner les 100 et que j'ai accepté pour débiteur, sera obligé *litteris,* en vertu de la mention portée sur le *codex.*

Cette opération constituait encore une novation. Comme précédemment, l'obligation dont Titius était tenu envers moi était éteinte et remplacée, sans que j'eusse reçu le paiement, par une nouvelle obligation, celle dont était dorénavant tenu Mevius; d'un autre côté, comme Titius m'avait indiqué Mevius, que celui-ci avait consenti, que je l'avais accepté, l'opération portait le nom de délégation (*si Titius te delegaverit mihi*). « *Delegare,* dit un jurisconsulte romain, *est vice sua alium reum creditori dare.* » Titius est le délégant; moi, créancier, je suis le délégataire, et Mevius est le délégué.

On remarquera que, dans les deux cas, le débiteur était tenu *litteris,* et, comme on l'a déjà dit, le juge avait à examiner seulement, *si* la mention avait été consignée sur le *codex,* et *si* elle l'avait été du consentement du débiteur.

Gaius, § 131, continue : « *Alia causa est eorum nominum quæ arcaria vocantur : in his enim rei non litterarum obligatio consistit, quippe non aliter valet, quam si numerata sit pecunia; numeratio autem pecuniæ rei, non litterarum facit obligationem. Qua de causa recte dicimus, arcaria nomina nullam facere obligationem, sed obligationis factæ testimonium præbere.* »

« Il en est autrement des *nomina,* que l'on appelle *arcaria.* Dans ces cas, l'obligation ne consiste pas dans l'écriture, car l'obligation ne vaut que si l'argent a été compté, et la numération des espèces seule constitue l'obligation. C'est pourquoi nous disons avec raison, que les *nomina arcaria* ne constituent pas une obligation, mais qu'ils sont seulement la preuve d'une obligation préexistante. »

Développons avec soin la pensée du jurisconsulte.

Les registres pouvaient contenir la mention des sommes comptées et pesées, ainsi que déjà nous l'avons supposé. Ainsi, Primus prêtait 100 sous d'or à Secundus : ce qui obligeait ici, c'était la numération des espèces et la *datio* (*pecunia data*, c'est à-dire, que l'argent est transféré en propriété). Primus portait au *codex depensi* (au *debet* de Secundus) *centum Secundo depensum*. La créance (*nomen*) existait; mais ce qui la constituait, ce n'était pas l'écriture portée sur les registres, c'était la numération des espèces qui obligeait *jure naturali*, l'écriture n'intervenant que comme *preuve* de cette numération. La créance était dite *arcarium nomen*, parce qu'elle provenait du coffre-fort où l'on avait puisé les écus, et non de l'écriture. Au contraire, dans les § 129 et 130, il n'y avait pas eu de numération des espèces; le créancier, d'après le consentement de son débiteur, avait porté sur ses registres *expensum Titio centum*, et Titius était tenu en vertu de cette écriture (*litteris*). — Dans le § 131, l'écriture ne constituait qu'une preuve de l'obligation, preuve que le débiteur pouvait combattre; dans les § 129 et 130, l'écriture faisait naître l'obligation, le droit lui-même, et si le débiteur avait consenti à être porté sur les registres, il était tenu, quand même il n'eût rien reçu. C'était la créance appelée par excellence *nomen*. Alors l'on devait dire : *nomen facere*, faire une créance, la créer, la fonder par l'écriture.

Gaius l'appelle *nomen transcripticium*. Pourquoi? On en a donné deux motifs. Les uns ont dit, que la mention était transcrite du brouillon (*adversaria*) sur le registre domestique (*codex*); d'autres, que ces mots étaient la conséquence de la novation qui s'opérait, soit *a re in personam*, soit *a persona in personam*. Gaius dit en effet : *transcriptio fit*, etc.

Ce jurisconsulte ne parle du *nomen* et de l'obligation littérale, que comme d'un moyen de faire novation. Cependant, si les *codices* ne contenaient plus la mention de toutes les opérations relatives à la *res familiaris* d'un citoyen romain, leurs fonctions n'étaient pas réduites, au temps de Gaius, qui écrivait sous Adrien, à celle d'opérer novation. D'abord, ils contenaient la preuve des sommes prêtées et reçues, et les *argentarii* surtout durent continuer à en faire usage (il y avait alors *arcarium nomen*). Ensuite, on devait quelquefois s'obliger *litteris*, sans qu'il y eût novation. Ainsi,

Primus voulait faire donation de 100 sous d'or à Secundus; pour qu'il y eût obligation, il fallait, on l'a déjà dit, autre chose que la simple convention. Si Primus consentait à être porté sur les registres de Secundus, comme ayant reçu 100 sous d'or et les devant, l'obligation était contractée *litteris :* il suffisait que, du consentement de Primus, Secundus portât au *codex depensi :* EXPENSUM CENTUM PRIMO. L'obligation *litteris* portait alors le nom d'*expensi-latio*. On voit l'origine de cette expression.

Cette manière de constituer une obligation à l'aide des *nomina transcripticia* fut toujours réservée aux citoyens romains, tandis que la stipulation, qui dans l'origine avait été aussi réservée aux citoyens romains, fut ensuite étendue aux pérégrins, en modifiant la formule elle-même (voy. p. 112). L'*expensilatio*, manière de constituer l'obligation *litteris*, conserva donc son caractère national et ne fut ni étendue aux pérégrins, ni rendue susceptible de clauses que comportait la stipulation.

Gaius, § 132, dit encore : « *Unde proprie dicitur, arcariis nominibus etiam peregrinos obligari, quia non ipso nomine, sed numeratione pecuniæ obligantur : quod genus obligationis juris gentium est.* » « Les pérégrins peuvent être obligés par un *arcarium nomen* (c'est-à-dire, qu'un citoyen romain peut invoquer contre un pérégrin ses registres pour établir qu'il est son créancier en vertu d'un prêt d'argent), car ce n'est pas le *nomen* ou l'écriture seule qui oblige, mais bien la numération des espèces, et ce genre d'obligation est du droit des gens. »

Les pérégrins pouvaient, en effet, être obligés en vertu du *mutuum* contrat du droit des gens, qui consiste à transférer la propriété d'une somme d'argent, par exemple, à condition que l'emprunteur rendra pareille somme au prêteur (*mutuum quia ex meo tuum fit*).

Mais le pérégrin pouvait-il être obligé par les *nomina transcripticia*, par l'*expensilatio* proprement dite? C'est-à-dire, s'il consentait, *sans rien recevoir*, à être porté sur les registres d'un citoyen romain, était-il tenu *jure civili?* Gaius répond, § 133 : « *Transcripticiis vero nominibus an obligentur peregrini merito quæritur, quia quodammodo juris civilis est talis obligatio : quod Nervæ placuit. Sabino autem et Cassio visum est, si a re in personam fiat nomen transcripticium, etiam peregrinos obligari; si vero a persona in personam, non obligari.*

Les deux sectes de jurisconsultes étaient en désaccord (1). Nerva le Proculéien était absolu : dans aucun cas, suivant lui, on ne pouvait invoquer contre un pérégrin le *nomen transcripticium*, qu'il eût consenti à être porté débiteur sur les registres au lieu et place d'un citoyen romain (*a persona in personam*), ou que, débiteur en vertu d'un contrat du droit des gens (d'un *mutuum*, par exemple), il eût bien voulu être inscrit sur les registres et nover son obligation du droit des gens par une obligation du droit civil (*a re in personam*). Dans ces deux cas, l'obligation, suivant les Proculéiens, ne pouvait produire aucun effet; mais au second, les Sabiniens pensaient que la novation était valable. Dans cette circonstance, ils s'étaient donc relâchés de la rigueur des principes.

Toutefois il existait pour les pérégrins un mode spécial de s'obliger par l'écriture. Gaius dit en effet, § 134 : « *Prœterea litterarum obligatio fieri videtur chirographis et syngraphis, id est, si quis debere se aut daturum se scribat, ita scilicet, si eo nomine stipulatio non fiat : quod genus obligationis proprium peregrinorum est.* » « L'obligation littérale paraît résulter des *chirographa* et des *syngraphœ*, c'est-à-dire, si quelqu'un écrit qu'il doit ou qu'il donnera tant, il est obligé; bien entendu que l'on ne suppose pas que la stipulation a eu lieu. Ce genre d'obligations est propre aux pérégrins. »

Quelle différence existait entre les *chirographa* et les *syngraphœ?* Asconius (*in Verrem*, 2e action, N° 36) répond : « *Inter syngraphas et cœtera chirographa hoc interest,........ chirographa* (χειρ φραφω) *ab una parte servari solent; syngraphœ* (συν γραφω) *signatœ utriusque manu, utrique parti servandœ traduntur.* » Ainsi, le *chirographum* ne comprenait qu'un exemplaire émané et signé de la partie obligée; les *syngraphœ* s'appliquaient aux écrits signés des diverses parties, et remis, en exemplaires différents, à chacune d'elles.

(1) Au temps d'Auguste, les jurisconsultes romains s'étaient partagés en deux écoles : l'école Sabinienne et l'école Proculéienne.

Il est probable que les Romains, ayant conservé pour eux les *nomina* proprement dits, ou l'*expensilatio*, reconnurent pour les pérégrins, et notamment pour les Grecs, les *chirographa* et les *syngraphæ;* et, comme dit Gaius, par cela seul que le pérégrin s'était reconnu débiteur sur un de ces écrits, il était tenu, sans que le créancier fût obligé de prouver la numération des espèces; en un mot, ces écrits constituaient l'obligation, et n'étaient pas seulement la preuve d'une obligation préexistante (1). Gaius dit en effet : « *Scilicet si eo nomine stipulatio non fiat.* » Ce qui veut dire que, s'il y avait eu stipulation, le pérégrin eût été tenu *verbis*, et l'écrit eût seulement servi de preuve; tandis que, s'il n'y avait pas eu stipulation, il aurait été obligé *litteris*.

Gaius parle encore de l'*expensilatio* dans le Comm. 3, § 137 et 138. — § 137. « *Item in his contractibus alter alteri obligatur de eo quod alterum alteri ex bono et æquo præstare oportet : cum alioquin in verborum obligationibus alius stipuletur, alius promittat, et in nominibus alius expensum ferendo obliget, alius obligetur.* »

Le jurisconsulte signale les différences qui existent entre *l'expensilatio* ou la *stipulatio* d'une part, et d'autre part, les quatre contrats que l'on appelle *consensuels,* parce qu'ils se forment par le seul consentement, et qui sont de bonne foi (vente, louage, société, mandat). « Dans ces contrats, dit-il, chacune des parties est obligée réciproquement l'une envers l'autre à ce qui doit être presté d'après l'équité, tandis que dans les obligations verbales l'un stipule, l'autre promet, et dans les *nomina* l'un est créancier en mentionnant la pesée (*expensum ferendo*), l'autre est obligé. »

Voici la pensée du jurisconsulte. Dans les quatre contrats précités, les deux parties étaient réciproquement créancières et débitrices l'une de l'autre, et ces obligations étaient de bonne foi, tandis que dans la *stipulatio* et dans l'*expensilatio* un seul était obligé, un seul était créancier, et les contrats étaient de droit strict. Ainsi, prenons la vente : l'acheteur devait son prix, le vendeur devait livrer la chose vendue. Ces contrats étaient et sont

(1) Nous adoptons l'opinion de M. Ortolan (Inst. expliq.). Cet auteur a donné un excellent Traité sur les Obligations littérales. (Voir p. 216 et suiv., 2e vol., 3e édit.)

encore appelés synallagmatiques (συν αλλαγμα). Au contraire, dans la stipulation et l'*expensilatio*, celui-là seul qui avait stipulé ou fait l'*expensilatio* était créancier; l'autre partie était débitrice, sans être réciproquement créancière. Ces contrats étaient et sont encore appelés unilatéraux.

§ 138. « *Sed absenti expensum ferri potest, etsi verbis obligatio cum absente contrahi non possit.* » On pouvait porter l'argent comme pesé à un absent, c'est-à-dire, l'absent pouvait être obligé *litteris*, par l'*expensilatio*. La *stipulatio*, au contraire, consistant dans des paroles, ne pouvait avoir lieu qu'entre présents.

Revenons maintenant à Cicéron.

N° 1. (N°s 1 et 2.) On sait que Fannius Cherea se prétendait créancier de Roscius; à l'appui de sa demande, il invoquait ses registres. Cicéron répond ironiquement : « *Is scilicet vir optimus, et singulari fide prœditus, qui, in suo judicio, suis tabulis, testibus uti conatur. Solent fere dicere, qui per tabulas hominis honesti pecuniam expensam tulerunt : Egone talem virum corrumpere potui, ut mea causa falsum in codicem referret? Exspecto, quam mox Chœrea hac oratione utatur : Egone hanc manum, plenam perfidiœ, et hos digitos meos impellere potui, ut falsum perscriberent nomen? Quod si ille suas proferet tabulas, proferet suas quoque Roscius : erit in illius tabulis hoc nomen; at in hujus non erit. Cur potius illius, quam hujus, credetur? Scripsisset ille, si non jussu hujus expensum tulisset? Non scripsisset hic, quod sibi expensum ferri jussisset? Nam, quemadmodum turpe est scribere, quod non debeatur; sic improbum est, non referre, quod debeas : œque enim tabulœ condemnantur ejus, qui verum non retulit; et ejus, qui falsum perscripsit.* »

« C'est cet excellent homme, doué d'une bonne foi sans égale, qui, dans sa propre affaire, veut se servir de ses registres comme de témoins. Ceux qui invoquent une *expensilatio* (*pecuniam expensam tulerunt*) en s'appuyant sur les registres d'un homme honnête, ont coutume de dire : ai-je donc pu corrompre un tel homme, de façon à ce que, dans ma propre cause, il énonçât faussement sur son *codex* qu'il y avait eu pesée *(falsum in codicem referet)*? Cherea, je m'y attends, va tenir ce langage : quoi, cette main pleine de perfidie, ces doigts ont pu être excités à inscrire une fausse créance *(falsum nomem perscribere)*? S'il montre ses registres, Roscius produira les siens; cette créance sera sur les tablettes de Cherea, elle ne sera pas inscrite sur celles de Roscius; pourquoi ajouter foi aux siennes et non pas à celles de mon client? Mais, dira-t-il, aurais-je fait cette inscription, si je n'avais, du consentement de Roscius, porté l'argent comme pesé (*si non jussu ejus expensum tulisset*)? Roscius répondra : n'aurais-je pas aussi reporté cette inscription sur mes registres, si je vous avais permis de la porter sur les vôtres? (Cicéron veut dire que Roscius eût porté sur ses registres comme *acceptum,* ce que Cherea, de son consentement, eût porté sur les siens comme *expensum*). Car s'il est honteux de mentionner sur ses registres ce qui n'est pas dû, il est contraire à la loyauté de ne pas relater ce que l'on doit (*non referre quod debeas*); il faut condamner les registres de celui qui ne rapporte pas la vérité (c'est-à-dire, qui n'inscrit pas ce qu'il doit : *qui verum non retulit*), et ceux de celui qui y consigne des choses fausses. »

Le raisonnement de Cicéron se réduit à ceci : Cherea invoque ses registres pour prouver qu'il est créancier de Roscius, mais ses registres seuls ne peuvent faire foi, il faut qu'une mention pareille se trouve sur les registres de Roscius, prétendu débiteur; or elle ne s'y trouve pas; donc les registres de Fannius ne prouvent rien. (Nous reviendrons tout à l'heure sur ce point.)

N° 1. (N°s 2, 3 et 4.) « *Si tabulas C. Fannius accepti et expensi profert suas, in suam rem, suo arbitratu scriptas; quo minus secundum illum judicetis, non recuso. Quis hoc frater fratri, quis parens filio tribuit, ut, quodcumque retulisset, id ratum haberet? ratum habebit Roscius? profer : quod tibi fuerit persuasum, huic erit persuasum; quod tibi fuerit probatum, huic erit probatum. Paullo ante a M. Perpenna P. Saturii tabulas poscebamus : nunc tuas, C. Fanni Chærea, solius flagitamus, et, quo minus secundum eas lis detur, non recusamus. Quid ita non profers? Non conficit tabulas? Imo diligentissime. Non refert parva nomina in codices? Imo omnes summas. Leve et tenue hoc nomen? H-S* CCCIↃↃↃ *sunt : quomodo tibi tanta pecunia extraordinaria jacet? quomodo H-S* CCCIↃↃↃ *in codice accepti et expensi non sunt? Proh dii immortales! essene quemquam tanta audacia præditum, qui, quod nomen referre in tabulas timeat, id petere audeat? quod in codicem injuratus referre noluit, id jurare in litem non dubitet? quod sibi probare non possit, id persuadere alteri conetur?* »

Cicéron fait à son adversaire les concessions suivantes : « Si

Fannius produit son *codex accepti et depensi* rédigé à sa guise, dans sa propre affaire, juges, je consens à ce que vous prononciez votre sentence d'après cette production. Un frère a-t-il jamais concédé à un frère, un père à son fils, qu'il reconnaîtrait comme fondées toutes les mentions que son frère ou son fils porterait sur ses registres? Eh bien, Roscius les ratifiera. Produisez : vous croyez qu'il vous doit, il le croira de même; ce qui sera prouvé pour vous le sera pour lui. Tout à l'heure nous demandions à Perpenna les registres de Saturius; maintenant, Fannius, nous réclamons les vôtres seuls, et nous voulons bien que le procès soit jugé d'après ces registres. Mais pourquoi ne les produisez-vous pas? — Il n'a pas tenu de registres, — mais il les tient avec grand soin. — Il ne mentionne pas les créances de peu de valeur (*parva nomina*), — mais il les mentionne toutes; d'ailleurs, cette créance est-elle donc si faible et de si peu d'importance? Il s'agit de 100,000 sesterces (1) : comment une pareille créance est-elle omise? Comment 100,000 sesterces ne sont-ils pas portés sur le registre de l'*avoir* et du *debet* (*codex accepti et depensi*). O dieux immortels! est-il un homme si audacieux, qu'il ait l'impudence de réclamer une créance qu'il n'a pas portée sur ses registres? Ce qu'il n'a pas voulu porter sur son *codex* alors qu'il n'y avait pas de serment à prêter, il n'hésite pas à le réclamer en prêtant serment en justice. Ce qu'il n'a pas pu se persuader, il s'efforce de le persuader aux autres. »

Cicéron avance donc que Roscius consent à se reconnaître débiteur par la seule inspection des registres de Cherea. Mais, ajoute-t-il, les registres de l'adversaire ne mentionnent pas la créance qu'il réclame, et ceci est très-extraordinaire, car il tient ses registres avec soin, il y mentionne les moindres créances, et celle-ci est de 100,000 sesterces.

N° 2. (N°s 5, 6 et 7.) Fannius est censé répondre : « *Nimium cito, ait, me indignari de tabulis : non habere se hoc nomen in codice*

(1) Nous prenons les chiffres qui sont indiqués dans l'édition Panckoucke, sur laquelle nous avons fait notre travail. Nous avons fait tous nos efforts pour nous procurer l'édition d'Orelli, qui, nous a-t-on dit, est très-exacte; mais ces efforts n'ont pas été couronnés de succès : nous n'avons pu la trouver à Rennes. Voy. aussi Hotman (édit. 1600, 3e vol., p. 863).

accepti et expensi relatum confitetur; sed in adversariis patere contendit. »

« C'est trop vite vous indigner, dit Fannius, au sujet de mes registres. Il avoue, ajoute l'orateur, qu'il n'a pas relaté cette créance dans son *codex accepti et depensi*, mais il soutient qu'elle résulte des brouillons (*adversariis*). »

Cicéron répond : « *Usque eone te diligis, et magnifice circumspicis, ut pecuniam non ex tuis tabulis, sed ex adversariis petas? Suum codicem testis loco recitare, arrogantiæ est : suarum perscriptionum et liturarum adversaria proferre non amentia est? Quod si eamdem vim, diligentiam, auctoritatemque habent adversaria, quam tabulæ; quid attinet codicem instituere? conscribere? ordinem conservare? memoriæ tradere litterarum vetustatem? Sed si, quod adversariis nihil credimus, idcirco codicem scribere instituimus; quod etiam apud omnes leve et infirmum est, id apud judicem grave et sanctum esse ducetur? Quid est, quod negligenter scribamus adversaria? quid est, quod diligenter conficiamus tabulas? qua de causa? quia hæc sunt menstrua, illæ sunt æternæ; hæc delentur statim, illæ servantur sancte; hæc parvi temporis memoriam, illæ perpetuæ existimationis fidem et religionem amplectuntur; hæc sunt dejecta, illæ in ordinem confectæ. Itaque adversaria in judicium protulit nemo : codicem protulit, tabulas recitavit.* »

« C'est porter bien loin l'amour de soi-même et se regarder avec complaisance, que de réclamer de l'argent, non pas en invoquant ses registres, mais ses brouillons. Citer son propre registre en témoignage, c'est de l'arrogance; mais produire ses brouillons, des notes raturées et surchargées, c'est de la folie. Si la même force, la même valeur, la même autorité est attribuée aux brouillons et aux registres, à quoi bon tenir des registres? à quoi bon conserver, maintenir l'ordre des opérations, y consigner dans de vieilles notes ce qui pourrait s'oublier. Mais on n'ajoute aucune foi aux brouillons, et par suite on tient un registre : ce qui est pour tous un témoignage léger et de peu de valeur, deviendra-t-il un témoignage grave et élevé pour un juge? Pourquoi tient-on les brouillons avec négligence? Pourquoi, au contraire, les registres sont-ils rédigés avec soin? Pourquoi? Parce que les brouillons ne doivent durer qu'un mois; les registres, au contraire, sont éternels; les uns sont immédiatement détruits, les autres conservés religieusement ; les uns ne gardent les souvenirs que pour peu de temps, les autres attestent à perpétuité la bonne foi et la loyauté ; les uns sont jetés avec confusion, les autres sont mis en ordre. Personne ne produit en justice les brouillons, mais on produit ses registres, on donne connaissance de ses tablettes. »

Ce passage est précieux, en ce qu'il nous indique la valeur juridique des *adversaria* sur lesquels Gaius garde le silence.

N° 3. (N°s 7, 8 et 9.) « *Tu, C. Piso, tali fide, virtute, gravitate, auctoritate ornatus, ex adversariis pecuniam petere non auderes. Ego, quæ clara sunt consuetudine, diutius dicere non debeo. Illud vero, quod ad rem vehementer pertinet, quæro : quam pridem hoc nomen, Fanni, in adversaria retulisti? Erubescit ; quid respondeat, nescit ; quid fingat extemplo, non habet. Sunt duo menses jam, dices. Tamen in codicem acceptum et expensum referri debuit. Amplius sunt sex menses. Cur tamdiu jacet hoc nomen in adversariis? Quid si tandem amplius triennium est? quomodo, quum omnes, qui tabulas conficiant, menstruas pene rationes in tabulas transferant, tu hoc nomen triennium amplius in adversariis jacere pateris? Utrum cetera nomina in codicem accepti et expensi digesta habes, an non? Si non, quomodo tabulas conficis? si etiam, quamobrem, quum cetera nomina in ordinem referebas, hoc nomen triennio amplius, quod erat in primis magnum, in adversariis relinquebas? Nolebas sciri, debere Roscium : cur scribebas? Rogatus eras, ne referres : cur in adversariis scriptum habebas?* »

« Vous-même, Pison (c'était le juge de l'affaire), vous qui êtes doué de loyauté, de vertu, de sagesse et de considération, vous n'oseriez pas vous appuyer sur des brouillons pour réclamer de l'argent. Pour moi, je ne dois plus dire des choses qu'un usage constant rend évidentes. Mais, Fannius, je vous demanderai ce qui a un trait direct à l'affaire. Depuis quand avez-vous porté cette créance sur vos brouillons? — Il rougit, il ne sait que répondre, il ne sait ce qu'il pourra feindre. — Depuis deux mois, dira-t-il. — Mais il a dû la reporter sur le *codex accepti et depensi* (de l'avoir et du *debet*). — Il y a plus de six mois. — Mais pourquoi cette créance est-elle restée inscrite sur vos brouillons? Que sera-ce donc, s'il y a plus de trois ans qu'elle y est demeurée? Comment, tandis que tous ceux qui tiennent des registres y reportent exactement les comptes qui ont à peine un mois de date, vous avez omis d'y référer cette créance pendant plus de trois ans! Vos autres créances sont-elles donc reportées ou non sur votre *codex accepti et depensi*? Si elles ne le sont pas, comment tenez-vous votre registre? Si, au contraire, elles y sont inscrites avec ordre, comment avez-vous pu laisser s'écouler plus de trois ans sans y reporter une créance qui était des plus importantes? Vous ne vouliez pas, direz-vous, que l'on apprît que Roscius était votre débiteur; mais alors, pourquoi le mentionner? On vous avait prié de ne pas porter cette dette sur le registre *(non referres)*; mais alors, pourquoi la relater sur vos brouillons? »

Cicéron avertit que, d'après le témoignage de Fannius, il va prouver que Roscius ne doit rien. Mais avant de le suivre, il faut donner quelques explications nécessaires :

Nous avons dit que pour qu'il y eût obligation *litteris* (*expensilatio*), 1° l'accord des deux volontés, entre le créancier et le débiteur, était indispensable ; 2° le créancier devait porter sur ses registres le nom du débiteur, après le consentement de ce dernier. Ainsi, Primus offrait de donner 10 à Secundus; celui-ci acceptait l'offre, il y avait simple pacte (*nudum pactum*) ; Primus consentait ensuite à être inscrit sur le registre de Secundus, comme débiteur de 10. Secundus inscrivait au *codex depensi* : EXPENSUM DECEM PRIMO. Primus était tenu *litteris,* autrement dit, par l'*expensilatio*. Ces deux conditions étaient également indispensables. Mais fallait-il, en outre, que Primus eût indiqué sur son propre registre *(codex accepti)* qu'il était débiteur, en mettant la mention suivante : ACCEPTUM CENTUM A SECUNDO?

Cette question a fait l'objet de nombreuses dissertations, et l'on a invoqué, de part et d'autre, les textes que nous venons de transcrire (1). Pour l'affirmative, on a cité ce passage dans lequel Cicéron dit, qu'il faut examiner le registre de Roscius et le comparer à celui de Fannius, ce qui semblerait supposer que ce qui était porté à l'actif, sur le registre du créancier, devait être consigné au passif sur celui du débiteur.

Pour la négative, on répond : il est incontestable que le prétendu créancier devait prouver deux choses : 1° que la créance était portée sur les registres, et qu'il y avait *expensilatio ;* 2° que

(1) On peut consulter notamment M. Ortolan (*loco citato*).

cette *expensilatio* avait eu lieu du consentement du débiteur (autrement, on se serait fait des titres à soi-même). Pour administrer la première preuve, il suffisait au créancier de produire son *codex;* mais cela ne suffisait plus pour la seconde, il fallait l'établir par tous les moyens possibles, et notamment par la confrontation des registres du débiteur. Si celui-ci avait porté cette dette à son passif *(codex accepti)*, plus de doute; mais, dans le cas contraire, le créancier perdait-il nécessairement son procès? Telle est la question que Cicéron semble résoudre négativement.

Si Roscius eût dû mentionner sur son registre la dette alléguée par Cherea, et que l'écriture, sur le *codex* de Roscius, eût été la condition *sine qua non* de cette dette, la prétention de Fannius fût tombée d'elle-même, et n'aurait pas réclamé l'argumentation de l'orateur romain. Si, au contraire, l'apport du registre seul du créancier avait suffi, pourvu que la mention eût eu lieu du consentement du débiteur, on comprend les arguments dont se servait Cicéron. Il voulait établir que cette créance, n'ayant pas été portée sur les registres de Roscius, devait être considérée comme fausse, alors qu'elle existait seulement sur ceux de Fannius Cherea. Il paraît même résulter des Nos 1 et 2, que l'habitude était de consigner les créances sur les registres de tiers qui servaient pour ainsi dire de témoins. Cicéron, dans le No 1, signale l'usage où est le demandeur d'invoquer les registres d'hommes honnêtes; et dans le No 2, il parle des registres de Saturius, le défenseur de Cherea, qu'il demandait à Perpenna, l'un des assesseurs du juge Pison, et cela dans l'intérêt de Roscius. Il n'y avait rien d'impossible à ce que les banquiers qui se trouvaient autour du *Forum* inscrivissent sur leurs registres les prêts qui se faisaient entre citoyens (1).

Abordons actuellement un autre ordre d'idées, avant de revenir aux passages du discours qui nous occupe.

On sait que, du temps de Cicéron, on plaidait par formules (voy. Topiques, No 8, p. 72); on sait aussi que la formule était un mandat écrit conféré au *judex,* mandat qui donnait pouvoir de con-

(1) Hotman (édit. 1600, 3e vol., p. 853 et 854) pense même qu'il faut lire : « *Paulo ante M. Perpenna, C. Piso, argentarii tabulas poscebamus.* » Voy. aussi p. 101, *pro Publio Quintio.*

damner ou d'absoudre, suivant que les prétentions du demandeur étaient vérifiées ou non vérifiées (*si paret condemna — si non paret absolve*). Enfin, les pouvoirs du juge étaient plus ou moins considérables, suivant que l'action était de bonne foi ou de droit strict (voy. Topiques, N° 17, p. 85). La formule de l'action de bonne foi était rédigée d'une manière incertaine; nous la rappelons : « QUIDQUID PARET AULUM AGERIUM NUMERIO NEGIDIO DARE FACERE OPORTERE EX FIDE BONA EJUS; JUDEX CONDEMNA. » Le demandeur n'y précisait aucun droit fixe, déterminé (*quidquid paret*).

Si l'action était de droit strict, la formule pouvait être conçue de trois manières différentes :

Première manière. Le demandeur réclamait au défendeur une somme d'argent déterminée, *centum aureos*. La formule portait : « SI PARET AULUM AGERIUM NUMERIO NEGIDIO CENTUM AUREOS DARE OPORTERE; JUDEX CENTUM AUREOS CONDEMNA : SI NON PARET, ABSOLVE. »

Deuxième manière. Le demandeur réclamait une chose déterminée autre que de l'argent : ainsi, telle quantité de blé, — d'huile, etc.; — tel esclave, — tel cheval noir; la formule portait : « SI PARET AULUM AGERIUM NUMERIO NEGIDIO CENTUM MODIOS TRITICI OPTIMI, OU STICHUM SERVUM, — OU CENTUM AMPHORAS OLEI DARE OPORTERE; JUDEX QUANTI EA RES ERIT CONDEMNA : SI NON PARET, ABSOLVE. »

Troisième manière. Le demandeur réclamait une chose indéterminée; par exemple, il prétendait que le défendeur lui devait un esclave, ou un cheval *in genere* (au choix du débiteur); la formule était ainsi conçue : « QUIDQUID PARET AULUM AGERIUM NUMERIO NEGIDIO DARE FACERE OPORTERE; JUDEX, etc. «

Ces trois formules, sous la procédure formulaire, portaient le nom de *condictiones*. La première a été appelée : *condictio certi de certa pecunia;* la seconde : *condictio certi de omni certa re;* la troisième : *condictio incerti*.

D'où venait ce nom de *condictiones?* Gaius nous l'enseigne dans son Commentaire 4, § 18 : « *Et hæc quidem actio proprie condictio vocabatur; nam actor adversario denuntiabat, ut ad judicem capiendum die XXX adesset.* »

« Sous l'empire de la procédure des actions de la loi, dit-il, nous appellions *condictio* une action dans laquelle le demandeur faisait une dénonciation, en sommant le défendeur de comparaître à trente jours, pour que le juge fût nommé. »

Justinien (dans ses Institutes, liv. 4, tit. 6, § 15) ajoute : « *Condicere enim est denuntiare, prisca lingua.* » *Condicere,* mot qui avait vieilli dans la langue latine, signifiait : faire une dénonciation, ajourner son adversaire.

Gaius dit encore (même paragraphe) : « *Nunc vero non proprie condictionem dicimus actionem in personam esse, qua intendimus dare nobis oportere; nulla enim hoc tempore eo nomine denuntiatio fit.* » « Maintenant, nous appelons improprement *condictio* une action personnelle (*in personam*), par laquelle nous prétendons que notre adversaire doit nous transférer la propriété de quelque chose (*dare,* signifie transférer la propriété). Improprement, dit-il, car, sous la procédure formulaire, il n'y a pas de *denuntiatio.* » Justinien reproduit (*eod. loco*) la pensée de Gaius.

Voilà l'étymologie du mot *condictio*. Mais pourquoi les actions rédigées, comme on l'a vu plus haut, sous la procédure formulaire, s'appelaient-elles *condictiones ?*

Gaius (§ 19, Comm. 4) dit : « *Hæc autem legis actio constituta est per legem Siliam et Calpurniam : lege quidem Silia certæ pecuniæ; lege vero Calpurnia, de omni certa re.* » « Cette action de la loi fut introduite par la loi Silia, et ensuite par la loi Calpurnia. La loi Silia décida que celui qui réclamerait *certam pecuniam,* une somme d'argent déterminée, devrait intenter la *condictio,* et la loi Calpurnia l'étendit à quiconque demanderait tout autre objet certain et déterminé. »

Plus tard, sous la procédure formulaire, on continua de donner le nom de *condictiones,* mais *improprement,* à l'action par laquelle on réclamait une chose certaine. On l'appela *condictio certi,* et les commentateurs ont pu la décomposer en deux *condictiones :* la première, *condictio certi de certa pecunia,* en souvenir de celle introduite par la loi *Silia;* la seconde, *condictio certi de omni certa re,* en souvenir de la loi *Calpurnia.* Enfin, le nom de *condictio* fut étendu aux actions par lesquelles on réclamait un objet incertain et indéterminé, en vertu d'un contrat de droit strict, et on dit alors *condictio incerti.*

Toutes ces *condictiones* avaient un caractère commun. Elles étaient des actions de droit strict. Le juge conservait le nom de *judex*. Il ne pouvait apprécier les moyens de la demande et de la défense que *stricto jure*, autrement dit, d'après les principes rigoureux du Droit civil; il ne pouvait pas les apprécier, *ex bono et æquo*, comme dans une action de bonne foi. De là des conséquences nombreuses qu'il serait inutile de développer.

A côté de ce caractère commun, chacune de ces *condictiones* avait des effets particuliers et distincts, qui apparaissent pour la plupart, à la simple lecture de la formule.

1° *Condictio certi de certa pecunia*. L'*intentio* de la formule contenait une somme d'argent fixe, *centum aureos;* la *condemnatio* précisait également une somme d'argent déterminée. De là une double conséquence.

Première conséquence. Le juge ne devait condamner le défendeur, que si le demandeur était créancier de 100. Mais que décider si celui-ci était créancier de 50? Pouvait-il condamner son adversaire à 50? Non, c'eût été changer la formule : elle était impérative (*judicem formula includit* (1)). Le juge était dans l'alternative de condamner si le demandeur était créancier de 100, ou d'absoudre s'il en était autrement; que si donc il était créancier de 50, comme 100 ne lui étaient pas dus, le juge devait prononcer l'absolution. Ces principes sont certains. Gaius, § 53, Comm. 4, dit : « *Si quis intentione plus complexus fuerit, causa cadit, id est, rem perdit.* » « Si quelqu'un demande dans l'*intentio* plus qu'il ne lui est dû, il perd son procès (*causa cadit*). » Il encourait ce que l'on appelait *plus petitio*, et si, plus tard, le demandeur avait voulu renouveler le procès, il eût été repoussé comme ayant déjà déduit son droit en justice (*res in judicium deducta est*).

Deuxième conséquence. La *condemnatio* était *certa*. Fixée à 100, le juge ne pouvait, sans prévariquer, dépasser ces limites. Il devait donc condamner à 100, ou prononcer l'absolution; c'était tout ou rien. Gaius (§ 50, Comm. 4) dit en effet : « *Certæ pecuniæ, in ea formula qua certam pecuniam petimus; nam illic ima parte formulæ ita est :* JUDEX NUMERIUM NEGIDIUM AULO AGERIO SESTERTIUM X MILLIA CONDEMNA; SI NON PARET, ABSOLVE. » Et § 52, il ajoute : « *Debet autem judex attendere, ut cum certæ pecuniæ condemnatio posita sit, neque majoris, neque minoris summa petita condemnet,* ALIOQUIN LITEM

(1) Principe posé par Sénèque, *De Beneficiis*, 3, 7.

SUAM FACIT. » Il faisait le procès sien, s'il ne se conformait pas aux termes de la formule, c'est-à-dire, il était personnellement tenu envers l'un ou l'autre des plaideurs qui le prenait à parti, et lui demandait des dommages-intérêts ; car, dit Gaius (§ 57, Comm. 4) : « *Constringitur autem condemnationis fine quam judex egredi non potest.* »

Ajoutons que dans la *condictio certi de certa pecunia,* une peine venait atteindre le plaideur téméraire, qu'il fût demandeur ou défendeur. Gaius (Comm. 4, § 171) dit : « *Ex quibusdam causis sponsionem facere permittitur..... sed certæ quidem creditæ pecuniæ tertiæ partis.* »

Développons la pensée du jurisconsulte. Le demandeur réclamait 60. Il disait au défendeur : Me promettez-vous 20 (1/3 de 60, SPONDESNE MIHI VIGINTI) si je triomphe ? Celui-ci répondait : Je le promets (SPONDEO). Telle était la *sponsio tertiæ partis.* Si le défendeur succombait, il était condamné à payer $60 + 20 = 80$.

De son côté, et afin que les parties fussent sur le pied de l'égalité, le demandeur devait promettre 20 au défendeur s'il venait à succomber dans sa demande. Celui-ci demandait : Et vous, me promettez-vous 20 si vous réclamez à tort 60 ? Je vous les promets, disait le demandeur. Cela s'appelait la *restipulatio* (*stipulatio* en sens inverse de la *sponsio*). Si le demandeur succombait, le défendeur était absous et le premier condamné à 20, montant de la *restipulatio.* C'était la peine infligée au plaideur téméraire.

2o *Condictio certi de omni certa re.* D'après l'inspection de la formule (voy. plus haut, p. 153), on voit que l'*intentio* est *certa,* mais que la *condemnatio* est *incerta* (QUANTI EA RES ERIT, CONDEMNA). Sous la procédure formulaire, la condamnation consistait toujours en une somme d'argent ; le juge devait ramener la valeur des objets réclamés à une somme pécuniaire. Gaius (Comm. 4, § 48) dit en effet : « *Omnium autem formularum quæ condemnationem habent, ad pecuniariam æstimationem condemnatio concepta est.* » Dès lors, si le demandeur était créancier de 50 mesures de blé, le juge devait condamner à la valeur de ces 50 mesures de blé, d'où la formule : QUANTI EA RES ERIT, CONDEMNA.

Mais l'*intentio* était *certa* (SI PARET QUINQUAGENTA TRITICI OPTIMI MODIOS DARE OPORTERE). C'est pourquoi, si le demandeur réclamait plus qu'il ne lui était dû, il encourait la plus pétition, il perdait son procès (*causa cadebat*). Si le créancier de 25 mesures en demandait 50, le défendeur était absous.

La *sponsio* pénale n'avait pas lieu pour cette *condictio certi*.

3° *Condictio incerti*. Cette action avait une *intentio* conçue d'une manière incertaine (QUIDQUID PARET), et une *condemnatio* également incertaine (QUANTI EA RES ERIT CONDEMNA). Le demandeur ne précisant pas ses conclusions, on ne pouvait dire qu'il avait demandé plus; dès lors, il n'encourait pas la plus pétition.

Nous devons actuellement, toujours pour faire saisir les passages de Cicéron que nous allons reproduire, indiquer trois sources principales d'où découlaient les *condictiones*. Ces trois sources étaient le *mutuum*, la *stipulatio* et l'*expensilatio*.

Le *mutuum* est le prêt dit de consommation. L'emprunteur doit restituer au prêteur des objets égaux, en quantité et en qualité, à ceux qui lui ont été prêtés (voy. plus haut, p. 143). Si de l'argent avait été remis, on disait qu'il y avait eu *pecunia data*, c'est-à-dire, de l'argent transféré en propriété à l'emprunteur par le prêteur. Si l'on avait stipulé de l'argent, on disait qu'il y avait *pecunia stipulata* (*promittis ne mihi centum? — Promitto*). Si enfin, d'après le consentement du débiteur, le créancier avait porté le nom de ce dernier sur ses registres, comme ayant reçu de l'argent, on disait qu'il y avait *pecunia expensilata*, argent pesé (*centum Titio expensum*, mention portée sur le *codex depensi*). L'argent pouvait donc être ou *pecunia data* (*mutuum*), ou *pecunia stipulata* (*stipulatio*), ou *pecunia expensilata* (*expensilatio*).

Voici comme les auteurs rendent compte de la filiation de ces diverses opérations juridiques. Aux temps antiques de Rome, la monnaie n'existait pas, ou du moins elle consistait dans le poids des métaux et non dans le nombre et le signe; on était alors obligé de peser l'argent que l'on prêtait. Toute obligation devait se contracter par la pièce d'airain et la balance, *per æs et libram*. — Gaius (Comm. 1er, § 122) dit en effet : « *Ideo autem æs et libra adhibetur, quia olim æreis tantum nummis utebantur, et erant asses dupondii, semisses et quadrantes, nec ullus aureus vel argenteus nummus in usu erat, sicut ex lege XII Tabularum intelligere possumus; eorumque nummorum vis et potestas non in numero erat, sed in pondere nummorum........ item qui dabat pecuniam præsentem, is tum non numerabat eam, sed appendebat.* »

Cette opération dut tomber en désuétude quand la monnaie, mieux frappée, permit de la compter. On fit alors le *mutuum*, en remettant l'argent de la main à la main, et on dit qu'il y avait *pecunia data*, argent transféré en propriété par la *datio*.

Dès les temps primitifs, en même temps qu'intervenait la pesée *per æs et libram*, étaient prononcées des paroles solennelles qui accompagnaient cette pesée (*nuncupatio*). Plus tard, on se contenta de prononcer ces paroles, et on tint la pesée pour accomplie. Ce fut l'origine de la *stipulatio* (*stipis* veut dire argent, d'après le grammairien Festus), *latio stipis*. L'argent est censé pesé, *pecunia stipulata est* (1).

Il y eut *expensilatio*, quand l'argent fut tenu pour pesé et dû non plus en vertu des paroles, mais en vertu d'un écrit. On dit alors : *expensi latio — pecunia expensa lata est — pecunia accepta lata est*.

La *stipulatio* et l'*expensilatio* sont donc des dérivés de la pesée *per æs et libram;* et dans les trois cas, il y a *pecunia data — stipulata — expensilata;* — contrat de droit strict, et action de droit strict, la *condictio*.

La stipulation, qui avait pris naissance sur des sommes d'argent, s'étendit à tout autre objet, même à des objets indéterminés, mais l'*expensilatio* ne porta jamais que sur des sommes d'argent. Aussi, dans l'affaire que plaidait Cicéron, il s'agissait de 100,000 sesterces, que Fannius réclamait à Roscius.

Revenons à Cicéron. N° 4. (Nos 10, 11, 12 et 13.) « *Pecunia tibi debebatur certa, quæ nunc petitur per judicem, in qua legitimæ partis sponsio facta est. Hic tu si amplius (H-S) nummo petisti, quam tibi debitum est, causam perdidisti : proptera quod aliud est judicium, aliud arbitrium. Judicium est pecuniæ certæ; arbitrium incertæ. Ad judicium hoc modo venimus, ut totam litem aut obtineamus, aut amittamus; ad arbitrium hoc animo adimus, ut neque nihil, neque tantum, quantum postulavimus, consequamur. Ejus rei ipsa verba formulæ testimonio sunt. Quid est in judicio? directum, asperum, simplex :* SI PARET H-S IↃↃↃ DARI OPORTERE. *Hic, nisi planum facit, H-S* IↃↃↃ *ad libellam sibi deberi, causam perdit. Quid est in arbitrio? mite, moderatum :* QUANTUM ÆQUIUS, MELIUS, ID DARI. *Ille tamen confitetur*

(1) Nous devons dire que cette étymologie est contestée. (Voy. M. Ortolan, 2e vol., 3e édit., p. 134, Instit. expliq.)

plus se petere, quam debeatur; sed satis superque habere dicit, quod sibi ab arbitro tribuatur. Itaque alter causæ confidit, alter diffidit. »

« On vous devait une somme déterminée, vous la réclamez actuellement auprès d'un *judex;* la *sponsio* a été faite pour la part légale (1/3). Si vous avez demandé un sesterce de plus que ce qui vous est dû, vous avez perdu votre cause, car autre chose est un *judicium,* autre chose est un *arbitrium.* Le *judicium* porte sur une somme d'argent déterminée; l'*arbitrium* sur une chose incertaine. Nous abordons un *judicium,* de façon à gagner ou à perdre le procès en entier; dans l'*arbitrium*, nous pensons non succomber entièrement, mais obtenir une partie de nos réclamations. Les paroles mêmes de la formule attestent ce que j'avance. Que trouve-t-on dans le *judicium*? Il est précis, simple, sévère : *s'il appert qu'il faille transférer la propriété de* 50,000 *sesterces.* Si vous n'établissez pas d'une manière évidente que l'on vous doit 50,000 sesterces, vous perdez votre cause. Que rencontre-t-on dans un *arbitrium*? La formule est douce et modérée. *Il faut que l'on accorde ce qu'il y a de plus équitable.* Dans ce cas, le demandeur avoue qu'il demande plus que ce qui lui est dû, mais il déclare qu'il sera satisfait de ce que l'arbitre lui attribuera. L'un a confiance dans sa cause, l'autre s'en défie. »

Combien le langage de Cicéron est-il exact et conforme aux principes que Gaius a formulés plus tard. Fannius intentait la *condictio certi de certa pecunia;* l'action était de droit strict, soumise à un *judex,* et constituait un *judicium,* c'est-à-dire, une instance où le juge avait des pouvoirs limités. Il y avait eu la *sponsio* du tiers (*legitimæ partis*); et enfin, si Fannius demandait plus qu'il ne lui était dû, il encourait la plus pétition (*causa cadebat, — causam perdebat*). — Avec quelle élégance l'orateur fait-il ressortir les différences qui existaient entre l'instance soumise à un *judex* (*judicium*), et celle déférée à un arbitre qui avait des pouvoirs plus étendus (*arbitrium.* Topiques, N° 17, p. 88). Le langage de Cicéron est celui du jurisconsulte (1).

Il continue : « *Quæ quum ita sint, quæro abs te, quid ita de hac pecunia, de his ipsis H-S* ↀↃↃ, *de tuarum tabularum fide com-*

(1) Les traductions rendent toujours *judicium* par jugement. La *sponsio legitimæ partis* n'est pas comprise.

promissum feceris, arbitrum sumpseris, quantum æquius et melius sit, dari, repromittive, si pareret? Quis in hanc rem fuit arbiter? Utinam is quidem Romæ esset! Romæ est. Utinam adesset in judicio! Adest. Utinam sederet in consilio C. Pisonis! Ipse C. Piso est. Eumdemne tu arbitrum et judicem sumebas? eidem et infinitam largitionem remittebas, et eumdem in angustissimam formulam sponsionis concludebas? Quis unquam ad arbitrum, quantum petiit, tantum abstulit? nemo : quantum enim æquius esset sibi dari, petiit. De quo nomine ad arbitrum adisti, de eo ad judicem venisti. Ceteri quum ad judicem causam labefactari animadvertunt, ad arbitrum confugiunt; hic ab arbitro ad judicem venire est ausus : qui quum de hac pecunia, de tabularum fide arbitrum sumpsit, judicavit, sibi pecuniam non deberi. »

Compromissum. — Cicéron parle du compromis, ou convention par laquelle les parties convenaient de soumettre leur procès à des arbitres, et non à des juges qui leur avaient été assignés par le sort. Pour sanctionner la décision des arbitres, les parties se promettaient réciproquement de payer une peine, si l'une d'elles contrevenait à la sentence arbitrale. Ainsi, Primus disait à Secundus: Me promettez-vous tant, si vous contrevenez à la sentence des arbitres? Secundus promettait, et adressait à Primus la même demande, qui était suivie de la même réponse; de là l'expression *compromis,* dont la racine est *cum promittere.*

« Cela étant, dit Cicéron, je vous demande, Fannius, pourquoi vous avez fait un compromis à propos de cet argent, de ces 50,000 sesterces, et de la fidélité de vos registres? Pourquoi vous avez pris un arbitre pour déterminer la somme qui devrait, d'après l'équité, vous être remise ou promise (*dari repromittive*)? Quel fut donc votre arbitre dans cette affaire? Plût aux dieux qu'il fût à Rome! Mais il s'y trouve. Plût aux dieux qu'il figurât dans l'instance (*judicium*)! Mais il y figure. Plût aux dieux qu'il figurât parmi les assesseurs de Pison! Mais c'est Pison lui-même. Le preniez-vous donc, tout à la fois, comme arbitre et comme *judex?* Vous lui remettiez un grand pouvoir, et en même temps vous l'emprisonniez dans la formule si étroite de la *sponsio.* Qui donc a obtenu d'un arbitre tout ce qu'il demandait? Personne. En effet, il a demandé ce qui devait lui être donné d'après l'équité. La créance que vous avez soumise à un arbitre, vous l'avez portée devant un *judex.* Les autres, dès qu'ils s'aperçoivent que leur cause, soumise à un *judex*, va être perdue, se hâtent d'avoir recours à un arbitre. Fannius a osé quitter l'arbitre qu'il a choisi pour aller trouver un *judex*, lui qui, en prenant un arbitre à propos de cette somme et de la fidélité de ses registres, a jugé lui-même qu'elle ne lui était pas due. »

Enfin Cicéron continue : « *Jam duæ partes causæ sunt confectæ : annumerasse sese negat; expensum tulisse non dicit, quum tabulas non recitat. Reliquum est, ut stipulatum se esse dicat : præterea enim, quemadmodum certam pecuniam petere possit, non reperio. Stipulatus es? ubi? quo die? quo tempore? quo præsente? quis spopondisse me dicit? nemo.* »

« Deux points de la cause sont désormais bien établis : Fannius reconnaît n'avoir pas compté l'argent; il avoue qu'il n'y a pas eu *expensilatio* (*expensum tulisse non dicit*), puisqu'il ne le prouve pas par ses registres. Il peut encore soutenir qu'il y a eu stipulation, car je ne vois pas quel autre moyen il pourrait invoquer pour réclamer une somme fixe. Vous avez stipulé, dites-vous : où? quel jour? à quel moment? en présence de qui? Qui soutient que j'ai promis? Personne. »

N° 5. (N°s 14 et 15.) « *Hic ego si finem faciam dicendi, satis fidei et diligentiæ meæ, satis causæ et controversiæ, satis formulæ et sponsioni, satis etiam judici fecisse videar, cur secundum Roscium judicari debeat. Pecunia petita est certa; cum tertia parte sponsio facta est. Hæc pecunia necesse est,* AUT DATA, AUT EXPENSA LATA, AUT STIPULATA SIT. *Datam non esse Fannius confitetur; expensam latam non esse, codices Fannii confirmant; stipulatam non esse taciturnitas testium concedit.* »

« Si je terminais ici mon plaidoyer, il me semble que j'aurais assez fait pour l'acquit de ma conscience et l'accomplissement de mon devoir, pour la cause et le procès, pour la formule et la *sponsio*, enfin pour le juge, en démontrant que l'on doit rendre la sentence en faveur de Roscius. On demande une somme d'argent certaine, la *sponsio* du tiers a été faite (Gaius, voy. Comm. 4, § 171). Nécessairement cette somme a été ou transférée en propriété, ou expensilée, ou stipulée *(aut data, aut expensilata, aut stipulata*, voy. plus haut, p. 157). Fannius avoue qu'elle n'a pas été transférée; ses registres attestent qu'elle n'a pas été expensilée, et le silence des témoins établit qu'elle n'a point été stipulée. »

Quelle précision dans ce langage, et quelle vigueur d'argumentation ! Ces beautés échappent nécessairement à ceux qui ignorent le droit romain ; ainsi, dans l'édition Panckoucke, on traduit *stipulata* par *reconnaissance de la dette.*

« *Quid ergo est? quod et reus is est, cui et pecunia levissima, et existimatio sanctissima fuit semper; et judex est is, quem nos non minus bene de nobis existimare, quam secundum nos judicare velimus; advocatio ea est, quam, propter eximium splendorem, ut judicem unum vereri debeamus : perinde ac si in hanc formulam omnia judicia legitima, omnia arbitraria honoria, omnia officia domestica conclusa et comprehensa sint, perinde dicemus. Illa superior fuit oratio necessaria, hæc erit voluntaria : illa ad judicem, hæc ad C. Pisonem : illa pro reo, hæc pro Roscio : illa victoriæ, hæc bonæ existimationis causa, comparata.* »

Voici la pensée de l'orateur : il veut d'abord écarter tous les soupçons qui pourraient s'élever contre son client. Il désire que Roscius ait l'estime de l'assemblée et de son juge, et il s'exprime ainsi. « Nous traiterons cette question d'honneur comme si toutes les formules de droit strict (*judicia legitima*), toutes les *actions honoraires* (*honoraria arbitria,* actions prétoriennes, actions d'équité), tous les devoirs de la société étaient compris et rassemblés dans cette formule. » Ce qui veut dire : Fannius réclamait une somme déterminée ; la formule délivrée par le préteur était une *condictio certi;* j'ai prouvé que l'argent n'avait été l'objet ni d'une *datio*, ni d'une *expensilatio,* ni d'une *stipulatio,* cela me suffirait sans doute. Cependant, je veux bien consentir à voir dans cette formule une action qui renferme toutes les autres, même celle de bonne foi, et j'entreprends de défendre Roscius jusqu'au bout, afin qu'il ne perde pas la moindre parcelle de son *existimatio*. Et il ajoute : « Je m'adresse donc non plus à un *judex,* mais à Pison ; je ne parle plus pour un défendeur, mais pour Roscius ; j'ai parlé d'abord pour sa cause, actuellement je parlerai pour défendre son *existimatio.* » (Sur l'*existimatio,* voir p. 112.)

N° 6. (N° 16.) « *Pecuniam petis, Fanni, a Roscio : quam? dic audacter et aperte. Utrum quæ tibi ex societate debeatur? an, quæ ex liberalitate hujus promissa sit et ostentata? quorum alterum est gravius et odiosius; alterum levius et facilius. Quæ ex societate debeatur?*

Quid ais? Hoc jam neque leviter ferendum est, neque negligenter defendendum. Si qua enim sunt privata judicia summæ existimationis, et pene dicam capitis, tria hæc sunt, fiduciæ, tutelæ, societatis. Æque enim perfidiosum et nefarium est, fidem frangere, quæ continet vitam; et pupillum fraudare, qui in tutelam pervenit; et socium fallere, qui se in negotio conjunxit. »

« Fannius, vous demandez de l'argent à Roscius. Quel argent? dites-le franchement et ouvertement. Cet argent vous était-il dû par suite de la société formée avec votre adversaire (voir le sommaire; Fannius avait été associé de Roscius), ou bien celui-ci vous avait-il promis et indiqué cette somme à titre de libéralité? Je vois dans le premier cas, un fait plus grave et plus odieux; dans le second, quelque chose de moins important et de plus simple. Une somme due en vertu de l'association, que dites-vous? On ne peut prendre à la légère cette allégation, on ne peut se défendre sur ce point avec négligence. S'il y a des instances privées où l'*existimatio*, je dirais presque le *caput*, est en jeu, c'est dans les trois actions de fiducie, de tutelle et de société. Il est également perfide et criminel de violer la foi jurée, qui est le lien des hommes (action *fiduciæ*), de frauder un pupille qui est en tutelle et de tromper celui qui, dans une affaire, s'est associé avec nous. »

Nous savons que l'action *pro socio* est de bonne foi, qu'elle constitue un *arbitrium*, et que celui qui succombe est noté d'infamie (voy. p. 85 et 95). Nous savons aussi ce que l'on entend par action *fiduciæ* (voy. p. 79). Cette action et celle de tutelle notaient d'infamie : la première, le fiduciaire qui ne restituait pas la chose confiée à sa bonne foi; la seconde, le tuteur prévaricateur. (Voy Gaius, Comm. 4, § 182. Il cite les actions *fiduciæ, — tutelæ, — pro socio.*)

Quant aux mots *caput* et *capitis diminutio,* nous nous bornons à renvoyer aux Topiques, nº 4, p. 32.

Dans le reste du Nº 6, dans le Nº 7 et une grande partie du Nº 8, Cicéron établit qu'il est impossible que Fannius ait été trompé par Roscius, et, à ce propos, il entre dans des personnalités d'un goût fort contestable, qui dépassent de beaucoup celles que l'on se permettrait au barreau actuel.

Fin du Nº 8, et Nº 9. (24, 25 et 26) « *Quid ego nunc illa dicam, quæ vobis in mentem venire certo scio? Fraudabat te in societate Roscius. Sunt jura, sunt formulæ de omnibus rebus constitutæ, ne quis in genere injuriæ, aut ratione actionis errare possit. Expressæ sunt enim ex uniuscujusque damno, dolore incommodo, calamitate, injuria, publicæ a prætore formulæ, ad quas privata lis accommodetur.*

Quæ quum ita sint, cur non arbitrum pro socio adegeris Q. Roscium, quæro. Formulam non noras? Notissima erat. Judicio gravi experiri nolebas? Quid ita? propter familiaritatem veterem? cur ergo lædis? Propter integritatem hominis? cur igitur insimulas? Propter magnitudinem criminis? Itane vero? quem per arbitrum circumvenire non posses, cujus de ea re proprium erat judicium, hunc per judicem condemnabis, cujus de ea re nullum est arbitrium? Quin tu hoc crimen aut objice, ubi licet agere; aut jacere noli, ubi non oportet. Tametsi jam hoc tuo testimonio crimen sublatum est. Nam, quo tu tempore illa formula uti noluisti, nihil hunc in societatem fraudis fecisse ostendisti. Fecit pactionem. Num tabulas habet, an non? si non habet, quemadmodum pactio est? si habet, cur non nominas? »

« Ajouterais-je des réflexions qui certainement vous sont venues à l'esprit? Roscius, votre associé, vous fraudait; mais les droits sont prévus, mais les formules sont établies pour toutes les causes, et personne ne saurait se tromper dans le genre d'injustice qu'il reproche, ni dans l'action qu'il doit intenter. Les formules sont rédigées par le préteur avec publicité, pour le dommage, la peine, les privations ou les injures que chacun endure, et l'instance privée est instituée conformément à ces formules.

« Puisqu'il en est ainsi, pourquoi, je vous prie, n'avoir pas poursuivi Roscius par l'action *pro socio* (*arbitrum pro socio*, p. 88)? Ne connaissiez-vous pas la formule? Elle était très-connue. Vous ne vouliez pas agir ainsi, dites-vous, parce que des conséquences sévères étaient attachées à cette action (allusion à l'infamie prononcée contre le défendeur qui succombait). Quoi! était-ce à cause de votre ancienne amitié? — Pourquoi alors attaquer sa réputation? — A cause de son intégrité. — Pourquoi l'accuser? — A cause de la grandeur de son crime. — Cela est-il vrai? Celui que vous ne vouliez pas poursuivre devant un arbitre qui est le véritable juge de cette action, vous le ferez condamner par un *judex* qui n'a aucun des pouvoirs de l'arbitre. Mais produisez votre accusation devant le juge qui doit en connaître, ou bien n'en parlez pas devant celui qui est incompétent. Elle tombe même par votre propre témoignage. Du moment que vous n'avez pas employé la formule voulue, vous avez démontré que Roscius n'avait commis aucune fraude dans la société. Mais il a fait, dites-vous, une transaction (*pactionem*, voir le sommaire). Roscius a-t-il, oui ou non, des registres? Si les registres n'indiquent pas la transaction, quelle est-elle? S'ils l'indiquent, pourquoi ne pas la faire connaître? »

Cicéron en revient à reprocher à Fannius de n'avoir pas intenté l'action *pro socio* qui permettait à l'arbitre de tenir compte des fraudes commises par Roscius, tandis que le *judex* de la *condictio certi* était dominé par les termes de la formule.

Toutes les actions, dans la procédure romaine, étaient parfaitement déterminées; les formules étaient rédigées et publiées par le préteur dans l'*Album* (endroit où siégeait le magistrat, et dont les murailles étaient blanchies). Il y avait lieu, devant ce dernier, à l'*editio actionis*, et il délivrait la formule demandée. La partie qui se trompait d'action perdait son procès. Aussi Cicéron dit-il : « *expressæ sunt publicæ prætore formulæ, ad quas privata lis accommodetur.* » Il reproche dès lors à Fannius d'avoir intenté la *condictio* au lieu d'avoir réclamé l'action *pro socio,* action qui devait être donnée à l'un des associés contre son coassocié.

Ce passage est précieux pour le jurisconsulte qui s'occupe du Droit Romain. Quelques auteurs soutiennent que celui qui était créancier en vertu d'un contrat de bonne foi pouvait, dans tous les cas, intenter à son gré soit une action de bonne foi, soit une action de droit strict. Cette opinion, qui nous a toujours paru contraire aux principes de la procédure romaine, a encore contre elle ce passage de Cicéron, puisque l'orateur reproche à Fannius d'avoir intenté non pas l'action *pro socio,* mais bien celle de droit strict, la *condictio,* et, dans la première partie de son plaidoyer, il a eu soin de dire qu'il avait gagné sa cause, en prouvant qu'il n'y avait eu ni *datio*, ni *stipulatio*, ni *expensilatio* (1), et que dès lors la *condictio* était mal fondée.

(1) Il ne faudrait pas cependant croire que ce fussent là les sources uniques de la *condictio*.

Cicéron continue : « *Dic nunc Roscium abs te petisse, ut familiarem suum sumeres arbitrum : non petiit. Dic pactionem fecisse, ut absolveretur : non pepigit. Quœre, quare sit absolutus? Quod erat summa innocentia et integritate.* »

« Soutenez maintenant que Roscius vous a prié de prendre son ami pour arbitre; mais il ne l'a pas demandé. Dites que Roscius a fait une transaction pour être absous, mais il n'en est rien. Pourquoi donc a-t-il été absous? Parce que sa conduite était innocente et à l'abri de tout reproche. »

L'orateur répond ainsi aux arguments de Fannius, qui soutenait, entre autres choses, que Roscius avait transigé lors de la première instance, et qu'il devait accomplir les clauses de la transaction.

Il reprend ensuite : « *Quid enim factum est? Venisti domum ultro Roscii, satisfecisti; quod temere commisisses in judicium ut denuntiaret rogasti, ut ignosceret; te affuturum negasti; debere tibi ex societate nihil, clamitasti : judici hic denuntiavit; absolutus est.* » « En effet, que s'est-il passé? Vous êtes allé spontanément chez Roscius, vous lui avez donné satisfaction; pour qu'il vous pardonnât, vous l'avez prié de déclarer au juge que vous aviez intenté votre action avec témérité; vous avez refusé d'assister à cette déclaration; vous avez déclaré hautement qu'il ne vous était rien dû en vertu de la société. Roscius a dénoncé tous ces faits au juge, et il a été absous. »

Puis l'orateur termine ainsi : « *Tamen fraudis ac furti mentionem facere audes? Perstat in impudentia. Pactionem enim, inquit, mecum fecerat. Idcirco videlicet ne condemnaretur. Quid erat causœ, cur metueret, ne condemnaretur? Res erat manifesta; furtum erat apertum.* »

« Cependant, vous osez parler de fraude et de vol; vous persistez dans votre impudence. Il avait fait, dit Fannius, une transaction. — Sans doute, pour éviter une condamnation. Mais pourquoi la craignait-il? — La chose était évidente, le vol était manifeste, » est censé répondre Fannius.

La narration de ce discours n'a pas été retrouvée. De là une certaine obscurité qui plane sur ces raisonnements (voy. cependant le sommaire et le résumé que nous donnons *infra*, d'après Hotman). Toutefois, on peut conjecturer que Fannius soutenait que, dans une première instance, Roscius avait transigé pour éviter une condamnation infamante.

Du No 1 au No 4, Cicéron a établi que la *condictio* était mal fondée; du No 5 au No 10, il veut bien considérer son client comme poursuivi en vertu de l'action *pro socio,* et s'efforce de démontrer qu'il ne devait rien comme associé; et il s'appuie sur l'aveu même de Fannius qui avait intenté la *condictio.* Il répond aussi aux objections que faisait ce dernier.

No 10. (Nos 27, 28, 29 et 30.) « *Panurgus, inquit, fuit Fannii : is fuit ei cum Roscio communis.* » « Panurge (voy. le sommaire), dit-il, était à Fannius, et il devint ensuite commun à Fannius et à Roscius. »

Saturius, avocat de Fannius, disait que Roscius était devenu propriétaire de l'esclave sans bourse délier. Cicéron répond que Panurge n'avait de valeur que celle que Roscius lui avait donnée en l'instruisant dans l'art dramatique, art dans lequel il excellait, au dire de l'orateur. Il en conclut que Panurge, en réalité, appartenait à Roscius. Cet argument était plutôt d'un avocat que d'un jurisconsulte. Saturius avait tort de dire que l'esclave appartenait à Fannius seul, comme Cicéron n'aurait pu juridiquement soutenir que l'esclave fût à Roscius seul. Il y avait eu société : Fannius avait apporté son capital, c'est-à-dire, le corps de l'esclave, et Roscius son industrie.

No 11. (No 32.) Après un incident sur le talent de Roscius, Cicéron continue : « *Panurgum, inquit, hunc, servum communem, Q. Flavius Tarquiniensis quidam interficit : in hanc rem, inquit, me cognitorem dedisti. Lite contestata, judicio damni injuria constituto, tu sine me cum Flavio decidisti.* »

« Panurge, cet esclave commun, dit Fannius, a été tué par un certain Flavius de Tarquinies. Vous m'aviez, ajoute-t-il, constitué *cognitor* dans cette affaire; puis, après la *litis contestatio,* alors que la formule de l'action *damni injuriæ* était délivrée, vous avez transigé sans moi avec Flavius. »

On sait ce qu'il faut entendre par *cognitor* (voir *Pro Publio Quintio,* No 7, p. 106). Fannius prétendait que Roscius l'avait choisi pour *cognitor.*

Lite contestata. Sous l'empire des actions de la loi, la procédure était orale. Elle se divisait en deux périodes; l'une qui s'accomplissait devant le magistrat *(in jure)*; l'autre, devant le judex *(in judicio*.

Il était important de bien déterminer le mode d'après lequel le litige serait plus tard conduit devant le *judex ;* aussi les parties prenaient des témoins qui pouvaient, au besoin, fournir la preuve orale. « *Contestari litem,* dit Festus, *dicuntur duo aut plures quod, ordinato judicio, utraque pars dicere solet* TESTES ESTOTE. »

C'est dans ce sens qu'Horace (*Satire*, liv. 1er, 9e *in fine*), au moment où il se croit délivré de son fâcheux, est pris à témoin par le nouveau venu......

Licet antestari? — ego vero,
Oppono auriculam : rapit in jus......

les parties touchaient l'oreille comme siége de la mémoire.

Sous la procédure formulaire, procédure écrite, la *litis contestatio* avait lieu au moment où le préteur délivrait la formule qui renvoyait les parties devant le *judex*. C'était un des instants les plus importants de la procédure formulaire (1). Entre autres effets, elle établissait, entre le demandeur et le défendeur, l'obligation de subir le *judicium,* et de se soumettre à la sentence que le juge devait prononcer.

Il est évident, du reste, que l'expression était détournée de sa signification primitive.

Fannius reprochait donc à Roscius d'avoir transigé avec Flavius, alors qu'il l'avait pris, lui Fannius, pour *cognitor*. La *litis contestatio* avait eu lieu, ajoutait-il, et par conséquent l'instance était liée avec Flavius de Tarquinies.

Judicio damni injuriæ constituto. L'an de Rome 468 (286 av. J.-C.) était intervenu un plébiscite célèbre appelé *lex Aquilia.* Ce plébiscite prévoyait, d'une manière générale, le dommage causé à la chose d'autrui, *injuria,* c'est-à-dire, non conformément au droit. Il était divisé en trois chefs : le premier, le seul qui eût trait à la cause actuelle, prévoyait le meurtre de l'esclave d'autrui, commis *injuria,* c'est-à-dire, au moins par imprudence. Si, au

(1) On peut consulter M. Bonjean, Traité des Actions, p. 473 et suiv., 1er vol.

contraire, on avait défendu sa vie contre l'esclave, alors celui-ci eût été tué *jure*, car le droit naturel permet à l'homme de veiller à sa conservation. L'auteur du dommage était condamné à la plus haute valeur que l'esclave avait eue dans l'année, et non pas seulement à celle qu'il avait au moment du meurtre. (Voy. Gaius, Comm. 3, § 210, 211 et 214.)

La formule délivrée était ainsi conçue : SI PARET DAMNUM DECIDERE OPORTERE; *s'il appert qu'un tel doive transiger à cause du dommage*. Cette rédaction, empruntée à la formule de l'action de vol (voy. Gaius, Comm. 4, § 37 et 45), venait probablement de ce que, d'après la loi des XII Tables, le dommage causé devait être réparé au moyen d'une transaction.

Judicio damni injuriæ constituto, veut donc dire que la formule de l'action de la loi Aquilia ayant été délivrée, Roscius avait transigé avec Flavius, sans le concours de Fannius. Remarquons les expressions *cum Flavio decidisti;* elles sont en rapport avec les termes mêmes de la formule : *si paret damnum decidere oportere.*

Des traductions portent : *judicio damni injuriæ constituto, le dédommagement était fixé par le préteur. Judicium* veut dire formule. (Voy. p. 73.)

Cicéron, dans le reste du discours, va établir que Roscius avait le droit de transiger pour sa part, qu'en fait, c'est ce qui a eu lieu, que Fannius lui-même l'a reconnu, et que ses droits étant intacts, rien ne l'empêche d'agir contre Flavius.

N° 12. (Nos 34 et 35.) D'abord, dit l'orateur, la transaction n'offrait que peu d'avantages à Roscius; et d'ailleurs, « *quid ad te? tuam partem dimidiam, quemadmodum vis, decide.* » « Qu'est-ce que cela peut vous faire? Transigez sur votre moitié comme vous l'entendrez. »

Mais, répondait Fannius : « *de tota re, inquit, decidisti.* » « Vous avez transigé pour la totalité. »

« *Ergo huc universa causa deducitur, utrum Roscius cum Flavio de sua parte, an de tota societate fecerit pactionem. Nam ego Roscium, si quid communi nomine tetigit, confiteor præstare debere societati. Societatis, non suas lites redemit, quum fundum a Flavio accepit. Quid ita? satis non dedit,* AMPLIUS A SE NEMINEM PETITURUM. *Qui de sua parte decidit, reliquis integram relinquit actionem : qui pro sociis transigit, satisdat, neminem eorum postea petiturum. Quid? it*

Flavio sibi cavere non venit in mentem? nesciebat videlicet Panurgum fuisse in societate? Sciebat. Nesciebat Fannium Roscio esse socium? Præclare : nam iste cum eo litem contestatam habebat. Cur igitur decidit, et non restipulatur, neminem amplius petiturum? cur de fundo decidit, et judicio non absolvitur? cur tam imperite facit, ut nec Roscium stipulatione alliget, neque a Fannio judicio se absolvat? »

« Toute la cause se réduit donc à savoir si Roscius a transigé avec Flavius, pour sa part seulement, ou dans l'intérêt de la société. Je suis le premier à reconnaître que si Roscius a touché quelque chose, au nom de l'association, il doit le prester à son associé. Vous dites que Roscius, alors qu'il recevait un domaine de Flavius, a transigé, non pour sa part, mais au nom de la société : pourquoi alors n'a-t-il pas donné à Flavius la *satisdatio*, que dorénavant on n'adresserait plus à ce dernier aucune réclamation (*amplius à se neminem petiturum*)? L'associé qui transige pour sa part maintient aux autres associés le droit d'agir; celui qui transige pour les associés donne la *satisdatio* qu'aucun autre associé n'intentera désormais des poursuites. Quoi! Flavius n'a pas pensé à réclamer la *satisdatio?* Il ne savait pas que l'esclave Panurge appartenait à la société? — Il le savait. — Il ne savait peut-être pas que Fannius était associé de Roscius? — Il ne pouvait l'ignorer, car c'était avec Fannius qu'il y avait eu *litis contestatio.* Cependant, il transige, et il ne restipule pas que dorénavant personne ne lui adressera une réclamation. Pourquoi abandonne-t-il son domaine et ne se fait-il pas absoudre, alors qu'il est poursuivi par Fannius? Comment agit-il avec tant d'impéritie, qu'il ne lie pas Roscius par une stipulation, et qu'il ne se fait pas absoudre dans l'instance intentée par Fannius? »

Nous n'avons rien à dire sur la *satisdatio* et la *restipulatio* (voir p. 155 et 156). Mais, pour bien comprendre ce passage, il faut se rendre compte de la situation juridique de deux associés, alors qu'un dommage, tel que celui causé par Flavius, était arrivé à la chose sociale.

Le jurisconsulte Ulpien (lois 19 et 20, *Ad legem Aquiliam*, Digeste, liv. 9, tit. 2) dit : « *Sed si communem servum occiderit quis, Aquilia teneri eum, Celsus ait. Idem est et si vulneraverit. Scilicet pro ea parte, pro qua dominus est, qui agat.* » Chacun des associés étant copropriétaire pour une portion de l'esclave commun, était créancier des dommages intérêts pour la part correspondante à son droit. Ainsi, l'un d'eux, copropriétaire pour 1/2, était créancier de 1/2, et pouvait agir contre l'auteur du dommage, dans les limites de son droit.

S'il transigeait pour sa part, il est évident qu'il n'avait rien à remettre à son coassocié qui conservait l'intégralité de ses droits. Mais si la transaction avait eu lieu dans son intérêt et celui de son associé, ce dernier avait deux partis à prendre : ou bien il pouvait ratifier l'opération et agir par l'action *pro socio,* pour demander à son coassocié de lui en communiquer le résultat; ou bien il pouvait laisser de côté cette transaction, et agir contre l'auteur du dommage pour sa part. En effet, la transaction étant intervenue entre l'un des associés et le débiteur, ne pouvait lier l'autre associé qui y était resté étranger, celui-ci pouvait donc la repousser comme *res inter alios acta.* Dans ce cas, le débiteur, qui avait transigé pour le tout, prenait ses précautions. Il se faisait donner la *satisdatio amplius a se neminem petiturum*, par l'associé qui transigeait, et s'il était inquiété par l'autre associé, il réagissait alors, par l'action *ex stipulato,* contre celui avec lequel il avait traité, et lui demandait des dommages-intérêts, en se fondant sur ce qu'il n'avait pas fait ratifier par son coassocié la transaction, ainsi qu'il l'avait promis.

Cicéron, pour établir que Roscius n'a traité que pour sa part, invoque cette circonstance, que Flavius n'a pas réclamé la *satisdatio amplius a se neminem petiturum,* et que par suite il n'a pris aucune précaution contre l'action de Fannius, et il ajoute : « *Est hoc primum et ex conditione juris, et ex consuetudine cautionis, gravissimum et firmissimum argumentum.* » « Voilà un argument grave et puissant, puisé dans les règles du droit, et dans les garanties que l'on a l'habitude de réclamer. »

L'un des associés pouvait, il est vrai, agir pour le tout, mais il fallait qu'il fût établi *cognitor* ou *procurator* par son associé (voy. p. 106); alors il agissait partie en son nom propre, *proprio nomine*, partie au nom d'autrui, *alieno nomine.* On a vu que Fannius avait été établi *cognitor* par Roscius.

N° 13. (Nos 37, 38 et 39.) Cicéron invoque le propre témoignage de Fannius, pour établir que Roscius n'a transigé que pour sa part : « *Criminatio tua quæ est? Roscium cum Flavio pro societate decidisse. Quo tempore? Abhinc annis* IV. *Defensio mea quæ est? Roscium pro sua parte cum Flavio transegisse. Repromittis tu abhinc triennium Roscio. Quid? recita istam restipulationem clarius.* »

« En quoi consiste votre accusation? Vous soutenez que Roscius a transigé avec Flavius dans l'intérêt de la société. A quelle époque? — Depuis quatre ans. — Quelle est ma défense? — Roscius a transigé pour sa part avec Flavius. Il y a trois ans que vous avez promis (*repromittis*) à Roscius. Quoi? Donnez connaissance de cette *restipulatio.* » Roscius était le stipulant, et Fannius le promettant.

« *Quid enim restipulatio clamat?* QUOD A FLAVIO ABSTULERO, PARTEM DIMIDIAM INDE ROSCIO ME SOLUTURUM SPONDEO. *Tua vox est, Fanni. Quid tu auferre potes a Flavio, si Flavius nihil debet? Quid hic porro nunc restipulatur, quod jampridem ipse exegit? quid vero Flavius tibi daturus est, qui Roscio omne quod debuit dissolvit? cur in re tam veteri, in negotio tam confecto, in societate dissoluta, nova hæc restipulatio interponitur? Quis est hujus restipulationis scriptor? testis? arbiter? quis? tu, Piso. Tu enim Q. Roscium pro opera, pro labore, quod cognitor fuisset, quod vadimonia obisset, rogasti, ut Fannio daret H-S* CCCIↃↃↃ, *hac conditione, ut, si quid ille exegisset a Flavio, partem ejus dimidiam Roscio dissolveret. Satisne ista restipulatio dicere tibi videtur aperte, Roscium pro se decidisse.* »

» Que porte la *restipulatio*? *Je promets de remettre à Roscius la moitié de ce que j'obtiendrai de Flavius.* Voilà vos paroles, Fannius. Que pensez-vous obtenir de Flavius, s'il ne doit rien? Quoi! Roscius stipule ce qu'il a déjà reçu! Quoi! Flavius vous remettra ce qu'il a déjà remis à Roscius pour se libérer! A quoi bon cette nouvelle stipulation, dans une chose aussi ancienne, dans une affaire si complètement terminée, dans une société dissoute! Quel en est le rédacteur? le témoin? l'arbitre? Vous, Pison. Pour désintéresser Fannius de ses soins, de ses travaux, parce qu'il avait été *cognitor*, qu'il s'était soumis à plusieurs *vadimonia*, vous avez prié Roscius de lui payer 15,000 sesterces (1), sous cette seule condition, que si Fannius obtenait quelque chose de Fla-

(1) Des éditions portent 100,000 sesterces; Hotman faisait remarquer que ce chiffre était exagéré, et que Roscius ne pouvait avoir remis à Fannius tout ce qu'il avait touché de Flavius.

vius, il en remettrait la moitié à Roscius. Cette stipulation ne montre-t-elle pas d'une manière évidente que celui-ci a transigé pour lui seul? »

On voit que, d'après Cicéron, Roscius ayant transigé pour sa part, le rôle de *cognitor* donné à Fannius était expiré, le mandat était révoqué, seulement Pison pria Roscius de donner un honoraire ou indemnité à son associé. (*Vadimonia*, voy. p. 100.)

L'orateur continue : « *At enim forsitan hoc tibi veniat in mentem, repromississe Fannius Roscio, si quid a Flavio exegisset, ejus partem dimidiam; sed omnino exegisse nihil. Quid? tu non exitum exactionis, sed initium repromissionis spectare debes; neque, si ille persequi noluit, non, quod in se fuit, judicavit, Roscium suas, non societatis lites redemisse. Quid? si tandem planum facio, post decisionem veterem Roscii, post repromissionem recentem hanc Fannii, H-S* CCCIↃↃↃ *Fannium a Q. Flavio Panurgi nomine abstulisse; tamen diutius illudere viri optimi existimationi, Q. Roscii, audebit?* »

« Peut-être avez-vous pensé que Fannius a promis à Roscius la moitié de ce qu'il obtiendrait de Flavius; mais, direz-vous, Flavius n'a rien remis. N'importe. Vous devez considérer non pas l'issue de la poursuite, mais l'origine de la promesse; et si Fannius n'a pas voulu poursuivre, il n'en a pas moins reconnu que Roscius avait transigé pour sa part seule. »

Cicéron va plus loin : il veut établir que Flavius a remis à Fannius 100,000 sesterces.

N° 14. (N°s 40, 41, 42, 43). « *Paullo ante quærebam, id quod vehementer ad rem pertinebat, qua de causa Flavius, quum de tota lite faceret pactionem, neque satis acciperet a Roscio neque judicio absolveretur a Fannio. Nunc vero, id quod mirum et incredibile est, requiro, quamobrem, quum de tota re decidisset cum Roscio, H-S* CCCIↃↃↃ *separatim Fannio dissolvit? Hoc loco, Saturi, quid pares respondere, scire cupio : utrum omnino Fannium a Flavio H-S* CCCIↃↃↃ *non abstulisse? an alio nomine et alia de causa abstulisse? Si alia de causa, quæ ratio tibi cum eo intercesserat? nulla. Addictus erat tibi? Non.* »

« Je demandais tout à l'heure, et certes cela avait trait à la question, pourquoi Flavius, alors qu'il transigeait sur la totalité du procès, n'avait pas reçu *satisdatio* de Roscius, ou n'avait pas été absous dans l'instance dirigée par Fannius (voy. p. 171). Maintenant je demande, chose étonnante et incroyable, alors qu'il avait transigé avec Roscius pour la totalité, comment il payait, d'un autre côté, 100,000 sesterces à Fannius? Je voudrais bien savoir, Saturius, ce que vous vous apprêtez à répondre : nierez-vous que Fannius ait reçu cette somme de Flavius? ou bien direz-vous qu'il l'a reçue en vertu d'une autre créance (*alio nomine*), et à un autre titre? Si c'est à un autre titre, quel compte aviez-vous avec Flavius? Vous était-il *addictus*? Non. »

Addictus, nouvelle expression juridique. La loi des XII Tables portait : « *Aeris confessi rebusque jure judicatis triginta dies justi sunto.* »

Le débiteur qui avouait la dette devant le magistrat *(in jure)*, ou qui était condamné, avait trente jours, pendant lesquels il pouvait rechercher les moyens d'acquitter la condamnation (*dies justi*). Aulugelle qualifie ces trente jours d'armistice légal *(quoddam justitium, — juris quædam interstitio)*. Après le délai expiré, le créancier pouvait amener le débiteur devant le magistrat, et opérer la *manus injectio*. « *Post*, continue la IIIe table, *deinde manus injectio esto; in jus ducito.* » Gaius (Comm. 4, § 21) nous a conservé les paroles de la *manus injectio*. Le débiteur ne pouvait repousser cette mainmise *(manum depellere)*, il était traité comme esclave de fait; s'il avait des contestations à élever, il ne pouvait plus agir comme un homme libre; il lui fallait un *vindex*, c'est-à-dire, un champion qui prît son fait et cause; faute d'un *vindex* et faute de satisfaire le créancier, il était, par déclaration du préteur, attribué *(addictus)* au demandeur, qui l'emmenait dans sa maison comme prisonnier.

La loi des XII Tables réglait le poids de ses fers et la nourriture qui devrait lui être donnée.

Avant l'*addictio*, le débiteur poursuivi était *judicatus*, — *adjudicatus*. Quelle était la position sociale de l'*addictus*? Quintilien nous dit (liv. 7) qu'il était toujours libre, et que si l'*addictio* cessait, il était *ingenuus*. « *Erant in servitute sed non servi.* »

La loi des XII Tables donnait 60 jours au créancier et au débiteur *addictus*, pour faire une transaction. Pendant ce délai, ce dernier devait être conduit devant le magistrat, dans le *comitium*, par trois jours de marché consécutifs, de neuvaine en neuvaine, et là on proclamait la dette pour voir si quelqu'un voulait l'acquitter. Après ce délai, le débiteur était vendu comme esclave (*trans Tiberim*). S'il venait à être affranchi, il figurait non plus parmi les ingénus, mais parmi les affranchis.

S'il y avait plusieurs créanciers, la loi des XII Tables portait : « *Tertiis nundinis partes secanto.* » Les créanciers pouvaient couper le débiteur en morceaux, et il paraît, comme nous l'avons déjà dit, que ces expressions avaient une signification réelle et non pas figurée, comme l'ont supposé plusieurs érudits.

Fannius soutenait qu'il n'avait rien touché de Flavius. Cicéron allègue, au contraire, qu'après la récente stipulation de Roscius *(post recentem stipulationem)*, Flavius avait remis cette somme de 100,000 sesterces à Fannius, et il invoque le témoignage non du demandeur *(petitor)*, ou du défendeur *(reus)*, mais de Cluvius, qui avait été juge dans cette affaire.

Dans les Nos 15 et 16, Cicéron fait voir combien est grande la valeur du témoignage donné par Cluvius. On rencontre ces expressions juridiques (Nos 16-48) : « *Ipsa mihi veritas manum injecit;* » c'est une allusion à la *manus injectio* dont nous venons de parler.

A la fin du No 16 (No 49), on trouve le mot *nuntius*, que l'on peut traduire par *messager*. (Voy. p. 38.)

No 17. (Nos 51, 52, 53.) Enfin, dit l'orateur, pourquoi Roscius, s'il a suborné Cluvius, ne lui fait-il pas dire que Flavius a payé 300,000 sesterces, puisque, d'après la stipulation, il devait en avoir la moitié; « *quum ex restipulatione pars ejus dimidia Roscii esset?* »

Cicéron suppose enfin qu'on lui concède que Roscius n'a transigé que pour sa part; mais, dit-on, il doit communiquer le résultat à son coassocié. Il répond : « *Quæro enim, potueritne Roscius ex societate suam partem petere, necne? Si non potuit, quemadmodum abstulit? si potuit, quemadmodum non sibi exegit? Nam quod sibi petitur, certe alteri non exigitur. An ita est? si, quod universæ societatis fuisset, petisset; quod tum redactum esset, æqualiter omnes partirentur : nunc, quum petierit, quod suæ partis esset; non, quod abstulit, soli sibi exegit?* »

« Je demande si, d'après le contrat de société, Roscius a pu ou non demander sa part? S'il ne l'a pu, comment a-t-il obtenu cette part? S'il l'a pu, pourquoi n'a-t-il pas pris ce qui lui revenait? car ce que l'on demande pour soi, on ne le demande certes pas pour un autre. Eh quoi! s'il eût réclamé ce qui appartenait à l'association, tous partageraient également ce qui aurait été obtenu, et maintenant qu'il a demandé ce qui le concernait, il n'a pu, dit-on, enlever ce qu'il réclamait pour lui seul. »

N° 18. (Nos 54, 55, 56.) « *Quid interest inter eum, qui per se litigat, et qui cognitor est datus? Qui per se litem contestatur, sibi soli petit : alteri nemo potest, nisi qui cognitor est factus. Itane vero? cognitor si fuisset tuus, quod vicisset judicio, ferres tuum. Suo nomine petiit; quod abstulit, sibi, non tibi exegit. Quod si quisquam petere potest alteri, qui cognitor non est factus; quœro, quid ita, quum Panurgus esset interfectus, et lis contestata cum Flavio damni injuria esset, tu in eam litem cognitor Roscii sis factus : quum prœsertim ex tua oratione, quodcumque tibi peteres, huic peteres; quodcumque tibi exigeres, id in societatem recideret. Quod si ad Roscium nihil perveniret, quod tu a Flavio abstulisses, nisi te in suam litem dedisset cognitorem; ad te pervenire nihil debet, quod Roscius pro sua parte exegit, quoniam tuus cognitor non est factus. Quid enim huic rei respondere poteris, Fanni? Quum de sua parte Roscius transegit cum Flavio, actionem tibi tuam reliquit, an non? Si non reliquit, quemadmodum H-S* CCCIↃↃↃ *ab eo postea exegisti? si reliquit, quid ad hoc petis, quod per te persequi et petere debes?* »

« Quelle différence y a-t-il entre celui qui plaide pour lui-même et celui qui plaide comme *cognitor*? Celui qui fait la *litis contestatio* en son nom demande pour lui seul; personne ne peut demander au nom d'autrui s'il n'est *cognitor* : cela est certain. Si Roscius avait été votre *cognitor,* ce qu'il eût obtenu par le jugement, vous le prendriez comme vous appartenant; mais il a intenté sa demande en son nom, ce qu'il a gardé, il l'avait demandé pour lui. Si quelqu'un peut réclamer au nom d'autrui, sans être *cognitor,* je vous le demande, pourquoi, alors que Panurge avait été tué et que la *litis contestatio* avait eu lieu sur l'action *damni injuria* avec Flavius, pourquoi avez-vous été désigné comme *cognitor* de Roscius? D'après votre discours, tout ce que vous demandiez pour vous, vous le demandiez pour lui; tout ce que vous deviez toucher, vous deviez le verser en société. Si Roscius ne devait avoir une partie de ce que Flavius paierait, qu'à la condition de vous désigner comme *cognitor*, rien de ce que Roscius a touché pour sa part ne doit vous être remis, car il n'a point été votre *cognitor*. Que pouvez-vous répondre à cela, dites, Fannius? Alors que Roscius a transigé pour sa part, vous a-t-il laissé ou non votre action? S'il ne vous l'a pas laissée, pourquoi avez-vous obtenu de Flavius 100,000 sesterces? S'il vous l'a laissée, pourquoi venir demander à Roscius ce que vous pouvez demander et obtenir par vous même. »

L'argumentation est ici fondée sur les principes que nous avons déjà exposés. On se rappelle que le *cognitor* est le représentant de celui qui lui a donné mandat (voy. p. 106). Aussi Cicéron dit-il à Fannius, que si Roscius eût été son *cognitor*, tout ce qui eût été attribué à Roscius lui eût appartenu. Sur la *litis contestatio*, voy. p. 167).

Remarquons aussi ces expressions : « *Alteri nemo potest, nisi qui cognitor est factus.* » (*Junge supra*, p. 108).

L'associé agit pour sa part, *proprio nomine*, et pour celle de son coassocié, *cognitorio nomine* (voy. p. 171). Or, dit l'orateur à Fannius, si vous n'avez pu poursuivre Flavius au nom de Roscius que parce qu'il vous avait établi *cognitor*, pourquoi voulez-vous que Roscius ait poursuivi en votre nom, dès lors qu'il n'était pas votre *cognitor*?

Cicéron continue : « *Simillima enim et maxime gemina societas hereditatis est. Quemadmodum socius in societate habet partem; sic heres in hereditate habet partem. Ut heres sibi soli, non coheredibus petit; sic socius sibi soli, non sociis petit : et quemadmodum uterque pro sua parte petit, sic pro sua parte dissolvit; heres ex sua parte, qua hereditatem adiit; socius ex ea, qua societatem coiit.* »

« La société ressemble à une hérédité. De même que dans une société, l'associé n'a droit qu'à sa part; de même dans une hérédité, l'héritier n'a droit qu'à la sienne. L'héritier intente la demande pour lui seul, et non pour ses cohéritiers; l'associé réclame pour lui, et non pour ses coassociés. Chacun demande sa part, chacun éteint la dette pour sa part; l'héritier, pour sa part héréditaire; l'associé, pour celle qu'il a dans l'association. »

En thèse générale, celui auquel une hérédité était déférée devait faire adition d'hérédité. (*Ire ad hereditatem;* en d'autres termes, manifester son intention d'être héritier.)

L'hérédité était un *nomen juris*, une masse juridique qui renfermait 1° des choses corporelles, 2° des créances, 3° des dettes.

Quant aux choses corporelles, chaque héritier était copropriétaire, suivant sa part héréditaire, des esclaves, des maisons, des fonds de terre compris dans l'hérédité, mais copropriétaire d'une manière indivise, c'est-à-dire, de 1/2, de 1/4 de chaque molécule constitutive de ces objets. Cette copropriété finissait par un partage, qui donnait à chaque héritier une portion divise et déterminée des objets héréditaires, à la place d'une portion indivise et indéterminée.

Quant aux créances et aux dettes, la loi des XII Tables les divisait elle-même entre les héritiers, de telle façon que chacun d'eux avait des portions distinctes de ces créances, ou devait des portions distinctes de ces dettes. Ainsi, Paul étant mort, laissant, par exemple, deux héritiers, Primus et Secundus, Primus était créancier d'une moitié de chaque créance, débiteur de la moitié de chaque dette, et de même de Secundus. Leurs droits étaient indépendants, leurs obligations distinctes, et ce que l'un faisait ne pouvait compromettre les droits de son cohéritier, chacun agissait pour sa part.

La loi 6 au code, *familiæ erciscundæ* (liv. 3, tit. 36), porte : « *Ea quæ in nominibus sunt non recipiunt divisionem : cum ipso jure in portiones hereditarias ex lege Duodecim Tabularum divisa sint.* » « Les créances et les dettes ne sont pas susceptibles de partage, car elles sont divisées de plein droit par la loi des XII Tables. » Ce même principe est encore en pleine vigueur aujourd'hui. (Art. 1220, C. N.)

C'est donc avec raison que Cicéron compare la position d'un associé à celle d'un cohéritier. Tous deux pouvaient soit agir, soit transiger pour leur part, sans que ces actes pussent porter atteinte aux droits des cohéritiers ou coassociés (1).

Cicéron termine ainsi : « *Quemadmodum suam partem Roscius suo nomine condonare potuit Flavio, ut eam tu non peteres : sic, quum exegit suam partem, et tibi integram petitionem reliquit, tecum partiri non debet; nisi forte tu, perverso more, quod hujus est, ab alio extorquere non potes, huic eripere potes. Perstat in sententia Saturius : quodcumque sibi petat socius, id societatis fieri. Quod si ita*

(1) Holman avait déjà fait remarquer que l'argumentation de Cicéron était fondée.

est; qua, malum! stultitia fuit Roscius, qui ex jurisperitorum consilio et auctoritate restipularetur a Fannio diligenter, ut, quod is exegisset à Flavio, dimidiam partem sibi dissolveret : siquidem, sine cautione et repromissione, nihilominus id Fannius societati, hoc est, Roscio debebat? »

« De même que Roscius pouvait donner sa part à Flavius et que vous ne pouviez rien réclamer sur cette part, de même, quand Roscius a exigé la sienne, il vous a laissé le droit d'agir, et il ne doit pas partager avec vous ce qu'il a obtenu, à moins que, contrairement à tous les usages, vous ne puissiez enlever à Roscius ce que vous ne pourriez obtenir d'un autre. Saturius persiste dans son avis : tout ce que réclame l'associé doit être communiqué à la société. S'il en est ainsi, quelle fut la folie de Roscius, qui, d'après l'avis de jurisconsultes, a stipulé soigneusement de Fannius, que celui-ci lui remettrait la moitié de ce qu'il obtiendrait en poursuivant Flavius, alors que sans caution, sans promesse, Fannius devait cette 1/2 à la société, c'est-à-dire, à Roscius. »

Si l'un des associés s'était seul porté créancier, il eût agi seul contre le débiteur, et dans ce cas, son coassocié non créancier du tiers aurait eu l'action *pro socio* pour se faire tenir compte de sa part dans la créance sociale. C'était le principe qu'on invoquait au nom de Fannius.

Mais si la créance était née de suite au profit et sur la tête des deux associés, comme dans l'espèce (voy. plus haut, p. 170), alors chacun d'eux agissait pour sa part, leurs droits étaient indépendants, et il n'y avait rien à communiquer, du moment où l'un des coassociés n'avait touché que sa part.

Ici finit le texte du discours *pro Roscio comœdo*. On n'a ni l'exorde, ni la narration, ni la péroraison.

L'absence de la narration a dû jeter quelques obscurités sur ce discours. Hotman (3e vol., édit. 1600, p. 851 et 852) résume très-bien la cause, en empruntant la méthode d'argumentation que l'orateur romain recommande dans ses Traités sur l'éloquence. Il s'exprime ainsi (nous traduisons) : « Fannius appelle Roscius devant le magistrat, et demande au préteur une formule *certaine* relative à 50,000 sesterces; il obtient la *condictio certi* et se fonde sur ce que l'associé doit communiquer à ses coassociés tout ce qu'il a pu obtenir; Roscius ayant obtenu 100,000 sesterces, lui en doit donc 50,000.

Cicéron démontre que l'associé, à moins d'être *cognitor,* ne peut réclamer la part de son coassocié, et à plus forte raison transiger sur cette part. Fannius l'a reconnu, puisqu'après la transaction faite par Roscius il n'en a pas moins poursuivi Flavius, et qu'il a promis à Roscius la moitié de ce qu'il obtiendrait, et même il a reçu 100,000 sesterces de Flavius. Mais, dès le principe, Cicéron prétend que l'action a été mal intentée. On ne réclame pas une somme incertaine à un *judex*. Fannius a avoué que cette somme était incertaine, car il s'est adressé d'abord à un arbitre; or, auprès d'un arbitre, on ne demande qu'une somme incertaine. La prétention (*intentio*) est : Vous me devez 50,000 sesterces pour les motifs que je viens d'exposer; la réponse est : Je ne les dois pas; la question est : Les 50,000 sesterces sont-ils dus? Le défendeur allègue les motifs suivants : J'ai transigé en mon nom et non pas pour la société; le demandeur répond : Mais ce qu'un associé obtient, il ne l'obtient pas pour lui seul, il l'obtient pour la société. La discussion roulera donc sur la question de savoir si un associé ne peut transiger avec un débiteur de la société que dans l'intérêt de la société, ou s'il le peut dans son intérêt exclusif. »

Ce résumé prouve que les littérateurs eussent pu utiliser les notes données par Hotman dès le XVIe siècle. M. Keller n'y a pas manqué.

Il nous semble que la cause plaidée par Cicéron dans l'intérêt de Roscius était bonne et fondée en droit.

VERRINES. (1)

In Q. Cæcilium divinatio. — L'objet de ce discours était de faire obtenir à Cicéron la préférence sur Cécilius, pour diriger l'accusation contre Verrès.

N° 3. (Nos 7, 8, 9, 10.) — Nous signalerons ce passage comme offrant de l'intérêt pour l'histoire de l'organisation judiciaire. On sait que le pouvoir de juger fut vivement disputé entre les sénateurs et les chevaliers. Mais en l'année 684 de Rome, intervint la loi *Aurelia* (du nom de *Aurelius Cotta*), qui partagea le pouvoir judiciaire entre les sénateurs, les chevaliers et les tribuns du trésor.

N° 4. (Nos 11 et 12.) « *Quorum causa judicium de pecuniis repetundis est constitutum.* » Allusion à la loi Calpurnia qui, en l'an 605 de Rome, sur la proposition du tribun Calpurnius Pison, avait institué un *judicium publicum* contre les concussionnaires. Dans ces *judicia publica*, pouvait agir *quivis ex populo*. Ceci tient au droit criminel.

Parlant des Siciliens, Cicéron dit : « *Me defensorem calamitatum suarum, me ultorem injuriarum, me cognitorem juris sui, me actorem causæ totius esse voluerunt.* » (Sur le *cognitor*, voy. p. 106.) Le *cognitor* était le représentant de celui qui avait donné mandat (*loco domini est*, dit Gaius).

(1) Les Verrines contiennent plus de droit public que de droit privé. On peut consulter la Thèse latine de M. Dareste, docteur en droit, docteur ès-lettres, et aujourd'hui avocat à la Cour de Cassation ; elle est intitulée : *De forma et conditione Siciliæ provinciæ romanæ.* M. Dareste a mis à profit les documents que Cicéron lui offrait.

Plus loin, s'adressant à Cécilius, il ajoute : « *Si id audebis dicere, quod C. Verres, cui te inimicum esse simulas, maxime existimari vult, Siculos hoc a me non petisse; primum causam inimici tui sublevabis, de quo non* PRÆJUDICIUM, *sed plane* JUDICIUM *jam factum putatur, quod ita percrebuit, Siculos omnes actorem suæ causæ contra illius injurias quæsisse.* »

Il y avait *præjudicium* quand, par la formule, le préteur donnait au juge mandat de trancher une question provisoire, sans lui donner l'ordre d'en tirer de suite les conséquences. Ainsi, un citoyen romain prétendait avoir les droits de puissance paternelle sur un autre citoyen, le préteur chargeait le juge d'examiner si un tel était fils de famille. C'était là un *præjudicium*, parce que le juge pouvait reconnaître l'affirmative, sans condamner le défendeur, ou bien admettre la négative, sans l'absoudre. La formule indiquait le véritable caractère du *præjudicium*. « *Judex esto* — PRÆJUDICIO QUERITO AN MEVIUS LUCII TITII SIT FILIUS. »

On n'y rencontrait pas la partie appelée *condemnatio*, qui conférait au juge le pouvoir de condamner ou d'absoudre, suivant que les prétentions du demandeur étaient fondées ou non fondées (voy. Gaius, Comm. 4, § 44). Le demandeur se réservait le droit de s'appuyer sur le *præjudicium* pour arriver au *judicium* proprement dit, par exemple, en réclamant les acquisitions faites par ce citoyen déclaré préalablement fils de famille. (Voir autre exemple de *præjudicium, Pro Publio Quintio*, p. 117.)

Cicéron dit donc à Cécilius : « Si vous osez dire ce que Verrès, dont vous feignez d'être l'ennemi, voudrait bien faire croire, à savoir, que les Siciliens ne m'ont pas chargé de leurs intérêts, vous viendrez au secours de votre ennemi contre lequel a été rendu non pas un *præjudicium*, mais bien un *judicium*, quand on a su que les Siciliens me réclamaient pour être leur défenseur (*actorem*), et me sollicitaient pour demander réparation de ses injustices. Si vous, son ennemi, vous osez nier ce que lui Verrès n'ose pas nier, quelque danger que ce fait puisse lui causer, prenez garde que l'on ne vous accuse d'exercer vos inimitiés avec trop de bonté. »

N° 17. (Nos 55, 56, 57.) Cécilius se plaignait d'une injustice que Verrès avait commise contre lui. Cicéron veut établir qu'il est l'ami caché de Verrès, et il repousse ce prétendu motif d'inimitié, en se livrant à une de ces narrations dont abondent les Verrines.

Agonis, dit-il, est une affranchie de Vénus Érycine, elle demeure à Lilybée. Avant la questure de Cécilius, elle était riche. Ayant eu à se plaindre d'un des capitaines de la flotte d'Antoine, qui voulait lui enlever des esclaves, elle avait invoqué un privilège conféré aux personnes vouées au service de Vénus; elle avait déclaré que sa personne et tous ses biens appartenaient à cette déesse. Alors, dit l'orateur : « *Ubi hoc quæstori Cæcilio, viro optimo et homini æquissimo, nuntiatum est; vocari ad se Agonidem jubet : judicium dat statim, si pareret, eam, se et sua Veneris esse, dixisse : judicant recuperatores id, quod necesse erat; neque enim erat cuiquam dubium, quin illa dixisset. Iste in possessionem bonorum mulieris mittit; ipsam Veneri in servitutem adjudicat; deinde bona vendit; pecuniam redigit.* »

« A peine Cécilius le questeur, homme doué de bonté et de justice, apprend-il cette nouvelle, qu'il ordonne qu'on fasse venir Agonis; il délivre de suite la formule *(judicium dat statim)*. La question était de savoir s'il apparaissait *(si pareret)* qu'Agonis eût dit que sa personne et ses biens appartenaient à Vénus. Les récupérateurs jugent, ce qui était inévitable; car il n'était pas douteux qu'elle eût prononcé ces paroles. Cécilius envoie prendre possession des biens d'Agonis, l'adjuge comme esclave à Vénus, il vend ensuite son patrimoine, et en fait de l'argent. » (Voy. sur la procédure formulaire *supra*, p. 72.)

Cicéron raconte ensuite, avec une profonde ironie, que Verrès cassa la décision de son questeur, mais qu'il sut s'emparer de la plus grande partie des biens de cette femme *(tanquam aliquo Circæo poculo, factus est Verres)*.

Qu'entend-on par *recuperatores*? En ajournant la réponse, disons de suite qu'il faut dire *récupérateurs*, et non pas *commissaires*, comme le font des traducteurs.

N° 20. (N° 65.) « *Etenim quum lex ipsa de pecuniis repetundis sociorum atque amicorum populi romani patrona sit; iniquum est, non eum legis judiciique actorem idoneum maxime putari, quem actorem causæ suæ socii, defensoremque fortunarum suarum potissimum esse voluerunt.* »

De ce passage facile à comprendre, les commentateurs ont

conclu que l'action *repetundarum* pouvait être intentée par un citoyen pour un pérégrin, quoiqu'en principe, sous la procédure des actions de la loi, on ne pût se faire représenter en justice. (Voy. p. 106.)

In Verrem prima actio. N° 4. (N° 12.) Cicéron adressant de sanglants reproches à Verrès, dit : « *Cujus prætura urbana, ædium sacrarum fuit publicorumque operum depopulatio; simul in jure dicundo, bonorum possessionumque, contra omnium instituta, addictio, et condonatio.* » « Pendant sa préture urbaine, il ruina les édifices sacrés et les travaux publics. En disant le droit, il attribua et donna les possessions de biens contrairement à toutes les règles. »

Le préteur exerçait le pouvoir judiciaire, il disait le droit *(jus dicebat — juris dictio)*, et sous la procédure formulaire, il délivrait la formule aux parties.

Le préteur avait aussi le pouvoir exécutif, et à ce titre, il avait l'*imperium*, le droit d'administrer, de faire la police, de contraindre à l'exécution de ses édits. L'envoi en possession rentrait plutôt dans l'*imperium* du préteur que dans la *jurisdictio*. Ulpien (loi 4, *De jurisdict.*, Digeste, liv. 2e, tit. 1er) dit : « *In possessionem mittere magis est imperii quam jurisdictionis.* »

On a vu des exemples d'envois en possession dans le discours *Pro Publio Quintio.*

Contra omnium instituta. La préture était annale. Le préteur entrant en fonctions publiait la manière dont il rendrait la justice et les actions qu'il délivrerait. Dans l'origine, il avait le droit de changer son édit, même dans l'année de la préture. Mais cette faculté ayant dégénéré en abus, l'année 687 de Rome, 67 ans avant J.-C. et postérieurement aux concussions de Verrès, la loi Cornélia défendit aux préteurs d'opérer, dans leur édit, aucun changement pendant l'année de leur magistrature. L'édit fut appelé *perpétuel*, par opposition à ce qui se passait auparavant.

Mais rien n'empêchait le préteur entrant en charges de substituer de nouveaux principes à ceux de son prédécesseur. Toutefois, cela ne devait pas être de sa part un pur caprice. On voit que Cicéron reproche à Verrès d'avoir exercé soit la *jurisdictio*, soit l'*imperium* contra omnium instituta. Plus tard, Adrien donna à Salvius Julianus, célèbre jurisconsulte et préteur, la mission de codifier le Droit prétorien, et nous avons eu ainsi la législation prétorienne qui forme la partie la plus importante du Droit Romain.

N° 6. (N° 16.) « *Ut primum e provincia rediit, redemptio est hujus judicii facta grandi pecunia.* » « Dès qu'il fut revenu de la province, il voulut racheter cette instance pour de fortes sommes d'argent. » Plus loin : « *Renunciata est tota conductio.* » « Tout le louage fut rompu. » Quand on faisait marché avec un entrepreneur, les jurisconsultes romains disaient que l'on donnait à bail un ouvrage à faire (*locatio operis faciendi*), et que l'entrepreneur le prenait à bail (*conductor operis faciendi*). Celui-ci s'appelait aussi *redemptor;* il recevait la *merces* au lieu de la payer au *locator* ou *bailleur*, comme le fait ordinairement le *conductor* ou *preneur*. Il était intervenu, dit Cicéron, un louage dans les intérêts de Verrès, mais ce louage *(conductio)* fut rompu. (Voy. Verrès, act. 2e, 1°, N° 50).

N° 11. (N° 34.) « Il répond à Hortensius : « *Tua ratio est, ut secundum binos ludos mihi respondere incipias; mea, ut ante primos ludos comperendinem.* » « Votre intention est de commencer à me répondre après les deux jours de fête, la mienne est de nous ajourner (*comperendinem*) avant les premiers jeux. »

Gaius (Comm. 4, § 15) parle de la *comperendinatio* dans le passage suivant : « *Post ea tamen quam judex datus esset, comperendinum diem, ut ad judicem venirent, denuntiabant.* » « Après que le juge avait été indiqué, ils faisaient la *comperendinatio*, c'est-à-dire, ils s'ajournaient à comparaître devant le juge. » *Compérendiner*, c'est donc s'ajourner mutuellement. Asconius disait : « *Comperendinatio est ab utrisque litigatoribus invicem sibi denuntiatio in perendinum diem.* »

In Verrem actio secunda lib. 1. — Dans cette action, Cicéron attaque tout à la fois la questure, la lieutenance et la préture de Verrès.

N° 5. (N° 13.) Sur le sens du mot *cognitor* (voy. p. 106), l'orateur se sert d'une expression plus forte que *procurator*, parce que le *cognitor loco domini est*.

N° 7. (N° 20.) Il dit que Verrès a été si accablé, si écrasé par ces témoins venus de la ville et de la province, que tous l'ont regardé comme un homme condamné, et non pas seulement ajourné : « *Nemo istum comperendinatum, sed condemnatum judicaret.* »

N° 9. (N° 26.) Cette expression *comperendinatum*, — *comperendinatio*, se rencontre dans ce passage : « *Adimo enim comperendinatum.* » « Je vous enlève, direz-vous, le bénéfice de l'ajournement. » « *Verum, ut opinor, Glaucia primus tulit, ut comperendinaretur reus;* » « mais Glaucia, le premier, je pense, a décidé que l'accusé serait ajourné. »

N° 19. (N° 52.) « *Contra quæstorem sectoremque pugnare.* » « Au lieu de vous défendre contre les accusateurs, les juges verront que vous vous défendez contre le questeur et le *sector*. »

Quand l'Etat confisquait les biens, il envoyait en possession les questeurs du trésor. Le *sector* (voy. p. 92, discours *Pro Roscio Amerino*) était l'adjudicataire de ces biens vendus par l'Etat. — Cette confiscation ou *publicatio bonorum* avait lieu à la suite d'un *judicium publicum*.

N° 23. (N°s 60 et 61.) Cicéron accusait Verrès, d'avoir pillé les temples des Dieux et d'en avoir dérobé les statues; il ne les a pas achetées, disait l'orateur; et il reprenait : « *Habeo et istius, et patris ejus accepti tabulas omnes; quas diligentissime legi atque digessi : patris, quoad vixit; tuas, quoad ais te confecisse. Nam in isto, judices, hoc novum reperietis. Audimus, aliquem tabulas nunquam confecisse; quæ est opinio hominum de Antonio falsa : nam fecit diligentissime : verum sit hoc genus aliquod minime probandum. Audimus, alium non ab initio fecisse, sed ex tempore aliquo confecisse : est aliqua etiam hujusce rei ratio. Hoc vero novum et ridiculum est, quod hic nobis respondit, quum ab eo tabulas postularemus : usque ad M. Terentium et C. Cassium consules confecisse; postea destitisse.* » « J'ai les registres de son père et les siens, où est consigné son passif (*tabulas accepti*, voy. développement *Pro Roscio comœdo*, p. 138); je les ai lus, je les ai relevés avec le plus grand soin : ceux de votre père, jusqu'au jour de sa mort; les vôtres, jusqu'au moment où, d'après vos paroles, vous avez cessé de les tenir. Car, juges, vous rencontrerez ici un fait nouveau. Nous entendons dire qu'un individu n'a jamais tenu de registres; cette opinion générale, en ce qui touche Antoine, est erronée, puisqu'il les a rédigés avec le plus grand soin : en tout cas, une pareille conduite ne saurait être approuvée. Nous apprenons aussi qu'un autre individu n'en a pas d'abord tenus, puis que quelque temps après il en a rédigés. On peut, il est vrai, trouver des motifs à une telle conduite. Mais ce qui est étrange, ce qui est ridicule, c'est la réponse que Verrès nous a faite quand nous lui demandions ses registres : il les avait tenus, disait-il, jusqu'au consulat de M. Terentius et de C. Cassius, mais ensuite il avait cessé. »

Cicéron ajoute : « *Horum enim temporum, in quibus nunc versor, habeo tabulas, et tuas, et patris. Plurima signa pulcherrima, plurimas tabulas optimas deportasse te, negare non potes : atque utinam neges! Unum ostende in tabulis aut tuis aut patris tui emptum esse; vicisti : ne hæc quidem duo signa pulcherrima, quæ nunc ad impluvium stant, quæ multos annos ad valvas Junonis Samiæ steterunt, habes quomodo emeris; hæc, inquam, duo, quæ in ædibus tuis sola jam sunt, quæ sectorem exspectant, relicta ac destituta a cæteris signis.* »

« Peu importe, j'ai vos registres, j'ai ceux de votre père. Vous avez rapporté de superbes statues, de beaux tableaux; vous ne pouvez le nier, et plût au ciel que vous eussiez l'audace de le nier! Montrez un seul de ces objets porté sur vos registres comme acheté, et vous avez gain de cause : ces deux belles statues qui sont actuellement dans votre cour, et qui ont été si longtemps à Samos, devant la porte du temple de Junon, vous ne pouvez dire comment vous les avez achetées; ces deux statues, dis-je, sont seules dans votre maison et privées de leurs compagnes, elles attendent le *sector* (voy. sur cette expression, p. 92, *Pro Roscio Amerino*). » Cicéron veut dire que Verrès devant être condamné, les statues attendent l'adjudicataire.

N° 36. (N°s 90, 91, 92 et 93.) Il accuse ensuite Verrès d'avoir dépouillé le fils d'un certain Malleolus, dont il était tuteur : « *Nam, quum pupilli Malleoli tutor esset, in bona ejus impetum fecit.* »

Parlant des richesses du père de Malleolus : « *Præterea pecunias occuparat apud populos, et syngraphas fecerat* (voy. sur les *syngraphæ*, p. 144), Cicéron fait bien ressortir que le père était créancier en vertu du *mutuum (data pecunia)* et en vertu de l'écriture (*syngraphas fecerat*). On ne peut que traduire : « Il avait fait des *syngraphæ*. »

Verrès vendit tous les biens de Malleolus après avoir pris en nature ce qui lui convenait, et la vente, suivant son adversaire, produisit 2,500,000 sesterces. « *Nullam litteram pupillo, nullam matri ejus, nullam tutoribus reddidit.* » « Il ne rendit aucun compte ni à son pupille, ni à sa mère, ni à ses tuteurs. » Il faut supposer que Malleolus avait d'autres tuteurs, ou que Verrès avait été remplacé dans la tutelle.

Enfin : « *Multis efflagitatus aliquando dixit H-S decies : deinde in codicis extrema cera nomen infimum in flagitiosa litura fecit : expensa Chrysogono servo H-S sexcenta millia accepta pupillo Malleolo retulit. Quomodo ex decies H-S sexcenta sint facta;..... quomodo Chrysogono expensa lata sint; cur id nomen infimum, in lituraque sit, vos existimabitis. Tamen H-S sexcenta millia quum accepta retulisset, H-S quinque millia soluta non sunt. Homines, posteaquam reus factus est, alii redditi, alii etiam nunc retinentur; peculia omnium vicariique retinentur.* »

« Après des instances réitérées, il dit avoir touché 1,000,000 de sesterces, et à la fin de son registre il inséra une dernière créance avec une coupable rature (*in extrema cera nomen infimum in flagitiosa litura fecit*); il porta comme pesés à l'esclave Chrysogon 600,000 sesterces qu'il avait portés comme reçus de son pupille. »

Arrêtons-nous un instant. Voici la pensée de Cicéron : Verrès s'est décidé à porter la créance de son pupille en dernier lieu (*infimum nomen*), et avec une rature criminelle (*in flagitiosa litura*) il a changé le chiffre de cette créance, et l'a inscrite à la fin du registre. Il avait porté 600,000 sesterces à l'*avoir* de Malleolus sur le *codex accepti* (*accepta pecunia lata est*, voy. p. 139), et ensuite sur son *codex depensi* il les a portés comme pesés à l'esclave Chrysogon.

Quel était cet esclave? Appartenait-il à Malleolus ou à Verrès? Suivant Asconius et Hotman, les registres attestaient que Verrès avait reçu, au nom de Malleolus, 600,000 sesterces, et que Verrès les avait remis à Chrysogon, esclave de lui, Verrès. D'après d'autres, ce Chrysogon était l'esclave de Malleolus, il avait été chargé de liquider les droits de son maître, comme son *dispensator*. Verrès avait porté au *debet* de son pupille (*codex depensi*) les mêmes 600,000 sesterces qu'il avait portés à l'*avoir* (*codex accepti*); ce qui, en définitive, neutralisait la dette dont il s'était reconnu débiteur, car Chrysogon, en réalité, n'avait rien reçu. (Voy. édit. Panckoucke, t. 7, note 131, p. 271.)

Cicéron continue : « Comment un million s'est-il trouvé réduit à 600,000 sesterces?..... Comment ces sesterces ont-ils été portés comme pesés à Chrysogon? Juges, vous estimerez pourquoi cette créance se trouve inscrite à la fin du registre, au milieu des ratures, et pour quel motif, après avoir inscrit 600,000 sesterces comme reçus *(quum accepta retulisset)*, il n'en a même pas payé 5,000 (1). Quant aux esclaves, dès qu'il fut accusé, il rendit les uns, retint les autres, et conserva les pécules de tous, ainsi que leurs vicaires. »

Peculium, — vicarii, — deux expressions qui demandent une explication. Le *peculium* était une portion du patrimoine du maître, que celui-ci confiait à l'administration de son esclave. Le maître profitait ainsi de l'intelligence de ce dernier, il restait propriétaire du pécule, et l'esclave l'administrait sous son contrôle. Le jurisconsulte romain définit ainsi le pécule (loi 5, § 4, *de Peculio*, au Digeste, liv. 15, tit. 1er) : *Peculium quod servus domini permissu separatum a rationibus dominicis habet.* » « Le pécule est le patrimoine que l'esclave a par permission de son maître, et qui est séparé des comptes de ce dernier. » Sous le rapport juridique, il y avait alors deux patrimoines distincts, entre lesquels existaient des comptes réciproques.

On appelait vicaire l'esclave qui faisait partie du pécule confié à un autre esclave. Ainsi, j'avais confié un pécule à Stichus, et Stichus avait Pamphyle dans son pécule. Stichus était l'esclave ordinaire (*ordinarius servus*), et Pamphyle était le vicaire (*vicarius servus*).

L'orateur dit donc que Verrès eut soin de garder les pécules confiés aux esclaves, ainsi que leurs vicaires.

No 39. (Nos 99, 100, 101 et 102.) Cicéron attaque les comptes de Verrès, et soutient que Dolabella, son préteur, avait été obligé de payer ce qui manquait à ces comptes, alors que Verrès était questeur.

On trouve d'abord l'expression *nomina* ou créances, puis : « *Quod minus Dolabella Verri acceptum retulit, quam Verres illi expensum*

(1) « Suivant Hotman, il faut lire : *quingenta*, 500. »

tulerit, H-S quingenta triginta quinque millia; et quod plus fecit Dolabella Verrem accepisse, quam iste in suis tabulis habuit, H-S ducenta triginta duo millia; et quod plus frumenti fecit accepisse istum, H-S decies et octingenta millia : quod tu, homo castissimus, aliud in tabulis habebas. »

« Dolabella a porté sur son registre, comme les ayant reçus de Verrès, 535,000 sesterces de moins que Verrès n'a porté sur le sien, » et il ajoute : « Dolabella affirme que Verrès a reçu 232,000 sesterces de plus que ne portent ses registres, et que cet honnête homme a reçu 1,080,000 sesterces de grains de plus que ne l'indiquent ces mêmes registres. »

Cicéron s'empare donc des griefs de Dolabella, et dit à Verrès : Dolabella a porté sur son registre, à votre avoir (*codex accepti*), une somme qui est inférieure à celle que vous, Verrès, avez porté sur le vôtre au *debet* de Dolabella (*codex depensi*). Cette allégation était un grave reproche adressé à Verrès. Celui-ci se constituait ainsi créancier de 535,000 sesterces qui ne lui étaient pas dus. Ce n'est pas tout : Dolabella, sur son *codex depensi*, c'est-à-dire, au *debet* de Verrès, avait mentionné une somme que celui-ci avait réduite sur ses registres au *codex accepti*, c'est-à-dire, à l'avoir de Dolabella; de sorte qu'il s'était aussi constitué débiteur d'une somme inférieure à celle qu'il devait; enfin, il avait dissimulé le montant du froment qu'il avait reçu (rapprocher ces textes du discours *Pro Roscio comœdo*, p. 138.)

On remarquera que, dans tous ces passages relatifs aux registres, les *codices* n'apparaissent que comme des instruments de preuve, soit d'une vente, soit d'une numération d'espèces. Ils ne constituent pas l'obligation *litteris*, l'*expensilatio* proprement dite. (Voy. *loco citato*.)

Cicéron continue d'accuser Verrès. De là, dit-il, vos richesses : « *Hinc ratio cum Q. et Cn. Postumis Curtiis, multis nominibus, quorum in tabulis iste habet nullum.* » « De là, ces nombreuses créances provenant des comptes que vous avez établis avec Q. et Cn. Postumius Curtius, et aucune d'elles n'est portée sur vos registres. »

L'orateur reproche à Verrès d'avoir distribué de l'argent, afin d'arriver à la préture; puis il dit en l'apostrophant : « *Homo stultissime et amentissime, tabulas quum conficeres, et quum extraordinariæ pecuniæ crimen subterfugere velles; satis te elapsurum omni suspicione arbitrabare, si, quibus pecuniam credebas, iis expensum non ferres, neque in tuas tabulas ullum nomen referres, quum tot tibi nominibus acceptum Curtii referrent? Quid proderat tibi, te expensum illis non tulisse? An tuis solis tabulis te causam dicturum existimasti.* »

« Homme rempli de sottises et de folie, alors que vous teniez vos registres et que vous vouliez échapper à l'accusation de brigue, pensiez-vous pouvoir échapper à tout soupçon, si ceux auxquels vous prêtiez de l'argent n'étaient pas portés sur votre registre comme ayant reçu la pesée (*iis expensum non ferres*), et si vous ne portiez aucune créance sur vos registres, alors que les Curtius rapportaient sur les leurs tant de créances comme vous étant acquises (*Tot tibi nominibus acceptum Curtii referrent*). »

Voici la pensée de Cicéron : Verrès ne portait pas sur ses registres (*codex depensi*) les sommes qu'il prêtait, mais ceux auxquels elles étaient remises les mentionnaient sur leur *codex accepti*. Aussi termine-t-il en disant : « Que vous servait de ne pas porter les sommes comme pesées? Pensiez-vous que la chose serait jugée sur la seule inspection de vos registres? »

N° 41. (Nos 105 et suiv.) En l'an de Rome 585 (169 avant J.-C.) parut un plébiseite célèbre, la *lex Voconia,* ainsi appelée du nom du tribun Voconius. Entre autres dispositions, cette *lex* en contenait une, d'après laquelle une femme ne pouvait être instituée héritière dans le testament d'un citoyen romain qui était porté sur les tables du cens, comme ayant une fortune de plus de 100,000 as (voir Tite-Live, liv. 41, N° 34, et Gaius, Comm. 2, § 274). La *lex Voconia* était une loi somptuaire, comme la *lex Oppia* qui l'avait précédée.

« *P. Annius Asellus mortuus est, C. Sacerdote prætore. Is, quum haberet unicam filiam,* NEQUE CENSUS ESSET; *quod eum natura hortabatur, lex nulla prohibebat, fecit, ut filiam bonis suis heredem institueret. Heres erat filia : faciebant omnia cum pupilla, legis æquitas, voluntas patris, edicta prætorum, consuetudo juris ejus, quod erat tum, quum Asellus est mortuus.* »

Cicéron, se fondant sur ce que le père ne s'était pas fait porter sur les tables du cens (*census non esset*), soutenait que la fille était valablement instituée héritière.

N° 42. (Nos 107, 108 et 109.) D'abord, continue-t-il, le testament d'Annius était valable : « *Jure, legibus, auctoritate omnium, qui consulebantur, testamentum P. Annius fecerat, non improbum,* NON INOFFICIOSUM, *non inhumanum : quod si ita fecisset; tamen post illius mortem nihil de testamento illius novi juris constitui oporteret.* »

« Annius avait fait un testament conforme à la probité, à ses devoirs, à l'humanité, et même, s'il n'en eût point été ainsi, le testament ne pouvait être annulé par une jurisprudence établie depuis la mort du testateur. »

Ce mot *inofficiosum* demande une explication importante : la loi des XII Tables (Ve Table) avait un texte ainsi conçu : « UTI LEGASSIT PATERFAMILIAS SUPER PECUNIA TUTELAVE SUÆ REI, ITA JUS ESTO. » (Ce texte est rapporté par Cicéron, liv. 1er de la Rhétorique, n° 13, *infra*). « Ce que le père de famille statuera sur son patrimoine et sur la tutelle de ses enfants sera le droit. » Les enfants étaient la chose du père (*sua res*), et le père pouvait leur désigner un tuteur testamentaire, qui était préféré à tous autres.

Quant au patrimoine, le père de famille pouvait en disposer comme bon lui semblait. Il instituait héritier son fils, ou bien, en le passant sous silence, conférait l'hérédité à un étranger. Son testament était toujours une loi : ITA JUS ESTO.

Plus tard, les prudents pensèrent qu'il était contraire à l'équité de permettre à un père de famille de faire un testament valable, sans parler de ses enfants. Ils décidèrent donc que le testateur qui avait un fils sous sa puissance devait ou l'instituer héritier ou l'exhéréder nommément ; TITIUS FILIUS MEUS HERES ESTO ou EXHERES ESTO (voy. Gaius, Comm. 2. § 123). Le testament qui ne contenait ni l'institution d'héritier, ni l'exhérédation du fils, était nul, *injustum,* et il restait tel, quand même le fils serait venu à mourir avant son père testateur. (Cette doctrine avait été l'objet d'une controverse entre les deux sectes de jurisconsultes, les Sabiniens et les Proculéiens; mais l'avis des Sabiniens prévalut, ainsi que l'atteste Justinien dans le liv. 2, tit. 13, de ses Institutes. Les Proculéiens pensaient que, cette formalité ayant été introduite dans l'intérêt du fils seul, la validité du testament devait être maintenue, et qu'il ne devait être déclaré nul que si le fils survivait au père.)

Quant aux filles ou petits-fils, le défaut d'institution d'héritier ou d'exhérédation ne rendait pas le testament nul (*injustum*). D'après Gaius (Comm. 2, § 124), ils avaient seulement le droit de réclamer une partie de la succession paternelle.

Les prudents espéraient que le père de famille qui se laisserait aller facilement à oublier son fils, reculerait devant la formalité odieuse de l'exhérédation. Pour appuyer leur doctrine, ils feignirent que le fils était copropriétaire avec son père, à la mort duquel il était censé reprendre l'administration des biens communs. Ils en conclurent que le père devait, pour l'exclure de l'hérédité, la lui enlever d'une manière formelle. La logique eût exigé que le fils restât héritier, mais les prudents n'osèrent aller jusqu'à cette conséquence.

Les pères de famille finirent par s'astreindre à cette nouvelle formalité. Mais les prudents, qui voulaient assurer aux enfants une portion au moins de la succession paternelle, décidèrent que l'enfant exhérédé sans motif aurait, pour attaquer le testament et en faire prononcer la nullité, une action d'injures, dite : *querela inofficiosi testamenti.* Dans ce cas, le testament était bien *recte quidem factum,* conforme aux règles du droit, mais INOFFICIOSUM, contraire à l'affection paternelle, *non autem ex officio pietatis* (Instit. de Justinien, liv. 2, tit. 18). Si l'enfant triomphait, le testament était entièrement cassé, et toutes les dispositions qu'il contenait étaient annulées.

D'après le passage de Cicéron, il paraît que de son temps la *querela inofficiosi testamenti* était introduite tout récemment dans la jurisprudence romaine.

Plus tard, pour éviter cette *querela,* le père dut laisser le quart de ses biens à ses enfants. Ce quart s'appela la *quarte légitime;* c'est l'origine de la *réserve* que le Droit Français maintient aux enfants sur les biens de leurs ascendants.

Cicéron reproche ensuite à Verrès d'avoir violé le principe que les lois n'ont pas d'effet rétroactif : « *Voconia lex te videlicet delectabat? imitatus esses ipsum illum C. Voconium, qui lege sua hereditatem ademit nulli neque virgini, neque mulieri; sanxit in posterum, qui post eos censores census esset, ne quis heredem virginem, neve mulierem faceret.* »

« La loi Voconia vous faisait plaisir. Vous eussiez dû imiter

Voconius lui-même, qui n'enleva l'hérédité à aucune vierge, à aucune femme; il décréta seulement, pour l'avenir, que celui qui serait porté sur les tables du cens par les censeurs qui succéderaient à ceux en exercice, ne pourrait instituer héritière ni une vierge, ni une femme. »

« *Qui plurimum tribuunt edicto, prætoris edictum legem annuam dicunt esse. Tu edicto plus complecteris, quam lege. Si finem edicto prætoris afferunt kalendæ januarii, cur non initium quoque edicti nascitur a kalendis januarii? an in eum annum progredi nemo poterit edicto, quo prætor alius futurus est; in illum, quo alius prætor fuit, regredietur?* »

« Ceux qui donnent le plus d'autorité à l'édit du préteur disent que l'édit est une loi annale. Vous, vous embrassez dans votre édit plus que la loi; si les calendes de janvier mettent fin à l'édit, pourquoi ne prendrait-il pas seulement naissance à ces mêmes calendes? Si le préteur ne peut empiéter sur l'année où il doit avoir un successeur, comment pourrait-il rétrograder vers l'année où un autre était préteur ? »

Sur l'édit du préteur, voy. p. 184.

N° 43. (N°s 110, 111, 112.) « *Ac si hoc juris non unius causa hominis edixisses, cautius composuisses. Scribis :* SI QUIS HEREDEM FECIT, FECERIT. *Quid si plus legarit, quam ad heredem, heredesve perveniat, quod per legem Voconiam ei, qui census non sit, licet? Cur hoc, quum in eodem genere sit, non caves? Quia non generis, sed hominis causam verbis amplecteris : ut facile appareat, te pretio esse commotum.* »

« Si vous n'aviez pas rendu cet édit dans l'intérêt d'un seul homme (de l'héritier qui devait recueillir l'hérédité à défaut de la fille), vous l'eussiez composé avec plus de soin. Vous écrivez : *Si quelqu'un a institué ou instituera héritier.* Mais s'il a légué une quantité plus grande que celle qui sera recueillie par l'héritier ou les héritiers, ce qui est permis par la loi Voconia à celui qui n'est pas porté sur les tables du cens, pourquoi n'avoir pas prévu ce qui est du même genre? Parce que vous avez en vue, non pas un principe, mais une cause particulière. Il est évident que vous avez été gagné à prix d'argent. »

Cette même *lex Voconia* contenait une autre disposition, d'après laquelle un testateur ne pouvait pas faire des legs qui vinssent à dépasser ce qui resterait aux héritiers. (Voy. Tite-Live, *loco citato*, et Gaius, Comm. 2, § 226.)

Il ne fallait pas confondre l'institution d'héritier et les legs. L'héritier était seul tenu des dettes comme représentant du défunt, et cependant les legs pouvaient absorber toute l'hérédité, de sorte que l'héritier, ayant en perspective *inane nomen heredis*, comme dit Gaius (Comm. 2, § 224), et de plus, craignant d'être astreint au paiement de dettes considérables, refusait de faire adition d'hérédité. Alors le testament croulait tout entier avec toutes les dispositions qu'il renfermait, car *institutio heredis est caput et fundamentum totius testamenti*, dit encore le même jurisconsulte (Comm. 2, § 229); ce qui donnait lieu à l'hérédité *ab intestat*.

On voulut remédier à cet inconvenient qui choquait les mœurs des Romains. En effet, ils tenaient à honneur d'avoir un héritier de leur choix. Entre autres remèdes, intervint celui de la *lex Voconia* qui assurait quelque chose aux héritiers. Mais, comme le fait remarquer Gaius, il fut impuissant, car le testateur pouvait tellement multiplier les legs, qu'il ne restait presque rien à l'héritier. En l'année 714 de Rome (40 avant J.-C.), intervint la *lex Falcidia*, nouveau plébiscite, qui assura à l'héritier testamentaire le quart de l'hérédité contre les légataires. (Voy. Gaius, Comm. 2, § 227.)

Cicéron reproche donc à Verrès d'avoir rédigé son édit sans reproduire toutes les dispositions de la loi Voconia, reproche assez peu fondé du reste, car Verrès devait se contenter de reproduire le chef qui avait trait à l'affaire en question.

L'orateur continue : « *Nunc est ejusmodi edictum, ut quivis intelligat, non populo esse scriptum, sed P. Annii secundis heredibus.* » « Tout le monde comprendra que cet édit n'a pas été rédigé pour tous, mais pour les seconds héritiers d'Annius. » Ces seconds héritiers étaient les substitués. (Voy. *supra*, p. 41.)

« *Nam post te prætorem multi testamenta eodem modo fecerunt : in his nuper Annia. Ea de multorum propinquorum sententia, pecuniosa mulier, quod censa non erat, testamento fecit heredem filiam.* »

« Après votre préture, beaucoup ont fait leur testament, entre autres, Annia. Sur l'avis de ses proches, cette femme riche, n'étant point portée sur les tables du cens, institua sa fille comme héritière. »

N° 44. (N°s 113 et 114.) « *Quibuscum vivi bona nostra partimur, iis prætor adimere, nobis mortuis, bona fortunasque poterit?* NEC PETITIONEM, *inquit,* NEC POSSESSIONEM DABO. »

« Ceux avec lesquels nous partagerons nos biens pendant notre vie, le préteur pourra leur enlever ces biens après notre mort. Je n'accorderai, dit-il, ni la *petitio,* ni la possession de biens. »

Petitio hereditatis désignait l'action délivrée à celui qui se prétendait héritier d'après le droit civil.

La possession de biens était déférée par le préteur à celui qui était appelé à la succession d'après le droit prétorien, et non d'après le droit civil. (Voy. *supra,* p. 34.)

Cicéron reproche donc à Verrès d'avoir dit ouvertement qu'il refuserait ces voies juridiques à la fille d'Annius Asellus.

Plus loin : « *Posteaquam jus prætorium constitutum est, semper hoc jure usi sumus : si tabulæ testamenti non proferrentur, tum, uti proximum quemque potissimum heredem esse oporteret, ita secundum eum possessio daretur. Quare hoc sit æquissimum, facile est docere : sed in re tam usitata satis est ostendere, omnes antea jus ita dixisse, et hoc vetus edictum translatitiumque esse.* »

« Après que le droit prétorien a été établi, nous avons toujours admis que si l'on ne produisait pas les tablettes du testament, la possession devait être attribuée par le préteur au plus proche héritier *ab intestat.* Il serait facile de démontrer que cette décision est de toute justice, mais il suffit d'avertir que les préteurs ont toujours dit le droit de cette façon, et que cet édit est ancien et *translatitium.* »

On appelait *translatitium* l'édit fondé sur la tradition, et reproduisant les dispositions contenues dans ceux des préteurs précédents.

De tous ces passages relatifs à l'hérédité d'Annius Assellus, il faut rapprocher Montesquieu, *Esprit des Lois,* liv. 27. « La loi Voconienne, dit-il, fut faite pour prévenir les trop grandes richesses des femmes. Ce fut donc des successions considérables qu'il fallut les priver, et non pas de celles qui ne pouvaient entretenir le luxe. La loi fixait une certaine somme qui devait être donnée aux femmes qu'elle privait de la succession.....

« La loi Voconienne était faite pour régler les richesses, et non pas pour régler la pauvreté; aussi Cicéron nous dit-il, qu'elle ne statuait que sur ceux qui étaient inscrits dans le cens.

« Ceci fournit un prétexte pour éluder la loi. On sait que les Romains étaient extrêmement formalistes, et nous avons dit que l'esprit de la république était de suivre la lettre de la loi. Il y eut des pères qui ne se firent point inscrire dans le cens, pour pouvoir laisser leur succession à leur fille : et les préteurs jugèrent qu'on ne violait point la loi Voconienne, puisqu'on n'en violait point la lettre.

« Un certain Annius Asellus avait institué sa fille unique héritière : il le pouvait, dit Cicéron ; la loi Voconienne ne l'en empêchait pas, parce qu'il n'était point dans le cens. Verrès, étant préteur, avait privé la fille de la succession. Cicéron soutient que Verrès avait été corrompu, parce que, sans cela, il n'aurait point interverti un ordre que les autres préteurs avaient suivi. »

Nº 45. (Nºs 115, 116 et 117.) Nouveau grief adressé à Verrès : *Minucius quidam mortuus est ante istum prætorem : ejus testamentum erat nullum : lege hereditas ad gentem Minuciam veniebat. Si habuisset iste edictum, quod ante istum et postea omnes habuerunt, possessio Minuciæ genti esset data. Si quis testamento se heredem esse arbitraretur, quod tum non exstaret, lege ageret in hereditatem : aut, pro præde litis vindiciarum quum satis accepisset, sponsionem faceret; ita de hereditate certaret. Hoc, opinor, jure et majores nostri, et nos semper usi sumus.* »

« Un certain Minucius vint à mourir avant la préture de Verrès; il ne laissa pas de testament : l'hérédité, d'après la loi des XII Tables, devait être déférée à la *gens Minucia* (voir Topiques, Nº 6, p. 64 et suiv. sur la *gens* et la gentilité). Si Verrès eût rendu l'édit que les préteurs ont promulgué avant et après lui, la possession eût été déférée à cette *gens*. Si quelqu'un se prétendait héritier testamentaire en vertu d'un testament encore inconnu, il devait agir par l'action de la loi (*lege*) en pétition d'hérédité, ou bien, après avoir reçu la *satisdatio pro præde litis et vindiciarum*, faire la *sponsio*, et c'est ainsi que le procès sur l'hérédité devait s'engager. Nos ancêtres et nous-mêmes, nous en avons toujours usé ainsi. »

Sous l'empire de la procédure des actions de la loi, les parties qui se disputaient une hérédité la revendiquaient dans les formes de l'action *sacramenti* (voy. ces formes *infra*, discours *Pro Cecina*, et Gaius, Comm. 4, § 16). Le préteur désignait le possesseur intérimaire qui devait jouer le rôle de défendeur. Il lui ordonnait de promettre au demandeur de restituer les objets héréditaires et les fruits perçus pendant l'instance. Cette promesse était garantie par une caution, et le tout s'appelait *præs litis et vindiciarum*. Gaius dit, en effet, dans ce § 16 : « *Eumque jubebat prædes adversario dare litis et vindiciarum, id est, rei et fructuum.* » *Præs*, *prædis* est un mot qui, comme *vas*, *vadis*, indiquait un répondant ou une caution. Cette garantie portait sur la restitution de la chose (*litis*) et des fruits (*vindiciarum*).

La procédure formulaire ne remplaça pas brusquement celle des actions de la loi, la transition fut ménagée. On commença par renvoyer au *judex*, à l'aide de la formule, les procès dans lesquels le demandeur se prétendait *créancier*. La formule était ainsi conçue : *Si paret dare oportere* (voy. plus haut, p. 153, *Pro Roscio comœdo*). *Dare oportere*, indiquent l'idée d'une obligation, d'un lien (*vinculum juris*), qui unit le défendeur au demandeur.

Les questions dans lesquelles s'agitait un droit de propriété continuaient d'être soumises au tribunal des centumvirs, et on procédait, devant eux, dans les formes de l'action de la loi.

Mais bientôt on trouva moyen de leur enlever ces questions, en les déguisant sous une question d'obligation. Ainsi, Primus et Secundus se prétendaient propriétaires d'un esclave ; Primus disait à Secundus : « *Si homo, quo de agitur, ex jure Quiritium meus est, sestercios* XXV *nummos dare spondes?* » Secundus répondait : « *spondeo.* » Primus était donc créancier de 25 sesterces si l'esclave lui appartenait, et dès lors il était créancier *conditionnel*. La question de propriété était ainsi transformée en une question d'obligation. Il se faisait délivrer une formule qui renvoyait les parties devant le *judex ;* celui-ci, pour reconnaître que Secundus était débiteur de 25 sesterces, devait nécessairement examiner si Primus était propriétaire de l'esclave, et par suite, pour trancher la question d'obligation, il était contraint de rechercher qui était propriétaire. Aussi Gaius dit-il (Comm. 4, § 93) : « *Per sponsionem vero hoc modo agimus : provocamus adversarium tali sponsione, si homo quo de agitur, ex jure Quiritium meus est, sestertios* XXV *nummos dare spondes? deinde formulam edimus qua intendimus sponsionis summam nobis dari oportere; qua formula ita demum vincimus, si probaverimus rem nostram esse.* »

Gaius ajoute (Comm. 4, § 94) que, de son temps, la *sponsio* n'était pas pénale, mais préjudicielle : « *Non tamen hæc summa sponsionis exigitur; nec enim pœnalis est sed præjudicialis;* » elle n'avait lieu que pour soumettre la question de propriété au juge, « *et propter hoc solum fit ut per eam de re judicetur.* » Aussi, le défendeur qui avait promis les 25 sesterces ne les payait pas s'il succombait, et ne les restipulait pas du demandeur, c'est-à-dire, ne lui faisait pas promettre, à son tour, 25 sesterces s'il se prétendait à tort propriétaire : « *Unde etiam is cum quo agitur, non restipulatur.* » (Voy. le discours *Pro Roscio comœdo,* p. 156.)

Enfin, le défendeur donnait la *satisdatio pro præde litis et vindiciarum.* Gaius (Comm. 4, § 91) dit en effet : « *Si vero per sponsionem, illa quæ appellatur pro præde litis et vindiciarum.* »

Il est facile de voir que ce mode de réclamer un droit de propriété *per sponsionem* était une transition ménagée entre le système des actions de la loi et la procédure formulaire. La *sponsio* rappelait l'ancienne somme que le plaideur téméraire devait payer au pontife (de là, le nom de *sacramentum*). Seulement, cette *sponsio* était fictive (1). En outre, de même que dans l'action *sacramenti,* la question à juger semblait être seulement de savoir si le *sacramentum* était *justum* ou *injustum* (voy. p. 9), de même dans la revendication *per sponsionem* on semblait ne vouloir faire statuer que sur la question de savoir si le défendeur paierait le montant de la promesse qu'il avait faite. Quant à la *satisdatio pro præde litis et vindiciarum*, elle était la même que celle qui se donnait dans l'action *sacramenti.* Gaius ajoute (§ 94) : « *Ideo autem appellata est pro præde litis et vindiciarum stipulatio, quia in locum prædium suc-*

(1) Il est probable qu'à l'origine, la *sponsio* était sérieuse, et que le défendeur *restipulait* du demandeur (voy. Keller, *Pro Publio Quintio*, p. 10). Cet auteur fait très-bien voir pourquoi la *sponsio* finit par devenir *préjudicielle*, et pourquoi la *restipulatio* tomba en désuétude). La *sponsio penale* et la *restipulatio* furent maintenues dans certains cas. (Voy. notamment *Pro Roscio comœdo*, p. 156.)

cessit, quia olim cum lege agebatur, pro lite et vindiciis, id est, pro re et fructibus, a possessore petitori dabantur prædes » (1).

On pouvait donc, alors qu'il s'agissait d'une hérédité, la réclamer soit par action de la loi devant le tribunal centumviral, soit par la formule devant le *judex* de la procédure formulaire, et dans ce cas, le demandeur devait faire la *sponsio* après avoir reçu la *satisdatio pro præde litis et vindiciarum.* C'est ce que dit Cicéron : « *Lege ageret in hereditatem,* » c'est le premier parti ; ou bien : « *Pro præde litis et vindiciarum cum satis accepisset sponsionem faceret.* » C'était le second.

L'orateur parlait donc le langage exact du jurisconsulte (*junge Pro Publio Quintio,* p. 112). Les traducteurs n'ont pas bien saisi ce passage.

Asconius, dans son Commentaire, dit : « *Lis vindiciarum est cum litigatur de ea re apud prætorem, cujus incertum est quis debeat esse possessor; et ideo, qui eam tenet, satisdat pro præde litis vindiciarum adversario suo, quo illi satisfaciat, nihil se deterius in possessione facturum de qua jurgium esset. Rursus sponsione ipse provocatur ab adversario certæ pecuniæ, aut æstimationis, quam amittet, nisi sua sit hereditas de qua contendit.* (Asconius semble dire que le défendeur perdait le montant de la *sponsio* qui eût été *pénale.* Il est probable que dans l'origine elle était en effet pénale, mais au temps de Gaius elle était devenue préjudicielle.) *Prædes ergo dicuntur satisdatores locupletes pro re de qua apud judicem lis est; ne interea qui tenet, diffidens causæ, possessionem deteriorem faciat, tecta dissipet, excidat arbores et culta deserat.* »

D'après Cicéron, Verrès devait accorder la possession de biens à la *gens Minucia*, et l'héritier qui invoquait un testament, dont le préteur n'avait pas eu connaissance, était obligé d'intenter la pétition d'hérédité contre le possesseur de biens. Que fit Verrès ? Il rédigea, dit l'orateur, un édit en vue de la cause. « EX EDICTO URBANO : SI DE HEREDITATE AMBIGITUR ; SI POSSESSOR, SPONSIONEM

(1) Sous l'empire des actions de la loi, le *præs* ou la caution répondait au magistrat du paiement du *sacramentum* (*prædes sacramenti*), ou à la partie de la restitution de la chose et des fruits (*prædes litis et vindiciarum*). Varron (*De lingua latina*, 5-7) disait : « *Præs qui a magistratu interrogatus in publicum ut præstet; a quo, cum respondet, dicitur præs.* »

NON FACIET. » « D'après l'édit du préteur Urbain, si le litige s'élève relativement à une hérédité et qu'il y ait un possesseur, celui-ci ne fera pas la *sponsio.* » Cela était contraire aux principes que nous venons d'exposer, et d'après lesquels le possesseur des objets héréditaires devait donner la *satisdatio pro prœde litis et vindiciarum* et faire la *sponsio* (1). Mais Verrès connaissait le possesseur, et il avait rendu cette décision en sa faveur.

« *Quid id ad prætorem, uter possessor sit? Nonne id quæri oportet, utrum possessorem esse oporteat? Ergo quia possessor est, non moves possessione; si possessor non esset, non dares.* »

« Qu'importe au préteur de savoir lequel est possesseur? Ne doit-il pas rechercher lequel a le droit de posséder? Vous ne lui enlevez pas la possession parce qu'il possède, et s'il ne possédait pas, vous ne la lui donneriez point. »

Il faut bien distinguer, en effet, le fait de la possession du droit de posséder. Verrès, connaissant celui qui *en fait* possédait, décida qu'il ne devait pas faire la *sponsio*, c'est-à-dire, répondre à l'interrogation du demandeur qui se prétendait héritier. Il l'appelait *possessor*. Mais la question était de savoir si ce dernier avait le droit de posséder; en d'autres termes, il était *possessor;* mais avait-il le *jus possidendi?* Tel était l'objet du litige. Verrès ne pouvait maintenir ainsi en possession celui auquel il n'eût pas eu le droit de la déférer.

« *Jam hoc ridiculum est :* SI DE HEREDITATE AMBIGETUR, ET TABULÆ TESTAMENTI OBSIGNATÆ NON MINUS MULTIS SIGNIS, QUAM E LEGE OPORTET, AD ME PROFERENTUR; SECUNDUM TABULAS TESTAMENTI POTISSIMUM HEREDITATEM DABO. *Hoc translatitium est : sequi illud oportet*, SI TABULÆ TESTAMENTI NON PROFERENTUR. *Quid ait? se ei daturum, qui se dicat heredem esse. Quid ergo interest, proferantur,*

(1) *Facere sponsionem.* Dans ce numéro, cette expression désigne tantôt le rôle du stipulant, tantôt celui du promettant. Ces derniers mots : « *si possessor, sponsionem non faciet,* » signifient que le possesseur ne devait pas *promettre*, car c'était au non possesseur à se porter stipulant et demandeur. (Voy. p. 119 *supra*, et Keller, *Pro Publio Quintio*, p. 32. Nous avons eu tort de dire que ces mots désignaient *toujours* le stipulant; nous eussions dû dire *le plus souvent*.)

necne? si protulerit; uno signo ut sit minus, quam ex lege oportet, non des possessionem : si omnino tabulas non proferet, dabis. »

« Ce qui suit est risible : *Si on conteste sur une hérédité, et que les tablettes du testament revêtues des cachets exigés par la loi soient produites, je donnerai la possession de biens,* SECUNDUM TABULAS, *à l'heritier testamentaire.* Ceci est conforme aux anciens édits (*translatitium*). Il ajoute : *Si les tablettes du testament ne sont pas produites.* Mais que dit Verrès? qu'il donnera la possession de biens à celui qui se prétendra héritier. Qu'importe, alors, que les tablettes soient ou non produites? Si on les produit et qu'il y ait un cachet de moins que la loi ne l'exige, vous ne donnerez pas la possession de biens, et si on ne les produit pas, vous la donnerez. »

Nous avons vu (Topiques, N° 4, p. 34) que le préteur avait organisé un système de succession parallèle à celui du Droit civil. Il donnait, entre autres, la possession de biens *secundum tabulas* à l'héritier testamentaire; mais, à défaut de testament, il devait appeler l'héritier *ab intestat.* Or Verrès, au dire de son accusateur, était obligé de donner la possession de biens au *gentilis* de la *gens Minucia*, car il n'y avait pas de testament (*nullum erat testamentum*). Cependant, un prétendu héritier testamentaire qui n'avait pas produit de testament et qui avait pris possession de la succession, ne fut pas astreint à faire la *sponsio.* Verrès maintint ainsi en possession celui auquel, suivant les termes mêmes de son édit, il ne pouvait la donner faute de produire un testament, et l'édit la refusait même à celui qui en aurait invoqué un auquel la moindre formalité eût manqué.

Le *gentilis* de la *gens Minucia* devait, au moins, pouvoir intenter la pétition d'hérédité contre ce prétendu héritier testamentaire qui avait pris possession. Mais Verrès avait rendu son édit après avoir été corrompu, et, du reste, il n'eut point d'imitateurs, ajoute Cicéron.

Dans son édit rendu en Sicile, il se conforma à celui de ses prédécesseurs.

N° 46. (N° 118.) « *Iterum enim jam quæro abs te, sicut modo in illo capite Anniano de mulierum hereditatibus, nunc in hoc de hereditatum possessionibus : cur ea capita in edictum provinciale transferre nolueris? Utrum digniores homines existimasti eos, qui habitabant in provincia, quam nos, qui æquo jure uteremur? an aliud Romæ æquum est, aliud in Sicilia? Non enim hoc potest hoc loco dici, multa esse in provinciis aliter edicenda : non de hereditatum quidem possessionibus, non de mulierum hereditatibus.* »

« Je vous demande de nouveau pour les possessions des hérédités ce que j'ai déjà demandé, à propos de la succession d'Annius, pour les hérédités des femmes. Pourquoi n'avez-vous pas transporté ces décisions dans l'édit provincial? Les provinciaux sont-ils donc plus dignes que nous de suivre la justice? L'équité est-elle donc différente en Sicile ou à Rome? On ne saurait dire qu'il faut rendre d'autres édits dans les provinces, car cela ne s'applique certes pas aux hérédités des femmes ni aux possessions héréditaires. »

N° 47. (Nos 123 et 124.) Nouveau grief contre Verrès. « *P. Trebonius viros bonos et honestos complures fecit heredes; in his fecit suum libertum. Is A. Trebonium fratrem habuerat proscriptum : ei quum cautum vellet, scripsit, ut heredes jurarent, se curaturos, ut ex sua cujusque parte ne minus dimidium ad A. Trebonium fratrem illum proscriptum perveniret. Libertus jurat. Ceteri heredes adeunt ad Verrem : docent, non oportere se jurare; facturos esse, quod contra legem Corneliam esset, quæ proscriptum juvari vetaret. Impetrant, ut ne jurent : dat his possessionem. Id ego non reprehendo : etenim erat iniquum, homini proscripto, egenti, de fraternis bonis quidquam dari; at ille libertus, nisi ex testamento patroni jurasset, scelus se facturum arbitrabatur. Itaque ei Verres possessionem hereditatis negat se daturum, ne posset patronum suum proscriptum juvare; simul ut esset pœna, quod alterius patroni testamento obtemperasset. Das possessionem ei, qui non juravit : concedo : prætorium est. Adimis tu ei, qui juravit : quo exemplo? Proscriptum juvat. Lex est; pœna est. Quid ad eum, qui jus dicit?* »

« P. Trebonius institua pour héritiers plusieurs hommes vertueux et estimés. Parmi eux était un de ses affranchis. Le testateur avait un frère, A. Trebonius, qui était proscrit. Voulant lui assurer un sort, il écrivit dans le testament que les héritiers prêteraient serment qu'ils feraient en sorte de remettre au proscrit au moins la moitié des biens. L'affranchi prête ce serment. Les autres héritiers viennent trouver Verrès; ils prouvent qu'ils ne doivent pas le prêter; ils agiraient, disent-ils, contrairement aux prescriptions de la loi Cornélia, qui défend de secourir les proscrits. Ils obtiennent de ne pas prêter serment, et Verrès leur donne la possession. Je ne lui en fais pas un reproche ; il était inique qu'un proscrit, qu'un malheureux pût recevoir quelque chose des biens de son frère (c'est une ironie). Mais cet affranchi pensait commettre un crime s'il ne prêtait pas le serment. Verrès déclare qu'il ne lui donnera pas la possession, afin qu'il ne puisse venir au secours de son patron qui est proscrit; et, en même temps, il le punit d'avoir suivi la volonté indiquée dans le testament de son autre patron. Vous accordez la possession à celui qui n'a pas prêté serment, c'est bien : c'est conforme au Droit prétorien. Mais vous l'enlevez à celui qui a prêté serment. Pourquoi? — Il favorise un proscrit. La loi existe, la peine est formelle. — Mais cela regarde-t-il celui qui dit le droit? »

Cicéron veut dire qu'étant magistrat dans une affaire civile, le préteur n'avait pas à appliquer une peine. Il devait, ou refuser la possession à tous, parce que le testament était contraire à la *lex Cornelia,* ou bien l'accorder à l'affranchi. Ajoutons que si le testateur avait imposé un serment à son héritier, on en faisait remise à ce dernier, pour ne pas le placer dans l'alternative, ou de refuser l'hérédité, ou de prêter serment pour être héritier, sauf ensuite à le violer.

Nº 48. (Nºs 125 et 126.) Afin de comprendre ce nouveau grief, il est nécessaire d'exposer quelques principes du Droit prétorien.

D'après la loi des XII Tables, l'affranchi qui faisait son testament pouvait, comme tout citoyen romain, instituer héritier qui bon lui semblait, « *uti legassit, ita jus esto.* » Il pouvait omettre son patron, et celui-ci n'avait pas le droit de se plaindre. Mais les préteurs décidèrent que le patron qui ne serait pas institué héritier aurait le droit de demander la possession de biens pour moitié, si toutefois l'affranchi n'avait pas d'enfants (Gaius, Comm. 3, § 40 et 41). De cette manière : « *Prætoris edicto hæc juris iniquitas emendata est.* »

« *Sulpicius Olympus fecit heredem M. Octavium Ligurem. Ligur hereditatem adiit : possedit Sacerdote prætore, sine ulla controversia.*

Posteaquam Verres magistratum iniit; ex edicto istius, quod edictum Sacerdos non habuerat, Sulpicii patroni filia sextam partem hereditatis ab Ligure petere cœpit. »

« Sulpicius Olympus institua pour héritier Octavius Ligur (il faut supposer, comme on va le voir, que Sulpicius était affranchi). Ligur fit adition d'hérédité (sur cette expression, voy. p. 41). Il posséda l'hérédité sans aucune difficulté sous la préture de Sacerdos. Ensuite Verrès devint préteur. D'après un de ses édits, qui n'existait pas sous Sacerdos, la fille du patron de Sulpicius vint réclamer à Ligur le 1/6e de l'hérédité. »

Jusqu'alors, les préteurs n'avaient accordé ce droit qu'au papatron et non à la fille du patron. (Voy. Gaius, Comm. 3, § 46.)

« *Dicebat iste, nisi cum muliere decideretur, in possessionem se ire jussurum. L. Gellius causam Liguris defendebat : docebat, edictum ejus non oportere ad hereditates valere, quæ ante eum prætorem venissent; si hoc tum fuisset edictum, fortasse Ligurem hereditatem aditurum non fuisse.* »

« Verrès déclara que si on ne transigeait avec cette femme, il l'enverrait en possession. L. Gellius était le défenseur de Ligur : il démontrait que l'édit ne pouvait s'appliquer à des hérédités ouvertes avant sa préture; si cet édit avait existé alors, peut-être Ligur n'eût-il pas fait adition d'hérédité. »

Verrès demanda à Ligur une part de cette hérédité, de sorte que, dit son adversaire, tous ceux qui seront héritiers devront prendre le préteur pour cohéritier.

No 49. (No 128.) Cicéron accuse Verrès de s'être livré à des exactions dans l'entretien des édifices publics. Comme ceci tient plutôt au droit public et administratif, nous nous contenterons d'expliquer quelques passages : « *Dixit Q. Tadius, homo familiarissimus patris istius, non alienus a matris ejus genere et nomine; tabulas protulit, quibus pecuniam se dedisse ostendit. Recita nomina Q. Tadii. Recita testimonium Q. Tadii. Ne tabulis quidem Q. Tadii, nec testimonio credetur? Quid igitur in judiciis sequemur? quid est aliud, omnibus omnia peccata et maleficia concedere, nisi hoc, hominum honestissimorum testimoniis et virorum bonorum tabulis non credere?* »

« Nous avons le témoignage de Tadius, homme très-lié avec le père de Verrès (*istius*). Il est de la famille de sa mère et porte son nom. Il a produit ses registres qui attestent qu'il a donné de l'argent. Faites les connaître (*nomina*, voy. *Pro Roscio comœdo*, p. 138). Faites connaître le témoignage de Tadius. N'ajoutera-t-on pas foi et aux registres et au témoignage de Tadius? Quelle règle suivrons-nous alors dans les instances (*judiciis*). Mais c'est autoriser tous les méfaits, tous les délits, que de ne pas croire les registres et les témoignages des hommes de bien, des hommes les plus vertueux. »

N° 50. (N°s 130, 131 et 132.) On trouve l'expression « *Quum L. Octavius, C. Aurelius, consules, ædes sacras locavissent.* »

Les jurisconsultes romains distinguaient trois espèces de louage.

1° *Locatio rerum.* C'était un contrat par lequel une personne appelée *locator* s'engageait à faire jouir d'une chose une autre personne appelée *conductor*, moyennant quoi celle-ci s'engageait, de son côté, à payer un salaire (*merces*). Ainsi, je donne à bail une maison, je suis le *locator* ou bailleur; celui qui prend à bail est le *conductor* ou preneur.

2° *Locatio operarum.* Le *locator* s'engageait à procurer ses services au *conductor* qui payait la *merces*. Ainsi, un ouvrier loue ses services pour labourer mon champ; l'ouvrier est le *locator*, je suis le *conductor*.

3° *Locatio operis faciendi.* C'est le louage d'une œuvre à confectionner : la chose louée est ici un *opus*, qui n'existe pas. Ainsi, un architecte s'engage à me bâtir une maison sur mon terrain, je suis *locator*. Je loue l'œuvre à faire, l'architecte la prend à bail, il est le *conductor*, et, chose remarquable, le *locator* paie la *merces* et le *conductor* la reçoit.

Nous verrons souvent Cicéron, exact dans les termes de jurisprudence, faire allusion à la *locatio operis faciendi* : ainsi, dans ce passage, les consuls (1), en donnant les temples à réparer, jouèrent le rôle de *locatores* des réparations, et non de *conductores;* aussi l'orateur dit-il : *locavissent* et non *conduxissent*.

Le signe distinctif de la *locatio operarum* et de la *locatio operis faciendi* consistait en ce que, dans le premier cas, il n'y avait

(1) Hotman pense qu'il faut lire les *censores*.

pas une œuvre nouvelle qui résultât du louage; tandis qu'il en était autrement dans le second cas où l'on rencontrait l'*opus faciendum*.

Plus loin : « *Is casu pupilli Junii tutor erat testamento patris.* » Le premier tuteur était celui nommé dans le testament du père, car le testament, dans les idées romaines, tenait toujours le premier rang.

N° 52. (N° 137.) Cicéron représente les amis du pupille que Verrès veut dépouiller, obligés d'aller trouver Chélidon, sa concubine : « *Veniunt, ut dico, ad Chelidonem. Domus erat plena : nova jura, nova decreta, nova judicia petebantur.* « *Mihi det possessionem : mihi ne adimat : in me judicium ne det : mihi bona addicat.* » *Alii nummos numerabant; alii tabulas obsignabant : domus erat non meretricio conventu, sed prætoria turba referta.* »

« Ils arrivent, je l'ai dit, vers Chélidon. La maison était pleine : on réclamait de nouveaux droits, de nouveaux décrets, de nouvelles formules (*judicia*). — Qu'on m'envoie en possession; — qu'on ne m'enlève pas la possession; — que l'on ne délivre pas de formule d'action (*judicium*) contre moi; — que l'on m'adjuge les biens. — Les uns comptaient de l'argent, les autres signaient sur les registres : la maison ne ressemblait pas à celle d'une courtisane, mais on se serait cru au tribunal du préteur. »

L'ironie amère de ce passage est facile à saisir, d'après toutes nos précédentes explications.

N° 54. (N° 142.) L'orateur reproche à Verrès d'avoir empêché les tuteurs de se rendre adjudicataires des réparations, au nom de leur pupille.

On appelait *redemptor* celui qui prenait l'entreprise des réparations publiques (voy. p. 185). Il devait fournir des garanties, soit des cautions appelées *prædes*, soit des biens qui étaient hypothéqués au profit de l'État (*prædia*). S'il ne satisfaisait pas aux conditions qui lui étaient imposées, l'État faisait vendre les biens donnés en garantie par le *redemptor* ou par ses cautions, et l'adjudicataire s'appelait *prædiator*. Gaius parle du *prædiator* au Comm. 2, § 61 (1).

(1) Voy. M. Pellat, *Du gage et de l'hypothèque*, traduction de Schilling, p. 52.

Cicéron dit donc : « *Ubi illa consuetudo in bonis prædibus, prædiisque vendundis, omnium consulum, censorum, prætorum, quæstorum denique, ut optima conditione sit is, cuja res sit, cujum periculum ?* »

« Qu'est devenu, alors que l'État avait de bonnes cautions (*bonis prædibus*, voy. p. 207 ; on eût dit autrefois une caution *idoine*) et des biens donnés en gage qu'il pouvait vendre, l'usage que suivaient toujours les consuls, les censeurs, les préteurs, en favorisant celui qui était le plus intéressé, qui courait le plus de danger ? »

« *Locatur opus id, quod ex mea pecunia reficiatur : ego me refecturum esse dico : probatio futuro est tua, qui locas : prædibus et prædiis populo cautum est.* »

« On donne à bail l'ouvrage qui doit être réparé de mon argent. Je soutiens que je puis le réparer ; vous qui donnez à bail, vous procéderez à l'examen. Le trésor public est assez garanti par les cautions et par les biens que j'ai donnés en gage (*prædibus et prædiis populo cautum est*).

N° 55. (Nos 143 et 144.) Même raisonnement et même expression : « *Populo cautum prædibus et prædiis.* » Elle vient d'être expliquée. Plus loin : « *In tabulas enim retulisti.* » « Vous l'avez porté sur vos registres. »

N° 56. (N° 146.) « QUI REDEMERIT, SATISDET DAMNI INFECTI EI, QUI A VETERE REDEMPTORE ACCEPERIT. »

« Celui qui se portera *redemptor* devra donner la *satisdatio damni infecti* à celui qui a reçu le bail de l'ancien adjudicataire. » *Damni infecti* veut dire dommage futur (*damnum nondum factum*, voy. Topiques, N° 4, p. 43).

Rabonius tuteur était le nouvel adjudicataire ; il s'était entendu avec Verrès, et Cicéron ajoute que l'édit du préteur est une plaisanterie, car Rabonius, dit-il, se donnera à lui-même *satisdatio* (sur ce mot, voy. p. 105). « *Deridet, quum sibi ipsum jubet satisdare Rabonium.* » Rabonius, tuteur du pupille, ne pouvait, en effet, se promettre à lui-même qu'il réparerait le dommage que pourrait occasionner l'entreprise des travaux.

N° 57. (Nos 149 et 150.) Il s'agit toujours de la même affaire. Cicéron reproche à Verrès d'avoir été complice de Rabonius, et de n'avoir jamais procédé à la réception des travaux :

« *Posteaquam reus factus est, primo negabat opus in acceptum referre posse : quum instaret Rabonius, in me causam conferebat, quod tum codicem obsignassem. Petit a me Rabonius, et amicos allegat : facile impetrat : iste, quid ageret, nesciebat. Si in acceptum non retulisset, putabat se aliquid defensionis habiturum. Rabonium porro intelligebat rem totam esse patefacturum : tametsi, quid poterat esse apertius, quam nunc est, ut uno minus teste haberet Rabonio? Opus in acceptum retulit quadriennio post, quam diem operi dixerat.* »

« Verrès, étant accusé, soutenait d'abord qu'il n'avait pu mentionner sur ses registres la réception des travaux. Rabonius insistant, Verrès s'en prenait à moi, parce que j'avais saisi ses registres. Rabonius me les demande, il me fait parler par ses amis, il en obtient facilement communication. Verrès ne savait plus que faire. Il espérait qu'il pourrait se ménager un moyen de défense en ne mentionnant pas sur les registres la réception des travaux. Il sentait bien que Rabonius déclarerait tout; et d'ailleurs, même en l'absence du témoignage de Rabonius, quel fait pouvait être plus évident? Il a mentionné sur ses registres la réception de l'ouvrage quatre ans après l'époque qu'il avait fixée. »

Verrès, dit Cicéron, a écarté les adjudicataires par les conditions qu'il avait imposées. Rabonius, son complice, les a acceptées sans doute, mais il a terminé l'ouvrage quand il a voulu, et Verrès n'a jamais procédé à la réception des travaux, ce qui est une preuve de sa complicité. C'est en vain qu'il voudrait s'appuyer sur l'omission que l'on rencontre dans ses registres, pour soutenir qu'il n'avait aucun intérêt dans cette affaire. Cicéron suppose que Verrès avait dit : La preuve que je n'étais nullement intéressé, c'est que je n'ai pas reçu les travaux que je pouvais recevoir.

Plus loin se trouve l'expression *prædibus acceptis,* des cautions étant reçues (voy., ci-dessus, p. 207). Enfin « *recita nomina Rabonii,* » « donne lecture des registres de Rabonius. »

Le grief de Cicéron contre Verrès consistait à lui reprocher de n'avoir pas permis aux tuteurs du pupille de se rendre adjudicataires des réparations à faire, ou que Verrès prétendait devoir être faites. Suivant l'orateur, les droits de l'État étaient suffisamment garantis par les cautions et les héritages qui avaient été remis en gage (*bonis prædibus et prædiis vendundis*). Rien ne s'opposait à ce que Junius fils, le pupille, fit faire ces réparations à ses frais et à meilleur compte. Mais Rabonius son tuteur, le nouvel adjudicataire, était complice de Verrès; de là l'iniquité de ce magistrat.

Nous hasardons ces explications, car ce passage ne rentre pas dans les principes de droit privé qui nous sont connus.

In Verrem actio secunda, lib. 2. — N° 11. (N° 28.) On trouve les expressions *caput* (voy. p. 32), *existimatio* (voy. p. 122). On ne saurait les traduire.

N° 12. (N°s 30 et 31.) « *Dubium nemini est, quin omnes omnium pecuniæ positæ sint in eorum potestate, qui judicia dant, et eorum, qui judicant; quin nemo nostrum possit ædes suas, nemo fundum, nemo bona patria obtinere, si, quum hæc a quopiam vestrum petita sint, prætor improbus, cui nemo intercedere possit, det, quem velit, judicem; judex nequam et levis, quod prætor jusserit, judicet. Si vero illud quoque accedet, ut in ea verba prætor judicium det, ut vel L. Octavius Balbus judex, homo et juris et officii peritissimus, non possit aliter judicare; si judicium sit ejusmodi :* L. Octavius judex esto : si paret, fundum Capenatem, quo de agitur, ex jure Quiritium P. Servilii esse, neque is fundus Q. Catulo restituetur : *non necesse erit L. Octavio judici cogere P. Servilium Q. Catulo fundum restituere, aut condemnare eum, quem non oporteat? Ejusdemmodi totum jus prætorium, ejusdemmodi omnis res judiciaria fuit in Sicilia per triennium, Verre prætore.* »

« Personne ne doute que nos fortunes ne dépendent de ceux qui délivrent les formules et de ceux qui rendent les jugements : personne de nous ne peut obtenir ses maisons, ses fonds de terre, les biens de ses pères, si alors que ces choses sont réclamées, un préteur malhonnête auquel personne ne peut s'opposer (1), désigne le *judex* qu'il lui plaira, et si ce *judex*, faible ou sans conscience, juge suivant la volonté du préteur. Si, de plus, ce préteur délivre une formule telle que L. Octavius Balbus *judex*, homme très-instruit dans le droit et dévoué à ses devoirs, ne pourra juger autrement; si la formule, par exemple, est ainsi rédigée : *Que*

(1) A Rome, on pouvait en appeler aux tribuns du peuple (voy. page 110), mais il n'en était pas de même dans les provinces. Voy. Asconius sur ce passage.

Lucius Octavius soit JUDEX. *S'il appert que le fonds Capénate dont il s'agit est à Servilius d'après le droit des Quirites, et que ce fonds ne soit pas restitué à Q. Catulus....* Lucius Octavius ne devrait-il pas contraindre Servilius à restituer le fonds à Catulus, ou condamner celui qui ne devrait pas être condamné? C'est ainsi que pendant trois ans, sous la préture de Verrès, furent traités en Sicile tout le Droit prétorien et tout ce qui avait rapport aux formules. »

Pour bien saisir le raisonnement de Cicéron, il faut se reporter à ce que nous avons dit *Pro Roscio comœdo,* p. 155; nous avons, notamment, signalé le principe : *Judicem formula includit.*

L'adversaire de Verrès fait donc remarquer que le préteur pouvait délivrer telle formule que bon lui semblait; et si le *judex* était faible et sans conscience, il jugeait comme le voulait le préteur (cela se présentait surtout dans les actions de bonne foi, dont la formule, très-élastique, prêtait à l'arbitraire). Souvent même le juge le plus savant et le plus honnête était dominé par la formule. Comme exemple, Cicéron cite une formule très-précieuse pour le jurisconsulte : c'est celle de l'action en revendication du droit de propriété, que Gaius appelle *formula petitoria.* Quand Octavius aura reconnu, dit Cicéron, que les choses appartiennent à Servilius, il devra les faire restituer à Catulus, qui n'est pas le propriétaire; sinon, il condamnera celui qui ne devrait pas être condamné. On voit que la formule obligeait le *judex* à commettre une iniquité, en lui imposant le mandat impératif de faire rendre à Catulus le fonds qui appartenait à Servilius.

Gaius (Comm. 4, § 91) enseigne qu'il y avait deux actions en revendication, l'une *per sponsionem,* l'autre *per formulam petitoriam.* La première a été expliquée ci-dessus (p. 198); elle fut, comme nous l'avons vu, une transition entre la procédure des actions de la loi et la procédure formulaire, un moyen de soumettre au *judex* une question de propriété, à l'aide d'une formule qui présentait à juger une question d'obligation. Mais déjà, du temps de Cicéron, on en était arrivé, d'après ce passage, à soumettre directement la question de propriété au *judex,* déjà on agissait *per formulam petitoriam.*

Gaius (Comm. 4, § 92) dit : « *Petitoria autem formula hæc est qua actor intendit rem suam esse;* » et au § 41 (Comm. 4), le jurisconsulte donne l'*intentio* de la formule : « SI PARET HOMINEM EX

JURE QUIRITIUM AULI AGERII ESSE. » On voit que l'*intentio* (partie de la formule où le demandeur posait ses conclusions) était conforme à celle de Cicéron.

Celui-ci est plus complet que Gaius, mais il ne donne pas encore la *formule* tout entière. La voici tout à fait complète, en laissant de côté l'hypothèse que suppose l'orateur : « OCTAVIUS JUDEX ESTO — *intentio* — SI PARET, FUNDUM CAPENATEM, QUO DE AGITUR, EX JURE QUIRITIUM P. SERVILII ESSE, NEQUE IS FUNDUS ARBITRIO TUO RESTITUETUR ; — *condemnatio* — JUDEX CONDEMNA QUANTI EA RES ERIT : SI NON PARET, ABSOLVE. »

Cette action était dite arbitraire, parce que, comparée à d'autres, elle avait un caractère spécial. Ordinairement, une fois les prétentions du demandeur vérifiées, le *judex* devait condamner pécuniairement le défendeur. Ainsi, la *condictio certi* (voy. plus haut, p. 153) portait : « SI PARET NUMERIUM NEGIDIUM AULO AGERIO SESTERCIUM DECEM MILLIA DARE OPORTERE, JUDEX NUMERIUM NEGIDIUM AULO AGERIO SESTERCIUM DECEM MILLIA CONDEMNA : SI NON PARET, ABSOLVE. » L'*intentio* étant vérifiée, la *condemnatio* devait s'ensuivre. Mais dans la *formula petitoria* la condamnation était subordonnée à une double condition : 1° il fallait que le demandeur prouvât qu'il était propriétaire, « SI PARET REM ESSE, etc. ; » 2° une fois cette preuve faite, le juge ordonnait au défendeur de restituer l'objet revendiqué, « NEQUE EA RES, etc. » Si le défendeur restituait, il était absous, sinon il était condamné pécuniairement. L'ordre que donnait le juge de restituer s'appelait *jussus* ou *arbitrium* : de là le nom d'action arbitraire.

Ce *jussus* devait-il être exécuté *manu militari*, c'est-à-dire, par la force, de telle façon que le défendeur qui avait la chose revendiquée fût obligé de la remettre au demandeur?

L'opinion la plus accréditée est qu'au temps d'Ulpien la *manus militaris* existait, mais qu'elle n'avait pas lieu du temps de Gaius, et à plus forte raison quand Cicéron écrivait les Verrines (1).

Gaius dit en effet (Comm. 4, § 48) : « *Omnium autem formularum quæ condemnationem habent, ad pecuniariam æstimationem condemnatio concepta est : itaque etsi corpus aliquod petamus, velut fundum,*

(1) Voy. M. Pellat, *De la propriété,* sur la loi 68 *De rei vindicatione*, p. 368 et suiv.

mancipium, vestem, aurum, argentum, judex NON IPSAM REM CONDEMNAT EUM CUM QUO ACTUM EST, *sicut olim* (action de la loi) *fieri solebat,* SED ÆSTIMATA RE PECUNIAM EUM CONDEMNAT. »

Mais, dira-t-on peut-être, Cicéron s'exprime ainsi : « *Non necesse erit* L. OCTAVIO JUDICI COGERE *Publium Servilium Q. Catulo* FUNDUM RESTITUERE, *aut condemnare eum, quem non oporteat?* » Il semble donc que ces expressions indiquent l'idée d'une restitution forcée, imposée par le *judex*. On répond avec M. Pellat (*loco citato*), qu'elles peuvent désigner aussi une contrainte *indirecte*. En effet, le juge ordonnait la restitution, et si le défendeur ne voulait pas restituer, il déférait le serment au demandeur, qui fixait lui-même le montant de la condamnation pécuniaire. Le défendeur étant ainsi à la merci du demandeur, avait tout intérêt à obtempérer au *jussus* du *judex*.

Faisons une dernière remarque. Il paraît que la question d'hérédité qui portait sur un ensemble d'objets, et non sur une *res singularis,* comme l'action en revendication, était encore, à l'époque de Cicéron, soumise, soit à la procédure des actions de la loi, soit à la formule *per sponsionem* (voy. p. 198). Probablement la *formula petitoria* n'avait pas encore été étendue à la *petitio hereditatis.*

N° 13. (N°s 32 et 33.) Verrès, suivant son adversaire, a bouleversé toutes les règles : « *Quod civis cum cive ageret, aut eum judicem, quem commodum erat, præconem, aruspicem, medicum suum dabat; aut, si legibus erat judicium constitutum, et ad civem suum judicem venerant, libere civi judicare non licebat.* » « Quand un citoyen agissait contre un citoyen, il désignait pour juge, suivant son avantage, son héraut, son aruspice, son médecin; ou si l'instance (*judicium,* p. 72) était déterminée par la loi et que les parties vinssent devant le *judex,* il n'était pas permis au citoyen de juger avec liberté. »

N° 24. (N°s 59 et 60.) Cicéron accuse Verrès d'avoir ordonné la *missio in possessionem* contre un nommé Epicrate.

« *Insimulant hominem fraudandi causa discessisse; postulant, ut bona possidere liceat. Debebat Epicrates nullum nummum nemini : amici, si quis quid peteret, judicium se passuros; judicatum solvi satisdaturos esse dicebant.* »

« Ils (les adversaires) accusent cet homme de s'être enfui pour les frauder. Ils demandent qu'il leur soit permis de posséder ses biens. Épicrate ne devait rien; ses amis déclaraient que s'il devait quelque chose ils soutiendraient l'instance; ils ajoutaient qu'ils donneraient la *satisdatio judicatum solvi.* »

Nous avons dit que le procureur d'un absent devait donner cette *satisdatio.* (Voy. **Pro Publio Quintio,** N° 7, p. 105.)

N° 25. (N° 60.) « *Actionem ejus rei postulant. Amici recusare, ne quod novum judicium, ne qua ipsius cognitio, illo absente, de existimatione ejus constitueretur.* » « Ils (les adversaires) demandent une action contre lui à raison de ce fait. Les amis d'Épicrate refusent, ne voulant pas, disent-ils, qu'une nouvelle instance où son *existimatio* est engagée soit intentée pendant son absence. » Sur l'*existimatio*, p. 122.

« *Amici Epicratem defendere destiterunt; iste Epicratis bona Bidinos omnia possidere et sibi habere jussit.* »

« Les amis cessèrent de défendre Épicrate; Verrès envoya en possession de ses biens les Bidiniens. » (Voy. sur la *missio in possessionem,* **Pro Publio Quintio,** p. 101 et suiv.)

N° 26. (N°s 63 et 64.) Cicéron montre le préteur Metellus, ordonnant la restitution contre les *judicia* rendus sous la préture de Verrès.

Parmi les institutions prétoriennes, l'une des plus remarquables était la *restitutio in integrum.* Le préteur, dans certains cas, restituait en connaissance de cause (*cognita causa*) contre des actes valables, *jure civili.* Il cassait l'acte, le réputait nul et non avenu, et remettait les parties au même et semblable état qu'elles étaient auparavant. Il exerçait alors un pouvoir extraordinaire, et faisait, notamment contre les jugements, ce que fait aujourd'hui la Cour de Cassation qui casse et annule des sentences ayant l'autorité de la chose jugée.

N° 27. (N° 66.) Cicéron parle d'abord des compromis (voy. p. 160), puis il ajoute : « *Quodque judicium secundum Heraclium de compromissis factum erat, quod civis Centuripinus inter duos cives judicasset, id irritum jussit esse; eumque judicem falsum judicasse judicavit; in senatu ne esset, locis commodisque publicis uti vetuit; si quis eum pulsasset, edixit, sese judicium injuriarum non daturum.* »

« Une sentence arbitrale avait été rendue en faveur d'Heraclius Verrès annula ce qu'un citoyen de Centorbe avait jugé entre deux citoyens, et décida qu'il avait rendu un mauvais jugement; il défendit à Heraclius de se présenter au sénat et dans les lieux publics; il déclara dans son édit que si quelqu'un venait à le pousser, il ne donnerait pas l'action d'injures. »

Le citoyen qui en injuriait un autre, et qui, par exemple, le frappait corporellement, était tenu de l'action d'injures. (Voy. Gaius, Comm. 3, § 220 et suiv.)

N° 43. (Nos 106, 107.) Il est souvent question du *cognitor*. (Voy. p. 106).

N° 59. (N° 144.) On y rencontre le mot *locare* dans le sens signalé plus haut, (p. 206). Donner à bail un ouvrage à confectionner.

N° 70. (N° 170.) Il s'agit d'un certain Carpinatius, favori de Verrès, qui vendait les faveurs qu'il pouvait obtenir du préteur, et l'on s'adressait à lui, dit Cicéron, presque autant qu'à Timarchide, autre favori du préteur.

Carpinatius avait même sur Timarchide l'avantage qu'il prêtait à intérêt à ceux qui venaient le trouver.

« *Nam, quas pecunias iis ferebat expensas, quibuscum contrahebat; aut scribæ istius, aut Timarchidi, aut etiam ipsi isti referebat acceptas. Idem prætcrea pecunias istius extraordinarias grandes suo nomine fœnerabatur.*

« Car les sommes qu'il portait comme pesées à ceux avec lesquels il contractait, il les reportait sur ses registres comme reçues du scribe de Verrès, de Timarchide ou de Verrès lui-même. Il prêtait en outre, à intérêt et en son nom, les sommes importantes qui appartenaient à cet homme. »

Sur son registre, Carpinatius faisait figurer au *debet* de ceux avec lesquels il contractait (*codex depensi*) les sommes qu'il leur remettait, et il les reportait à l'*avoir* (*codex accepti*), soit des favoris de Verrès, soit de Verrès lui-même. Quelquefois même il faisait l'usure avec ces sommes et en son nom. (Voy. sur les registres, *Pro Roscio comœdo*, p. 138.)

N° 76. (N° 186.) « *Nunc ad sociorum tabulas accepti et expensi, quas removere honeste nullo modo potuerunt, et ad amicum tuum Carpinatium revertemur.* »

« Revenons maintenant aux registres de l'*avoir* et du *debet* (*accepti et depensi*) des associés, que l'on n'a pu honnêtement écarter, et revenons aussi à votre ami Carpinatius. »

In Verrem actio secunda, lib. 3. — N° 7. (N° 16.) Cicéron rappelle des reproches déjà adressés à Verrès : « *Scio, te Romæ, quum prætor esses, edicto tuo possessiones hereditatum a suis ad alienos, a primis heredibus ad secundos, a legibus ad libidinem tuam transtulisse : scio, te edicta superiorum omnium correxisse, et possessiones hereditatum non secundum eos, qui proferrent, sed secundum eos, qui dicerent testamentum factum, dedisse.* »

« Je sais qu'à Rome, pendant votre préture, votre édit a transféré la possession des hérédités, des siens aux étrangers, des héritiers du premier degré à ceux du second degré, que votre caprice se substituait aux lois. Je sais que vous avez corrigé les édits de vos prédécesseurs et que vous avez déféré les possessions des hérédités, non pas à ceux qui produisaient un testament, mais à ceux qui prétendaient qu'il y en avait un. »

On appelait *héritiers siens,* les héritiers qui au jour de la mort du défunt étaient sous sa puissance paternelle.

N° 10. (N° 24.) On trouve l'expression *addictos.* (Voy. p. 174.)

N° 11. (Nos 27 et 28.) « *Quum in his rebus omnibus publicanus petitor ac pignerator, non ereptor neque possessor soleat esse.* »

Gaius (Comm. 4, § 28) nous apprend qu'une loi (le nom est illisible dans le manuscrit) autorisait le publicain à exercer la *pignoris capio* ou saisie d'un gage sur les débiteurs des impôts. Cicéron dit donc : « Dans ces affaires, le publicain a l'habitude de réclamer et même de saisir des gages (*pignerator*), mais il ne dépouille pas le débiteur, et même ne s'empare pas de la possession. » Le créancier gagiste n'avait que la détention et non la possession légale *animo domini.* (Voy. p. 134.)

On rencontre les expressions *judicium recuperatorium — recuperatores,* qui sont souvent reproduites dans ce discours.

Qu'entendait-on par *recuperatores*? — Les *recuperatores* étaient des juges auxquels le magistrat, à l'aide d'une formule, renvoyait la connaissance des affaires. Ils différaient des *judices* en ce qu'ils étaient plusieurs, tandis que le *judex* était seul. On suppose que l'*unus judex* ne pouvait être donné que pour les procès entre citoyens. Mais, quand les relations entre les Romains et les pérégrins devinrent plus fréquentes, on sentit le besoin d'avoir une autorité spéciale pour juger les contestations qui s'élevaient entre les citoyens et les étrangers. Ces juges de nouvelle espèce furent précisément les *recuperatores*. Leur nom venait de ce qu'ils étaient le plus souvent chargés de faire opérer des restitutions. Il est positif, au reste, qu'ils jugeaient comme l'*unus judex*, d'après les instructions contenues dans une formule rédigée par le magistrat. Dans la suite, l'institution des récupérateurs fut étendue aux différends entre citoyens. Les jurés inscrits sur les listes décuriales de Rome avaient seuls le titre de *judices;* les jurés provinciaux étaient tous nommés *recuperatores* (1). Le grammairien Festus disait : « *Reciperatio est, quum inter civitates peregrinas lex convenit ut res privatæ reddantur singulis recuperenturque.* »

Recuperatorium judicium veut donc dire instance soumise à des récupérateurs, et non *jugement en restitution*, ou *jugement par commissaires*, comme disent des traducteurs. Sur le sens du mot *judicium*, voy. *supra*, p. 72.

Des Nos 13 et 14 on peut conjecturer que si le demandeur et le défendeur étaient en désaccord sur le choix du juge, le magistrat devait recourir à la voie du sort.

On rencontre dans ces numéros l'expression *judicium*, employée pour désigner la formule délivrée par le magistrat, ou l'instance engagée devant le *judex*. (Voy. p. 72.)

On y trouve aussi le mot *edictum repentinum*, qui signifie l'édit modifié par le préteur pendant l'année de sa magistrature (voy. p. 184). Quant au mot *recuperatores*, voy. ci-dessus, p. 216.

No 15. (No 38.) Sur l'expression *vadimonium*, voy. p. 100; il ne faut pas la traduire.

No 16. (No 41.) *Codicis lituræ*, ratures sur le registre. (Voy. p. 188.)

No 22. (No 55.) « *Xenonis Meneni, nobilissimi hominis, uxoris fundus erat colono locatus : colonus, quod decumanorum injurias ferre non poterat, ex agro profugerat. Verres in Xenonem judicium dabat illud suum damnatorium de jugerum professione. Xeno ad se pertinere negabat : fundum elocatum esse dicebat. Dabat iste judicium,* SI PA-

(1) Voy. Bonjean, *Traité des Actions*, 1er vol., p. 378. — De Fresquet, 2e vol., p. 399. — Ortolan, 2e vol., p. 402, 3e édit.

RERET, *jugera ejus fundi esse plura, quam colonus esset professus; tum uti Xeno damnaretur. Dicebat ille, non modo non arasse se, id quod satis erat, sed nec dominum ejus esse fundi, nec locatorem; uxoris esse; eàm ipsam suum negotium gerere; ipsam locavisse.* »

« Xénon est un des hommes les plus considérés de Mena. Sa femme avait donné à bail son fonds à un colon. Le colon, ne pouvant souffrir les injustices des décimateurs, s'était enfui. Verrès donnait action contre Xénon pour le faire condamner comme ayant fait de fausses déclarations. Xénon répondait que le domaine ne lui appartenait pas, qu'il était donné à bail. Verrès délivra l'action dont la formule était conçue, en ce sens que s'il paraissait que le fonds eût une contenance plus considérable que le colon ne l'avait déclarée, Xénon fût condamné. Ce dernier répondait, que non-seulement il n'avait pas fait valoir cette terre (ce qui suffisait), mais qu'il n'en était pas propriétaire, qu'elle appartenait à sa femme qui l'avait donnée à bail, et qui avait fait sa propre affaire. »

On remarquera qu'il s'agit ici de la *locatio rerum* (voy. plus haut, p. 206). Le *colonus* était le *conductor* d'un domaine rural. Le *conductor* d'une maison s'appelait *inquilinus*. Enfin, on voit un de ces exemples où, à l'aide d'une formule, Verrès pouvait persécuter un individu. Elle pouvait être ainsi conçue : RECUPERATORES SUNTO. SI PARET HUJUS FUNDI TITIANI *jugera esse* PLURA QUAM COLONUS PROFESSUS EST, TUNC XENONEM CONDEMNANTO.

N° 28. (N° 69.) Les habitants d'Agyrone voulaient résister aux exactions de Verrès qui les menaçait, dit Cicéron, de leur donner des récupérateurs tirés de sa cohorte, ou de sa meute.

« *Quærebant, quæ in verba recuperatores daret. Respondebat,* SI PARERET, ADVERSUS EDICTUM FECISSE : *quæ in judicio dicturum esse dicebat.* »

« Ils se demandaient dans quels termes Verrès désignerait les récupérateurs. Il répondait : *S'il appert qu'ils ont agi contre l'édit.* C'est ainsi, disait-il, qu'il rédigerait la formule. »

Il est évident qu'ils étaient condamnés d'avance; car leur condamnation était subordonnée à la violation de l'édit qui était une iniquité de Verrès; mais, *judicem formula includit.* (Voy. p. 155.)

N° 38. (N° 86.) Cicéron représente Verrès envoyant des décimateurs qui sont ses complices, et qui se livrent à des injustices nombreuses. Entre autres, il cite Diognotus son esclave, qui avait reçu de grandes sommes d'argent.

« *Hic Diognotus, qui ex publicis vectigalibus tanta lucra facit, vicarium nullum habet, nihil omnino peculii.* »

« Ce Diognotus qui, avec les impôts publics, réalise de si grands bénéfices, n'a ni vicaire, ni pécule » (voy. p. 189). Cicéron veut prouver qu'il travaillait ainsi pour son maître.

N° 57. (N° 132.) Apostrophe adressée à Verrès : « *Quid? quum palam Syracusis, te audiente, maximo conventu P. Rubrius Q. Apronium sponsione lacessivit,* NI APRONIUS DICTITARET, TE SIBI IN DECUMIS ESSE SOCIUM : *hæc te vox non perculit? non perturbavit? non, ut capiti et fortunis tuis prospiceres, excitavit? Tacuisti : sedasti etiam lites illorum; et sponsio illa ne fieret, laborasti.* »

« Quoi! lorsqu'à Syracuse, en votre présence, devant une assemblée nombreuse, P. Rubrius défia Apronius par une *sponsio* ainsi conçue : *Si Apronius n'a pas dit que Verrès était son complice dans la perception des dîmes*; cette parole ne vous a pas frappé, elle ne vous a pas troublé, elle ne vous a pas engagé à prendre garde à votre fortune et à votre *caput*? Vous avez gardé le silence, vous avez même apaisé la querelle, et vous vous êtes efforcé d'empêcher la *sponsio.* »

Sur la *sponsio* et la procédure *per sponsionem* (p. 112 et 198), sur le sens du mot *caput,* voy. p. 32.

N° 58. (N°s 133 et 135.) « *Quid est hoc? Sponsio fit de capite et fortunis tuis : tu sedes et quiescis?* » Ceci vient d'être expliqué; on rencontre le mot *existimatio*, voy. p. 122. — Plus loin : « *Cum eodem Apronio postea P. Scandilius, eques romanus, quem vos omnes nostis, eamdem sponsionem de societate fecit, quam Rubrius facere voluerat. Institit, oppressit, non remisit : facta est sponsio H-S* v *millium : cœpit Scandilius recuperatores, aut judicem postulare.* »

« Scandilius, chevalier romain, que tous vous connaissez, fit touchant cette société la même *sponsio* que Rubrius voulait faire. Scandilius insista, pressa, ne donna pas de délais; la *sponsio* de 5,000 sesterces fut faite : mais il commença à demander des récupérateurs ou un juge (1). »

(1) *Sponsionem fecit* signifie que Scandilius joua le rôle de stipulant et de demandeur. (Voy., p. 119, la note trop absolue que nous avons rectifiée p. 201. *Junge* Keller, p. 31, *Pro Publio Quintio.*)

Nous nous bornerons à signaler le choix qui pouvait être fait entre des récupérateurs et un juge (voy. plus haut, p. 216). Gaius dit aussi (Comm. 4, § 141) : « *Ad recuperatores judicemve itur.* »

N°s 59 et 60. (N° 135 à 140.) « *Satisne vobis prætori improbo circumdati cancelli videntur in sua provincia, imo vero in sella ac tribunali; ut aut de suo capite judicium fieri patiatur præsens ac sedens, aut confiteatur, se omnibus judiciis convinci necesse esse? Sponsio est,* NI TE APRONIUS IN DECUMIS SOCIUM ESSE DICAT; *provincia tua est; ades; abs te judicium postulatur. Quid facis? quid decernis? Recuperatores dicis te daturum. Bene agis : tametsi qui erunt tantis cervicibus recuperatores, qui audeant in provincia, quum prætor adsit, non solum contra voluntatem ejus, sed etiam contra fortunas judicare?* »

« N'est-ce pas assez, pour un préteur coupable, que de se voir pressé, enchaîné dans sa province, bien plus, sur son siége et son tribunal; d'être obligé ou de délivrer une action relative à son *caput (judicium de suo capite,* voy. p. 32 et 72), lui présent et siégeant; ou d'avouer qu'il doit être condamné par toutes les formules? La *sponsio* est : *Si Apronius n'a pas dit que vous étiez son associé dans les dîmes.* C'est dans votre province ; vous êtes sur les lieux ; on vous demande la délivrance de la formule. Que faites-vous ; que décidez-vous? Vous dites que vous allez désigner des récupérateurs. C'est bien. Mais quels seront les récupérateurs doués d'une si forte tête, qu'ils osent dans la province du préteur, là où il est présent, rendre une sentence contraire, non-seulement à sa volonté, mais à ses intérêts? »

« *Instat Scandilius poscere recuperatores. Tum iste homo innocens, qui illam suspicionem levare, atque ab se removere cuperet, recuperatores dicit se de cohorte sua daturum.* »

« Scandilius presse, il demande encore des récupérateurs. Cet homme innocent (Verrès), qui voudrait alléger ce soupçon et le détourner de lui, assure qu'il prendra des récupérateurs dans sa cohorte. »

« *Nam quid hic dicet? Sponsio facta est cum cognitore tuo Apronio de fortunis tuis omnibus,* NI SOCIUM TE SIBI IN DECUMIS ESSE DICTITARET. »

« Que dira-t-il? Une *sponsio* a été faite avec votre *cognitor,* avec Apronius, sur votre fortune; elle est ainsi conçue : « *S'il n'a pas dit qu'il était votre associé pour les dîmes.* »

Apronius, comme *cognitor* de Verrès, était son représentant; il était *loco domini*. (Voy. p. 112.)

« *Scandilius postulare de conventu recuperatores. Tum iste negat se de existimatione sua cuiquam nisi suis, commissurum.* »

« Scandilius réclame des récupérateurs pris sur les listes des assises (1). Verrès dit qu'il ne peut confier son *existimatio* (voy. p. 122) à d'autres qu'aux siens. »

« *Scandilius vero negat sese apud Artemidorum recuperatorem verbum esse facturum..... Si ex provincia Sicilia tota statuas idoneum judicem, aut recuperatorem nullum posse reperiri, postulat a te, ut Romam rejicias....... Negas te Romam rejecturum; negas de conventu recuperatores daturum; cohortem tuam proponis. Scandilius rem se totam relicturum dicit, et suo tempore esse reditu-rum. Quid tu ibi tum? quid facis? Scandilium cogis : quid? sponsionem acceptam facere? Impudenter tollis exspectatum existimationis tuæ judicium : non facis. Quid ergo? Apronio permittis, ut, quos velit, de cohorte sumat recuperatores? Indignum, uni potius ex iniquis sumendi, quam utrisque ex æquis rejiciendi fieri potestatem. Neutrum facis eorum. Quid ergo? Est aliquid, quod improbius fieri potest. Cogit enim Scandilium quinque illa millia nummum dare atque adnumerare Apronio.* »

« Scandilius déclare qu'il ne plaidera pas devant Artémidore choisi comme récupérateur..... Si dans toute la Sicile vous pensez ne pas pouvoir trouver un juge ou un récupérateur capable, il vous demande de porter l'affaire à Rome..... Vous déclarez que l'affaire n'ira pas à Rome et que vous ne prendrez point de récupérateurs sur les listes dressées *(de conventu);* vous proposez votre cohorte. Scandilius répond, qu'il se désiste de l'affaire et qu'il la représentera en temps et lieu. Que faites-vous alors? Vous forcez Scandilius, à quoi? A faire remise de la *sponsio*? Mais ce serait éluder avec impudence l'instance que l'on attend sur votre *existimatio*. Vous ne le faites donc pas? Que faites-vous donc? Vous permettez à Apronius de choisir, dans votre cohorte, les récupérateurs qu'il voudra. Il eût été indigne

(1) *Conventus* désignait les assises tenues par les présidents des provinces. — Les récupérateurs étaient probablement portés sur des listes; le président délivrait la formule et indiquait les juges qui devaient connaître de l'affaire.

que l'une des parties eût le pouvoir de prendre ses juges parmi des pervers, au lieu de laisser à chacune d'elles le droit d'en récuser parmi des personnes intègres. Vous ne faites ni l'un ni l'autre. Quoi donc? Quelque chose de pis encore! Il force Scandilius à donner et à compter les 5,000 sesterces à Apronius. »

Keller (p. 30, en note, *Pro Publio Quintio*) pense qu'Apronius, après avoir joué le rôle de promettant dans la *sponsio,* avait, à son tour, pris celui de stipulant, et restipulé de Scandilius les 5,000 sesterces (voy., sur la *restipulatio,* p. 156) *pour le cas où Scandilius prétendrait à tort que son adversaire avait dit que Verrès était son associé dans la perception des dîmes.* Ce dernier, par un abus de pouvoir, aurait refusé à Scandilius l'action nécessaire pour se faire payer le montant de la *sponsio,* et il l'aurait forcé, au contraire, à payer le montant de la *restipulatio.*

Sponsionem acceptam facere. Nous savons ce qu'on entendait par stipulation (voy. p. 71). Le créancier pouvait vouloir faire remise de la dette à son débiteur. Mais pour que cette dette fût éteinte *jure civili,* il fallait qu'il intervînt un mode extinctif appelé *acceptilatio.* Le débiteur, prenant le premier la parole, disait à son créancier : CENTUM QUÆ TIBI PROMISI, HABESNE ACCEPTUM? — HABEO, répondait ce dernier. La dette était éteinte, car le créancier tenait la somme pour reçue, et l'on disait qu'il y avait *accepti latio* (voy. Gaius, Comm. 3, § 169; ce jurisconsulte appelle ce mode extinctif *imaginaria solutio*). En effet, la dette née *verbis* était éteinte *verbis.* Dans la stipulation, le créancier interrogeait le débiteur, qui lui répondait; dans l'*acceptilatio,* ce dernier portait la parole, et le créancier répondait à son interrogation.

Cicéron suppose donc que Verrès eût pu forcer Scandilius, créancier *conditionnel* en vertu de la *sponsio,* à libérer Apronius, c'est-à-dire, à éteindre l'obligation née *verbis,* à l'aide de l'*acceptilatio.*

La traduction (édit. Panckoucke) porte : « Vous forcez Scandilius, à quoi? A tenir le défi qu'on avait accepté. » Ce n'est pas compris.

Nous ne reviendrons plus pour le moment sur cette affaire et sur le mot *sponsiones* qu'on rencontre fréquemment dans le numéro suivant; ce que nous avons dit à cet égard suffit pour l'intelligence des textes.

N° 65. (N° 152.) Cicéron parle du procès intenté par Gallius, homme de première distinction, sénateur : « *Postulavit a L. Metello, ut ex edicto suo judicium daret in Apronium,* QUOD PER VIM AUT METUM ABSTULISSET : *quam formulam Octavianam, et Romæ Metellus, habuerat, et habebat in provincia. Non impetrat; quum hoc diceret Metellus, præjudicium a se de capite C. Verris per hoc judicium nolle fieri.* »

« Il demanda à L. Metellus de lui délivrer, d'après son édit, une action contre Apronius, *parce que celui-ci avait enlevé le bien d'autrui par force et violence.* Metellus avait employé à Rome cette formule qu'il avait empruntée à Octave, et il s'en servait alors dans sa province. Gallius ne l'obtint pas; Metellus allégua qu'il ne voulait pas établir un préjugé (*præjudicium*) contre le *caput* de Verrès. »

Ce passage a trait à un conflit du droit civil avec le droit prétorien.

Nous avons eu déjà l'occasion de dire qu'une aliénation ou une obligation étaient valables *jure civili,* du moment où les formalités constitutives de l'aliénation ou de l'obligation avaient été remplies. Ainsi, l'aliénation était consommée dès que les formes de la *mancipatio* ou de la *cessio in jure* étaient intervenues (voy. p. 3, 6 et 7). L'obligation était également parfaite aussitôt que l'on avait observé les formes de la *stipulatio* ou de l'*expensilatio* (p. 137).

Il pouvait se faire sans doute ou que le propriétaire de la chose aliénée en eût transféré la propriété, ou que le débiteur se fût obligé, sous l'empire de la violence; mais aux yeux du Droit civil *coacta voluntas, voluntas est;* la volonté contrainte était une volonté. La crainte n'avait pas détruit le consentement, et les formalités étant accomplies, l'aliénation et l'obligation étaient valables.

Mais le Droit prétorien s'inspirait des sentiments de l'équité; or, l'équité la plus simple exige que l'on vienne au secours de la personne qui, sous l'empire de la violence, a consenti soit à l'aliénation, soit à l'obligation. Le préteur donnait donc à la victime de la violence une action *quod metus causa* contre celui qui en avait profité, et par conséquent contre l'auteur du délit qui avait la chose aliénée entre les mains. Le défendeur devait restituer l'objet aliéné, retransférer la propriété, et, s'il ne le faisait pas, il était condamné au quadruple de la valeur de la chose réclamée. (Voir au Digeste, liv. 4, tit. 4 (1).)

Il suffit de savoir que, d'après Cicéron, cette action était due au préteur Octavius (*formula Octaviana*), et Marcellus en avait déjà usé pendant sa préture.

Il ajoute que ce dernier refusa de délivrer la formule contre Apronius, car c'eût été établir un préjugé contre Verrès. Nous verrons en effet que, parfois, une sentence d'un ordre inférieur (*causa minor*) pouvait exercer un préjugé (*præjudicium*), c'est-à-dire, une influence sur une cause d'un ordre plus élevé (*causa major*). Ainsi, la violence donnait lieu à une poursuite civile et criminelle. Quelques jurisconsultes, et, à ce qu'il paraît, le préteur Marcellus, refusaient à la victime de la violence la formule de l'action privée, avant qu'il ne fût statué sur l'action publique. Ils ne voulaient pas que la sentence rendue au civil pût établir un *præjudicium* sur celle qui devait intervenir au criminel. Leur opinion, en général, ne prévalut pas.

De la conduite de Marcellus, Cicéron conclut qu'Apronius était le prête nom de Verrès, et que condamner l'un, d'après Marcellus, c'était condamner l'autre. (Sur le mot *caput*, voy. p. 32.)

Nos 70, 71 et 72. (Nos 163 et suiv.) « *Binis centesimis fœneratus est.* » Il paraît que l'intérêt légal était alors de 1 pour 100 par mois, et Verrès avait pris 2 pour 100.

No 74. (No 173.) Cicéron parle des registres des riches laboureurs : « *Tabulæ locupletissimorum aratorum.* »

In Verrem actio secunda, lib. 4. — No 5. (Nos 9 et 10.) L'orateur fait allusion à une prohibition qui est signalée par les jurisconsultes romains. Les présidents des provinces, les préteurs ou autres citoyens qui exerçaient des fonctions en province, ne pouvaient y acheter certains objets. Cicéron nous en donne le motif; on craignait qu'ils n'abusassent de leur pouvoir pour contraindre le vendeur à céder ces objets à vil prix.

(1) Ulpien, dans la loi 1re, *Quod metus causa*, au Digeste, liv. 4, tit. 4, enseigne que l'édit du préteur portait : « *Quod, vi, metusve causa gestum erit,* » mais qu'on supprima le mot vi comme inutile. « *Sed postea detracta est, vis mentio; quia quodcumque vi atroci fit, id metu quoque fieri videatur.* »

N° 6. (N° 12.) Dans ce numéro et les suivants, il parle des registres. (Voy. p. 138.)

N° 12. (N° 28.) « *Hic tibi in mentem non venit jubere, ut hæc quoque referret, H-S* VI *millibus* IↃ *se tibi vendidisse?* » « Comment, Verrès, ne vous est-il pas venu à l'esprit de prier Heius d'écrire sur son *codex depensi* qu'il vous les avait vendues 6,500 sesterces? » Il s'agit de statues que Verrès, d'après Cicéron, avait dérobées. (Voy. plus haut, p. 186.)

N° 13. (N° 30.) « *Cum inanibus syngraphis.* » « Avec des billets de nulle valeur. » (P. 144.)

N° 15. (N°s 33 et 34.) « *Comperendinatus,* » c'est-à-dire, ajourné. (Voy. p. 185.)

N° 34. (N° 76.) « *Simulacrum Dianæ tollendum locatur* » (il s'agit de la *locatio operis faciendi*, voy. p. 206). « Il donne à bail l'enlèvement de la statue de Diane. »

N° 37. (N° 81.) Cicéron reproche à Verrès d'avoir enlevé la statue de Diane qui avait été ravie aux Ségestains par les Carthaginois, et replacée à Ségeste par le vainqueur de Carthage. Il s'adresse à Scipion, ami de Verrès, et lui fait honte de ne pas prendre la défense de son ancêtre; puis, parlant de l'Africain, il ajoute : « *Est aliqua mea pars virilis, quod ejus civitatis sum, quam ille amplam, illustrem, claramque reddidit.* »

En droit, on oppose la part virile à la part héréditaire. Ainsi, un testateur institue deux héritiers, sans aucune autre mention; ils sont héritiers par portions égales et par portions viriles, autant de parts que de têtes. Il les institue, au contraire, un pour les 3/4, l'autre pour le 1/4; ils sont héritiers pour des portions héréditaires, et non *pro parte virili.*

Nous signalons donc cette expression juridique qui se rencontre au milieu d'un des plus beaux morceaux du discours de *Signis.*

IN VERREM ACTIO SECUNDA, lib. 5. — N° 2. « *Quum judicium certa lege sit constitutum,* » « puisque l'instance est déterminée par une loi précise. »

N° 6. (N° 12.) « *Perditæ civitates, desperatis omnibus rebus, hos solent exitus exitiales habere, ut damnati in integrum restituantur, vincti solvantur, exsules reducantur, res judicatæ rescindantur : quæ quum accidunt, nemo est, quin intelligat ruere illam rempublicam, hæc ubi eveniunt; nemo est, qui ullam spem salutis reliquam esse arbitretur.* »

Nous citons ce passage qui contient quelques allusions juridiques, seulement pour faire voir que Cicéron comprenait bien que le règne du droit et de la loi était une preuve de la prospérité d'une nation. (Sur la *restitutio in integrum*, voy. p. 214.)

N° 7. (N° 17.) *Familia* désigne une masse d'esclaves. — « *Pecuniam sibi esse in nominibus; numeratam in præsentia non habere.* » « Il s'écrie qu'il n'a de l'argent que sur billets et non de l'argent comptant. »

N° 13. (N° 31.) *Jus dici — judicia fieri*, dire le droit (p. 184), donner des formules (p. 72), *vadimonium* (voy. p. 100). Encore une fois, il ne faut pas traduire cette expression.

N° 15. (N° 38.) *Jus dicere*, — dire le droit.

Nos 39 et 40. (Nos 101 et suiv.) Il est question des *Tabulæ* ou registres. (Voy. p. 138.)

N° 54. (Nos 141, 142, 143.) « *Quod isti simul ac renuntiatum est, hominem jubet Lilybæum vadimonium Venerio servo promittere : promittit.* » « Dès que Verrès eut connu cette nouvelle, il ordonna à cet homme (Servilius) de promettre par le *vadimonium*, à un esclave de Vénus, qu'il se présenterait à Lylibée. — Il promet. » (Sur le *vadimonium*, p. 100).

« *Lilybæum venitur. Cogere eum cœpit, quum ageret nemo, nemo postularet, H-S duobus millibus sponsionem facere cum lictore suo,* NI FURTIS QUÆSTUM FACERET. *Recuperatores de cohorte sua dicit daturum. Servilius et recusare, et deprecari, ne iniquis judicibus, nullo adversario, judicium capitis in se constitueretur....... concidit; illi latera tundebant, ut aliquando spondere se dicat.* »

« Servilius vient à Lilybée. Quoique personne n'intentât d'action ni n'élevât de réclamations, le préteur commence par le contraindre à faire avec son licteur une *sponsio* de 2,000 sesterces, *s'il* (*Verrès*) *ne s'enrichissait pas de rapines.* Il ajoute qu'il désignera des récupérateurs pris dans sa cohorte. Servilius les récuse, et, puisqu'il n'a pas d'adversaire, il le supplie de ne pas soumettre à des juges iniques une action contre son *caput* (voy. p. 32)...... Il tombe, les bourreaux lui meurtrisent les flancs afin qu'il fasse la *sponsio*. »

Verrès voulait que le licteur se portât stipulant, et fit une *sponsio* ainsi conçue : « *Spondes ne H-S duo millia si furtis quæstum Verres non fecerit.* » Servilius devait répondre *spondeo* (1). La procédure était organisée *per sponsionem* (voy. p. 112). — Sur les *recuperatores*, voy. p. 216.

N° 65. (N° 167 et suiv.) Il s'agit du supplice de Gavius. Cicéron y parle du *cognitor*. (Voy. p. 106.)

(1) Voy. Keller, *Pro Publio Quintio*, page 32. — Ici encore, *sponsionem facere* désigne le rôle du promettant et non du stipulant. (*Junge*, p. 119, et la note trop absolue tempérée par nos observations, p. 201.)

PRO CÆCINA

Le discours *Pro Cæcina* est un de ceux qui offrent le plus d'intérêt au jurisconsulte. Il a trait à une matière de Droit privé et se réfère à l'interdit *unde vi*. Nous rechercherons d'abord ce qu'on entendait par *interdit*, et puis nous déterminerons les règles de l'interdit *unde vi*.

Première question. Qu'entendait-on par interdit? Nous avons vu que le préteur avait le pouvoir judiciaire et le pouvoir exécutif. Comme magistrat exerçant ce dernier pouvoir, il devait veiller à ce que l'ordre public ne fût pas troublé, et là où le droit civil était muet, il devait, en intimant des ordres, combler les lacunes de ce droit.

Dans tout État civilisé, la possession doit être distinguée du droit de propriété. Si la propriété, à l'origine, ne se dégage pas toujours de l'idée de possession, toujours est-il que, pour peu qu'une société ait franchi les limites de l'enfance, on est forcé de distinguer avec soin le *droit* de propriété et le *fait* de possession.

La propriété est le droit d'user, de jouir et de disposer d'une chose *(jus utendi, fruendi, abutendi,* voy. p. 27); elle s'exerce, comme tous les droits possibles, par des faits. Le fait qui est l'exercice du droit de propriété s'appelle possession. Ainsi, le propriétaire d'un champ laboure, sème, récolte, et par suite possède ce champ. En général, le propriétaire possède, mais quelquefois la possession n'est pas réunie à la propriété. Posséder, c'est avoir une chose à sa libre disposition et l'avoir avec l'intention de la considérer comme sienne, quand bien même on saurait qu'un autre en est propriétaire. Ainsi, pour prendre un exemple vulgaire, un voleur est un possesseur, car il a la chose volée à sa libre disposition et il la considère comme sienne, il la traite *animo domini*, mais certes il n'est pas propriétaire. L'usurpateur d'un domaine le possède, car il a bien l'intention de traiter le domaine en maître, mais assurément il n'en a pas non plus la propriété.

Maintenant, qui a le droit de posséder? Quel est celui qui doit seul exercer le droit de propriété? C'est évidemment le propriétaire : lui seul a ce que les jurisconsultes appellent le *jus possidendi*. S'il a perdu la possession, il revendiquera la chose *(reivindicatio)*; et demandera que la possession vienne se réunir au droit de propriété.

Mais, est-ce à dire qu'une législation ne doive protéger celui qui possède, *qu'autant qu'il possède étant propriétaire et ayant le droit de posséder?* Une législation doit-elle laisser le possesseur qui n'est pas propriétaire, sans défense et exposé à tous les actes de trouble et de violence que l'on voudra se permettre contre lui?

Le Droit civil romain avait cru ne devoir protéger que le *propriétaire* et non le *possesseur* : ainsi, le propriétaire qui possédait et était troublé dans sa possession n'avait qu'un moyen de se défendre et d'arrêter le trouble, c'était de revendiquer et de soutenir qu'il était *dominus*. Il devait prendre la voie de l'action *sacramenti*, et suivre la procédure rigoureuse des actions de la loi (voy. plus haut, p. 8). Il devait établir qu'il avait le *dominium*, si toutefois le préteur constituait son adversaire défendeur pendant le litige (voy. p. 198); de plus, s'il était expulsé par violence de son fonds, il était encore obligé de revendiquer.

Une semblable législation, qui ne protège que le *jus possidendi* et non *le fait de possession, abstraction faite du droit de propriété*, est d'abord funeste à la défense même de ce dernier droit.

En effet, il arrive quelquefois qu'un propriétaire possède, qu'il est investi de la propriété, mais qu'il lui serait impossible de prouver son droit, parce que ses preuves sont au moins difficiles à faire, ses titres égarés ; le forcer, alors qu'il perd la possession, à revendiquer et, par suite, à prouver qu'il est *dominus*, c'est en réalité lui enlever son droit, et dans un cas pareil, le spoliateur sera sûr de triompher. Ainsi, déjà sous ce premier point de vue, le Droit civil, qui ne protégeait pas la possession *en tant que possession,* portait indirectement une atteinte grave à la *propriété.* Ce n'est pas tout : à Rome, beaucoup de personnes étaient dans l'impossibilité, avec ce système, de résister légalement aux actes de trouble et de violence qui auraient pu être dirigés contre elles.

Par exemple, les possesseurs des fonds provinciaux n'étaient pas considérés par le Droit civil comme propriétaires; ils n'étaient que possesseurs ou qu'usufruitiers (voy. Gaius, Comm. 2, § 7); les concessionnaires de l'*ager publicus* qui devaient une redevance à l'État étaient dans une situation analogue, et dès lors ne pouvaient revendiquer. Ces diverses personnes n'ayant qu'un droit de possession, étaient exposées au trouble et à la violence, et se trouvaient dans l'alternative, ou de se laisser dépouiller sans rien dire, ou de repousser la violence par la violence.

Cet état de choses devait engendrer des rixes. Aussi le préteur, usant de son *imperium,* comme organe du pouvoir exécutif, déclara qu'il protégerait la possession, *en tant que possession,* par cela seul que l'on possèderait avec certaines conditions, et qu'il ne se préoccuperait pas de la question de savoir : *si on avait le droit de posséder.*

Ainsi, quelqu'un possédait-il avec les conditions voulues, s'il était troublé, le préteur lui donnait un moyen de se faire maintenir en possession. Le propriétaire n'était plus obligé de revendiquer et de soutenir qu'il était *dominus*, il lui suffisait de prouver qu'il était *possessor;* au lieu d'en être réduit à faire la preuve d'un *droit*, il pouvait établir un *fait,* preuve ordinairement facile à faire.

Si les possesseurs des fonds provinciaux ou de l'*ager publicus* étaient troublés, ils pouvaient faire respecter leurs possessions, car s'ils n'étaient pas propriétaires, ils étaient possesseurs. Enfin, si les uns et les autres, propriétaires et possesseurs, étaient expulsés de la possession, le préteur les y faisait réintégrer, sans qu'ils fussent obligés de prouver qu'ils étaient propriétaires. Comme on le voit, le préteur, sans s'occuper du *jus possidendi* qui n'appartient qu'au propriétaire, protégeait le *jus possessionis* qui résulte du fait d'avoir une chose à sa libre disposition, avec l'intention de la considérer comme sienne *(animo domini)*; on distingua dès lors les voies *pétitoires* des voies *possessoires.*

A l'aide de quel procédé le préteur protégeait-il ainsi la possession ? A l'aide des *interdits.*

A l'origine, le préteur, qui n'avait que les pouvoirs judiciaire et exécutif (voy. Topiques, p. 50), ne promulgua pas des édits obligatoires pour tous ; c'eût été promulguer un précepte commun *(commune præceptum)*, une véritable loi applicable à tous; c'eût été faire l'office d'un législateur. Le préteur se contenta de rendre des édits qui n'avaient de valeur que pour le litige en question. Ainsi, pour prendre un exemple, Paul était troublé dans sa possession, ou expulsé par violence; il allait trouver le préteur, lui demandait la délivrance d'un édit qui intimât à son adversaire l'ordre de respecter sa possession, ou de la restituer si elle avait été enlevée. Le préteur rendait cet édit et déclarait que l'on ne devait pas troubler la possession de celui qui possédait avec tel ou tel caractère, ou que l'on devait la restituer à celui qui en avait été spolié. Cet édit était rendu *inter duos;* de là le mot *interdit.* Si les parties observaient l'ordre du préteur, tout était terminé; sinon, celle qui soutenait que l'édit était violé allait de nouveau trouver le magistrat pour lui demander une formule à l'effet d'obtenir une condamnation contre son adversaire. (Voy. Gaius, Comm. 4, § 141).

Si un litige du même genre venait à surgir de nouveau, le préteur rendait un nouvel édit *inter duos.* Mais ce magistrat finit bientôt par déclarer que, dans tel cas, il donnerait tel interdit ; alors on n'alla plus le trouver, et les interdits devinrent de véritables édits obligatoires pour tous.

Parmi ces interdits, très-nombreux du reste, et qui sont énumérés au Digeste (liv. 43), figuraient, comme nous l'avons dit, ceux relatifs à la possession. Les uns étaient *retinendæ possessionis,* pour retenir une possession dans laquelle on était troublé ; les autres *recuperandæ possessionis* pour recouvrer une possession perdue.

Ceci m'amène naturellement à la deuxième question.

Qu'entendait-on par interdit *unde vi ?* Parmi ces édits *(inter duos)* figurait celui qui prévoyait le cas où le possesseur était dépouillé de la possession, par violence. Le préteur ordonnait que le spolié *(dejectus)* fût réintégré dans la possession, et on appelait l'interdit **UNDE VI**, à cause des premiers mots de l'édit, qui étaient ainsi conçus : *unde vi tu illum dejecisti*. (Voy. au Digeste, liv. 43, tit. 16.)

Nous allons actuellement indiquer quelques règles relatives à cet interdit, règles qui, une fois exposées, faciliteront l'intelligence du discours *Pro Cæcina*.

Gaius traite de l'interdit *unde vi* aux § 154 et 155 du Comm. 4. D'après le § 154, « on donne un interdit pour recouvrer la possession à celui qui est chassé par violence *(dejectus vi)*; car on lui délivre un interdit dont les premiers mots sont *unde tu illum vi dejecisti*; par cet interdit, le spoliateur est obligé de restituer la possession de la chose, pourvu que celui qui est expulsé ne possède ni violemment, ni clandestinement, ni précairement à l'égard de son adversaire *(nec vi — nec clam — nec precario ab adversario)*; s'il possède violemment, clandestinement ou précairement, il a pu être chassé impunément. »

Le jurisconsulte enseigne donc que le spoliateur devait restituer la possession au spolié, à moins que celui-ci ne possédât *vi*, *clam*, *precario*, à l'égard de son adversaire, c'est-à-dire, à l'égard du spoliateur. Expliquons la pensée du jurisconsulte :

Primus enlevait, avec violence, à Secundus, la possession d'un domaine. Primus devait, en principe, restituer la possession, sans que le préteur eût à se préoccuper de la question de savoir si Secundus était propriétaire ou non, s'il avait ou non le droit de posséder. Mais si Primus avait été peu auparavant dépouillé avec violence par Secundus, alors celui-ci possédait *vi ab adversario*, par violence à l'égard de Primus; il avait donc été impunément chassé (*impune dejicitur*, dit Gaius). Mais si Secundus s'était emparé violemment du domaine contre Tertius, et qu'à son tour Primus vînt spolier Secundus, celui-ci triomphait dans l'interdit *unde vi*, car il ne possédait pas *vi* à l'égard de Primus son adversaire *(vi ab Primo adversario suo)*.

Pourquoi cette distinction? Elle est facile à saisir. Primus ayant été chassé par Secundus, l'expulsait à son tour. Si Primus eût dû lui restituer la possession, immédiatement il eût pu aussi demander l'interdit *unde vi*, et reprendre la possession à son adversaire qui avait commencé par user de violence. Maintenir de suite Primus, c'était donc simplifier la procédure.

Nec clam ab adversario. On appelle possession clandestine, celle de celui qui se cache, qui se soustrait aux regards, qui n'agit pas comme le propriétaire, c'est-à-dire, en plein soleil. On peut posséder clandestinement à l'égard de tous, ainsi, en faisant des actes de possession pendant la nuit. On peut aussi posséder clandestinement à l'égard d'un seul; par exemple, Primus possédait ainsi à l'égard de Tertius, dont il évitait les regards, et il avait une possession publique à l'égard de tous autres; il possédait alors *clam a Tertio*. Chassé avec violence par Secundus, Primus recouvrait la possession à l'aide de l'interdit *unde vi*, car il ne possédait pas *clam ab adversario;* mais s'il était chassé par Tertius, *impune dejicitur,* dit Gaius, car sa possession était clandestine à l'égard de son adversaire.

Celui contre lequel on possédait clandestinement avait pour recouvrer la possession un interdit *de clandestina possessione*. Si Tertius avait été obligé de restituer la possession à Secundus, immédiatement il eût réclamé l'interdit *de clandestina possessione* contre ce dernier, et il eût triomphé à son tour. Mieux valait laisser les choses dans l'état où elles étaient; c'était encore simplifier la procédure.

Precario ab adversario. Le précaire était un contrat assez usité à Rome. Une partie appelée concédant *(rogatus)* accordait à une autre appelée concessionnaire *(rogans)* la possession d'une chose, à condition qu'à la première réquisition, sans aucun délai, le concessionnaire restituât la possession au concédant. Si le premier ne voulait pas opérer cette restitution, le second obtenait du préteur un interdit *recuperandæ possessionis*, appelé *de precario*. Le mot *précaire* venait de ce que la concession était faite par suite d'une prière adressée à celui qui faisait cette concession.

Ce contrat se présentait notamment dans les cas suivants. Un débiteur était obligé, pour obtenir du crédit, de donner des objets en gage à son créancier. A une première époque, il devait lui transférer la propriété de ces objets, et intervenait alors le contrat de fiducie (voy. p. 79, Topiques, N° 10). A une seconde époque, il put se contenter de transférer la possession; c'est ce qu'on appelait *pignus* ou gage. Mais, dans les deux cas, le débiteur était obligé de se dessaisir des objets indispensables pour gagner sa vie : un colon, de ses instruments aratoires; un artisan, de ses instruments de travail; aussi suppliait-il son créancier de lui laisser la possession de ces objets, en s'engageant à les restituer dès la première réquisition du créancier. Si celui-ci y consentait, il y avait contrat de précaire.

Revenons maintenant à Gaius. Primus avait concédé précairement la possession d'un domaine à Secundus; ce dernier, expulsé par Tertius, demandait l'interdit *unde vi* au préteur et triomphait, car il ne possédait pas *precario ab adversario*. Mais s'il était expulsé par Primus, il en était autrement, car il possédait *precario a Primo*. S'il eût triomphé, Primus le concédant eût réclamé de suite l'interdit *de precario;* il valait donc toujours mieux, pour simplifier la procédure, que Primus conservât la possession dont il était déjà nanti.

Ainsi, en principe, le spolié devait rentrer en possession, à moins qu'il ne possédât *vi — clam — precario ab adversario*, c'est-à-dire, à l'égard du spoliateur.

Au § 155, Gaius fait une exception. « *Interdum tamen etiam ei quem vi dejecerim, quamvis a me vi, aut clam, aut precario possideret, coger restituere possessionem, velut si armis eum vi dejecerim.* »

Si la violence avait eu lieu avec des épées, des bâtons, des pierres, le spolié devait être replacé de suite dans la possession, et cela, quand bien même il eût possédé *vi, clam* et *precario*, à l'égard de celui qui avait employé la violence armée. Le caractère aggravant de la violence obligeait celui qui l'avait employée à restituer de suite la possession, quels que fussent les vices de la possession du *dejectus*.

Au temps de Cicéron, on distinguait donc deux espèces de violences, la *vis privata* ou *quotidiana* d'une part, et la *vis armata* de l'autre. Dans la première, le spolié devait recouvrer la possession, à moins qu'il ne possédât *vi, clam* ou *precario ab adversario*. Dans la seconde, il devait toujours être réintégré, sans qu'on pût lui opposer le caractère de sa possession.

Sous Justinien, les principes de la *vis armata* l'emportèrent. Dans tous les cas, le spolié devait être réintégré dans la possession, quels qu'en fussent les vices.

Avant d'aborder Cicéron, il faut encore indiquer deux conditions qui étaient nécessaires pour triompher dans l'interdit *unde vi* et se dire *dejectus*.

D'abord, il fallait être *possesseur* et non pas seulement *détenteur*. Nous avons déjà vu que, pour posséder une chose, il faut l'avoir à sa libre disposition, et ce avec l'intention de la considérer comme sienne *(animo domini)*. On peut donc avoir une chose à sa libre disposition et n'être pas possesseur faute de l'*animus domini*. Le fermier, par exemple, a le domaine rural à sa libre disposition, et cependant il ne *possède pas*, il n'est qu'un *détenteur*. En effet, il ne traite pas le fonds comme siens, il reconnaît un autre comme propriétaire, puisqu'aux termes fixés il paie son fermage. Ce que nous disons d'un fermier peut se dire d'un locataire et d'une foule d'autres personnes qui détiennent une chose sans la posséder.

Le fermier et le locataire chassés par violence n'auraient pu invoquer l'interdit *unde vi;* le propriétaire seul aurait eu ce droit, car celui-ci possède par l'intermédiaire de son fermier ou de son locataire. Nous n'insistons pas plus longtemps sur ces notions juridiques, et nous nous bornons à rappeler ce principe, que pour invoquer l'interdit *unde vi* il fallait avoir *possédé*, si ce n'est dans quelques cas exceptionnels dont il est inutile de parler.

D'après une seconde condition, il fallait avoir perdu la possession par violence, et non autrement (1).

Abordons maintenant le discours de Cicéron : voici le sommaire que nous empruntons à l'orateur lui-même :

(Nº 4 à 8 inclusivement. — Nº 9 à 23). Fulcinius, de Tarquinies, ville municipale, exerçait à Rome la profession de banquier. Il épousa Césennia née dans le même municipe. A l'époque des troubles civils, il lui vendit un fonds de terre qu'il avait à Tarquinies. Fulcinius se retira des affaires et acheta des terrains rapprochés du domaine de Césennia. Il mourut après avoir institué héritier le fils qu'il avait eu de cette dernière, à laquelle il légua l'usufruit de tous ses biens, à condition qu'elle en jouirait avec

(1) Nous devons citer le remarquable travail de Keller sur l'interdit : *De vi vulgari seu quotidiana*, et *De vi armata* (§ 2 et 3, *De jure causæ Cæcinianæ*). C'est un exposé complet de la matière.

On verra que nous nous séparons de l'auteur sur un point important.

son fils. Celui-ci mourut bientôt, après avoir institué héritier un nommé Césennius et légué à sa veuve une grande somme d'argent *(grande pondus argenti)*, et à sa mère Césennia, la majeure partie de ses biens.

Les biens de l'hérédité de Fulcinius fils furent mis en vente. Un certain Ébutius, agent d'affaires, dont Cicéron fait un portrait peu flatteur, s'insinua auprès de Césennia qui lui donna mandat d'acheter un fonds voisin de celui qu'elle avait acheté de son mari. Ébutius se rendit adjudicataire pour Césennia qui prit possession du domaine et le loua, puis elle se maria en secondes noces à Cécina, le client de Cicéron. Elle mourut, ayant institué héritier Cécina, son second mari, pour 11 douzièmes et demi (*ex deunce et semuncia*). Restait la moitié d'un douzième, ou 3/6e d'une once, dont elle laissa 2/6e à un nommé Fulcinius, affranchi de son premier mari, et 1/6e à Ébutius. Celui-ci, après avoir contesté en vain à Cécina la qualité d'héritier, lui signifia que le fonds dont il s'était porté adjudicataire lui appartenait, et qu'il l'avait acheté en son propre nom. Cécina résista : jour fut donc pris avec Ébutius, pour accomplir les formalités de la revendication sur le fonds même. Mais Ébutius avait aposté des hommes armés, et Cécina ne put pénétrer sur le domaine. Il se prétendit *dejectus*, expulsé par violence, et confia sa cause à Cicéron.

Trois chefs divisaient Cécina et Ébutius. 1o Ce dernier contestait à Cécina sa qualité d'héritier de Césennia; 2o il prétendait être seul propriétaire du fonds Fulcinien, tandis que son adversaire soutenait que le fonds faisait partie de l'hérédité; 3o Cécina se disait *dejectus*, après avoir subi une violence à mains armées, et réclamait l'application de l'interdit *unde vi*. Le discours actuel roule surtout sur ce troisième chef.

No 1. (No 2.) Cicéron reproche à Ébutius son impudence, qui le porte non-seulement à affronter le tribunal, mais encore à confesser le fait qu'on lui impute, et il reprend : « *Nisi forte hoc rationis habuit, quoniam, si facta vis esset moribus, superior in possessione retinenda non fuisset; quia contra jus moremque facta sit, A. Cæcinam cum amicis metu perterritum profugisse : nunc quoque in judicio, si causa more institutoque omnium defendatur, nos inferiores in agendo non futuros; sin a consuetudine recedatur, se, quo impudentius egerit, hoc superiorem discessurum.* »

« A moins qu'il (Ébutius) n'ait pensé que si la violence avait été faite conformément aux mœurs, il n'aurait pu retenir la possession, tandis que comme elle a eu lieu contrairement au droit et aux mœurs, Cécina, frappé de crainte, s'est enfui avec ses amis. Maintenant, dans cette instance, si la cause est défendue d'après les mœurs et les règles adoptées par tous, nous n'aurons point le dessous; si, au contraire, on abandonne les usages, plus Ébutius se montrera impudent, plus il l'emportera sur nous. »

Pour bien comprendre la pensée de l'orateur, il faut consulter la procédure des actions de la loi, et étudier celle de l'action *sacramenti,* alors que l'on revendiquait un meuble ou un immeuble. On y rencontrait d'abord la *manuum consertio,* espèce de combat judiciaire, violence symbolique et feinte (*vis civilis et festucaria,* dit Aulugelle); puis venait la *vindicatio* accomplie par les parties; après quoi le préteur prononçait les paroles MITTITE AMBO HANC REM, *lâchez la chose,* et les deux adversaires obtempéraient à son ordre; enfin avait lieu la provocation au *sacramentum.* Chacune des parties devait promettre 500 as (du moins ordinairement) *si elle perdait son procès.* Ces 500 as étaient remis au pontife pour les sacrifices publics. Gaius, qui décrit ces formes (Comm. 4, § 16), dit en effet (§ 13) : « *Nam qui victus erat, summam sacramenti præstabat pœnæ nomine.* » Les parties donnaient, en outre, pour le paiement du *sacramentum,* des garanties que l'on appelait *prædes sacramenti.* (*Præs,* caution; voy. Gaius, même § 13.)

De plus, il fallait déterminer celui qui posséderait pendant l'instance et, par suite, indiquer le demandeur et le défendeur. Le préteur procédait à cette indication, et celui à qui la possession intérimaire était adjugée donnait la caution dite *pro præde litis et vindiciarum.* (Voy. plus haut, Verrès, N° 45, 2e action, liv. 1er, p. 200.)

S'agissait-il d'un immeuble, comme on ne pouvait l'apporter *in jure* (devant le tribunal), à une première époque, les parties se rendaient avec le magistrat sur le terrain litigieux, et là, devant le préteur, avaient lieu les formalités de l'action *sacramenti.* A une seconde époque, celle à laquelle Cicéron fait ici allusion, les préteurs n'accompagnèrent plus les parties. Celles-ci se rendaient d'abord devant le magistrat, et se provoquaient à la *manuum con-*

sertio qui devait avoir lieu sur le terrain litigieux. On appelait cette formalité : *ex jure manuum consertio.* — Ensuite, sur l'ordre du magistrat, elles allaient, accompagnées de témoins, sur le terrain objet du litige, et là, elles se livraient au combat simulé, à la *manuum consertio.* Puis, l'une des parties était amenée par une violence feinte et de convention devant le préteur, où l'on accomplissait *in jure* le surplus des formalités de l'action *sacramenti* en présence d'un fragment représentatif de la chose contestée, comme une motte du champ, une tuile, un morceau d'une colonne, etc. (Voy. Gaius, Comm. 4, § 17.) — Il en était de même pour un meuble difficile à transporter.

La violence feinte par laquelle on était censé soustraire et enlever l'adversaire aux fonds litigieux s'appelait : « *deductio quæ moribus fit.* » — « Soustraction de l'adversaire en vertu de l'usage » (1).

La pensée de Cicéron était donc la suivante : Ébutius croyait que si la violence avait eu lieu *moribus*, c'est-à-dire, si l'on s'était livré à la *manuum consertio*, il n'eût pu retenir la possession, parce que le préteur aurait problablement constitué possesseur intérimaire Cécina, son adversaire; aussi a-t-il préféré avoir la possession, en s'en emparant par une violence *contra jus* et *contra mores*, et il a chassé Cécina.

Dans ce même discours, l'orateur s'adresse sans cesse aux récupérateurs. (Voy. p. 216, sur les *recuperatores.*)

N° 2. (N°s 4, 5, 6, 7.) « *Simul illud, quod indignissimum est, futurum arbitrati sunt, ut in hac causa non de improbitate Sex. Æbutii, sed de jure civili judicium fieri videretur.* »

Ébutius avouait bien qu'il avait aposté des hommes armés, mais il soutenait qu'il l'avait fait *jure*, et son adversaire répond : « Ce qui est plus indigne, c'est qu'ils ont pensé que cette instance roulerait sur un point de Droit civil, et non sur l'improbité d'Ébutius. »

(1) Voy. Aulugelle, *Nuits Attiques* (20-10), et M. Bonjean, 1er vol., *Traité des Actions*, p. 384 et suiv. A la page 385, en note, le passage d'Aulugelle est rapporté. Voir aussi M. Ortolan, p. 403, 2e vol., 3e édit. Keller traite de cette *deductio*, p. 367 et suiv., *Pro Cæcina.*

« *At in ea, in qua existimationis periculum est, tardissime judicatur.* » « Mais dans l'instance qui fait encourir le danger de perdre l'*existimatio*, on retarde le jugement. »

Nous savons ce que l'on entendait par *existimatio* (voy. p. 122). Celui qui succombait dans l'interdit *unde vi* était noté d'infamie, car il y avait délit, et Cicéron a dit plus haut : « *Aut distrahendarum controversarium, aut puniendorum maleficiorum causa reperta sunt.* » « Toutes les instances sont établies ou pour trancher une controverse ou pour punir un délit. »

N° 3. (N°s 7, 8, 9.) La cause avait déjà été ajournée. Aussi l'orateur dit-il : « *Qui igitur convenit, quæ causa fuerit ad constituendum judicium, eamdem moram esse ad judicandum? Si quis, quod spopondit, qua in re verbo se uno obligavit, id non facit, maturo judicio, sine ulla religione judicis condemnatur : qui per tutelam, aut societatem, aut rem mandatam, aut fiduciæ rationem, fraudavit quempiam, in eo, quo delictum majus est, eo pœna est tardior. Est enim turpe judicium.* »

« Est-il donc convenable que le motif qui a fait constituer l'instance ou la formule (*judicium*, voy. p. 72) entraîne du retard pour juger? Si quelqu'un n'accomplit pas ce qu'il a promis, alors qu'il ne s'est obligé que par une parole, il est délivré une formule rapide (*maturo judicio)*, et il est condamné sans que le juge ait à consulter sa religion : celui qui, dans une tutelle, dans une société, par suite d'un mandat ou d'un contrat de fiducie, aura fraudé quelqu'un, par cela seul que le délit est plus grand, sera donc condamné et puni plus tard. Mais, dit-on, l'action est infamante. »

Cicéron fait allusion au cas où un débiteur s'était obligé par stipulation (*quod spopondit*, voy. p. 71). Alors il était tenu en vertu d'un contrat de *droit strict*, donnant lieu à une action de *droit strict* (voy. discours *Pro Roscio comœdo*, p. 159). Aussi dit-il : que la formule est rigoureuse, et que le juge doit ou condamner ou absoudre. Puis il parle des actions dites de *bonne foi*, et dans lesquelles le *judex* avait une plus grande latitude d'appréciation. Mais dans celles que cite Cicéron, le défendeur était prévenu d'avoir manqué à la loyauté; aussi, l'orateur se demande-t-il pourquoi l'on retarde le jugement? C'est peut-être, dit-il, parce que le défendeur condamné sera noté d'infamie (voy. sur ce point, p. 93, 94 et 95; voy. aussi sur l'action de fiducie, p. 79). Or, il répond à l'objection de la manière suivante :

« *E facto quidem turpe. Videte igitur, quam inique accidat, quia res indigna sit, ideo turpem existimationem sequi; quia turpis existimatio sequatur, ideo rem indignam non judicari.* »

« C'est le fait qui est honteux en lui-même. — Voyez combien il serait injuste que, parce qu'une note d'infamie résulterait d'un acte indigne, cette note d'infamie fût cause que cet acte ne fût pas jugé. »

Nouvelle objection : — « *At si quis mihi hoc judex, recuperatorve dicat : potuisti enim leviore actione confligere : potuisti ad tuum jus faciliore et commodiore judicio pervenire : quare, aut muta actionem, aut noli mihi instare, ut judicem; tamen is aut timidior videatur quam fortem, aut cupidior quam sapientem judicem esse æquum est, si aut mihi præscribat, quemadmodum meum jus persequar, aut ipse id, quod ad se delatum sit, non audeat judicare. Etenim si prætor is, qui judicia dat, nunquam petitori præstituit, qua actione illum uti velit; videte, quam iniquum sit, constituta jam re, judicem, quid agi potuerit, aut quid possit, non quid actum sit, quærere.* »

« Si un juge ou un récupérateur me dit : Vous pouviez intenter une action moins sévère, vous pouviez atteindre votre droit par une formule plus facile et plus commode. Changez donc votre action ou n'insistez pas pour obtenir une sentence ; certes, il me paraîtra ou plus timide ou plus prévenu qu'il ne convient à un juge sage et courageux, soit en me prescrivant la manière dont je dois poursuivre mes droits, soit en n'osant pas juger ce qui lui a été déféré. En effet, si le préteur qui délivre la formule *(qui judicium dat)* n'impose jamais au demandeur l'action qui, suivant lui, doit être intentée, combien est-il injuste, alors que l'instance est constituée, de voir le juge se demander ce qu'on aurait pu faire, ce qu'on pourrait faire, et non pas ce qui a été fait. »

Cicéron s'appuie toujours sur le mandat qui a été conféré au *judex* par le préteur : *judicem formula includit*. (Voy. p. 155.)

Si on prenait ce passage à la lettre, on se ferait du rôle du préteur une idée fort inexacte. Ce magistrat n'avait pas un rôle sans importance et qui consistât simplement à rédiger la formule. Il devait écouter les prétentions respectives du demandeur et du défendeur, et ne délivrer la formule qu'autant qu'en les supposant fondées il pouvait y avoir procès. Ainsi, le demandeur soutenait qu'il était créancier en vertu d'une simple convention non revêtue des formes de la stipulation ou de l'*expensilatio* (voy. p. 137), le défendeur avouait la convention, mais il invoquait le principe *nudum pactum nullam parit actionem* (voy. *eodem loco*) ; le préteur devait refuser l'action, car, en admettant que l'allégation du demandeur fût bien fondée, il était évident que le défendeur devait être absous. — Autre exemple : — le demandeur se prétendait créancier ; le défendeur opposait un paiement que le demandeur reconnaissait ; le préteur ici encore devait refuser la formule, car l'obligation était éteinte. On comprend donc que le préteur devait connaître à fond les principes de la législation romaine. La rédaction de la formule elle-même exigeait la connaissance des principes du Droit.

Mais du moment qu'il y avait controverse possible, quand bien même le demandeur avait la possibilité de choisir entre diverses actions, le préteur ne pouvait imposer son choix, il devait délivrer celle qui était réclamée.

Cicéron continue : « *Verumtamen nimiæ vestræ benignitati pareremus, si alia ratione jus nostrum recuperare possemus. Nunc vero quis est, qui aut vim armatis hominibus factam relinqui putet oportere, aut ejus rei leviorem actionem nobis aliquam demonstrare possit? Ex quo genere peccati, ut illi clamitant, vel injuriarum, vel capitis judicia constituta sunt, in eo potestis atrocitatem nostram reprehendere, quum videatis nihil aliud actum, nisi possessionem per interdictum esse repetitam?* »

« Nous suivrions les conseils donnés par votre excessive indulgence, si nous pouvions recouvrer notre droit par un autre moyen. Qui donc pourrait nous conseiller, ou de ne pas tenir compte d'une violence causée par des hommes armés *(vis armata)*, ou bien nous indiquer une action moins sévère? Dans ce genre de fautes, comme ils le disent et le répètent, on a établi des actions d'injures ou une action capitale ; et pouvez-vous, dès lors, nous reprocher notre sévérité, quand vous voyez que nous n'avons fait que réclamer la possession à l'aide de l'interdit? »

Nous savons ce qu'on entend par action d'injures (p. 215). Quant à la violence, elle donnait lieu à un *judicium publicum*, c'est-à-dire, à une action criminelle que l'on appelait *capitis judicium* (sur le sens du mot *caput*, voy. p. 32); de plus, elle était réprimée par l'interdit *unde vi*, voie que Cécina avait prise.

Un traducteur a dit sur ce point : « Je ne sais pourquoi Cicéron fait entendre ici qu'on n'avait intenté à Ébutius qu'une action civile, lorsqu'il semble dire le contraire ailleurs, notamment dans le même exorde. »

Mais l'orateur ne se contredit pas. L'interdit *unde vi*, comme nous l'avons dit, notait d'infamie celui qui succombait, et, sous ce rapport, il atteignait le *caput;* mais il ne constituait qu'une instance privée *(judicium privatum)* et non une instance publique *(judicium publicum)*.

N° 4. (N° 11.) Cicéron commence la narration. — On y rencontre le passage suivant : « *Cum uteretur dote uxoris numerata; quo mulieri esset res cautior, curavit, ut in eo fundo dos collocaretur.* »

Fulcinius avait reçu une dot en argent comptant. Afin qu'elle ne fût pas compromise, il eut soin de vendre un fonds de terre à sa femme, et le prix d'achat dut se compenser avec la dot qui lui avait été remise, et qui était ainsi placée sur ce fonds. C'était une garantie, car Fulcinius était banquier et faisait valoir les fonds dotaux; sa femme, au lieu d'être créancière de sommes d'argent, devenait propriétaire d'un domaine.

N° 5. (Nos 14 et 15.) Dans le portrait peu flatté que Cicéron trace d'Ébutius, on rencontre l'expression « *cognitoris viduarum.* » (Sur le *cognitor*, voy. p. 106.) C'est donc une expression très-énergique qu'il emploie. C'était, dit-il, le *cognitor*, l'homme d'affaires des veuves.

Plus loin : « *Quum præsertim pecunia ex partitione deberetur.* »

« Lorsque surtout de l'argent était dû en vertu de la *partitio.* » C'est une allusion au testament de Fulcinius qui avait institué héritier Césennius, et avait légué à sa mère la plus grande partie des biens. La mère était légataire partiaire *(partitio)*. Ce légataire était appelé à partager les biens avec l'héritier, mais celui-ci était seul le représentant du défunt, et, comme tel, seul tenu des dettes dont le défunt était débiteur.

N° 6. (Nos 16 et 17.) « *Fundus addicitur Æbutio : pecuniam argentario promittit Æbutius.* »

« Le fonds est attribué à Ébutius, qui promet de l'argent à l'*argentarius.* » Les *argentarii* remplissaient les fonctions de commissaires-priseurs. (Voy. Gaius, Comm. 4, § 126.)

L'argent a été payé par Césennia et non par Ébutius, prétend Cicéron, mais : « *Cujus rei putat iste rationem reddi non posse, quod ipse tabulas averterit; se autem habere argentarii tabulas, in quibus sibi expensa pecunia lata sit, acceptaque relata : quasi id aliter fieri oportuerit.* »

« Il pense qu'on ne peut prouver ce point, parce qu'il a détourné les registres; et, au contraire, il invoque ceux de l'*argentarius* dans lesquels a été inscrit, pesé et reçu l'argent en son nom, comme si cela pouvait se faire autrement. »

En effet, le fonds ayant été vendu à Ébutius, mandataire de Césennia, l'*argentarius* avait dû porter au *debet* d'Ébutius, sur le *codex depensi*, la somme qu'il devait comme prix de vente (*pecunia expensa lata est*). D'un autre côté, quand Ébutius avait payé, l'*argentarius* avait dû porter la mention de cette somme reçue sur le *codex accepti,* à l'avoir d'Ébutius (*pecunia accepta relata*). Les registres de l'*argentarius* prouvaient donc bien qu'Ébutius avait acheté le fonds et qu'il avait payé le prix, mais ils n'établissaient pas qu'il n'eût pas payé avec l'argent de Césennia. (Voy. sur les registres, *Pro Roscio comœdo,* p. 138.)

Jusqu'ici, les faits rapportés par Cicéron ne prouvaient pas que le fonds n'appartînt pas à Ébutius, car le mandataire qui se rendait adjudicataire d'un domaine était personnellement propriétaire, et la propriété ne passait au mandant que si le mandataire opérait au profit de ce dernier un acte translatif de propriété. Il importait peu que le prix eût été payé avec l'argent du mandant, qui avait seulement le droit de réclamer la chose acquise par son mandataire. Mais l'orateur ajoute que Césennia prit possession du fonds et le donna à bail. Ces faits étaient plus concluants ; ils établissaient, en effet, qu'Ébutius lui avait fait tradition ou remise de la possession ; or, c'était un moyen de transférer la propriété, au moins d'après le droit prétorien. Dans tous les cas, cette tradition procurait la possession, et l'objet du litige n'était plus qu'une action *possessoire* et non *pétitoire.* Restait à savoir si Césennia n'avait pas agi comme *usufruitière.* (Voy. le N° 32, où nous expliquerons notre pensée.)

A la fin de ce numéro, Cicéron fait un calcul qui suppose connue une habitude des testateurs romains. Cet usage est attesté par Ulpien (loi 50, § 2, *De heredibus instituendis*) : « *Hereditas plerumque dividitur in duodecim uncias, quæ assis appellatione continentur. Habent autem et hæ partes propria nomina ab uncia usque ad assem, ut puta hæc : uncia, sextans, quadrans, triens, quincunx, semis, septunx, bes, dodrans, dextans, deunx, as.* »

Les testateurs divisaient ordinairement l'hérédité en 12 onces. L'unité formait l'as ou 12/12es. Cécina avait été institué héritier pour 11/12es, plus la moitié de 1/12e ou 3/6e du dernier 12e. En réduisant tout au même dénominateur, on arrive à 66/72e pour 11/12e, et 3/72e pour une moitié du 12e, ce qui fait un total de 69/72e, formant la part de Cécina. Fulcinius était institué pour 2/6e de 1/12e ou 2/72e, et Ébutius pour 1/6e de 1/12e, ou 1/72e *(sextula)*. Comme on le voit, il était héritier pour une fraction bien minime.

No 7. (Nos 18 à 21.) Les citoyens romains pouvaient être seuls institués héritiers testamentaires. Volaterre, la patrie de Cécina, avait été privée du droit de cité. Ébutius contesta donc à ce dernier sa qualité d'héritier :

« *In possessione bonorum quum esset, et quum ipse sextulam suam nimium exaggeraret, nomine heredis arbitrum familiæ erciscundæ postulavit.* »

« Cécina était en possession des biens : voyant qu'Ébutius avait une idée exagérée de son 72e, il demanda, en *sa qualité d'héritier*, la nomination d'un arbitre pour partager l'hérédité. »

Quand il y a plusieurs héritiers, chacun d'eux est propriétaire d'une quote-part de chaque objet individuel. Ainsi, supposons cinq héritiers par portions égales : chacun d'eux est propriétaire d'un cinquième des maisons, des domaines, des choses mobilières corporelles, etc. Mais pour faire cesser l'indivision et obtenir des parts divises et déterminées, au lieu de parts indivises et indéterminées, ils peuvent intenter l'action en partage, appelée à Rome action *familiæ erciscundæ*.

Le mot *familia* voulait dire patrimoine. *Erciscundæ* venait de *erctere*, partager. On disait de celui qui devait faire le partage, qu'il était arbitre, parce qu'il avait des pouvoirs bien plus étendus qu'un *judex*. (Voy. p. 155.)

Nous avions, sans hésiter, attribué ce passage à Cécina. La lecture du travail de Keller (*Pro Cécina*, p. 276 et suiv.) nous a appris que, d'après d'autres auteurs, Ébutius et non Cécina avait intenté l'action *familiæ erciscundæ*. Mais Keller démontre qu'Ébutius, contestant la qualité d'héritier à Cécina, ne pouvait réclamer le partage de l'hérédité de Césennia. En effet, ainsi que l'établissent les textes du Droit Romain, cette action n'est donnée qu'entre cohéritiers; dès lors, en intentant, Ébutius eût reconnu que Cécina *défendeur* était son cohéritier. — D'ailleurs, Cicéron représente Cécina comme un homme courageux, qui, fatigué des chicanes d'Ébutius, prend les devants, et, *quoique possesseur,* demande le partage de l'hérédité à la presque totalité de laquelle il a droit.

Par cela même qu'il était en possession, Cécina n'avait pas à craindre qu'Ébutius lui opposât l'exception : *quod præjudicium hereditati non fiat* (voy. loi 1, § 1, *famil. erciscundæ,* Digeste, liv. 10, tit. 2). L'explication de ce point nous mènerait trop loin. Mais ce n'est pas sans motifs que Cicéron dit : « *In possessione bonorum quum esset.* » Car, s'il n'eût point été en possession et qu'il eût intenté l'action *familiæ erciscundæ,* il s'exposait à voir Ébutius le renvoyer à établir *préjudiciellement* sa qualité d'héritier.

Ce dernier se prétendit alors propriétaire du fonds litigieux : « *Quid ais? Tuus ille fundus est, quem sine ulla controversia quadriennium, hoc est, ex quo tempore fundus veniit, quoad vixit, possedit Cæsennia? Usus enim, inquit, ejus, et fructus fundi, testamento viri, fuerat Cæsenniæ.* » « Que dites-vous? Ce fonds que Césennia a possédé sans controverse pendant quatre ans, depuis qu'il a été vendu, tant qu'elle a vécu, ce fonds est à vous. — Mais, reprend-il, Césennia, d'après le testament de son mari, en avait l'usufruit. »

Fulcinius avait acquis le fonds litigieux, puis il avait laissé l'usufruit de ses biens à sa femme Césennia. Fulcinius fils, son héritier testamentaire, laissa la plus grande partie de ses biens à sa mère déjà usufruitière de ce fonds litigieux qui fut vendu après la mort de Fulcinius, bien entendu, sans porter atteinte à l'usufruit de Césennia.

Cicéron soutenait que Césennia avait acheté ce fonds par l'intermédiaire d'Ébutius, et quelle l'avait loué et possédé pendant quatre ans. On objectait que c'était à titre d'usufruitière, et non à titre de propriétaire, qu'elle avait agi.

A l'objection, il répondait probablement que Césennia, étant devenue propriétaire, l'usufruit s'était éteint. En effet, pour être usufruitier, il faut jouir *rebus alienis*, de la chose d'autrui. Le propriétaire jouit de sa chose à titre de propriétaire, et non d'usufruitier : de là, l'axiome juridique : NEMINI RES SUA SERVIT; *personne n'a de servitudes sur sa propre chose.*

Là était donc la question. Les faits de possession avaient-ils été exercés par quelqu'un qui se disait propriétaire, comme le prétendait Cicéron, ou bien par une usufruitière, comme le soutenait Ébutius?

Cécina, deuxième mari et héritier de Césennia, consentit à plaider sur la question de propriété. Un jour fut pris pour se rendre sur le fonds litigieux, où Cécina subirait la *deductio* conforme aux mœurs : « *Quo die in rem præsentem veniretur, et de fundo Cæcina moribus deduceretur.* »

On s'était donc donné rendez-vous pour accomplir les formalités de l'action en revendication (voy. plus haut, p. 237) (1), mais Cécina fut repoussé avec violence par des hommes armés.

Nº 8. (Nºs 22 et 23.) « *Ex quo, ex conventu, vim fieri oportebat.* » « Cécina s'efforce de pénétrer dans l'endroit où, d'après les conventions, la violence légale devait avoir lieu. »

« *His rebus ita gestis, P. Dolabella prætor interdixit, ut est consuetudo, de vi, hominibus armatis, sine ulla exceptione, tantum, « ut unde dejecisset, restitueret. » Restituisse se, dixit. Sponsio facta est. Hac de sponsione vobis judicandum est.* »

« Le préteur Dolabella rendit l'interdit en usage *de vi*, *hominibus armatis*, qui ne comporte aucune exception, et porte seulement que le spoliateur doit restituer le lieu d'où il a expulsé (*ut inde dejecisset, restitueret*); il prétend qu'il a restitué; la *sponsio* a été faite; vous avez à juger sur cette *sponsio*. »

Ce passage est précieux. Cicéron a toute l'exactitude, toute la précision d'un jurisconsulte romain.

(1) Dans le discours *Pro Cæcina*, Cicéron suppose que la *deductio* était réelle; dans le discours *Pro Murena*, qu'elle était fictive. Nous reviendrons sur ce point.

Il nous apprend d'abord que Dolabella rendit l'interdit *de vi armata*, d'après lequel le spolié devait recouvrer la possession, quand même il aurait possédé *vi, clam, precario ab adversario* (voy. p. 234); aussi, dit-il, *sine exceptione*, sans que le spoliateur pût opposer une exception, c'est-à-dire, une restriction à l'interdit, sans qu'il pût répondre : *mais le spolié possédait* vi, clam, precario *à mon égard*. L'interdit ne contenait pas ces expressions; il portait seulement : « *Ut unde dejecisset, restitueret.* » Du moment où l'on avait fait subir une *dejectio*, on devait restituer. Nous pouvons voir que jusqu'ici le passage de Cicéron est en harmonie parfaite avec ce que Gaius enseigna plus tard.

Ce jurisconsulte nous fournira encore l'explication de la fin du passage. Au Commentaire 4 (§ 142), il divise les interdits en trois classes : les uns ordonnent une exhibition et sont dits exhibitoires; les autres intiment une restitution et sont dits restitutoires; enfin, d'autres prescrivent une prohibition et sont dits prohibitoires. L'interdit *unde vi* était restitutoire. Au § 141, Gaius dit : « *Et modo cum pœna agitur, modo sine pœna : cum pœna, velut cum per sponsionem agitur; sine pœna, velut cum arbiter petitur. Et quidem ex prohibitoriis interdictis semper per sponsionem agi solet; ex restitutoriis vero vel exhibitoriis, modo per sponsionem, modo per formulam agitur quæ arbitraria vocatur.* »

Cum pœna, lorsque le demandeur disait au défendeur : « SPONDESNE... SI CONTRA EDICTUM PRÆTORIS ME DEJECERIS? » « *Me promettez-vous tant, si vous m'avez fait subir une* dejectio *contrairement à l'édit du préteur?* » Le défendeur répondait : « SPONDEO. » « *Je promets.* » Il y avait alors *sponsio*. Le défendeur, à son tour, disait au demandeur : « SPONDESNE... SI CONTRA EDICTUM PRÆTORIS TE NON DEJECERIM? » « *Me promettez-vous tant, si je n'ai pas fait subir la* dejectio *contrairement à l'edit du preteur?* » Le demandeur répondait : « SPONDEO. » C'était la *restipulatio*. La partie qui succombait payait, soit le montant de la *sponsio*, soit le montant de la *restipulatio*. On agissait au contraire *sine pœna*, quand la formule portait : « SI PARET A. NUMERIO NEGIDIO CONTRA EDICTUM PRÆTORIS A. AGERIUM DEJECTUM FUISSE; NEQUE EA RES RESTITUATUR, JUDEX CONDEMNA : SI NON PARET ABSOLVE. » « *S'il appert que N. Negidius a fait subir à A. Agerius la* dejectio *contrairement à l'édit, et s'il ne restitue pas, juge, condamne : sinon absous.* » C'était la formule pe-

titoria (voy. plus haut, p. 212). Il n'y avait alors ni *sponsio*, ni *restipulatio*.

On était libre, dans les interdits restitutoires, d'agir soit *cum pœna*, soit *sine pœna*, en réclamant au préteur une formule dite *arbitraire* (voy. Gaius, Comm. 4, § 141, que nous venons de citer, et § 162, 163, 164 et 165, et plus haut, p. 212, sur l'action arbitraire). Peut-être, au temps de Cicéron, ne pouvait-on agir que *per sponsionem*. Ce qu'il y a de certain, c'est que, dans l'espèce, on avait agi *per sponsionem*. Aussi dit-il en terminant : « *Hac de sponsione vobis judicandum est.* » En effet, la formule portait : « *Si paret Numerium Negidium Aulo Agerio* XXV *nummos sestercios dare oportere.* » *S'il appert qu'un tel doive tant.* Or, pour que le défendeur fût débiteur, il fallait que le demandeur prouvât que son adversaire avait contrevenu à l'interdit. Les *recuperatores* étaient donc appelés à prendre connaissance de l'interdit *unde vi*, pour prononcer ensuite sur le mérite de la *sponsio* et de la *restipulatio*.

Ils avaient à connaître de deux formules : l'une, d'après laquelle le demandeur Aulus Agerius se prétendait créancier de Numerius Negidius, c'était celle de la *sponsio;* l'autre, celle de la *restipulatio*, ainsi conçue : « *Si paret A. Agerium N. Negidio sestercios* XXV *nummos dare oportere*, » et dans laquelle N. Negidius, défendeur d'après la formule de la *sponsio*, était demandeur. Si les récupérateurs décidaient que N. Negidius avait contrevenu à l'édit du préteur, ils le condamnaient à payer le montant de la *sponsio*, et ils prononçaient l'absolution de son adversaire quant à celui de la *restipulatio*. Si, au contraire, ils jugeaient que N. Negidius n'avait pas contrevenu à l'édit du préteur, ils l'absolvaient du montant de la *sponsio*, et condamnaient son adversaire à lui payer celui de la *restipulatio*. (L'action était, dans les deux cas, une *condictio certi*, p. 153. — *Junge*, p. 112 et 198).

N° 10. (N° 27.) Cicéron a commencé la discussion de la cause. Il parle des témoins de cette affaire, et notamment de deux qui ont attesté que, lorsqu'Ébutius menaçait Cécina, celui-ci demanda que la *deductio* eût lieu conformément à l'usage. « *Ibi tum Cæcinam postulasse, ut moribus deductio fieret.* » (Voy. p. 237.)

« *P. Cæsennius auctor fundi.* » *Auctor* désigne celui qui doit *auctoritatem præstare*, prester la garantie à l'acheteur contre toute éviction. « *Auctoritas, id est, actio pro evictione,* » dit un jurisconsulte romain. On dit du vendeur et du donateur qu'ils sont les auteurs de l'acheteur et du donataire; or, Césennius héritier de Fulcinius, avait mis en vente le fonds que, suivant Cicéron, Césennia avait acheté.

N° 11. (N°s 31, 32 et 33.) Il a établi par témoins, ajoute-t-il, qu'il y avait eu violence à main armée (1). Il attaque maintenant la défense d'Ébutius qui consistait à dire : « *Non dejeci sed obstiti.* »

Nous avons vu que, pour triompher dans l'interdit *unde vi,* il fallait avoir subi une *dejectio,* être *dejectus. Unde tu illum vi* DEJECISTI, disait l'interdit. Ébutius répondait : Je n'ai pas fait subir une *dejectio* à Cécina, car il ne possédait pas; je l'ai seulement empêché de pénétrer sur le fonds.

Cicéron ajourne la réponse à cet argument, qui, du reste, était excellent, et à la réfutation duquel il consacrait plus de la moitié de ce discours. Il continue donc en ces termes : « *Est hæc res posita, quæ ab adversario non negatur : Cæcinam, quum ad constitutam diem tempusque venisset, ut vis ac deductio moribus fieret, pulsum prohibitumque esse vi, coactis hominibus et armatis. Quum hoc constet, ego homo imperitus juris, ignarus negotiorum ac litium, hanc puto me habere actionem, ut per interdictum meum jus teneam, atque injuriam tuam persequar. Fac in hoc errare me, nec ullo modo posse per hoc interdictum id assequi, quod velim : te uti in hac re magistro volo. Quæro, sitne aliqua hujus rei actio, an nulla. Convocari homines propter possessionis controversiam non oportet; armari multitudinem, juris retinendi causa, non convenit. Nec juri quidquam tam*

(1) Keller (p. 391) recherche l'intérêt qu'Ébutius, possesseur du fonds litigieux, pouvait avoir à repousser Cécina qui venait accomplir la *deductio quæ moribus fiebat.* Ce point est très-obscur, dit-il, car on n'a que la version de l'adversaire; peut-être voulait-il seulement gagner du temps et retarder la décision sur la propriété du fonds litigieux, afin que ce fonds ne fût pas compris dans l'action en partage (*familiæ erciscundæ*) que Cécina avait intentée.

Keller finit par penser, avec Hotman, que Cécina, le premier, avait usé de violence à l'égard de son adversaire, et qu'il avait été simplement repoussé par Ébutius. Aussi celui-ci disait-il, comme nous allons le voir, « *non dejeci, sed obstiti.* »

inimicum, quam vis; nec æquitati quidquam tam infestum est, quam convocati homines et armati. »

« Voici le fait qui n'est pas dénié par l'adversaire. Cécina étant venu au jour et au moment fixés pour que la violence et la *deductio* eussent lieu conformément à l'usage (voy. p. 237), il a été repoussé avec violence, et des hommes armés l'ont empêché de pénétrer sur le fonds. Cela étant constant, moi qui ignore le Droit, qui ne suis versé ni dans la science des affaires, ni dans celle des procès, je pense que pour défendre mon droit, pour demander réparation de l'injure, j'ai une action en vertu même de l'interdit du préteur. Supposons que je me trompe et que je ne puisse atteindre, à l'aide de l'interdit, ce que je recherche, je désire que, dans cette affaire, vous me serviez de maître. Je vous le demande, ai-je action à raison de ce fait? Oui ou non? Certes, on ne doit pas rassembler des hommes alors qu'une controverse s'élève sur la possession, on ne doit pas armer la multitude pour conserver son droit. Rien n'est plus opposé au droit que la violence; rien n'est plus contraire à l'équité qu'un rassemblement d'hommes armés. »

Nº 12. (Nºs 33, 34 et 35.) Ébutius est censé répondre : « *Quid ergo est? impune feci. Nam, quod agas mecum ex jure civili ac prætorio, non habes.* » « Quoi donc, j'ai agi impunément. Vous n'avez aucune action ni du Droit civil, ni du Droit prétorien. » Mais, reprend Cicéron : « *Itane vero, recuperatores? hoc vos audietis? et apud vos dici patiemini sæpius? quum majores nostri tanta diligentia prudentiaque fuerint, ut omnia omnium non modo tantarum rerum, sed etiam tenuissimarum jura statuerint, persecutique sint; ut hoc genus unum, vel maximum, prætermitterent : ut, si qui me exire domo mea coegissent armis, haberem actionem; si qui introire prohibuissent, non haberem?* »

« Quel discours, récupérateurs! Le souffrirez-vous plus longtemps? Quoi! nos ancêtres ont mis leurs soins et leur prévoyance à fixer les droits et à donner les moyens de les réclamer non-seulement dans les plus grandes, mais même dans les plus petites affaires, et ils auraient omis ce genre d'affaires, l'un des plus importants; de sorte que si, avec des armes, on me forçait de sortir de ma maison, j'aurais une action, et si on m'empêchait d'y pénétrer, j'en serais dépourvu. »

L'orateur résume ainsi la défense de Pison, avocat d'Ébutius : « *Si Cæcina, quum in fundo esset, inde dejectus esset, tum per hoc interdictum eum restitui oportuisse; nunc vero dejectum nullo modo esse inde, ubi non fuerit; hoc interdicto nihil nos assecutos esse.* »

« Si Cécina eût été *dejectus*, alors qu'il était sur le fonds, il faudrait lui restituer la possession en vertu de l'interdit; mais il n'a pu être chassé d'un lieu où il ne se trouvait pas; donc nous n'avons rien atteint à l'aide de l'interdit. »

Nous avons déjà dit que pour subir la *dejectio*, pour invoquer l'interdit *unde vi*, il fallait avoir possédé, et possédé juridiquement. Ce principe est formulé par Ulpien (loi 1, § 23, *De vi et de vi armata*, liv. 43, tit. 16) : « *Interdictum autem hoc nulli competit, nisi ei, qui tunc, cum dejiceretur, possidebat : nec alius dejici visus est, quam qui possidet.* » La défense de Pison et d'Ébutius, son client, était donc fondée sur ce point de droit.

Cicéron se contente de répondre pour le moment : « *Quæro, si te hodie domum tuam redeuntem coacti homines et armati, non modo limine tectoque ædium tuarum, sed primo aditu vestibuloque prohibuerint, quid acturus sis. Monet amicus meus te, L. Calpurnius, ut idem dicas, quod ipse antea dixit, injuriarum. Quid id ad causam possessionis? quid ad restituendum eum, quem oportet restitui?... Ages injuriarum. Plus tibi ego largiar. Non solum egeris, verum etiam condemnaris licet : numquid magis possidebis? Actio enim injuriarum non jus possessionis assequitur, sed dolorem imminutæ libertatis judicio pœnaque mitigat.* »

« Je vous le demande, Pison, si aujourd'hui un rassemblement d'hommes armés vous empêchait de pénétrer, je ne dis pas seulement sur le seuil et dans l'intérieur de votre maison, mais même dans les premiers portiques et dans le vestibule, que feriez-vous? Votre ami Calpurnius vous engage à répondre : J'agirais par l'action d'injures. Mais en quoi cette action aurait-elle rapport à la possession? Que procurerait-elle à celui auquel la restitution devrait être faite?... Vous agirez par l'action d'injures. Je vous accorde davantage : non-seulement vous agirez, mais vous obtiendrez une condamnation. En posséderez-vous davantage? L'action d'injures n'atteint pas la possession, mais elle tempère, par l'instance et la peine, la douleur que l'on a ressentie en voyant sa liberté attaquée. »

On sait ce que l'on entend par action d'injures (voy. p. 215). Elle ne donnait lieu qu'à une condamnation pécuniaire. Aussi Cicéron dit-il que, même en triomphant dans cette action, on n'aurait pas la possession. Mais Pison pouvait répondre victorieusement : Quand on m'empêche de pénétrer dans ma maison, on me fait subir une *dejectio*, car je la possède. Cécina, au contraire, n'a jamais possédé le fonds litigieux, et, par conséquent, n'ayant pas subi une *dejectio*, il ne peut invoquer l'interdit *unde vi*. Ébutius l'a seulement empêché de pénétrer sur le fonds, c'était son droit (*non dejecit sed obstitit.*) Cécina n'avait pas même la *détention* du fonds, Ébutius pouvait donc l'en écarter. (Sur la détention, p. 134.)

On remarquera que la défense de ce dernier se réduisait à ce seul argument : Cécina ne possédait pas, il n'a pu être *dejectus*, on l'a seulement empêché d'entrer.

Cicéron, en défenseur habile, décompose l'argument en deux parties. Il feint d'abord que Pison a répondu : « *Non dejeci sed obstiti*, » et il s'efforce de triompher de cette partie. Il passe ensuite à la seconde, qui consistait à dire : Cécina ne possédait pas, et il tâche de prouver 1° qu'il n'était pas nécessaire de posséder dans l'interdit *de vi armata;* 2° qu'en tout cas son client possédait.

N° 13. (N°s 36, 37, 38, 39.) Il continue : « *Prætor interea, Piso, tanta de re tacebit? quemadmodum te restituat in ædes tuas, non habebit? Qui dies totos aut vim fieri vetat, aut restitui factam jubet; qui de fossis, de cloacis, de minimis aquarum itinerumque controversiis interdicit, is repente obmutescet?* »

« Pison, le préteur, gardera-t-il le silence en présence d'un évènement si grave? N'aura-t-il pas des moyens pour vous faire *restituer* dans votre maison, lui qui tous les jours défend qu'on fasse violence, ou ordonne que l'on restitue la possession alors qu'il y a eu violence; lui qui rend des interdits sur les fossés, les égoûts, et sur les moindres controverses en matière d'eaux ou de chemins, se taira tout à coup? »

Parmi les interdits relatifs à la possession, les uns, avons-nous dit, étaient *recuperandæ possessionis* (comme l'interdit *unde vi*); les autres, *retinendæ possessionis*. Dans ceux-ci, le préteur défendait que l'on troublât la possession (*vim fieri veto*). Cicéron fait allusion à ces interdits, par ces mots : « *Qui dies totos aut vim fieri vetat.* » Il fait au contraire allusion à l'interdit *unde vi*, par ceux-ci : « *Aut restitui factam jubet.* » Le préteur donnait aussi des interdits à celui qui était troublé dans les réparations qu'il voulait faire à un fossé, à un égoût (*de rivis — de cloasis*); à celui qu'on empêchait de puiser à une source, ou bien qui était inquiété dans l'exercice d'un droit de passage qu'en fait il exercait sur le terrain d'autrui (*de itinere — actuque privato — de fonte*, etc., voy. liv. 43, au Digeste). Aussi l'orateur dit-il : « *Qui de fossis, de cloacis, de minimis aquarum itinerumque controversiis interdicit.* »

Il continue : « *Quid enim dicet? aut quid tu, tam insigni accepta injuria, postulabis? unde vi* PROHIBITUS SIS? *Nemo unquam interdixit...... Unde* DEJECTUS? *Quid proficies, quum illi hoc respondebunt tibi, quod tu nunc mihi : armatos tibi obstitisse, ne in ædes accederes; dejici porro nullo modo potuisse, qui non accesserit?* »

« Que dira le préteur? ou plutôt, que demanderez-vous après avoir reçu cette insigne injure? Réclamerez-vous un interdit ainsi conçu : *unde vi prohibitus sis?* Mais le préteur n'a jamais rendu un pareil interdit...... *Unde dejectus?* Mais à quoi cela vous servirait-il? On vous répondrait ce que vous me répondez : on vous a opposé des hommes armés qui vous ont empêché de pénétrer dans votre maison, mais vous n'avez pu être *dejectus*, puisque vous n'en avez pas approché. »

Cicéron allègue que jamais l'on n'a donné un interdit dont la formule fût ainsi conçue : *Unde vi prohibitus*, et que l'interdit *unde vi*, dans ses termes, suppose la *dejectio*. Mais Pison eût pu lui répondre : J'obtiendrais alors l'interdit *unde vi*, car j'aurais été réellement *dejectus* et non pas simplement *prohibitus*. Cicéron jouait donc sur les mots.

Il prête ensuite à Pison la défense suivante : « *Dejicior ego, inquis, si quis meorum dejicitur omnino.* » « Je suis *dejectus*, si quelqu'un des miens subit une *dejectio*. » Pison avait raison, mais Cicéron s'empare de l'aveu : « *Jam bene agis. A verbis enim recedis, et æquitate uteris. Nam verba ipsa si sequi volumus, quomodo tu dejiceris, quum servus tuus dejicitur? Verum ita est, uti dicis. Te dejectum debeo intelligere, etiamsi tactus non fueris : nonne?* »

« Cela est bien. Vous vous éloignez des termes de l'interdit, et vous invoquez l'équité. Si nous nous attachons aux termes de l'interdit, comment pourrez-vous soutenir que vous avez subi la *dejectio,* alors que votre esclave est *dejectus (unde tu illum vi dejecisti,* dit l'interdit.) Ce que vous dites est bien fondé. Je dois vous regarder comme *dejectus,* même si on ne vous a pas touché, n'est-il pas vrai? »

Pison probablement répondait : Mais on ne se contentera pas de m'interdire l'entrée de la maison, on empêchera mes esclaves d'y pénétrer, et alors je serai *dejectus.* Il avait raison, car Ulpien (loi 1, § 22, *De vi et vi armata,* liv. 43, tit. 16, au Digeste) dit : « *Quod servus, vel procurator, vel colonus tenent, dominus videtur possidere : et ideo his dejectis, ipse dejici de possessione videtur, etiam si ignoret eos dejectos, per quos possidebat. Et si quis igitur alius, per quem possidebam, dejectus fuerit, mihi competere interdictum, nemini dubium est.* »

Cicéron en tire cette conséquence, qu'il ne faut pas prendre l'interdit à la lettre; car il suppose, dans son contexte, que le demandeur a lui-même subi la *dejectio.* C'est un point de départ que l'orateur exploitera habilement en invoquant l'équité, et en s'efforçant d'étendre les termes de l'interdit pour faire triompher la cause de Cécina.

Il continue : « *Age nunc, si ne tuorum quidem quisquam loco motus erit, atque omnes in ædibus adservati ac retenti ; tu solus prohibitus, et a tuis ædibus vi atque armis perterritus : utrum hanc actionem habebis, qua nos usi sumus, an aliam quampiam, an omnino nullam.* »

« Allons plus loin. Supposons qu'aucun des vôtres n'ait été déplacé, que tous aient été gardés et retenus dans votre maison, que vous seul en ayez été éloigné, après avoir été effrayé par la violence et les armes, aurez-vous l'action que nous avons intentée, ou bien une autre, ou bien n'en aurez-vous aucune? »

Aucune, c'est impossible, dit l'orateur; une autre, faites-nous la connaître : « *Hæc si est, qua nos usi sumus; te judice, vincamus necesse est. Non enim vereor, ne hoc dicas, in eadem causa, eodem interdicto, te oportere restitui, Cæcinam non oportere.* »

« Si c'est celle que nous avons intentée, de votre propre aveu nous devons l'emporter. Je ne crains pas de vous voir soutenir que dans une affaire identique, vous deviez obtenir la restitution par le même interdit, et que cette restitution ne doive pas être accordée à Cécina. »

Pison pouvait répondre : Ce n'est pas la même cause, car je serais *dejectus*, et Cécina ne l'a pas été.

« *Etenim cui perspicuum non sit, ad incertum revocari bona, fortunas, possessiones omnium, si ulla ex parte sententia hujus interdicti deminuta, aut infirmata sit? si auctoritate virorum talium vis armatorum hominum judicio approbata videatur, in quo judicio non de armis dubitatum, sed de verbis quæsitum esse dicatur? Isne apud vos obtinebit causam suam, qui se ita defenderit* : EJECI (1) *ego te armatis hominibus, non* DEJECI; *ut tantum facinus non in æquitate defensionis, sed in una littera latuisse videatur?* »

« Pour qui n'est-il pas évident que les biens, les fortunes, les possessions de tous retombent dans l'incertitude, si on détruit ou si l'on amoindrit, même pour la plus petite partie, la force de l'interdit? Si la violence causée par des hommes armés paraît approuvée par l'autorité d'hommes aussi importants, dans un procès où l'on ne dispute pas sur la question de savoir s'il y avait des hommes armés, mais où l'on discute sur des mots, donnerez-vous gain de cause à celui qui se défendra de la manière suivante : *Ejeci..... sed non dejeci* (on ne peut guère traduire ce passage; on pourrait cependant dire avec un traducteur : *Je vous ai repoussé, je ne vous ai pas chassé*). De sorte qu'un pareil forfait disparaîtrait non pas sous l'équité de la défense, mais sous une seule lettre. »

Cicéron pousse l'argument de Pison à l'absurde. Mais celui-ci ne disait pas : *non dejeci, sed ejeci;* il raisonnait de la manière suivante : pour être *dejectus*, il faut posséder; or, Cécina ne possédait pas; donc il n'a pas été *dejectus*. Le syllogisme était inattaquable (2).

(1) Suivant Keller, il faut lire : *rejeci*, je vous ai repoussé.

(2) Hotman (édition de 1600, 3e vol., p. 1118) dit : « *Quibus omnibus respondet Cicero mea sententia, calumniose, et ad tempus causamque nimis accommodate.* » Voy. aussi la paraphrase de la défense de Pison, par Keller, p. 378. Le § 91 des Fragments du Vatican parle de l'interdit *unde vi* étendu à l'usufruitier qui était *dejectus* du fonds dont il avait la jouis-

No 14. (Nos 39, 40 et 41.) « *Quid ergo? hoc quam habet vim? ut illa res aliquid aliqua ex parte differre videatur, utrum, pedem quum intulero, atque in possessionem vestigium fecero, tum expellar atque dejiciar; an, quum eadem vi, atque iisdem armis, mihi ante occurratur, ne non modo intrare, verum etiam adspicere, aut adspirare possim? quî hoc ab illo differt? ut ille cogatur restituere, qui ingressum expulerit; ille, qui ingredientem repulerit, non cogatur?* »

« En quoi cette distinction peut-elle être fondée? Quelle différence y a-t-il entre mettre le pied sur le fonds et y laisser trace de ma possession, pour en être chassé (*dejectus*), ou bien être empêché tout d'abord par la violence et par les armes d'y pénétrer, de le regarder, et même de pouvoir essayer d'en approcher? En quoi ces deux faits diffèrent-ils? Celui qui m'a chassé, alors que j'étais entré, sera tenu de restituer la possession, et il n'en sera pas de même de celui qui m'a empêché d'entrer. »

C'est toujours le même talent pour donner le change sur un principe de droit.

« *Hujusce generis una est actio per hoc interdictum, quo nos usi sumus, constituta.* »

« Il n'y a qu'une action possible, c'est celle que donne l'interdit et que nous avons intentée. »

L'orateur prétend ensuite que si cet interdit n'a aucun trait à l'affaire, il faut en accuser les anciens. Ils ont alors omis de donner une action dans un cas pareil, ou ils en ont donné une qui, par ses termes, n'embrasse pas toutes les hypothèses *(causam et rationem juris)*. Il continue ainsi : « *Periculosum est dissolvi hoc interdictum; est captiosum omnibus, rem ullam constitui ejus modi, quæ, quum armis gesta sit, rescindi jure non possit.* »

« Il est dangereux de détruire cet interdit; il serait fatal pour tous de pouvoir, à l'aide des armes, faire une chose que le Droit ne pourrait annuler. »

Pison pouvait encore répondre : Mais le Droit civil était muet sur les attentats en matière de possession, le préteur n'a peut-être pas prévu tous les cas; d'ailleurs, il a voulu protéger celui qui possède et non celui qui n'a pas la possession. Ébutius se

sance. On y rencontre ces expressions : « *Qui uti frui prohibitus est,* PROPRIE DEJECTUS DICI NON POTEST. »

prétendait propriétaire et possédait le fonds dont Cécina n'était pas possesseur, mais dont il se disait propriétaire. Il a pu dès lors repousser ce dernier qui venait pour en prendre possession, c'est le cas de légitime défense. Que Cécina intente donc l'action en revendication, si bon lui semble. En admettant même qu'il soit venu pour accomplir la violence symbolique, la *deductio quæ moribus fit,* et qu'il ait été repoussé, toujours est-il qu'il n'a pas été *dejectus,* et qu'en conséquence l'interdit ne lui est pas applicable. Il lui reste l'action d'injures et même la revendication, et si Ébutius ne veut pas défendre, Cécina se fera envoyer en possession par le préteur. (Voy. p. 103.)

Cicéron ajoute lui-même : « *Quæramur, inquit, licet; tamen hoc interdicto Æbutius non tenetur. Quid ita? Quod vis Cæcinæ facta non est.* »

« Permis à vous de vous plaindre : mais Ébutius n'est pas tenu par l'interdit. Pourquoi? Parce que l'on n'a pas fait violence à Cécina. »

Dans le reste du numéro et dans le suivant, l'orateur s'efforce de prouver qu'il y avait eu violence.

Voici, sur ce dernier point, l'opinion des jurisconsultes romains : Ulpien, dans la loi 1, § 29, *De vi et de vi armata* (liv. 43, tit. 16, au Digeste), nous dit : « *Labeo ait, eum, qui metu turbæ perterritus fugerit, videri dejectum.* » Labéon enseignait que celui qui s'était enfui après avoir été épouvanté par une troupe paraissait avoir subi une *dejectio.* Ulpien continue : « *Sed Pomponius ait, vim sine corporali vi locum non habere.* » Mais Pomponius disait qu'il n'y avait violence que si elle était faite au corps; il exigeait la *vis corporalis.* Ulpien donne son opinion : « *Ego, etiam eum, qui fugatus est supervenientibus quibusdam,* SI ILLI VI OCCUPAVERUNT POSSESSIONEM, *videri vi dejectum.* » Il pensait donc qu'il y avait *dejectio* si, par suite de violence, la fuite avait eu lieu en présence des agresseurs, et si ces derniers s'étaient ensuite emparés du fonds. Cicéron était de l'avis qui a prévalu.

Nº 16. (Nºs 45, 46, 47.) « *At vero hoc quidem jam vetus est, et majorum exemplo multis in rebus usitatum : quum ad vim faciundam veniretur, si quos armatos quamvis procul conspexissent, ut statim testificati discederent, optime sponsionem facere possent,* SI ADVERSUS EDICTUM PRÆTORIS VIS FACTA ESSET. »

« Mais c'est une coutume déjà bien ancienne et confirmée par l'exemple de nos ancêtres. Lorsque l'on venait pour accomplir la violence symbolique (allusion à la *deductio quœ moribus fit*), si l'on avait aperçu de loin des hommes armés, on faisait attester la chose et on s'éloignait, puis on pouvait très-bien faire la *sponsio* : « *Si la violence avait été faite contrairement à l'édit du préteur.* »

Cicéron nous apprend ainsi ce qui se passait quand l'une des parties arrêtait l'accomplissement des formalités de l'action en revendication. L'autre partie faisait la *sponsio* suivante : « Me promettez-vous tant si vous avez, par la violence, contrevenu à l'édit du préteur? » C'était, en effet, le magistrat qui avait envoyé les plaideurs sur le terrain litigieux pour accomplir les formalités voulues, c'était donc contrevenir à son édit que d'employer la violence et d'empêcher la *vis civilis* et *festucaria*, comme dit Aulugelle.

Pison eût pu répondre que Cécina n'était pas *dejectus*, et qu'il se trouvait justement dans la situation expliquée par son défenseur.

Nº 17. (Nºs 49 et 50.) S'adressant à Ébutius, Cicéron lui dit : « *Jam vim factam negare non potes : dejectus quemadmodum sit, qui non accesserit, id quœritur. Demoveri enim et depelli de loco necesse est eum, qui dejiciatur : id autem accidere ei qui potest, qui omnino in eo loco, unde se dejectum esse dicit, nunquam fuit? Quod si fuisset, et ex eo loco, metu permotus, fugisset, quum armatos vidisset : diceresne esse dejectum? Opinor. An tu, qui tam diligenter et tam callide verbis controversias, non œquitate, dijudicas, et jura non utilitate communi, sed litteris exprimis; poterisne dicere, dejectum esse eum, qui tactus non erit? Quid? Detrusum dices? Nam eo verbo antea prœtores in hoc interdicto uti solebant.* »

« Vous ne pouvez nier qu'il n'y ait eu violence. Mais comment, dites-vous, peut-on considérer comme *dejectus* celui qui ne s'est pas approché du fonds? Pour être *dejectus* d'un endroit, il faut être repoussé de cet endroit; or, cela ne peut arriver à celui qui n'a jamais été dans le lieu dont il se prétend *dejectus*. — S'il avait été dans cet endroit et si, frappé de crainte en voyant les hommes armés, il se fût enfui, diriez-vous qu'il a été *dejectus?* — Je le pense. — Mais vous, qui tranchez les controverses avec soin et avec ruse, par les paroles et non par l'équité; vous qui placez le droit dans la lettre et non dans l'utilité commune, direz-vous que celui qui n'a pas été touché a été *dejectus?* Direz-vous qu'il a été *detrusus?* Car les préteurs, auparavant, se servaient de cette expression. »

Cicéron joue ensuite sur les mots *dejectus* ou *detrusus.* « *Dejectus vero qui potest esse quisquam, nisi in inferiorem locum de superiore motus.* » « Peut-on dire *dejectus,* celui qui n'a pas été précipité du haut en bas? »

« *Quid ergo? hoc interdictum putamus eorum esse causa compositum, qui se præcipitatos ex locis superioribus dicerent? eos enim vere possumus dicere esse dejectos.* »

« Quoi! Cet interdit a-t-il été composé seulement pour ceux qui se disent précipités du haut en bas? Nous pouvons dire d'eux seuls qu'ils ont été réellement *dejecti.* »

N° 18. (Nos 50 à 53.) Suivant l'orateur, il ne faut pas s'attacher servilement aux termes de l'interdit, mais à son esprit (*sententia interdicti*) : « *Neque vero quidquam opus sit verbis, quum ea res, cujus causa verba quæsita sint, intelligatur? Quæ lex, quod senatusconsultum, quod magistratus edictum, quod fœdus, aut pactio, quod (ut at privatas res redeam) testamentum, quæ judicia, aut stipulationes, aut pacti et conventi formula non infirmari, aut convelli potest, si ad verba rem deflectere velimus; consilium autem eorum, qui scripserunt, et rationem, et auctoritatem relinquamus?* »

« A-t-on besoin de paroles, quand la chose pour laquelle les termes sont employés est bien comprise? Quelle loi, quel sénatusconsulte, quel édit de magistrats, quelle alliance, quel traité, et pour en revenir aux choses privées, quel testament, quelles actions (*judicia*), quelles stipulations, quelles formules de conventions ne seront infirmés ou annulés, si nous voulons nous assujétir aux mots et laisser de côté l'intention, le motif et la volonté de ceux qui les ont rédigés? »

(Pour le sens des expressions employées dans ce passage, voy. sur la *lex*, les sénatusconsultes, les édits des magistrats, p. 48 et suiv. — *Judicia,* p. 72. — Stipulations, p. 74. — *Pacti conventi formula.* Les Romains disaient *pactum conventum, pacta conventa;* c'était une redondance pour désigner un pacte ou une convention.)

A l'appui de sa thèse, Cicéron donne l'exemple suivant : « *Ornate et copiose L. Crassus, homo longe eloquentissimus, paullo ante, quam nos in forum venimus, judicio centumvirali hanc sententiam defendit, et facile, quum contra eum prudentissimus homo, Q. Mucius, diceret, probavit omnibus, M. Curium, qui heres institutus esset ita, mortuo postumo filio, quum filius non modo non mortuus, sed ne natus quidem esset, heredem esse oportere. Quid? verbis satis hoc cautum erat? minime. Quæ res igitur valuit? voluntas.* »

« Crassus, homme doué d'une grande éloquence, dans une instance devant le tribunal des centumvirs, a démontré cette vérité avec autant d'éclat que d'abondance. Nous n'avions pas encore paru au barreau. Il avait pour adversaire Q. Mucius, savant jurisconsulte; et cependant il n'eut pas de peine à établir que M. Curius, qui avait été institué héritier *si le fils postume venait à mourir*, devait être héritier, alors que le fils non-seulement n'était pas mort, mais même n'était pas né. Quoi? les paroles du testament l'avaient prévu? — Pas le moins du monde. — Qu'est-ce qui l'a donc emporté? — La volonté du testateur. »

Cette affaire a été expliquée, Topiques N° 10, p. 81. Cicéron y revient dans plusieurs parties de ses ouvrages.

Remarquons les mots *judicio centumvirali.* — « Une instance devant les centumvirs. » Il s'agissait d'une question d'hérédité qui était de la compétence du tribunal centumviral.

N° 19. (N°s 54, 55 et 56.) L'orateur continue d'établir que l'on doit interpréter l'interdit, non d'après le texte, mais d'après son esprit. Cette partie du discours est un chef-d'œuvre d'habileté et de science à l'appui d'une mauvaise thèse.

Autre exemple : « *Lex usum auctoritatem fundi jubet esse biennium. At utimur eodem jure in ædibus, quæ in lege non appellantur.* »

« La loi des XII Tables porte que l'on devient propriétaire d'un fonds par un usage prolongé pendant deux ans. Mais nous appliquons les mêmes principes aux maisons qui ne sont pas désignées dans la loi. » (Voy. sur ce passage, Topiques N° 4, p. 46.)

Autre exemple : « *Si via sit immunita, jubet, qua velit, agere jumentum. Potest hoc ex verbis intelligi, licere, si via sit in Bruttiis immunita, agere, si velit, jumentum per M. Scauri Tusculanum.* »

« Si la voie est impraticable, la même loi permet de mener la bête de somme par où on voudra. Avec ce texte, on peut dire que si dans le Brutium le chemin est impraticable, on pourra la conduire sur la terre de Scaurus, située dans le territoire de Tusculum? »

Godefroy a ainsi restitué le texte de la loi des XII Tables : « *Si via per amsegetes immunita escit; qua volet jumentum agito.* » (1)

Autre exemple : « *Actio est in auctorem præsentem his verbis,* QUANDOQUIDEM TE IN JURE CONSPICIO. *Hac actione Appius ille cæcus uti non posset, si tam severe homines verba consectarentur, ut rem, cujus causa verba sunt, non considerarent.* »

« L'action permise contre le débiteur présent (*auctor*, voy. p. 248) est ainsi concue : *Quand je vous aperçois in jure.* Mais s'il fallait s'attacher si sévèrement aux mots et non à la chose pour laquelle ces mots ont été employés, Appius l'aveugle n'aurait pu intenter cette action. »

Cette formule est le commencement de la procédure de l'action *sacramenti,* alors que le demandeur se prétendait créancier. Le manuscrit de Gaius contient une lacune sur ce point (voy. Gaius, Comm. 4, § 14.) On a restitué cette procédure d'une manière fort ingénieuse (2).

Autre exemple : « *Testamento si recitatus heres esset pupillus Cornelius, isque jam annos* XX *haberet; vobis interpretibus amitteret hereditatem.* »

« Le pupille Cornelius a été institué héritier, et il a 20 ans (la tutelle finissait à 12 ou 14 ans, on cessait alors d'être pupille). D'après votre interprétation, il perdrait l'hérédité. »

Enfin ajoute Cicéron : « *Hoc ipsum interdictum, de quo agitur, consideremus. Intelligetis enim in eo ipso, si in verbis jus constituamus, omnem utilitatem nos hujus interdicti, dum versuti et callidi volumus esse, amissuros.* UNDE TU, AUT FAMILIA, AUT PROCURATOR TUUS. *Si me villicus tuus solus dejecisset; non familia dejecisset, ut opinor, sed aliquis de familia. Recte igitur diceres te restituisse? quippe. Quid enim facilius est, quam probari iis, qui latine sciant, in uno servulo familiæ nomen non valere? Si vero ne habeas quidem servum, præter eum, qui me dejecerit; clames videlicet : Si habeo familiam, a familia mea fateor te esse dejectum. Neque dubium est, quin, si ad rem judicandam verbo ducimur, non re, familiam intelligamus, quæ constet*

(1) Voy. Pothier, *Pandectes,* 1er vol., édition in-folio.

(2) Voy. M. Bonjean, *Traité des Actions,* 1er vol., p. 380 et 381

ex servis pluribus; quin unus homo, familia non sit. Verbum certe hoc non modo postulat, sed etiam cogit. At vero ratio juris, interdictique vis, et prætorum voluntas, et hominum prudentium consilium et auctoritas, respuat hanc defensionem, et pro nihilo putet. »

« Jetons les yeux sur l'interdit même dont il s'agit. Vous comprendrez que si nous plaçons le droit dans des paroles, si nous voulons être fins et habiles, nous en perdrons toute l'utilité. Unde tu, etc. Si votre esclave (*villicus*) seul me chasse, certes la *familia* ne m'aura pas chassé, mais ce sera quelqu'un faisant partie de la *familia*. Direz-vous alors que la restitution est faite? Y a-t-il rien de plus facile que de prouver à ceux qui connaissent le latin que le mot *familia* ne peut désigner un seul esclave. » L'orateur développe cet argument et termine ainsi : « Le droit, l'esprit de l'interdit, la volonté du préteur, l'autorité des prudents, répudient cette défense et n'en tiennent pas compte. »

Cicéron avait raison, mais Ébutius pouvait toujours en revenir à son argument décisif : pour se dire *dejectus*, il fallait posséder, et tout l'esprit de l'adversaire n'avait pu ébranler cette défense bien simple.

Le mot *familia* désigne, comme on le voit, une masse d'esclaves. « *Recte igitur diceres te restituisse.* » Savigny (Traité de la Possession, traduction Faivre d'Audelange, p. 478) dit : « Le défendeur pouvait nier le fait allégué par le demandeur, par exemple la *dejectio*, ou se retrancher derrière une exception ; ce qu'il exprimait toujours par « *se illum restituisse.* »

N° 20. (Nos 56, 57, 58.) Cicéron continue à interpréter les termes de l'interdit *unde vi* : « *Quum sibi hoc proposuerint, ut, sive me tu dejeceris, sive tuorum quispiam, sive servorum, sive amicorum, ut servos non numero distinguant, sed appellent uno familiæ nomine : de liberis autem quisquis est, procuratoris nomine appelletur; non quo omnes sint, aut appellentur procuratores, qui negotii nostri aliquid gerant; sed in hac re, cognita sententia interdicti, verba subtiliter exquiri omnia noluerunt. Non enim alia causa est æquitatis in uno servo, et in pluribus : non alia ratio juris in hoc genere duntaxat, utrum me tuus procurator dejecerit is, qui legitime procurator dicitur omnium rerum ejus, qui in Italia non sit, absitve reipublicæ causa, quasi quidam pæne dominus, hoc est, alieni juris vicarius; an tuus colonus, aut vicinus, aut cliens, aut libertus, aut quivis, qui illam vim dejectionemque, tuo rogatu, aut tuo nomine, fecerit. Quare, si ad eum restituendum, qui vi dejectus est, eamdem vim habet æquitatis ratio; ea intellecta, certe nihil ad rem pertinet, quæ verborum vis sit, ac nominum. Tam restitues, si tuus me libertus dejecerit, nulli tuo præpositus negotio, quam si procurator dejecerit; non quo omnes sint procuratores, qui aliquid nostri negotii gerunt, sed quod in hac re quæri nihil attinet. Tam restitues, si unus servulus, quam si familia dejecerit universa : non quo idem sit servulus unus, quod familia; verum quia non, quibus verbis quidque dicatur, quæritur, sed quæ res agatur. Etiam, ut jam longius a verbo recedamus, ab æquitate ne tantulum quidem, si tuus servus nullus fuerit, sed omnes alieni, ac mercenarii; tamen et ipsi tuæ familiæ genere et nomine continebuntur.*

« Ils ont voulu, sans examiner si j'ai été *dejectus* par vous ou par l'un des vôtres, esclaves ou amis, qu'on ne distinguât pas les esclaves par leur nombre, mais que l'un d'eux même fût désigné par le mot *familia*. Quant aux hommes libres, ils sont tous compris sous le nom de procureur. Tous ceux qui gèrent nos affaires ne sont cependant pas des procureurs, et ne reçoivent pas cette qualification, mais, dans cette matière, l'esprit de l'interdit étant connu, ils n'ont pas voulu que l'on en recherchât toutes les expressions avec subtilité. L'équité ne varie pas suivant qu'il y a un ou plusieurs esclaves : le droit ne doit pas changer, parce que j'ai été *dejectus* par votre procureur légalement appelé procureur, comme chargé de l'administration de tous les biens d'une personne qui n'habite pas l'Italie ou est absente pour cause de la république, c'est-à-dire procureur presque maître de l'affaire, remplaçant d'une personne qui ne peut faire valoir ses droits (*vicarius alieni juris*), ou parce que la *dejectio* provient du fait de votre colon, de votre voisin, de votre client, de votre affranchi, ou de tout autre qui m'aura fait subir cette *dejectio*, et aura commis ces actes de violence à votre instigation et en votre nom. Si l'équité a la même force pour faire restituer celui qui a été *dejectus* par violence, certes, peu importe, du moment où elle existe, la force des paroles et des mots? Vous me restituerez aussi bien si votre affranchi, non préposé à vos affaires, me fait subir une *dejectio*, que si c'est votre procureur; certes, tous ceux qui font quelque chose pour nous ne sont pas procureurs, mais quand il est question de l'interdit, cela est indifférent. Vous restituerez si un seul esclave me fait subir une *dejectio* tout comme si c'était toute la *familia*, cependant, un esclave ou la *familia* ne sont pas la même chose, c'est qu'il ne faut pas s'attacher aux termes, mais à ce qui a été fait. Bien plus, en nous écartant encore davantage du texte et en invoquant l'équité, si des esclaves étrangers et mercenaires, et non vos esclaves, me faisaient subir une *dejectio*, ils seraient désignés comme faisant partie de votre *familia* et ils y seraient compris. »

Quoique l'interprétation que donne Cicéron des termes de l'interdit soit très-raisonnable et soit confirmée par les jurisconsultes romains, cependant, dans son discours *Pro Tullio* (voir *infra*), il enseigne que l'adoption de ces principes fit difficulté.

N° 21. (Nos 59 et 60.) Il continue de discuter les termes de l'interdit qui portait : « *hominibus coactis armatisque.* » Sur le mot *coactis*, Cicéron établit qu'il n'est pas nécessaire que les hommes aient été rassemblés : il suffit qu'ils se soient rassemblés eux-mêmes, cas auquel ils ne sont pas *coacti*. Il pourrait même se faire qu'ils fussent déjà d'avance sur le fonds, occupés à le cultiver, peu importe, l'équité veut que l'on soit, sinon dans les termes exacts, au moins dans l'esprit de l'interdit.

Sur le mot *armatis*, l'orateur prouve qu'il y a des armes, du moment où l'on se sert de pierres, de bâtons : « *Quid igitur? si glebis, aut saxis, aut fustibus aliquem de fundo præcipitem egeris; jussusque sis, quem hominibus armatis dejeceris, restituere : restituisse te dices ?* »

« Quoi donc, si avec des mottes de terre, des pierres, des bâtons, vous chassez quelqu'un de son domaine, et si vous recevez l'ordre de restituer la possession à celui auquel vous avez fait subir la *dejectio* avec des hommes armés, direz-vous que vous avez restitué? (***Restituisse te dices.***) »

N° 22. (Nos 62, 63.) Cicéron suppose qu'on a été *dejectus* par un seul homme armé, et il ajoute : « *Auderesne dicere, interdictum esse de armatis hominibus, hic autem hominem armatum unum fuisse?* » « Oserez-vous dire que l'interdit a prévu le cas où les hommes étaient armés et non celui où un seul l'était? » Non, dit-il. — « *Quod, quum intérdictum esset de pluribus, commissa res esset ab uno, unus homo plures esse homines judicaretur.* »

« Parce que, quand l'interdit parle de plusieurs, si la violence a été exercée par un seul, on assimile un seul à plusieurs. »

« *Vim, quæ ad caput et ad vitam pertinet, restitui sine ulla exceptione voluerunt.* »

« Nos ancêtres ont voulu que, si on avait exercé une violence qui pût nous ôter la vie, on fût restitué sans accorder à l'auteur de la violence une exception. » Nouvelle allusion au cas où il y avait *vis armata*. Le *dejectus*, quels que fussent les vices de sa possession, devait être restitué; il ne pouvait être repoussé par aucune exception ; l'interdit ne portait pas : *nec vi, nec clam, nec precario ab adversario.* (Voy. p. 234.)

A la fin, Cicéron résume ce qu'il a déjà dit sur l'interprétation des termes de l'interdit : « *Quibus enim rebus plerumque vis fit, ejusmodi hæ res appellantur interdicto; si per alias res eadem facta vis est, ea, tametsi verbis interdicti non concluditur, tamen sententia juris atque auctoritate retinetur.* »

« L'interdit fait connaître les moyens ordinairement employés pour commettre la violence; si elle résulte d'autres moyens cependant, bien que non comprise dans les termes de l'interdit, elle ne l'est pas moins dans l'esprit et dans la volonté du Droit, c'est-à-dire, de l'édit du préteur. »

N° 23. (Nos 64, 65 et 66.) L'orateur arrive enfin à l'argument décisif invoqué par Pison avocat d'Ébutius : « *Venio nunc ad illud tuum : non dejeci, si non sivi accedere.* »

« J'arrive maintenant à votre moyen principal : je ne vous ai pas fait subir une *dejectio*, puisque je vous ai seulement empêché d'approcher. » Cicéron prétend qu'il aimerait mieux soutenir que des hommes qui avaient des pierres et des bâtons n'étaient pas armés.

Pison, à ce qu'il paraît, avait avancé qu'il ne fallait pas se soumettre à l'autorité des jurisconsultes. Son adversaire reprend : « *Nam ceteri tum ad istam hortationem decurrunt, quum in causa putant habere æquum et bonum, quod defendant : si contra verbis et litteris, et, ut dici solet,* SUMMO JURE *contenditur; solent ejusmodi iniquitati boni et æqui nomen dignitatemque opponere. Tum illud, quod dicitur,* SIVE, NIVE, *irrident; tum aucupia verborum, et litterarum tendiculas in invidiam vocant; tum vociferantur, ex æquo et bono, non ex callido versutoque jure, rem judicari oportere.* »

« Les autres adoptent ce moyen de défense, quand, dans une cause, ils pensent avoir à défendre quelque chose de juste et de bon. Si on leur oppose les paroles, l'écriture, et, comme on dit, le *summum jus*, le droit rigoureux, ils opposent l'équité à cette rigueur inique. Ils se moquent des formules (*sive, nive*) ; ils appellent le mépris sur ces piéges dressés en paroles (*aucupia verborum*), sur ces filets tendus en écriture (*litterarum tendiculas*) ; ils s'écrient qu'il faut juger d'après l'équité, et non d'après un droit subtil et trompeur. »

Ce passage est curieux. Il montre la lutte qui, à l'époque de Cicéron, était engagée entre le vieux Droit romain, le Droit civil, appelé *ipsum jus*, *summum jus*, renfermé dans des formules connues des seuls initiés (voy. p. 9), et le Droit naturel ou Droit fondé sur l'équité, dont le préteur était alors le représentant. Il était réservé à la période impériale de voir les jurisconsultes entrer entièrement dans la voie tracée par ce dernier.

L'orateur conclut, de ce qu'il vient de dire, que Pison ne peut répondre : « *Unde dejectus es? an inde, quo prohibitus es accedere? ejectus* (1) *es, non dejectus..... Non dejeci te ex eo loco, quem in locum prohibui ne venires.* »

« D'où avez-vous été *dejectus?* Si c'est d'un endroit dont vous n'avez pu approcher, vous avez été *ejectus* et non *dejectus*..... Je ne vous ai pas fait subir une *dejectio,* puisque je vous ai seulement empêché d'en approcher. »

Nos 24, 25 et 26. (Nos 66 et suiv.) L'orateur fait un bel éloge du Droit civil et des jurisconsultes.

Dans le No 24, nous remarquerons l'allusion à la cause plaidée entre Scévola et Crassus, devant les centumvirs, *apud centumviros,* parce que c'était une cause relative à une hérédité. (Voy. plus haut, p. 260)

Cicéron parle, dans ce passage, de Publius Mucius Scévola, de Quintus Mucius, ainsi que de Manilius. On peut joindre Pomponius, *De origine juris*, loi 2, § 37 et 39. (Au Digeste, liv. 1er, tit. 2.)

Dans le No 25, il fait l'éloge du Droit civil, et il ajoute : Quand il s'agit au procès d'une question de fait, on peut suborner des

(1) *Rejectus*, d'après Keller.

témoins, tromper le juge; mais cela ne se peut quand il s'agit d'une question de droit : « *Hoc non potest : Cui filius agnatus sit, ejus testamentum non esse ruptum, judica; quod mulier sine tutore auctore promiserit, deberi.* »

« On ne peut lui dire : Jugez que si un fils est né au père de famille testateur, le testament n'est pas rompu; qu'une femme doit ce qu'elle a promis sans l'*auctoritas* de son tuteur. »

Quant au second point de droit, nous avons vu (Topiques, Nos 4 et 11, p. 29 et 83) que la femme était en tutelle perpétuelle et qu'elle ne pouvait s'obliger sans l'*auctoritas* de son tuteur (voy. Gaius, Comm. 1er, § 192). Dès lors, ce qu'elle avait promis sans cette *auctoritas* n'était pas dû.

Le premier point se réfère à des explications précédemment données. (Voy. plus haut, p. 192.)

Il pouvait se faire que le père de famille qui, comme nous l'avons dit, devait instituer héritier ou exhéréder ses enfants, et notamment son fils, n'eût, lors de la confection du testament, aucun enfant, et qu'il lui survînt plus tard un fils postume, né, par exemple, après sa mort. Dans ce cas, le testament, valable dans le principe, était rompu (*ruptum*). (Voy. Gaius, Comm. 2, § 131.)

C'est à ce point de droit que Cicéron fait allusion. On ne pouvait, en effet, soutenir que le testament n'avait pas été rompu par la naissance du fils postume.

Ajoutons que les prudents avaient permis au père de famille de prévenir cette rupture, soit en instituant héritier le postume, soit en l'exhérédant. (Gaius, Comm, 2, § 130.)

Parlant d'un témoin, il ajoute : « *Ipse nunquam auderet judicare, deberi viro dotem, quam mulier nullo auctore dixisset.* »

« Il n'aurait jamais osé juger que l'on dût au mari une dot que la femme aurait dite (*dixisset*), sans l'*auctoritas* de son tuteur. »

La dot est une espèce de donation faite au mari pour soutenir les charges du mariage : « *Donatio quædam ad onera matrimonii sustinenda.* »

Ulpien (Règles, tit. 6) indique trois manières de constituer la dot : la *datio*, la *dictio* et la *promissio*. La première consistait à transférer au mari la propriété des objets dotaux, par un des modes translatifs (*mancipatio* — *cessio in jure* — ou *traditio*, voy. p. 3); la dot était dite alors *data* (*dare* signifie transférer la propriété.)

Elle était *promissa* quand le mari la stipulait (voy. sur la stipulation, p. 71); le mari en était alors créancier.

La dot était *dicta* quand le constituant parlait le premier et s'exprimait ainsi : *Tot tibi doti erunt :* tant te sera à titre de dot. On présume que le mari répondait : *Accipio* (1). Celui-ci était encore créancier de la dot constituée par la *dictio,* qui différait de la *stipulatio* en ce que, dans la *stipulatio,* le mari interrogeait, tandis que dans la *dictio dotis* le constituant parlait le premier. Tous pouvaient constituer une dot par la *datio* ou la *promissio:* il n'en était pas de même de la *dictio.* (Voy. Ulpien, *De dotibus,* tit. 6, § 2.)

La femme, ne pouvant se constituer débitrice sans l'*auctoritas* de son tuteur, ne pouvait donc pas *dicere dotem,* en d'autres termes, se constituer débitrice de la dot sans cette *auctoritas;* c'est là un point de droit certain, dit Cicéron, et nul ne peut être trompé sur ce principe.

Dans le N° 26, l'orateur continue à faire l'éloge du droit civil; puis : « *Quid enim refert, ædes, aut fundum relictum a patre, aut aliqua ratione habere bene partum, si incertum sit, quæ tum omnia tua jure mancipii sint, ea possisne retinere?* »

« Qu'importe d'avoir une maison ou un domaine laissé par son père ou acquis de quelqu'autre façon, dans le cas où l'on ne sait si l'on pourra retenir ce dont on est propriétaire. »

Jure mancipii. La mancipation est une manière d'acquérir la propriété des choses *mancipi.* (Voy. Topiques, N° 2, p. 3.)

« *Quid, inquam, prodest, fundum habere, si, quæ decentissime descripta a majoribus jura finium, possessionem, aquarum, itinerumque sunt, hæc perturbari ab aliqua ratione commutarique possunt?* »

« A quoi sert d'avoir un domaine, si les droits fixés avec soin par nos ancêtres sur les limites (*fines,* voy. Topiques, N° 4, p. 44), la possession, les eaux, les chemins, peuvent être troublés et changés par un motif quelconque? » *Aquarum.* Il s'agit de la servitude d'aqueducs. *Itinerum,* désigne la servitude de passage.

(1) Voy. M. Pellat, *Commentaire de la Dot,* p. 2.

« *Fundus a patre relinqui potest; at usucapio fundi, hoc est, finis sollicitudinis ac periculi litium, non a patre relinquitur, sed a legibus.* »

« Un domaine m'est laissé par mon père, cependant l'usucapion de ce fonds qui fait cesser toute inquiétude et tout procès, n'est pas donnée par mon père, mais par les lois. »

Nous avons vu (Topiques, N° 2, p. 4) que l'on devenait propriétaire par l'*usucapio,* mode d'acquérir, dans certains cas, la chose d'autrui, et fondé sur la possession prolongée pendant le temps légal. Cicéron fait voir que cette institution, utile pour le possesseur de bonne foi qui avait reçu la chose de quelqu'un qu'il croyait propriétaire, offrait aussi une garantie au véritable propriétaire qui venait à perdre la possession après avoir possédé le temps voulu pour usucaper. Forcé de revendiquer, il était demandeur dans l'action en revendication et contraint de prouver son droit de propriété; or, il pouvait être dans l'impossibilité de l'établir (par exemple, s'il avait perdu ses titres). Mais s'il avait possédé le temps voulu pour usucaper (ou prescrire suivant notre droit), il lui suffisait de prouver *qu'en fait* il avait possédé un ou deux ans; or, cette preuve était facile et ne l'obligeait pas à établir l'existence d'un droit.

Aussi, l'orateur dit-il que l'usucapion est *finis sollicitudinis ac periculi litium.* — Gaius (Comm. 2, § 44) motive ainsi l'usucapion : « *Ne rerum dominia diutius in incerto essent;* » et enfin Justinien appelle cette institution *patrona generis humani.* — Elle fait cesser les procès et consolide souvent la propriété entre les mains des véritables propriétaires.

« *Aquæ ductus, haustus, iter, actus, a patre; sed rata auctoritas harum rerum omnium a jure civili sumitur.* »

« Le droit d'aqueduc, de puisage, d'*iter*, d'*actus*, est laissé par votre père; mais le Droit civil confirme ces droits. »

On appelle servitudes *réelles* ou *prédiales,* le droit que l'on a d'exercer, comme propriétaire d'un fonds, tel ou tel acte sur le fonds d'autrui. Ainsi le fonds A, dont je suis propriétaire, a la servitude d'aqueduc (*aquæ ductus*) sur le fonds B, dont Paul mon voisin est propriétaire. J'ai, comme propriétaire du fonds A, appelé fonds dominant le droit de conduire l'eau sur le fonds B, que l'on appelle fonds servant. De même le fonds A peut avoir la servitude de puisage (*haustus*), de passage (*iter — actus*) sur le fonds B.

Iter, *actus* et *via* étaient trois servitudes de passage distinctes quant à leur étendue. (Voy. notamment Justinien, pr., liv 2, tit. 3, Institutes).

Pourquoi appelle-t-on ces droits *servitudes réelles ou prédiales? Servitudes*, parce que de droit commun la propriété est le droit de disposer d'une chose d'une manière absolue, et que le propriétaire peut écarter quiconque veut exercer un acte sur son fonds. Mais si ce propriétaire est obligé de souffrir un aqueduc, ou le passage de l'homme, des bêtes de somme, ou des charriots, alors son fonds est en état d'esclavage, il y a servitude. Elle est *réelle*, parce qu'elle est constituée au profit d'un fonds sur un autre fonds. On ne conçoit ces relations qu'entre deux immeubles (*prædia prædiis serviunt*). Il y a au contraire des servitudes dites *personnelles* (usufruit, usage, etc.). Alors le fonds est encore en état d'esclavage, mais à l'égard d'une personne seulement; si la personne meurt, la servitude s'éteint.

Cicéron dit donc que ces droits sont confirmés par le Droit civil qui fournit des actions à leur maître.

N° 27. (N°s 75, 76, 78, 79.) L'orateur, après cet éloge des jurisconsultes et du Droit civil, s'efforce d'élever la cause de Cécina à la proportion d'une cause d'intérêt et d'ordre publics : « *Si hoc nos non obtinebimus, vi, armatis hominibus dejectum esse eum, quem vi, armatis hominibus pulsum fugatumque esse constet : Cæcina rem non amittet, quam ipsam animo forti, si tempus ita ferret, amitteret; in possessionem in præsentia non restituetur; nihil amplius : populi romani causa, civitatis jus, bona, fortunæ possessionesque in dubium incertumque revocabuntur; vestra auctoritate hoc constituetur; hoc præscribetur..... Quicum tu posthac de possessione contendes, eum, si ingressum modo dejeceris, in prædium restituas oportebit; sin autem ingredienti cum armata multitudine obvius fueris, et ita venientem repuleris, fugaris, averteris, non restitues : tum statueritis vim in cæde solum, non etiam in animo; nisi cruor appareat, vim non esse factam;.... injuriarum delictum esse, qui prohibitus sit; nisi ex eo loco, ubi vestigium impresserit, dejici neminem posse.* »

« Si nous ne pouvons faire consacrer que celui qui a été chassé et mis en fuite avec violence par des hommes armés, a été *de-*

jectus avec violence et par des hommes armés, Cécina ne perdra point sa fortune, perte qu'il supporterait courageusement, s'il le fallait. Pour le moment, il ne recouvrera pas la possession et il n'en sera rien de plus; mais l'intérêt du peuple romain, les droits de la cité, les biens, les fortunes, les possessions, seront replongés dans le doute et l'incertitude. Voici la règle qui sera établie, consacrée par votre sentence : lorsqu'à l'avenir on disputera sur la possession, il faudra restituer le fonds à celui qui en sera *dejectus* après y être entré; mais si on prévient son entrée avec une multitude armée, si on le repousse alors qu'il approche, si on le met en fuite, si on le détourne, alors on ne sera pas obligé de restituer la possession. Par là, vous déciderez que la violence réside dans le meurtre et non dans l'intention, et que l'effusion de sang constitue seule cette violence..... Il y a délit d'injures contre celui qui a été empêché, et personne ne peut être *dejectus* d'un endroit où il n'a pas posé les pieds. »

Ébutius pouvait répondre : pour être *dejectus*, il ne suffit pas même d'être entré sur le fonds, il faut encore l'avoir possédé.

En effet, Ulpien (loi 17, liv. 43. tit. 16, au Digeste) enseigne qu'il n'y a pas *dejectio* de la part de celui qui veut ressaisir *immédiatement* une possession dont il vient d'être dépouillé; à plus forte raison, celui qui repousse un individu qui s'est contenté de pénétrer sur son fonds, sans avoir exercé aucun acte de possession, ne fait pas subir de *dejectio*.

Vient ensuite un éloge d'Aquillius Gallus, qui, collègue de Cicéron dans la préture et son ami, introduisit, comme nous le verrons plus tard, des principes d'équité dans la jurisprudence romaine. (Voy. Topiques, N° 7, p. 71.)

« *Cujus prudentiam,* dit l'orateur, *populus romanus in cavendo non in decipiendo perspexerit.* » *Cavere,* prendre des précautions, des garanties.

Pomponius, au § 42, *De origine juris* (liv. 1, tit. 2, loi 2), dit en citant Aquillius Gallus : « *Ex quibus Gallum maximæ auctoritatis apud populum fuisse.* »

N° 28. (N°s 79, 80 et 81.) « *Non posse probari, quemquam esse dejectum, nisi ex eo loco, in quo fuisset; rem et sententiam interdicti mecum facere fatebatur; verbo me excludi dicebat; a verbo autem posse recedi non arbitrabatur.* »

Aquillius soutenait : « qu'on ne pouvait prouver qu'on fût *dejectus* d'un endroit où l'on n'avait pas mis les pieds. Il avouait que j'avais en ma faveur les circonstances et l'esprit de l'interdit; mais, suivant lui, je devais être exclu par ses paroles, et l'on ne pouvait s'éloigner de ses termes. »

Cicéron ajoute que souvent le droit et l'équité ne sont pas d'accord avec la parole et l'écriture; mais l'équité doit l'emporter.

Remarquons-le : c'est un Romain qui parle. L'orateur pouvait bien tenir ce langage en présence d'une législation formaliste, d'où l'équité avait été souvent bannie. Mais ceux qui citent ces passages à l'appui de cette thèse absolue, qu'il faut laisser de côté les textes et juger d'après l'équité, commettent un absurde contre-sens, un anachronisme grossier. Ils transportent ces paroles à une législation qui, comme la législation française, a consacré des principes équitables introduits, du reste, par le préteur dans la législation romaine. Cicéron lui-même, pour raisonner ainsi, s'était livré à l'étude attentive du Droit et des textes.

Aquillius consola l'orateur en l'assurant que cette cause ne devait pas lui donner d'inquiétude : « *Nam verba ipsa sponsionis facere mecum, si vellem diligenter attendere. Quonam, inquam, modo? Quia certe, inquit, dejectus est Cæcina vi, hominibus armatis, aliquo ex loco : si non ex eo loco, quem in locum venire voluit; at ex eo certe, unde fugit. Quid tum? Prætor, inquit, interdixit, ut, unde dejectus esset, eo restitueretur, hoc est, quicumque is locus esset, unde dejectus esset. Æbutius autem, qui fatetur, aliquo ex loco dejectum esse Cæcinam, is, quo modo se restituisse dixit, necesse est male fecerit sponsionem.* »

« Les paroles de la *sponsio* me sont favorables, disait Aquillius, si je voulais bien y faire attention. Mais comment cela? Parce que, disait-il, Cécina a été *dejectus* par violence et par des hommes armés d'un endroit; et si ce n'est pas de l'endroit où il voulait venir, c'est certes du lieu d'où il s'est enfui. Quoi donc? Le préteur a rendu un interdit d'après lequel celui-là doit être restitué dans l'endroit d'où il a été *dejectus*, c'est-à-dire, quel que fût le lieu d'où il a été repoussé. Ébutius, d'après l'aveu de Cécina, a été *dejectus* d'un endroit quelconque, comment peut-il dire qu'il a fait la restitution (voy. sur ces expressions, p. 262)? Il est donc nécessaire de déclarer qu'il a fait une mauvaise *sponsio.* » (1).

Voici le raisonnement des plus subtils que Cicéron prête à Aquillius. L'édit du préteur portait : « UNDE ILLUM VI DEJECISTI RESTITUAS. » Cécina avait agi *per sponsionem* (voy. p. 247), et avait demandé à Ébutius : « SPONDESNE MIHI..... SI CONTRA EDICTUM PRÆTORIS ME VI DEJECERIS? » Ébutius avait répondu : *Spondeo.* Aquillius disait : Il est évident que Cécina a été *dejectus* avec violence, donc Ébutius doit le montant de la *sponsio.*

Celui-ci pouvait et devait répondre : Mais le préteur n'ordonne la restitution que de l'objet litigieux et seulement si la *dejectio* a eu lieu quant à cet objet

N° 29. (N°s 82 et 85.) Cicéron développe cet argument d'une manière fort habile; mais il est facile d'apercevoir le défaut de son argumentation :

« *Quæro abs te, simne dejectus, non de fulciniano fundo (neque enim prætor, si ex eo fundo essem dejectus, ita me restitui jussit; sed eo, unde dejectus essem) : sum ex proximo vicini fundo dejectus, qua adibam ad istum fundum; sum de via; sum certe alicunde, sive de privato, sive de publico : eo restitui sum jussus. Restituisse te dixisti. Nego me ex decreto prætoris restitutum esse.* »

« Je vous le demande, Pison, non, si j'ai été *dejectus* du fonds Fulcinien (car le préteur n'a pas ordonné que je le fusse si j'avais été *dejectus* de ce fonds, mais bien que je fusse restitué dans le fonds d'où j'avais été *dejectus*), j'ai été *dejectus* du fonds voisin par lequel je me rendais au fonds Fulcinien; je l'ai été du chemin, de quelque part, d'un lieu soit privé, soit public; on a donné l'ordre de m'y restituer. Vous avez, dites-vous, restitué (voy. p. 264); je soutiens que je ne l'ai pas été d'après le décret du préteur. »

Pison doit être battu, ajoute-t-il, ou par nos armes ou par les siennes :

« *Si ad interdicti sententiam confugis, et, de quo fundo actum sit tum, quum Æbutius restituere jubebatur, id quærendum esse dicis..... mea, mea est ista defensio..... non vestigium ejus, qui dejectus sit,*

(1) Ici *sponsionem facere* désigne le rôle du promettant. Cécina était le stipulant et Ébutius le promettant. (Voy. p. 201.)

sed factum illius, qui dejecerit, in judicium venire; dejectum esse, qui fugatus sit; vim esse factam, cui periculum mortis sit injectum. »

« Si vous voulez invoquer l'esprit de l'interdit et soutenir qu'il faut l'appliquer au fonds qu'Ébutius recevait l'ordre de restituer, c'est ma défense..... ce n'est pas la trace de celui qui a été *dejectus,* mais le fait du *dejiciens* qui fait l'objet de l'instance; celui-là a été *dejectus* qui a été mis en fuite; on a fait violence à celui qu'on a menacé de mort. »

Si, au contraire, Pison veut se renfermer dans la lettre de l'interdit « *non dejeci sed ejeci* (1), » alors on lui répond : « *Si non sum ex eo loco dejectus, quo prohibitus sum accedere; at ex eo sum dejectus, quo accessi, unde fugi. Si prætor non distinxit locum, quo me restitui juberet, et restitui jussit; non sum ex decreto restitutus.* »

« Si je n'ai pas été *dejectus* du lieu dont on m'a interdit l'entrée, au moins j'ai été *dejectus* de celui d'où je me suis approché, d'où j'ai pris la fuite. Si le préteur n'a pas distingué le lieu qu'il a ordonné de me restituer, et s'il a ordonné cette restitution, elle ne m'a pas été faite d'après son décret. »

« *Neque quæri oportere, quibus verbis prætor interdixerit, sed de quo loco sit actum, quum interdixit.* »

« Il ne faut pas examiner dans quels termes le préteur a rendu son interdit, mais bien de quel lieu il parlait, alors qu'il rendait l'interdit. »

Et enfin : « *Neque in vi armatorum spectari oportere, in quo loco sit facta vis, verum sit ne facta.* »

« Il ne fallait pas rechercher en quel endroit avait eu lieu la violence des hommes armés, mais seulement si elle avait eu lieu. »

N° 30. (Nos 86, 87, 88.) Cicéron, parlant des anciens : « *Quum de vi interdicitur, duo genera causarum esse intelligebant, ad quæ interdictum pertineret : unum, si qui ex eo loco, in quo esset; alterum, si ab eo loco, quo veniret, vi dejectus esset : et horum utrumque, neque præterea quidquam, potest accidere, recuperatores. Id adeo, si placet, considerate. Si qui meam familiam de meo fundo dejecerit, ex eo me loco dejecerit. Si qui mihi præsto fuerit cum armatis hominibus extra meum fundum, et me introire prohibuerit; non ex eo, sed*

(1) *Rejeci,* d'après Keller.

ab eo loco me dejecerit. Ad hæc duo genera rerum, unum verbum, quod satis declararet utrasque res, invenerunt : ut, sive ex fundo, sive a fundo dejectus essem, uno atque eodem interdicto restituerer, UNDE TU. *Hoc verbum,* UNDE, *utrumque declarat : et ex quo loco, et a quo loco.* »

« Lorsque l'interdit sur la violence est rendu, ils pensaient que deux circonstances relatives à l'interdit étaient à considérer : l'une, si on avait été *dejectus* par violence de l'endroit où l'on se trouvait (*ex eo loco*) ; l'autre, si on avait été *dejectus* de la même manière de l'endroit où l'on voulait aller (*ab eo loco*), et récupérateurs, hormis ces deux cas, aucun autre ne saurait se présenter. Veuillez maintenant suivre mon raisonnement. Si quelqu'un fait subir une *dejectio* à une *familia* du fonds qui m'appartient, je suis *dejectus* de ce lieu. Si quelqu'un, avec des hommes armés, se présente à moi hors de mon fonds, et m'empêche d'entrer, je suis *dejectus,* non pas de ce lieu, mais d'auprès de ce lieu (*non ex eo loco, sed ab eo loco*). Nos ancêtres ont trouvé un mot qui indique ces deux circonstances. Que je sois *dejectus* ou *ex fundo,* ou *a fundo,* l'interdit, pour me faire restituer, se sert du même mot UNDE TU. Ce mot UNDE indique l'un et l'autre cas, et le lieu d'où l'on a été *dejectus,* et celui d'auprès duquel l'on a subi la *dejectio.* »

Cicéron invoque les faits historiques : il cite Cinna *dejectus ex urbe* et *ab urbe;* les Gaulois, les partisans de Gracchus, et il continue : « *Hoc enim intelligitur* : UNDE TU DEJECISTI, *sive ex quo loco, sive a quo loco,* EO RESTITUAS. » « Tel est le sens de ces mots : UNDE TU, etc..... » Ainsi, dit l'orateur : l'homme repoussé de sa patrie par la tempête, demande à être restitué dans le lieu d'où il a été *dejectus.* Il entend par là être restitué dans sa patrie, et non dans l'endroit d'où il a été repoussé.

N° 31. (N°s 89, 90, 91.) Puis il s'adresse à Pison : « *Si quis te ex ædibus tuis vi, hominibus armatis dejecerit, quid ages ? Opinor, hoc interdicto, quo nos usi sumus, persequere. Quid? Si qui jam de foro redeuntem, armatis hominibus domum tuam te introire prohibuerit, quid ages? Utere eodem interdicto. Quum igitur prætor interdixerit, unde dejectus es, ut eo restituaris; tu hoc idem, quod ego dico, et quod perspicuum est, interpretabere : quum illud verbum,* UNDE, *in utramque rem valeat, eoque tu restitui sis jussus; tam te in ædes res-*

titui oportere, si e vestibulo, quam si ex interiore ædium parte dejectus sis. »

« Si vous étiez *dejectus* de votre maison, avec violence et par des hommes armés, que feriez-vous? Vous demanderiez, je pense, l'interdit dont nous nous sommes servis. Quoi, si en revenant du Forum, des hommes armés vous empêchaient d'entrer chez vous, que feriez-vous? Vous useriez du même interdit. Si donc le préteur rendait un interdit d'après lequel vous devriez être restitué dans le lieu d'où vous auriez été *dejectus*, vous donneriez une interprétation semblable à la mienne, celle qui est la plus claire : le mot *unde* s'applique à l'un et à l'autre cas, le préteur a donné l'ordre de restituer; vous devez par conséquent être restitué, que vous ayiez été *dejectus* du vestibule ou de la partie intérieure de votre maison. »

Pison répondait avec raison : « *Eum dejici posse, qui tum possideat; qui non possideat, nullo modo posse; itaque, si ego sim a tuis ædibus dejectus, restitui non oportere; si ipse sis, oportere.* »

« Celui qui possède peut être *dejectus*, mais celui qui ne possède pas ne le peut en aucune façon ; par suite, si je suis *dejectus* de votre maison, je ne puis être restitué; si, au contraire, vous subissez la *dejectio*, vous devez l'être. »

L'adversaire attaque cette défense : « *Jam ex illa ratione esse depulsum, quod negabas quemquam dejici posse, nisi qui in eo loco fuerit : nunc, qui possideat, eum, etiamsi non fuerit in eo loco, dejici posse concedis. Cur ergo aut in illud quotidianum interdictum,* UNDE ILLE ME VI DEJECIT, *additur,* QUUM EGO POSSIDEREM, *si dejici nemo potest, qui non possidet; aut in hoc interdictum,* DE HOMINIBUS ARMATIS, *non additur, si oportet quæri, possederit, necne? Negas dejici, nisi qui possideat. Ostendo, si sine armatis coactisve hominibus dejectus quisquam sit, eum, qui fateatur se dejecisse, vincere sponsionem, si ostendat, eum non possedisse. Negas dejici, nisi qui possideat. Ostendo ex hoc interdicto,* DE ARMATIS HOMINIBUS, *qui possit ostendere non possedisse eum, qui dejectus sit, condemnari tamen sponsionis necesse esse, si fateatur esse dejectum.* »

« Vous abandonnez l'argument d'après lequel vous prétendiez que l'on ne pouvait être *dejectus* d'un endroit où l'on ne se trouvait pas. Maintenant, vous concédez que celui qui possède peut être *dejectus* d'un lieu sans s'y trouver. Pourquoi, dans l'interdit ordinaire (*quotidianum*) UNDE ILLE ME VI DEJECIT, ajoute-t-on : QUUM EGO POSSIDEREM, du moment où personne ne peut être *dejectus* sans posséder; ou bien, dans l'interdit DE HOMINIBUS ARMATIS, pourquoi n'ajoute-t-on pas : QUUM EGO POSSIDEREM, alors que l'on doit rechercher si la possession existait ou n'existait pas? Vous dites que celui qui n'a pas la possession ne peut être *dejectus*, que le possesseur seul peut l'être. Je vous prouve que si la *dejectio* a eu lieu sans rassemblement, sans armes, celui qui avoue avoir fait cette *dejectio* l'emportera dans la *sponsio*, s'il établit que son adversaire ne possédait pas. Vous dites que le possesseur seul peut être *dejectus*. Je vous prouve par l'interdit *de armatis hominibus* que celui qui avoue avoir fait la *dejectio* doit être condamné à payer le montant de la *sponsio*, quand bien même il prouverait que celui qui a été *dejectus* ne possédait pas. »

Le *dejiciens* était défendeur dans l'interdit *unde vi* et dans la *sponsio* qui intervenait ; on disait : *vincere sponsionem* par rapport au défendeur qui gagnait le procès, comme *vincere sponsione* s'appliquait au demandeur qui l'emportait dans la *sponsio*.

Joignons de suite le N° 32. (N°s 92 à 95 inclusiv.) « *Dupliciter homines dejiciuntur : aut sine coactis armatisve hominibus, aut per ejusmodi rationem atque vim. Ad duas dissimiles res duo dejuncta interdicta sunt. In illa vi quotidiana non satis est, posse docere se dejectum, nisi ostendere possit, quum possideret, tum dejectum. Ne id quidem satis est, nisi docet, ita se possedisse, ut nec vi, nec clam, nec precario possederit. Itaque is, qui se restituisse dixit, magna voce sæpe confiteri solet, se vi dejecisse; verum illud addit : Non possidebat; vel etiam, quum hoc ipsum concessit, vincit tamen sponsionem, si planum facit, ab se illum aut vi, aut clam, aut precario possedisse. Videtisne, quot defensionibus eum, qui sine armis ac multitudine vim fecerit, uti posse majores voluerunt?* »

« L'on peut être *dejectus* de deux manières, avec ou sans rassemblement, par des hommes armés ou sans cette circonstance. Pour ces deux cas différents se présentent deux interdits distincts : dans l'interdit *de vi quotidiana* ou *privata*, il ne suffit pas de prouver que l'on a été *dejectus*, si l'on n'établit pas que l'on possédait au moment de la *dejectio;* ce n'est pas assez, il faut encore s'appuyer sur une possession ni violente, ni clandestine, ni précaire (voy. p. 232, explication de ces mots et de la pensée de Cicéron). Celui qui dit avoir restitué (voy. p. 264, sur cette formule) avoue souvent à haute voix qu'il a fait subir une *dejectio* avec violence; mais il ajoute : l'adversaire ne possédait pas; ou bien encore, en accordant que le *dejectus* possédait, le *dejiciens* l'emporte cependant dans la *sponsio*, s'il établit que la possession était violente, clandestine et précaire à son égard (*ab-se*, voy. p. 232). Voyez combien nos ancêtres ont laissé de moyens de défense à ceux qui ont commis la violence sans armes et sans rassemblements. »

Arrivant à la *vis armata* : « *Ut, qui armatus de possessione contendisset, inermis plane de sponsione certaret. Ecquid igitur interest, Piso, inter hæc interdicta? Ecquid interest, utrum hoc additum,* QUUM A CÆCINA POSSEDERIT, *necne?* »

« Ils ont voulu que celui qui avait lutté avec des armes pour avoir la possession fût désarmé alors qu'il plaiderait sur la *sponsio*. Quelle différence y a-t-il donc, Pison, entre ces deux interdits? Quel intérêt y a-t-il donc à ajouter ou à ne pas ajouter? *Quum A. Cæcina possederit.* »

Cette partie du discours est des plus importantes.

Pison soutenait que Cécina ne possédant pas ne pouvait se dire *dejectus*. Cicéron distingue deux interdits : l'un *de vi quotidiana*, que les jurisconsultes appelaient *de vi privata*, et l'autre *de vi armata*. Dans le premier, pour se dire *dejectus*, il fallait avoir possédé; et même pour triompher, il fallait avoir une possession qui ne fût ni violente, ni clandestine, ni précaire à l'égard du *dejiciens* (voy. plus haut, p. 232). Il avoue donc que la défense de Pison serait fondée, s'il s'agissait de la *vis privata;* car, dit-il, on ajoute, même dans l'interdit, les mots : *Quum ego possiderem*. Il reprend : s'il s'agit de la *vis armata*, ces mots ne se trouvent pas dans l'interdit; donc il est inutile, pour se prétendre *dejectus*, d'avoir possédé; quand la *dejectio* a eu lieu à main armée, on l'emportera alors dans la *sponsio*. (Voy. sur la *sponsio*, p. 247.)

Il soutenait donc la thèse suivante : pour invoquer l'interdit *de vi armata*, il n'était pas nécessaire d'avoir possédé. Cette doctrine était-elle fondée, ou plutôt n'était-ce pas là un moyen invoqué dans une mauvaise cause?

Nous sommes convaincu qu'en *droit* Cicéron avait tort, et que pour réclamer l'interdit *unde vi*, même quand il y avait eu *vis armata,* il fallait avoir possédé. Nous croyons, à cet égard, pouvoir invoquer l'autorité de Savigny. (*Traité de la Possession,* p. 480 et suiv., traduction Faivre d'Audelange.) (1)

Cet auteur dit : « Si Cécina n'avait jamais eu la possession, il ne pouvait obtenir gain de cause que si le juge n'estimait point la possession nécessaire à cet interdit. Conséquemment, la tâche de son avocat consistait à rendre aussi vraisemblable que possible cette fausse proposition. C'est précisément ce qu'a fait Cicéron, et c'est pourquoi on ne peut l'invoquer ici comme autorité historique. »

Puis, le célèbre jurisconsulte allemand explique cette circonstance, que dans l'interdit *de vi privata* on trouvait les mots *cum possiderem* qui ne se rencontraient pas dans l'interdit de *vi armata.* « Dans les cas ordinaires, c'est-à-dire, lorsqu'aucune arme n'avait été employée, on réclamait l'interdit *de vi* par cette formule : « UNDE ILLE ME VI DEJECERIT, CUM EGO NEC VI, NEC CLAM, NEC PRECARIO AB ILLO POSSIDEREM. » Ainsi, toute l'addition consistait dans les trois exceptions connues, et les mots *cum ego possiderem* ne s'y trouvent qu'à cause de ces exceptions, sans avoir aucunement pour but de désigner la possession en général, qui était déjà assez clairement exprimée par les mots *unde me dejecisti* (voy. le discours *Pro Tullio,* N° 44 *infra*). Lorsqu'on avait fait usage d'armes, ce n'était point le lieu d'appliquer les exceptions, et l'on supprimait uniquement dans la formule toute l'addition *cum ego possiderem,* sans qu'ici la possession fût moins nécessaire à l'existence de l'action. Il est donc très-vraisemblable que Cicéron sut mettre à profit cette suppression pour en tirer une conséquence aussi fausse qu'indispensable à la cause de Cécina. »

On peut ajouter les deux motifs suivants : d'abord Gaius, Comm. 4, § 154 et 155 (voy. p. 232), ne signale qu'un seul interdit *unde vi.* Dans cet interdit, pour se dire *dejectus,* il fallait avoir possédé; seulement s'il y avait eu violence à main armée, cette circonstance aggravante faisait que le *dejiciens* ne pouvait invoquer les vices de la possession du *dejectus,* il devait restituer de suite, car il n'avait pu *dejicere impune.* Comme le fait remarquer M. de

(1) C'est aussi l'avis de Hotman.

Savigny, les termes de l'interdit s'en ressentaient. Dans le premier cas, il portait : « CUM NEC VI, NEC CLAM, NEC PRECARIO AB ILLO POSSIDEREM, » tandis que dans le second cette mention ne s'y trouvait pas.

Puis Justinien, comme on l'a dit, adopta les principes de la *vis armata*. Or, les textes qu'il a fait insérer au Digeste, et qui sont empruntés aux jurisconsultes romains, portent que pour se dire *dejectus* il fallait avoir possédé (voy. notamment plus haut, p. 251). Tels étaient donc, au temps d'Ulpien, les principes relativement à la *vis armata*. Autrement, Justinien eût fait deux réformes ; la première, en décidant que, dans tous les cas, le *dejectus* devait être restitué, quel que fût le caractère de sa possession ; la seconde, que pour se dire *dejectus*, il fallait, même s'il y avait eu violence à main armée, avoir été possesseur. L'une de ces réformes eût eu pour effet de réprimer plus sévèrement la violence ordinaire ; l'autre, au contraire, eût puni moins rigoureusement celle à main armée ; résultat assez bizarre et que démentent d'autres dispositions législatives du Bas-Empire.

Nous devons dire que Keller se sépare de Savigny sur ce point important. Au § 2, p. 293, *Pro Cæcina*, il donne la formule suivante de l'interdit *unde vi* ordinaire (*vulgaris seu quotidiani*) : « UNDE TU NUMERI NEGIDI AUT FAMILIA AUT PROCURATOR TUUS AULUM AGERIUM AUT FAMILIAM AUT PROCURATOREM ILLIUS IN HOC ANNO VI DEJECISTI, QUA DE RE AGITUR (*cum ille possideret*), QUOD NEC VI, NEC CLAM, NEC PRECARIO A TE POSSIDERET, EO RESTITUAS. »

Keller défend tous les termes de cette formule, en avouant qu'ils ont dû changer avec les époques, et que, dès l'abord, tous les principes ne furent pas fixés (le discours *Pro Cæcina* et celui *Pro Tullio* le prouvent). Mais il soutient, contre Savigny, que l'on trouvait dans la formule les mots « CUM ILLE POSSIDERET. » Il s'exprime même ainsi : « *Nisi..... acerrimum haberem adversarium illustrissimum præceptorem meum, quem nisi honoris causa numquam nomino* SAVINIUM. » A la page 324, § 3, Keller donne la formule de l'interdit *de vi armata* : « UNDE TU SEXT. ÆBUTI, AUT FAMILIA AUT PROCURATOR TUUS A. CÆCINAM AUT FAMILIAM AUT PROCURATOREM ILLIUS VI HOMINIBUS COACTIS ARMATIS QUE DEJECISTI, QUA DE RE AGITUR EO RESTITUAS. » Aux p. 337 et suiv., il soutient franchement que, du temps de Cicéron, le demandeur, pour triompher dans l'interdit *de vi armata*, n'avait pas besoin de posséder; suivant lui, cette condition fut exigée seulement à l'époque de Gaius et d'Ulpien. En France, l'opinion de Savigny est généralement suivie.

Enfin, l'orateur soutient que Césennia possédait : « *Cœsenniam possedisse propter usumfructum, non negas. Qui colonus habuit conductum de Cœsennia, fundum quum idem ex eadem conductione fuerit in fundo, dubium est, quin, si Cœsennia tum possidebat, quum erat colonus in fundo, post ejus mortem heres eodem jure possederit? Deinde ipse Cœcina, quum circuiret prœdia, venit in istum fundum; rationes a colono accepit : sunt in eam rem testimonia. Postea cur, Æbuti, de isto potius fundo, quam de alio, si quem habes, Cœcinœ denuntiabas, si Cœcina non possidebat? ipse porro Cœcina cur se moribus deduci volebat.* »

« Césennia a possédé par suite de son usufruit, vous ne le niez pas. Le colon qui lui avait loué le fonds étant resté sur le domaine en vertu de sa location, peut-il être douteux que si Césennia possédait alors que le colon était sur le fonds, son héritier a dû, après sa mort, posséder au même titre? Cécina lui-même est allé voir les héritages, il a pénétré sur le domaine et a reçu les comptes du fermier. Nous en avons la preuve. Pourquoi, Ébutius, si Cécina ne possédait pas, lui adressiez-vous une réclamation pour ce fonds seul et non pour d'autres? Pourquoi Cécina voulait-il que la *deductio* (voy. p. 237) eût lieu conformément à l'usage? »

Cicéron passe bien rapidement sur cet argument vraiment fondamental dans cette cause : *Cécina possédait;* et, en effet, l'argumentation de l'orateur romain n'avait pas une grande consistance.

Pour invoquer l'interdit *unde vi*, il fallait avoir la possession juridique, et non pas seulement la détention (voy. loi 1, § 23, liv. 43, tit. 16, au Digeste, déjà citée, p. 251). L'usufruitier, chassé du fonds sur lequel il exerçait le droit d'usufruit, n'eût pu se prétendre *dejectus*, car il ne possédait pas le fonds *animo domini*, à titre de propriétaire; il ne le possédait qu'*animo usufructuarii*, à titre d'usufruitier. Plus tard, il est vrai, on modifia les termes de l'interdit, et on lui permit d'invoquer l'interdit *unde vi* UTILE, c'est-à-dire, étendu à un cas pour lequel il n'avait pas été créé; mais cette extension fut postérieure au temps de Cicéron.

Ce dernier pouvait donc dire que Césennia possédait *propter usumfructum*. Ainsi, sous ce premier point de vue, l'argument était mauvais (1).

En second lieu, l'usufruit s'était éteint à la mort de Césennia, et par conséquent, Cécina son héritier n'était pas usufruitier.

Césennia avait, il est vrai, loué le fonds, et le fermier était resté sur le domaine. Mais Pison pouvait répondre : le droit du fermier est éteint du moment où l'usufruitier qui a concédé le bail est mort; donc le fermier ne détient la chose ni au nom de l'usufruitier, ni au nom de son héritier. D'ailleurs, si Césennia possédait, il ne s'ensuivait pas que Cécina possédât. La possession exigeant la détention physique et matérielle de la chose comme un de ses éléments essentiels, l'héritier ne succédait pas à la possession du défunt, s'il ne détenait lui-même. Un jurisconsulte romain (loi 23, *De adquirenda possessione*, liv. 41, tit. 2, au Digeste) traduisait cette pensée de la manière suivante : « *Cum heredes instituti sumus, adita hereditate, omnia quidem jura ad nos transeunt : possessio tamen, nisi naturaliter comprehensa, ad nos non pertinet.* » Ici Keller est de notre avis. (P. 352.)

Enfin, les comptes que Cécina avait reçus du fermier ne prouvaient rien, ces comptes embrassant ce qui pouvait rester dû à la défunte (*sic*, Savigny et Keller). Cicéron ne dit pas que Cécina eût traité *en son nom* avec le colon, il n'allègue donc aucun fait positif de possession. On ne sait pas même, comme le fait observer Keller, si le colon était sur le fonds quand Cécina fut repoussé.

L'orateur invoque ensuite la dénonciation faite par Ébutius à Cécina, pour en conclure que ce dernier possédait. Mais, comme le fait observer Keller, la dénonciation se rencontrait dans beaucoup d'autres circonstances, et elle ne préjugeait nullement la question de possession; dans cette affaire, Ébutius, poursuivi par

(1) Hotman (*loco citato*), en parlant de cette défense, dit : « *Quod aperte falsum et negatorium est, vel iis qui primoribus labris jus civile degustarunt, facile intellectu est.* »

Keller est d'un avis opposé au nôtre (p. 34 et suiv.). Nous embrassons l'opinion de M. Savigny (*Traité de la Possession*, p. 480, traduction Faivre d'Audelange). M. Pellat (*De la Propriété*, 2e édit., p. 75 et suiv.) démontre que l'interdit *unde vi*, au temps de Cicéron, n'était pas donné à l'usufruitier.

l'action *familiæ erciscundæ,* avait pu tout d'abord signifier à Cécina que le fonds Fulcinien ne faisait pas partie de l'hérédité de Césennia ; suivant lui, il avait acheté ce domaine qui dès lors lui appartenait. (P. 354 et suiv.)

Cicéron ajoutait que Cécina avait réclamé la *deductio quæ moribus fit.* Voici probablement quel était son raisonnement : On ne peut subir la *deductio* que si l'on est sur le fonds ; or, celui qui est sur le fonds possède ; donc Cécina, en réclamant la *deductio*, prouvait sa possession.

Mais on pouvait répondre que la *deductio* avait lieu de la part des deux parties, comme la *vindicatio* dans l'action *sacramenti* (voy. p. 237), elle ne préjugeait donc rien ; d'ailleurs, Cécina, en demandant le premier à Ébutius que les formalités de la revendication (la *deductio quæ moribus fit*) s'accomplissent, ne reconnaissait-il pas par là même qu'il ne possédait pas? car c'est le *non possesseur* qui revendique contre le possesseur. (*Sic*, Keller, p. 366 et suiv.)

N° 33. (N°s 95 à 98 inclusiv.) On alléguait contre Cécina une loi de Sylla qui avait dépouillé les habitants de Volaterre de la qualité de citoyen romain. Cécina, étant de ce municipe, n'était pas citoyen romain, et dès lors, disait-on, ne pouvait être institué héritier.

Cicéron répond par la loi même de Sylla qui portait : « SI QUID JUS NON ESSET ROGARIER, EJUS EA LEGE NIHILUM ROGATUM. » « Si, dans cette loi, quelque chose était contraire au droit, on devrait considérer cette loi comme n'ayant rien décidé. »

Remarquons le mot *rogatio*, venant de la formule de présentation aux comices : ROGO VOS QUIRITES : VELITIS, JUBEATIS.

Il établit ensuite que le peuple ne saurait violer certains principes de droit.

« *Sed quæro abs te, putesne, si populus jusserit, me tuum, aut item, te meum servum esse ; id jussum ratum atque firmum futurum?* »

« Je vous le demande : pensez-vous que si le peuple ordonnait que je fusse votre esclave ou vous le mien, cet ordre dût être suivi et exécuté? »

« *Deinde nihil rationis affers, quamobrem, si libertas adimi nullo modo possit, civitas possit. Nam et eodem modo de utraque re traditum nobis est ; et, si semel civitas adimi potest, retineri libertas non potest. Quid enim potest jure Quiritium liber esse is, qui in numero Quiritium non est?* »

« Vous n'établissez pas que si la liberté ne peut être enlevée, la cité puisse l'être. Nous avons sur ce point les mêmes traditions, et si la cité peut être enlevée, la liberté peut l'être aussi. Celui-là peut-il être libre d'après le droit des Quirites, qui ne fait même pas partie des Quirites? »

Cicéron rappelle ensuite une cause qu'il plaida dans sa jeunesse.

« *Quum Arretinæ mulieris libertatem defenderem, et Cottam decemviris religionem injecisset, non posse sacramentum nostrum justum judicari, quod Arretinis adempta civitas esset, et ego vehementius contendissem, civitatem adimi non potuisse : decemviri prima actione non judicaverunt; postea, re quæsita et deliberata, sacramentum nostrum justum judicaverunt.* »

« Je défendais la liberté d'une femme d'Arretium, et Cotta avait jeté du doute dans l'esprit des décemvirs. Il soutenait que notre *sacramentum* ne pouvait être déclaré *justum,* parce que le droit de cité avait été enlevé à tous les habitants d'Arretium. Je prétendais avec chaleur que le droit de cité ne pouvait être enlevé; les décemvirs, lors de la première action, ne jugèrent pas; puis après avoir fait des recherches, avoir délibéré, ils décidèrent que notre *sacramentum* était *justum.* »

Sur ces expressions, *sacramentum justum* — *sacramentum injustum,* voy. Topiques, N° 2, p. 9. Ici, le *sacramentum* était *justum* si la femme était libre; *injustum*, au contraire, si elle était esclave.

Il ajoute que ceux qui sont dans la position de Cécina, *lege agunt jure civili*, c'est-à-dire, emploient les formes de la procédure des actions de la loi en matière de pétition d'hérédité (voy. p. 198), comme s'ils étaient citoyens romains; et cependant cette procédure était exclusivement propre à ces derniers.

On objecte que les citoyens partis pour les colonies latines ont perdu le droit de cité. Mais, répond l'orateur, ils sont partis d'après leur volonté ou pour éviter une peine; s'ils eussent voulu la subir, ils seraient restés dans la cité.

N° 34. (N°s 98, 99, 100.) Nouvelle objection : « *Quid? quem pater patratus dedidit, aut suus pater, populusve vendidit, quo is jure amittit civitatem?* »

« Celui qui est livré par le chef des féciaux, le fils qui est vendu par son père ou par le peuple, ne perdent-ils pas le droit de cité? »

Au premier exemple, Cicéron répond : « *Ut religione civitas solvatur, civis romanus traditur : qui quum est acceptus, est eorum, quibus est deditus ; si non accipiunt, ut Mancinum Numantini, retinet integram causam, et jus civitatis.* »

« On livre un citoyen romain pour que la cité soit libérée de son serment. Si le citoyen romain est accepté, il appartient à ceux auxquels on le livre; s'ils ne l'acceptent pas, comme ont fait les Numantins à l'égard de Mancinus, il reste dans son état et conserve intacts ses droits de citoyen. » (Voy. sur ce point Topiques, N° 8, p. 78.)

Au deuxième exemple : « *Si pater vendidit eum, quem in suam potestatem susceperat, ex potestate dimittit.* »

» Si le père vend celui qui était sous la puissance paternelle, il l'affranchit de cette puissance. » (Voy. *infra, De finibus bonorum et malorum,* 1er liv., N° 7.)

Au troisième exemple : « *Jam populus quum eum vendidit, qui miles factus non est, non adimit ei libertatem; sed judicat, non esse eum liberum, qui, ut liber sit, adire periculum noluit : quum autem incensum vendit, hoc judicat; quum is, qui in servitute justa fuerit, censu liberetur, eum, qui, quum liber esset, censeri noluerit, ipsum sibi libertatem abjudicasse.* »

« Le peuple vend celui qui n'a pas voulu être soldat, et ne lui enlève pas la liberté ; mais il juge qu'il n'est pas libre, parce que, pour la conserver, il n'a pas voulu affronter les périls de la guerre. Quand il vend celui qui ne s'est pas fait inscrire sur les tables du cens, il décide que si l'inscription sur ces tables affranchit d'une servitude légitime, d'un autre côté, l'homme libre qui n'a pas voulu y être porté s'est enlevé à lui-même sa liberté. »

Parmi les manières de devenir esclave, Ulpien (Règles, tit. 11, § 11) cite celui qui est vendu comme ne s'étant pas fait inscrire sur les tables du cens (*incensus venierit*); parmi les manières d'être affranchi, figurait au contraire le cens. (Voy. Topiques, N° 8, p. 6.)

Enfin, ces expressions *justa servitus* désignaient une servitude légale, légitime, par opposition à celles-ci : *esse in servitute,* qui indiquaient une servitude de fait.

« *Sed quum homines vincula, neces, ignominiasque vitant, quæ sunt legibus constitutæ, confugiunt quasi ad aram, in exsilium : qui si in civitate legis vim subire vellent, non prius civitatem, quam vitam amitterent; quia nolunt, non adimitur his civitas, sed ab his relinquitur atque deponitur. Nam, quum ex nostro jure duarum civitatum nemo esse possit, tum amittitur hæc civitas denique, quum is, qui profugit, receptus est in exsilium, hoc est, in aliam civitatem.* »

« Mais quand les hommes veulent éviter les fers, la mort, l'ignominie et les peines qui résultent des lois, ils se réfugient dans l'exil comme vers un autel. S'ils consentaient à subir dans leur patrie la rigueur des lois, ils conserveraient le droit de cité jusqu'à leur mort; mais ils n'y consentent pas, et on ne leur enlève pas ce droit; c'est eux qui l'abandonnent et le laissent de côté. D'après notre Droit, nul ne pouvant appartenir à deux cités, le droit de cité est perdu pour celui qui s'enfuit et est reçu dans un lieu d'exil, c'est-à-dire, dans une autre cité. »

Nous reviendrons sur ces points dans les discours *Pro Domo*, N° 29, et *Pro Balbo,* N° 11.

N° 35. (N° 102.) Cicéron, s'adressant aux récupérateurs, leur dit : « *Nam ad hanc quidem causam nihil hoc pertinuisse, primum ex eo intelligi potest, quod vos ea de re judicare non debetis; deinde quod Sylla ipse ita tulit de civitate, ut non sustulerit horum nexa atque hereditates.* »

« Vous pouvez voir que cela n'a pas trait à cette cause : d'abord, parce que vous n'avez pas à statuer sur ce point (Cicéron veut dire qu'il s'agit uniquement dans le procès de l'interdit *unde vi*); en second lieu, parce que Sylla lui-même, par cette loi, n'a pas voulu leur enlever le droit de figurer dans le *nexum* et de recueillir les hérédités qui leur seraient dévolues. »

Nous avons déjà dit qu'il fallait être citoyen romain pour être institué héritier.

Nexa (voy. Topiques, N° 5, p. 52). On désignait ainsi *lato sensu* toute opération qui se faisait *per æs et libram* (1). Pour y figurer, il fallait être *civis romanus* ou avoir le *jus commercii* attribué aux

(1) Voy. M. Ortolan, t. 1er, p. 21, 3e édit.

Latins en général et à certains pérégrins qui avaient obtenu une concession spéciale. (Voy. Ulpien, Règles, tit. 19, § 3.)

Il signale ensuite les habitants d'Ariminum qui n'étaient pas citoyens romains, et avaient cependant le droit de *capere hereditatem a civibus romanis*. Ce même privilége avait été accordé à douze compagnies.

On ne comprend pas, en effet, pourquoi dans une question de possession, question du droit des gens, Pison prétendait que Cécina n'était pas citoyen romain.

Keller examine ce point (§ 6, p. 401 et suiv.). Au premier abord, on serait tenté de dire que le procès se présentait sous la forme d'une *sponsio*, et cette forme étant spéciale aux citoyens romains (voy. p. 112), Cécina, demandeur et étranger, ne pouvait triompher en se prétendant créancier en vertu d'une *sponsio*. Mais, comme le fait remarquer Keller, il était facile aux pérégrins d'employer une autre forme que celle réservée aux citoyens romains (voy. p. 112); et Paul dit dans la loi 7, *De verb. signif.*, au Digeste (liv. 50, tit. 16) : « *Sponsio appellatur, non solum quæ per sponsus interrogationem sit, sed omnis stipulatio promissioque.* » D'ailleurs, Cicéron ne répond pas à cette prétendue objection.

N° 36. (N°s 103 et 104.) Péroraison du discours : « *In judicium non venire, utrum Cæcina possederit, nec ne; tamen doceri possedisse; multo etiam minus quæri, A. Cæcinæ fundus sit, necne ; me tamen id ipsum docuisse, fundum esse Cæcinæ.* »

« L'objet de l'instance n'est pas de savoir si Cécina possédait ou non; cependant, j'ai prouvé qu'il possédait : c'est encore bien moins la question de savoir si Cécina est ou non propriétaire du fonds, et cependant j'ai prouvé qu'il est propriétaire. »

Cicéron fait bien voir l'objet du procès. C'était une question de possession qui était soumise aux récupérateurs, et non une question de propriété; c'était une action *possessoire*, et non une action *pétitoire*. (Certains traducteurs ont oublié ce point, en employant le mot *propriété* au lieu du mot *possession*.)

En admettant, ce que nous pensons, que la cause de Cécina était mauvaise, faut-il en conclure que l'acte accompli par Ébutius dût rester impuni? Certes non. Cécina avait ou l'action d'injures, ou *un judicium publicum* (voy. N° 4, p. 241). Ces moyens réparaient le mal fait à sa personne. Si la violence avait eu pour effet de le dépouiller de la chose dont il était propriétaire ou possesseur, alors l'action en revendication ou l'interdit lui étaient donnés pour recouvrer la propriété ou la possession ; mais comme Cécina prétendait alors avoir subi un dommage dans ses biens, il était obligé de prouver ou son droit de propriété, ou sa possession.

Soutenir que Cécina n'était pas héritier, et, par conséquent, n'était pas propriétaire du fonds Fulcinien, pouvait être une excellente défense pour l'action en revendication du droit de *propriété*, mais c'était un argument inutile, alors qu'il s'agissait de l'interdit *unde vi* et d'une question de *possession*.

Peut-être Pison alléguait-il que Cécina n'étant pas héritier de Césennia, il était encore plus évident qu'il n'avait jamais pu posséder le fonds Fulcinien ; c'était alors un argument venant s'ajouter à tous les autres.

PRO TULLIO.

Les fragments de ce discours ont été découverts il y a trente à quarante ans. (Voy. M. Victor Leclerc, 35e vol.) (1)

Nous les expliquons après le discours *Pro Cæcina*. En effet, Cicéron y revient sur les principes de l'interdit *unde vi*, que nous venons d'exposer. Nous indiquerons les numéros, d'après l'édition Panckoucke, puis ceux qui ont été adoptés, les uns par Keller, les autres par M. Victor Leclerc.

No 1. Dès le début, on rencontre 1o l'expression *recuperatores*, qu'au lieu de traduire par récupérateurs (voy. p. 216), on traduit par *juges* ou *juges commissaires ;* 2o l'expression *familia* dans le sens d'une masse d'esclaves ; 3o l'expression *existimatio* déjà expliquée. (Voy. p. 122.)

Puis, plus loin : « *Nam quum esset de re pecuniaria controversia, quod damnum datum M. Tullio diceremus, alienum a mea natura videbatur, quidquam de existimatione P. Fabii dicere.* »

Voici la pensée de Cicéron, telle qu'il la développe dans ce premier numéro : Tullius, son client, avait éprouvé un dommage dans la personne de ses esclaves, dommage causé par la *familia* de Fabius. Le seul but de l'action était d'obtenir une condamnation pécuniaire au profit de Tullius. Cicéron en conclut qu'il lui avait paru inutile d'attaquer la réputation (*existimatio*) de Fabius. Il paraît que celui-ci n'avait pas su se renfermer dans les justes limites de la défense. Ceci, soit dit en passant, prouve que, de

(1) Keller (p. 656, *Semestrium ad Ciceronem*) en a donné le texte.

tout temps, l'on a rencontré des avocats qui n'ont pas su défendre une cause pécuniaire sans déverser l'injure sur leur adversaire.

N° 2. (Nos 7, 8, 9, 10, 11, 12, édition Keller.) « *Judicium vestrum est, recuperatores,* QUANTÆ PECUNIÆ PARET, DOLO MALO FAMILIÆ P. FABII, VI HOMINIBUS ARMATIS COACTISVE, DAMNUM FACTUM ESSE M. TULLIO. *Ejus rei taxationem nos fecimus; æstimatio vestra est* (1) : *judicium datum est in quadruplum. Quum omnes leges, omniaque judicia, quæ paullo graviora atque asperiora videntur esse, ex improborum iniquitate et injuria nata sunt; tum hoc judicium paucis hisce annis propter hominum malam consuetudinem, nimiamque licentiam constitutum est. Nam quum multæ familiæ dicerentur in agris longinquis et pascuis armatæ esse, cædesque facere; quumque ea consuetudo non solum ad res privatorum, sed etiam ad summam rempublicam pertinere videretur : M. Lucullus, qui summa æquitate atque sapientia jus dixit, primus hoc judicium composuit; et id spectavit, ut omnes* (2) *ita familias suas continerent, ut non modo armati damnum nemini darent, verum etiam lacessiti, jure se potius, quam armis defenderent. Et quum sciret, de damno legem esse Aquilliam, tamen hoc ita existimavit, apud majores nostros quum et res, et cupiditates minores essent, et familiæ non magnæ magno metu continerentur, ut perraro fieret, ut homo occideretur, idque nefarium ac singulare facinus putaretur; nihil opus fuisse judicio de vi, coactis armatisque hominibus. Quod enim usu non veniebat, de eo si quis legem aut judicium constitueret, non tam prohibere videretur, quam admonere. His temporibus, quum ex bello diuturno atque domestico res in eam consuetudinem venisset, ut homines minore religione armis uterentur : necesse putavit esse, et in universam familiam judicium dare, si quod a familia factum diceretur ; et recuperatores dare, ut quam primum res judicaretur; et pœnam graviorem constituere, ut metu comprimeretur audacia ; et illam latebram tollere,* DAMNUM INJURIA, *quod in aliis causis debet valere, et valet lege Aquillia ; id ex hujusmodi damno, quod vi per servos armatos datum esset..........., ipsi statuerent, quo tempore possent suo jure arma capere, manum cogere, homines occidere. Quum judicium ita daret, ut hoc solum in*

(1) Ces mots : « *æstimatio vestra est* » ne sont pas dans Keller.

(2) Keller dit : *homines.*

judicium venire videretur, ne vi hominibus coactis armatisve damnum dolo malo familiæ datum, neque illud adderet, INJURIA; *putavit se audaciam improborum sustulisse, quum spem defensionis nullam reliquisset.* »

Voici la pensée de Cicéron : les esclaves de Tullius avaient été tués par ceux de Fabius. La loi Aquillia, plébiscite promulgué l'an de Rome 468, prévoyait ce dommage dans son premier chef (voy. plus haut, p. 168). Elle donnait au maître la plus haute valeur que les esclaves tués avaient eue dans l'année, mais elle permettait à l'auteur du dommage de soutenir que ce préjudice avait été causé *jure*, d'après le droit; en un mot, elle ne punissait que le *damnum injuria datum* (voy. un exemple cité plus haut, p. 168). Les actes de violence se multipliant pendant les guerres civiles, le préteur Lucullus donna à la victime une action au quadruple de la valeur des choses qui avaient été volées ou endommagées. C'est justement de cette action *vi bonorum raptorum* dont nous parle Cicéron. Elle est citée par Gaius (Comm. 3, § 209), et Ulpien, loi 2 (au Digeste, *De vi bonorum raptorum*, liv. 47, tit. 8), donne le texte même de l'édit du préteur : « *Si cui dolo malo, hominibus coactis damni quid factum esse dicetur, sive cujus bona rapta esse dicentur : in eum, qui id fecisse dicetur, judicium dabo* (1). »

L'orateur, s'adressant aux *recuperatores* (sur les *recuperatores*, voy. p. 216), leur dit : « La formule qui vous est soumise (*judicium vestrum*, voy. sur le mot *judicium*, p. 72) vous appelle à rechercher le montant du dommage qui a été causé à M. Tullius par le dol des esclaves de Fabius, avec violence et par des hommes armés. »

La formule était probablement rédigée de la manière suivante : « RECUPERATORES SUNTO — QUANTÆ PECUNIÆ PARET, DOLO MALO FAMILIÆ FABII, VI HOMINIBUS ARMATIS COACTISVE, DAMNUM DATUM ESSE M. TULLIO. — *Id quanta ea res erit, recuperatores, in* QUADRUPLUM *condemnanto, si non paret, absolvunto* (2). L'action était

(1) Voy., sur cette action *vi bonorum raptorum*, Keller, p. 544 et suiv. (*Pro Tullio*).

(2) On remarquera qu'au temps d'Ulpien le mot *armatis* avait disparu de l'édit. On avait fini par décider, notamment, que l'on tombait sous son

en effet au quadruple, c'est-à-dire, le défendeur condamné devait payer quatre fois la valeur du dommage. Gaius l'enseigne (*loco citato*), et Cicéron ajoute : « Nous avons arbitré le dommage, à vous de l'estimer; l'action est donnée au quadruple. »

L'orateur indique ensuite les motifs qui ont engagé le préteur Lucullus à introduire cette action (*primus hoc judicium composuit*). « Il connaissait bien la loi Aquillia, dit-il, mais si les anciens n'avaient pas eu besoin d'une action spéciale sur la violence à main armée, elle devint nécessaire à l'époque des guerres civiles. » Alors : « Il crut nécessaire de donner une action contre l'ensemble des esclaves (*in universam familiam judicium dare*), si on les regardait comme coupables, et de nommer des *recuperatores* qui pussent de suite rendre leur sentence. Il crut nécessaire de prononcer une peine plus sévère, afin de comprimer l'audace par la terreur, d'ôter aux défendeurs cette retraite : le dommage n'a pas été causé contrairement au droit (*damnum injuria*), moyen qui a de la force dans d'autres causes, notamment quand il s'agit de la *lex Aquillia*. »

Du moment où le dommage était causé par dol, avec violence, à main armée, l'auteur du dommage ne pouvait utilement soutenir qu'il avait le droit d'agir ainsi; car, dit Cicéron : « Ceux qui ont des démêlés ne doivent pas fixer à quel moment ils peuvent prendre les armes, rassembler une troupe et tuer des hommes. » Et il termine ainsi : « En donnant une action telle que l'on comprenait le dommage causé par violence, à main armée et par dol, et en n'ajoutant pas : *contrairement au droit* (*injuria*), le préteur pensa qu'il enchaînerait l'audace des méchants en leur enlevant tout espoir de défense (1). » Nous verrons si toutes ces assertions étaient exactes.

application quand les hommes rassemblés étaient sans armes ou armés, quel que fût leur nombre, même s'il n'y en avait qu'un seul. (Voy. le titre *De vi bonorum raptorum*, au Digeste, liv. 47, tit 8. — *Junge* Keller, *Pro Tullio*, p. 567.)

(1) Keller (p. 602), après avoir démontré comment l'édit de Lucullus s'était successivement étendu ou restreint, conclut ainsi : 1° on a ajouté les mots *bona rapta* (voy. plus haut le texte au temps d'Ulpien, p. 291; la cause actuelle ne roulait que sur le *damnum* causé à Tullius); 2° on a ef-

Ces mots, *recuperatores dare ut quam primum res judicaretur,* justifient l'opinion de ceux qui pensent que la procédure, devant les *recuperatores*, était sommaire. Ils citent ce passage de Cicéron : et celui de Gaius (Comm. 4, § 185) : « *Recuperatoribus suppositis ut qui non steterit,* PROTINUS *a recuperatoribus condemnetur* (1). »

N° 3. (N°s 13 et suiv.) Cicéron continue : « *Quoniam quod judicium, et quo consilio constitutum sit, cognostis; nunc rem ipsam, ut gesta sit, dum breviter vobis demonstro, attendite.* »

« Puisque, dit-il, vous connaissez cette action et le motif qui l'a fait introduire, actuellement je vous prierai de me prêter quelque attention pendant que j'exposerai les faits. » Suit la narration (2). Tullius était propriétaire, dans le territoire de Thurium, d'un domaine venant de ses pères; il avait pour voisin Fabius « *qui agri fines armis proferre mallet, quam jure defendere,* » « qui aimait mieux étendre ses *fines* par les armes, que de les défendre avec celles fournies par le droit » (sur l'expression *fines,* voy. Topiques, N° 4, p. 44). Fabius avait acheté un fonds limitrophe de celui de Tullius. Son vendeur était un sénateur nommé Claudius. Fabius, ayant fait une mauvaise affaire, voulut s'en venger aux dépens de son voisin. Dans ce domaine se trouvait une *centurie* appelée Populiane (sur le mot centurie, voy. note 6e, p. 210. M. Victor Leclerc, 35e vol.), qui avait toujours appartenu à Tullius et que son père n'avait cessé de posséder. Fabius désira se l'approprier. Il avait pour associé dans cet achat un honnête homme nommé Acerronius. Il commença par mettre ce domaine en vente (*fundum proscripsit*). Comme personne ne se présentait, sur ses instances, Acerronius le racheta. Fabius le persuada d'autant plus facilement que dans les affiches il avait compris une plus grande étendue que celle qu'avait cette propriété. Il y mentionna en effet la centurie Populiane. Tullius, prévenu par son procureur, crut devoir assigner Acerronius qui se trouvait alors à Rome. Fabius était à sa *villa*. Acerronius répondit assez arrogamment; d'ail-

facé la mention de la *familia;* 3° a disparu également le mot VI; 4° il en a été de même de celui ARMATISVE.

(1) Voy. notamment M. Bonjean, 1er vol. *Des Actions*, p. 184.

(2) Je l'emprunte au texte restitué par Keller et à cet auteur lui-même (p. 604). Les versions sont bien douteuses.

leurs, dit-il, Fabius n'avait pas encore fourni l'indication des limites (*fines*). Tullius écrivit à son procureur et à son *villicus* (esclave chargé de la culture et de la direction des ouvriers); il les prémunit contre les fraudes de Fabius, et surtout les pria de veiller à ce que ce dernier ne fixât les limites qu'en leur présence. Ils demandèrent donc à Fabius de les appeler quand il procéderait à cette opération, mais celui-ci n'en fit rien. Cependant il ne livra pas la centurie Populiane à Acerronius. « *Neque tamen hanc centuriam Populianam vacuam tradidit.* »

..... Livrer (*tradere*), consiste à mettre l'acheteur en possession de la chose vendue, de telle façon que la chose soit à sa disposition; c'est lui permettre de faire des actes de maître, et les jurisconsultes romains rendaient cette idée par l'expression : « *Possessionem vacuam tradere,* c'est-à-dire, livrer une possession libre de tout obstacle. Les esclaves de Tullius occupant la centurie, Fabius ne put en faire la tradition à son acheteur.

Acerronius s'excusa dès qu'il le put et reconnut la fraude de son associé. Mais Fabius était son garant comme vendeur, aussi ce dernier résolut-il d'employer la violence pour avoir la centurie en question.

N° 4. (N°s 18 et suiv.) Fabius rassembla des esclaves. Ayant rencontré dans la centurie Populiane un esclave de Tullius, il lui demanda ce qu'il y faisait. Cet esclave lui répondit que son maître était à sa *villa,* et qu'il pouvait aller le trouver si bon lui semblait. Fabius s'y rendit. Cicéron ajoute : « *Appellat Fabius, ut aut ipse Tullium deduceret, aut ab eo deduceretur. Dicit deducturum se Tullius, vadimonium Fabio Romam promissurum.* »

Fabius, dit l'orateur, provoqua Tullius à faire la *deductio* ou à la subir. Nous avons expliqué très-longuement (*Pro Cæcina,* N° 1, p. 237) la *deductio quæ moribus fit.* C'était le préliminaire de la revendication d'une chose immobilière dont on se prétendait propriétaire. Cicéron dit donc : « Fabius somma Tullius d'accomplir ces formalités ou de les laisser s'accomplir. Tullius promit de faire la *deductio* et de donner le *vadimonium* à Rome. Cela fut accepté par Fabius. » (Sur le *vadimonium,* voy. p. 100.)

N° 5. (N°s 21, 22.) La nuit suivante, les esclaves de Fabius pénétrèrent dans la centurie Populiane, massacrèrent ou blessèrent ceux de Tullius qui étaient réunis dans une maison, puis ils la détruisirent; de là l'action intentée par le client de Cicéron contre Fabius.

Nos 6. (Nos 24, 25 et 26.) Fabius, dit son adversaire, avoue tout, le rassemblement, les armes, la violence, le meurtre; tout a été fait par sa *familia*, et l'intention de ses esclaves a été de tuer ceux de Tullius; il le reconnaît.

Quelle pouvait donc être la défense de Fabius? Probablement, il soutenait que ses esclaves, étant en état de légitime défense, avaient agi *jure*, à bon droit, et non *injuria*, et que, dès lors, il n'y avait pas eu dol (*dolus malus*). (Voir la défense supposée de Fabius dans Keller, p. 630 et suiv.)

Cicéron, suivant sa tactique ordinaire, décompose l'argument en s'efforçant de prouver : 1o qu'il y avait eu dol, et qu'en tout cas l'insertion dans la formule des mots *dolo malo* était dans l'intérêt du demandeur et non dans celui du défendeur; 2o que l'on ne pouvait avoir agi *jure* alors que l'on avait commis un dol; 3o enfin, que l'état de légitime défense ne pouvait donner à Fabius le droit de tuer les esclaves de Tullius.

Cicéron, en reprenant toutes les circonstances qui ont accompagné le meurtre, ajoute : « *Potestis eam voluntatem, id consilium, id factum a dolo malo sejungere? At istuc totum* DOLO MALO *additur in hoc judicio, ejus causa, qui agit; non illius, qui cum agitur.* »

« Pouvez-vous séparer du dol cette volonté, ce dessein et ces faits? Mais ces mots DOLO MALO sont ajoutés, dans cette action, en faveur du demandeur et non du défendeur. »

No 7. (Nos 27, 28, 29, 30.) « *Si ita judicium daretur, ut id concluderetur, quod a familia factum esset; si quæ familia ipsa in cæde interesse noluisset et homines aut servos, aut liberos, coegisset aut conduxisset; totum hoc judicium, et prætoris severitas dissolveretur. Nemo enim potest hæc judicare, qua in re familia non interfuisset, in ea re eam ipsam familiam vi, armatis hominibus, damnum dedisse. Ergo id quia poterat fieri, et facile poterat, idcirco non satis habitum est, quæri, quid familia ipsa fecisset; verum etiam illud,* QUID FAMILIÆ DOLO MALO FACTUM ESSET. *Nam quum facit ipsa familia vi, armatis coactisve hominibus, et damnum cuipiam dat, id dolo malo fieri necesse est; cum autem rationem init, ut id fiat, familia ipsa non facit, fit autem dolo malo ejus.* »

« Si la formule (*judicium*) avait été donnée de telle façon que l'on y eût compris seulement ce qui avait été fait par la *familia* du défendeur, si celle-ci n'avait pas voulu commettre le meurtre, mais qu'elle eût rassemblé ou loué des esclaves et des hommes libres, l'action donnée par le préteur et la sévérité qu'il avait déployée fussent devenues inutiles. Personne ne peut, en effet, décider que là où une *familia* n'était pas présente, elle a pu causer un dommage avec violence et avec des hommes armés. Ce cas pouvait facilement se présenter; aussi, ce ne fut pas assez de rechercher ce que la *familia* avait fait elle-même, il fallut encore se demander ce qui avait été fait par son dol. Si la *familia* cause du dommage avec violence, à l'aide d'hommes armés et rassemblés, elle le fait nécessairement avec dol; mais quand elle engage à le faire, ce n'est plus elle qui cause le dommage; toutefois, il a lieu par suite de son dol. »

Cicéron finit ainsi : « *Ergo addito* DOLO MALO, *actoris et petitoris fit causa copiosior. Utrum enim ostendere potest, sive eam ipsam familiam sibi damnum dedisse, sive consilio et opera ejus familiæ factum esse, vincat necesse est.* » « En ajoutant les mots *dolo malo*, la cause du demandeur, qui est obligé de prouver, est meilleure. Qu'il démontre que cette *familia* a causé du dommage, ou que le dommage provient de ses avis et de ses soins, il est sûr de vaincre. »

Actor et *petitor*. *Actor*, c'est celui qui intente l'action; il est demandeur, et comme tel obligé de prouver la vérité de ce qu'il allègue. *Onus probandi incumbit actori.* — *Petitor* est synonyme d'*actor*. On dit *petitoris partes sustinere*, jouer le rôle de demandeur, être obligé de faire la preuve.

Au temps d'Ulpien, l'édit portait encore les mots *dolo malo* (voy. p. 291), et ce jurisconsulte indique dans les lois 2, § 1 et suiv. (Digeste, liv. 47, tit. 8), la portée de ces expressions.

Mais s'ensuivait-il que ces expressions insérées dans la formule ne permissent pas aussi au défendeur de soutenir qu'il ne pouvait y avoir dol, quand les esclaves avaient agi *jure*, en état de légitime défense? C'est ce qu'il nous est impossible d'admettre, car la formule ne réprimait que le dommage causé par *dol*.

A l'appui de son argumentation, Cicéron invoque les termes de l'interdit *unde vi* :

« *Videtis prætores per hos annos intercedere hoc interdicto inter me, et M. Claudium :* UNDE DE DOLO MALO TUO, M. TULLI, M. CLAUDIUS, AUT FAMILIA, AUT PROCURATOR EJUS VI DETRUSUS EST; *cetera ex formula, sicut ita interdictum est, et sponsio facta.* »

« Vous savez que, pendant ces dernières années, les préteurs ont rendu entre M. Claudius et moi l'interdit suivant : *D'où, par votre dol, M. Tullius, M. Claudius, ou sa* familia, *ou son procureur, ont été expulsés par violence.* Le reste d'après la formule de l'interdit, et il y eut *sponsio.* » (Voy., pour la *sponsio* qui avait lieu dans la procédure des interdits, Cécina, N° 8, p. 248.)

L'orateur continue en argumentant des termes de l'interdit : « *Ego me ad judicem si defendam, vi me dejecisse confitear, dolo malo negem; ecquis me audiat? Non opinor quidem : quia si vi dejeci M. Claudium, dolo malo dejeci; in vi enim dolus malus inest.* »

« Si j'avais à me défendre devant le juge, et si j'avouais que j'ai fait subir la *dejectio* avec violence, mais qu'il n'y avait pas dol, qui m'écouterait? Personne; car, si j'ai fait subir violemment une *dejectio* à Claudius, certes je l'ai chassé par dol; le dol est inhérent à la violence. »

Ulpien, dans la loi 2, § 8 (*loco citato*), dit aussi : « *Doli mali mentio hic, et vim in se habet. Nam qui vim facit, dolo malo facit : non tamen qui dolo malo facit, utique et vi facit. Ita dolus habet in se et vim : et sine vi, si quid callide admissum est, æque continebitur.* »

Mais Fabius pouvait répondre : Assurément, s'il y avait violence de ma part, si j'avais fait subir une *dejectio* à Tullius, il y aurait dol; mais je n'ai fait que me défendre, je n'ai donc point agi *injuria*, Tullius n'a pas été *dejectus*, dès lors il n'y a pas dol. L'argumentation de Cicéron pouvait porter à faux.

Ce dernier continue : « *Et Claudio utrumvis satis est planum facere, vel se a me ipso vi dejectum esse, vel me concilium inisse, ut vi dejiceretur. Plus igitur valet Claudi causa si interdicitur, unde dolo malo meo vi dejectus sit, quam si daretur, unde a me vi dejectus esset. Nam in hoc posteriore, nisi ipse egomet dejecissem, vincerem sponsionem; in illo priore, ubi dolus malus ad ditur, sive consilium inissem, ut vi dejiceretur, sive ipse dejecissem, necesse erat de dolo malo meo vi dejectum judicari.* »

« Pour Claudius, il lui suffira de démontrer qu'il a été violemment *dejectus* par moi, ou que j'ai donné le conseil de lui faire subir cette *dejectio*. On lui fournit donc plus d'arguments quand l'interdit porte UNDE A DOLO MALO VI DEJECTUS SIT que s'il portait : UNDE A ME VI DEJECTUS EST. Car, dans ce dernier cas, je l'emporterais dans la *sponsio* si je n'avais pas fait moi-même la *dejectio;* dans le premier cas, dès qu'on parle du dol, soit que j'eusse donné des conseils pour que la *dejectio* eût lieu, soit que je l'eusse fait subir moi-même, on devait nécessairement décider qu'il avait été *dejectus* par violence et par mon dol. »

Ces principes, qui avaient pu faire difficulté à l'origine, n'en faisaient plus au temps d'Ulpien. Dans la loi 1, § 12, *De vi et de vi armata* (au Digeste, liv. 43, tit. 16), ce jurisconsulte dit : « *Dejecisse autem etiam is videtur, qui mandavit vel jussit, ut aliquis dejiceretur : parvi enim referre visum est, suis manibus quis dejiciat, an vero per alium. Quare et si familia mea ex voluntate mea dejecerit, ego videor dejecisse.* » Mais tout cela n'ébranlait en rien la défense de Fabius.

Ce passage nous amène à une réflexion. Dans le discours *Pro Cæcina,* Cicéron soutient qu'il ne fallait pas s'en tenir au texte de l'interdit, mais bien à son esprit. Cependant, s'il a été nécessaire d'y ajouter les mots DOLO MALO, pour que le demandeur pût invoquer le cas où il aurait été *dejectus* sur les conseils du défendeur, v. g. par son *procurator,* il faut bien reconnaître que l'interdit *unde vi* comportait une interprétation rigoureuse.

N° 8. (Nos 31, 32, 33, 34.) Cicéron revient à la cause : « *Hoc persimile, atque adeo plane idem est in hoc judicio, recuperatores. Quæro enim abs te. Si ita judicium datum esset,* QUANTÆ PECUNIÆ PARET A FAMILIA P. FABII VI HOMINIBUS ARMATIS DAMNUM M. TULLIO FACTUM, *quid haberes, quod diceres? Nihil, opinor. Fateris enim omnia et familiam P. Fabii fecisse, et vi, hominibus armatis, fecisse. Quod additum est* DOLO MALO, *id te adjuvare putas; in quo opprimitur et excluditur omnis tua defensio. Nam si additum id non esset, ac tibi libitum esset ita defendere, tuam familiam non fecisse, vinceres, si id probare potuisses. Nunc, sive illa defensione uti voluisses, sive hac, qua uteris, condemneris necesse est. Nisi putamus, eum in judicium venire, qui consilium inierit; illum, qui fecerit non venire : quum consilium sine facto intelligi possit, factum, sine consilio non possit. An quod factum ejusmodi est, ut sine occulto consilio, sine nocte, sine vi, sine damno alterius, sine armis, sine cæde, sine maleficio fieri non potuerit, id sine dolo malo factum judicabitur? an qua in re prætor illi improbam defensionem tolli voluit, in ea re mihi difficiliorem actionem factam putabitis?.....* »

« Il en est de même dans cette action, récupérateurs. Je vous le demande, Quintius, si la formule était ainsi conçue : « *A quelle somme il appert que se monte le dommage causé à Tullius par les esclaves de Fabius, par violence et avec des hommes armés,* que pourriez-vous dire? Rien, je pense. La *familia* de Fabius a commis le dommage, et elle l'a causé avec violence, avec des hommes armés; vous en convenez. Vous pensez que les mots *dolo malo,* ajoutés dans la formule, peuvent vous être utiles? Mais ils accablent et anéantissent toute votre défense. Si on ne les y rencontrait pas, et si vous pouviez prouver que votre *familia* n'a pas été l'auteur du dommage, vous l'emporteriez. Actuellement, employez ce moyen de défense ou bien celui que vous mettez en avant, peu importe, vous devez toujours être condamné, à moins que, suivant vous, la formule atteigne celui qui a conçu un projet et non celui qui l'a exécuté, tandis que l'on peut comprendre la pensée sans l'exécution, mais non l'exécution sans la pensée. Le fait est de telle nature qu'il n'a pu avoir lieu sans préméditation, sans ténèbres, sans violence, sans causer du dommage, sans armes, sans meurtres, en un mot, sans qu'il y ait délit *(maleficio),* et on déciderait que ce fait s'est accompli sans dol! Le préteur a voulu enlever une défense inique, et vous jugeriez qu'il m'a rendu l'action plus difficile. »

Cicéron compare Fabius à celui qui prend un rocher et un écueil pour un hâvre ou un port. Il veut, dit-il, chercher un refuge dans ces mots *dolo malo,* et ses esclaves eussent-ils fait accomplir par d'autres mains l'acte qu'ils ont commis par eux-mêmes, selon leur propre aveu, ils viendraient se briser et se perdre en présence de ces mots *dolo malo.*

Il s'efforce d'établir que dans chaque fait pris en particulier il y a dol, et finit ainsi : « *Ergo si omnes partes sunt ejusmodi, ut in singulis dolus malus hæreat, universam rem et totum facinus sine dolo malo factum judicabitis?* » « Si tous les faits particuliers renferment le dol, comment oserait-on décider que l'ensemble du crime ne constitue pas le dol? »

N° 9. (N°s 35, 36.) Quintius, l'avocat de Fabius, objectait : « *Nihil posse dolo malo familiæ fieri,* » « une *familia*, un ensemble, une agrégation d'individus ne pouvait se rendre coupable de dol, le dol ne pouvant émaner que d'un individu. »

Cicéron reprend : « *Hoc loco non solum fecit, ut defenderet Fabium, sed ut omnino hujuscemodi judicia dissolveret. Nam si venit id in judicium de familia, quod omnino familia nulla potest committere, nullum est judicium, absolvantur omnes de simili causa necesse est.* »

« Par cet argument, non-seulement il défend Fabius, mais il détruit toutes les actions qui ressemblent à celle-ci. Car si on renferme dans une formule touchant une *familia*, ce que celle-ci ne peut commettre, il n'y a plus d'action, il faut absoudre tous ceux qui se trouvent dans le même cas. » Juger ainsi, ajoute-t-il, ce serait détruire cette action (*servissimum judicium*), qui a été donnée avec tant de raison.

Mais l'avocat de Fabius pouvait répondre : les préteurs n'ont pas prévu le dol commis par un groupe d'esclaves qui, ne causant pas eux-mêmes le dommage, excitent d'autres à le commettre. Il est certain que le dol ne se comprend guère dans des circonstances pareilles. Les esclaves ou restent tranquilles, ou exécutent eux-mêmes leurs projets.

L'orateur élève ensuite cette affaire aux proportions d'une cause d'intérêt public, et non pas seulement d'intérêt privé :

« *Sed non id solum agitur in hoc judicio, recuperatores, ut M. Tullius per interdictum suum jus teneat atque injuriam a P. Fabii familia factam persequatur, verum hoc judicium sic expectatur, ut non unæ rei statui, sed omnibus constitui putatur.* »

« Dans cette action, récupérateurs, il ne s'agit pas seulement pour Tullius de retenir son droit par l'interdit et de poursuivre l'injure qui lui a été faite par la *familia* de Fabius, mais on attend l'issue de l'instance; de telle façon, que vous paraissez être appelé à statuer sur une action qui intéresse non-seulement un particulier, mais encore tous les citoyens. »

L'interdit *unde vi* ne s'appliquait qu'aux immeubles, et l'action *vi bonorum raptorum* aux meubles. Tullius, ayant subi une *dejectio* quant à la centurie Populiane, pouvait recouvrer la possession par l'interdit *unde vi;* de plus, pour obtenir réparation du dommage causé sur la personne de ses esclaves, il avait l'action *v bonorum raptorum* au quadruple. Cicéron indique cette doctrine dans le passage que nous venons de citer.

Quintius alléguait que le dommage n'avait pas été causé *injuria*, contrairement au droit; son adversaire reprend :

N° 10. (Suite du N° 9, édition M. Victor Leclerc. N°s 38, 39, 40, 41, édition Keller.) « *Dicis oportere quæri, homines M. Tullii injuria occisi essent, necne. De quo hoc primum quæro, venerit ea res in hoc judicium, necne. Si non venit, quid attinet aut nos dicere, aut vos quærere? Si autem venit, quid attinuit te tam multis verbis a prætore postulare, ut adderet in judicium* INJURIA, *et quia, non impetrasses, tribunos plebis appellare, et hic in judicio queri prætoris iniquitatem, quod de* INJURIA, *non addiderit? Hæc quum prætorem postulabas, quum tribunos appellabas; nempe ita dicebas, potestatem tibi fieri oportere, ut, si posses, recuperatores persuaderes, non esse injuria M. Tullio damnum datum. Quod ergo ideo in judicium addi voluisti, ut de eo tibi apud recuperatores dicere liceret; eo non addito, nihilominus tamen ita dicis, quasi id ipsum, a quo depulsus es, impetraris? At quibus verbis in decernendo Metellus usus est, ceteri, quos appellasti? Nonne hæc omnium fuit oratio, quod vi, hominibus armatis coactisve, familia fecisse diceretur, id tametsi nullo jure fieri potuerit, tamen se nihil additurос? Et recte, recuperatores.* »

« Vous dites qu'il faut rechercher si les esclaves de Tullius ont été tués contrairement au droit *(injuria)*. Je demande d'abord si cette question peut faire l'objet de cette instance *(in hoc judicium venire)*. Si elle ne peut être agitée, à quoi bon notre défense et vos questions? Si elle peut l'être, pourquoi avoir demandé au préteur, avec tant de paroles, qu'il ajoutât dans la formule le mot *injuria*, et pourquoi, parce qu'il ne vous l'a pas accordé, en avoir appelé aux tribuns du peuple? Pourquoi vous être plaint de l'iniquité du préteur qui n'avait pas voulu ajouter dans la formule le mot *injuria?* En faisant cette réclamation au préteur, en en référant aux tribuns, vous demandiez que l'on vous accordât le pouvoir de persuader aux récupérateurs que Tullius n'avait pas supporté le dommage, *injuria*, contrairement au droit. Vous vouliez que ce mot fût inséré dans la formule, afin de pouvoir invoquer ce moyen auprès des *recuperatores*. Il ne l'a point été; mais vous n'invoquez pas moins l'argument, tout comme si vous aviez obtenu ce que vous demandiez. Les termes dont Metellus le préteur s'est servi dans le décret, les tribuns les ont également employés. Tous ont répété que quand une *familia* était accusée d'avoir commis des actes de violence à main armée et avec rassemblements, ils n'ajouteraient rien, quoique ces actes ne puissent avoir lieu que contrairement au droit; et ils ont bien fait, récupérateurs. »

Voici la pensée de Cicéron. Jamais des esclaves qui commettent des actes pareils de violence ne peuvent agir *jure,* aussi le préteur et les tribuns n'ont-ils pas même voulu qu'on ajoutât dans la formule le mot *injuria;* et ils ont bien fait, car cette insertion n'eût pas profité à Fabius, mais c'eût été permettre le crime que de sembler vouloir l'excuser.

« *Etenim, recuperatores, non damno commoventur magistratus, ut in hæc verba judicium dent : nam si id esset, nec recuperatores potius darent, quam judicem; nec in universam familiam, sed in eum, quicum nominatim ageretur; nec in quadruplum, sed in duplum; et* DAMNO *adderetur* INJURIA. *Neque enim is, qui hoc judicium dedit, de ceteris damnis ab lege Aquillia recedit, in quibus nihil agitur, nisi damnum; qua de re prætor animum debet advertere.* »

N° 11. (N° 10, édition M. Victor Leclerc; N°s 42, 43, texte Keller.) « *In hoc judicio videtis agi de vi; videtis agi de hominibus armatis videtis œdificiorum expugnationes, agri vastationes, hominum trucidationes, incendia, rapinas, sanguinem in judicium venire; et miramini satis habuisse eos, qui hoc judicium dederunt, id quœri, utrum hæc tam acerba, tam indigna, tam atrocia facta essent, necne; non, utrum jure facta, an injuria? Non ergo prætores a lege Aquillia recesserunt, quæ de damno est, sed de vi et armis severum judicium constituerunt; nec jus et injuriam quœri nusquam putarunt oportere, sed eos, qui armis, quam jure, agere maluissent, de jure et injuria disputare noluerunt. Neque ideo de* INJURIA *non addiderunt, quod in aliis rebus non adderent, sed ne ipsi judicarent, posse homines servos jure arma capere, et manum cogere; neque quod putarent, si additum esset, posse hoc talibus viris persuadere, non injuria factum, sed ne quod tamen scutum dare in judicio viderentur iis, quos propter hæc arma in judicium vocavissent.* »

« Car, récupérateurs, les magistrats, en donnant la formule en ces termes, ne sont point touchés du dommage; autrement, ils désigneraient aussi bien un *judex* que des *recuperatores;* ils ne donneraient pas l'action contre la *familia*, mais bien contre celui qui y serait nommément soumis; elle ne serait pas au quadruple, mais au double, et au mot *damno* on ajouterait *injuria*. Celui qui a donné cette formule s'est écarté des autres dommages prévus par la loi Aquillia; dans cette loi, on ne parle que du dommage. C'est à quoi un préteur doit faire attention. »

« Dans cette action, il est question de violence, d'hommes armés, d'édifices détruits, de champs ravagés, d'hommes massacrés, d'incendie, de rapines, de sang; et pourriez-vous vous étonner que ceux qui ont donné cette formule se soient demandé si ces faits cruels, indignes et atroces, avaient eu lieu ou n'avaient pas eu lieu, et non s'ils avaient été commis *jure* ou *injuria*, c'est-à-dire, d'après le droit ou contrairement au droit? Les préteurs n'ont point abandonné la loi Aquillia qui traite du dommage; mais ils ont établi une action plus sévère quand il y a violence, avec des hommes armés. Ils n'ont pas pensé qu'il y eût à rechercher si l'on avait agi conformément ou contrairement au droit; ils n'ont pas voulu que ceux qui aiment mieux avoir recours aux armes qu'aux lois pussent disputer sur ce qui leur est conforme ou contraire. Ils n'ont pas inséré dans la formule le mot *injuria*, quoiqu'ils le fassent dans d'autres circonstances, mais ils n'ont pas voulu avoir l'air de décider que des esclaves pouvaient prendre les armes et faire des rassemblements en agissant d'après le droit; non pas qu'ils craignissent par cette insertion dans la formule de persuader à des hommes si éclairés que de tels faits pussent avoir lieu sans être contraires au droit, mais ils agirent ainsi pour ne pas paraître vouloir donner un bouclier à ceux qui étaient appelés en justice pour les armes dont ils avaient fait usage. »

Donnons quelques explications sur ces passages. La défense de Fabius, l'adversaire de Tullius, était probablement, comme nous l'avons déjà dit, la suivante : « Le dommage a eu lieu, mais non *dolo malo*, car il a été causé *jure;* mes esclaves étaient en état de légitime défense. »

Cicéron a déjà prétendu que les mots *dolo malo* qui se trouvaient dans la formule de l'action (voy. plus haut le texte de l'édit) avaient été insérés dans l'intérêt du demandeur, pour éviter toute équivoque, et non dans celui du défendeur. Nous avons répondu à ce raisonnement.

Mais, disait toujours Fabius, le dommage n'a pas été causé *injuria*. Suivant son adversaire, dans cette action *vi bonorum raptorum*, on ne pouvait soulever la question de savoir si ces faits violents avaient été commis *jure* ou *injuria*. Ce point de droit, soutenu par l'orateur, nous paraît très-douteux ; car Ulpien (loi 2, § 18, *De vi bonorum raptorum*, liv. 47, tit. 8, au Digeste) dit : « *Hac actione is demum tenetur, qui dolum malum adhibuit. Si quis igitur suam rem rapuit, vi quidem bonorum raptorum non tenebitur, sed aliter multabitur.* »

Les Institutes de Justinien (liv. 4, tit. 2, § 1) répètent le même principe, et indiquent les peines qui venaient frapper l'homme violent qui se faisait justice à lui-même en reprenant sa propre chose.

Il nous semble donc que Fabius pouvait soutenir que ses esclaves, étant en état de légitime défense, le dommage avait été causé *jure* et non *injuria*. S'il avait demandé au préteur et ensuite aux tribuns du peuple l'insertion du mot *injuria* dans la formule, c'était afin d'éviter toute difficulté devant les récupérateurs. Mais le refus du préteur et des tribuns ne pouvait lui être opposé, car ils avaient peut-être pensé que cette insertion était inutile, Fabius puisant sa défense dans les principes du droit. (Voy. Keller, p. 145, *Pro Publio Quintio*. Cet auteur soutient que les tribuns n'avaient pas le droit de modifier la formule délivrée par le préteur.)

La fin du N° 10 demande des explications. La loi Aquillia avait prévu le *damnum injuria datum* dans trois chefs (voy. p. 168) ; l'action était donnée au double *contra infitiantem*, contre celui qui niait le dommage. Si le défendeur avouait le dommage, mais contestait l'estimation donnée par le demandeur, cette action était *in simplum* (l'estimation pouvait s'élever à la plus haute valeur qu'avait eue la chose dans l'année ou dans les trente jours du dommage, suivant qu'il s'agissait du premier chef ou du troisième chef). Quand Cicéron dit que l'action de la *lex Aquillia* était au double, il faut entendre *contra infitiantem* (voy. Gaius, Comm. 4, § 9). Mais l'action *vi bonorum raptorum* était au quadruple sans distinction, que l'on opposât ou non une dénégation. (Voy. Justinien, Institutes, liv. 4, tit. 6, § 19.)

On voit donc que l'action *vi bonorum raptorum* s'expliquait très-bien, même en présence de l'action de la *lex Aquillia,* puisqu'elle était donnée au quadruple; et dès lors, pour comprendre son introduction dans la législation romaine, il n'était pas nécessaire d'admettre que le dommage ne pouvait être fait *jure,* alors qu'il y avait violence.

Cicéron dit aussi que l'action est donnée *in universam familiam.* Il ne faut pas prendre cela trop à la lettre. L'action n'était jamais donnée contre les esclaves, mais contre le maître qui seul pouvait ester en justice. Toutefois, quand un esclave seul avait commis un délit, le maître condamné pécuniairement avait la faculté, pour se libérer, d'abandonner son esclave et de faire ce que l'on appelait l'*abandon noxal;* car il ne pouvait être tenu au-delà de la valeur de la chose qui avait commis le dommage. Tel était le principe du Droit Romain.

Mais si le maître avait excité son esclave ou avait participé au délit, alors il était tenu directement et ne pouvait plus faire cet abandon noxal.

Quand une bande d'esclaves, une *familia,* avait commis un délit, on suivait des règles particulières. Le maître était obligé de réparer le dommage; ainsi, dans l'action *vi bonorum raptorum,* de payer le quadruple. Mais il pouvait abandonner les esclaves auteurs du délit (voy. Ulpien, loi 2, § 14, 15, 16, *De vi bonorum raptorum,* liv. 47, tit. 6, au Digeste). Le maître coupable ne pouvait faire cet abandon. Cicéron, probablement, soutenait que Fabius était personnellement auteur du dommage causé à Tullius.

On remarquera aussi ce que dit l'orateur : s'il ne s'était agi que du *damnum legis Aquilliæ,* on eût pu désigner un *judex* et non des *recuperatores.* Les *recuperatores* étaient donc appelés à connaître de l'action *vi bonorum raptorum* (1).

Enfin, ceux qui s'occupent de l'histoire du Droit et de l'organisation judiciaire ne perdront pas de vue le rôle que pouvaient jouer les tribuns du peuple (2).

(1) Voy. M. Bonjean, *Traité des Actions,* p. 178 et suiv.

(2) Voy. la note de la p. 110.

N° 12. (Suite du N° 10, édition M. Victor Leclerc, N°s 44, 45, texte Keller.) Cicéron va encore puiser un argument d'analogie dans l'interdit UNDE VI. S'il y avait eu violence à main armée, le spoliateur ne pouvait invoquer les vices de la possession de son adversaire; il devait, quand même le *dejectus* eût possédé VI, CLAM, PRECARIO à son égard, lui restituer la possession. Si, au contraire, la violence était *privata*, sans armes, alors la restitution ne devait avoir lieu que si le *dejectus* ne possédait pas VI, CLAM, PRECARIO AB ADVERSARIO.

Cicéron confirme ces principes déjà longuement exposés (p. 232) :

« *Fuit illud interdictum apud majores nostros* DE VI, *quod hodie quoque est,* UNDE TU, AUT FAMILIA TUA, AUT PROCURATOR TUUS ILLUM, AUT FAMILIAM, AUT PROCURATOREM ILLIUS IN HOC ANNO VI DEJECISTI; *deinde additur illius jam hoc causa, quicum agitur;* QUUM ILLE POSSIDERET, *et hoc amplius,* QUOD NEC VI, NEC CLAM, NEC PRECARIO POSSIDERET. *Multa dantur ei, qui vi alterum detrusisse dicitur; quorum si unum quodlibet probari judici potuerit, etiamsi confessus fuerit, se vi dejecisse, vincat necesse est, vel non possedisse eum, qui dejectus sit, vel vi ab se possedisse, vel clam, vel precario. Ei qui de vi confessus esset, tot defensiones tamen ad causam obtinendam majores reliquerunt.* »

« Nos ancètres ont donné l'interdit *unde vi* tel qu'il est encore aujourd'hui. UNDE TU, etc. — Ensuite, l'on ajoute, dans l'intérêt du défendeur, CUM POSSIDERET, et, de plus, QUOD NEC VI, etc. On accorde beaucoup à celui qui est accusé d'avoir chassé un autre par violence; quand même il avouerait qu'il a fait subir une *dejectio* avec violence, s'il peut établir, ou que l'adversaire ne possédait pas, ou qu'il possédait à son égard violemment, clandestinement ou précairement, il doit gagner son procès. Nos ancêtres ont laissé autant de moyens de défense à celui qui avoue avoir commis la violence. »

N° 13. (Suite du N° 10, édition de M. Victor Leclerc, N°s 46, 47, texte Keller.) « *Age illud alterum interdictum consideremus, quod item nunc est constitutum propter eamdem iniquitatem temporum, nimiamque hominum licentiam.* »

Suit une lacune. Probablement, Cicéron disait : Quand il y a violence à main armée (*vis armata*), le *dejectus* doit être immédiatement replacé dans sa possession, quels qu'en soient les vices. De même, dans la cause de Tullius, dans l'action *vi bonorum raptorum*, le défendeur qui avoue avoir commis la violence avec des hommes armés ne peut soutenir qu'il l'a commise *jure*.

Fabius pouvait répondre : celui qui a subi une *dejectio* avec des hommes armés peut être repoussé, s'il l'avait lui-même fait subir au défendeur dans de pareilles conditions. C'est ce qui résulte de la lettre 171e que nous verrons *infra*. Il y avait alors représailles légitimes. On pouvait donc soutenir que l'on avait exercé la violence avec des hommes armés, *jure*. (Nous reviendrons sur ce point.)

Mais Fabius disait toujours que ses esclaves étaient en état de légitime défense. Cicéron ajoute : « *Atque ille legem mihi de XII Tabulis recitavit, quæ permittit, ut furem noctu liceat occidere, et luci, si se telo defendat; et legem antiquam de legibus sacratis, quæ jubeat impune occidi eum, qui tribunum plebis pulsaverit.* »

« Il m'a cité la loi des XII Tables qui permet de tuer le voleur de nuit, et celui de jour, s'il se défend avec une arme; et, enfin, il va jusqu'à invoquer cette ancienne loi, parmi les lois sacrées, qui ordonne de tuer impunément celui qui a frappé un tribun du peuple. »

No 14. (No 11, édition de M. Victor Leclerc, Nos 48, 49, 50, texte Keller.) Cicéron repousse l'argument : « *Qua in re hoc primum quæro, quid ad hoc judicium recitari istas leges pertinuerit. Num quem tribunum plebis servi M. Tullii pulsaverunt? Non opinor. Num furatum domum P. Fabii noctu venerunt? Ne id quidem. Num luce furatum venerunt, et se telo defenderunt? Dici non potest.* »

« Quel rapport y a-t-il entre cette loi et cette action? Les esclaves de M. Tullius ont-ils frappé un tribun du peuple? Je ne le pense pas. Sont-ils venus la nuit pour voler chez Fabius? Non certes. Y sont-ils venus de jour et se sont-ils défendus avec une arme? On ne saurait le dire. »

Fabius, suivant Cicéron, aurait invoqué ces lois pour établir que les ancêtres n'avaient pas attaché au meurtre d'un homme les idées que l'orateur y attachait. Mais, répond-il : « *At primum istæ ipsæ leges, quas recitas, ut mittam cetera, significant, quam noluerint majores nostri, nisi quum pernecesse esset, hominem occidi. Primum ista lex sacrata est, quam rogarunt armati, ut inermes sine periculo possent esse. Quare non injuria quo magistratu munitæ leges sunt, ejus magistratus corpus legibus vallatum esse voluerunt. Furem, hoc est, prædonem et latronem, luce occidi vetant XII Tabulæ, quum intra parietes tuos hostem certissimum teneas,* NISI SE TELO DEFENDERIT, *inquit; etiamsi cum telo venerit, nisi utetur telo eo, ac repugnabit, non occides;* QUOD SI REPUGNAVERIT, ENDOPLORATO, *hoc est, conclamato, ut aliqui audiant et conveniant.* »

« Les ancêtres n'ont permis de tuer un homme qu'en cas d'absolue nécessité. Le peuple a réclamé la loi sacrée, afin d'être à l'abri de tout péril quand il aurait déposé les armes. Il était juste, en effet, que les magistrats, qui défendaient les lois, eussent leurs personnes garanties par le rempart de ces lois. Les XII Tables défendent de tuer, pendant le jour, un voleur, c'est-à-dire, un larron, un brigand, alors que vous avez un ennemi dans l'intérieur de votre maison, *à moins qu'il ne se défende avec les armes,* dit cette loi. Quand même il serait venu avec des armes, s'il résiste sans en user, vous ne devez pas le tuer. S'il résiste, dit la loi, ENDEPLORATO, appelez au secours, c'est-à-dire, faites en sorte que d'autres vous entendent et viennent à votre appel. »

A la fin, Cicéron cite encore une disposition de la loi des XII Tables : « SI TELUM MANU FUGIT QUAM JECIT ; » « si l'arme s'est échappée de la main plutôt qu'on ne l'a lancée. »

N° 15. (N° 12, édition Victor Leclerc; N°s 53, Keller.) « *Tamen verum factum esset, non modo servos : tamen in eo ipso loco, qui tuus esset, non modo servos M. Tullii occidere jure non potuisti; verum etiam si tectum, hoc insciente, aut per vim demolitus esses, quod hic in tuo ædificasset, et suum esse defenderet, id vi aut clam factum judicaretur. Tu ipse jam statue, quam verum sit, quum paucas tegulas dejicere impune familia tua non potuerit, maximam cædem sine fraude facere potuisse. Ego ipse, tecto illo disturbato, si hodie postulem, quod vi aut clam factum sit, tu aut per arbitrum restituas, aut sponsione condemneris, necesse est.* »

« Cependant, dans ce lieu, fût-il à vous, non-seulement vous n'auriez pas le droit de tuer les esclaves de Tullius, mais même si, à son insu, vous aviez démoli par violence un bâtiment par lui élevé sur ce fonds qu'il soutiendrait être à lui, on déciderait que cet acte a eu lieu clandestinement et par violence. Déclarez vous-même si vos esclaves, qui n'ont pu impunément abattre quelques tuiles, ont pu, sans fraude, commettre un grand carnage. Pour moi, si, à raison de cet édifice détruit, j'agissais par l'interdit *quod vi aut clam*, il faudrait ou que vous me fissiez une restitution ordonnée par l'arbitre, ou que vous soyiez condamné au montant de la *sponsio*. »

Cicéron fait allusion à un nouvel interdit, l'interdit QUOD VI AUT CLAM dont il est parlé au Digeste. (Liv. 43, tit. 24.)

Cet interdit était donné pour réprimer la violence et la clandestinité. Si on détruisait un objet placé sur le sol dont je me prétendais propriétaire, je pouvais, entre autres moyens, réclamer cet interdit : on agissait comme dans tous les interdits restitutoires, ou *per arbitrum sine pœna*, ou *per sponsionem et cum pœna*. (Voy. plus haut, p. 248, et Gaius déjà cité, Comm. 4, § 141.)

Dans le premier cas, la formule était ainsi conçue : « SI PARET A NUMERIO NEGIDIO CONTRA EDICTUM PRÆTORIS HANC DOMUM TUSCULANAM ERUPTAM FUISSE, NEQUE EA DOMUS RESTITUATUR, JUDEX NUMERIUM NEGICIUM CONDEMNA, SI NON PARET ABSOLVE. » C'est la formule pétitoire de l'action en revendication. (Voy. *in Verrem*, p. 210.)

Le demandeur devait établir que le défendeur était venu détruire ou par violence ou clandestinement l'édifice dont il était en possession. Cette preuve suffisait, et il n'était pas obligé d'établir son droit de propriété. Cette question était réservée pour le procès sur l'action *pétitoire*. Le juge ordonnait alors la reconstruction de l'édifice, la remise des choses au même état; et si le défendeur obéissait, il était absous; sinon il était condamné pécuniairement. Cicéron fait allusion à ce résultat, dans ces mots : *aut per arbitrum restituas*.

On pouvait aussi procéder *per sponsionem*. Dans ce cas, le demandeur et le défendeur faisaient la *sponsio* et la *restipulatio* (voy. p. 248). Le défendeur qui succombait était condamné à payer le montant de la *sponsio*, le demandeur qui perdait son procès à payer celui de la *restipulatio*, et dans ce cas, le défendeur était absous de l'action dirigée contre lui quant à la *sponsio* qu'il avait faite. On agissait ainsi *cum pœna*, car le défendeur ne pouvait éviter la *condemnatio*, du moment où il était prouvé qu'il avait contrevenu à l'interdit. Cicéron a en vue ce résultat dans ces mots : *aut sponsione condemneris*.

Il en conclut que si l'on n'a pas le droit de détruire un édifice situé sur le fonds dont on prétend être propriétaire, on ne saurait avoir le droit de massacrer les esclaves qui se trouvent dans cet édifice.

La fin du numéro prouve encore que Fabius avait allégué le cas de légitime défense. Cicéron s'efforce toujours de détruire l'argument de son adversaire.

N° 16. (N° 13, édition M. Victor Leclerc.) « *Damnum passum esse M. Tullium, convenit mihi cum adversario; vi, hominibus armatis rem esse gestam, non infitiantur; a familia P. Fabii commissam negare non audent : an dolo malo factum sit, ambigitur.* »

« Mon adversaire convient que M. Tullius a souffert un dommage; l'affaire a eu lieu avec violence, à main armée, on l'avoue; on n'ose pas dire que l'acte n'a pas été commis par les esclaves de Fabius, seulement on équivoque sur la question de savoir s'il y a eu dol. »

Tels sont les fragments du discours *Pro Tullio* qui offrent des textes importants pour le Droit privé. Avec le discours *Pro Cæcina,* ils présentent quelque chose d'assez complet sur la répression de la violence à main armée, qui devait nécessairement être très-fréquente dans les derniers temps de la république romaine. »

« *Si quis furem occiderit, injuria occiderit. Quamobrem? quia jus constitutum nullum est. Quid, si se telo defenderit? Non injuria. Quid ita? quia constitutum est.* »

« Si quelqu'un tue un voleur, il l'aura tué injustement. Pourquoi? Parce qu'aucun droit n'est accordé sur ce point. Mais s'il se défend avec une arme, il aura le droit de le tuer. Pourquoi? Parce que c'est ainsi décidé. » Ce passage, dans Keller, est au N° 52, avant le passage ci-dessus, N° 15. »

PRO M'. FONTEIO.

Ce discours est fort incomplet. M'. Fonteius, accusé de concussion, eut Cicéron pour défenseur.

N° 2. « *Nullius in tabulis ulla hujus furti significatio, nullum in iis nominibus intertrimenti aut deminutionis vestigium reperietur..... Deinde, si qua gratia testes deterrentur, tabulæ quidem certe incorruptæ atque integræ manent.... Res ipsa tamen, ac ratio litterarum, confectioque tabularum, habet hanc vim, ut ex acceptis et datis quidquid fingatur, aut surripiatur, aut non constet, appareat. Acceptas populo romano pecunias omnes isti retulerunt : si protinus aliis æque magnas aut solverunt aut dederunt, ut, quod acceptum populo romano est, id expensum cuipiam sit, certe nihil potest esse detractum.* »

« On ne trouvera dans aucun registre trace de ce vol; on ne rencontrera dans les mentions aucun indice d'altération ni de rature..... Si les témoins peuvent être effrayés, certes les registres offrent un témoignage intègre et incorruptible..... Le fait seul d'avoir tenu des écritures, d'avoir eu des registres, a pour résultat de faire apparaître toute altération, toute suppression, toute omission sur le *codex accepti* ou *depensi* (*ex acceptis et datis*). Les questeurs ont indiqué toutes les sommes qui ont été reçues au nom du peuple romain. S'ils ont de suite payé ou donné d'autres sommes importantes, ce qui a été porté comme reçu au nom du peuple romain (*codex accepti*), a été ensuite porté comme pesé à d'autres (*codex depensi*); il ne peut donc y avoir de soustractions. »

Voy. sur les registres *Pro Roscio comœdo*, p. 138. C'est toujours la même idée : sur le *codex accepti,* les questeurs portaient ce qu'ils recevaient, puis ils indiquaient au contraire sur le *codex depensi* ce qu'ils remettaient.

Nos 3 et 4. Il est question de ces registres. « *Nummus in Gallia nullus sine civium romanorum tabulis commovetur.* »

« Pas un écu n'est remué en Gaule, sans qu'il en soit fait mention sur les registres des citoyens romains. »

« *Unæ tabulæ proferantur, in quibus vestigium sit aliquod, quod significet, pecuniam Fonteio datam.* »

« Que l'on produise un seul registre où l'on trouve la trace de l'argent donné à Fonteius. »

No 7. « *Quid? si hoc crimen optimis nominibus delegare possimus.* »

Cicéron se demande s'il ne pourrait pas faire porter sur d'autres l'accusation qui pèse sur son client.

Déléguer, c'est offrir à son créancier un débiteur en son lieu et place. *Delegare est vice sua alium reum creditori dare.* Ordinairement, le créancier ne consent à libérer le débiteur et en à accepter un autre qu'autant que le délégué est solvable et offre *optimum nomen* (une bonne créance). « Si nous pouvions, dit l'orateur, déléguer ce crime sur de bons débiteurs qui offriraient *optimum nomen.* »

PRO CLUENTIO AVITO.

Cette affaire est, pour employer le langage moderne, une affaire de cour d'assises.

N° 1. Cicéron, dans son exorde, en parlant de l'empoisonnement, dit : « *Qua de re lege est hæc actio constituta.* » C'est une allusion à *la lex Cornelia, de sicariis et veneficiis.*

N° 4. (Nos 9, 10 et 11.) Ici commence l'exposé de l'accusation qui pesait sur Cluentius Avitus. Il était accusé d'avoir empoisonné son beau-père et d'avoir corrompu les juges, qui, huit ans auparavant, avaient condamné ce même beau-père Statius Albius Oppianicus, pour avoir tenté d'empoisonner A. Cluentius, devenu le client de Cicéron. Celui-ci annonce qu'il établira d'abord que Statius Albius Oppianicus était couvert de crimes; ensuite, que les juges ne pouvaient s'empêcher de le condamner; enfin, que l'argent a été fourni non pas par Cluentius, mais contre lui.

Il commence par détailler les crimes dont s'était souillé Oppianicus le beau-père, et il prend des précautions oratoires à l'égard de l'accusateur, qui n'était autre qu'Oppianicus le fils, beau-frère de l'accusé.

N° 5. (Nos 12, 13 et 14.) Cluentius Avitus père avait laissé deux enfants : 1° son fils, client de Cicéron; 2° une fille Cluentia, qui avait épousé A. Aurius Melinus, son cousin.

Sassia, femme de Cluentius Avitus et mère de l'accusé, s'éprit de Melinus son gendre. Cluentia et son mari divorcèrent, et alors Sassia et Melinus s'unirent en mariage.

N° 6. (Nos 15 à 18 inclusiv.) Cluentia se réfugia auprès de son frère qui cessa toutes relations avec sa mère. Celle-ci conçut pour son fils une haine mortelle, et c'est elle, suivant Cicéron, qui avait tout mis en œuvre pour le perdre.

N° 7. (Nos 19 à 22 inclusiv.) Ce dernier arrive à l'énumération des crimes reprochés à Oppianicus père, qui devint plus tard le beau-père de Cluentius Avitus l'accusé.

Il y avait à Larinum, où était né Cluentius, une femme nommée Dinea, qui eut quatre enfants : 1° Marcus Aurius, 2° Numerius Aurius, 3° Cneus Magius, 4° Magia. Cette dernière s'était mariée à Oppianicus père, et elle en avait eu un fils, Oppianicus, l'accusateur de Cluentius. Dinea était donc la belle-mère d'Oppianicus père, et la grand'mère de celui qui accusait Cluentius Avitus.

Numerius Aurius mourut après avoir institué héritier son frère Cn. Magius (*heredemque fratrem suum reliquit*). Magia, femme d'Oppianicus, mourut à son tour, puis Cn. Magius. « *Is fecit heredem illum adolescentem Oppianicum, sororis suæ filium, eumque partiri cum Dinea matre jussit.* » « Il institua héritier son jeune neveu Oppianicus, et lui ordonna de partager l'hérédité avec sa mère Dinea » (voy. sur le legs dit *partitio* ou legs partiaire, *Pro Cæcina,* p. 242). Dinea était donc légataire partiaire et devait avoir la 1/2 de l'hérédité. Oppianicus, le neveu, était seul héritier, seul représentant du défunt. (Voy. *eodem loco.*)

Dinea croyait que son dernier enfant Marcus Aurius était mort; mais elle apprit qu'il était en Gaule, IN SERVITUTE (c'est-à-dire, esclave en fait, quoiqu'en droit il fût libre). La mère rassembla ses proches et ses amis, en les priant de faire tous leurs efforts pour lui ramener ce fils retenu en esclavage, contrairement aux règles du droit. Mais elle mourut après avoir institué héritier son petit-fils Oppianicus, accusateur de Cluentius, et laissa un million de sesterces à M. Aurius son fils.

On remarquera qu'Oppianicus fils avait déjà l'hérédité de son oncle Cn. Magius; dans cette dernière, se trouvait celle de Numerius Aurius, son autre oncle, dont Magius avait été l'héritier. Dinea aurait dû recevoir comme légataire partiaire la 1/2 de l'hérédité de Cn. Magius; mais elle venait d'instituer héritier le même Oppianicus son petit-fils, débiteur du legs, de telle sorte que tous les biens étaient venus converger vers ce dernier. Il devait, il est vrai, un million de sesterces à M. Aurius.

N° 8. (Nos 23, 24 et 25.) Malgré la mort de Dinea, ceux qui s'étaient chargés de ramener M. Aurius partirent; mais Oppianicus le père corrompit celui qui devait donner des indications, et il fit périr Aurius. En agissant ainsi, il s'affranchissait de l'obligation de payer le legs. En effet, comme père de l'héritier institué, d'après la législation en vigueur au temps de Cicéron, il devait profiter de ces hérédités, car le fils n'acquérait que pour son père. Si rien n'établissait que le légataire Marcus Aurius eût survécu à sa mère, le legs était caduc. En supprimant tout indice, Oppianicus mettait les héritiers d'Aurius dans l'impossibilité de faire cette preuve et de demander le legs.

Il est bon de faire observer que M. Aurius n'avait pas d'héritiers siens, c'est-à-dire, d'enfants sous sa puissance (voy. p. 216), mais seulement des agnats (voy. Topiques, N° 6, p. 55). Or, Oppianicus fils descendait d'une sœur de Marcus Aurius; il n'était donc que son *cognat* et non son *agnat*. Aussi l'orateur dit-il, qu'un des parents de M. Aurius, le mari de Sassia (Aurius Melinus) mère de l'accusé Cluentius, lut sur la place publique de Larinum des lettres qui dévoilaient l'infâme conduite d'Oppianicus père. Ce parent était probablement un agnat très-intéressé à ce que M. Aurius fût découvert. Quoi qu'il en soit, Oppianicus fit proscrire et assassiner ces parents dévoués, qui avaient voulu exécuter la parole donnée à Dinea mère du malheureux jeune homme. Il fit tuer, entre autres, le mari de Sassia, Aurius Melinus.

N° 9. (Nos 26 à 28.) Oppianicus, qui avait fait tuer ce dernier et qui était veuf de Magia, demanda Sassia en mariage. Celle-ci accepta cette nouvelle union (la troisième, car elle avait déjà été mariée à Cluentius Avitus, père de l'accusé, puis à Aurius Melinus), à condition qu'Oppianicus se débarrasserait de ses enfants. Celui-ci accepta et fit périr deux enfants qu'il avait eus de deux femmes épousées avant Magia. Il voulait, dit Cicéron, obtenir la fortune de Sassia, mère de l'accusé.

N° 10. (Nos 29 et 30.) Suivant l'orateur, après de pareils forfaits, les juges devaient condamner Oppianicus, et l'on ne saurait dire qu'ils eussent été corrompus par Cluentius Avitus. Il l'accuse ensuite d'avoir empoisonné d'abord l'une de ses femmes,

Cluentia, tante maternelle du client de Cicéron, puis son propre frère.

N° 11. (N°s 31 et 32.) *Autre crime.* La femme de son frère était enceinte, il l'empoisonna avant d'empoisonner le frère, et de cette façon il s'assura l'hérédité de ce dernier. Cicéron ajoute : « *Memoria teneo, Milesiam quamdam mulierem, quum essem in Asia, quod ab heredibus secundis accepta pecunia, partum sibi ipsa medicamentis abegisset, rei capitalis esse damnatam : neque injuria.* »

« Je me rappelle qu'une femme de Milet, alors que j'étais en Asie, après avoir été gâgnée par les seconds héritiers et s'être fait avorter, avait été condamnée à mort, et cela avec justice. »

Les héritiers seconds sont les substitués (voy. Topiques, N° 4, p. 41), qui, étant appelés à défaut du fils postume dont la mère était enceinte, avaient corrompu la mère pour la déterminer à se faire avorter.

Un jurisconsulte romain rappelle cette cause criminelle dans la loi 39, *de Pœnis*, au Digeste. (Liv. 48, tit. 19.)

N° 12. (N°s 33, 34 et 35.) Cn. Magius, beau-frère d'Oppianicus père, et oncle du fils, avait, comme nous l'avons vu, institué ce dernier héritier, en laissant un legs partiaire à sa mère Dinea. Mais Cn. Magius redoutant Oppianicus le père, avait pris des précautions ; sa femme s'étant déclarée enceinte en présence de témoins, son mari lui recommanda de vivre auprès de Dinea sa belle-mère, et de veiller avec soin sur le fruit qu'elle portait dans son sein. Cicéron ajoute : « *Itaque ei testamento legat grandem pecuniam a filio, si qui natus esset : ab secundo herede nihil legat.* »

« Il avait institué au premier degré son fils postume et avait légué une somme importante à sa femme, mère de l'enfant *(legare a filio,* veut dire que le legs était imposé à l'enfant héritier). Puis, pour le cas où un fils ne lui naîtrait pas, il avait institué Oppianicus son neveu, mais il n'avait laissé aucun legs à sa femme *(ab secundo herede*, il n'avait imposé aucun legs au substitué). » C'était un moyen d'encourager la mère à veiller sur la vie de son enfant.

Il se défiait tellement d'Oppianicus père, qu'en désignant son fils pour héritier, il avait eu soin de ne pas conférer la tutelle au père de l'héritier institué.

Oppianicus père gagna la femme de Magius, lui paya le montant de son legs, lui fit des présents, et elle finit par se faire avorter. Enfin, elle épousa Oppianicus; mais, dit Cicéron, les noces ne furent pas de longue durée. Ce forfait assura à Oppianicus l'hérédité de Magius son beau-frère.

Oppianicus, en épousant Sassia, mère de l'accusé Cluentius Avitus, en était à sa sixième femme, et Sassia à son troisième mari.

On rencontre le mot *tabulæ* ou registres. (Voy. p. 138.)

N° 13. (Nos 36 à 39.) Nouveau crime reproché à Oppianicus. Il y avait à Larinum un jeune homme très-riche, nommé Asinius. Oppianicus s'entendit avec un libertin perdu de dettes, nommé Avilius. Tous deux entraînèrent Asinius à Rome, et Avilius fit tous ses efforts pour le corrompre. Asinius s'éprit d'une prostituée qui le retenait nuit et jour. Avilius, d'accord avec Oppianicus, feignit d'être malade et de vouloir faire son testament. On convoqua des témoins qui ne connaissaient ni Asinius ni Avilius. Celui-ci se présenta comme étant Asinius, et fit un testament sous le nom de ce dernier, qui fut tué par suite des conseils d'Oppianicus.

Il y a là quelque chose qui, sauf la fin dramatique d'Asinius, rappelle la scène sixième du quatrième acte du *Légataire universel.*

N° 14. (Nos 40 à 43 inclusiv.) Cicéron accuse encore Oppianicus d'avoir fait périr sa belle-mère Dinea, l'aïeule de celui qui accusait le client de Cicéron. Il corrompit un médecin et un pharmacien, et cela est prouvé par ses registres : « *Id quod ipsius tabulis tum est demonstratum.* » Oppianicus avait, au dire de l'orateur, falsifié le testament de Dinea. Le mot *tabulæ* désigne aussi le testament qui était écrit sur des tablettes enduites de cire.

N° 15. (Nos 43, 44 et 45.) Avitus, le client de Cicéron, et Oppianicus père étaient en désaccord. Ce dernier était excité par Sassia, mère d'Avitus. L'orateur ajoute : « *Nam Avitus usque ad illius judicii tempus, nullum testamentum unquam fecerat; neque enim legare ejusmodi matri poterat in animum inducere; neque testamento nomen omnino prætermittere parentis....... Intelligebat, Avito mortuo, bona ejus omnia ad matrem esse ventura.* »

« Avitus, jusqu'à ce jour, n'avait fait aucun testament; il ne pouvait avoir l'intention de laisser un legs à une telle mère; d'un autre côté, il ne pouvait la passer sous silence. Oppianicus savait qu'après la mort d'Avitus ses biens retourneraient à sa mère. »

La loi des XII Tables ne déférait pas à la mère l'hérédité du fils. Jamais, avant Adrien, elle ne succéda à son fils, du moins *jure civili*, car elle n'était pas de la famille de ses enfants (voy. p. 57). Mais le préteur appelait à la succession les cognats à défaut d'héritiers du Droit civil, et leur donnait la possession de biens *unde cognati*. La mère figurait au premier rang des cognats. Sassia, mère d'Avitus Cluentius, ne pouvait donc venir à la succession de son fils que *jure prætorio*. Elle était appelée non à l'*hérédité*, mais aux biens. « *Bona ejus omnia ad matrem esse ventura*. » (Voy. sur les possessions de biens, p. 34.)

Dans les numéros suivants, Cicéron raconte la tentative d'empoisonnement dirigée par Oppianicus père contre Cluentius Avitus.

N° 19. (Nos 51 à 54 inclusiv.) « *Sed ad uxorem Oppianici, hominis in uxoribus necandis exercitati, omnia bona Aviti ventura esse dicebat.* »

« Il soutenait que tous les biens d'Avitus devaient revenir à la femme d'Oppianicus, homme très-habile dans l'art de se débarrasser de ses femmes. »

N° 22. (N° 60.) Les juges, dit l'orateur, étaient forcés de condamner Oppianicus : « *An vero illi sua per se ipsi judicia rescinderent, quum ceteri soleant, in judicando, ne ab aliorum judiciis discrepent, providere?* »

« Devaient-ils casser leurs propres sentences, alors qu'ordinairement les autres juges ont soin de ne pas s'écarter des décisions qui même ne sont point émanées d'eux? » Cicéron ne veut pas dire que les juges soient toujours obligés de juger comme leurs prédécesseurs; il parle seulement d'une autorité de doctrine et de raison, et non d'une autorité juridique. La chose jugée n'est acceptée en droit comme une vérité (*pro veritate*) que si dans la nouvelle affaire figurent les mêmes parties qui avaient déjà figuré dans l'ancienne; autrement, on doit dire : *Res inter alios judicata aliis neque nocet neque prodest.*

N° 25. (N° 68.) « *Stalenus ille*, etc. » Il s'agit d'une cause relative à l'*emptio bonorum* (voy. *Pro Publio Quintio*, p. 102). Safinius Atella était menacé d'expropriation; probablement Stalenus était chargé de sa défense.

N° 27. (Nos 71 et suiv.) On remarquera le rôle que pouvaient jouer les tribuns du peuple (voy. p. 110). M. Bonjean (Traité des actions, 2e vol., p. 511 et 512) dit : « Le véto du tribun du peuple pouvait s'exercer, soit pour empêcher l'instance ouverte par une formule préjudiciable au droit de l'une des parties, soit même, après l'instance terminée, pour empêcher l'exécution de la sentence rendue par le *judex.* »

No 34. (No 82.) D'après l'aveu de Cicéron, de l'argent fut donné aux juges, mais par qui? Ce ne fut pas par Cluentius l'accusateur, mais bien par Oppianicus l'accusé. « *Confecit Tabulas diligentissime Cluentius. Hæc autem res habet hoc certe; ut nihil possit neque additum, neque detractum de re familiari latere..... Quum omnia, quæ nunc ad eam rem pertinent, et ex hujus, et ex aliorum tabulis, agitatis, tractatis, inquiritis : quum interea Cluentianæ pecuniæ vestigium nullum invenitis.* »

« Cluentius a tenu des registres avec grand soin. Certes, il ne peut cacher ce qu'il ajoute ou ce qu'il enlève à son patrimoine..... Vous pouvez consulter ses registres, ceux d'autrui, et nulle part vous ne trouverez un indice à la charge de Cluentius. » (Sur les registres, p. 138.)

No 40. (No 114.) « *Quis eum unquam non modo in patroni, sed in laudatoris, aut advocati loco viderat.* »

Asconius explique ainsi ces expressions : « *Qui defendit alterum in judicio, aut patronus dicitur, si orator est, aut advocatus, si aut jus suggerit, aut præsentiam suam commodat amico.* » *Laudator,* d'après les traducteurs, serait le témoin à décharge. M. Bonjean (Traité des actions, 2e vol., p. 495) dit : « Dans les procès civils, les avocats étaient souvent appelés *(advocati)* devant le magistrat *(in jure)*, soit pour guider les parties de leurs conseils sur les points de droit si délicats que soulevait fréquemment la question de savoir quelle action devait être accordée au demandeur, ou quelle exception devait protéger le plus efficacement le défendeur; soit pour y développer, dans un débat oral, les conclusions des parties *(postulare)*.

« Ils allaient ensuite plaider devant le juge *(in judicio)* les questions, principalement de fait, à la vérification desquelles la formule avait subordonné la condamnation ou l'absolution du défendeur *(orare in judicio)*. Ces deux parties des fonctions d'avocat pouvaient évidemment être remplies par la même personne; mais naturellement on devait appeler *in jure* ceux qui étaient connus pour être plus jurisconsultes qu'orateurs, et, au contraire, faire plaider *in judicio* ceux qui étaient plus orateurs que jurisconsultes : les premiers portaient plus spécialement le nom d'*avocats*, les seconds celui d'*orateurs*. »

N° 41. (N°s 115 et 116.) Il est question de la *litis æstimatio*. Quand le juge avait vérifié les prétentions du demandeur et les avait trouvées justes et bien fondées, il condamnait le défendeur à une somme pécuniaire ; c'est ce que l'on appelait *litem æstimare*.

N° 43. (N° 120.) Cicéron soutient que la décision des censeurs ne saurait être l'équivalent d'un jugement, et il ajoute : « *Neminem voluerunt majores nostri non modo de existimatione cujusquam, sed ne pecuniaria quidem de re minima esse judicem, nisi qui inter adversarios convenisset.* »

« Nos ancêtres n'ont pas permis que dans les affaires où il s'agit du moindre intérêt pécuniaire, et non pas même de l'*existimatio* (voy. p. 132) d'un citoyen, on fût jugé par un juge qui n'aurait pas été choisi par les parties » (1). C'était là un principe de droit public.

Plus loin, il parle des *selecti judices* portés sur des listes dressées par les préteurs urbains, et cela malgré les notes des censeurs. Ces notes n'entraînaient pas l'infamie légale, la perte de l'*existimatio*.

N° 48. (N° 135.) Cicéron convient qu'un des juges avait été exhérédé par son père, disait-on, parce qu'il avait reçu de l'argent pour condamner Oppianicus. Mais, répond-il, le testateur, après avoir déshérité son fils qu'il détestait, l'a institué avec d'autres cohéritiers qu'il chérissait. (Sur l'exhérédation, voy. p. 192.)

N° 50. (N° 139.) On opposait Cicéron à Cicéron. Celui-ci repousse cet argument et fait l'aveu suivant, qu'il est bon de recueillir : « *Errat vehementer, si quis in orationibus nostris, quas in judiciis habuimus, auctoritates nostras consignatas se habere arbitratur.* »

Il ne faut donc pas considérer toutes les argumentations de Cicéron sur des matières de droit comme contenant l'exposition

(1) Voy. M. Bonjean, *Traité des Actions*, 1er vol., p. 175.

d'une doctrine toujours certaine. (Voy. notamment ce que nous avons dit des discours *Pro Publio Quintio* et *Cæcina*.)

N° 53. (N°s 146 et suiv.) Parlant de la loi : « *Hoc enim vinculum est hujus dignitatis, qua fruimur in republica; hoc fundamentum libertatis; hic fons æquitatis. Mens, et animus, et consilium, et sententia civitatis, posita est in legibus. Ut corpora nostra sine mente; sic civitas sine lege, suis partibus, ut nervis, ac sanguine, et membris, uti non potest.* »

N° 58. (N°s 158, 159 et 160.) Cicéron, dans quelques phrases éloquentes, trace les devoirs du juge.

N° 59. (N°s 160 à 164 inclusiv.) Il répond aux reproches dirigés contre son client. On rencontre le mot *familia* dans le sens d'une masse d'esclaves, puis : « *Florio legatum ex testamento infitiatum esse.* » Oppianicus reprochait à Cluentius, héritier d'Alius, d'avoir dénié le legs fait à un nommé Florius. L'héritier était, comme on l'a dit, débiteur du legs : — « *Mulierem quum emisset de sectoribus.* » (Sur le *sector*, voy. *Pro Roscio Amerino*, p. 92.) Le *sector* revendait en détail les biens de l'État dont il s'était rendu adjudicataire.

N° 60. (N° 165.) On reprochait à Cluentius d'avoir empoisonné un nommé Vibius Capax dont il était, disait-on, l'héritier. Son défenseur répond : « *At heres est Cluentius. Intestatum dico esse mortuum, possessionemque ejus bonorum, prætoris edicto, huic, illius sororis filio, adolescenti pudentissimo, et in primis honesto, equiti romano, datam, Numerio Cluentio, quem videtis.*

« Mais Cluentius est héritier. Je réponds : Capax est mort *intestat*, et le préteur, par son édit, a donné la possession de biens au fils de sa sœur, à Numerius Cluentius, chevalier romain, jeune homme plein de modestie et d'honnêteté, qui est ici présent. »

Numerius Cluentius étant le fils de la sœur du défunt n'était point son agnat, mais son cognat; le Droit civil ne l'appelait donc pas à la succession (voy. Topiques, N° 6, p. 55 et suiv.). Mais le préteur donnait au cognat la possession de biens *unde cognati*, possession de biens qui suppléait le Droit civil, en ce qu'elle appelait à la succession un parent qui n'était pas admis par ce droit. Numerius Cluentius y fut appelé. (Sur la possession de biens, voy. Topiques, N° 4, p. 34.)

PRO LEGE AGRARIA.

Cicéron prononça trois harangues contre la loi Agraire. Ces discours sont politiques. Dans le premier, qui ne nous est parvenu que tronqué, on ne trouve rien qui ait trait au Droit privé.

SECONDE HARANGUE. — Nous signalerons les Nos 8, 9 et 11 comme contenant des renseignements utiles pour l'histoire du Droit Romain. Dans le No 11, notamment, on rencontre ce passage : « *Nunc quia prima illa comitia tenetis, centuriata et tributa; curiata tantum auspiciorum causa remanserunt.* »

No 12. « *Sint igitur decemviri, neque veris comitiis, hoc est, populi suffragiis, neque illis ad speciem, atque ad usurpationem vetustatis, per* XXX *lictores, auspiciorum causa, adumbratis, constituti.* »

No 16. (No 41.) « *Hereditatis aditæ.* » (Sur l'expression *adire hereditatem*, faire adition d'hérédité, voy. p. 41.)

No 17. (No 44.) « *Primum populi romani hereditatem decemviri judicent, quum vos volueritis de privatis hereditatibus centumviros judicare?* »

« Des décemvirs peuvent-ils rendre une décision sur l'hérédité déférée au peuple romain, alors que des centumvirs doivent rendre les sentences relatives aux hérédités privées? »

Les questions d'hérédité étaient déférées au tribunal centumviral.

No 20. (No 53.) « *Ponite ante oculos vobis Rullum, in Ponto, inter vestra atque hostium castra, hasta posita, cum suis formosis finitoribus auctionantem.* »

Représentez-vous Rullus dans le Pont, la pique placée (*hasta posita*, voy. p. 92) entre le camp des Romains (commandés alors par Pompée qu'épargnait la loi proposée par Rullus), et faisant procéder à la vente à l'encan (*auctionari*), entouré de ses agréables arpenteurs. » (Sur les *fines*, voy. Topiques, N° 4, p. 44.) L'arpenteur était appelé *finitor* ou *agri mensor*.

Nous avons parlé de la vente en masse des biens, soit d'un débiteur de l'État, soit d'un proscrit. Elle portait le nom de *sectio bonorum*. Elle avait lieu aussi *sub hasta*. (Voy. p. 92.)

Il s'agit ici de la vente de choses individuelles, de terrains conquis : on disait alors *auctio*, vente à l'encan *sub hasta*. Du moins, c'est là ce qui semble résulter de ce passage. (Voy. M. Bonjean, Traité des Actions, 2e vol., p. 55); *junge* le N° 21 de cette harangue, où l'on trouve : « *L. Sylla quum bona indemnatorum civium funesta illa auctione sua venderet, et se prædam suam diceret vendere.* »

N° 31. (Nos 84, 85 et 86.) « *Equidem existimo, si jam campus Martius dividatur, et unicuique vestrum, ubi consistat, bini pedes assignentur; tamen promiscue toto, quam proprie parva frui parte malitis. Quare, etiamsi ad vos esset singulos aliquid ex hoc agro perventurum, qui vobis ostenditur, aliis comparatur; tamen honestius eum vos universi, quam singuli possideretis.* »

« Si on divisait le Champ-de-Mars en assignant deux pieds à chacun de vous, vous aimeriez mieux, je le pense, jouir en commun (*promiscue*) de la totalité que d'avoir en propre une si petite partie. Quand même il vous reviendrait quelque chose du territoire de Capoue qu'on vous promet et qui est destiné à d'autres, cependant il serait plus honorable de le posséder *ut universi*, que *ut singuli*.

Pour bien comprendre ce passage, il faut connaître une division des choses, admise à Rome, et qui subsiste encore dans notre législation. Les Romains désignaient sous le nom de *choses publiques* ce qui était destiné à l'usage commun du peuple romain (*quæ usui publico destinata sunt*); ainsi les fleuves, les ports, les grandes routes, le Champ-de-Mars. Nul n'était propriétaire de ces objets, mais tous en avaient la jouissance *ut universi*, comme membres de l'universalité, c'est-à-dire, de la nation. Le rôle de l'État consistait à les administrer dans un intérêt général. On les appelle encore aujourd'hui choses du *domaine public*. De plus.

l'État, considéré comme une *personne*, pouvait être propriétaire de champs, de fermes et de maisons, dont il jouissait à l'exemple d'un particulier (*ut singuli*); on les désigne aujourd'hui sous le nom de *domaine de l'État*.

N° 36. (N° 100.) Cicéron devait, dit-il, s'opposer à la loi proposée par Rullus; car, si c'est une obligation pour tout consul de veiller au salut de la République, c'est un devoir sacré pour ceux qui sont consuls, non dès le berceau, mais à force de paraître au Champ-de-Mars.

Homme nouveau, il tenait à passer pour tel : « *Nulli populo romano pro me majores mei spoponderunt : mihi creditum est : a me petere, quod debeo, me ipsum appellare debetis.* » « Aucun de mes ancêtres ne s'est porté pour moi *sponsor* auprès du peuple romain, c'est en moi qu'on a eu confiance (mot à mot : c'est à moi qu'on a prêté), vous devez me réclamer ce que je dois, c'est moi que vous devez poursuivre. »

(Sur le *sponsor*, voy. p. 105). Il dit donc : je n'ai pas de répondant, de caution; je suis seul débiteur, *mihi creditum est*, c'est à moi seul qu'on devra s'adresser.

TROISIÈME HARANGUE. — N° 2. (N° 9.) « *Optimo enim jure ea sunt profecto prædia, quæ optima conditione sunt. Libera, meliore jure sunt, quam serva : capite hoc, omnia, quæ serviebant, non servient. Soluta meliore in causa sunt, quam obligata : eodem capite obligata omnia, si modo sullana sunt, liberabuntur.* »

« Le fonds que l'on possède au meilleur titre, est certainement celui qui est libre. Ces héritages sont préférables à ceux qui sont en état de servitude (voy. plus haut, p. 269); par le chef de votre loi, tous ceux qui devaient une servitude cesseront de la devoir. Ceux qui sont dégrevés *(soluti)* sont donc dans une meilleure situation que ceux qui sont grevés *(obligata)*; or, par ce même chef, tous les héritages, pourvu qu'ils proviennent des donations de Sylla, seront délivrés. »

Il s'agissait d'héritages donnés par le dictateur et grevés d'une redevance au profit du peuple. Rullius, par sa loi, rendait les propriétaires incommutables en les affranchissant de cette redevance; par suite, Cicéron ajoute : « *Ego Tusculanis pro aqua Crabra vectigal pendam, quia a municipio fundum accepi : si a Sulla mihi datus esset, Rulli lege non penderem.* »

« Je paie une redevance au municipe de Tusculum pour l'eau de Crabra, car j'ai acheté à cette condition : si je tenais ce domaine de Sylla, en vertu de la loi de Rullus, je ne paierais plus rien. »

N° 3. (N° 11.) « *Hæc tribunus plebis promulgare ausus est, ut, quod quisque post Marium et Carbonem consules possidet, id eo jure teneret, quo qui optimo privatum? Etiamne si vi ejecit? etiamne si clam, si precario venit in possessionem? Ergo hac lege jus civile, causæ possessionum, prætorum interdicta tollentur.* »

« Ce tribun du peuple a osé promulguer que tout individu qui possède une chose depuis le consulat de Marius et de Carbon, la posséderait au même titre que les particuliers relativement à ce qui leur appartient. Quoi! même s'il a chassé le possesseur par violence, s'il s'est emparé de la possession clandestinement ou à titre précaire? Le droit civil, les titres *(causæ)* des possessions, les interdits des préteurs, tout cela est détruit par cette loi. »

Rapprocher ce que nous avons dit *Pro Cæcina*, p. 232. On appelait *causa possessionis* le titre en vertu duquel on possédait; ainsi l'acheteur possédait *pro emptore*, le donataire *pro donato*, etc.

Cicéron reproche à Rullus de confirmer dans sa possession celui qui était obligé de la restituer et qui avait ce que les jurisconsultes désignaient sous le nom de *causa injusta possessionis*. Aussi dit-il : que la loi détruisait les règles relatives aux *causæ possessionis*.

PRO RABIRIO. — CATILINAIRES.

PRO RABIRIO. — Cette cause était toute politique. On ne peut citer que le passage suivant : N° 5. (N° 16.) « *An vero servos nostros horum suppliciorum omnium metu, dominorum benignitas una vindicta liberabit.* » « La bienveillance des maîtres, à l'aide de la vindicte, délivrera nos esclaves de la crainte de tous ces supplices. »

Parmi les modes d'affranchissement figurait la *vindicta*. (Voy. Topiques, N° 2, p. 6.)

La première Catilinaire ne renferme rien qui mérite d'être signalé.

SECONDE CATILINAIRE. — N° 3. (N° 5.) Cicéron parle avec mépris de l'armée de Catilina, qui contenait des gens habitués à *vadimonia deserere*, c'est-à-dire, qui évitaient de comparaître en justice. (Voy. sur le *vadimonium*, p. 100.)

Il ajoute : « *Quibus ego non modo si aciem exercitus nostri, verum etiam si edictum prætoris ostendero, consident.* »

« Plusieurs tomberont à mes pieds, si je leur montre non pas la pointe de nos armes, mais l'édit du préteur. »

N° 8. (N° 18.) Parlant ensuite des citoyens riches qui, avec de vastes domaines et de grandes dettes, ne voulaient pas vendre une partie de leurs biens pour se libérer : Qu'espèrent-ils, dit l'orateur, « *an tabulas novas;* » ils attendent des nouveaux registres, c'est-à-dire, ils espèrent payer leurs dettes au moyen d'une révolution. Il ajoute : « *Meo beneficio tabulæ novæ proferentur, verum auctionariæ.* » « C'est moi qui ferai dresser les tablettes, mais pour les forcer de vendre. » Quand une vente avait lieu à l'encan, il y avait des registres sur lesquels on inscrivait le prix donné par les enchérisseurs.

L'histoire romaine nous montre plusieurs exemples de cette manière expéditive de payer ses dettes. Labéon y fait allusion dans la loi 50, *De actionibus empti,* au Digeste, liv. 19, tit. 1er.

Nº 10. Nº 21.) Cicéron parle des gens *fatigati judiciis, vadimoniis,* « fatigués par les *vadimonia* et les instances judiciaires. » (Voy. sur le *vadimonium,* p. 100, et sur le mot *judicium,* p. 72.)

Quatrième Catilinaire. — Nº 5. (Nº 9.) L'orateur parlant de César et de l'avis qu'il avait émis dans le Sénat : « *Hoc auctore et cognitore hujus sententiæ.* » (Sur le *cognitor,* p. 106.)

On peut consulter cette quatrième Catilinaire pour l'histoire du droit romain, et notamment pour l'organisation judiciaire.

PRO MURENA.

Murena, homme de guerre, était accusé de brigue par le jurisconsulte Servius Sulpicius, et Caton soutenait l'accusation.

Nº 2. (Nº 3.) Celui-ci prétendait que Cicéron, auteur d'une loi sur la brigue, ne devait pas prendre intérêt à Murena, accusé de ce crime. Le défenseur de ce dernier, entre autres arguments, répond : « *Quod si in iis rebus repetendis, quæ mancipi sunt, is periculum judicii præstare debet, qui se nexu obligavit; profecto etiam rectius in judicio consulis designati, is potissimum consul, qui consulem declaravit, auctor beneficii populi romani, defensorque periculi esse debebit.* »

« Si alors que l'on réclame les choses *mancipi* à un acheteur, celui qui s'est lié par une obligation *(qui nexu se obligavit)* doit mettre cet acheteur à l'abri de l'action; certes, à plus forte raison, dans l'affaire qui intéresse le consul désigné, le consul qui l'a proclamé doit être considéré comme l'auteur du bienfait accordé par le peuple romain, et le défendre dans le danger qui le menace. »

Ce passage demande plusieurs explications. — Nous savons déjà ce qu'on entendait par *res mancipi.* (Voy. Topiques, Nº 2, p. 3.)

Que désignaient les mots *nexu se obligavit?* Au temps de la loi des XII Tables, celui qui se constituait débiteur était obligé *nexu,* car le contrat se constituait *per æs et libram,* par une pesée réelle ou fictive, et Varron disait, ainsi que nous l'avons vu (Topiques, Nº 5, p. 52) : « *Nexum est omne quod per æs et libram geritur.* »

Cela est très-bien développé par M. Ortolan, 1er vol., p. 85, Instit. expliq., 3e édit. « Pour la formation des obligations, dit cet auteur, le métal est censé pesé et donné par le créancier à celui qu'il accepte pour débiteur; ou bien une chose est soit réellement, soit fictivement aliénée *ex jure quiritium,* les paroles solennelles prononcées entre les parties forment la loi de cette dation, et le lien *vinculum juris* est ainsi formé. »

Voici comme les choses se passaient dans le cas de vente. Le vendeur mancipait la chose vendue, c'est-à-dire, les formalités de la mancipation s'accomplissaient (voy. Gaius, 1, § 119). On y rencontrait notamment la pièce de cuivre et la balance *(æs et libra).* Puis, en même temps, le vendeur s'engageait à garantir l'acheteur de toute éviction; c'était la *lex mancipii,* et le vendeur était dès lors obligé *nexu,* PER ÆS ET LIBRAM. Il s'engageait notamment à payer le *double du prix* en cas d'éviction. Du reste, toute obligation existant entre un créancier et un débiteur s'appelait alors *nexum,* de *nectere,* lier, parce qu'il existe entre un créancier et un débiteur un *vinculum juris,* un lien juridique qui donne action au créancier.

Dans la vente, le vendeur était appelé *auctor,* parce qu'il devait *præstare auctoritatem,* c'est-à-dire, prester la garantie de la chose vendue à l'acheteur. (Voy. p. 248.)

Cicéron supposait donc que l'acheteur d'une *res mancipi* avait été évincé; le vendeur qui *nexu se obligavit,* qui s'était obligé à la garantie, et notamment à payer le double du prix en cas d'éviction, devait prendre le fait et cause de l'acheteur *(periculum judicii præstare debet).* En effet, celui-ci était obligé de dénoncer les poursuites au vendeur, et ce dernier devait faire tous ses efforts pour mettre l'acheteur à l'abri de l'éviction, et lui éviter les dangers de l'action *(periculum judicii).*

L'orateur se compare à un vendeur. En désignant le consul, il a été *auctor beneficii populi romani;* il doit donc, comme le vendeur, prester la garantie et être le *defensor periculi,* prendre le fait et cause de son successeur.

N° 9. (N° 22.) Murena, avons-nous dit, était homme de guerre; son adversaire Sulpicius était jurisconsulte. Les besoins de la cause exigeaient que Cicéron dépréciât le talent du jurisconsulte au profit du guerrier; l'orateur n'y manque pas.

« *Tu actionem instituis, ille aciem instruit.* » S'adressant à Sulpicius : « Vous dressez une action, c'est-à-dire, vous rédigez la formule (voy. p. 72); lui, Murena, range l'armée en bataille. »

« *Ille tenet et scit, ut hostium copiæ; tu, ut aquæ pluviæ arceantur.* »

« Il fait en sorte de contenir les troupes de l'ennemi ; vous, les eaux pluviales. »

(Sur l'action *aquæ pluviæ arcendæ*, voy. Topiques, N° 4, p. 45.)

« *Ille exercitatus est in propagandis finibus, tu in regendis!* »

« Murena est habile dans l'art d'étendre les limites (de l'empire), et vous, Sulpicius, dans l'art de les fixer. » (Sur les *fines* et l'action *finium regundorum*, voy. Topiques, N° 4, p. 45.)

Nos 11 et 12. (Nos 25 à 27.) : « *Primum dignitas in tam tenui scientia quæ potest esse? res enim sunt parvæ, prope in singulis litteris atque interpunctionibus verborum occupatæ. Deinde, etiam si quid apud majores nostros fuit in isto studio admirationis; id, enuntiatis vestris mysteriis, totum est contemptum et abjectum. Posset agi lege, necne, pauci quondam sciebant. Fastos enim vulgo non habebant. Erant in magna potentia, qui consulebantur : a quibus etiam dies, tanquam a Chaldæis, petebatur. Inventus est scriba quidam Cn. Flavius, qui cornicum oculos confixerit, et singulis diebus ediscendos fastos populo proposuerit, et ab ipsis cautis jurisconsultis eorum sapientiam compilarit. Itaque irati illi, quod sunt veriti, ne, dierum ratione pervulgata et cognita, sine sua opera lege posset agi, notas quasdam composuerunt, ut omnibus in rebus ipsi interessent.* »

« Quelle peut être la dignité d'une science si frivole? Les éléments en sont petits, ils roulent sur des syllabes, des lettres, des points. Puis, si cette étude put exciter l'admiration de nos ancêtres, du moment où nos mystères ont été dévoilés elle n'a réveillé que le mépris et le dégoût. Jadis, peu de citoyens savaient si l'on pouvait ou non intenter l'action de la loi. Les jours fastes n'étaient pas connus. Les jurisconsultes étaient en grand honneur, on les consultait sur le jour comme les Chaldéens. Mais il se rencontra un greffier, nommé Cn. Flavius, qui creva les yeux des corneilles. (Proverbe romain : les corneilles étaient considérées comme ayant des yeux très-fins. — Cela équivaut à tromper un trompeur.) Il rédigea un calendrier où le peuple put connaître les jours fastes, et il déroba aux rusés jurisconsultes leur propre sagesse. Ceux-ci furent irrités, et craignant que du moment où les jours fastes étaient connus et divulgués, on pût agir par action de la loi sans leur ministère, ils composèrent certaines formules afin de se rendre nécessaires dans chaque affaire. »

L'orateur feignait d'ignorer que le formalisme de l'ancien Droit tenait au système aristocratique qui régissait alors la Rome républicaine (voy. ce que nous avons dit, Topiques, N° 2, p. 8). (1) Aussi, cette procédure des actions de la loi devint-elle odieuse et fut-elle remplacée par la procédure formulaire. (Voy. Gaius, Comm. 4, § 30.)

Pomponius (loi 2, *De origine juris,* § 7, liv. 1er, tit. 2, au Digeste) dit : « *Postea cum Appius Claudius proposuisset, et ad formam redegisset has actiones : Cn. Flavius scriba ejus, libertini filius, subreptum librum populo tradidit : et adeo gratum fuit id munus populo, ut tribunus plebis fieret, senator, et ædilis curulis.* »

Cicéron tourne ensuite en ridicule les formes de la revendication dans l'action *sacramenti*. Pour bien saisir ce passage, il faut se rappeler ce que nous avons exposé dans le discours *Pro Cæcina,* N° 1, p. 237.

A une première époque, lors de la revendication d'un immeuble, les parties allaient avec le magistrat sur le fonds litigieux, et là elles accomplissaient les formalités de l'action *sacramenti,* la *manuum consertio*, la *vindicatio,* etc.

A une seconde époque, elles se rendaient d'abord devant le magistrat, puis avait lieu l'*ex jure manuum consertio,* c'est-à-dire, que l'une des parties provoquait l'autre à quitter le tribunal pour aller sur l'endroit litigieux faire la *manuum consertio.* Le magistrat intimait aux parties l'ordre de s'y rendre. Les parties y allaient accompagnées de témoins ; on accomplissait sur le terrain la *manuum consertio ;* ensuite, l'une d'elles était censée entraîner l'autre par violence, afin de la ramener devant le magistrat : c'était la *deductio quæ moribus fit*, dont parle Cicéron dans son discours *Pro Cæcina.*

A une troisième époque, à laquelle fait allusion le passage suivant, les parties n'allaient plus sur le terrain litigieux, elles se contentaient d'apporter un fragment représentatif de la chose litigieuse, et, devant le magistrat, on feignait la *deductio,* comme depuis longtemps on feignait la *manuum consertio.*

(1) Voy. article de M. Benech, *Revue de législation,* année 1853.

« *Quum hoc fieri bellissime posset :* FUNDUS SABINUS, MEUS EST : IMO MEUS : *deinde judicium : noluerunt*, FUNDUS, *inquit*, QUI EST IN AGRO, QUI SABINUS VOCATUR. *Satis verbose. Cedo, quid postea?* EUM EGO EX JURE QUIRITIUM MEUM ESSE AIO. *Quid tum?* INDE EGO TE EX JURE MANU CONSERTUM VOCO. *Quid huic tam loquaciter litigioso responderet ille, unde petebatur, non habebat. Transit idem jurisconsultus, tibicinis latini modo :* UNDE TU ME, *inquit*, EX JURE MANU CONSERTUM VOCASTI, INDE EGO TE REVOCO. *Prætor interea, ne pulchrum se ac beatum putaret, atque aliquid ipse sua sponte loqueretur, ei quoque carmen compositum est, quum ceteris rebus absurdum, tum vero nullo usu :* UTRISQUE SUPERSTITIBUS (PRÆSENTIBUS), ISTAM VIAM DICO : INITE VIAM. *Præsto aderat sapiens ille, qui inire viam doceret :* REDITE VIAM. *Eodem duce redibant. Hæc jam tum aqud illos barbatos, ridicula, credo, videbantur. Homines, quum recte atque in loco constitissent, juberi abire; ut, unde abissent, eodem statim redirent. Iisdem ineptiis fucata sunt illa omnia,* QUANDO TE IN JURE CONSPICIO : ET HÆC, SED ANNE TU DICIS, QUI CAUSA VINDICAVERIS? *quæ dum erant occulta, necessario ab eis, qui ea tenebant, petebantur; postea vero pervulgata, atque in manibus jactata et excussa, inanissima prudentiæ reperta sunt; fraudis autem et stultitiæ plenissima.* »

J'emprunte la traduction de ce passage à M. Bonjean. (Traité des actions, 1er vol. p. 386). « On pouvait très-bien procéder ainsi : *fundus Sabinus meus est imo meus*, ensuite juger; c'est ce qu'ils n'ont pas voulu. *Fundus*, disent-ils, *qui est in agro qui Sabinus vocatur* (voilà bien des mots); mais voyons la suite). *Eum meum ex jure quiritium esse aio*. Et après, *inde ibi ego te ex jure manu consertum voco*. L'adversaire ne sait que répondre à tout ce verbiage de plaideur. Le jurisconsulte passe alors de son côté, comme un joueur de flûte latin dans une comédie, et lui souffle son rôle : *Unde tu me*, dit-il, *ex jure manu consertum vocasti, inde ibi ego te revoco*. Cependant, pour que le préteur ne se crût pas trop d'esprit et de talent en répondant de lui-même, on a eu soin de lui dicter aussi le rôle qu'il doit réciter, et qui n'est pas moins absurde que les autres. Il parle donc ainsi aux plaideurs : *Suis utrisque superstitibus præsentibus istam viam dico : inite viam.* — Notre savant était auprès d'eux pour leur montrer la route — *redite viam*, disait le magistrat, et ils revenaient en suivant le même guide. — C'était dès lors une chose bien ridicule, même aux yeux de nos anciens, que d'ordonner à des hommes de quitter la place où ils étaient, et où ils devaient être, pour y revenir à l'instant même. Ces autres formules ne sont pas moins pleines d'extravagance : *Quando te in jure conspicio*, et celle-ci : *Sed anne tu dicis causa vindicaveris*. Tant qu'elles furent un mystère, il fallut bien recourir aux initiés; mais dès que leur publication et l'habitude de s'en servir les eurent fait regarder de plus près, on les trouva aussi vides de sens que pleines de sottises et de mauvaise foi. »

Il faut joindre aussi le passage d'Aulugelle cité par M. Bonjean, p. 385, et Gaius, Comm. 4, § 16.

Il résulte de la lecture des discours *Pro Cæcina* et *Pro Murena*, que, du temps de Cicéron, la *deductio quæ moribus fit* était tantôt réelle, en ce sens qu'elle avait lieu sur le terrain litigieux; tantôt fictive, quand elle était accomplie devant le tribunal du magistrat, en présence d'un fragment de la chose litigieuse. Ce point ne nous paraît pas avoir été traité par les commentateurs modernes du Droit Romain.

Il nous semble que Cicéron vivait à une époque de transition où l'on rencontrait tout à la fois la *deductio* réelle, celle dont il parle dans son discours *Pro Cæcina*, puis la *deductio* fictive, celle dont il nous entretient dans le discours *Pro Murena*, et qui tendait à supplanter la précédente.

On a déjà vu que, de son temps, la procédure formulaire cherchait à s'introduire entièrement, à l'aide de la procédure *per sponsionem*, et même *per formulam petitoriam*. (Voy. *supra*, p. 198 et 211).

Il prononça le discours *Pro Cæcina* l'an 685 de Rome, à l'âge de 38 ans, et celui *Pro Murena* l'an 691, âgé de 44 ans. La procédure avait-elle changé pendant ces six années? (Voy. du reste sur la *deductio* M. Ortolan, 2e vol., p. 407, 3e édition).

L'orateur continue : « *Nam quum permulta præclare legibus essent constituta, ea jurisconsultorum ingeniis pleraque corrupta ac deprava sunt. Mulieres omnes, propter infirmitatem consilii, majores in tutorum potestate esse voluerunt : hi invenerunt genera tutorum, quæ potestate mulierum continerentur.* »

« Les lois avaient établi un grand nombre de principes très-sages; la plupart ont été corrompus et altérés par les jurisconsultes

sultes. Nos ancètres ont décidé que les femmes, à cause de la faiblesse de leur raison, seraient sous la puissance de leur tuteur; les jurisconsultes ont inventé des tuteurs qui sont sous celle des femmes. »

Nous avons vu (Topiques, N° 4, p. 29) que les femmes étaient en tutelle perpétuelle; mais, sauf la légitime, cette tutelle avait cessé d'être sérieuse, et le préteur forçait même le tuteur à donner son *auctoritas*. C'était là ce qui motivait la plaisanterie de Cicéron.

On a aussi donné de ce passage une autre explication. D'après Gaius (Comm. 1, § 150 et suiv.) le mari qui avait la femme sous sa puissance *(in manu)* pouvait, par son testament, lui donner la faculté de choisir son tuteur, et quelquefois de le choisir autant de fois qu'elle le voudrait. Or, dit-on, cette *optio plena* rendait illusoire la tutelle, car le tuteur qui ne voulait pas obéir à la femme était brisé en vertu de la faculté d'option qu'avait cette dernière. Cette prérogative était, du reste, spéciale au mari.

Cicéron continue son persifflage : « *Sacra interire illi noluerunt : horum ingenio senes ad coemptiones faciendas, interimendorum sacrorum causa, reperti sunt.* »

« Nos ancêtres n'ont pas voulu que les sacrifices privés vinssent à périr; les jurisconsultes ont trouvé des vieillards qui, pour faire périr les sacrifices, ont figuré dans la *coemptio.* »

Voici l'explication que l'on a donnée de ce passage. La femme héritière était tenue de faire les sacrifices; pour s'en affranchir, elle se donnait en *coemptio* à des vieillards. Ceux-ci acquéraient la totalité du patrimoine avec les charges inhérentes, entre autres, celle d'offrir les sacrifices. Mais la femme avait soin de faire le contrat de *fiducie*. Les vieillards s'engageaient à l'affranchir et à lui rendre tous ses biens en détail; c'est ce qu'ils faisaient. Toutefois, ils conservaient l'obligation d'offrir les sacrifices qui périssaient bientôt avec eux. C'était donc un moyen détourné pour en obtenir l'extinction.

Nous devons signaler la traduction de M. Victor Leclerc comme assez exacte sur tous ces points si délicats. Ainsi, l'auteur cite Cujas, d'après lequel le passage relatif aux tuteurs fait allusion à ceux que la femme choisissait *ex testamento viri;* puis il traduit ainsi ce qui a trait aux sacrifices : « Nos aïeux ne voulaient point qu'on laissât éteindre les sacrifices des familles : pour y parvenir, l'artifice des jurisconsultes a imaginé des ventes simulées avec des vieillards. » Et la note 21 (p. 363 du 11e vol.) porte : « Afin que ces vieillards ne pouvant avoir d'enfants, les sacrifices s'éteignissent avec eux; ou plutôt, afin qu'après cette vente fiduciaire, ils revendissent à l'héritier ces mêmes biens qui, alors, n'étaient plus un héritage, mais une simple propriété. » Il vaut mieux dire que l'obligation attachée à l'ensemble du patrimoine ne frappait plus chaque bien en détail. Dans la traduction de M. Gueroult, revue par M. Durosoir (édition Panckoucke, on n'a pas bien saisi le passage. « Grâce, dit-on, au génie des jurisconsultes, on a imaginé, pour les abolir, de faire acheter par des vieillards les *maisons grevées* de cette obligation religieuse. »

L'orateur continue : « *In omni denique jure civili æquitatem reliquerunt, verba ipsa tenuerunt : ut, quia in alicujus libris, exempli causa, id nomen invenerant, putarunt, omnes mulieres, quæ coemptionem facerent,* CAIAS *vocari.* »

« Dans tout le droit civil, ils (les jurisconsultes) ont abandonné l'équité; ils s'en sont tenus aux paroles; par exemple, ayant trouvé dans le livre d'un jurisconsulte le nom de Caia donné à titre d'exemple, ils ont pensé que toutes les femmes qui font la *coemptio* devaient s'appeler Caia. »

Nous avons rapporté, Topiques, No 3, p. 20, d'après Boece, les formes et les paroles de la *coemptio;* il paraît que toutes les femmes étaient désignées sous le nom de Caia.

« *Jam illud mihi quidem mirum videri solet, tot homines, tam ingeniosos, per tot annos étiam nunc statuere non potuisse, utrum* DIEM TERTIUM, *an* PERENDINUM : JUDICEM, *an* ARBITRUM : REM, *an* LITEM *dici oporteret.* »

« Ce qui m'étonne, c'est que tant d'habiles gens n'aient pu, depuis tant d'années, décider s'il faut dire *diem tertium* ou *perendinum* (le 3e jour ou le surlendemain), juge ou arbitre (voy. p. 88), l'affaire ou le procès. »

Cicéron se chargera lui-même de répondre à ces plaisanteries (voy. *De oratore*). Il feint d'oublier que tout le formalisme du Droit civil était l'œuvre des patriciens; et au moment même où le défenseur de Murena prononçait son discours, il se faisait dans la jurisprudence romaine un travail important qui devait enfanter la belle époque du Droit. Cicéron, il faut le dire et le redire, se trouvait placé entre deux mondes juridiques, celui de l'ancienne Rome et celui de la nouvelle, qui devait faire prédominer les grands principes d'équité dont notre orateur fut l'un des plus nobles interprètes.

N° 13. (N° 28.) Cette science, dit-il, roule sur des formules; en trois jours je serais jurisconsulte, si je le voulais. Et il ajoute : « *Etenim quæ de scripto aguntur, scripta sunt omnia : neque tamen quidquam tam anguste scriptum est, quo ego non possim,* QUA DE RE AGITUR, *addere.*

« Toutes les formules d'actions sont écrites, et cependant elles ne le sont pas avec tant de soin que je ne puisse trouver moyen de les adapter à l'affaire que j'aurais en vue, en ajoutant *qua de re agitur.* »

On a indiqué, Topiques, N° 17, p. 86, les diverses parties de la formule, et notamment la *demonstratio*, où l'on mentionnait le fait qui avait donné lieu au procès, *qua de re agitur.*

N° 14. (N° 30.) Quand vient l'heure du combat, disait Ennius : « NON EX JURE MANU CONSERTUM, SED MAGE FERRO, *inquit,* REM REPETUNT. »

« On reprend sa chose par le fer et non en se livrant à la *manuum consertio,* violence légale, *vis civilis et festucaria.* (Voy. plus haut, p. 237.) » Ennius voulait dire que l'on avait alors recours à la violence réelle et non pas fictive ou juridique.

N° 17. (N° 35.) « *Pergitisne vos, tanquam ex syngrapha, agere cum populo.* »

« Pensez-vous donc agir envers le peuple romain comme si vous étiez porteur d'une *syngrapha?* » (Sur les *syngraphæ,* voy. *Pro Roscio comœdo,* p. 144). Le débiteur était tenu par cela seul qu'il avait signé, quelle que fût la *cause* de son obligation. Le juge ne devait pas rechercher *comment* et *pourquoi* il avait écrit, mais *si* la *syngrapha* existait. La pensée de l'orateur a donc une grande énergie, c'est comme s'il disait : pensez-vous que le peuple n'ait rien à dire, rien à objecter, que vous ayez contre lui une *syngrapha* devant laquelle il doive nécessairement s'incliner ?

PRO ARCHIA POETA. — PRO FLACCO.

PRO ARCHIA POETA. — On contestait au poëte Archias sa qualité de citoyen romain.

Nº 5. (Nº 11.) Cicéron veut prouver que son client s'est comporté en *civis romanus.*

« *Et testamentum sæpe fecit nostris legibus, et adiit hereditates civium romanorum.* »

« Il a fait son testament d'après les lois de notre cité, et adition des hérédités appartenant à des citoyens romains. »

Pour tester (*condere testamentum*), et pour être institué héritier, il fallait être *civis romanus.* (Voy., sur ces deux points, Topiques, Nº 4, p. 36 et p. 84. — Sur l'*aditio hereditatis,* voy. p. 41.)

PRO FLACCO. — Flaccus, accusé de concussion, fut défendu par Cicéron.

Nº 3. (Nº 6.) « *In tam varia jurisdictione tam multa decreta, tot hominum gratiosorum læsæ voluntates : quæ est unquam jacta non suspicio, quæ tamen solet esse falsa, sed iracundiæ vox, aut doloris?* »

Flaccus avait été préteur. Or, dit son défenseur : « Avec une juridiction si étendue, alors qu'il a rendu tant de décrets, qu'il a dû léser les prétentions de tant d'hommes en crédit, s'est-il élevé contre lui, je ne dirai pas un soupçon, d'ordinaire si mal fondé, mais la moindre plainte ou le moindre ressentiment ? »

Nº 7. (Nº 15.) Dans ce discours, Cicéron relève souvent le mérite des institutions romaines, et se livre à des plaisanteries amères et piquantes contre les Grecs. Le passage suivant peut être cité pour l'histoire du Droit Romain : « *Quæ scisceret plebes, aut quæ populus juberet, summota concione, distributis partibus, tributim et centuriatim descriptis ordinibus, classibus, ætatibus, auditis auctoribus, re multos dies promulgata et cognita, juberi vetarique voluerunt.* »

N° 17. (N° 40.) Il veut repousser le témoignage d'un misérable phrygien qui accusait Flaccus : « *Atque huic eidem nuper tres equites romani honesti et graves, quum in causa liberali eum, qui asserebatur, cognatum suum esse diceret, non crediderunt.* »

« Dernièrement, cet homme, dans une cause où il s'agissait de la liberté (*causa liberalis*) et où il était *adsertor libertatis* (voy. Topiques, N° 2, p. 8), affirmait que celui qu'il disait libre était son parent, et trois chevaliers romains, hommes honnêtes et graves, ne l'ont pas cru. »

N° 18. (N° 43.) Reproche adressé à un autre témoin : « *Et furti, et pro socio damnatus est.* » « Il fut condamné par suite de l'action de vol et de l'action *pro socio.* » Le condamné était noté d'infamie. (Voy. *Pro Roscio Amerino*, p. 93 et suiv.)

N° 20. (Nos 46, 47, 48.) Cicéron raconte le trait de fourberie d'un nommé Héraclides : « *Qui tamen credidit P. Fulvii Veratii, lectissimi hominis, fide.* » Fulvius Veratius fut la caution, le *sponsor* ou le *fidejussor* du prêt (voy. p. 105). — Même idée : « *Ejus enim fide sumpsit a Fufiis.* »

On rencontre le mot *pupillus* fort inexactement traduit par *mineur,* puisque pupille désigne l'impubère *sui juris* qui est en tutelle, et celle-ci finit à douze ou quatorze ans ; tandis que mineur désigne celui qui a moins de vingt-cinq ans. Plus loin, « *fidem suam liberat,* » veut dire qu'il paya comme fidéjusseur, comme caution, avec recours contre le débiteur principal qui était libéré.

De nomine Fabiano. — *Nominibus recitatis.* » Le mot *nomen* signifie *créance* ou *registres*. (Voy. *Pro Roscio comædo,* p. 138 et 139.)

Héraclide ne paya pas, et Cicéron ajoute : « *Quum judicatum non faceret, addictus Hermippo, et ab hoc ductus est.* »

« Comme il n'exécutait pas la sentence (*judicatum non faceret*), il fut *addictus* à Hermippe et emmené par ce dernier. » (Les mots *judicatus* et *addictus* ont été expliqués *Pro Roscio comædo,* N° 14, p. 174.)

N° 21. (N°s 49, 50, 51.) Héraclide, avant d'être entraîné comme *addictus*, vendit quelques esclaves à Hermippe et le désintéressa; puis, quand le frère de Cicéron eut remplacé Flaccus, il alla le trouver et prétendit que les récupérateurs avaient jugé contre lui, sous l'empire de la violence exercée contre eux par Flaccus. Alors, dit le défenseur de ce dernier : « *Frater meus, pro sua æquitate prudentiaque, decrevit, ut, si judicatum negaret, in duplum iret; si metu coactos diceret, haberet eosdem recuperatores.* »

« Mon frère, avec équité et prudence, décréta que si Héraclide déniait le jugement, il serait condamné au double, et s'il prétendait que les récupérateurs avaient été dominés par la crainte, qu'il aurait les mêmes récupérateurs. »

Le défendeur qui, dans certains cas, déniait l'obligation dont il était tenu, était condamné *in duplum;* on disait alors : *lis inficiando crescit.* C'était une peine infligée au plaideur téméraire (voy. Gaius, Comm. 4, § 171). Parmi ces actions qui croissaient au double *contra infitiantem*, figurait précisément l'action *judicati* donnée à celui qui avait obtenu une condamnation contre le condamné qui n'exécutait pas la sentence, et la déniait. C'était un moyen énergique de faire respecter la *res judicata*.

Le traducteur (édition Panckoucke) s'exprime ainsi : « Mon frère décida que s'il se croyait mal jugé, il pouvait demander une réparation au double. » C'est un contre-sens.

Cicéron continue : « *Recusavit; et, quasi nihil esset actum, nihil judicatum, ab Hermippo ibidem mancipia, quæ ipse ei vendiderat, petere cæpit. M. Gratidius, legatus, ad quem est additum, actionem se daturum negavit; re judicata stari ostendit placere.* »

« Héraclide refusa; et comme s'il n'y avait ni action intentée, ni jugement, il se mit à réclamer à Hermippe les esclaves qu'il lui avait vendus. M. Gratidius, lieutenant du préteur, devant qui l'affaire fut portée, refusa de délivrer l'action; il démontra qu'il devait s'en tenir à la chose jugée. »

Ce passage prouve que le préteur pouvait refuser la formule d'action, s'il était évident que le procès ne pouvait aboutir.

Héraclide intenta un autre procès contre Plotius. En parlant du juge, Cicéron ajoute : « *Qui quum sententiam secundum Plotium se dicturum ostenderet, ab eo judice abiit, et quod judicium lege non erat, causam totam reliquit.* »

« Le juge ayant indiqué qu'il jugerait en faveur de Plotius, Héraclide s'éloigna et abandonna le procès, se fondant sur ce que la formule ou l'action (*judicium*) n'était pas légale. »

L'orateur reproche ensuite un autre témoin qui était débiteur de l'accusateur : « *Pecuniam adolescentulo, grandi fœnore, fiducia tamen accepta, occupavisti. Hanc fiduciam commissam tibi dicis : tenes hodie, ac possides.* »

« Vous avez prêté de l'argent à ce jeune homme à gros intérêts et en recevant un gage (*fiducia*, voy. sur cette expression Topiques, N° 10, p. 79). Vous dites que ce gage vous est acquis (probablement parce que l'emprunteur n'avait pas payé au jour fixé); vous le tenez, vous le possédez. »

Tenes, c'est la détention physique; *possides*, c'est la détention *animo domini*, avec l'intention de se comporter comme propriétaire. (Voy. p. 134, sur le sens de ces expressions.)

Il est question dans ce numéro, ainsi que dans une grande partie de ce discours, des *recuperatores*. (Voy. p. 216).

N° 23. (N° 54.) « *Nomine Castriciano*, » « créance de Castricius. »

N° 29. (N° 71.) « *Jus a nostro magistratu dicitur.* » « Le droit est dit par notre magistrat. »

N° 32. (N°s 77 à 80.) « *Quid, si non decrevisset, sed edixisset?* » Le décret était une sentence rendue sur une affaire, il tenait à l'exercice du pouvoir judiciaire; l'édit statuait pour l'avenir d'une manière générale, il rentrait dans l'exercice du pouvoir législatif. »

« *Mitto etiam, quod a nostris magistratibus in integrum restituta; mitto, quod nullo jure, neque in re, neque in possessione tua. Illud quæro, sintne ista prædia censui censendo; habeant jus civile; sint, necne sint,* MANCIPI; *subsignari apud ærarium, apud censorem possint : in qua tribu denique ista prædia censuisti?* »

« J'omets de dire que nos magistrats avaient ordonné la *restitutio in integrum* (voy. sur la *restitutio in integrum*, p. 214). J'omets de dire que vous n'aviez aucun droit à ces biens, ni comme propriétaire, ni comme possesseur. Je demande si ces héritages doivent être soumis au cens, s'ils sont assujettis au Droit civil, s'ils sont *mancipi* ou *nec mancipi*, s'ils peuvent être portés sur les registres de l'*aerarium* ou des censeurs; enfin, dans quelle tribu vous les avez fait enregistrer. »

Sur les *res mancipi* (voy. Topiques, N° 2, p. 3), M. Giraud (Histoire du Droit Romain, p. 129) conclut de ce passage que les *res mancipi* étaient seuls imposables. Festus dit : « *Censui censendo agri proprie appellantur, qui et emi, et vendi jure civili possunt.* » On voit que la pérégrénité s'appliquait aux choses comme aux personnes. Il y avait des héritages *pérégrins*, comme il y avait des personnes *pérégrines ;* ni les uns ni les autres ne participaient au Droit civil, au *jus quiritium.*

« *Census es mancipia Amyntæ. Neque huic ullam in eo fecisti injuriam : possidet enim ea mancipia Amyntas.* »

« Vous avez fait porter sous votre nom, sur les tables du cens, les esclaves d'Amyntas. Vous n'avez causé aucune injustice à ce dernier, car il possède ces esclaves. » Cicéron veut dire que ce n'était pas là un moyen d'en acquérir la propriété.

N° 34. (Nos 84 et 85.) Il repousse un grave reproche que l'on adressait à son client.

« *At enim Androni Sextilio gravis injuria facta est, et non ferenda : quod, quum esset uxor ejus Valeria intestato mortua, sic egit eam rem Flaccus, quasi ad ipsum hereditas pertineret. In quo quid reprehendas, scire cupio : quod falsum intenderit? qui doces? Ingenua, inquit fuit. O peritum juris hominem! Quid? ab ingenuis mulieribus hereditates lege non veniunt? In manum, inquit, convenerat. Nunc audio. Sed quæro, usu, an coemptione? Usu non potuit. Nihil enim potest de tutela legitima sine omnium tutorum auctoritate deminui. Coemptione? omnibus ergo auctoribus. In quibus certe Flaccum fuisse non dices.* »

« Andron Sextilius a éprouvé une grande injustice qui ne peut être soufferte. Valeria, sa femme, mourut *intestat*, et Flaccus se conduisit comme si l'hérédité de Valeria lui appartenait. — Mais que lui reprochez-vous? Je désire le savoir. A-t-il élevé des prétentions mal fondées? (*falsum intenderit;* voy. sur la partie de la formule appelée *intentio* QUA ACTOR DESIDERIUM SUUM CONCLUDIT. Gaius, Comm. 4, § 41 ; Topiques, N° 17, p. 86). Quelle preuve en donnez-vous? — Elle était ingénue. — Mais, habile jurisconsulte, est-ce que la loi ne défère pas les hérédités des femmes ingénues? — Elle était *in manu mariti.* — J'entends. Mais était-elle tombée *in manum* par l'usage ou par la *coemptio*? L'usage, c'est impossible. Elle ne pouvait s'affranchir de la tutelle légitime sans l'*auctori-*

tas de ses tuteurs. Par la *coemptio?* tous avaient donc donné leur *auctoritas.* Mais Flaccus ne figura pas parmi eux. »

On sait que les femmes étaient en tutelle perpétuelle et sous la tutelle de leurs agnats (voy. Topiques, N° 4, p. 29). Flaccus, d'après Cicéron, était agnat de Valeria, l'un de ses tuteurs et de ses héritiers *ab intestat* (voy. *eodem loco*). Les liens de l'agnation étaient brisés par la *capitis diminutio* (voy. Topiques, N° 4, p. 61). Parmi les évènements qui faisaient perdre l'agnation et, par suite, les droits de tutelle et d'hérédité, figurait le cas où la femme, quittant sa famille, tombait *sub manu mariti;* car alors elle entrait dans la famille de son mari, où elle était *loco filiæ.* (Voy. Topiques, N° 4, p. 62, et sur la *manus,* N° 3, p. 16 et suiv.)

Cicéron répond donc que Flaccus a pu prendre possession des biens de Valeria, car étant son agnat, il était son héritier. Mais, objectait-on, Valeria était *in manu mariti;* dès lors Flaccus n'était plus son agnat, et tous les biens de Valeria appartenaient à son mari (voy. Topiques, N° 4, p. 44). L'orateur répond : Comment est-elle tombée *in manum mariti?* Par l'usage (sur l'*usus,* voy. Topiques, N° 3, détails, p. 17) ou par la *coemptio?* Mais elle ne pouvait tomber *in manum mariti* qu'avec l'*auctoritas* de son tuteur. Or, Flaccus ne l'avait certes pas donnée.

Ce passage prouve 1° que la femme *sui juris* ou *alieni juris* ne pouvait, sans l'*auctoritas* de son tuteur ou la permission de son père, tomber *in manum mariti.* Le père ou le tuteur pouvait interrompre l'*usus* à l'aide de la *trinoctium usurpatio.* (Voy. Topiques, N° 3, p. 16.)

2° Qu'il fallait l'*auctoritas* de tous les tuteurs intéressés à ce que le lien de l'agnation ne fût pas brisé (*omnibus auctoribus*).

Ce point de Droit est confirmé par Ulpien (Règles, tit. 11, § 26). Cela démontre, encore une fois, que la tutelle était organisée bien plutôt dans l'intérêt des tuteurs légitimes appelés à l'hérédité, que dans celui des personnes en tutelle.

« *Tu, T. Vetti, si qua tibi in Africa venerit hereditas, usu amittes?* »

« Et vous, Vettius, s'il vous arrivait une hérédité d'Afrique, la laisseriez-vous usucaper? »

L'usucapion d'une hérédité était soumise à des règles exceptionnelles que nous verrons plus tard.

« *At istius hereditatis, jam Globulo prætore, Flacci nomine petita possessio est.* »

« Mais déjà, sous la préture de Globulus, la possession de biens de cette hérédité a été demandée au nom de Flaccus. » (Sur la possession de biens que donnait le préteur, voy. Topiques, N° 4, p. 34.)

N° 35. (N° 86.) « *Doti, inquit, Valeria pecuniam omnem suam dixerat. Nihil istorum explicari potest, nisi ostenderis, illam in tutela Flacci non fuisse. Si fuit, quæcumquæ sine hoc auctore est dicta dos, nulla est.* »

« Valeria avait dit toute sa fortune en dot. Vous ne pouvez rien en conclure, si vous ne prouvez que Valeria n'était pas sous la tutelle de Flaccus. Si elle y était, toute dot qui est dite sans l'*auctoritas* du tuteur est nulle. » (Voy. nos explications ***Pro Cæcina***, N° 25, p. 267.)

« *In Lurconis libertum judicium ex edicto dedit.* » « Il a délivré, en vertu de son édit, une action contre l'affranchi de Lurcon. » (Sens du mot *judicium*, p. 72.)

Il est aussi question, dans ce discours, des registres, *tabulæ*. (Voy. p. 138.)

PRO DOMO.

Cicéron demandait au collége des pontifes le rétablissement de sa maison qui, pendant son exil, avait été détruite par Clodius.

N° 7. (N° 17.) *Præsto, promitto, — spondeo.* (Voy. sur ces expressions, p. 72.)

N° 13. (N°s 33, 34 et 35.) Clodius, l'ennemi de Cicéron, était patricien. Le tribunat du peuple étant réservé aux plébéiens, Clodius se fit adopter par un plébéien plus jeune que lui, afin d'arriver à ces fonctions. Cette adoption était dite *adrogatio*. Elle s'appliquait seulement à un *sui juris* qui se donnait en adoption, et se faisait devant les comices du peuple, dans les formes de la loi. Il y avait une *rogatio* : le pontife demandait à l'adoptant s'il voulait adopter, à l'adopté s'il voulait être adopté, et au peuple s'il voulait ratifier : de là le nom d'*adrogatio* (voy. Gaius, Comm. 1er, § 99). Elle faisait passer l'adrogé dans la famille de l'adrogeant; il abandonnait sa *familia;* ses biens appartenaient dès lors à l'adrogeant. Enfin, il quittait les sacrifices de ses ancêtres pour accomplir ceux de la nouvelle famille dans laquelle il entrait. L'intérêt politique et religieux se réunissaient donc pour faire de l'*adrogatio* non pas un acte d'intérêt privé, mais public; aussi, les comices du peuple étaient-ils convoqués sous la présidence du pontife.

Cicéron attaque l'adoption de Clodius : « *Quod est, pontifices, jus adoptionis?* » « Quel est, pontifes, le droit qui régit l'adoption? »

« *Nempe ut is adoptet, qui neque procreare jam liberos possit, et, quum potuerit, sit expertus. Quæ deinde causa cuique sit adoptionis, quæ ratio generum ac dignitatis, quæ sacrorum, quæri a pontificum collegio solet. Quid est horum in ista adoptione quæsitum? Adoptat annos viginti natus, etiam minor, senatorem. Liberorumne causa? At procreare potest; habet uxorem; suscepit etiam liberos. Exheredabit igitur pater filium.* »

« Probablement, il faut que l'adoptant ne puisse plus avoir d'enfants et qu'il ait cherché à en avoir quand il le pouvait. Quel doit être aussi le motif de l'adoption? Le collége des pontifes a l'habitude de tenir compte de la famille (*generum*), de la dignité et des sacrifices. Dans cette adoption, a-t-on examiné un de ces points? Un individu, âgé de moins de vingt ans, adopte un sénateur. Est-ce pour avoir un fils? Mais il peut être père, il est marié, il a même des enfants. Il veut donc déshériter son fils? »

On sait que l'enfant adoptif avait les droits de succession comme le fils issu du mariage, et concurremment avec ce dernier. L'orateur continue : « *Quid? sacra Clodiæ gentis cur intereunt, quod in te est?* » « Pourquoi, d'ailleurs, voulez-vous anéantir, autant qu'il est en vous, les sacrifices domestiques de la famille Clodia? »

Puis, après avoir employé l'ironie contre Clodius, après avoir fait remarquer que les pontifes n'avaient pas même recherché l'âge de l'adoptant, ce qui était contraire à l'usage, il ajoute : « *Quas adoptiones, sicut alias innumerabiles, hæreditates nominis, pecuniæ, sacrorum secutæ sunt.* » Cicéron veut dire que dans les adoptions qu'il a rappelées, des jeunes gens ont été adoptés par des vieillards, pour hériter du nom, des biens et des sacrifices. En effet, l'adopté prenait le nom de l'adoptant en modifiant le sien par la terminaison *ianus* (*Scipio Emilianus : Cesar Octavianus*). De plus, il succédait aux biens et aux sacrifices de la famille adoptive.

Apostrophant Clodius qui s'était fait émanciper aussitôt après son adoption, Cicéron continue : « *Tu neque Fonteius es, qui esse debebas; neque patris heres; neque, amissis sacris paternis, in hæc adoptiva venisti.* »

L'enfant adopté, puis émancipé, avait, par l'adoption, quitté sa famille naturelle, et les *sacra* de cette famille; par son émancipation, il quittait sa famille adoptive et ses *sacra;* c'est ce qui était arrivé à Clodius. Aussi l'orateur ajoute :

« Vous n'êtes ni Fonteius (nom de l'adoptant), comme vous deviez l'être; ni héritier de votre père (père naturel). Après avoir quitté les sacrifices de votre famille, vous êtes resté étranger à ceux de votre famille adoptive (par suite de l'émancipation). » Il termine ainsi : « *Ita perturbatis sacris, contaminatis gentibus, et quam deseruisti, et quam polluisti, jure Quiritium legitimo tutelarum et hereditatum relicto, factus es ejus filius contra fas, cujus per ætatem pater esse potuisti.* » « Après avoir troublé les sacrifices, souillé les familles, celle que vous avez abandonnée (la famille naturelle), et celle que vous avez couverte d'opprobres (la famille adoptive), vous avez perdu le droit de tutelle et d'hérédité que vous aviez d'après le droit des Quirites (on a déjà dit que l'agnat avait tout à la fois l'hérédité et la tutelle, voy. p. 29, et l'agnation cessait par suite de l'adoption et de l'émancipation, p. 62). Vous êtes devenu, contrairement au droit, le fils de celui dont vous auriez pu, d'après votre âge, être le père. »

N° 14. (Nos 36, 37, 38.) « *Nego, istam adoptionem pontificio jure esse factam : primum, quod hæ vestræ sunt ætates, ut is, qui te adoptavit, vel filii tibi loco per ætatem esse potuerit, vel eo, quo fuit; deinde quod causa quæri solet adoptandi, ut et is adoptet, qui, quod natura jam assequi non potest, et legitimo, et pontificio jure quærat; et ita adoptet, ut ne quid aut de dignitate generum, aut de sacrorum religione minuatur : illud in primis, ne qua calumnia, ne qua fraus, ne quis dolus adhibeatur; ut hæc simulata adoptio filii quam maxime veritatem illam suscipiendorum liberorum imitata esse videatur.*

« *Quæ major calumnia est, quam venire imberbem adolescentulum, bene valentem, ac maritum, dicere, filium senatorem populi romani sibi velle adoptare; id autem scire et videre omnes, non ut ille filius instituatur, sed ut e patriciis exeat, et tribunus plebis fieri possit, idcirco adoptari? Neque id obscure : nam adoptatum emancipari statim, ne sit ejus filius, qui adoptarit. Cur ergo adoptatur? Probate genus adoptionis : jam omnium sacra interierint, quorum custodes vos esse debetis; patricius nemo relinquetur.* »

« Cette adoption n'a pas été conforme au droit pontifical, je l'affirme; d'abord, les âges sont tels que l'adoptant pouvait être votre fils, si même il ne l'était. »

Ce premier grief était-il fondé? La question de savoir si l'adoptant devait être plus âgé que l'adopté était controversée à l'époque de Cicéron, car Gaius (Comm. 1er, § 106) s'exprime ainsi : « *Sed et illa quæstio, an minor natu majorem natu adoptare possit, utriusque adoptionis communis est.* » Par ces derniers mots, le jurisconsulte veut dire : c'est une question commune à l'adrogation et à l'adoption d'un *alieni juris* par un autre père de famille, qui s'appelait l'adoption proprement dite.

Plus tard, l'adoptant dut avoir dix-huit ans de plus que l'adopté. (Voy. § 4, liv. 1er, tit. 11, Instit. de Justinien.)

L'orateur continue : « Ensuite, on a coutume de demander les motifs de l'adoption, pour que l'adoptant obtienne par la loi et le droit des pontifes ce qui ne lui a pas été accordé par la nature, afin qu'il ne diminue rien de la dignité des ancêtres ou de la religion des sacrifices, et surtout afin de se prémunir contre l'imposture, la fraude ou le dol; et le fils adopté doit simuler, autant qu'il est possible, les enfants que la nature aurait pu nous donner. »

Cicéron dit, avec raison, que l'adrogation intéressait tout à la fois l'organisation politique de l'aristocratie patricienne et l'organisation religieuse; aussi, d'une part, les comices intervenaient-ils (plus tard, ils furent remplacés par trente licteurs), et d'autre part, le pontife présidait l'assemblée appelée à voter sur l'*adrogatio*.

« La fraude peut-elle être plus évidente, quand on voit un jeune homme imberbe, bien portant et marié, qui vient déclarer qu'il veut adopter un sénateur du peuple romain, lorsqu'au vu et au su de tous, cette adoption a lieu non pas pour que l'adopté soit institué héritier comme fils de l'adoptant, mais bien pour qu'il cesse d'être patricien et devienne tribun du peuple? Rien n'est plus clair, car l'adopté a été émancipé de façon à ne pas rester fils de l'adoptant. Pourquoi donc est-il adopté? Approuvez cette adoption, les sacrifices périront, et vous devez en être les gardiens; puis il n'y aura plus de patriciat. »

Le fils adoptif était héritier sien de l'adoptant (voy. p. 216); il devait être institué héritier ou exhérédé, tout comme le fils issu des justes noces (voy. p. 192), mais, étant émancipé, il perdait ses droits d'hérédité.

Aussi, d'après Cicéron, Clodius avait été adopté non pas pour devenir l'héritier de l'adoptant, pour être son fils, mais bien pour être tribun du peuple, car il avait été émancipé de suite par l'adoptant.

Du reste, ces deux numéros prouvent que, même à la fin de la république romaine, on suivait pour l'adrogation l'usage et la décision du collège des pontifes; des lois spéciales n'avaient point encore réglé les conditions de l'adoption.

A la fin du numéro, l'orateur revient sur le danger qu'offrait l'entrée des patriciens dans l'ordre des plébéiens. La république manquait de patriciens pour remplir certaines fonctions toujours réservées à ces derniers, fonctions qui tenaient à l'ordre religieux. Ce passage est utile pour l'histoire du Droit Romain.

Nº 15. (Nº 39.) « *Quo die de te lex curiata lata esse dicatur*, etc. »

D'après ce texte, l'adrogation exigeait une *lex curiata*.

Nº 17. (Nºs 43 à 45.) Cicéron veut bien accorder que Clodius a été valablement nommé tribun du peuple, mais il l'interpelle à raison de l'édit de proscription qu'il fit rendre contre lui.

« *Vetant leges sacratæ, vetant XII Tabulæ, leges privatis hominibus irrogari; id est enim privilegium.* »

« Les lois sacrées (rendues lors de la retraite du peuple sur le mont sacré), les lois des XII Tables défendent de proposer des lois contre un individu; c'est là ce qu'on appelle privilége. »

« Puis : « *Hanc vos igitur, pontifices, judicio atque auctoritate vestra tribuno plebis potestatem dabitis, ut proscribere possit, quos velit? quæro enim, quid sit aliud proscribere.* VELITIS, JUBEATIS, UT M. TULLIUS IN CIVITATE NE SIT, BONAQUE EJUS UT MEA SINT. *Ita enim fecit, etsi aliis verbis tulit. Hoc plebiscitum est? hæc lex? hæc rogatio est?* »

« Donnerez-vous, pontifes, par votre sentence et votre autorité, à un tribun du peuple le pouvoir de proscrire qui bon lui semblera? car n'est-ce pas proscrire que de dire au peuple : *Voulez-vous, ordonnez-vous que M. Tullius ne soit plus citoyen, et que ses biens m'appartiennent?* Il a procédé ainsi, quoique en d'autres termes. Est-ce un plébiscite? une loi? une *rogatio*? » (Sur le plébiscite, la loi, les *rogationes*, voy. Topiques, Nº 5, p. 48.)

La fin de ce numéro est utile à consulter pour le droit criminel.

Nº 18. (Nº 47.) « *At quid tulit legum scriptor peritus et callidus?* VELITIS, JUBEATIS, UT M. TULLIO AQUA ET IGNI INTERDICATUR? »

« Qu'a-t-il donc proposé, ce rédacteur de lois, cet homme si rusé et si habile? *Voulez-vous, ordonnez-vous que l'eau et le feu soient interdits à M. Tullius?* »

N° 29. (N°s 77 et 78.) « *Scilicet quum hoc juris a majoribus proditum sit, ut nemo civis romanus aut libertatem, aut civitatem possit amittere, nisi ipse auctor factus sit : quod tu ipse potuisti in tua causa discere.* »

« Nos ancêtres ont décidé qu'un citoyen romain ne pourrait perdre les droits de liberté ou de cité sans sa volonté, et vous avez pu l'apprendre dans votre propre cause. »

Dans ces deux passages, Cicéron fait allusion à une doctrine de la législation romaine. D'après un premier principe, l'on ne pouvait enlever à un citoyen romain la qualité de *civis* sans son assentiment; d'après un second, l'on ne pouvait appartenir à deux patries. Pour arriver à faire perdre la qualité de citoyen romain sans violer, du moins en apparence, ces principes, on interdisait l'eau et le feu; on mettait le citoyen au ban de la société romaine; on défendait de lui fournir les choses indispensables à la vie. Le condamné était forcé de s'expatrier et d'aller chez un autre peuple. Il était alors censé avoir abdiqué sa patrie, non par contrainte, mais avec une entière liberté. (Rapprocher plus haut *Pro Cæcina*, N° 33, p. 283, et *infra*, *Pro Balbo*, N° 11).

Sous l'empire, la déportation dans une île remplaça l'ancienne peine de l'interdiction de l'eau et du feu.

« *Credo enim, quanquam in illa adoptione legitime factum est nihil, tamen te esse interrogatum,* AUCTORNE ESSES, UT IN TE P. FONTEIUS VITÆ NECISQUE POTESTATEM HABERET, UT IN FILIO. *Quæro, si aut negasses, aut tacuisses, si tamen id* XXX *curiæ jussissent, num id jussum esset ratum? Certe non. Quid ita? Quia jus a majoribus nostris, qui non ficte et fallaciter populares, sed vere et sapienter fuerunt, ita comparatum est, ut civis romanus libertatem nemo possit invitus amittere. Quin etiam, si decemviri sacramentum in libertatem injustum judicassent, tamen, quotiescumque vellet quis, in hoc genere solo rem judicatam referre posse voluerunt. Civitatem vero nemo unquam ullo populi jussu amittet invitus.* »

« Quoique cette adoption ait eu lieu d'une manière illégale, l'on vous a demandé, je pense, si vous consentiez à ce que Fonteius eût sur vous, comme sur un fils, le droit de vie ou de mort. Si vous aviez répondu négativement, ou si vous aviez gardé le silence, quand même les trente curies eussent ordonné l'adoption, leur ordre serait-il respecté? Certes non. Pourquoi? Parce que nos ancêtres, qui n'étaient ni courtisans du peuple, ni hypocrites, ni menteurs, mais qui agissaient avec sagesse et prudence, ont décidé qu'un citoyen romain ne pouvait, malgré lui, perdre sa liberté. Bien plus, si les décemvirs avaient jugé dans une cause de liberté que le *sacramentum* était *injustum* (voy. p. 9), cependant, celui qui avait succombé pouvait, mais pour ce cas seulement, en appeler de la chose jugée autant de fois qu'il le voulait. Personne, même d'après l'ordre du peuple, ne perdra malgré lui le droit de cité. »

D'après Cicéron, une personne qui se prétendait libre, si l'on décidait qu'elle était esclave, pouvait sans cesse renouveler le procès.

Nous ignorons s'il en était réellement ainsi à son époque, mais, en tout cas, plus tard cette faveur fut resserrée dans de justes limites. D'abord, il a été toujours de principe que la chose jugée était considérée, du moins pour les parties en cause, comme étant l'expression de la verité. Cicéron, *Pro Sylla*, dit : « *Status enim reipublicæ maxime in rebus judicatis continetur.* »

On avait introduit une exception pour le cas où un individu qui se prétendait libre était reconnu comme esclave. S'il était déclaré libre, le principe sur l'autorité de la chose jugée reprenait son empire; mais si au contraire le juge le déclarait esclave, l'*adsertor libertatis* qui le représentait (voy. Topiques, N° 2, p. 8) pouvait renouveler le procès deux autres fois; en un mot, la question de liberté pouvait être plaidée jusqu'à trois fois.

Ceci résulte de la loi 1re, au code de Justinien (liv. 7, tit. 17), loi dans laquelle cet empereur abroge la nécessité de l'*adsertor libertatis*, et la possibilité de reproduire ainsi le procès quand la sentence avait été défavorable à la liberté. On y lit : « *Illis legibus quæ dudum et secunda, et tertia vice adsertorias lites examinari præcipiebant, in posterum conquiescentibus.* »

N° 30. (N° 78.) « *Qui cives romani in colonias latinas proficiscebantur, fieri non poterant Latini, qui non erant auctores facti, nomenque dederant. Qui erant rerum capitalium condemnati, non prius hanc civitatem amittebant, quam erant in eam recepti, quo vertendi, hoc est, mutandi soli causa venerant : id autem ut esset faciendum, non ademptione civitatis, sed tecti, et aquæ, et ignis interdictione faciebant.* »

« Les citoyens romains partant pour les colonies latines ne pouvaient devenir Latins qu'après y avoir consenti et avoir fait enregistrer leurs noms. Ceux qui étaient condamnés à une peine capitale ne perdaient le droit de cité qu'après avoir été reçus dans la ville où ils étaient venus pour résider. Pour arriver à ce but, on ne leur enlevait pas le droit de cité, mais on leur interdisait tout abri, l'eau et le feu. » (Voy. plus haut, p. 349.)

N° 32. (N° 85.) Cicéron veut établir qu'il n'a jamais perdu la qualité de citoyen romain.

« *Quis in meum locum judicem subdidit? Quis meorum amicorum testamentum discessu meo fecit, qui mihi non idem tribuerit, quod et si adessem?* »

« Qui s'est assis comme *judex* à ma place? Qui de mes amis a fait son testament depuis mon départ et ne m'y a pas porté comme si j'étais resté à Rome? »

On sait que le citoyen romain, et non le pérégrin, pouvait être institué héritier testamentaire. (Voy. Topiques, p. 84.)

N° 41. (N° 109). « *Quid est sanctius, quid omni religione munitius, quam domus uniuscujusque civium? Hic aræ sunt, hic foci, hic dii penates, hic sacra, religiones, cærimoniæ continentur; hoc perfugium est ita sanctum omnibus, ut inde abripi neminem fas sit.* »

L'on ne pouvait arracher un citoyen de son domicile pour le conduire devant le magistrat, *in jure*. (Voy. loi 18, au Digeste, *De in jus vocatione*, liv. 2, tit. 4, et joindre M. Bonjean, Traité des actions, p. 372, 1er vol.)

N° 46. (N° 121.) « *Nihil loquor de pontificio jure, nihil de ipsius verbis dedicationis, nihil de religione, cærimoniis; non dissimulo me nescire ea, quæ, etiamsi scirem, dissimularem, ne aliis molestus, vobis etiam curiosius viderer : etsi effluunt multa ex vestra disciplina, quæ etiam ad nostras aures sæpe permanant.* »

Ce passage prouve que, même à l'époque de Cicéron, le droit sacerdotal n'était pas encore divulgué aux profanes, ou tout au moins ne devait être censé connu que par les initiés.

N° 49. Nos 127 et 128.) « *Nonne vobis Numa Pompilius videtur loqui? Discite orationem, pontifices, et vos, flamines; etiam tu, rex, disce a gentili homine : quanquam ille gentem istam reliquit.* »

« Ne vous semble-t-il pas entendre Numa Pompilius? Écoutez ce discours, pontifes, et vous, flamines, et vous aussi, roi des sacrifices; écoutez ce que dit ce *gentilis,* et il a cependant abandonné sa *gens.* »

L'adrogation faisait perdre la gentilité, car elle entraînait une *capitis diminutio.* (Voy. la définition même de la *gentilitas,* Topiques, N° 6, p. 54.)

« *Video enim esse legem veterem tribunitiam, quæ vetet, injussu plebis ædes, terram, aras consecrare.* »

« Une ancienne loi tribunitienne défend de consacrer un fonds de terre, une maison, un autel, sans le consentement du peuple. »

Plus loin : « *Sed quia consecrabantur ædes, non privatorum domicilia, sed quæ sacræ nominantur.* »

« Cette loi ne s'appliquait pas aux biens privés, mais aux édifices qui étaient consacrés et que l'on appelait sacrés. »

Les choses sacrées n'étaient pas dans le commerce; elles étaient *nullius* (Gaius, Comm. 2, § 3). Dans le § 5, ce jurisconsulte enseigne que la chose est sacrée, soit par l'autorité du peuple, soit par un sénatusconsulte. Le sénatusconsulte fut introduit probablement sous l'empire.

N° 50. (N° 129.) Cicéron fait allusion d'abord aux *syngraphæ* (voy. *Pro Roscio comœdo,* p. 144). Puis il ajoute : « *Sed uno tempore cautiones fiebant pecuniarum.* » « A ce moment, on te signait des billets. » *Cautio* veut dire ici billet.

Ce discours *Pro domo* fut couronné de succès. Il offre des détails curieux pour le Droit privé, et surtout pour le Droit public.

PRO SEXTIO. — DE ARUSPICUM RESPONSIS.

PRO SEXTIO. — Sextius avait toujours pris la défense de Cicéron, pendant son exil. A son tour, il fut accusé de violence et défendu par le grand orateur.

N° 30. (N° 65.) « *Cur, quum de capite civis (non disputo, cujusmodi civis), et de bonis proscriptio ferretur, quum et sacratis legibus et* XII *Tabulis sancitum esset, ut neque privilegium irrogari liceret, neque de capite, nisi comitiis centuriatis, rogari, nulla vox est audita consulum?* »

« Pourquoi, quand on proscrivait la tête et les biens d'un citoyen (et je n'examine pas de quel citoyen), alors que les lois sacrées et les XII Tables avaient décrété, cependant que l'on ne devait pas porter des lois personnelles et statuer sur une peine capitale en l'absence des comices par centuries, pourquoi n'a-t-on pas entendu la voix des consuls? » Voy. plus haut, *Pro Domo*, N° 17, p. 348.)

N° 34. (N° 73.) Revenant sur les lois des ancêtres, Cicéron dit : « *Non posse quemquam de civitate tolli sine judicio; de capite non modo ferri, sed ne judicari quidem posse, nisi comitiis centuriatis.* »

« On ne peut enlever à personne le droit de cité, sans un jugement; quand il s'agit du *caput* (voy. p. 32), on ne peut non-seulement faire une proposition, mais même rendre une sentence que dans les comices par centuries. »

N° 51. (N° 100.) « *Venio ad comitia, sive magistratuum placet, sive legum.* »

« J'arrive aux comices, qu'ils s'occupent des magistrats ou des lois. »

Certains magistrats, nommés dans les comices par centuries ou par tribus, devaient encore recevoir l'*imperium,* ou le pouvoir exécutif, dans des comices par curies représentées plus tard par trente licteurs.

Nº 52. (Nº 111.) Dans une invective contre un nommé Gellius, Cicéron s'écrie : « *Te sororis filius Postumus, adolescens gravis, senili judicio, notavit, quum in magno numero tutorem liberis non instituit.* »

« Postumus, ton neveu, jeune homme grave, avec un jugement digne d'un vieillard, vous a noté et ne vous a pas désigné comme tuteur de ses enfants. »

Le père de famille avait le droit de nommer un tuteur testamentaire aux fils qui étaient sous sa puissance.

Nº 66. (Nº 138.) « *Hæc qui pro virili parte defendunt.* »

Sur la part virile, voy. p. 225, *in Verrem, De signis*, Nº 37.

De Aruspicum Responsis. — Des prodiges avaient eu lieu à Rome Les aruspices consultés répondirent que les jeux publics avaient été négligés, les lieux saints profanés, des ambassadeurs massacrés, la foi des serments violée, les plus saints mystères souillés ; les dieux, disaient-ils, annonçaient à Rome ce qu'elle avait à craindre de la discorde des grands. Si le courroux des Immortels n'était apaisé par de justes expiations, les provinces tomberaient au pouvoir d'un seul, les armées de la République seraient détruites, et les maux deviendraient irréparables.

Clodius prétendit que le rétablissement de la maison de Cicéron était la seule cause de ces prodiges. Suivant lui, les dieux ordonnaient sa démolition; puis, le nommant l'oppresseur, le tyran de la République, il le dévoua au courroux céleste, et le chargea de tous les maux dont Rome était menacée.

Dès le lendemain, Cicéron lui répondit par ce discours :

Nº 4. (Nº 7.) « *Diem dixisset, ut fecerat : fecissem, ut ei statim tertius a prætore dies diceretur.* »

« Qu'eût-il fait? Il m'eût ajourné comme il l'avait déjà fait. Je l'eusse traduit devant le préteur qui l'eût cité à comparaître sous trois jours. »

Nº 6. (Nº 11.) Parlant de sa maison : « *Deinde eamdem domum populus romanus, cujus est summa potestas omnium rerum, comitiis centuriatis, omnium ætatum ordinumque suffragiis, eodem jure esse jussit, quo fuisset.* »

« Ensuite, le peuple romain, souverain en toutes choses, a décidé, dans des comices de centurie, par les suffrages de tout âge et de tout ordre, que cette maison jouirait du droit dont elle jouissait auparavant. »

Cela veut dire que la maison, au lieu d'être sacrée et hors du commerce, devait être considérée comme privée et faisant partie du patrimoine de Cicéron.

N° 7. (N° 14.) « *Multæ sunt domus in hac urbe, patres conscripti, atque haud scio, an pæne cunctæ jure optimo; sed tamen jure privato, jure hereditario, jure auctoritatis, jure mancipi, jure nexi : nego esse ullam domum aliam, æque privato jure, atque optima lege, publico vero omni præcipuo, et humano, et divino jure munitam.* »

« Pères conscrits, il y a dans cette ville beaucoup de maisons (je ne sais même si je ne dois pas dire toutes) dont la possession est fondée sur les titres les plus légitimes (*jure optimo*); cependant, soit qu'on les possède comme propriété privée, à titre héréditaire, à titre d'une longue possession ou d'usucapion (*jure auctoritatis*, voy. Topiques, N° 4, p. 46), à titre de mancipation (voy. Topiques, N° 2, p. 3), à titre de *nexum*, je prétends qu'il n'en est aucune qui soit appuyée sur des titres plus légitimes, sur un droit privé plus incontestable que le mien. Si l'on examine aussi le droit public, on verra également qu'elle est garantie par le droit humain et divin. »

Jure nexi. — On a vu, Topiques, N° 5, p. 52, que l'on appelait *nexum* toute opération faite *per æs et libram*. La *mancipatio* était dès lors un *nexum*. Il y aurait donc une redondance dans ces deux expressions *jure mancipi, jure nexi*, à moins que cette dernière expression ne désigne plus spécialement l'aliénation de l'objet donné en gage par le débiteur à son créancier. *Nexum* vient de *nectere*, lier. (Voy. *infra*, let. 653e.)

N° 11. (N° 23.) « *Puer ille patrimus et matrimus.* » On appelait ainsi les enfants nés d'un mariage auquel étaient venues s'ajouter les formalités de la *confarreatio*. (Voy. Topiques, N° 3, p. 19.)

N° 13. (N° 29.) « *Alterum putabo regem, si habuerit, unde tibi solvat, quod ei per syngrapham credidisti.* »

« Je le considérerai comme roi, s'il peut vous payer ce que vous lui avez prêté par une *syngrapha*. » (Sur les *syngraphæ*, *Pro Roscio comœdo*, p. 144.)

N° 14. (N° 32.) « *Vetera fortasse loquimur : quanquam hoc si minus civili jure perscriptum est, lege tamen naturæ, communi jure gentium sancitum est, ut nihil mortales a diis immortalibus usucapere possint.* »

« Nous revenons peut-être sur des choses anciennes. Quoique le Droit civil soit muet sur ce point, cependant la loi naturelle, le droit des gens établit que les mortels ne peuvent rien usucaper contre les dieux immortels. »

Sur l'usucapion (voy. Topiques, N° 2, p. 4). — Clodius avait détruit des temples et des oratoires qui étaient *res sacræ*, dès lors hors du commerce, choses non susceptibles d'usucapion. (Sur le droit des gens, voy. Topiques, N° 2, p. 2.)

N° 15. (N° 32.) On y parle des « *sacra gentilitia,* » « sacrifices dus par la *gens*. (Sur la *gens*, p. 54.)

N° 16. (N° 34.) Sur les *syngraphæ, Pro Roscio comœdo,* p. 144.

N° 21. (N° 45.) Cicéron se présente comme le *cognitor* de Rome qu'il a sauvée des périls. (Voy. sur le *cognitor*, N° 7, *Pro Publio Quinto,* p. 106.)

N° 23. (N° 48.) « *In quibus legibus inerat curiata illa lex, quæ totum ejus tribunatum continebat.* »

« Parmi ces lois était la loi curiate, sur laquelle reposait son tribunat. »

Il fait allusion soit à la loi curiate, qui avait admis l'adoption de Clodius par un plébéien; soit à celle qui lui avait donné *l'imperium* comme tribun; car le tribun, nommé dans les assemblées par tribus, devait recevoir dans une assemblée de curies *l'imperium*, c'est-à-dire, la délégation du pouvoir exécutif.

N° 27. (N° 57.) « *Parentibus, et diis immortalibus, et patriæ nos primum natura conciliat. Eodem enim tempore et suscipimur in lucem, et hoc cœlesti spiritu augemur, et certam in sedem civitatis ac libertatis adscribimur.* »

« Nos parents, les dieux immortels, la patrie, sont naturellement chers à nos cœurs. Au même instant, nous recevons la lumière et l'air qui nous vivifie, et nous obtenons les droits de liberté et de cité. »

Nous avons déjà dit (Topiques, N° 4, p. 32) que l'état d'un citoyen romain se composait des *status libertatis, civitatis* et *familiæ*.

DE PROVINCIIS CONSULARIBUS. — PRO BALBO.

De Provinciis consularibus. — Ce discours est politique. N° 4. (N° 7.) S'adressant à Pison : « *Emisti grandi pecunia, ut tibi de pecuniis creditis jus in liberos populos contra senatusconsultum, et contra legem generi tui, dicere liceret. Id emtum ita vendidisti, ut aut jus non diceres, aut bonis cives romanos everteres.* »

« Vous avez acheté, moyennant une forte somme d'argent, la permission de dire le droit chez ces peuples libres, de le dire sur les dettes dont ils pourraient être tenus, contrairement aux sénatusconsultes et à la loi proposée par votre gendre. Ce que vous avez acheté, vous en avez trafiqué au point de ne pas dire le droit, ou de ravir leurs biens aux citoyens romains. »

N° 18. (N° 43.) Cicéron représente Pompée comme étant son *sponsor* auprès de César. *Sponsor* veut dire caution ou répondant. (Voy. p. 105.)

N° 19. (N° 45.) « *Plebeius est lege curiata factus.* » Allusion à l'adoption de Clodius par un plébéien. (Voy. plus haut, p. 344).

Pro Balbo. — Balbus était né à Cadix. Pompée lui avait accordé la qualité de *civis romanus;* mais on lui contestait ce titre: Cicéron le défendit.

N° 5. (N° 11.) L'orateur assure qu'un jour où Metellus le Numidique plaidait sa cause : « *Quum ipsius tabulæ circumferrentur inspiciendi nominis causa.* » « Ses registres étaient produits pour examiner une créance. » (Voy. *Pro Roscio comœdo*, p. 138.) Les chevaliers romains, ses juges, ne voulurent pas les regarder. « *Ne forte, quod ille in tabulas retulisset, dubitasse quisquam, verumne, an falsum esset, videretur.* » « Pour ne pas paraître avoir même la pensée que Metellus eût pu porter sur ses registres quelque chose de contraire à la vérité. »

Nº 8. (Nº 21.) « *Tulit apud majores nostros legem C. Furius de testamentis; tulit Q. Voconius de mulierum hereditatibus.* » « Chez nos ancêtres, Furius a proposé la loi relative aux testaments, Voconius, celle qui concerne les hérédités déférées à des femmes. » Sur la loi Voconia, voy. *in Verrem, actio secunda,* Nºs 41 et 43, p. 191 et suiv.

Voici les paroles de Gaius sur la *lex Furia testamentaria*, (Comm. 2, § 225) : « *Itaque lata est lex Furia, qua, exceptis quibusdam personis, ceteris plus mille assibus legatorum nomine mortisve causa capere permissum non est.* »

On voulait assurer un héritier au testateur, en empêchant que l'hérédité ne fût épuisée par les legs (voy. *in Verrem, loco citato,* p. 195, et Gaius, Comm. 2, § 225). Aussi ne permit-on pas de léguer à chaque légataire plus de mille as; mais ce remède fut impuissant, car, dit le jurisconsulte : « *Sed et hæc lex non perfecit quod voluit; qui enim verbi gratia quinque millium æris patrimonium habebat, poterat quinque hominibus singulis millenos asses legando totum patrimonium erogare.* » Le testateur multipliait les legs et évitait ainsi le but que s'était proposé la *lex Furia.* — Vint ensuite la *lex Voconia,* et enfin la *lex Falcidia.* (Voy. *loco citato,* Nº 43, p. 195, et Gaius, Comm. 2, § 226 et 227).

Nº 11. (Nºs 27 et 28.) « *Jure enim nostro neque mutare civitatem quisquam invitus potest, neque, si velit, mutare non potest, modo adsiscatur ab ea civitate, cujus esse se civitatis velit..... Duarum civitatum civis esse, nostro jure civili, nemo potest : non esse hujus civitatis civis, qui se alii civitati dicarit, potest.* »

« D'après notre droit, nul ne peut être contraint de changer de cité; on ne peut non plus apporter des obstacles à celui qui veut en choisir une autre, pourvu qu'il soit accueilli par la cité à laquelle il veut être agrégé..... D'après les principes de notre Droit civil, nul ne peut appartenir à deux cités, celui qui s'est fait admettre dans une autre ne peut faire partie de celle-ci (de Rome). »

Ce passage est expliqué par ce que nous avons dit *Pro Domo*, N° 29, et *Pro Cæcina*, N° 33, p. 283.

« *Sed etiam postliminio potest civitatis fieri mutatio.* » » Le changement de cité peut aussi avoir lieu à l'aide du *postliminium.* » (Sur le *postliminium*, voy. Topiques, N° 8, p. 73.)

N° 12. (Nos 29 et 30.) On trouve dans le commencement les mots *postliminium* et *sponsio* déjà expliqués; puis : « *Sed nos non possumus et hujus esse civitatis, et cujusvis præterea : cæteris concessum est.* »

« Nous ne pouvons être en même temps citoyen de Rome et de toute autre cité, les autres le peuvent. »

Cicéron ajoute qu'il a vu des hommes inexpérimentés, ignorant le Droit, qui ont accepté des fonctions de juges, de membres de l'Aréopage à Athènes; mais, dit-il : « *Quum, ignorarent, si illam civitatem essent adepti, hanc se perdidisse, nisi postliminio recuperassent. Peritus vero nostri juris ac moris nemo unquam, qui hanc civitatem retinere vellet, in aliam civitatem se dicavit.* »

« Ils ignoraient que s'ils avaient acquis le droit de cité à Athènes, ils l'avaient perdu à Rome, à moins de le recouvrer par le *postliminium* (c'est-à-dire, par le retour à Rome, avec l'intention d'y rester). Mais le citoyen, instruit de nos lois et de nos mœurs, qui a voulu y conserver le droit de cité, s'est bien gardé de s'attacher à une autre. »

N° 13. (Nos 31 et 32.) « *O jura præclara, atque divinitus jam inde a principio romani nominis a majoribus nostris comparata! Ne quis nostrum plus quam unius civitatis esse possit (dissimilitudo enim civitatum varietatem juris habeat necesse est); ne quis invitus civitate mutetur; neve in civitate maneat invitus. Hæc sunt enim fundamenta firmissima nostræ libertatis, sui quemque juris et retinendi, et dimittendi esse dominum.* »

« O belle jurisprudence, presque divine, établie par nos ancêtres dès l'origine du peuple romain! L'un de nous ne peut appartenir à plus d'une cité (la différence entre les cités en établit nécessairement une dans le droit). Personne ne peut changer malgré lui de cité, et personne n'y reste contre son gré. Ce sont là les fondements de notre liberté, chacun est libre de conserver ou d'abandonner son droit. »

Voici la pensée de Cicéron, qui est encore d'une grande vérité de nos jours, car nous suivons les mêmes principes que le Droit Romain.

Chaque citoyen doit respecter les lois de Rome, car il est libre de choisir sa cité, et, par conséquent, s'il reste *civis romanus*, c'est volontairement. Il doit donc obéir à des lois qu'il s'impose, pour ainsi dire.

Nos **14** et **15**. (Nos 33 et 35.) Deux fois Cicéron rappelle le principe développé plus haut (*Pro Domo*, No 49, p. 352). « *Sacrosanctum esse nihil potest, nisi quod populus plebesve sanxisset.* » « Rien ne peut être sacré que ce qui a été décrété par le peuple. »

No 20. (No 45.) Il soutient qu'il faut consulter les hommes spéciaux. Scévola l'augure, dit-il, quand il voulait statuer sur le droit relatif aux *prædiatores*, consultait Furius et Cascellius *prædiatores*. — Le *prædiator* était celui qui achetait les biens hypothéqués à l'État et vendus par l'État (voy. Gaius, Comm. 2, § 61; *qui mercatur a populo, prædiator appellatur*, et p. 207). Probablement, ce Furius et ce Cascellius étaient acheteurs de ces sortes de biens. L'orateur ajoute que dans le cas où quelque difficulté s'élève sur son eau de Tusculum, il consulte plutôt Tugio qu'Aquillius. Il s'agit ou d'une servitude d'aqueduc qu'avait Cicéron, ou de l'action *aquæ pluviæ arcendæ*. (Voy. Topiques, No 4, p. 45.)

No 25. (Nos 56 et 57.) — « *Simul illud nesciebat, prædiorum nullam esse gentem; emptionibus ea solere sæpe ad alienos homines, sæpe ad infimos, non legibus, tanquam tutelas, pervenire.* »

« Il ne savait pas que les biens ne sont d'aucune *gens;* que par des ventes ils appartiennent à des étrangers, souvent à des hommes infimes. Il n'en est pas d'eux comme de la tutelle qui est déférée par les lois. » (Sur la *gens*, voy. Topiques, No 6, p. 54.) La tutelle était déférée par la loi, d'abord aux agnats, puis aux *gentiles*. (Sur les agnats, voy. Topiques, *loco citato*, p. 55.)

« *Adoptio Theophani agitata est : per quam Cornelius nihil est, præterquam propinquorum suorum hereditates, assecutus.* »

« On a parlé de l'adoption de Théophane; elle n'a rien fait obtenir à Cornelius Balbus, si ce n'est l'hérédité de ses proches. »

Allusion à l'adoption qui faisait passer le fils adoptif dans la *familia* de l'adoptant, et, dès lors, lui conférait l'hérédité sur les biens des membres de sa nouvelle famille, c'est-à-dire, de la famille du père adoptif. (Voy. *Pro Domo,* Nos 13 et 14, p. 345.)

PRO COELIO RUFO. — IN PISONEM.

Pro Coelio Rufo. — Célius Rufus, jeune débauché, fut accusé d'avoir empoisonné Clodia, sœur du tribun Clodius.

N° 7. (N° 17.) « *Nam quod œs alienum objectum est, sumtus reprehensi, tabulœ flagitatœ : videte, quam pauca respondeam. Tabulas, qui in patris potestate est, nullas conficit : versuram nunquam omnino fecit ullam.* »

« On reproche à Célius ses dettes, ses dépenses exagérées, on demande ses registres; je répondrai en peu de mots : celui qui est sous la puissance de son père ne tient aucun registre; il ne fait aucun emprunt. »

Le fils de famille, n'ayant pas de patrimoine, ne pouvait avoir de registres particuliers; il pouvait bien faire un emprunt, mais il est probable qu'il avait peu de crédit, car le créancier n'avait à peu près aucune garantie.

N° 8. (N° 20.) « *Fore qui dicerent, uxores suas, a cœna redeuntes, attrectatas esse a Cœlio.* » Ce fait donnait lieu à une action d'injures. (Voy. Gaius, Comm. 3, § 220.)

N° 14. (N° 33.) Expressions *materfamilias*, *matrona*. (Voy. Topiques, N° 3, p. 15.)

N° 29. (N° 68.) « *At sunt servi illi, de cognatorum sententia, nobilissimornm et clarissimorum hominum, manumissi.* »

« Les esclaves ont été affranchis d'après l'avis des parents, hommes très-nobles et très-éminents. » Puis, Cicéron ajoute : « *Tandem aliquid invenimus, quod ista mulier de suorum propinquorum, fortissimorum virorum, sententia, atque auctoritate fecisse videatur.* »

« Enfin, nous rencontrons donc quelque chose que cette femme semble avoir fait avec l'avis et l'*auctoritas* de ses proches. »

On sait que la femme était en tutelle perpétuelle et sous celle de ses agnats (voy. Topiques, N° 4, p. 29) : les agnats étaient des *cognats* unis par des générations masculines (voy. Topiques, N° 6, p. 55 et suiv.). Le mot *cognats* est pris dans ce passage *lato sensu.*

N° 30. (N° 73.) « *In qua provincia quum res erant et possessiones paternæ.* »

Les Romains ne reconnaissaient pas sur les fonds provinciaux le *dominium ex jure quiritium.* (Voy. Gaius, Comm. 2, § 7.) Parlant de ces fonds, le jurisconsulte dit : « *Nos autem possessionem tantum et usumfructum habere videmur.* » Aussi l'orateur dit-il : « *Possessiones paternæ,* » et non *dominium.* « La possession, » et non le droit de propriété.

N° 32. (N° 77.) *Spondeo,* voy. p. 71 et 112.

In Pisonem. — Ce discours contient une invective de Cicéron contre Pison.

N° 8. (N° 16.) « *Per interdicta crudelitatis tuæ.* » Par les interdits de votre cruauté. » (Sur les interdits, voy. *Pro Cæcina,* p. 228.)

N° 9. (N° 18.) « *Sed quisquam tam inops fuerit unquam, qui, isto non modo propugnatore tutiorem se, sed advocato, aut adstipulatore, paratiorem fore putaret ?* »

« Quelqu'un a-t-il jamais été réduit à se croire non-seulement plus en sûreté avec un pareil défenseur, mais encore plus rassuré avec un pareil avocat et un tel *adstipulator ?* » Nous avons vu (*Pro Publio Quintio,* p. 124) ce que l'on entendait par *adstipulator.*

Cicéron compare donc la protection de Pison à celle d'un *adstipulator.*

N° 20. (N° 48.) Il lui reproche d'avoir licencié l'armée de Macédoine. Il est, dit-il, un fou, un insensé, etc. Et il ajoute : « *Si familiam tuam dimisisses, quod ad neminem, nisi ad ipsum te, pertineret, amici te tui constringendum putarent.* »

« Si vous aviez dissipé votre patrimoine (*familia,* voy. dans ce sens, p. 192), qui cependant n'appartiendrait qu'à vous seul, vos amis penseraient qu'il faut vous comprimer. » Allusion à l'interdiction qui pouvait être prononcée contre un prodigue.

N° 23. (N° 55.) Sur la *sponsio,* voy. p. 71 et 112. Cicéron fut provoqué par Pison en vertu de la *sponsio* suivante, : « *Me promettez-vous tant, si je suis entré par la porte Esquiline?* »

N° 28. (N° 69.) « *Tabulas obsignare velle.* » « Vouloir apposer un sceau sur les tablettes. » (Sur les *tabulæ*, voy. *Pro Roscio comœdo*, p. 138.)

N° 35. (N° 86.) « *Nonne, quum* CC *talenta tibi Apolloniatæ Romæ dedissent, ne pecunias creditas solverent, ultro Fufidium, equitem romanum, hominem ornatissimum, creditorem, debitoribus suis addixisti?* »

« Alors que les habitants d'Appollonie vous avaient remis à Rome 200 talents, pour ne pas payer leurs dettes, n'avez-vous pas de vous-même adjugé à des débiteurs leur créancier Fufidius, chevalier romain, homme d'une grande distinction? »

Cicéron reproche à Pison d'avoir interverti les rôles, en faisant de Fufidius, le créancier, l'*addictus* de ses débiteurs. (Sur l'*addictus*, voy. *Pro Roscio comœdo*, N° 14, p. 174).

PRO PLANCIO. — PRO RABIRIO POSTUMO.

PRO PLANCIO. — Plancius, accusé de brigue, eut Cicéron pour défenseur.

N° 3. (N° 8.) « *Nam si ita esset : quod patres apud majores nostros tenere non potuerunt, ut reprehensores essent comitiorum, id haberent judices; vel, quod multo etiam minus esset ferendum. Tum enim magistratum non gerebat is, qui ceperat, si patres auctores non erant facti : nunc postulatur a vobis, ut ejus exsilio, qui creatus sit, judicium populi romani reprehendatis.* »

« S'il en était ainsi, les juges auraient une puissance que nos ancêtres n'ont pas voulu laisser au sénat. Ils pourraient censurer les comices, et, pour mieux dire, ils auraient un pouvoir qui serait bien moins supportable. Car alors le magistrat élu n'exerçait pas ses fonctions si les sénateurs ne l'autorisaient pas (*non erant auctores facti*), tandis qu'on vous demande aujourd'hui de vous opposer au jugement du peuple romain, en excluant celui qui a été élu. »

D'après Tite-Live (liv. 1er, N° 17), « les sénateurs décrétèrent que le choix du roi fait par le peuple serait ratifié par le sénat, et aujourd'hui encore, le sénat conserve le même droit, alors qu'une loi est votée, ou que des magistrats sont nommés. Mais ce n'est plus qu'une formalité, car souvent le sénat approuve le résultat encore inconnu des comices, même avant que le peuple n'ait exprimé ses suffrages. »

N° 17. (N° 41.) « *Selecti judices.* » « Juges choisis sur les listes. »

N° 19. (N° 47.) « *Pro multis spoponderit.* » « Il a promis pour plusieurs, il s'est porté *sponsor.* » (Sur la *sponsio*, voy. p. 71 et 112).

N° 20. (N° 49.) Cicéron signale la prérogative de la première centurie appelée à voter : « *An tandem una centuria prærogativa tantum habet auctoritatis, ut nemo unquam prior eam tulerit, quin renuntiatus sit.* »

N° 22. (N° 53.) Nous noterons l'expression : « *At nonnullas punctis pœne totidem,* » pour expliquer que les deux candidats avaient eu un nombre égal de suffrages. Cela rappelle le vers si connu d'Horace : « *Omne tulit punctum qui miscuit utile dulci.* »

N° 28. (N° 68.) « *An ceteris, quum cujusque dies venerit; hoc nomen, quod urget, nunc, quum petitur, dissolvere.* »

« Ne faudra-t-il pas que je paie chacun quand le jour de l'échéance sera venu, et ne faut-il pas que j'acquitte de suite la dette urgente qui m'est réclamée? »

Cicéron veut dire que beaucoup de gens de bien l'ont défendu; mais Plancius ayant eu besoin de lui, il a dû d'abord lui payer la dette de la reconnaissance. *Dies venit* signifie : le jour de l'exigibilité du droit est arrivé; *nomen dissolvere* : payer, éteindre une dette.

N° 32. (N° 79.) Il examinera, dit-il : « *Quod cujusque intersit.* » Le créancier obtient de son débiteur ce que l'on appelle le QUANTI INTEREST.

Il y a une différence entre la position du créancier auquel on a satisfait, et la position de ce même créancier, alors que l'obligation n'a pas été exécutée. *Inter est*, il y a un intervalle qu'il faut combler. Le débiteur doit réparer : 1° le dommage qu'a subi le créancier, *quantum illi abest,* ce que l'on appelle le *damnum emergens;* 2° il doit lui tenir compte du lucre dont il l'a privé, *quantum lucrari potuit,* c'est le *lucrum cessans.* — Le jurisconsulte romain dit : « *In quantum mea interfuit; id est, quantum mihi abest, quantumque lucrari potui,* » et l'art. 1149 du Code Napoléon porte : « *Les dommages et intérêts dus au créancier sont, en général, de la perte qu'il a faite et du gain dont il a été privé.* »

Pro Rabirio Postumo. — Cicéron prit la défense de Rabirius Postumus, accusé de concussion. — Nos 2 et 3. (Nos 3 à 7.) On trouve l'expression *syngraphæ* qu'on ne peut pas traduire. (Voy. *Pro Roscio comœdo*, p. 144.)

No 4. (No 8.) « *Sunt lites æstimatæ Gabinio; nec prædes dati, nec ex ejus bonis, quanta summa litium fuisset, a populo recepta.* »

« Gabinius a été condamné pécuniairement (voy. *litis æstimatio*, p. 320). Des cautions (*prædes*, voy. p. 207) n'ont pas été données; et le peuple n'a pu recouvrer le montant des condamnations sur les biens. »

Cicéron donne ici l'exemple d'une vente de biens à la suite d'un *judicium publicum*. Il y avait alors *sectio* ou *publicatio bonorum*. (Voy. *Pro Roscio Amerino*, p. 92.)

No 9. (No 25.) « *Hoc quidem semel suscepto atque contracto, perpetienda illa fuerant, ut se aliquando ac suos vindicaret.* »

« Une fois cela entrepris et terminé, il devait souffrir ces choses pour *revendiquer* lui et les siens, » c'est-à-dire, pour tirer lui et ses amis de cette situation.

On sait que le propriétaire qui n'a pas la possession de la chose la revendique *(rem vindicat)*. De même, ici, Rabirius avait commis une faute, il avait prêté, dit Cicéron, au roi d'Alexandrie, son argent et celui de ses amis. Une fois engagé, il devait rester auprès du roi pour se sauver lui et ses amis, « *ut se et suos vindicaret.* »

No 11. No 32.) *Res præjudicata*, chose préjugée. (Sur le *præjudicium*, voy. p. 182.)

No 13. (No 37.) *Præs, prædes*, caution. (Voy. p. 207.)

No 17. (No 45.) « *Ecquis est ex tanto populo, qui bona C. Rab. Postumi nummo sestercio sibi addici velit?* »

« Dans cette foule, en est-il un seul qui veuille que les biens de Rabirius Postumus lui soient adjugés moyennant un sesterce? (c'est-à-dire, pour rien, *nummo uno*, comme disent les jurisconsultes romains.) »

« *Postume, tune es Curii filius, C. Rabirii, judicio et voluntate, filius; natura, sororis filius?* »

« Postumus, n'êtes-vous pas le fils de Curius, et le fils de Rabirius par l'adoption *(judicio et voluntate)*, et par la nature fils de sa sœur? »

L'adoption proprement dite, c'est-à-dire, celle d'un fils de famille *(alieni juris)*, par un autre père de famille, se faisait devant le préteur (voy. les formes *infra, De finibus bonorum et malorum*, livr. 1, N° 7). C'était un acte extrajudiciaire; de là ces mots : *judicio et voluntate*.

Postumus, fils de la sœur de Rabirius, était devenu fils adoptif de son oncle.

PRO MILONE. — PRO MARCELLO. — PRO REGE DEJOTARO.

Pro Milone. — Tout le monde connaît le fait qui donna lieu à ce discours.

N° 4. (N° 9.) « *Quod si duodecim Tabulæ nocturnum furem, quoquo modo; diurnum autem, si se telo defenderit, interfici impune voluerunt.* »

« Si la loi des XII Tables permet de tuer impunément un voleur de nuit armé ou sans armes, et un voleur de jour, s'il se défend avec des armes. »

Le texte de la loi des XII Tables auquel Cicéron fait allusion, est ainsi conçu : « *Si nox furtum factum sit, si im occisit, jure cæsus esto.* » L'auteur du rapprochement des lois mosaïques et romaines emprunte le texte suivant à Ulpien : « *Proinde si furem nocturnum, quem lex XII Tabularum omnino permittit occidere, aut diurnum, quem æque lex permittit, sed ita demum, si se telo defendat,* etc. » (Voy., du reste, *Pro Tullio*. p. 307.)

N° 18. (N° 48.) « *Testamentum obsignavi.* » Sur cette habitude des Romains d'apposer plutôt leur sceau que leur *signature*, voy. de Maistre, du Pape, liv. 1, chap. 15.

N° 21. (N° 56.) « *Quamobrem vitam suam, quum maximis præmiis propositam et pene addictam sciebat.* »

« Comme il savait que sa vie était mise à prix et pour ainsi dire adjugée (*pene addictam*). » (Sur l'*addictio*, voy. p. 174.)

N° 27. (N° 74.) Cicéron suppose que Milon se glorifie d'avoir tué Clodius. « *Eum qui, non calumnia litium, non injustis vindiciis ac sacramentis.* »

Calumnia litium désigne l'action d'intenter de mauvais procès, sciemment ou par esprit de chicane (voy. Gaius, Comm. 4, § 178). *Injustæ vindiciæ*, allusion au possesseur intérimaire, déterminé par le préteur dans l'action *sacramenti* (voy p. 198, *in Verrem, actio secunda,* N° 45). Gaius (Comm. 4, § 16) dit : « *Postea Prætor secundum alterum eorum vindicias dicebat, id est, interim aliquem possessorem constituebat.* » Une fois les formalités de l'action *sacramenti* accomplies, le préteur désignait le défendeur; c'est ce qu'on appelait *vindicias dicere secundum alterum,* parce qu'on lui attribuait provisoirement la chose revendiquée, appelée *vindiciæ,* en le constituant possesseur durant le litige. Les *vindiciæ* étaient injustes quand celui qui n'était pas propriétaire avait pu obtenir la possession intérimaire. (*Injustum sacramentum,* voy. p. 9.)

N° 27. (N° 75.) « *Quorum utrique mortem est minitatus, nisi sibi hortorum possessione cessisset.* »

« Qu'il menaça de faire mourir, s'ils ne lui cédaient la possession de leurs jardins. »

Parmi les moyens reconnus par le Droit civil pour transférer la propriété se présentait la *cessio in jure.* (Voy. Topiques, N° 2, p. 7.)

« *Absentem de possessione dejecit.* » « Il s'empara de la possession quand il était absent, et ne la lui rendit pas lors de son retour, ou bien chassa ceux par lesquels l'absent possédait. » (Voy. le discours pour Cécina, sur l'interdit *unde vi* donné au *dejectus.*)

N° 28. (N° 78.) « *Jus perpetuæ possessionis.* » Le propriétaire seul a le droit de posséder perpétuellement, c'est-à-dire, a seul l'exercice du droit de propriété.

N° 32. (N° 87.) « *Incidebantur jam domi leges, quæ nos nostris servis addicerent.* »

« On fabriquait déjà dans sa maison les lois qui devaient nous mettre sous le joug de nos esclaves. » (*Addictio, addictus,* voy. p. 174.)

D'après Asconius, Cicéron fait allusion à la loi que Clodius avait proposée, en vertu de laquelle les affranchis, qui étaient auparavant seuls répartis dans les tribus urbaines, pourraient voter dans les tribus rustiques où se trouvaient les ingénus.

N° 33. (N° 89.) « *Possideret, teneret.* » Sur le sens de ces expressions, voy. p. 134.

Pro Marcello. — N° 2. (N° 6.) « *Maximam vero partem quasi suo jure fortuna sibi vindicat.* » « La fortune revendique une partie de ces exploits, de ces évènements heureux comme étant à elle, comme lui revenant de droit. »

N° 8. (N° 23.) Cicéron conseille à César de faire rendre des lois qui puissent encourager la propagation de l'espèce (*propaganda soboles*). Cet avis fut suivi par Auguste dans les célèbres lois caducaires, qui organisèrent un système de peines pour les veufs et les gens mariés qui n'avaient pas d'enfants, et de récompenses et de primes pour ceux, au contraire, qui étaient mariés et qui avaient des enfants.

Pro rege Dejotaro. — Ce roi avait partagé le sort de Pompée, son bienfaiteur. Il fut accusé d'avoir voulu tuer César. Cicéron le défendit auprès du dictateur.

N° 5. (N° 14.) *Auctionibus factis.* — N° 9. (N° 25.) *Auctionatus.* Ces expressions désignent une vente à l'encan. (Voy. p. 100.)

PHILIPPICÆ ORATIONES.

Première Philippique. — N° 5. (N° 12.) « *Coguntur non pignoribus.* » Allusion à la *pignoris capio,* saisie d'un gage que pouvait faire le magistrat.

N° 7. (N° 15 et suiv.) « *Chirographum.* » (Voy. *Pro Roscio comœdo,* p. 144.)

N° 8. (Nos 19 et 20.) M. Bonjean dit (Traité des actions, 1er vol., p. 171 et 172) : « En 631, la loi Sempronia (de C. Grachus) transporta les *judicia* du sénat aux chevaliers; et pendant tout le reste du VIIe siècle, l'importante prérogative de composer les tribunaux fut vivement disputée entre les deux ordres. Elle fut successivement, et pour ainsi dire d'année en année, perdue et recouvrée, tantôt par le sénat, tantôt par les chevaliers. En 684, une loi de transaction, portée par Aurelius Cotta, établit trois décuries de juges (*decuriæ judicum*). La première décurie était composée de sénateurs; la seconde, de chevaliers; la troisième, de tribuns du trésor. Pompée conserva les trois décuries avec quelques changements dans les conditions d'admission. J. César supprima la troisième décurie; mais deux ans après sa mort elle fut rétablie par Antoine, qui la composa de militaires, sans égard au cens qu'ils payaient. » C'est à cette décision que Cicéron fait allusion.

N° 9. (N° 23.) « *Quid, quod obrogatur legibus Cæsaris quæ jubent, ei, qui de vi, itemque ei, qui majestatis damnatus sit, aqua et igni interdici?* »

« Pourquoi a-t-on changé quelque chose aux lois de César,

d'après lesquelles celui qui sera condamné pour violence ou pour crime de lèse majesté doit être privé de l'eau et du feu? » Sur l'interdiction de l'eau et du feu, voy. N° 29, *Pro Domo,* p. 349. Sur l'expression *obrogatur,* Ulpien (Règles, pr., § 3) dit : « *Lex obrogatur..... Id est mutatur aliquid ex prima lege.* »

N° 10. (N° 26.) Cicéron fait allusion à la formule des *rogationes:* — CONSULES POPULUM JURE ROGAVERUNT... POPULUSQUE JURE SCIVIT.

DEUXIÈME PHILIPPIQUE. — N° 14. (N° 35.) Il veut prouver que nul plus qu'Antoine n'a profité de la mort de César : « *Quod si te in judicium quis adducat, usurpetque illud Cassianum :* CUI BONO FUERIT. »

« Que si quelqu'un vous appelait devant un tribunal et invoquait contre vous la formule donnée par Cassius : *celui qui aura profité.* »

Nous hasardons l'explication suivante : D'après la doctrine des jurisconsultes romains, celui qui s'enrichissait sans motifs légitimes (*sine causa*) avec le bien d'autrui, devait rendre le *quantum locupletior factus erat.* Il était tenu d'une action que l'on appelait *condictio sine causa* (*condictio,* voy. *Pro Roscio comœdo,* p. 153. — *sine causa*, parce qu'il aurait conservé sans juste cause, contrairement à l'équité, ce dont il s'était enrichi). Cassius, étant préteur, avait probablement rédigé une formule d'après laquelle celui qui avait profité, *cui bono fuerit,* devait restituer. On trouve aussi le mot *chirographorum.* (Voy. *Pro Roscio comœdo,* p. 144.)

N° 16. (N° 40.) « *Hereditates mihi negasti venire.* » « Vous niez, dit Cicéron à Antoine, que j'aie recueilli des hérédités. »..... « *Ego enim amplius H-S ducenties acceptum hereditatibus retuli.* » « Mais j'ai porté sur mes registres, comme reçu, plus de 20 millions de sesterces. » (Sur les registres et le *codex accepti,* p. 138).

Il ajoute qu'Antoine a été institué par un testateur qu'il ne connaissait même pas, qui a déshérité son neveu. Il lui fait ensuite reproche de n'avoir pas même fait adition de l'hérédité de son père. « *Quum ipse hereditatem patris non adisses.* » (Sur l'adition d'hérédité, voy. p. 41.)

N° 18. (N°s 44 et suiv.) *Decoxisse* veut dire : devenir insolvable. On dit encore aujourd'hui *tomber en déconfiture* pour un non commerçant, et tomber en *faillite* pour un commerçant. « *Tantum enim se pro te intercessisse.* » *Intercedere,* c'est obliger sa personne ou sa chose pour la dette d'autrui. « *Patrio jure et potestate.* » Allusion à la puissance paternelle.

N° 21. (N° 52.) « *Addicta.* » Sur l'*addictio*, voy. p. 174.

N° 23. (N° 56.) Cicéron reproche à Antoine d'avoir accordé la *restitutio in integrum* à un joueur condamné, et il ajoute : « *Nullum fuisse judicium de alea.* » « Est-ce parce qu'il ne devait être délivré aucune action contre les joueurs ? »

La loi romaine (loi 2, § 1, *De aleatoribus*, au Dig., liv. 11, tit. 5) défendait les jeux où l'argent servait d'enjeu ; elle faisait exception pour certains exercices qui *virtutis causa fiunt.* L'art. 1965 du Code Napoléon reproduit ces dispositions, en refusant toute action pour une dette de jeu ou pour le paiement d'un pari, et l'art. 1966 indique les exceptions que faisait déjà la législation romaine. (Sur la *restitutio in integrum,* voy. p. 214.)

N° 25. (N° 62.) « *Hereditatum possessiones datas.* » Cicéron reproche à Antoine d'avoir donné la possession des hérédités à ceux qui n'y avaient aucun droit. (Sur les possessions de biens, voy. Topiques, N° 4, p. 34.)

N° 26. (N° 64.) Parlant de la vente à l'encan des biens de Pompée, il dit : « *Hasta posita.* » « La pique placée. » (Voy. p. 92, *Pro Roscio Amerino*). *Scelus sectionis,* » « adjudication coupable. » (Voy. sur le *sector, eodem loco.)*

N° 28. (N° 69.) « ***Mimam suam suas res sibi habere jussit ex Duodecim Tabulis.*** »

Ce texte n'est pas admis par tous. Nous suivons la version de M. Victor Leclerc. « Il a ordonné à sa comédienne de remporter ce qui lui appartenait en vertu de la loi des XII Tables. » Puis il ajoute : « *Claves ademit; exegit. Quam porro spectatus civis! Quam probatus! cujus ex omni vita nihil est honestius, quam quod cum mima fecit divortium.* »

« Il lui a ôté les clefs, il l'a mise à la porte. Citoyen recommandable, éprouvé dans sa vie, il n'a fait aucune action aussi honnête que de divorcer avec une comédienne. »

Tout ceci est dit ironiquement, et nous pensons que ces mots *ex Duodecim Tabulis* sont placés avec intention, pour représenter Antoine agissant en vertu de la loi et en bon citoyen.

N° 29. (N°s 71 et suiv.) « *Appellatus es de pecunia, quam pro sec-*

tione debebas. » Le *sector* (voy. p. 92, *Pro Roscio Amerino)* devait verser le prix de son adjudication au trésor public. *Prædes* (voy. p. 207). *Auctio*, vente à l'encan, *auctionaretur*. (Voy. p. 100.)

N° 30. (N° 75.) « *Sectorem.* » (Voy. p. 92.)

N° 31. (N° 78.) « *Ne L. Plancus prædes suos venderet.* » « L'on craignait que L. Plancus ne mit en vente les biens de ses cautions. » *(Præs-prædis,* voy. p. 207.)

Nos 37 et suiv. (Nos 93 et suiv.) On trouve les expressions *syngraphæ* et *chirographum*. (Voy. *Pro Roscio comœdo,* p. 144.)

N° 40. (N° 102.) Cicéron reproche à Antoine de s'être emparé, après la mort de César, des domaines appartenant à Varron; il lui demande en vertu de quel droit il a pu agir. Antoine est censé répondre : « *Eodem, inquies, quo in heredum L. Rubrii, quo in heredum L. Turselii prædia, quo in reliquas innumerabiles possessiones. Et si ab hasta, valeat hasta, valeant Tabulæ, modo Cæsaris, non tuæ; quibus debuisti, non quibus tu te liberavisti. Varronis quidem cassinatem fundum quis veniisse dicit? quis hastam istius venditionis vidit? quis vocem præconis audivit?* »

« En vertu du même droit que j'avais de m'emparer des héritages appartenant aux héritiers de L. Rubrius, ou aux héritiers de L. Turcellius et de tant d'autres innombrables possessions. — S'il y a eu vente à l'encan (*sub hasta,* voy. p. 92), que la pique fasse foi, que les registres fassent foi, pourvu qu'il s'agisse de ceux de César et non des vôtres, de ceux sur lesquels vous êtes porté comme débiteur et non de ceux sur lesquels vous figurez comme étant libéré. Mais qui soutient que le fonds Cassinate, appartenant à Varron, ait été vendu? Qui a vu la pique préparée pour cette vente? Qui a entendu la voix du héraut? » (Sur les registres, voy. *Pro Roscio comœdo,* p. 138.)

N° 41. (N° 105.) «*Inquilinus,* » le preneur d'une maison ou *locataire*. Cicéron représente Antoine comme locataire et non comme propriétaire de la maison de Varron, de cette maison où retentissaient les éclats de la débauche, alors que sous son maître (sous Varron) elle était une retraite pour l'étude.

N° 42. (N° 109.) « *In publicis nihil est lege gravius; in privatis firmissimum est testamentum.* »

» Dans les choses publiques, rien de plus respectable que la loi; dans les choses privées, rien de plus solide qu'un testament. »

L'orateur reproche à Antoine d'avoir violé les lois et brisé des testaments. Il se sert de l'expression « *testamentum irritum.* » Ces mots désignaient plus particulièrement le testament devenu nul parce que le testateur avait subi une *capitis diminutio* après avoir testé (Voy. Gaius, Comm. 2, § 145, 146; et sur la *capitis diminutio*, Topiques, N° 4, p. 32.)

TROISIÈME PHILIPPIQUE. — N° 3. (N° 7.) Expression *spondeamus*, voy. p. 71 et 112.

N° 6. (N° 16.) « *Hinc Voconiæ leges.* » (Sur cette loi et ses deux chefs, voy. p. 191 et suiv.)

QUATRIÈME PHILIPPIQUE. — N° 4. (N° 9.) « *Non illa infinita hasta satiavit.* « « Cette vente considérable (il s'agit des biens de Pompée), faite à l'encan, ne l'a pas rassasié. » (Voy. p. 92).

CINQUIÈME PHILIPPIQUE. — N° 4. (Nos 9 et suiv.) « *Auctiones* » (voy. p. 100). « *Chirographum*, — *syngraphæ.* » (Voy. *Pro Roscio comœdo*, p. 144.)

N° 11. (N° 28.) « *Spopondistis.* » (Voy. p. 71 et 112).

N° 12. N° 33.) « *Sed libidini cujusque nos ita addixit.* » (Sur l'*addictus*, voy. p. 174.) On trouve l'expression *justitium*. La justice était suspendue pendant ces jours dits *justi* : il y avait armistice légale.

N° 18. (N° 51.) « *Spondeo.* » (P. 71 et 112).

SIXIÈME PHILIPPIQUE. — N° 4. (N° 10.) « *Tanquam si illi aqua et igni interdictum sit.* » « Plancus est méprisé, dit Cicéron, comme si l'eau et le feu lui étaient interdits. » (Sur cette peine, voy. N° 29, *Pro Domo*, p. 349.) « *Tabulæ novæ.* » Allusion aux registres pour désigner l'abolition des dettes. Les vieilles dettes étaient diminuées ou effacées. — « *Sponsores et creditores Trebellii.* » Le *sponsor* ou la caution qui avait payé avait recours contre le débiteur principal. Donc si Trebellius ne payait pas le créancier, il devait payer le *sponsor*.

N° 5. (N° 15.) A propos des statues dressées en l'honneur d'Antoine : « L. ANTONIO JANI MEDII PATRONO. *Itane? Janus medius in*

L. Antonii clientela sit? Quis unquam in illo Jano inventus est, qui L. Antonio mille nummum ferret expensum? »

« *A L. Antoine, patron du milieu de la rue de Janus.* Ainsi, la rue de Janus est dans la clientèle d'Antoine; mais a-t-on jamais trouvé dans cette rue quelqu'un qui voulût prêter mille écus à Antoine? » Il paraît que cette rue était habitée par les usuriers. On cite ces vers d'Horace :

Postquam omnis res mea Janum
Ad medium fracta est.....

Ces expressions *expensum ferre* ont été expliquées, *Pro Roscio comœdo,* p. 138.

Septième Philippique. — N° 3. (N° 10.) « *Spopondistis.* » (Voy. p. 71 et 112).

N° 5. (N° 15.) « *Regna addixit pecunia.* » « Il a fait l'*addictio* de royaumes, moyennant de l'argent. » (Sur l'*addictus,* voy. p. 174).

Huitième Philippique. — N° 3. (N° 9.) « *Hasta Cæsaris, patres conscripti, multis improbis et spem affert, et audaciam.* »

« La pique arborée par César donne de l'espérance et de l'audace à un grand nombre d'hommes pervers. » Sur la vente *sub hasta,* voy. p. 92.

Neuvième Philippique. — Servius Sulpicius, le jurisconsulte, avait été député vers Antoine. Il périt devant Modènes. On proposa de lui élever une statue dans Rome. Cicéron soutint cette proposition.

N° 5. (N°s 10, 11.) En faisant son éloge, l'orateur dit : « *Neque constituere litium actiones malebat, quam controversias tollere.* »

« Il aimait mieux éteindre les controverses que de rédiger les actions nécessaires au procès. »

Pomponius, qui écrivait sous Marc-Aurèle et Commode, parle ainsi (loi 2, *De origine juris,* § 43, au Digeste, liv. 1, tit. 2) :

« *Servius cum in causis orandis primum locum, aut pro certo post Marcum Tullium obtineret, traditur ad consulendum Quintum Mu-*

cium de re amici sui pervenisse, cumque eum sibi respondisse de jure Servius parum intellexisset, iterum Quintum interrogasse, et a Quinto Mucio responsum esse, nec tamen percepisse, et ita objurgatum esse a Quinto Mucio; namque eum dixisse, TURPE ESSE PATRICIO, ET NOBILI, ET CAUSAS ORANTI, JUS, IN QUO VERSARETUR, IGNORARE : *ea velut contumelia Servius tractatus, operam dedit juri civili : et plurimum eos, de quibus locuti sumus, audiit; institutus a Balbo Lucillio, instructus autem maxime a Gallo Aquillio, qui fuit Cercinæ. Itaque libri complures ejus exstant Cercinæ confecti. Hic cum in legatione perisset, statuam ei populus Romanus pro Rostris posuit : et hodieque exstat pro Rostris Augusti. Hujus volumina complura exstant : reliquit autem prope centum et octoginta libros.* »

On n'a pas oublié qu'il fut le rival de Murena qu'il accusa de brigue. (Voy. plus haut, p. 328.)

N° 7. (N° 16.) « *Utique C. Pansa, A. Hirtius, consules, alter, ambove, si eis videatur, quæstoribus urbanis imperent, ut eam basim statuamque faciendam et in Rostris statuendam locent; quantique locaverint, tantam pecuniam redemptori attribuendam solvendamque curent.* »

« En conséquence, C. Pansa et A. Hirtius, consuls, l'un ou l'autre, ou tous deux, s'ils le préfèrent, donneront l'ordre aux questeurs de la ville de donner à l'entreprise la confection de cette statue qui devra être placée sur les Rostres, et ils auront soin de payer à l'adjudicataire la somme dont ils seront convenus. »

Nous avons précédemment parlé de la *locatio operis faciendi* et du *redemptor*. (Voy. p. 206 et 207.)

Pomponius, comme on l'a vu, nous atteste dans le passage précité que la satue existait encore de son temps.

DIXIÈME PHILIPPIQUE. — N° 3. (N° 7.) Cicéron, en parlant de Brutus, dit : « *Qui quum prætor urbanus esset, urbe caruit, jus non dixit, quum omne jus populi romani recuperasset.* »

« Étant préteur dans Rome, il n'a point dit le Droit, lui qui a fait recouvrer ses droits au peuple romain. » *Jus dicere* désignait la fonction du préteur.

N° 5. (N° 11.) « *Etsi ne C. quidem Antonii celeritas contemnenda est : quem nisi in via caducæ hereditates retardassent, volasse eum, non iter fecisse diceres.* »

« Il ne faut pas mépriser la rapidité de C. Antoine. Si des hérédités caduques ne l'eussent retardé en chemin, vous eussiez dit non qu'il marchait, mais qu'il volait. »

Une hérédité était dite caduque quand elle n'était recueillie ni par un héritier du Droit civil, ni par un successeur appelé par le Droit prétorien. C'est ce que nous appelons une succession en déshérence.

Cicéron accuse Antoine d'avoir pris ces hérédités caduques, quoiqu'elles appartinssent, comme telles, à l'état.

No 10. (No 22.) « *Tabulis novis.* » Allusion à l'aboliton des dettes.

Onzième Philippique. — No 6. (Nos 13, 14, 15.) « *Auctiones* » (voy. p. 100). « *Tabulæ novæ.* » « *Bona ejus censuit publice possidenda.* » Il s'agit de Dolabella. « Fusius, dit Cicéron, a déclaré que Dolabella était un ennemi; il a pensé que ses biens devaient être confisqués et vendus *publice*, c'est-à-dire, comme biens de l'État. »

No 14. (No 36.) Antoine est « *in bello hostis, in pace sector.* » (Sur le *sector*, *Pro Roscio Amerino*, p. 92.)

No 15. (No 39.) « *Spopondimus.* » (Voy. p. 71 et 112.)

Treizième Philippique. — No 4. (No 8.) Cicéron rappelle que Lépide fit tous ses efforts pour amener Sextus Pompée, le fils de Pompée, à la paix; et, comme il sut ainsi éviter la guerre civile, l'orateur ajoute : « *Tum me ejus beneficio plus quam pro virili parte obligatum puto.* » « Je me crois obligé par ce bienfait au-delà même de ma part virile. » (Sur la part virile, voy. *in Verrem, De signis*, No 37, p. 225.)

No 5. (No 12.) « *Spopondistis.* » (Voy. p. 71 et 112.)

No 6. (No 14.) L'armée de Lépide, dit Cicéron, nous effraye; mais c'est l'armée du peuple romain. « *Uti potest pro suo.* » « Il peut s'en servir comme sienne. » On disait que le possesseur possédait une chose *pro suo*, comme sienne. (Voy. au Digeste, liv. 41, tit. 10.)

N° 7. (N° 15.) « *Auctoritatem interponis.* » — Le tuteur interposait son *auctoritas.*

N° 14. (N° 30.) « *Sectorem.* » (Voy. p. 92.)

N° 18. (N° 37.) Cicéron reproche à Antoine, dont il attaque la lettre, d'avoir demandé que les soldats de l'Alouette fissent partie d'une troisième décurie de juges.

QUATORZIÈME ET DERNIÈRE PHILIPPIQUE. — N° 3. (N° 5.) Cicéron reproche a un sénateur d'avoir traité Antoine et son armée seulement d'hommes méchants et audacieux, et non d'ennemis. Ces expressions, dit-il, sont bonnes en matière civile. « *Testamenta, credo, subjiciunt, aut ejiciunt vicinos, aut adolescentulos circumscribunt.* » « Ils supposent des testaments, chassent les voisins et trompent les jeunes gens. »

Le *dejectus* avait l'interdit *unde vi* (voy. le discours *Pro Cœcina,* p. 291). Le mineur de vingt-cinq ans, trompé, avait divers secours juridiques (voy. notamment *infra, De natura Deorum,* N° 30, liv. 3, sur la *lex Pletoria* ou *Letoria*). Le préteur restituait le mineur lésé contre l'acte qui lui portait préjudice, et l'on disait : « *Minor non restituitur tanquam minor, sed tanquam lesus.* » « Le mineur est restitué non pas comme mineur, mais parce qu'il est lésé. » Du reste, il devait établir le préjudice qui lui avait été causé. (Sur la *restitutio in integrum,* voy. p. 214.)

N°s 9 (26) et 11 (29). « *Spopondisset, — spopondimus.* » Voy. p. 71 et 112.)

N° 12. (N° 32.) « *Etenim Mars ipse ex acie fortissimum quemque pignerari solet.* »

« Mars lui-même prend les plus braves à titre de gage ou de nantissement. »

N° 14. « *Monumentum quam amplissimum locandum, faciundum curent.* »

« Qu'ils aient soin de donner à bail la construction d'un monument le plus ample possible. » (Sur la *locatio operis faciendi,* voy. p. 206.)

FRAGMENTS.

PRO CORNELIO. — IN P. CLODIUM ET CURIONEM. — PRO ÆMILIO SCAURO. — PRO FONTEIO. — PRO MILONE.

Pro Cornelio. — *Première action* (p. 296, 36e vol., édition Panckoucke. — Édition M. Victor Leclerc, 35e vol., p. 128). Cicéron parle d'un préteur appelé Sisenna qui, dit-il, n'aurait pas donné à Publius Scipion la possession de biens de Cn. Cornelius. (Sur la possession de biens donnée par le préteur, voy. p. 34.)

In P. Clodium et Curionem. — N° 3. « *Atque etiam simulabat se, ut tribunus plebis fieret, contaminatis gentibus, jure Quiritium legitimo tutelarum et hereditatum relicto, amissis sacris paternis, in adoptiva transiturum.* »

« Pour devenir tribun du peuple, il annonçait qu'après avoir déshonoré sa *gens*, abandonné les droits d'hérédité et de tutelle qu'il avait d'après le droit des Quirites, délaissé les sacrifices de ses pères, il passerait dans une famille adoptive. »

Il s'agit toujours de l'adoption de Clodius, si souvent attaquée par Cicéron. Le *sui juris*, avons-nous déjà dit, qui se donnait en adrogation, éprouvait la *capitis diminutio* et perdait son *status familiæ*, ses droits d'agnation, et par suite les droits d'hérédité et de tutelle, qui en étaient un corollaire. Il était aussi privé de ses droits de *gentilité*. (Voy. pour tous ces points, notamment Topiques, p. 58 et suiv., et *Pro Domo*, p. 344.)

D'après l'orateur, Clodius a déshonoré sa *gens,* parce que de patricien il est devenu plébéien. Quant aux sacrifices, un des effets de l'adrogation était de substituer aux *sacra* de la famille naturelle ceux de la famille adoptive. (Voy. p. 344.)

Un peu plus loin, d'après Cicéron, peu de personnes se présentèrent à l'assemblée convoquée par Clodius : « *Accesserunt ita pauci, ut eum non ad concionem, sed sponsum diceres advocasse. Quasi vero periculum sit in spondendo pro eo cujus satisdationes semper judicantur induci !* »

Clodius était abîmé de dettes, et son adversaire s'exprime ainsi : « On eût dit qu'il avait demandé des *sponsores,* comme s'il y avait grand péril à se porter *sponsor* pour quelqu'un dont les *satisdationes* sont toujours annulées. » (Sur les mots *sponsor* et *satisdatio,* voy. p. 105.) Suivant Cicéron, l'on jugeait toujours que Clodius avait obtenu ses cautions par dol, et dès lors leurs engagements étaient annulés par le préteur.

N° 6. « *At sum, inquit, absolutus. — Novo quidem hercle more, cui uni absoluto lites æstimatæ sunt.* »

« Mais je suis absous, dit-il. — Oui assurément, car c'est le seul exemple d'un homme absous qui ait payé la *litis æstimatio.* »

D'après la formule délivrée aux plaideurs, le défendeur était condamné pécuniairement, ou absous. La condamnation pécuniaire s'appelait *litis æstimatio.* La formule portait, en effet, dans la partie appelée *condemnatio,* les mots suivants : « *Si paret condemna; — si non paret, absolve.* » « S'il appert que les prétentions du demandeur soient fondées, condamne le défendeur; sinon absous-le. » On voit que le défendeur absous ne pouvait être condamné à payer la *litis æstimatio.* Il y avait un dilemme posé au juge.

Pro Æmilio Scauro. — N° 7. (N° 2, édition M. Victor Leclerc.) Cicéron parle d'un mari qui, dégoûté de sa femme riche, mais vieille et acariâtre, ne voulait pas la congédier *propter dotem,* à cause de la dot qu'il avait reçue. Voici le passage : « *Is, quum hanc suam uxorem anum, et locupletem, et molestam, timeret, neque eam habere in matrimonio, propter fœditatem, neque dimittere, propter dotem, volebat.* »

Nous savons en effet, qu'au cas de divorce, le mari devait restituer la dot à sa femme. Celle-ci avait l'action *rei uxoriæ* (voy. Topiques, N° 4, p. 17; voy. aussi Ulpien, Règles, *De dotibus*, tit. 6).

N° 8. (N° 3. Édition M. Victor Leclerc.) Nous signalerons le mot *patrona*, que le traducteur (édition Panckoucke) a rendu par le mot de *maîtresse*, ce qui n'est pas exact. Il s'agit dans ce passage d'un affranchi, et l'affranchi avait un patron ou une patronne qui n'était ni un maître ni une maîtresse.

N° 10. Sur le mot *tabulæ*, voy. p. 138.

N° 13. Sur le mot *comperendinatio*, voy. p. 185.

N° 17. (N° 12, édition de M. Victor Leclerc.) « *Compromisso.* » « Compromis. » (Voy. *Pro Roscio comœdo*, N° 4, p. 160).

N° 18. (N° 13, édition de M. Victor Leclerc.) On rencontre l'expression : « *si soluti — si liberi.* » On appelait, à proprement parler, *solutus*, le débiteur qui, après avoir donné sa personne en gage à son créancier, acquittait ce qu'il devait. Il était d'abord *nexus* (de *nectere*, lier), puis ensuite il était *solutus*. En 428, la loi Pétilia abolit le *nexum*. Le mot *nexus* avait ici une signification toute spéciale. (Voy. sur un sens général, Topiques, N° 5, p. 52, et *De oratore*, N° 38, liv. 1er.)

N° 21. « *Neque ab hasta emerit.* » (Sur la vente *sub hasta*, voy. p. 92.)

N° 23. On reprochait au client de Cicéron son luxe, et notamment d'avoir des colonnes de marbre d'une grandeur telle, que l'adjudicataire des cloaques, c'est-à-dire, celui qui avait pris à bail la réparation des égoûts publics, avait forcé Scaurus de lui promettre de l'indemniser du dommage qui allait être causé à la voie publique par le transport, dans de lourds chariots, de ces colonnes sur le mont Palatin.

« *Ut Satisdari sibi damni infecti coegerit redemptor cloacarum, quum in Palatium plaustris extraherentur!* » (Sur la *cautio damni infecti*, voy. Topiques, N° 4, p. 43.)

Ordinairement, l'on n'était obligé que de promettre simplement la réparation du préjudice (*nuda promissio*) ; on n'était pas obligé de fournir des répondants (*satisdatio*). Mais si les travaux étaient faits dans un lieu public, la partie menacée réclamait une *satisdatio*, c'est-à-dire, un fidéjusseur. (Voy. le texte de l'édit, loi 7, liv. 39, tit. 2, *De damno infecto*, au Digeste.)

Revenons à notre passage. Cicéron parle du *redemptor cloaca-*

rum. On mettait à bail la réparation des égoûts *(locabantur cloacæ reficiendæ)*. Celui qui se rendait adjudicataire était le *conductor operis faciendi* (voy. p. 206), et il portait le nom plus spécial de *redemptor*.

Scaurus voulant mener des fardeaux qui devaient ébranler le sol et les égoûts, on prétendait que le *redemptor* avait réclamé la *satisdatio damni infecti;* la *satisdatio* et non la *nuda promissio*, d'après ce que nous avons dit, car le dommage devait se produire sur la voie publique, et l'envoi en possession était d'ailleurs impossible dans l'hypothèse prévue par Cicéron.

Dans le même numéro, on parle de l'arbitre *(arbitrum;* sur l'arbitre, voy. p. 88). Puis : « *Utrum tandem sponsione vinci necesse fuisset.* » « Qui eût été vaincu dans la *sponsio?* » (Voy. sur la *sponsio*, p. 112.)

PRO FONTEIO. —(P. 388, édition Panckoucke, 36e vol.) « *Postquam mortua est, magistros habuit.* » « Après sa mort, elle eut des syndics; » c'est-à-dire, après sa mort, ses biens furent vendus. (Voy. sur l'*emptio bonorum*, p. 102.)

PRO MILONE. — (P. 392, édition Panckoucke, 36e vol.)

Cicéron reproche à Clodius d'avoir voulu joindre aux affranchis les esclaves *qui in libertate morarentur*, en leur donnant ainsi le droit de suffrage, *jus suffragii*.

Nous avons vu (Topiques, p. 12) que les esclaves affranchis, quand les conditions du Droit civil manquaient, étaient esclaves *de droit* et maintenus en une liberté de fait par le préteur (voy. Gaius, Comm. 3, § 56, et nos explications, p. 12). Ces esclaves sont désignés par Cicéron sous le titre de ceux *qui in libertate morarentur;* ils n'étaient pas affranchis, de là le reproche.

RHETORICA.

Cet ouvrage est-il de Cicéron? On peut lire sur ce point la savante dissertation de M. Victor Leclerc, aujourd'hui doyen de la Faculté des Lettres de Paris (édition de 1827, tome 1er, 2e partie). L'auteur adopte l'affirmative; nous avons donc cru devoir donner l'explication des passages juridiques qu'il renferme.

LIVRE 1er, N° 9. (N° 16.) « *De iis rebus caute confligendum est, quibus in rebus tabulæ, aut alicujus firma auctoritas videbitur interfuisse.* » Comme précepte de rhétorique, Cicéron recommande « de ne discuter qu'avec précaution *(caute)* les faits appuyés sur des *registres* et sur des autorités respectables. »

Il ne faut pas traduire *tabulæ* par *écrits*. Ces registres étaient quelque chose de plus solennel qu'un simple écrit. (Voy. le discours *Pro Roscio comœdo*, p. 138, et nos explications.)

N° 11. (N° 19.) Cicéron veut donner l'exemple d'une controverse entre la lettre et l'esprit de la loi : « *Si lex sit, quæ jubeat, eos qui propter tempestatem navim reliquerint, omnia perdere; eorum navim, ceteraque esse, si navis conservata sit, qui remanserint in navi : magnitudine tempestatis omnes perterriti navim reliquerunt, et in scapham conscenderunt, præter unum ægrotum; is propter morbum exire et fugere non potuit : casu et fortuitu navis in portum incolumis delata est : illam ægrotus possidet : navim petit ille, cujus fuerat.* »

On voit, d'après ce passage, que la loi avait voulu engager les matelots à lutter avec énergie contre la tempête, en leur abandonnant le vaisseau et toute la cargaison. Mais dans l'espèce prévue, le malade n'avait eu aucune lutte à soutenir. Favorisé par rèvènement, il avait pour lui la *lettre* de la loi, mais non l'esprit. Cette loi a-t-elle réellement existé? Nous l'ignorons.

N° 12. (N° 20.) « *Paterfamilias quum filium heredem faceret, testamento vasa argentea uxori legavit.* TULLIUS, HERES MEUS, TERENTIÆ, UXORI MEÆ, XXX PONDO VASORUM ARGENTEORUM DATO, QUÆ VOLET. *Post mortem ejus vasa pretiosa, et celata magnifice, petit mulier. Tullius se, quæ ipse velit, in* XXX *pondo ei debere dicit.* » « Un père de famille, après avoir institué son fils héritier, lègue des vases d'argent à sa femme en disant : *Que Tullius donne à ma femme Térentia trente livres de vaisselle d'argent, à son choix.* Après la mort du testateur, sa femme réclame les vases les plus précieux et les mieux ciselés. Tullius prétend qu'il peut donner ceux qu'il voudra, pourvu qu'il en délivre trente livres pesant. »

Pour bien saisir la difficulté, il faut savoir qu'il existait deux espèces de legs : d'abord, le legs *per vindicationem.* Par ce legs, le testateur transférait la propriété de la chose léguée au légataire; ainsi le testateur disait : « *Lucio Titio hominem Stichum do lego.* » Ou bien « *sumito,* » ou bien encore « *capito.* » (Voy. Gaius, Comm. 2, § 193.) Il pouvait aussi donner à son légataire le droit de choisir entre plusieurs choses. Ulpien nous dit, en effet (Règles, tit. 24, § 14) : « *Optione autem legati per vindicationem data, legatarii electio est, veluti :* HOMINEM OPTATO, ELIGITO. *Idemque est, et si tacite data sit optio, hoc modo :* TITIO HOMINEM DO LEGO. » Le legs *per vindicationem* ne donnait le choix au légataire que si la faculté de choisir était limitée aux esclaves du testateur, par exemple, si celui-ci avait dit : « *Choisissez un de mes esclaves;* » ou bien : « *Je vous lègue un de mes esclaves.* »

Le legs *per damnationem* était celui dans lequel le testateur condamnait son héritier à transférer la propriété d'une chose à son légataire. Voici la formule (Gaius, Comm. 2, § 201) : « *Heres meus Stichum servum meum dare damnas esto.* » Dans ce cas, l'héritier était débiteur de l'objet légué, tandis que le légataire était créancier, et le choix appartenait au débiteur, c'est-à-dire, à l'héritier. Ulpien ajoute : « *At si dixerim :* HERES MEUS DAMNAS ESTO HOMINEM DARE, *heredis electio est quem velit dare.* »

Dans le testament rapporté par Cicéron, il y a ambiguïté dans les termes. On ne sait à qui, du légataire ou de l'héritier, le choix a été laissé. Il est certain qu'il y a legs *per damnationem,* car Ulpien (Règles, § 4, tit. 24) signale parmi les formules de ce legs la suivante : « *dato;* » mais le testateur a-t-il voulu que, par exception, le légataire pût choisir? Telle est la question.

N° 12. (N° 22.) « *Hæc partitio legitimæ constitutionis his de causis raro venit in judicium, quod in privata actione prætoriæ exceptiones sunt, et causa cadit is, qui non, quemadmodum oportet, egerit; et in publicis quæstionibus cavetur legibus, ut ante, si reo commodum sit, judicium de accusatore fiat, utrum illi liceat accusare, necne.* »

Cicéron traite de ce qu'il appelle *constitutio legitima*, c'est-à-dire, d'une question de droit (*constitutio* est un terme de rhétorique). Parmi les controverses auxquelles donne lieu une question de droit, il signale celle qui consiste à *récuser*, nous dirions à présenter une *fin de non-recevoir;* et il ajoute : « Cette sorte de controverse légale se présente rarement dans une instance, parce que, s'il s'agit d'une action privée, on a des exceptions prétoriennes, et celui qui n'intente pas l'action comme elle devrait l'être perd son procès (*causa cadit*). Dans les actions publiques, les lois permettent à l'accusé, s'il y trouve son avantage, de faire prononcer, avant tout, si l'accusateur a droit ou non d'intenter l'accusation. »

Pour bien comprendre ce passage, il faut remonter aux principes de la procédure formulaire.

Le préteur, ainsi que nous l'avons vu, délivrait aux demandeurs une formule écrite. Le juge était obligé de se conformer au mandat qui lui était conféré, et de là le principe : « *Judicem formula includit.* » « Le juge est renfermé dans les termes de la formule. »

« *Causa cadit*, dit Cicéron, *is qui non quemadmodum oportet egerit.* » Cela a déjà été expliqué (*Pro Roscio comœdo*, p. 155). Perdait encore son procès, le plaideur qui se trompait d'action et qui en intentait une au lieu de celle qu'il devait intenter. On disait aussi : « *Causa cadebat.* » Il n'agissait pas comme il devait.

Cicéron veut donc dire que, dans ces cas, le défendeur n'a pas besoin d'opposer devant le juge des *fins de non-recevoir*, qui auraient pour but d'ajourner la décision du procès et de la renvoyer à un autre moment (*translatio*), car le demandeur perd immédiatement son procès, *causa cadit*.

Venons actuellement aux exceptions prétoriennes. Nous avons

déjà parlé de la formule et de ses trois parties principales : la *demonstratio*, *l'intentio* et la *condemnatio* (voy. p. 86). A côté de celles-là se présentaient des parties accessoires dont l'une s'appelait *exceptio*. Ulpien (loi 2, au Digeste, *De exceptionibus*, liv. 44, tit. 1er) la définit ainsi : « *Exceptio dicta est quasi quædam exclusio, quæ opponi actioni cujusque rei solet ad excludendum id, quod in intentionem, condemnationemve deductum est.* » « L'exception est ainsi appelée, parce qu'elle est une restriction apportée à ce qui a été déduit dans *l'intentio* ou la *condemnatio.* »

Pour bien saisir le principe de l'exception, il faut distinguer, dans les moyens de défense, ceux qui répondaient d'une manière directe, de ceux qui ne répondaient qu'indirectement aux moyens du demandeur.

Ainsi, Aulus Agerius se prétendait créancier de Numerius Negidius; celui-ci soutenait qu'il avait payé. Ce moyen de défense attaquait directement les prétentions du demandeur. Aulus Agerius ne pouvait être créancier, si la dette avait été éteinte par le paiement. Au contraire, Numerius Negidius convenait qu'il était débiteur, mais il soutenait qu'il s'était laissé prendre aux manœuvres frauduleuses d'Aulus Agerius et il invoquait le dol. Ce moyen de défense ne répondait *qu'indirectement* aux prétentions du demandeur, l'équité ne permettait pas qu'Aulus Agerius, l'auteur du dol, profitât de la créance, quoiqu'en droit *il fût réellement créancier*.

Dans le premier cas, la formule portait seulement : « *Si paret A. Agerio Numerium Negidium dare oportere.* » Devant le juge, N. Negidius soutenait qu'il avait payé, et cela sans que ce moyen de défense eût été annoncé par son insertion dans la formule. (On disait qu'il se faisait valoir *ipso jure*.)

Dans le second, au contraire, le moyen de défense ne pouvait être invoqué que sous la forme d'une exception insérée dans la formule, à la fin de laquelle on rencontrait ces expressions : « *Si ea in re nihil dolo malo Auli Agerii factum sit, neque fiat.* » Dès lors, quand même les prétentions du demandeur étaient vérifiées, le juge ne devait condamner le défendeur que s'il n'y avait pas eu dol de la part d'A. Agerius. L'exception avait établi une restriction à *l'intentio*, pour le cas où le demandeur se serait rendu coupable de dol. Aussi Gaius dit-il fort bien (Comm. 4, § 119) :

« *Ideo scilicet, quia omnis exceptio objicitur quidem a reo, sed ita formulæ inseritur ut conditionalem faciat condemnationem, id est, ne aliter judex eum cum quo agitur condemnet, quam si nihil in ea re qua de agitur, dolo actoris factum sit.* » « Toute exception est opposée par le défendeur *(reus)*, mais elle est insérée dans la formule, de façon à rendre la condamnation conditionnelle, c'est-à-dire, que le juge ne doit condamner le défendeur que si dans cette affaire aucun dol n'a été commis par le fait du demandeur. »

Quant aux exceptions qui étaient une restriction apportée à la *condemnatio* et non à l'*intentio*, nous n'avons pas à nous en occuper. Il suffit de remarquer que ces moyens de défense, qui se présentaient sous la forme d'exceptions, étaient de véritables fins de non-recevoir. Il ne pouvait y avoir de controverses, car elles étaient insérées dans la formule, ou ne l'étaient pas. Dans cette dernière supposition, le défendeur ne pouvait les invoquer. Dans la première, le juge les appréciait comme moyens de défense, et condamnait ou prononçait la sentence d'absolution. Il n'y avait donc pas de renvoi possible *(translatio.)*

N° 13. (N° 23.) Ce numéro renferme des textes tirés de la loi des XII tables.

Premier texte. (5e table.) « SI FURIOSUS ESSIT, AGNATUM GENTILIUMQUE IN EO PECUNIAQUE EJUS POTESTAS ESTO. » « La loi (*lex* voulait dire la loi par excellence, celle des XII Tables) met sous la puissance des agnats et des gentils, le fou et tout ce qui lui appartient. »

Qu'entendait-on par agnats et gentils? (Voy. plus haut, p. 54.) Nous avons donné de longs développements sur ces points importants.

Quant au mot *potestas,* il ne désignait pas le droit de puissance comme celui du père ou du maître, mais seulement un droit de protection comme celui du tuteur. La tutelle est définie « *vis et* POTESTAS. » Les fous n'étaient pas en tutelle, mais en curatelle, et d'après la loi des XII Tables, ils avaient pour curateurs leurs héritiers présomptifs, c'est-à-dire, les agnats et les *gentiles*. Ulpien confirme Cicéron (Règles, tit. 12, § 2.) : « *Lex Duodecim Tabularum furiosum in curatione jubet esse agnatorum.* » Justinien (Institutes, liv. 1, tit. 23) dit aussi : « *Furiosi in curatione sunt agnatorum ex lege Duodecim Tabularum.* »

Par *furiosus*, on désignait le fou furieux qui avait des intervalles lucides. On devait lui assimiler le *demens* ou celui qui est toujours dans l'état de folie, avec des idées incohérentes. Quant à l'idiot (*mente captus*), il était aussi en curatelle, mais la loi des XII Tables ne s'en était pas occupée.

Deuxième texte. (5e table.) « PATER FAMILIAS UTI LEGASSIT SUPER PECUNIA TUTELAVE SUÆ REI, ITA JUS ESTO. » « Ce que le père de famille statuera sur son patrimoine et sur la tutelle de ses enfants (*suæ rei*), sera le droit. » Ce texte est expliqué *supra*, p. 192, *in Verrem, act. secunda*, liv. 1, No 42.

Troisième texte. (5e table.) « SI PATERFAMILIAS INTESTATUS MORITUR, FAMILIA PECUNIAQUE EJUS AGNATUM GENTILLIUMQUE ESTO. » « Si le père de famille meurt *intestat*, que son patrimoine et sa fortune appartiennent aux agnats, puis aux gentils. » Il faut supposer que le père de famille meurt sans enfants, car la loi des XII Tables portait : « CUI SUUS HERES NON SIT, PROXIMUS ADGNATUS FAMILIAM HABETO. »

Héritier sien (*heres suus*). Cette expression désignait les enfants restés sous la puissance du père de famille jusqu'au jour de sa mort; ils venaient en premier ordre et étaient dits *héritiers siens* et nécessaires. Écoutons Gaius (Comm. 2, § 157) : « *Sed sui quidem heredes ideo appellantur, quia domestici heredes sunt, et vivo quoque parente quodammodo domini existimantur : unde etiam, si quis intestatus mortuus sit, prima causa est in successione liberorum. Necessarii vero ideo dicuntur, quia omnimodo, sive velint, sive nolint, tam ab intestato, quam ex testamento heredes fiunt.* » « Ils sont appelés héritiers siens, parce qu'ils sont pour ainsi dire des héritiers domestiques *(domus)*; et que même du vivant de leur père ils sont considérés, pour ainsi dire, comme propriétaires. Si donc quelqu'un meurt *intestat*, la succession est d'abord dévolue à ses enfants. Ils sont appelés nécessaires, parce que, soit qu'ils le veuillent, soit qu'ils ne le veuillent pas, ils sont héritiers testamentaires ou *ab intestat*. » Mais le préteur leur permit de s'abstenir de l'hérédité. (Gaius, Comm. 2, § 158.)

Il faut bien comprendre la théorie romaine. Du vivant du père, les enfants étaient censés propriétaires avec le père. La *domus* avait le *dominium*. Le père de famille administrait la *familia* ou patrimoine avec des pouvoirs absolus, mais ses enfants étaient tellement propriétaires avec lui, qu'à sa mort ils étaient *domestici heredes,* ils étaient *sui,* ils se succédaient pour ainsi dire à eux-mêmes (1).

Aussi les prudents avaient-ils exigé que le père de famille, en vertu de sa puissance, enlevât par une exhérédation formelle une hérédité qui était dévolue à ses enfants, comme la continuation de leur copropriété. L'argument, nous l'avons déjà dit, eût dû faire décider que le père de famille ne pouvait pas les dépouiller de l'hérédité, mais c'eût été la destruction de la puissance paternelle. (Voy. p. 192.)

Tout cela est résumé dans ce texte du jurisconsulte Paul (loi 11, Digeste, liv. 28, tit. 2, *De liberis et postumis*) : « *In suis heredibus evidentius apparet, continuationem dominii eo rem perducere, ut nulla videatur hereditas fuisse : quasi olim hi domini essent, qui etiam vivo patre quodammodo domini existimantur. Unde etiam filiusfamilias appellatur, sicut paterfamilias : sola nota hac adjecta, per quam distinguitur genitor ab eo, qui genitus sit. Itaque post mortem patris non hereditatem percipere videntur; sed magis liberam bonorum administrationem consequuntur : hac ex causa, licet non sint heredes instituti, domini sunt; nec obstat, quod licet eos exheredare, quod et occidere licebat.* »

« Évidemment, pour les héritiers siens, la continuation de propriété fait qu'il n'y a pas hérédité; ils étaient autrefois propriétaires, et pour ainsi dire copropriétaires du vivant de leur père. Aussi dit-on fils de famille, comme on dit père de famille, en distinguant seulement par un mot celui qui a engendré de celui qui l'a été. Après la mort du père, ils ne paraissent donc pas recueillir l'hérédité, mais prendre la libre administration des biens; donc ils sont propriétaires, quand même ils ne sont point institués héritiers; et qu'on ne dise pas qu'il est permis de les exhéréder, car on pouvait même les tuer. »

Paul repousse l'objection, en faisant voir que l'exhérédation est un abus de la puissance paternelle.

(1) M. Ducauroy (Instit. expliq., t. 1er, 7e édit., note de la page 464), donne une autre explication du mot *suus heres*. Il est certain que dans le texte précédent (p. 389), *sua res* désignait les fils de famille.

Après les héritiers siens venaient les agnats et les gentils. (Voy. sur le sens de ces mots, p. 54 et suiv.)

Le texte de la loi des XII Tables donne au mot *familia* une nouvelle signification, et désigne le patrimoine d'un citoyen romain. Ulpien, dans la loi 195, *De verb. signif.* (Digeste, liv. 50, tit. 16), dit en parlant du mot *familia* : « *In res deducitur, in res ut puta in lege XII Tabularum his verbis,* ADGNATUS PROXIMUS FAMILIAM HABETO. »

N° 13. (N° 23.) « *Malleolus judicatus est matrem necasse : ei damnato statim folliculo lupino os obvolutum est, et soleæ ligneæ pedibus inductæ sunt, et in carcerem ductus est. Qui defendebant eum, tabulas in carcerem afferunt; testamentum ipso præsente conscribunt; testes rite affuerunt : de illo supplicium paullo post sumitur; ii qui heredes erant testamento hereditatem adeunt. Frater minor Malleoli, qui cum oppugnaverat in ejus periculo, suam vocat hereditatem lege agnationis. Hic certa lex in rem nulla affertur, et tamen multæ afferuntur, e quibus ratiocinatio nascitur, quare potuerit, aut non potuerit jure testamentum facere.* »

« On a jugé que Malleolus a tué sa mère : aussitôt on lui couvre le visage d'une peau de loup; on lui met des entraves aux pieds, on le conduit en prison. Ses défenseurs se rendent auprès de lui avec des tablettes. En sa présence, ils rédigent son testament; des témoins sont présents, conformément à la loi. Peu après, il subit le supplice : les héritiers institués dans le testament font adition d'hérédité (voy. sur cette expression, p. 41). Le frère de Malleolus, plus jeune que lui, et qui avait été son accusateur, réclame cette hérédité comme lui étant dévolue, en vertu de son droit d'agnat. Dans cette affaire, on ne peut citer aucune loi expresse, et cependant on en indique plusieurs d'après lesquelles naît la question suivante : Malleolus pouvait-il faire un testament valable, ou son testament est-il nul? »

Du temps d'Ulpien, la question ne pouvait être sérieusement débattue, car ce jurisconsulte dit (loi 6, § 6, liv. 28, tit. 3, *De injusto et rupto testamento*, au Digeste) : « *Sed et si quis fuerit capite damnatus, vel ad bestias, vel ad gladium, vel alia pœna, quæ vitam adimit, testamentum ejus irritum fiet : non tunc, cum consumptus est, sed cum sententiam passus est.* NAM POENÆ SERVUS EFFICITUR. »

Le testament du condamné à mort était annulé, sans qu'il eût subi le supplice, quand même il serait mort naturellement, car sa condamnation l'ayant rendu esclave de la peine, il avait subi de suite une *capitis diminutio* (voy. p. 32). Or, si le testateur subissait une *capitis diminutio*, son testament était annulé, et on disait qu'il était *irritum*.

Mais le condamné, *servus pœnæ*, n'avait pas la *factio testamenti*, et dès lors il ne pouvait faire un testament valable. (*Justum* ou *jure factum*, voy. p. 36.)

N° 14. (N° 24.) « *Juridicialis constitutio est, quum factum convenit; sed jure, an injuria factum sit, quæritur.* » « Il y a contestation judiciaire, quand on convient du fait, mais qu'on recherche si le fait est licite (*jure*) ou illicite (*injuria*). »

Cicéron en donne un exemple : « *Mimus quidam nominatim Attium poetam compellavit in scena : cum eo Attius injuriarum agit : hic nihil aliud defendit, nisi licere nominari eum, cujus nomine scripta dentur agenda.* » « Un comédien apostropha le poëte Attius par son nom, en plein théâtre. Attius agit par l'action d'injures; le comédien répondit, pour sa défense, qu'il était permis de nommer celui sous le nom duquel la pièce était représentée. »

Parmi les délits dont on pouvait se rendre coupable figurait l'injure. La personne injuriée avait contre l'auteur de l'insulte l'action *injuriarum*. Évidemment, si le fait avait été commis *jure*, il n'était plus illicite, et dès lors il n'y avait plus délit; c'est ce que soutenait le comédien.

Cicéron passe ensuite aux faits excusables, et il cite une excuse provenant de l'ignorance où l'on se trouvait :

« *Ut ille qui de eo servo qui dominum occiderat cui frater esset, supplicium sumsit, antequam tabulas testamenti aperuit, quum is servus manumissus testamento esset.* »

Cet esclave condamné à mort était en réalité libre et citoyen romain. De là l'erreur, mais erreur excusable, car le testament n'avait pas été ouvert.

N° 15. (N° 25.) « *Ut si quis, ex testamento quod facere jussus sit, ex plebiscito vetetur.* » « Par exemple, si quelqu'un reçoit par un testament ordre de faire ce qu'un plébiscite défend. »

Cicéron signale la défense qui consiste à s'excuser d'une omission. On peut citer la loi *Voconia*, loi somptuaire, qui défendait notamment au testateur ayant une fortune de plus de 100,000 as de faire une institution d'héritier, ou un legs, au profit d'une femme. (Voy. p. 191.)

Pour éviter cette prohibition, les testateurs instituaient un citoyen capable, en le priant de restituer l'hérédité à la femme qu'ils voulaient avantager. Cette disposition, appelée *fidéicommis*, n'était pas obligatoire pour l'héritier institué ou fiduciaire, qui pouvait garder l'hérédité (voy. *infra*, *De finibus bonorum et malorum*, liv. 2, N° 17) et expliquer sa conduite, en se fondant sur le plébiscite qu'il ne voulait pas violer.

N° 17. (N° 27.) « *Quare ex intentione et infitiatione judicatio constituitur, hoc modo :* INTENTIO : *Occidisti Ajacem.* — INFITIATIO : *Non occidi.* JUDICATIO : *Occideritne?* » « Le point à juger (*judicatio*) dépend des prétentions du demandeur (*intentio*, voy. p. 86), et de la dénégation opposée par le défendeur (*infitiatio*). Ainsi, l'*intentio* est : Vous avez tué Ajax; la dénégation consiste à répondre : Je ne l'ai pas tué. Le point à juger est celui-ci : A-t-il tué Ajax? »

LIVRE DEUXIÈME. N° 4. (N° 7.) « *Locus quœritur..... Sacer, an profanus; publicus, an privatus fuerit.* » « On demande si le lieu est sacré ou profane, public ou privé. »

Parmi les divisions des choses (*res*), une d'elles consiste à séparer les choses en *res intra patrimonium* et *res extra patrimonium*, choses susceptibles de propriété privée, et choses du domaine public.

Parmi ces dernières, qui sont *nullius*, parce que chacun en use sans que personne en soit propriétaire, figuraient à Rome les choses sacrées, comme les temples dédiés aux Dieux supérieurs. Le sol où avait été bâti le temple restait sacré, même après la démolition de l'édifice. On appelait choses religieuses celles qui étaient dédiées aux Dieux inférieurs ou Dieux mânes. Gaius (Comm. 2, § 4) dit : « *Sacrœ sunt, quœ Diis superis consecratœ sunt; religiosœ, quœ Diis manibus relictœ sunt.* » Les lieux sacrés et religieux étaient hors du commerce, à l'opposé des lieux profanes.

Les lieux publics étaient les terrains destinés aux usages du peuple romain, comme le *Forum*, les grandes voies de communication, etc. (*quœ usui publico destinata sunt*). Ces choses étaient aussi hors du commerce, à la différence du *locus privatus*, qui était susceptible de propriété privée.

N° 9. (N° 13.) « *Scirentne adversarii id scriptum fuisse in lege, aut in testamento, aut in stipulatione.* » « Les adversaires savaient-ils que cela fût écrit dans une loi, dans un testament ou dans une stipulation? » (Sur ce que l'on entend par stipulation, voy. p. 71).

N° 10. (N° 14.) Cicéron donne des règles de discussion judiciaire, et il engage à invoquer les jugements analogues *(res judicatæ);* puis : « *Deinde legum et stipulationum breviter excerptarum, in quibus intelligatur scriptorum voluntas et expositio.* » Il conseille de « choisir de courts extraits des lois et des stipulations qui puissent indiquer l'intention de ceux qui les ont écrites. »

N° 10. (N° 15.) Il parle de l'*abrogatio* et de la *derogatio*. Ulpien (Règles, *De legibus et moribus*, § 3) nous donne le sens des diverses expressions légales : « *Lex aut rogatur, id est, fertur; aut abrogatur, id est, prior lex tollitur; aut derogatur, id est, pars primæ legis tollitur; aut subrogatur, id est, adjicitur aliquid primæ legi; aut obrogatur, id est mutatur aliquid ex prima lege.* »

N° 12. (N° 18.) « *Quæritur in translationibus, primum, num aliquis ejus rei actionem, petitionem, aut persecutionem habeat, quem non oporteat; num alio modo, tempore, loco; num alia lege, num alio quærente, aut agente. Hæc legibus, moribus, æquo et bono reperientur; de quibus dicetur in juridiciali absoluta.* »

Par *translation,* Cicéron entend, comme nous l'avons vu, p. 386, une *récusation,* une *fin de non-recevoir.*

Expliquons d'abord les termes qu'il emploie : *actio* désignait l'action intentée par un créancier contre un débiteur; *petitio*, celle intentée par un propriétaire ou par celui qui avait des droits analogues au droit de propriété (on les appelle d'un nom commun, *droits réels*). *Persecutio* indiquait la poursuite dirigée devant le préteur qui ne renvoyait pas l'affaire à la connaissance du *judex*. On disait du préteur, qu'il statuait alors *extra ordinem judiciorum privatorum.* (Voy. loi 28, Digeste, liv. 44, tit. 7.)

Dans les fins de non-recevoir (*translationes*), dit Cicéron, on se demande d'abord si celui qui agit par voie d'*actio,* de *petitio* ou de *persecutio*, a droit d'agir. C'est, en effet, un principe juridique, que l'*intérêt est la mesure des actions*. Dès lors, la première chose à examiner dans un procès, c'est de savoir si le demandeur a *qualité;* car s'il n'a pas *qualité,* il est *non recevable.*

Le demandeur pouvait avoir *qualité* et *intérêt;* mais à Rome, il était de principe que l'on devait intenter *telle action,* dans *tel cas donné*, et non *telle autre*. Prenons un exemple : le vendeur avait une action appelée *venditi* ou *ex vendito*. S'il intentait une autre action, malgré l'intérêt qu'il pouvait avoir, il était repoussé par une fin de non-recevoir, et il y avait *translatio*.

Tempore, ajoute Cicéron. En effet, le créancier, qui était créancier à terme et qui agissait avant l'expiration du délai, demandait plus qu'il ne lui était dû ; par suite, il encourait la plus-pétition, *causa cadebat*.

Loco. Le débiteur s'était engagé à payer dans un endroit déterminé, à Éphèse, par exemple. Le créancier poursuivait ce débiteur à Rome; il encourait la plus-pétition, car il demandait plus qu'il ne lui était dû en réclamant à Rome un paiement qui ne devait être fait qu'à Éphèse. Il perdait donc son procès, *causa cadebat*. Justinien nous dit (Institutes, liv. 4, tit. 6, § 33) : « *Ideo autem plus petere intelligitur, quia utilitatem quam habuit promissor si Ephesi solveret, adimit ei pura intentione..... Quæ utilitas plerumque in mercibus maxima invenitur, veluti vino, oleo, frumento, quæ per singulas regiones diversa habent pretia; sed et pecuniæ numeratæ non in omnibus regionibus sub iisdem usuris fœnerantur.* » « Il y a plus-pétition, parce que, par une *intentio* pure et simple, le demandeur enlève l'intérêt que peut avoir le promettant à payer à Éphèse..... Cette utilité se rencontre surtout pour les marchandises, comme le vin, l'huile, le blé, qui varient de prix suivant les pays. Il en est de même de l'argent monnoyé, qui n'est pas prêté au même taux d'intérêt dans toutes les contrées. »

On remarquera l'expression *pura intentio*. La formule délivrée par le magistrat aurait dû contenir la mention que le paiement devait être fait à Éphèse, et porter : « *Si paret Numerium Negidium Aulo Agerio decem millia* EPHESI *dare oportere.* » Faute d'avoir ajouté *Ephesi*, A. Agerius encourait la plus-pétition *loco*.

Cicéron ajoute : « *Num alia lege, alio quærente, aut agente.* » On peut appliquer ce passage soit au Droit criminel, soit au Droit civil. Ainsi, à propos d'un délit privé, le défendeur pouvait soutenir qu'on le poursuivait en vertu d'une loi qui ne devait pas être invoquée, que celui qui se plaignait ou qui agissait n'avait le droit ni de se plaindre, ni d'agir.

Ce passage, rapproché de ce que nous avons dit (p. 386), doit être ainsi éclairci; mais il n'a pas été bien saisi par les traducteurs, qui avouent être fort embarrassés de ces mots : « *num alio tempore, loco.* »

Nº 13. (Nºs 19 et 20.) Cicéron revient à des idées qu'il a précédemment exposées, et, en donnant les préceptes d'une discussion judiciaire, il suppose d'abord que l'on avoue avoir commis le fait, mais on soutient l'avoir commis *jure*, à bon droit ; puis il ajoute : « *De eo, causa posita, dicere poterimus, si, ex quibus partibus jus constet, cognoverimus. Constat igitur ex his partibus : natura, lege, consuetudine, judicato, æquo et bono, pacto. Natura jus est, quod cognationis aut pietatis causa observatur; quo jure parentes a liberis, et a parentibus liberi coluntur. Lege jus est id, quod populi jussu sancitum est; quod genus, ut in jus eas, quum voceris. — Consuetudine jus est id, quod sine lege, æque ac si legitimum sit, usitatum est; quod genus, id, quod argentario tuleris expensum, a socio ejus recte repetere possis. Judicatum est id, de quo sententia lata est, aut decretum interpositum. Ea sæpe diversa sunt, ut aliud alii judici, aut prætori, aut consuli, aut tribuno plebis placitum sit; et fit, ut de eadem re sæpe alius aliud decreverit, aut judicaverit; quod genus : M. Drusus, prætor urbanus, quod cum herede mandati ageretur, judicium reddidit; S. Julius non reddidit. Item, C. Cœlius judex absolvit injuriarum eum, qui Lucilium poetam in scena nominatim læserat; P. Mucius eum, qui L. Attium poetam nominaverat, condemnavit. Ergo, quia possunt res simili de causa dissimiliter judicatæ proferri, quum id usu venerit, judicem cum judice, tempus cum tempore, numerum cum numero judiciorum proferemus. Ex æquo et bono jus constat, quod ad veritatem et utilitatem communem videtur pertinere; quod genus, ut major annis* LX, *et cui morbus causa est, cognitorem det. Ex eo vel novum jus constitui convenit ex tempore, et hominis dignitate. Ex pacto jus est, si qui inter se pepigerunt, si quid inter quos convenit. Pacta sunt, quæ legibus observanda sunt, hoc modo : Rem ubi pagunt, ratum esto, ni pagunt, in comitio, aut in foro ante meridiem causam conjicito. Sunt item pacta, quæ sine legibus observantur ex conventu, quæ jure præstari dicuntur. His igitur partibus injuriam demonstrari, jus confirmari convenit, idque in absoluta juridiciali faciendum videtur.* »

Paraphrasons ce passage important : « D'abord, dit Cicéron, la question étant posée, nous pouvons soutenir avoir licitement agi, si nous connaissons les sources du droit. Or il dérive de la nature, de la loi, de la coutume, des jugements, de l'équité, des conventions. Il dérive de la nature, disons-nous ; ainsi, l'amour paternel, la piété filiale, sont de droit naturel, car c'est la nature même qui inspire aux pères et aux enfants une mutuelle affection. La loi contient le droit qui est sanctionné par le vote du peuple : ainsi, la loi des XII Tables prescrit au citoyen romain de se rendre devant le tribunal *(in jus)*, quand il y est appelé. » L'auteur fait allusion au texte qui était en tête de la loi des XII Tables : « *Si in jus vocat; ni it, antestator; igitur em capito.* » « Si on l'appelle devant le tribunal, qu'il s'y rende, s'il n'y va pas, qu'on prenne des témoins et qu'on le saisisse. » Suivaient des dispositions rigoureuses contre le citoyen qui voulait se soustraire à l'assignation.

Le mot *jus* désigne ici l'endroit où siégeait le magistrat, son *tribunal*, en un mot. On était *in jure* devant le magistrat. (Voy. Topiques, p. 6.)

Cicéron continue : « L'usage renferme le droit qui est usité comme s'il y avait une loi expresse, par exemple : si vous avez porté sur vos registres comme pesée, une certaine somme au nom d'un banquier, vous pouvez la réclamer à son associé. »

L'*argentarius* était le banquier romain. Les registres que rédigeaient les citoyens romains étaient tenus, avons-nous déjà dit, en partie double (voy. p. 138, *Pro Roscio comœdo)*. On portait au *codex depensi* les sommes dont on était créancier, que l'on avait pesées, et au *codex accepti* les sommes que l'on avait reçues.

Cicéron suppose donc qu'un citoyen romain avait porté sur ses registres la mention qu'il avait pesé une certaine somme à un *argentarius (expensum tulit)*. Cet *argentarius* était tenu par l'*expensi latio* (voy. p. 143). — S'il avait un associé, on pouvait réclamer cette somme à ce dernier. Ce point est remarquable et indique une dérogation introduite par l'usage aux règles qui régissaient le contrat de société.

En effet, d'après les principes, toutes les fois qu'un des associés avait contracté avec un tiers, cet associé était seul créancier ou seul débiteur, il pouvait seul poursuivre le débiteur, et lui seul pouvait être poursuivi par le créancier. Le tiers ne pouvait ni inquiéter les autres associés, ni être inquiété par eux (1). L'*argentarius* auquel l'argent avait été prêté aurait donc dû être seul tenu de le restituer. Mais ici l'usage avait dérogé à ces principes, et on avait décidé que l'associé de l'*argentarius* serait tenu de restituer la somme comme si elle lui eût été prêtée à lui-même.

Il est probable qu'à l'inverse, si l'*argentarius* avait fait un prêt, l'associé pouvait réclamer le montant du prêt; c'est même ce qui semble résulter de la loi 27, *De pactis* (liv. 2, tit 14, au Digeste) (2).

Cicéron continue : « Une sentence, un décret, intervenus dans une affaire semblable, constituent le droit fondé sur des jugements antérieurs. Mais souvent des juges différents (à eux s'applique le mot *sententia*), des préteurs, un consul, un tribun du peuple (pour eux, l'on emploie le mot *decretum*), ont prononcé, dans des cas semblables, d'une manière opposée; par exemple, M. Drusus, préteur urbain, a délivré une formule contre l'héritier du mandataire, tandis que S. Julius l'a refusée. »

Le mandat finit par la mort du mandataire, et dès lors on se demandait si l'on devait délivrer l'action de mandat contre l'héritier d'un mandataire. Les deux préteurs n'étaient pas d'accord; mais d'après les textes, l'on devait poursuivre l'héritier du mandataire par l'action du mandat, pour les opérations faites par le défunt, tandis qu'on eût donné l'action de gestion d'affaires (voy. p. 86) contre l'héritier qui aurait continué à gérer un mandat éteint.

On traduit « *judicium reddere.* » « Pour rendre un jugement. » C'est méconnaître l'organisation judiciaire de Rome. Le préteur disait le droit, *dicebat jus,* en ce sens qu'il délivrait la formule (*judicium* ou *formula* sont synonymes, p. 72). Mais le *judex* seul rendait la sentence, et le *judex* était un homme privé.

Le préteur *urbain* disait le droit entre citoyens romains, et le préteur *pérégrin* entre citoyens romains et pérégrins, et entre pérégrins.

(1) Ces principes ont été modifiés par la suite. Voy. notamment la loi 82, *Pro Socio* (Digeste, 17, 2), qui donne lieu à des difficultés sérieuses. Mais au temps de Cicéron ils étaient à l'abri de toute controverse.

(2) Voy. Thèse de doctorat de M. Nolleval, docteur en droit de la Faculté de Paris (p. 44).

Cicéron continue : « Le juge Célius renvoya absous de l'action d'injures celui qui avait interpellé outrageusement le poëte Licilius en plein théâtre. P. Mucius condamna l'acteur qui avait désigné le poëte L. Attius (voy. plus haut, p. 392, sur cette affaire). Si en deux causes pareilles on peut juger de deux manières différentes, il est quelquefois indispensable de comparer ensemble les juges, les circonstances, et le nombre des sentences. »

Cicéron ne parle des *res judicatæ* que comme autorité *doctrinale* ou de jurisprudence. (Voy. p. 318.)

« Le droit qui dérive de l'équité est fondé sur la vérité et l'utilité commune; par exemple, un homme âgé de 60 ans, et celui qui est malade, ont la faculté d'avoir un *cognitor*. D'après ces principes, suivant les circonstances et la dignité de la personne, on établit un nouveau droit. »

Qu'entendait-on par *cognitor?* Quelles étaient ses fonctions? En quoi différait-il du simple *procurator?* (Voy. sur tous ces points, p. 106.)

Le *cognitor* était un représentant *ad litem*. Mais qu'y avait-il de particulier pour l'homme âgé de 60 ans, et pour le malade? Il semble qu'au temps de Cicéron et sous la procédure formulaire tous, en principe, avaient le droit de désigner un *cognitor*.

Voici ce qu'il est permis de conjecturer : Sous l'empire des actions de la loi, sauf de rares exceptions, on ne pouvait se faire représenter en justice. « *Olim*, dit Gaius (Comm. 4, § 82), *quamdiu legis actiones in usu fuissent, alterius nomine agere non liceret.* »

Il est probable qu'à l'origine de la procédure formulaire, la représentation judiciaire fut admise seulement dans des cas urgents, comme ceux indiqués par ce texte, et assurément le *cognitor* fut le premier représentant (1). Au temps de Gaius, la faculté de se faire représenter en justice était devenue générale.

« Le droit, continue Cicéron, découle des pactes, si les parties ont formé entre elles des pactes ou des conventions. » Le pacte ou la convention est défini par les jurisconsultes : « *Duorum vel plurium in idem placitum consensus.* »

« Les pactes doivent être observés d'après les lois; » et il cite

(1) *Sic* Etienne, Instit. expliq., p. 476, 2e vol. — Bonjean, *Traité des Actions*, 2e vol., p. 477.

un texte renfermé dans la première table de la loi des XII Tables : « *Rem ubi pagunt orato.* » « L'on respectera le pacte intervenu entre celui qui est appelé *in jus* et celui qui assigne. » « *Ni pagunt, in comitio aut in foro ante meridiem causam conjicito* (et non *coniato*). » « Si le pacte n'intervient pas, alors que le préteur connaisse de l'affaire dans le *comitium* ou le *forum*, avant le midi. »

« Enfin, il est des pactes qui doivent être observés d'après la convention seule, sans le secours des lois. A l'aide de ces moyens, on pourra démontrer l'injure, confirmer le droit. C'est ainsi qu'on devra procéder dans la question judiciaire absolue. »

N° 14. (N° 21.) « *Sed dolo malo negotium gestum.* » « L'affaire a été gérée par dol. » (Sur l'expression *dolus malus*, voy. plus haut, p. 79).

(N° 15. (N° 22.) Le mot *judicium* est toujours traduit par jugement (voy. p. 72). Il veut plutôt dire : *instance.*

N° 21. (N° 33.) L'exposition est vicieuse si l'on prétend avoir énuméré toutes les circonstances, et si l'on en omet une essentielle : « *Quoniam igitur hominem occisum constat esse, necesse est aut a prædonibus, aut ab inimicis occisum esse, aut abs te, quem ille heredem testamento ex parte fecerat.* » « Il est constant que cet homme a été tué, il faut qu'il ait été tué par des brigands, par ses ennemis, ou par vous, qu'il avait institué héritier pour une quote-part. »

Mais, ajoute-t-il : « *Dicemus potuisse vel a familia, vel a coheredibus nostris.* » Cette énumération est incomplète ; « car il peut avoir été tué par ses esclaves ou par ses cohéritiers. » Les cohéritiers avaient intérêt à faire périr leur cohéritier, afin d'avoir une part plus grande dans l'hérédité. Quant au mot *familia,* c'est ici l'expression par laquelle on désigne un ensemble d'esclaves. (Voy. Ulpien, loi 195, *De verb. signif.*, § 3, liv. 50, tit. 16, au Digeste).

N° 24. (N° 38.) Cicéron cite des vers d'Ennius, pour donner l'exemple d'un dilemne.

Une fille reproche à son père de la contraindre à divorcer et à se séparer de son mari :

« Cur talem invitam invitum cogis linquere? »

« Pourquoi me contraindre à le quitter, et malgré lui et malgré moi? »

Au temps de Cicéron, le père de famille qui avait encore sous sa puissance sa fille mariée (elle n'était pas alors *in manu mariti*) avait le droit d'envoyer au mari le *libellum divortii;* ce n'était là qu'une conséquence de la puissance paternelle.

Mais plus tard ce droit fut limité. Ainsi Paul, dans ses sentences (tit. 6, § 15, liv. 5), nous dit : « *Bene concordans matrimonium separari a patre divus Pius prohibuit.* » « Antonin-le-Pieux défendit qu'un mariage où régnait la concorde fût détruit par le père de famille. » Puis on lit dans le § 116 des *fragmenta Vaticana,* qui est dû à ce même jurisconsulte, et où il s'agit évidemment d'un *repudium* envoyé au gendre par le père de famille : « *Paulus respondit, matrimonium quidem repudio a patre misso ipso jure solutum videri, sed non licere patri filiam invitam a marito abducere; nec dotem repetere posse, nisi filia consentiente.* » « Paul a répondu que si le *repudium* (c'est le *libellum divortii*) a été envoyé par le père, le mariage est dissous d'après les principes du droit civil (*ipso jure*), c'est-à-dire, d'après les principes rigoureux, mais le père ne peut contraindre sa fille à se séparer de son mari et il ne saurait répéter la dot sans le consentement de sa fille. »

N° 26. (N° 41.) « *Falsæ sunt hujusmodi, ut si quis dicat, injuriam esse nullam, nisi quæ ex pulsatione, aut convicio constet.* »

« Les définitions peuvent être fausses, dit Cicéron ; par exemple, si l'on prétend que l'injure ne résulte que d'une voie de fait (*pulsatus,* maltraité), ou d'un mauvais propos (*convicium*). »

On peut consulter : 1° Gaius (Comm. 3, § 220), et 2° Justinien (liv. 4, tit. 4, Instit., § 1), pour voir que d'autres faits pouvaient donner lieu à l'action d'injures.

N° 28. (N° 45.) « *Perinde quasi non omnes, quibus aqua et igni interdictum est, exsules appellentur.* » « Comme si tous ceux auxquels on interdit l'eau et le feu ne sont pas des exilés. » (Sur l'interdiction de l'eau et du feu, voy. p. 349.)

N° 29. (N° 46.) « *Res judicata vitiose profertur, si aut dissimili de re proferatur; aut de ea re, qua de controversia non est; aut si improba; aut ejusmodi, ut aut plures, aut magis idoneæ res judicatæ ab adversariis proferri possint.* »

Cicéron parle toujours de la chose jugée comme autorité doctrinale : « On invoque à tort, dit-il, la chose jugée, s'il a été statué sur une toute autre affaire, ou sur une affaire à propos de laquelle il n'y a pas de controverse, ou si la décision citée est injuste, ou si les adversaires peuvent invoquer des décisions judiciaires en plus grand nombre et plus concluantes. »

Livre troisième. — Ce livre ne contient aucun passage qui ait trait au droit privé.

Livre quatrième. — N° 18. (N° 25.) « *Nam, qui suis rationibus inimicus fuerit semper, eum quomodo alienis rebus amicum fore speres?* »

« Comment espérer que celui qui a été ennemi de ses intérêts puisse être ami de ceux d'autrui? »

N° 23. (N° 33.) Cicéron indique une figure appelée la *subjection :* « *Quæro igitur, unde iste tam pecuniosus sit factus. Amplum patrimonium relictum est? at patris bona venierunt. Hereditas aliqua obvenit? non potest dici, sed etiam a necessariis omnibus exheredatus est. Præmium aliquod ex lite aut judicio cœpit? non modo id non fecit, sed etiam insuper ipse grandi sponsione victus est. Ergo si his rationibus locupletatus non est, sicut omnes videtis; aut isti domi nascitur aurum, aut, unde licitum non est, pecunias accepit.* »

« Je demande comment cet individu a pu s'enrichir. Lui a-t-on laissé un riche patrimoine? Mais les biens de son père ont été vendus (sur l'*emptio bonorum,* discours *Pro Publio Quintio,* p. 102). Il a donc recueilli une hérédité? Non, car ses proches l'ont déshérité. A-t-il retiré une somme considérable d'un procès ou d'un jugement? Non-seulement cela ne lui est pas arrivé, mais encore il a été vaincu dans une *sponsio* importante. Si donc il ne s'est pas enrichi par ces moyens, il faut ou que l'or naisse chez lui ou qu'il soit devenu riche par des moyens illicites.» (Voy. p. 112, sur la *sponsio.*)

Cicéron suppose que celui dont il parle aurait obtenu une condamnation obligeant son adversaire à lui payer le montant d'une *sponsio* considérable.

N° 25. (N° 35.) Exemple d'une définition : « *Injuriæ sunt, quæ aut pulsatione corpus, aut convicio aures, aut aliqua turpitudine vitam cujuspiam violant.* » « Les injures sont ou des voies de fait exercées contre le corps, ou des mauvais propos qui blessent les oreilles, ou des faits honteux qui peuvent attenter à notre vie. »

(Voy. plus haut, p. 401, et le renvoi indiqué). Malgré l'assertion de Cicéron, la définition est loin d'être complète.

Nº 27. (Nº 37.) Modèle de prétérition : « *Quod injuriarum satisfecisti L. Labeoni, nihil ad rem pertinere puto.* »

« Puisque vous avez donné satisfaction à Labéon pour l'injure que vous lui avez faite, je n'ai point à m'en occuper. »

La personne injuriée pouvait pardonner, et elle perdait ainsi son action.

Nº 29. (Nºs 40 et 41.) Figure par laquelle on explique plusieurs raisons d'après lesquelles une chose a pu ou non arriver, et on les élimine toutes, à l'exception d'une seule. Cicéron l'appelle *expeditio*.

« *Necesse est, quum constet istum fundum nostrum fuisse, ostendas, te aut vacuum possedisse, aut usu tuum fecisse, aut emisse, aut hereditate tibi venisse. Vacuum, quum ego adessem, possidere non potuisti; tuum usu fecisse etiamnum non potes; emtio nulla profertur; hereditate tibi, me vivo, mea pecunia venire non potuit. Relinquitur ergo, ut me vi de meo fundo dejeceris.* »

« Puisqu'il est établi que ce fonds nous appartenait, il faut que vous démontriez ou que vous l'avez possédé alors qu'il était vacant, ou que vous l'avez usucapé, ou que vous l'avez acheté, ou qu'il vous a été acquis par héritage. Mais vous n'avez pu le posséder comme vacant, puisque j'ai été toujours sur les lieux, et par cela même, vous n'avez pu l'usucaper. Vous ne produisez aucun acte de vente; il n'a pu d'ailleurs, de mon vivant, vous arriver à titre d'héritage. Reste donc ce fait, que vous m'avez chassé avec violence de mon fonds. »

Sur l'usucapion (voy. p. 4). — Deux personnes ne peuvent simultanément posséder la même chose *in solidum;* si donc l'argumentant possédait, son adversaire n'a pu posséder; et comme l'usucapion est basée sur une possession prolongée, il n'a pu acquérir par usucapion.

La *dejectio per vim* donnait lieu à l'interdit *unde vi.* (Voy. les discours *Pro Cæcina* et *Pro Tullio,* p. 228 et 289.)

Nº 51. (Nº 64.) Description d'un individu qui prend des airs d'opulence. Il veut faire croire qu'il a un grand nombre d'esclaves, et multiplie les questions adressées à son seul et unique esclave. Il conduit ses hôtes dans une maison qui ne lui appartient pas, et, obligé de déguerpir, leur fait accroire qu'il est contraint d'aller à la rencontre de son frère; le lendemain, il leur affirme qu'il a prêté à un ami la maison où il les avait conduits la veille. « *Ait se ædes maximas cuidam amico ad nuptias commodasse.* » Pendant qu'il traite ses hôtes chez lui, dans une modeste maison, celui qui lui avait prêté son argenterie envoie la réclamer. « *Apagete, inquit, ædes commodavi, familiam dedi : argentum quoque vult? Tametsi hospites habeo, tamen utatur licet, nos Samiis delectabimur.* » « Voyons, dit-il; j'ai prêté ma maison, mes esclaves (*familia*); il veut mon argenterie; toutefois, bien que j'aie des hôtes, je ne puis me résoudre à la refuser; nous nous contenterons de vaisselle de Samos. »

De ce passage, modèle d'une peinture de caractère, il résulte que le prêt à usage, appelé *commodat,* pouvait reposer sur une maison. Or, Ulpien nous dit (loi 1re, § 1, *Commodati,* au Digeste, liv. 13, tit. 6) que la question était controversée.

N° 54. (N° 67.) Cicéron veut donner une idée de la *signification,* figure qui laisse plus à deviner qu'elle n'exprime, et il fait un véritable *calembour* qu'il faut expliquer avant de le citer.

L'héritier institué devait, en général, se porter héritier. Il pouvait manifester sa volonté, d'une manière solennelle ou non solennelle. Celle-ci consistait à déclarer simplement sa volonté, ou à faire des actes que l'on n'avait droit de faire qu'en qualité d'héritier (*pro herede gerere*).

La manière solennelle s'appelait *cretio.* Elle est ainsi décrite par Gaius (Comm. 2, § 164) : « *Extraneis heredibus solet cretio dari, id est, finis deliberandi, ut intra certum tempus vel adeant hereditatem, vel, si non adeant, temporis fine summoveantur. Ideo autem cretio appellata est, quia cernere est quasi decernere et constituere.* — § 165 : *Cum ergo ita scriptum sit,* HERES TITIUS ESTO, *adjicere debemus,* CERNITOQUE IN CENTUM DIEBUS PROXIMIS QUIBUS SCIES POTERISQUE; QUOD NI ITA CREVERIS, EXHERES ESTO. »

« Les héritiers externes (c'est-à-dire, ceux qui ne sont pas sous la puissance du défunt) ont la *cretio,* autrement dit, un délai pour délibérer. Ils doivent faire adition d'hérédité (voy. plus haut, p. 41) dans un certain temps, à l'expiration duquel ils sont repoussés s'ils ne le font pas. » Vient ensuite l'étymologie du mot *cretio.*

Puis Gaius donne la *formule* employée par le testateur. On remarquera que les cent jours dont il parle étaient des jours utiles (*scies poterisque*) : on comptait seulement ceux pendant lesquels l'héritier avait pu faire la *cretio* ou les jours fastes, et ceux qui avaient couru à partir du moment où il avait su être institué héritier.

Gaius ajoute (§ 166) : « *Et qui ita heres institutus est, si velit heres esse, debebit intra diem cretionis cernere, id est, hæc verba dicere :* QUOD ME PUBLIUS MÆVIUS TESTAMENTO SUO HEREDEM INSTITUIT, EAM HEREDITATEM ADEO CERNOQUE. *Quod si ita non creverit, finito tempore cretionis, excluditur; nec quidquam proficit, si pro herede gerat, id est, si rebus hereditariis, tanquam heres utatur.* »

« Celui qui est ainsi institué héritier, s'il veut être héritier, devra faire la *cretio* dans le délai fixé, c'est-à-dire, prononcer ces paroles : *Puisque Publius Mevius m'a institué héritier dans son testament, je fais adition de l'hérédité et je la vois* (*cerno*). — S'il ne fait pas ainsi la *cretio*, il sera repoussé à la fin du délai, et il ne lui servirait de rien de gérer *pro herede*, c'est-à-dire, d'user d'une des choses héréditaires comme héritier. »

La *cretio* était donc un mode solennel et rigoureux de faire adition d'hérédité.

Voyons maintenant le passage de Cicéron : « *Per ambiguum, quum verbum potest in duas pluresve sententias accipi, sed accipitur in eam partem, quam vultis, qui dixit, ut de eo si dicas, qui multas hereditates adierit :* PROSPICE TU, QUI PLURIMUM CERNIS. »

« Le mot est ambigu, quand, pouvant être pris en deux ou plusieurs acceptions, il est pris dans celle que veut lui donner l'orateur ; par exemple, si, voulant parler de celui qui a fait adition d'un grand nombre d'hérédités, il dit : « *Regardez, vous qui voyez si bien.* »

Le jeu de mots roule sur le mot CERNIS. *Cernere,* voir, et *cernere,* faire la *cretio* de l'hérédité.

DE INVENTIONE.

LIVRE PREMIER. — N° 8. (N°s 10 et 11.) « *Constitutio est prima conflictio causarum ex depulsione intentionis profecta, hoc modo : — Fecisti. — Non feci, aut jure feci.* » « La question à débattre résulte du premier conflit des causes : ce conflit résulte de la défense opposée à la demande (*intentio*, voy. p. 86). Vous avez fait cela. — Je ne l'ai pas fait, ou j'avais droit de le faire. »

Plus loin : « *Ut, si quis sacrum ex privato surripuerit, utrum fur, an sacrilegus sit judicandus?* » « Si quelqu'un a enlevé une chose sacrée dans un endroit privé, devra-t-on le juger comme sacrilége ou comme voleur? (Sur les *res sacræ*, voy. p. 352.)

N° 13. (N° 18.) « *Non jure fecisti. — Jure feci.* » « Vous avez agi illicitement. — J'ai agi licitement. » « La question à juger est : « *Jure an fecerit?* » « A-t-il agi licitement? »

N° 24. (N° 35.) « *Cognatione, quibus majoribus, quibus consanguineis.* » (Sur ces expressions, voy. p. 61.)

N° 26. (N° 38.) « *Sacer an profanus, publicus an privatus.* » » Cet endroit est-il sacré ou profane, public ou privé? » Ce passage a été précédemment expliqué, p. 393.)

N° 30. (N° 47.) « *Nam si Rhodiis turpe non est portorium locare, ne Hermacreonti quidem turpe est conducere.* » « S'il n'y a point de honte pour les Rhodiens de donner à bail la réparation de leur port, il n'est pas honteux pour Hermacréon de la prendre à bail. » (Sur ces expressions, *locare — conducere*, voy. nos explications, p. 206.)

N° 33. (N° 56.) « *Extra quam si quis reipublicæ causa exercitum non tradiderit.* » Formes de l'exception au temps de Cicéron. (Voy. *supra*, p. 387).

N° 44. (N° 82.) Il donne des conseils sur l'emploi des jugements comme autorité de doctrine. (Voy. le passage de sa rhétorique, p. 401.)

N° 45. (N°s 84 et 85.) Énumération incomplète : « *Quoniam habes istum equum, aut emeris oportet, aut hereditate possideas, aut munere acceperis, aut domi tibi natus sit, aut, si horum nihil est, surripueris necesse est. Sed neque emisti, neque hereditate venit, neque domi natus est, neque donatus est : necesse est ergo surripueris. Hoc commode reprehendetur, si dici possit ex hostibus equus esse captus, cujus prædæ sectio non venierit.* »

« Vous avez ce cheval, vous l'avez ou acheté, ou il vous est advenu par hérédité, ou vous l'avez reçu en présent, ou bien il est né chez vous? Que si aucun de ces évènements n'a eu lieu, vous l'avez donc dérobé. Mais vous ne l'avez pas acheté, vous n'en avez point hérité, il n'est point né chez vous, il ne vous a pas été donné, il a donc été volé. Toutefois, ce raisonnement est facile à réfuter, car on peut dire qu'il a été pris sur l'ennemi, et que cette partie du butin n'a pas été soumise à la *sectio.* »

Sectio désigne l'adjudication des biens vendus par l'État (voy. discours *Pro Sexto Roscio Amerino*, p. 92). *Sector* est le nom donné à l'adjudicataire.

Quant au butin pris sur l'ennemi, voici, d'après M. Ortolan (Instit. expliq., 1er vol. p. 365, 3e édit.), la règle qui était suivie : « Les terres devenaient publiques. Quelquefois on en laissait une partie aux vaincus; on en distribuait aux colons, aux vétérans; les autres étaient vendues au profit de l'État, ou bien livrées, et dans ce dernier cas elles produisaient au trésor public un revenu nommé *vectigal*..... En général, les ennemis et les objets mobiliers conquis sur eux étaient au premier occupant, lorsqu'il s'agissait d'une occupation individuelle. Mais cette règle était modifiée par la discipline de l'armée, à l'égard du butin fait en commun. »

Cicéron dit en effet : « Il peut se faire que ce cheval ait été pris sur l'ennemi, et qu'il n'ait pas été soumis à la *sectio.* »

N° 49. (N° 92.) Il veut donner l'exemple d'une citation offensante : « *Si quis apud equites romanos cupidos judicandi, Cæpionis legem judiciariam laudet.* » Le pouvoir de juger, pendant les troubles civils, avait été violemment disputé entre le sénat et les chevaliers. Tantôt réservé aux chevaliers, tantôt au sénat, quelquefois partagé, il avait fini par être divisé entre le sénat, les chevaliers et les tribuns du trésor, par la loi *Aurelia judiciaria* (A. R. 68.) Cépion, en 647, avait adjoint le sénat aux chevaliers qui avaient reçu des Gracques le pouvoir exclusif de juger. (Voy. p. 181.)

LIVRE DEUXIÈME. — N° 1. Expression, « *Conductum habuerunt.* » — « Les Crotoniates prirent à bail le talent de Zeuxis. » Il s'agit ici du louage de services. Le peintre Zeuxis loua son talent. Il fallait bien distinguer la *locatio operarum* et la *locatio operis faciendi.* (Voy. p. 206.)

N° 7. (N° 23.) « *Aut cum necasse, cujus testamento non sit heres. quod ejus testamento se heredem arbitratus sit.* »

« Il a tué celui dont il n'était pas l'héritier testamentaire, parce qu'il croyait avoir été institué par son testament. » Il ne faut pas traduire *heres* par *légataire.* (Voy. la différence entre l'*héritier* et le *légataire,* p. 195.)

N° 17. (N° 52.) Flaminius, étant tribun du peuple, voulait faire passer la loi agraire, en poussant le peuple à la sédition. Son père vint l'arracher de la tribune, et fut mis en accusation comme coupable de lèse majesté.

« *Intentio est, — majestatem minuisti, quod tribunum plebis de templo deduxisti. — Depulsio est, — non minui majestatem. — Quæstio est, — majestatemne minuerit. — Ratio, — In filium enim quam habebam potestatem, ea usus sum. — Rationis infirmatio, — at enim, qui patria potestate, hoc est, privata quadam, tribunitiam potestatem, hoc est, populi potestatem infirmat, minuit is majestatem. — Judicatio est, — minuatne is majestatem, qui in tribunitiam potestatem patria potestate utatur.* »

« L'accusation est : — Vous vous êtes rendu coupable de lèse majesté pour avoir arraché de la tribune un tribun du peuple. — Défense : — Je ne suis pas coupable de lèse majesté. — Question : — S'est-il rendu ou non coupable de lèse majesté? — Motifs : — J'ai usé de la puissance paternelle que j'avais sur mon fils. — Réfutation : — Celui qui a la puissance paternelle, c'est-à-dire, une puissance privée, ne peut amoindrir celle du tribun, qui est celle même du peuple, sans être coupable de lèse majesté. — Point à juger : — Celui qui use de la puissance paternelle contre celle d'un tribun est-il coupable de lèse majesté ? »

N° 18. (N° 55.) « *Fur sit, an sacrilegus, qui vasa ex privato sacra surripuerit.* » « Est-il voleur ou sacrilége, celui qui a dérobé des vases sacrés dans un endroit privé ? » (Rapprocher le passage, p. 393.)

N° 19. (Nos 57 et 58.) « Cicéron parle de nouveau des *translationes* (renvoi ou fin de non-recevoir) : « *Quod non aut is agit, quem oportet, aut cum eo, quicum oportet, aut apud quos, qua lege, qua pœna, quo crimine, quo tempore oportet, constitutio translativa appellatur....... Atque in nostra quidem consuetudine multis de causis fit, ut rarius incidant translationes. Nam et prætoriis exceptionibus multæ excluduntur actiones, et ita jus civile habemus constitutum, ut causa cadat is, qui non, quemadmodum oportet, egerit. Quare in jure plerumque versantur. Ibi enim et exceptiones postulantur, et quodammodo agendi potestas datur, et omnis conceptio privatorum judiciorum constituitur.* »

« Il y a question de renvoi, ou fin de non-recevoir (*constitutio translativa*), quand l'action est intentée par quelqu'un qui ne doit pas l'intenter, ou qu'elle n'est pas intentée contre qui de droit, ou encore parce que les juges, la loi, la peine, l'accusation (*crimen*), le temps, n'ont pas été bien choisis..... Dans nos usages, beaucoup de raisons font que ces renvois sont rares. Car les exceptions prétoriennes repoussent un grand nombre d'actions, et d'après le Droit civil, celui-là perd son procès, qui n'a pas agi comme il le devait. Tout se passe la plupart du temps devant le préteur (*in jure*), l'on y réclame les exceptions, l'on y obtient l'action, c'est-à-dire, le droit d'agir. Là sont rédigées les formules d'actions privées. »

Tout ce passage est la reproduction d'un autre que nous avons précédemment expliqué. (Voy. p. 386.)

N° 20. (Nos 59 et 60.) Cicéron donne l'exemple d'une de ces contestations qu'il appelle *translationes*.

« *Quum ad vim faciendam quidam armati venissent, armati contra præsto fuerunt, et cuidam equiti romano, quidam ex armatis, resistenti, gladio manum præcidit. Agit is, cui manus præcisa est, injuriarum. Postulat is, quicum agitur, a prætore exceptionem*, EXTRA

QUAM IN REUM CAPITIS PRÆJUDICIUM FIAT. *Hic is, qui agit, judicium purum postulat; ille, quicum agitur, exceptionem addi ait oportere. — Quæstio est, — excipiendum sit, an non. — Ratio, — non enim oportet, in recuperatorio judicio, ejus maleficii, de quo inter sicarios quæritur, præjudicium fieri. — Infirmatio rationis, — ejusmodi sunt injuriæ, ut de his indignum sit non primo quoque tempore judicari. — Judicatio, — atrocitas injuriarum satisne causæ sit, quare, dum de ea judicetur, de aliquo majore maleficio, de quo judicium comparatum sit, præjudicetur.* »

Pour saisir ce passage, il faut bien comprendre ce que Cicéron entend ici par *præjudicium.* Il veut désigner une sentence pouvant influer sur une décision plus grave qui doit ou peut intervenir à propos du même fait. Ainsi, l'action d'injures était une action privée qui entraînait une condamnation pécuniaire. Mais le défendeur pouvait réclamer une exception pour la paralyser tant que l'action publique (*publicum judicium*) n'était pas intentée, parce que, disait-il, la sentence qui interviendra sur l'action d'injure formera *préjugé* contre moi (*præ-judicium*) quand je serai poursuivi au criminel; en d'autres termes, la *causa minor* pourrait préjudicier à la *causa major.* (Voy. p. 224.)

« Des hommes armés, dit Cicéron, venus pour commettre des actes de violence, eurent affaire à d'autres hommes également armés, et dans la lutte, un des assaillants coupa la main à un chevalier qui se défendait. Ce dernier intente l'action d'injures. Le défendeur réclame du préteur l'exception : *sauf le préjugé qui peut en résulter pour un homme accusé d'un crime capital.* Le demandeur requiert une formule pure et simple (et non un jugement, p. 71). Le défendeur soutient qu'on doit insérer l'exception. »

La lutte entre le demandeur et le défendeur est bien retracée par Cicéron. Le demandeur blessé agit par l'action d'injures, le défendeur soutient que cette action doit être écartée pour le moment, car elle établirait un préjugé contre lui, alors qu'il sera soumis à une accusation capitale.

« La question est donc de savoir si l'exception doit ou non être insérée. Pour l'affirmative, on peut dire qu'il ne faut pas, dans une instance soumise à des récupérateurs (*recuperatorio judicio,* — voy. sur les récupérateurs, p. 216), établir un préjugé pour un délit qui peut donner lieu à la poursuite *de sicariis* (je traduis ainsi ces mots : — *De quo inter sicarios quæritur.* — Sous Sylla était intervenue la loi *Cornelia de sicariis,* qui prévoyait le meurtre). En faveur de la négative, on peut dire : l'injure est telle que l'on ne doit pas en différer le jugement. La question à juger est celle de savoir si l'atrocité de l'injure exige que l'on juge, au risque même d'établir un préjugé sur un plus grand délit qui doit être soumis plus tard à une instance. »

Cicéron, dans ce passage, agite une grave question de notre droit criminel. Aujourd'hui, d'après l'art. 3 du Code d'instruction criminelle, « l'exercice de l'action civile est suspendu, tant qu'il n'a pas été prononcé définitivement sur l'action publique intentée *avant* ou *pendant* la poursuite de l'action civile. » Ce point de droit se traduit par la maxime : « *le criminel tient le civil en état.* » On craint l'influence que pourrait avoir sur le jugement criminel la décision à intervenir sur l'action privée ou civile.

Quant au Droit Romain, on finit par admettre l'indépendance complète des deux poursuites civile et criminelle (loi unique, Code de Justinien, liv. 9, tit. 31). Mais il y avait eu des tentatives faites pour introduire le principe de notre droit criminel. La loi 2, § 1, *De vi bonorum raptorum* (au Digeste, liv. 47, tit. 8), l'énonce explicitement. Elle prévoit des actes de violence qui donnaient lieu à une poursuite civile et criminelle : « *Neque debet publico judicio privata actione præjudicari,* QUIDAM PUTANT. » « *Sed,* répond Ulpien, *utilius visum est, quamvis præjudicium Legi Juliæ de vi privata fiat; nihilominus tamen non esse denegandam actionem eligentibus privatam persecutionem.* » — Toutefois, quand il y avait injure (et c'était le cas supposé par Cicéron), la personne injuriée n'avait que le choix entre la poursuite civile et la poursuite criminelle. L'action privée d'injures et l'action publique tendaient à la réparation de l'offense, et non à celle d'un dommage matériel; dès lors, elles ne pouvaient être cumulées par la victime de l'injure. De plus, il paraît résulter de la loi 7, § 1, *De injuriis* (au Digeste, liv. 47, tit. 10), que, d'après Ulpien, le préteur ne devait pas délivrer la formule de l'action d'injures, si la sentence à intervenir pouvait préjudicier à l'action publique accordée par la *lex Cornelia de sicariis* ou *de veneficis* (*rectius igitur fecerit si hujus modi actionem non dederit*). De sorte que, dans ce cas exceptionnel, Cicéron et Ulpien étaient d'accord. — Ils ne voulaient pas que par l'action privée d'injures, la personne injuriée établît un *præjudicium* pour l'action publique qui pouvait être intentée par *quivis ex populo* (1).

N° 21. (N° 62.) Exemple d'un point de droit à discuter :

« *Quidam pupillum heredem fecit; pupillus autem ante mortuus est, quam in suam tutelam venisset. De hereditate ea, quæ pupillo venit, inter eos, qui patris pupilli heredes secundi sunt, et inter agnatos pupilli controversia est. Possessio heredum secundorum est. — Intentio est agnatorum, — nostra pecunia est, de qua is, cujus agnati sumus, testatus non est. — Depulsio est, — imo nostra, qui heredes secundi testamento patris sumus. — Quæstio est, — utrorum sit. — Ratio est, — pater enim et sibi, et filio testamentum scripsit, dum is pupillus esset. Quare, quæ filii fuerunt, testamento patris nostra fiant necesse est. — Infirmatio est rationis, — imo pater sibi scripsit, et secundum heredem non filio, sed sibi jussit esse. Quare, præterquam quod ipsius fuit, testamento illius vestrum esse non potest. — Judicatio, — Possitne quisquam de filii pupilli re testari; an heredes secundi, ipsius patrisfamilias, non filii quoque ejus pupilli heredes sint*....... — (N° 63.) *Supponatur enim ab heredibus hæc ratio : — Unius enim pecuniæ plures, dissimilibus de causis, heredes esse non possunt; nec unquam factum est, ut ejusdem pecuniæ alius testamento, alius lege heres esset.* — (N° 64.) *Infirmatio autem hæc erit, — non est una pecunia : propterea, quod altera jam erat pupilli adventitia; cujus heres non, illo in tempore, testamento quisquam scriptus erat, si quid pupillo accidisset : et de altera, patris etiam nunc mortui voluntas plurimum valebat, quæ jam mortuo pupillo suis heredibus concedebat. — Judicatio est, — unane pecunia fuerit : — ac, si hac erunt usi infirmatione, — posse plures esse unius pecuniæ heredes dissimilibus de causis; — de eo ipso judicatio nascitur, possintne ejusdem pecuniæ plures dissimilibus generibus esse heredes.* »

Le substitué est l'héritier institué à défaut d'un autre héritier, par exemple, si PRIMUS HERES NON ERIT, TUNC SECUNDUS HERES ESTO. On distinguait deux substitutions, la vulgaire et la pupillaire

(1) Voy. Trébutien, *Cours de Droit criminel*, 2e vol., p. 654, en note; et Ducauroy, Instit. expliquées, 2e vol., p. 315, 7e édit. Voy. ci-dessus, p. 224. — *Junge* les textes rapprochés par Keller (*Pro Tullio*), p. 553 et suiv., en note.

(voy. plus haut, p. 41, et les développements). Celle-ci était l'œuvre de la coutume (*moribus institutum est,* dit Justinien), et comme toute institution coutumière, elle dut donner lieu à des controverses.

Au temps de Cicéron, la substitution pupillaire se présentait sous un premier aspect; elle n'était que la substitution vulgaire étendue. Le père de famille instituait un *secundus heres* pour le cas où son fils *institué héritier* viendrait à mourir : 1° avant lui, 2° avant la puberté, c'est-à-dire, avant d'être capable de tester (voy. la formule, p. 41). Mais ce *secundus heres* était toujours le substitué du père, et le fils qui mourait *intra pubertatem* était censé n'avoir jamais été héritier. De ces principes naissait la question que traite Cicéron.

« Un citoyen romain, père de famille, a institué héritier son fils impubère; le pupille est mort avant d'être arrivé à la puberté. Les substitués du père du pupille (*qui patris pupilli heredes secundi sunt*), et les agnats (voy. sur ce mot, p. 55), héritiers *ab intestat* du pupille, se disputent une hérédité qui est advenue au pupille. »

Expliquons le fait qui s'était passé. Le pupille avait été héritier de son père ; puis, un de ses agnats, son frère, par exemple, étant venu à mourir, il avait recueilli cette seconde hérédité, comme y étant appelé par la loi des XII Tables. Il mourait à son tour avant d'être pubère, et laissait dans son patrimoine deux hérédités : 1° celle de son père, 2° celle de son frère agnat.

Quant à la première, elle appartenait, sans conteste, aux substitués *(secundi heredes)*; mais la seconde leur était disputée par les agnats du pupille, des cousins, par exemple.

« Les substitués sont en possession. — D'après les agnats demandeurs, cette seconde hérédité, dont le pupille n'a pu disposer par testament, leur appartient. — Les substitués répondent à cette prétention, qu'ils ont été institués seconds héritiers du père (qu'ils sont *substitués pupillairement*). — La question à juger est donc celle de savoir à qui devra être dévolue l'hérédité. — Les substitués font valoir cet argument : Le père a fait le testament pour lui et son fils impubère; dès lors, d'après le testament, ils doivent avoir ce qui appartenait au fils. Mais on répond : le père a fait son testament pour lui, et il a désigné des substitués, non pour son fils, mais pour lui. Par conséquent, les substitués ne peuvent recueillir que les biens du père. — La question à juger est de savoir si le père a pu tester pour son fils, et si les héritiers sont non-seulement les héritiers du père de famille, mais encore ceux du fils impubère. »

On voit, par ce simple exposé, quel était le point du litige entre les agnats et les substitués. Les agnats disaient : les substitués sont des institués du père à un degré ultérieur, de véritables substitués vulgaires du testateur; par conséquent, ils ne doivent avoir que le patrimoine du père de famille. Or, la seconde hérédité dévolue au pupille n'appartenait pas au père de famille. Les substitués prétendaient, au contraire, qu'ils étaient les substitués du fils, et qu'en conséquence ils devaient avoir cette hérédité, comme si le pupille avait lui-même fait le testament que son père avait rédigé pour lui.

Cicéron ne nous dit pas ce qui fut décidé; mais il est certain que, plus tard, la prétention des substitués aurait triomphé. A une seconde époque, on décida, en effet, que le père de famille pouvait, tout en exhérédant son fils, lui nommer un héritier pour le cas où il viendrait à mourir *intra pubertatem.*

Gaius s'exprime à cet égard de la manière suivante (Comm. 2, § 182) : « *Non solum autem heredibus institutis impuberibus liberis ita substituere possumus, ut si ante pubertatem mortui fuerint, sit is heres quem nos voluerimus, sed etiam exheredatis : itaque eo casu, si quid pupillo ex hereditatibus legatisve aut donationibus propinquorum adquisitum fuerit, id omne ad substitutum pertinet.* »

« Non-seulement nous pouvons désigner un substitué à nos enfants impubères institués héritiers, de telle sorte que s'ils meurent avant la puberté, le substitué soit héritier, mais encore nous pouvons en désigner un pour le cas où ils sont exhérédés. Dans ce cas, si le pupille acquiert des hérédités, des legs, des donations de ses proches, le substitué en profitera. »

A partir de cette seconde époque, le substitué n'est plus seulement le substitué vulgaire du père, le *secundus heres,* il est l'héritier du fils, le substitué pupillaire, et Gaius, tout en constatant que le père doit faire son testament pour faire celui du fils, dit (Comm. 2, § 180) : « *Quamobrem duo quodammodo sunt testamenta, aliud patris, aliud filii, tamquam si ipse filius sibi heredem instituisset, aut certe unum est testamentum duarum hereditatum.* »

« Il y a pour ainsi dire deux testaments : l'un du père, l'autre du fils, comme si le fils avait institué un héritier; ou plutôt, il y a un testament s'appliquant à deux hérédités. »

Certes, les jurisconsultes romains étaient loin d'être d'accord sur les questions qui s'élevaient à l'égard de la substitution pupillaire, et l'on rencontre, dans les textes, des décisions contradictoires émanant quelquefois du même jurisconsulte. Tantôt l'on regarda le substitué pupillaire comme le *secundus heres* du père de famille; tantôt on le considéra comme l'héritier du fils, et alors on dit qu'il y a deux hérédités (1).

Cicéron continue : « Les héritiers substitués peuvent soutenir que le patrimoine d'un seul ne saurait appartenir à plusieurs héritiers, *à des titres différents,* que jamais l'héritier testamentaire et l'héritier *ab intestat* (*lege heres*) n'ont concouru sur la même hérédité. »

C'était un principe des hérédités romaines que l'on ne pouvait mourir partie *testat,* partie *intestat.* L'héritier testamentaire était le représentant complet du défunt; appelé par la loi testamentaire, il prenait entièrement la place de l'héritier *ab intestat,* et l'on ne pouvait laisser à la fois un héritier testamentaire et un héritier légitime. Justinien (§ 5, liv. 2, tit. 14, Instit.) dit : « *Neque enim idem ex parte testatus et ex parte intestatus decedere potest.* » Puis il ajoute une exception admise après Cicéron : « *Nisi sit miles cujus sola voluntas in testando spectatur.* » « A moins qu'il ne soit militaire, car on ne consulte alors que sa volonté. »

Les substitués disaient donc que le patrimoine du pupille étant un, ne pouvait être dévolu tout à la fois aux agnats, héritiers *ab intestat,* et à eux substitués pupillaires, et par suite héritiers testamentaires.

Mais, répondaient les agnats : « Il n'y a pas un patrimoine unique. Il y a d'abord une hérédité advenue au pupille, et personne n'a été désigné dans le testament pour en hériter, *si le pupille venait à mourir;* puis il s'en présente une seconde : pour celle-ci, on doit suivre la volonté du père, qui l'a déferée à ses propres héritiers, *si le pupille venait à mourir.* »

Les agnats repoussaient donc l'argument, en soutenant que la

(1) Voy. Étienne, Instit. expliquées, 1er vol., p. 383, en note.

règle devait s'appliquer là seulement où il y avait une seule hérédité, tandis que, dans l'espèce, suivant eux, il y en avait deux : d'abord celle du père dévolue à ses héritiers, si le fils mourait *intra pubertatem;* puis celle advenue au fils, à laquelle les substitués n'étaient pas appelés, et qui, par cela même, devait appartenir aux héritiers *ab intestat,* c'est-à-dire, aux agnats.

N° 22. (N°s 65 et suiv.) Cicéron revient sur les sources du Droit. Les édits du préteur, dit-il, confirment les usages : « *Quo in genere et alia sunt multa, et eorum multo maxima pars, quæ prætores edicere consuerunt.* »

N° 40. (N° 116.) « *Paterfamilias, quum filium heredem faceret, vasorum argenteorum centum pondo uxori suæ sic legavit :* « HERES MEUS UXORI MEÆ VASORUM ARGENTEORUM PONDO CENTUM, QUÆ VOLET, DATO. *Post mortem ejus, vasa magnifica et pretiose celata petit a filio mater. Ille se, quæ ipse vellet, debere dicit.* »

Texte déjà précédemment expliqué p. 385.

N° 41. (N° 120.) Cicéron revient sur cette espèce : « *Ut In hac causa, in qua de vasis argenteis quæritur, possit mulier dicere, nihil attinuisse adscribi,* QUÆ VOLET, *si heredis voluntati permitteret. Eo enim non adscripto, nihil inesse dubitationis, quin heres, quæ ipse vellet, daret. Amentiam igitur fuisse, quum heredi vellet cavere, id adscribere, quo non adscripto, nihilominus heredi caveretur.* »

Nous avons dit plus haut, p. 385, que dans le legs *per damnationem,* supposé par Cicéron, le choix appartenait légalement à l'héritier; aussi, dit-il : « Dans cette cause, où il est question de vases d'argent, la mère pourra dire : le testateur n'avait pas besoin d'ajouter *à son choix,* s'il voulait seulement favoriser l'héritier. Car, même sans cette insertion, l'héritier pouvait indubitablement donner, parmi les vases, ceux qu'il choisirait. C'est donc de la folie, alors qn'il voulait favoriser l'héritier, de mettre une clause qui lui donnait une faveur qu'il aurait eue même en son absence. »

N° 42. (N° 122.) « *Paterfamilias, quum liberorum nihil haberet, uxorem autem haberet, in testamento ita scripsit :* SI MIHI FILIUS GENITUS UNUS, PLURESVE, IS MIHI HERES ESTO. *Deinde quæ assolent. Postea,* SI FILIUS ANTE MORITUR, QUAM IN TUTELAM SUAM VENERIT, TU MIHI, *dicebat,* SECUNDUS HERES ESTO. *Filius non est natus. Ambi-*

gunt agnati cum eo, qui est heres, si filius ante, quam in suam tutelam veniat, mortuus sit. »

« Le père de famille n'ayant pas d'enfants, mais étant marié, a fait ainsi son testament : *si un ou plusieurs fils viennent à me naître, qu'ils soient mes héritiers;* puis ce qui suit : *si mon fils meurt avant sa puberté, un tel, soyez mon second héritier* (substitué pupillaire, voy. p. 41). Aucun fils n'est venu au monde. Les agnats (héritiers *ab intestat* du père) disputent avec le substitué qui n'a été institué que si le fils vient à mourir, *intra pubertatem*, étant encore impubère; » or, aucun fils n'étant venu au monde, la condition ne s'est pas réalisée.

C'est la troisième ou quatrième fois que nous rencontrons cette espèce prévue par Cicéron, et qui fut la cause d'une lutte entre deux orateurs de son temps. (Voy. Topiques, N° 10, p. 81, et *Pro Cæcina*, N° 18, p. 260.)

N° 50. (N° 148.) — Ce numéro est la reproduction fidèle du N° 13 de la Rhétorique. On y trouve les mêmes textes extraits de la loi des XII Tables, et la même espèce d'un condamné à mort qui avait fait son testament avant de subir le dernier supplice. Voy. nos explications, p. 388.

DE ORATORE.

Livre premier. — N° 10. (N° 41.) Scévola est censé répondre à Crassus, et contredire l'étendue que celui-ci a donnée à l'art de la parole : « *Nisi hic in tuo regno essemus, non tulissem, multisque præessem, qui aut interdicto tecum contenderent, aut te ex jure manu consertum vocarent, quod in alienas possessiones tam temere irruisses.* » « Si nous n'étions pas ici sur votre domaine, je ne le souffrirais pas, et je me mettrais à la tête d'un grand nombre qui, ou lutteraient avec vous à l'aide de l'interdit, ou vous appelleraient du tribunal *(ex jure)* à la *manuum consertio,* pour avoir témérairement envahi le bien d'autrui. »

Afin de bien saisir ce passage, il faut se reporter aux explications que nous avons données sur le discours *Pro Cæcina.* Celui qui s'était emparé par violence du fonds d'autrui était exposé soit à l'interdit *unde vi,* soit à l'action en revendication suivant les formalités décrites par Gaius (Comm. 4, § 16 et suiv.). Nous avons suffisamment développé ces points pour être dispensé d'y revenir. (Voy. notamment, quant à la *manuum consertio,* p. 237).

Outre l'interdit *unde vi,* il y en avait deux autres : *uti possidetis* et *utrubi,* qui avaient pour but, le premier de faire *maintenir* le possesseur dans la possession d'un immeuble, le second dans celle d'un meuble. L'interdit *unde vi* supposait que l'on avait perdu la possession, il était *recuperandæ possessionis.* Les deux autres servaient à se faire maintenir dans une possession *que l'on n'avait pas perdue;* ils étaient *retinendæ possessionis.* Il n'y avait que trouble et non *dejectio.*

Crassus était un orateur célèbre : Scévola semble d'abord lui reprocher d'avoir envahi le domaine des philosophes, des grammairiens, etc., parce qu'il avait soutenu que l'orateur doit traiter avec facilité toutes sortes de sujets. Crassus, dit-il, est sur son propre terrain, c'est-à-dire : sachant réunir au talent de l'orateur la science du philosophe et du grammairien, Crassus n'a pas envahi le bien d'autrui; autrement, ajoute Scévola, à la tête des philosophes ou des grammairiens, j'aurais réclamé au préteur un interdit pour les faire maintenir en possession, ou bien je vous aurais appelé à la *manuum consertio,* pour vous faire restituer le bien d'autrui dont vous vous seriez témérairement emparé.

Ce passage est, en définitive, un compliment à l'adresse de Crassus, qui, réunissant tous les genres, ne pouvait être accusé d'avoir empiété sur le terrain d'autrui. Scévola, étant jurisconsulte, pouvait employer des arguments de jurisconsulte.

Il ajoute immédiatement, N° 10 (N° 42), en citant les philosophes de l'école de Pithagore et de Démocrite : « *Quibuscum tibi justo sacramento contendere non liceret.* » « Vous ne pourriez pas lutter avec eux par un *justum sacramentum.* »

Nouvelle allusion à l'action en revendication. (Voy. Topiques, N° 2, p. 9.)

Enfin, continue Scévola : « *Et quum universi in te impetum fecissent, tum singulæ familiæ litem tibi intenderent.* » « Quand vous auriez eu à soutenir l'attaque de tous les philosophes, chaque secte (*familia*) viendrait à son tour intenter le procès. » Tout ceci est généralement mal rendu dans les traductions.

N° 22. (N° 100.) L'un des interlocuteurs, Cotta, s'adressant à Crassus, lui dit : Puisque nous avons obtenu ce qui nous semblait le plus difficile, en vous amenant à parler sur ce sujet, il y aurait à présent de notre faute, Crassus, si nous vous quittions sans avoir obtenu de vous réponse à toutes nos questions. Celui-ci répond : « *De his, credo, rebus, ut in cretionibus scribi solet,* QUIBUS SCIAM POTEROQUE. » « Soit, mais je parlerai de ces choses, comme on dit dans les *cretiones hereditatis*, en ce que je saurai et ce que je pourrai. »

Nous avons vu plus haut (p. 404) ce que l'on entendait par *cernere hereditatem; cretio hereditatis.* L'héritier institué avait un délai de cent jours *utiles*, pour se porter héritier dans les formes voulues. Mais on ne comptait que ceux pendant lesquels il avait pu faire adition d'héritier (*quibus poteris*). Ainsi, les jours néfastes n'entraient pas en ligne de compte; de plus, le délai ne commençait à courir que du moment où il savait qu'il avait été institué héritier (*sciesque*). La formule employée par le testateur contenait donc ces mots : *Quibus scies poterisque*. (Voy. *loco citato*.)

Suivant M. Andrieux (édit. de Panckoucke, vol. 3e, note 13e, p. 215), ce passage est une allusion aux successions acceptées sous bénéfice d'inventaire. L'héritier bénéficiaire ne s'engageait à reconnaître et à payer les dettes de la succession qu'autant qu'elles seraient à sa connaissance, et que les forces de l'héritage lui en donneraient le pouvoir. La formule était : « *Quibus sciam et potero*. » « En ce que je saurai et je pourrai. » Mais le bénéfice d'inventaire n'ayant été introduit que par Justinien, il est impossible que Cicéron ait pu y faire allusion.

No 29. (No 132.) Crassus donne des préceptes : « *Sicut unus paterfamilias*. » « Comme tout autre père de famille. » Nous dirions, aujourd'hui, comme un propriétaire, car *paterfamilias est is qui in domo dominium habet*.

No 36. (No 166.) Il montre qu'un orateur ne peut se dispenser d'avoir la connaissance du droit civil *(jus civile)*, et rapporte plusieurs exemples de fautes grossières que l'ignorance de ce droit a fait commettre à des avocats.

« *Quum Hypsæus maxima voce, plurimis verbis, a M. Crasso prætore contenderet, ut ei, quem defendebat, causa cadere liceret : Cn. autem Octavius, homo consularis, non minus longa oratione recusaret, ne adversarius causa caderet, ac ne is, pro quo ipse diceret, turpi tutelæ judicio, atque omni molestia, stultitia adversarii, liberaretur*. »

Pour bien comprendre ce passage, il faut rappeler des principes déjà exposés. Sous la procédure formulaire, le demandeur devait choisir l'action, et s'il se trompait sur celle qu'il devait intenter, il perdait son procès. Il le perdait encore s'il demandait plus qu'il ne lui était dû, *causa cadebat;* il encourait la *plus-pétition*. (Voy. p. 155.)

La loi des XII Tables donnait contre le tuteur infidèle une action *au double*, c'est-à-dire, dans laquelle la condamnation était doublée. Cette action notait d'infamie le tuteur condamné. Elle s'appelait « *De rationibus distrahendis*, » « touchant la reddition de ses comptes. »

Crassus suppose un cas où le client d'Hypséus demandait plus qu'il ne devait obtenir. L'avocat développait ses prétentions devant le préteur, et exposait ainsi son client à lui faire perdre son procès. En effet, le magistrat devait délivrer une action qui eût fait encourir la plus-pétition. De son côté, Octavius, homme consulaire, avocat adverse, n'avait qu'à laisser faire; puis, l'action intentée, il eût invoqué devant le juge la fin de non-recevoir, et il eût mis son client à l'abri de l'infamie qui pouvait l'atteindre. Au lieu d'agir de la sorte, il s'efforça autant qu'il le put de prévenir la délivrance de l'action demandée, ce qui était une faute, car il venait ainsi au secours de l'adversaire en l'empêchant de se laisser prendre au piège que son avocat lui avait tendu, par suite de son ignorance.

La traduction de M. Andrieux nous paraissant exacte, nous la reproduisons : « C'était donc d'un côté Hypséus qui, plaidant devant M. Crassus le préteur, pérorait longuement et criait de toute sa force, et cela pour parvenir à faire perdre la cause à son client; tandis que de l'autre côté, Cn. Octavius, homme consulaire, n'employait pas moins de paroles pour empêcher que son adversaire n'obtînt de perdre sa cause, et que son propre client ne se trouvât tout d'un coup, par la sottise de l'avocat adverse, délivré de toute inquiétude et du danger d'encourir une condamnation honteuse (l'infamie) s'il eût été reconnu tuteur infidèle. »

La traduction de M. Gaillard est également bonne, quoique plus serrée que celle de M. Andrieux. *Tutelæ judicio* ne veut pas dire compte de tutelle, mais *action de tutelle.* Elle est dite *turpis*, parce qu'elle entraînait l'infamie.

N° 36. (N° 167.) D'après Crassus, l'éloquence ne manquait pas à ces défenseurs, mais bien la connaissance du Droit civil : « *Quod alter plus, lege agendo, petebat, quam quantum lex in XII Tabulis permiserat; quod quum impetrasset, causa caderet : alter iniquum putabat plus secum agi, quam quod erat in actione : neque intelligebat, si ita esset actum, litem adversarium perditurum.* »

« L'un, en agissant d'après la loi des XII Tables, demandait plus que ne lui permettait cette loi; et en obtenant cette action, il perdait son procès; l'autre pensait qu'il était injuste de lui réclamer plus que ce que comportait l'action et il ne voyait pas qu'en agissant ainsi l'adversaire perdait son procès. »

Ce passage est expliqué par ce que nous venons de dire. Octavius devait laisser Hypséus se faire délivrer l'action au triple, par exemple, et une fois devant le juge il eût opposé la plus-pétition.

N° 37. (N° 168.) Autre exemple d'ignorance du Droit dont fut témoin Crassus, alors qu'il était assesseur de Pompée.

« *Homo ex numero disertorum postulabat, ut illi, unde peteretur, vetus atque usitata exceptio daretur,* CUJUS PECUNIÆ DIES FUISSET? *quod petitoris causa comparatum esse non intelligebat : ut si ille infitiator probasset judici, ante petitam esse pecuniam, quam esset cœpta deberi, petitor, rursus quum peteret, exceptione excluderetur,* QUOD EA RES IN JUDICIUM ANTEA VENISSET. »

Il est nécessaire d'exposer ici des principes de procédure que nous ont révélés les Institutes de Gaius.

Nous avons déjà parlé des parties principales de la formule (voy. p. 86), et de l'exception, partie accessoire. (Voy. p. 387.)

Il y avait une autre partie, également accessoire, appelée *Præscriptio*. C'était encore une restriction apportée à la formule; mais tandis que les exceptions étaient toujours insérées dans l'intérêt du défendeur, les *præscriptiones* pouvaient l'être dans celui du demandeur. Gaius dit (§ 130, Comm. 4) : « *Videamus etiam de præscriptionibus quæ receptæ sunt pro actore.* » « Traitons des prescriptions qui ont été introduites pour le demandeur. »

Au § 132, il ajoute : « *Præscriptiones autem appellatas esse ab eo quod ante formulas præscribuntur, plus quam manifestum est.* » « Il est évident que ces restrictions sont appelées *prescriptions*, parce qu'elles sont écrites en tête de la formule (1). »

Au § 131, Gaius donne l'exemple d'une *præscriptio* dans l'inté-

(1) C'est, pour le dire en passant, l'étymologie du mot *prescription*, qui, dans la langue juridique, a remplacé le mot si exact d'*usucapion*. Ce n'est pas le lieu de faire comprendre pourquoi la prescription, qui n'était autrefois qu'un moyen de défense inséré en tête de la formule, est devenue un moyen d'acquérir qui a pris la place de l'usucapion romaine.

rêt du demandeur, justement celle dont parle Crassus. Le demandeur pouvait être créancier en vertu d'une obligation unique qui lui donnait droit à des prestations périodiques ; par exemple, il était créancier de ce que nous appellerions *une rente viagère*. Il avait le droit de rente, c'est-à-dire, celui de percevoir périodiquement des *arrérages*. *Le droit était un, et les prestations étaient multiples*. Si le débiteur devait des termes échus, le créancier avait le droit d'intenter l'action contre lui et d'obtenir une condamnation pour ces termes, mais non pour ceux à écheoir. Pouvait-il venir plus tard réclamer ces deniers devenus exigibles ? Non, parce que par son action il avait déduit en justice tout son droit, et, dès lors, on lui eût opposé l'exception *rei in judicium deductæ*, un droit ne pouvant faire deux fois l'objet d'un procès. Il y avait, il est vrai, des termes échus et d'autres à échoir, mais on ne devait pas s'arrêter à cette considération ; ce n'étaient que des prestations d'un droit unique, droit déduit en justice, et dès lors le créancier ne pouvait plus agir.

Ce résultat, tout juridique qu'il pût être, était inique ; car le créancier ne pouvait obtenir une condamnation que pour les termes échus, et il se voyait dépouillé du droit d'agir pour les termes futurs. Il était donc victime de sa vigilance.

Pour éviter cet inconvénient, le demandeur pouvait faire insérer la restriction appelée *præscriptio* : EA RES AGATUR CUJUS REI DIES FUIT. Il avertissait par là qu'il ne déduisait en justice son droit que pour le passé et non pour l'avenir, et dès lors il conservait la faculté d'agir contre le débiteur, sans que celui-ci pût lui opposer l'exception *rei in judicium deductæ*, puisque le demandeur avait eu soin de restreindre la *deductio in judicium* aux termes échus.

Écoutons Gaius : « *Sæpe enim ex una eademque obligatione aliquid jam præstari oportet, aliquid in futura præstatione est, velut cum in singulos annos vel menses certam pecuniam stipulati fuerimus : nam finitis quibusdam annis aut mensibus, hujus quidem temporis pecuniam præstari oportet ; futurorum autem annorum sane quidem obligatio contracta intelligitur, præstatio vero adhuc nulla est. Si ergo velimus id quidem quod præstari oportet, petere et in judicium deducere, futuram vero obligationis præstationem in incerto relinquere, necesse est ut cum hac præscriptione agamus,* EA RES AGATUR CUJUS REI DIES FUIT ; *alioquin si sine hac præscriptione egerimus ea scilicet formula qua incertum petimus, cujus intentio his verbis concepta est*, QUIDQUID PARET NUMERIUM NEGIDIUM AULO AGERIO DARE FACERE OPORTERE, *totam obligationem, id est, etiam futuram, in hoc judicium deducimus, et quantumvis in obligatione fuerit, tamen id solum consequimur, quod litis contestatæ tempore præstari oportet, ideoque removemur, si postea agere velimus.* »

« Il arrive souvent qu'en vertu d'une seule et même obligation, des prestations sont devenues exigibles, tandis que d'autres le deviendront plus tard ; par exemple : si nous avons stipulé une certaine somme d'argent par mois, ou par an, à l'expiration du mois ou de l'année, l'on doit prester les sommes des termes échus ; quant aux années futures, l'obligation est contractée, mais la prestation n'est pas encore exigible. Donc, si nous voulons réclamer et déduire en justice ce qui doit être presté et laisser de côté les prestations futures, nous devons faire insérer la prescription : *On agit pour les termes échus*. Autrement, si nous agissons sans cette prescription, à l'aide de cette formule par laquelle nous réclamons quelque chose d'incertain et qui est ainsi conçue : *Tout ce qu'il appert que N. Negidius doive donner et faire à Aulus Agerius*, nous déduisons en justice l'obligation entière et même les prestations futures, et, quelle que soit la créance, nous obtenons seulement ce qui nous est dû au moment de la *litis contestatio* ; si nous voulons agir ensuite, nous sommes repoussés. »

Nous ferons observer que la stipulation annuelle ou mensuelle était ainsi conçue : *Me promettez-vous* 100 *par mois ou par an* ? Le débiteur répondait : *Je le promets.* — (Sur la stipulation, voy. p. 71 ; sur la *litis contestatio*, voy. p. 167.)

Revenons maintenant à Cicéron. Il suffit de traduire le passage pour bien saisir l'ignorance reprochée par Crassus.

« Un homme des plus diserts demandait que l'on donnât au *défendeur* l'ancienne et habituelle exception : CUJUS PECUNIÆ DIES FUISSET, c'est-à-dire, *pour les termes échus de cette somme d'argent*, et il ne voyait pas que cette exception avait été introduite dans l'intérêt du demandeur. Si ce défendeur prouvait au juge que l'argent avait été réclamé avant d'être dû, le demandeur qui renouvelait sa demande était repoussé par l'exception basée *sur ce que précédemment cette affaire avait été déduite en justice.* »

Ainsi, l'ignorance du défendeur venait de ce qu'il faisait insérer dans la formule une prescription qui l'empêchait d'invoquer plus tard contre son créancier l'exception *rei in judicium deductæ*, quant aux termes à écheoir.

Tout ceci n'a pas été bien saisi par les traducteurs. Ils traduisent notamment : « *Quod ea res in judicium antea venisset.* » « De ce qu'il y avait eu jugement dans l'affaire. » Mais *judicium* veut dire *instance* et non jugement. Il n'a pu y avoir jugement pour les termes à écheoir; seulement le droit a été déduit *in judicium*, c'est-à-dire, dans l'instance, dans la formule. (Voy. p. 72.)

N° 38. (N° 173.) « *Nam volitare in foro, hærere in jure ac prætorum tribunalibus, judicia privata magnarum rerum obire, in quibus sæpe non de facto, sed de æquitate ac jure certetur, jactare se in causis centumviralibus, in quibus usucapionum, tutelarum, gentilitatum, agnationum, alluvionum, circumluvionum, nexorum, mancipiorum, parietum, luminum, stilicidiorum, testamentorum ruptorum aut ratorum, ceterarumque rerum innumerabilium jura versentur, quum omnino, quid suum, quid alienum, quare denique civis aut peregrinus, servus aut liber quispiam sit, ignoret, insignis est impudentiæ.* »

« Voltiger dans le forum, s'attacher à l'endroit où le préteur, dit le Droit (*in jure*), a ses tribunaux, se mêler des instances privées où s'agitent de graves questions, où souvent on ne discute pas sur le fait, mais sur l'équité et le droit; s'occuper des causes soumises au tribunal des centumvirs où il est question d'usucapion (voy. p. 4), de tutelle, de gentilité (voy. p. 54), d'agnats (voy. p. 55), d'alluvion, de *circonluvion*, des *nexi*, des esclaves, des murs mitoyens, de servitudes de vue, d'égoût, de testaments rompus ou confirmés, et d'autres questions importantes; et cela, quand on ne peut distinguer son bien de celui d'autrui, un citoyen romain d'un pérégrin, un esclave d'un homme libre, c'est le comble de l'impudence. »

Quelques nouvelles expressions méritent d'être expliquées. L'alluvion est l'accroissement insensible qui se fait aux fonds riverains d'un cours d'eau, *incrementum latens;* l'alluvion appartenait en principe au propriétaire de l'héritage sur lequel elle se faisait. *Circumluvio,* c'est l'atterrissement. — *Nexorum*. Il y a controverse sur le sens de cette expression. Ainsi, les uns veulent que par *nexi* Cicéron ait désigné toutes les obligations qui de son temps portaient encore le nom de *nexum* (voy. *Pro Murena*, p. 328), de *nectere*, lier. Plus tard, au mot *nexum*, emprunté à la loi des XII Tables, on substitua le mot *obligatio*. D'après d'autres auteurs (voy. notamment M. Bonjean, Traité des actions, vol. 1er, p. 201 et 202), Cicéron désignait les débiteurs qui se donnaient en gage à leurs créanciers, et que l'on appelait spécialement *nexi*. (Voy. *supra*, *Pro Emilio Scauro*, N° 18, p. 382.)

On n'est pas, du reste, d'accord sur la position du *nexus* qui s'était ainsi donné en gage à son créancier (voy., comme résumé, mémoire de M. Jules Tambour, 1er vol., p. 7 et suiv.). On l'appelait *nexus*, parce que l'engagement se faisait à l'aide d'une vente civile, *per æs et libram;* or, nous avons déjà dit qu'au temps de la loi des XII Tables, toute opération civile qui se faisait par la pesée réelle ou fictive portait le nom de *nexum*. (Voy. p. 52.)

Quoi qu'il en soit, la loi Pétilia, dès l'an de Rome 428, avait aboli l'engagement *conventionnel* du débiteur, et cette loi donne peut-être tort à la seconde opinion.

Mais quelle était la compétence du tribunal centumviral? C'est là un problème difficile à résoudre. Les opinions les plus extrêmes ont été émises sur ce point. Nous nous bornons à renvoyer à l'ouvrage de M. Bonjean (1er vol., p. 198). Cet auteur fait remarquer que le texte de Cicéron peut ramener la compétence centumvirale, en matière civile, à trois chefs : 1° questions de propriété *(usucapionum, alluvionum, circumluvionum, mancipiorum, parietum, luminum, stilicidiorum);* 2° questions relatives à l'hérédité *(testamentorum ruptorum aut ratorum) ;* 3° questions d'état *(tutelarum, gentilitatum, agnationum, nexorum).*

A la fin, Cicéron ramène encore ces questions à deux chefs principaux : 1° question de propriété (*quid suum, — quid alienum*) ; 2° et question d'état (*civis aut peregrinus? servus aut liber*).

N° 38. (N° 174.) « *Tabellæ,* » registres. (Voy. p. 138.) « *Stipulatiuncula.* » Petite stipulation, petite finesse. (Voy. p. 71.)

N° 38. (N° 175.) « *Quæ potuit igitur esse causa major, quam illius militis? de cujus morte, quum domum falsus ab exercitu nuntius venisset, et pater ejus, re credita, testamentum mutasset, et quem ei visum esset, fecisset heredem, essetque ipse mortuus : res delata est ad centumviros, quum miles domum revenisset, egissetque lege in heredi-*

tatem paternam testamento exheres filius. Nempe in ea causa quæsitum est de jure civili, possetne paternorum bonorum exheres esse filius, quem pater testamento neque heredem, neque exheredem scripsisset nominatim? »

Les prudents avaient exigé que le fils de famille fût exhérédé, *nominatim* : FILIUS MEUS TITIUS EXHERES ESTO, sans quoi le testament était *injustum*, c'est-à-dire nul, comme n'étant pas conforme aux règles du droit. (Gaius, Comm. 2, § 123; voy. aussi p. 192.)

« Peut-il y avoir une cause plus importante que celle de ce soldat, dont une fausse nouvelle avait annoncé la mort? Son père y ajoute foi, change son testament, institue un autre héritier et meurt. L'affaire est portée devant les centumvirs, car le fils exhérédé, de retour, agit *par l'action de la loi en pétition d'hérédité.* C'était là une question de Droit civil. Le fils pouvait-il être déshérité des biens de son père, alors que celui-ci, par son testament, ne l'avait institué ni exhérédé *nommément?* »

Crassus veut montrer que, dans une cause pareille, il était nécessaire de connaître le Droit civil, afin de faire prononcer la nullité du testament; car le père avait violé la règle d'après laquelle l'exhérédation devait être faite *nominatim*, dans l'ignorance où il était que son fils était mort.

Remarquons ces mots : « *Egissetque lege in hereditatem paternam.* » Nous avons vu (*in Verrem*, 2e action, lib. 1er, N° 45, p. 197) que du temps de Cicéron on pouvait agir par la pétition d'hérédité devant le tribunal centumviral, en employant la forme des actions de la loi. Ces mots sont donc expliqués dans le passage auquel nous renvoyons. Ce point n'a pas été saisi par les traducteurs.

N° 39. (N° 176.) « *Quid? qua de re inter Marcellos et Claudios patricios centumviri judicarunt, quum Marcelli ab liberti filio stirpe, Claudii patricii ejusdem hominis hereditatem, gente ad se rediisse dicerent; nonne in ea causa fuit oratoribus de toto stirpis ac gentilitatis jure dicendum?* »

Ce passage est nécessairement très-obscur, comme tout ce qui a rapport à la gentilité.

Voici comme l'explique M. Ortolan (p. 41, en note, 2e vol., 3e édit., Instit. expliquées), en invoquant ce texte à l'appui de son système :

« Nous voyons ici deux familles portant le même nom (*ejusdem nominis*) : l'une patricienne et primitive, celle des Claudius; l'autre plébéienne et probablement dérivée de la première, celle des Claudius Marcellus. Les Marcellus prétendent succéder par droit de souche (*stirpe*) au fils d'un affranchi de leur ligne (*liberti filio*), ramification qui, par rapport à eux, ne peut offrir de doute, puisque, s'agissant du fils même d'un affranchi, ce lien est immédiat et tout récent. Mais les Claudius patriciens, famille primitive, prétendent que, formant la généalogie des Marcellus eux-mêmes, et par conséquent de toutes leurs ramifications, la succession de ce fils d'affranchi des Marcellus leur revient par droit de *gentilité.* »

M. Ortolan s'efforce de prouver que ce texte vient confirmer son système, et il finit ainsi :

« Enfin, l'effet de la superposition et du croisement des affranchissements : pour la *gens* généalogie, primitive et pure, de toutes les familles dérivées, et pour la *stirps*, famille dérivée elle-même, mais qui à son tour a fait des affranchissements : tout cela n'est-il pas frappant d'évidence dans cet exemple?

« *Agnatio, gens, stirps, cognatio.* Ces quatre termes consacrés du Droit civil romain ne s'aperçoivent-ils pas maintenant bien distincts et dans leur ordre juridique? »

Voici, de son côté, l'explication de M. Giraud (Revue de législation, t. 27, p. 427) : « Nous avons dit qu'une *gens* peut être composée tout à la fois de plébéiens et de patriciens. Dans le principe, les premiers *erant in gente*, comme les clients, et comme plus tard les affranchis, mais *non habebant gentem*, c'est-à-dire, qu'ils n'obtenaient pas tous les *jura gentilitia*. L'assimilation des plébéiens et des patriciens ne tarda pas à s'établir, et la *gens* put renfermer des familles dont certaines branches étaient patriciennes, tandis que d'autres branches étaient descendues au rang des plébéiens... Au nombre des familles romaines qui comptèrent ainsi des branches appartenant aux deux castes, était la maison *Claudia.* La branche des *Pulchri* était patricienne, et celle des *Marcelli* plébéienne, car elle avait dérogé, pour une cause qu'on ignore; toutes deux n'en étaient pas moins dans la *gens Claudia.* Or, il advint que le fils d'un affranchi des Marcellus mourut sans testament. Les Marcellus prétendaient recueillir la succession par droit de patronage. Mais attendu que l'affranchi, comme le client, comme l'esclave même, suivait son patron dans la *gens*, le *gentilis* emportant ainsi tout son être, tout ce qui lui accédait dans la communauté, les *Pulchri*, au nom de la *gens Claudia*, prétendirent que l'héritage de l'affranchi *intestat* appartenait à la *gens*, de préférence à la *stirps* des *Marcelli*.

« C'était, on le voit, deux droits de succession légitime qui étaient en présence. Mais il est évident que le droit de la *gens* ne pouvait s'ouvrir qu'après avoir épuisé le droit du patron, puisque les biens, étant dévolus au patron, n'en demeuraient pas moins dans la *gens*. La prétention de la *gens* de primer le patron dans l'hérédité de l'affranchi était donc exorbitante, car l'affranchi n'était dans la *gens* qu'à titre d'accession du patron. Franchir le patron pour appréhender l'accession qui lui était personnelle, eût été donc une iniquité. Cependant, la question devait être décidée par l'examen composé de l'étendue et de la nature des droits de la *gens*, de l'étendue et de la nature des droits du patronat, ou du droit de la *stirps* des Marcellus. »

Ces divers textes nous prouvent que le tribunal centumviral était compétent pour connaître des actions dites en pétition d'hérédité, et il maintint sa compétence sous l'empire de la procédure formulaire.

N° 39. (N° 177.) « *Quid? quod item in centumvirali judicio certatum esse accepimus, qui Romam in exsilium venisset, cui Romæ exsulare jus esset, si se ad aliquem quasi patronum applicavisset, intestatoque esset mortuus : nonne in ea causa jus applicationis, obscurum sane et ignotum, patefactum in judicio atque illustratum est a patrono?* »

J'emprunte la traduction de M. Victor Leclerc, qui me paraît très-exacte sur le point que traite Cicéron, point qui n'a pas été abordé par les jurisconsultes romains.

« Un étranger exilé avait obtenu la permission de venir passer à Rome le temps de son exil, et s'était attaché à un citoyen comme à un patron. Il décède sans faire de testament. Le Romain réclame la succession par droit d'application. Ne fallait-il pas que son défenseur éclairât et débrouillât ce droit obscur jusque-là? »

On sait que le patron succédait à l'affranchi.

N° 39. (N° 178.) Crassus continue à soutenir que l'orateur doit connaître le droit, et il rappelle la cause suivante qu'il plaida contre Antoine, l'aïeul du triumvir :

« *Quum enim Marius Gratidianus ædes Auratæ vendidisset, neque, servire* (et non *servite*, édit. Panckoucke) *quamdam earum ædium partem, in mancipii lege dixisset; defendebamus, quidquid fuisset incommodi in mancipio, id si venditor scisset, neque declarasset, præstare debere.* »

« Marius Gratidianus ayant vendu des maisons à Aurata, n'avait pas dit, lors de la mancipation, qu'une partie de ces maisons était assujettie à une servitude. Nous soutenions que tous les inconvénients qui résultaient de cette aliénation devaient être garantis par le vendeur qui, les connaissant, ne les avait pas déclarés. »

La mancipation était, on le sait, un mode d'aliéner les *res mancipi* (voy. p. 3). Elle était accompagnée de pactes qui formaient la loi des parties : « *Cum mancipium faciet, uti lingua nuncupassit, ita jus esto*, » disait la loi des XII Tables. « Quand on fera une mancipation, ce qui sera déclaré, sera le droit. » *Lex mancipii* désigne ces pactes accessoires à la mancipation.

Nous avons vu ce que l'on entendait par servitudes (p. 269).

Dans l'espèce, l'acheteur Aurata prétendait que son vendeur Gratidianus aurait dû lui déclarer (*in lege mancipii*, on dirait aujourd'hui *dans le contrat*) que les maisons vendues étaient grevées de servitude, et, d'après lui, faute d'avoir fait cette déclaration, son vendeur lui devait garantie.

L'opinion de Crassus ne prévalut pas, car les lois 48 et 75, *De evictionibus* (au Digeste, liv. 21, tit. 2) enseignent, dans un cas pareil, que le vendeur n'est tenu à la garantie qu'autant qu'il a vendu le fonds, « *uti optimus maximusque.* » Sans cette clause formelle, il n'est pas tenu vis-à-vis de son acheteur. Crassus voulait, au contraire, qu'il fût responsable, même quand il avait gardé le silence.

N° 39. (N° 179.) « *Quo quidem in genere familiaris noster M. Bucculeius, homo neque meo judicio stultus, et suo valde sapiens, et a juris studio non abhorrens, simili in re quodam modo nuper erravit. Nam quum ædes L. Fusio venderet, in mancipio lumina, uti tum essent, ita recepit. Fusius autem, simul atque ædificari cœptum est in quadam parte urbis, quæ modo ex illis ædibus conspici posset, egit statim cum Bucculeio, quod, cuicumque particulæ cœli officeretur, quamvis esset procul, mutari lumina putabat.* »

« Dans un cas analogue, notre ami Bucculeius qui, à mon avis, n'est pas tout à fait sot, qui se croit même très-sage, et auquel la science du Droit n'est pas étrangère, commit dernièrement une erreur. Il vendit des maisons à Fusius, et, lors de la mancipation, il déclara garantir *les vues telles qu'elles étaient.* Dès que l'on commençait à bâtir dans un endroit de la ville qui pouvait être découvert de la maison, Fusius agissait en garantie contre Bucculeius, prétendant que, de près ou de loin et si peu que l'aspect du ciel lui fût dérobé, les vues de sa maison étaient changées. »

Le vendeur était poursuivi en vertu du principe rigoureux, *uti lingua nuncupassit, ita jus esto.* Mais déjà, au temps de Cicéron, la vente était devenue un contrat de bonne foi, et par suite les prétentions de l'acheteur devaient être repoussées.

Nº 39. (Nº 180.) « *Quid vero? clarissima M. Curii causa et M. Coponii nuper apud centumviros, quo concursu hominum, qua expectatione defensa est? Quum Q. Scœvola, æqualis et collega meus, homo omnium et disciplina juris civilis cruditissimus, et ingenio prudentiaque acutissimus, et oratione maxime limatus atque subtilis, atque, ut ego soleo dicere, jurisperitorum eloquentissimus, eloquentium juris peritissimus, ex scripto testamentorum jura defenderet, negaretque, nisi postumus et natus, et, antequam in suam tutelam venisset, mortuus esset, heredem eum esse posse, qui esset secundum postumum, et natum, et mortuum, heres institutus : ego voluntatem defenderem; hac eum tum mente fuisse, qui testamentum fecisset, ut, si filius non esset, qui in tutelam veniret, M. Curius esset heres. Num destitit uterque nostrum in ea causa, in auctoritatibus, in exemplis, in testamentorum formulis, hoc est, in medio jure civili versari?* »

« Quoi donc! cette cause célèbre de M. Curius et de M. Coponius, naguère a été plaidée devant le tribunal centumviral, et avec quel concours! quel intérêt! Q. Scévola, mon rival et mon collègue, homme très-instruit en tout et principalement dans la science du Droit civil, doué de sagesse et d'une grande sagacité, orateur fin et poli, enfin, comme j'ai coutume de le dire, le plus éloquent des jurisconsultes et le plus jurisconsulte des orateurs, défendait, d'après la lettre, les droits du testament, et soutenait que si le postume ne venait pas à naître, s'il ne mourait pas avant d'être arrivé à la puberté, celui-là ne pouvait pas être héritier qui était institué à défaut du fils postume né et mort avant d'être pubère. Tandis que j'invoquais la volonté du testateur qui avait testé, avec l'intention que s'il n'avait pas de fils pubère, M. Curius fût l'héritier. Dans cette cause, chacun de nous ne cessa d'invoquer les autorités, les exemples, les formules des testaments, en un mot, de remuer le Droit civil. »

Ce passage a déjà été expliqué. Nous l'avons rencontré, Topiques, N° 10, p. 81 ; — *Pro Cœcina,* Nos 18 et 24, p. 260 et 266.

N° 40. (N° 181.) « *Capitis nostri sæpe potest accidere, ut causæ versentur in jure. Etenim sic C. Mancinum, nobilissimum atque optimum virum, ac consularem, quum eum propter invidiam Numantini fœderis pater patratus ex senatusconsulto Numantinis dedidisset, eumque illi non recepissent, posteaque Mancinus domum revenisset, neque in senatum introire dubitasset; P. Rutilius, Marci filius, tribunus plebis, de senatu jussit educi, quod eum civem negaret esse; quia memoria sic esset proditum, quem pater suus aut populus vendidisset, aut pater patratus dedidisset, ei nullum esse postliminium. Quam possumus reperire ex omnibus rebus civilibus causam contentionemque majorem, quam de ordine, de civitate, de libertate, de capite hominis consularis; præsertim quum hæc non in crimine aliquo, quod ille posset infitiari, sed in civili jure consisteret?* »

« Il peut arriver souvent que des causes qui intéressent notre *caput* soient agitées devant les tribunaux (*in jure*). Ainsi Mancinus, distingué par sa naissance et ses qualités, homme consulaire, pour le punir du traité conclu avec les Numantins, leur fut livré par le chef des féciaux. Les Numantins refusèrent de le recevoir. Mancinus revint à Rome, et n'hésita pas à se présenter au sénat. P. Rutilius, fils de Marcus, tribun du peuple, soutint que Mancinus n'était plus citoyen romain, et ordonna qu'il fût chassé du sénat. Il se fondait sur ce qu'il n'y avait pas de *postliminium* pour celui qui avait été vendu soit par son père, soit par le peuple, ou qui avait été livré par les féciaux. Une cause civile pouvait-elle offrir une discussion plus importante? Il s'agissait du rang, des droits de cité et de liberté, du *caput* d'un consulaire, il n'était pas question d'un crime que l'accusé pouvait nier; toute la cause roulait sur une question de Droit civil. »

On peut voir nos explications sur le *postliminium* (Topiques, p. 73 et suiv.), où l'affaire de Mancinus est rappelée. La difficulté fut tranchée par un décret du sénat, qui lui restitua les droits de citoyen romain. Cicéron prétendait que ce décret était inutile, parce que Mancinus avait recouvré cette qualité *jure postliminii.* Le tribun du peuple, Rutilius, soutenait une opinion plus rigoureuse. Il se fondait sur ce que Mancinus n'avait point été fait prisonnier, mais livré par le chef des féciaux, d'après un décret du sénat.

Quant à ces expressions « *capitis nostri causa,* » elles désignent les causes relatives à la *capitis diminutio.* (Voy. sur cette expression, p. 32.)

N° 40. (N° 182.) « *Si quis apud nos servisset ex populo fœderato, seseque liberasset, ac postea domum revenisset; quœsitum est apud majores nostros, num is ad suos postliminio rediisset, et amisisset hanc civitatem.* »

« Un homme né chez un peuple allié était devenu esclave à Rome, puis avait recouvré sa liberté, et enfin était revenu dans sa patrie ; nos ancêtres se sont demandé s'il était rentré chez les siens *jure postliminii*, et s'il avait perdu les droits de citoyen romain. »

Le jurisconsulte Proculus, dans la loi 7 (*De captivis et postliminio,* au Digeste, liv. 49, tit. 15), dit : « *Non dubito, quin fœderati et liberi nobis externi sint :* NON INTER NOS ATQUE EOS POSTLIMINIUM ESSE : *etenim quid inter nos atque eos postliminii opus est, cum et illi apud nos et libertatem suam, et dominium rerum suarum æque, atque apud se retineant : et eadem nobis apud eos contingant?* »

D'après ce texte, ce citoyen romain restait avec cette qualité chez le peuple fédéré. Le jurisconsulte, dans le § 1er de cette loi, indique ce qu'on devait entendre par peuple libre.

N° 40. (N° 183.) « *Quid? de libertate, quo judicium gravius esse nullum potest, nonne ex jure civili potest esse contentio, quum quæritur, is, qui domini voluntate census sit, continuone, an ubi lustrum conditum, liber sit?* »

« Quoi! quand il s'agit de liberté, aucune instance n'est plus importante, et la question doit être résolue d'après le Droit civil, par exemple, quand on demande si celui qui est porté sur les registres du cens par la volonté de son maître est immédiatement libre, ou s'il ne le devient que lorsque les formalités du lustre sont accomplies. »

Sur l'affranchissement par le cens, voy. Topiques, p. 6. La question était de savoir à quel moment la liberté était conférée. Devait-elle l'être de suite ou après l'accomplissement des cérémonies religieuses?

N° 40. (N° 183.) « *Quid, quod usu, memoria patrum, venit, ut paterfamilias, qui ex Hispania Romam venisset, quum uxorem prægnantem in provincia reliquisset, Romæque alteram duxisset, neque nuntium priori remisisset, mortuusque esset intestato, et ex utraque filius natus esset; mediocrisne res in controversiam adducta est? quum quæreretur de duobus civium capitibus, et de puero, qui ex posteriore natus erat, et de ejus matre; quæ, si judicaretur, certis quibusdam verbis, non novis nuptiis, fieri cum superiore divortium, in concubinæ locum duceretur.* »

« Et dans cet autre évènement, dont nos pères furent témoins : un père de famille revint d'Espagne à Rome, après avoir laissé sa femme enceinte; puis il se remaria à Rome sans avoir divorcé avec la première femme; il mourut *intestat*, et eut un fils de chacune de ces femmes. Était-ce là une affaire de peu d'importance? alors qu'il s'agissait de l'état (du *caput*, voy. p. 32) de deux citoyens, de celui du dernier enfant et de sa mère? Si le divorce avec la première femme n'avait pu avoir lieu que par certaines formalités et non par la célébration du second mariage, la seconde femme n'était qu'une concubine. »

La question était de savoir si le premier mariage était dissous par le second, ou s'il n'était pas nécessaire que le divorce eût été signifié. Il est évident que la seconde femme n'étant pas *uxor*, l'enfant né de cette seconde union n'était point sous la puissance du père de famille, et par conséquent devait être privé de l'hérédité *ab intestat*.

Dans notre Droit français, il y aurait lieu aux effets du mariage contracté de bonne foi, ou *mariage putatif*. (Voy. art. 201 et 202, Code Napoléon.)

N° 41. (N° 186.) Crassus, après avoir montré par de nombreux exemples la nécessité où était l'orateur de se livrer à l'étude du

Droit civil, fait actuellement remarquer que cette étude, au témoignage de Scévola, était très-facile. Mais d'autres jurisconsultes étaient d'un avis contraire.

« *Primum, quia veteres illi, qui huic scientiæ præfuerunt, obtinendæ atque augendæ potentiæ suæ causa, pervulgari artem suam noluerunt : deinde posteaquam est edictum, expositis à Cn. Flavio primum actionibus, nulli fuerunt, qui illa artificiose digesta generatim componerent.* »

« D'abord, parce que les anciens jurisconsultes, pour conserver et augmenter leur puissance, n'ont pas voulu divulguer leur art; ensuite, après qu'il fut divulgué et que Cn. Flavius eut révélé les formules d'actions, aucun jurisconsulte ne disposa ces notions dans un ordre méthodique. »

Ce passage est expliqué par ce que nous avons dit aux Nos 11 et 12, *Pro Murena*, p. 330.

Les Nos 43, 44 et 45 (Nos 191 à 200) renferment un éloge du Droit civil, des jurisconsultes, et surtout de la loi des XII Tables. La loi des XII Tables, dit Cicéron (No 43), contient, ainsi que les livres des Pontifes, une image des temps anciens; on y apprendra les mots vieillis et les genres d'actions qu'intentaient nos ancètres. Elle révèlera leurs usages et leurs manières de vivre. La loi des XII Tables enseigne des principes qui régissent les intérêts publics, et toutes les parties du gouvernement. Enfin, s'écrie Cicéron :

(No 44.) « *Fremant omnes licet; dicam quod sentio : bibliothecas mehercule omnium philosophorum unus mihi videtur XII Tabularum libellus, si quis legum fontes et capita viderit, et auctoritatis pondere, et utilitatis ubertate superare.* »

C'est l'enthousiasme du Romain pour la loi nationale, car Cicéron assistait à la métamorphose du Droit civil, qui dorénavant allait être fondé sur l'équité, et ses écrits ont dû contribuer, plus que toute autre cause, à ce changement, qui a eu sa plus haute expression au temps des jurisconsultes classiques.

L'éloge mérité qu'il fait du Droit civil est une réponse suffisante aux plaisanteries que l'avocat avait cru devoir faire dans le discours *Pro Murena*, et cela pour les besoins de sa cause.

Parmi les jurisconsultes que Cicéron mentionne d'une manière spéciale, figurent Ælius Sextus et Q. Mucius, dont la porte était assiégée par les clients qui venaient le consulter. Pomponius cite ces deux jurisconsultes aux § 37 et 38, *De origine juris*, liv. 1er, tit. 2, au Digeste.

§ 37. Parlant de Quintus Mucius, il dit : « *Qui ad Carthaginienses missus legatus, cum essent duæ tesseræ positæ, una pacis, altera belli, arbitrio sibi dato, utram vellet referret Romam, utramque sustulit, et ait :* CARTHAGINIENSES PETERE DEBERE, UTRAM MALLENT ACCIPERE. »

§ 38. « *Deinde* SEXTUS ÆLIUS, *et frater ejus* PUBLIUS ÆLIUS, *et* PUBLIUS ATILIUS *maximam scientiam in profitendo habuerunt : ut duo* ÆLII *etiam consules fuerint*....... SEXTUM ÆLIUM *etiam* ENNIUS *laudavit, et extat illius liber, qui inscribitur* TRIPERTITA, *qui liber veluti cunabula Juris continet. Tripertita autem dicitur, quoniam lege XII Tabularum præposita, jungitur interpretatio, dein subtexitur legis actio.* »

Dans le § 7, Pomponius rappelle que Flavius révéla au peuple le formulaire des actions tenu secret par les patriciens, et que ceux-ci, voyant leurs secrets divulgués, composèrent de nouvelles actions : « *Augescente civitate, quia deerant quœdam genera agendi, non post multum temporis spatium Sextus Ælius alias actiones composuit, et librum populo dedit, qui appellatur* JUS ÆLIANUM. »

Au No 50. (No 217.) Cicéron cite P. Mucius Scævola qui était habile dans l'art de la paume et *duodecim scriptis ludere*, c'est-à-dire, au jeu des XII Tables.

No 50. (No 218.) Revenant sur l'étendue des connaissances nécessaires à un orateur, il doit, dit-il, sinon les posséder comme les siennes propres, du moins les avoir effleurées comme choses d'autrui. « *Neque ea, ut sua, possedisse; sed, ut aliena, libasse.* »

No 53. (No 228.) Il s'agit d'un procédé oratoire qu'avait employé Servius Galba, accusé par A. Scribonius.

« *Duos filios suos parvos tutelæ populi commendasset, ac se, tanquam in procinctu testamentum faceret, sine libra atque tabulis, populum romanum tutorem instituere dixisset, illorum orbitati.* »

On sait que le père de famille pouvait désigner dans son testament un tuteur testamentaire. *Uti legassit super..... tutela suæ rei ita jus esto.* (Voy. p. 192.)

Le testament se faisait d'abord devant les comices assemblés, *calatis comitiis*. Quant aux militaires, ils pouvaient tester *in pro-*

cinctu, c'est-à-dire, devant l'armée rangée en bataille. Gaius dit en effet (Comm. 2, § 101) : « *Nam aut calatis comitiis faciebant, quæ comitia bis in anno testamentis faciendis destinata erant, aut in procinctu, id est, cum belli causa ad pugnam ibant.* PROCINCTUS EST ENIM EXPEDITUS ET ARMATUS EXERCITUS : *alterum itaque in pace et in otio faciebant, alterum in prælium exituri.* »

Plus tard, le testament se fit dans les formes de la mancipation. Le testateur mancipait son patrimoine *(familiam suam)*; Gaius ajoute en effet (§ 102) : « *Accessit deinde tertium genus testamenti, quod per æs et libram agitur : qui neque calatis comitiis neque in procinctu testamentum fecerat, is, si subita morte urgebatur, amico familiam suam, id est, patrimonium suum mancipio dabat, eumque rogabat, quid cuique post mortem suam dari vellet. Quod testamentum dicitur per æs et libram* (par le cuivre et la balance), *scilicet quia per mancipationem peragitur.* »

On sait que la mancipation consistait dans un simulacre de pesée. (Voy. Gaius, Comm. 1er, § 119.)

Gaius ajoute (§ 103) : « *Sed illa quidem duo genera testamentorum in desuetudinem abierunt; hoc vero solum quod per æs et libram fit, in usu retentum est.* »

Cicéron dit donc : « Galba désigna ainsi le peuple romain comme tuteur de ses enfants, sans employer ni les formes du testament militaire *(in procinctu)*, ni celles du testament *per æs et libram. (Sine libra, sine tabulis.)* »

No 55. (No 236.) Antoine, en réfutant Crassus, veut établir que le jurisconsulte n'est rien sans l'art oratoire.

« *Ita est tibi jurisconsultus ipse per se nihil, nisi leguleius quidam cautus et acutus, præco actionum, cantor formularum, auceps syllabarum.* »

« Réduit à lui-même, le jurisconsulte n'est qu'un petit légiste, subtil et étroit, un vendeur d'actions (sur le sens du mot action, p. 72) ; un charlatan de formules (sur le mot *formula*, p. 72); un homme qui fait la guerre aux mots. »

No 56. (No 237.) « *Nam neque illud est mirandum, qui, quibus verbis coemtio fiat, nesciat, eumdem ejus mulieris, quæ coemtionem fecerit, causam posse defendere; nec si parvi navigii et magni eadem est in gubernando scientia, idcirco qui, quibus verbis erctum cieri oporteat, nesciat, idem herciscundæ familiæ causam agere non possit.* »

« Celui qui ignore les paroles que l'on doit employer dans la *coemptio* peut cependant défendre la cause d'une femme qui s'est donnée en *coemptio* (voy. sur la *coemptio*, p. 20) (1); et de ce que celui qui ne sait pas gouverner un petit vaisseau est incapable d'en diriger un grand, il ne s'ensuit pas qu'on ne puisse plaider une cause relative à l'action *familiæ erciscundæ*, quand on ignore les termes mêmes dans lesquels le partage doit être prononcé. » (Sur l'action *familiæ erciscundæ*, voy. *Pro Cecina*, N° 7, p. 244.)

Antoine continue, en faisant remarquer que dans les causes centumvirales citées par Crassus, et dont il rappelle trois, le jurisconsulte ne pouvait s'aider de la science du Droit, car les questions étaient très-controversées. Les armes de l'éloquence lui étaient donc nécessaires. (Sur ces mots *remisso nuntio*, remise du *libellum divortii*, voy. p. 38.)

N° 56. (N° 239.) Rappelant une aventure qui s'était passée entre Crassus et Galba, le même interlocuteur dit, que Servius Galba recherchait pour son fils la fille de Crassus : « *Quod Crassi filiam filio suo despondisset.* » Allusion aux *sponsalitia*, fiançailles qui se faisaient à l'aide de la formule *spondes-spondeo*. (Voy. p. 112.)

N° 57. (N° 241.) Antoine fait remarquer que les questions non controversées ne sont pas soumises aux tribunaux.

« *Num quis eo testamento, quod paterfamilias ante fecit, quam ei filius natus esset, hereditatem petit? Nemo; quia constat, agnascendo rumpi testamentum.* »

« Quelqu'un a-t-il jamais demandé l'hérédité en vertu d'un testament que le père de famille a fait avant la naissance de son fils? Non, certes; car il est constant que le testament est rompu par la naissance du postume. » Ce texte est expliqué p. 267, *Pro Cecina*.

Antoine revient sur la cause relative à la substitution pupillaire (voy. p. 81, 260, 266, 417 et 431), et il adresse des éloges à l'esprit caustique de Crassus. Ce qui lui vint surtout en aide dans cette cause, fut, dit-il, son talent de parole accompagné d'enjouement et de grâce. *(Dicendi vis egregia, summa festivitate et venustate conjuncta.)*

N° 57. (N° 245. Revenant sur l'affaire du soldat que son père

(1) Les traductions sont très-inexactes sur ce point. — Voy. Topiques, p. 21, ce que nous avons dit sur le prétendu mariage par la *coemptio*.

avait déshérité après avoir reçu la nouvelle de sa mort (voy. p. 426), il dit encore à Crassus :

« *Et, credo, in illa militis causa, si tu aut heredem, aut militem defendisses, ad Hostilianas te actiones, non ad tuam vim et oratoriam facultatem contulisses.......* »

« Dans la cause de ce soldat, que vous eussiez défendu l'héritier institué ou le soldat, je ne pense pas que vous eussiez eu recours plutôt aux formules d'actions publiées par Hostilius, qu'à la force et au pouvoir de votre propre éloquence. »

Il trace la défense que Crassus eût employée, soit d'un côté, soit de l'autre, et finit ainsi : « *Ut totum illud,* UTI LINGUA NUNCUPASSIT, *non in XII tabulis, quas tu omnibus bibliothecis anteponis, sed in magistri carmine scriptum videretur.* »

« Chargé de la défense du soldat, vous eussiez démontré que le fameux *uti lingua nuncupassit* (voy. *infra, De officiis,* 3, N° 16, *nuncupare id est palam declarare*) ne paraissait pas écrit dans la loi des XII Tables, que vous préférez à tous les livres du monde, mais bien dans le commentaire (*carmen*) de quelque jurisconsulte. »

N° 58. (N° 246.) Cette science du Droit, quoiqu'en ait pu dire Crassus, n'est pas facile, suivant Antoine. Aussi, ce dernier ajoute-t-il : que la jeunesse aimera mieux lire le *Teucer* de Pacuvius que « *Manilianas venalium vendendorum leges ediscere.* » Le jurisconsulte Manilius, au dire de Pomponius, était un de ceux qui *fundaverant jus civile.* Il avait composé un ouvrage de pratique sur la vente et les clauses qui accompagnent ordinairement ce contrat.

N° 58. (N° 249.) « *Num igitur, si cui fundus inspiciendus, aut si mandandum aliquid procuratori de agricultura, aut imperandum villico sit, Magonis Carthaginiensis sunt libri perdiscendi?* »

Le *procurator* est l'intendant chargé de la haute direction des travaux. Le *villicus* est l'esclave *contre-maître.*

D'après Antoine, pour donner des ordres sur l'agriculture, il n'est pas nécessaire de lire les ouvrages de Magon, qui probablement traitaient de la science rurale ; et il en conclut, par analogie, que l'orateur peut se passer de l'étude du Droit civil ; d'ailleurs, il est facile, dit-il, de consulter Scévola, et les plaideurs arrivent, de leur côté, avec des consultations ; enfin il ajoute (N° 250) : « *An vero si de re ipsa, si de finibus, quum in rem præsentem non venimus, si de tabulis et prescriptionibus controversia est, contortas res et sæpe difficiles necessario perdiscimus : si leges nobis, aut si hominum peritorum responsa cognoscenda sunt, veremur, ne ea, si ab adolescentia juri civili minus studuerimus, non queamus cognoscere?* » « Quand il s'agit de questions de fait, que la controverse roule sur les bornes des héritages (*fines*, voy. p. 44), et que nous ne sommes pas présents sur les lieux; quand elle a trait à des registres et à des écrits; si malgré cela nous pouvons en débrouiller les obscurités, il en doit être de même, quand nous avons à débattre des questions de Droit civil, quand même nous ne nous serions pas livrés, depuis notre jeunesse, à l'étude de ce Droit. »

Livre deuxième. — N° 6. (N° 24). Crassus fait encore allusion à sa défense dans l'affaire de Curius, relative à la substitution pupillaire (voy. p. 81, 260, 266, 416 et 431). — « *Nam si, inquam, Scævola, nullum erit testamentum recte factum, nisi quod tu scripseris, omnes ad te cives cum tabulis veniemus, omnium testamenta tu scribes unus.* » « Scévola, s'il n'y a de testament valable que celui que vous aurez écrit, nous viendrons tous vers vous avec les tablettes, et vous seul écrirez les testaments de tous les citoyens. »

N° 23. (N° 97.) « *Sed ne tabulas quidem conficere existimor.* » « On prétend que je ne tiens pas même de registres. » Antoine se défend de cette négligence. (Voy. sur les registres le discours *Pro Roscio comœdo*, p. 138.)

N° 24. (N° 100.) « *At vero in foro, tabulæ, testimonia, pacta, conventa, stipulationes, cognationes, affinitates, decreta, responsa, vita denique eorum, qui in causa versantur, tota cognoscenda est.* »

« Au barreau, il faut étudier avec soin les registres, les témoignages, les conventions (*Pacta conventa*, deux mots qui sont toujours unis et qui désignent les pactes ou conventions), les stipulations (voy. p. 71), les parentés, les alliances, les décrets des magistrats (voy. p. 50), les réponses des jurisconsultes (voy. p. 49), et la vie des parties qui sont en cause. »

Nous signalerons dans ce numéro le mot *hereditatis*, hérédité, que l'on traduit à tort par *héritage*.

N° 27. (N° 116.) Parmi les moyens que l'on invoque, Cicéron cite encore : « *Tabulæ, testimonia, pacta conventa, quæstiones, leges, senatusconsulta, res judicatæ, decreta, responsa.* »

N° 32. (N° 137.) Antoine revient à la question relative à Mancinus, et en fait une question générale : « *Quotiescumque is, quem pater patratus dediderit, receptus non erit, toties causa nova nascetur. Sin illa controversia causam facit, videaturne ei, quem pater patratus dediderit, si is non sit receptus, postliminium esse.* » « Autrement, toutes les fois qu'un chef de féciaux aura livré un citoyen et que celui-ci n'aura pas été accueilli par l'ennemi, il naîtra une nouvelle affaire. Mais si cette controverse est ainsi présentée : celui qui a été livré par le chef des féciaux et qui n'a pas été accepté, a-t-il besoin du *postliminium*? »

N° 32. (N°s 140 et 141.) Il veut toujours établir qu'il faut ramener les questions de détail à des questions générales.

« *Nisi forte existimatis, a M. Curio causam didicisse L. Crassum, et ea re multa attulisse, quamobrem, postumo non nato, Curium tamen heredem Coponii esse oporteret.* »

« A moins que vous ne pensiez que, dans l'affaire de Curius, Crassus ait seulement considéré la personne de son client, et qu'il ait tiré de cette considération personnelle des moyens de prouver que Curius devait être l'héritier de Coponius, quoiqu'il ne fût pas né de fils postume au testateur. »

Plus loin : « *Omnis quæstio : quum scriptum ita sit,* SI MIHI FILIUS GENITUR, ISQUE PRIUS MORITUR, *et cetera,* TUM UT MIHI ILLE SIT HERES : *si natus filius non sit; videaturne is, qui filio mortuo institutus heres sit, heres esse.* »

« Toute la question était : lorsque le testateur a écrit, *s'il me naît un fils et qu'il meurt,* etc., etc., *alors qu'un tel soit mon héritier;* dans le cas où le fils ne vient pas à naître, celui-là qui a été institué héritier *si le fils venait à mourir,* peut-il avoir l'hérédité? »

C'est toujours la même question de substitution pupillaire plaidée entre Crassus et Scévola. (Voy. p. 81, 260, 266, 416, 431 et 440.)

N° 33. (N° 142.) Antoine rappelle la promesse qu'avait faite Crassus : « *Se jus civile, quod nunc diffusum et dissipatum est, in certa genera coacturum, et ad artem facile redacturum.* » « De classer et de ramener à une science le Droit civil, actuellement si diffus et si dispersé. »

N° 33. (N° 145.) Crassus reprend que la science du Droit lui offrira un asile pour jouir de la liberté. « *In libertatem vindicabit.* » Celui qui, *en fait,* était esclave et se prétendait libre, était dit : « *Vindicare se in libertatem.* » (Voy., du reste, Topiques, N° 2, p. 8.)

N° 42. (N° 178.) Suivant Antoine, les juges rendent leurs décisions par haine, par amour, par passion, plutôt que de se conformer aux lois, au Droit, et notamment *judicii formula,* c'est-à-dire, à la formule de l'instance. (Voy. p. 72, sur ces expressions mal traduites par celles-ci : l'*autorité des jugements* ou l'*autorité des arrêts.* Nous rappelons le principe *judicem formula includit.*)

N° 43. (N° 183.) « *Reos autem appello non eos modo qui arguuntur, sed omnes, quorum de re disceptatur; sic enim olim loquebantur.* »

« Je désigne sous le nom de *reus,* non-seulement les accusés, mais tous ceux dont les intérêts sont débattus. Autrefois, ils portaient ce nom. »

Reus est un terme générique qui veut dire le contractant. Ainsi, dans la stipulation (voy. p. 71), celui qui stipule, ou qui interroge, s'appelle *reus stipulandi;* celui qui promet, ou qui répond, *reus promittendi.* C'est *is cujus de re agitur;* s'il y a procès, le demandeur prend le nom d'*actor*, et le défendeur celui de *reus.*

N° 54. (N° 220.) Dans l'affaire plaidée entre Crassus et Scévola devant les centumvirs (affaire Curius), Crassus fut plein de gaieté et d'enjouement : « *Tota defensio redundavit hilaritate quadam et joco.* »

N° 63. (N° 255.) Cicéron donne l'exemple d'une plaisanterie faite par le poëte comique Névius.

« *Ut apud Nævium videtur esse misericors ille, qui judicatum duci videns, percunctatur ita,* QUANTI ADDICTUS? MILLE NUMMUM. *Si addidisset tantummodo*, DUCAS LICET; *esset illud genus ridiculi præter exspectationem : sed quia addidit*, NIHIL ADDO, DUCAS LICET; *addito ambiguo, altero genere ridiculi, fuit, ut mihi quidem videtur, salsissimus.* »

Nous avons dit plus haut, p. 174, ce que l'on désignait sous le nom d'*addictio*, d'*addictus.*

Le débiteur condamné, d'après la loi des XII Tables, était soumis à la *manus injectio*, et pouvait, après un délai de soixante jours, être vendu comme esclave (voy. *loco citato* ; en attendant il était *addictus* ; avant l'*addictio* il était *judicatus*). Voici la pensée de Cicéron : Cet homme, voyant passer le malheureux débiteur qui est *addictus,* arrête son conducteur, et demande pour quelle somme cet infortuné vient d'être *addictus*. On peut croire qu'il veut payer, ou répondre pour lui (voy p. 174); mais point du tout; après qu'on lui a répondu *pour mille écus,* il ne se contente pas de dire : *vous pouvez l'emmener,* ce qui eût été déjà une plaisanterie, car on s'attendait à tout autre chose, il répond : Je *n'ajoute rien*, vous *pouvez l'emmener;* ce qui, d'après les interprètes (voy. M. Victor Leclerc, p. 474, 3e vol., édit. 1827), a un double sens; ou *je n'ai plus rien à vous dire,* ou : *je n'ajoute rien à la somme*, *je n'enchéris pas.*

N° 69. (N° 280.) Il est question des *tabulæ*, registres (voy. p. 138). D'un bon mot que rapporte Cicéron, on tire la conséquence que le préteur donnait des avocats à ceux qui n'en avaient pas.

N° 70. (N° 283.) « *Quum Scaurus nonnullam haberet invidiam ex eo, quod Phrygionis Pompeii, locupletis hominis, bona sine testamento possederat, sederetque advocatus reo Bestiæ, quum funus quod dam duceretur, accusator C. Memmius : vide, inquit, Scaure, mortuus rapitur, si potes esse possessor.* »

« Scaurus, à qui l'on reprochait de s'être mis en possession des biens de Pompeius Phrygion, quoique celui-ci ne l'eût point institué son héritier par testament, était assis près de son client Bestia qui était accusé. L'accusateur Memmius s'écria : Voilà un mort qu'on porte en terre; vois, Scaurus, si tu ne peux pas t'emparer de son hérédité. »

Nous verrons sur un texte, *de legibus,* que l'on pouvait usucaper, *pro herede,* des objets d'une hérédité, sachant très-bien que l'on n'était pas héritier. On devenait alors propriétaire par l'usage, *usu,* quoique pour usucaper il fallût être ordinairement de bonne foi.

N° 71. (N° 286.) « *Sæpe etiam sententiose ridicula dicuntur : ut M. Cincius, quo die legem de donis et muneribus tulit, quum C. Cento prodiisset, et satis contumeliose, quid fers, Cinciole? quæsisset : ut emas, inquit, Cai, si uti velis.* »

« On dit souvent des choses risibles d'un ton sententieux. Le jour où M. Cincius porta la loi sur les dons et présents, C. Cento se présenta, et lui dit d'un air assez insultant : *Que proposes-tu, mon petit Cincius?* — Je propose, mon cher Caius, une loi qui t'obligera d'acheter ce dont tu voudras faire usage. »

La loi Cincia, loi politique, avait deux chefs : un premier, d'après lequel les donations ne pouvaient être faites au-delà d'un certain taux, que, du reste, l'on ignore; un second, d'après lequel les patrons ou avocats ne pouvaient rien recevoir de leurs clients.

Tite-Live parle de cette loi au N° 4, du liv. 34, et il en donne les motifs suivants, au moins pour le second chef : « *Nisi quia vectigalis jam et stipendaria plebs esse senatui cœperat.* » La *plebs* était devenue *vectigalis* et *stipendaria* pour le sénat, *taillable et corvéable à merci*. La plaisanterie, à ce qu'il paraît, venait de ce que certains Romains, lorsqu'on leur demandait à emprunter des meubles ou des vases qu'ils ne se souciaient pas de prêter, répondaient : « *Eme si tu vis.* » Cincius était censé répondre à Cento : « Je propose une loi qui t'obligera d'acheter ce que tu voudras avoir. » Car la loi *Cincia* proscrivait les dons et cadeaux pour les plaidoiries, et dès lors Cento, ne devant plus rien recevoir, devait être forcé d'acheter les objets qui lui seraient nécessaires.

N° 79. (N° 321.) « *Reos appello quorum res est* » (voy. ci-dessus, p. 442, N° 43). « J'appelle *reus* celui de l'affaire duquel il s'agit. »

Troisième livre. — N° 1. (N° 4.) « *Pignoribus ablatis.* » Crassus ayant été condamné à payer une somme, le magistrat pouvait saisir des gages pour garantie de ce paiement. On disait qu'il y avait *pignoris capio*.

N° 27. (N° 108.) « *Sed quoniam de nostra possessione depulsi.* » « Chassés de notre possession. » Cette figure, employée par Crassus, s'explique par tout ce que nous avons dit dans le discours *Pro Cæcina*.

N° 28. (N° 110.) « *Sed ita, non ut jure, aut judicio, ut denique recuperare amissam possessionem, sed ut ex jure civili, surculo defringendo, usurpare videantur.* »

Encore une image empruntée au langage du Droit, et appliquée aux philosophes. Suivant Crassus, « ils n'agissent pas soit *in jure*, soit *in judicio* pour recouvrer une possession perdue (on agissait *in jure* devant le magistrat, *in judicio* devant le juge, voy. p. 72), mais ils semblent briser une branche (faire acte de propriétaire), et vouloir interrompre ainsi l'usucapion. »

Nous avons dit que par *usurpatio* les Romains entendaient l'interruption de l'usucapion. (Voy. Topiques, p. 17.)

Crassus est censé dire que les philosophes agissent comme un propriétaire qui fait acte de maître et qui interrompt l'usucapion. (Sur l'usucapion, voy. p. 4.)

N° 31. (N° 122.) « *Nostra est, inquam, omnis ista prudentiæ doctrinæque possessio, in quam homines, quasi caducam atque vacuam, abundantes otio, nobis occupatis, involaverunt.* »

« C'est à nous qu'il appartient de posséder tout ce domaine, de savoir et de doctrine, que des hommes, ayant un grand loisir, pendant que nous sommes fort occupés, ont envahi comme un bien vacant et caduc. »

Nouvelle figure. Les biens vacants et sans maître appartenaient au premier occupant. *Caduca* désignait une hérédité sans héritier; on pouvait s'en emparer de mauvaise foi.

N° 31. (N° 123.) Il faut reprendre notre bien, dit Crassus, sur ceux « *a quibus expilati sumus.* » Plus tard, sous Marc-Aurèle, l'on poursuivit criminellement celui qui s'était emparé des objets d'une hérédité, en donnant contre lui l'action dite : *crimen expilatæ hereditatis.*

N° 33. (N° 133.) Cicéron retrace l'influence qu'avaient les jurisconsultes : il parle d'abord de Sextus Ælius (voy. plus haut, p. 436) ; en second lieu, de Manilius. Il fut un de ceux, dit Pomponius (loi 2, *De origine juris*, liv. 1er, tit. 2, au Digeste, § 39), *qui fundaverunt jus civile.* Cicéron désigne encore Crassus l'Ancien, Tiberius Coruncanius et Scipion, qui avaient été grands pontifes (sur *Tiberius Coruncanius*, voy. Pomponius, § 35 et § 38). Vient ensuite l'éloge de M. Cato. (Voy. Pomponius, § 38.)

« *Non solum,* dit Cicéron, *ut de jure civili ad eos, verum etiam de filia collocanda, de fundo emendo, de agro colendo, de omni denique aut officio, aut negotio referretur.......* » Plus loin : « *Ut ad eos de omnibus divinis atque humanis rebus referretur : iidemque et in senatu, et apud populum, et in causis amicorum, et domi, et militiæ consilium suum fidemque præstabant.* »

N° 40. (N° 159.) Nécessité de prendre des expressions figurées quand il n'y a pas de nom propre. « *Ut nexum quod per libram agitur.* » « On appelle *nexum,* ce qui a lieu par la pesée. » (Voy. Topiques, N° 5, passage de Varron, p. 52.) *Nexum* vient, comme nous l'avons dit, de *nectere,* lier. M. Gaillard a rendu ce passage par ces mots : l'obligation contractée devant le *libripens.*

N° 41. (N° 165.) L'expression *pupillus senatus* doit être traduite non pas le sénat *orphelin,* mais bien le sénat en tutelle : car le pupille est celui qui est en tutelle. On trouve aussi les expressions *precario — non vi.* (Voy. *Pro Cécina,* p. 232 et suiv.)

DE CLARIS ORATORIBUS.

Nº 4. (Nº 17.) Sur l'expression *voluntarius procurator*, voy. p. 106.

Nº 5. (Nº 18.) Cicéron répond à Brutus : « *At vero, tibi ego, non solvam, nisi prius a te cavero, amplius eo nomine neminem, cujus petitio sit, petiturum.* »

Brutus avait déclaré qu'il allait se porter volontairement *procurator* d'Atticus, et réclamer ce qui était dû à son mandant par Cicéron. Ce dernier répond : « Mais je ne vous paierai pas avant que vous ne m'ayiez donné caution que l'on ne me réclamera plus la même dette. »

Le *procurator* ne représentait pas le créancier, et dès lors, le débiteur qui était poursuivi par le *procurator* pouvait se voir inquiété de nouveau par le créancier. Aussi, le défendeur pouvait-il réclamer du *procurator* la promesse formelle qu'il lui garantissait la ratification du créancier. Cette promesse était dite *cautio* et devait être fortifiée par l'adjonction d'un fidéjusseur. Elle était alors une *satisdatio* (voy., du reste, p. 107). Si le créancier poursuivait de nouveau le débiteur, celui-ci intentait une action récursoire contre le *procurator*. Cicéron, sous forme de plaisanterie, invoque, dans ce dialogue, cette doctrine juridique.

Brutus répond : « *Non mehercule, inquit, tibi repromittere istuc quidem ausim.* » « Par Hercule, je ne voudrais pas vous le promettre. » Car, ajoute-t-il, Atticus pourrait bien être un solliciteur persévérant.

Ensuite ce dernier donne raison à Brutus, en disant : « *Vi-*

deor enim jam te ausurus esse appellare. » « Il me semble que je suis prêt à vous appeler en justice; » et à son tour, il réclame de Cicéron le livre sur les orateurs promis à Brutus.

Nº 12. (Nº 45 et suiv.) Nous signalons ici l'expression *judicium* employée pour signifier une *instance*. (Voy. p. 72.)

Nº 14. (Nºs 53 et suiv.) Après les orateurs de la Grèce, Cicéron passe aux orateurs romains. Il cite, entre autres, Appius Claudius, et Tiberius Coruncanius. (On peut rapprocher les § 35, 36 et 38 de Pomponius, loi 2, *De origine juris*, liv. 1er, tit. 2, au Digeste.)

Nº 16. (Nº 62.) Cicéron signale les fausses généalogies : « *Ut, si ego me a M'. Tullio esse dicerem, qui patricius cum Servio Sulpicio consule anno* X *post exactos reges fuit.* » « Comme si, par exemple, je me disais descendu de ce M'. Tullius, patricien, qui fut consul avec Servius Sulpicius, dix ans après le bannissement des rois. »

Nº 20. (Nº 78.) Éloge du jurisconsulte Sextus Ælius : « *Juris quidem civilis omnium peritissimus, sed etiam ad dicendum paratus.* » (*Junge* le § 38 de Pomponius.)

Nº 22. (Nº 87.) Expression *comperendinatus*, ajourné. (Voy. p. 185.)

Nº 26. (Nºs 98 et suiv.) — Cicéron parle de Publius Crassus, fils adoptif de P. Mucius Scévola, et frère de Publius Scévola. Pomponius, au § 40 (*loco citato*), s'exprime à son égard de la manière suivante : « *Etiam Lucius Crassus, frater Publii Mucii, qui Mucianus dictus est; hunc Cicero ait jurisconsultorum disertissimum.* »

Publius Mucius fut, avec Brutus et Manilius, l'un de ceux qui, au dire de Pomponius, « *fundaverunt jus civile.* » (§ 40.)

Nºs 30 et 31. (Nºs 113 et 117.) Cicéron parle de *Marcus Rutilius Rufus* et de *Q. Ælius Tubero*. (Joindre Pomponius, § 40 du fragment cité.)

Nº 34. (Nº 131.) « *Atque eodem tempore accusator de plebe L. Cæsulenus fuit, quem ego audivi jam senem, quum ab L. Sabellio multam lege Aquillia de injuria petivisset.* » (Sur la *lex Aquillia*, voy. p. 168.)

Nº 36. (Nº 136.) « *Sp. Thorius satis valuit in populari genere dicendi, is, qui agrum publicum, vitiosa et inutili lege, vectigali levavit.* »

Allusion à la *lex Thoria,* loi agraire votée l'an de Rome 647.

N° 39. (Nos 144, 145.) Rappel de la cause plaidée entre Crassus et Scévola devant le tribunal centumviral. (Voy. notamment p. 81 et 260).

Crassus était « *eloquentium jurisperitissimus,* » et Scévola « *jurisperitorum eloquentissimus.* » Le premier voulut faire triompher le *bonum et æquum*, l'équité; le second le *jus*, le droit strict, rigoureux. On voit ainsi la différence que le Droit Romain établissait entre le *jus* et le *bonum et æquum*, différence qui n'a plus sa raison d'être sous une législation comme la nôtre.

No 41. (Nos 151 et suiv.) Éloge du jurisconsulte Servius Sulpicius. Nous avons déjà cité le § 43 du fragment de Pomponius (9e Philippique, p. 376). Cicéron vante surtout sa méthode. On sait qu'il fut l'adversaire de Murena.

No 42. (Nos 154 et suiv.) Servius Sulpicius avait pris pour modèles deux jurisconsultes célèbres, L. Lucilius Balbus, et C. Aquillius Gallus. (Joindre les § 42 et 43 du fragment de Pomponius).

Brutus rappelle à ce sujet qu'il eut plaisir à l'entendre développer les rapports qui existaient entre le *jus pontificum* et le *jus civile*.

No 52. (No 195.) En parlant de Scévola : « *Quum is hoc probare vellet, M. Curium, quum ita heres institutus esset, si pupillus ante mortuus esset, quam in suam tutelam venisset, pupillo non nato heredem esse non posse; quid ille non dixit de testamentorum jure? de antiquis formulis? quid? quemadmodum scribi oportuisset, si etiam filio non nato heres institueretur?* »

« Scévola voulait prouver que M'. Curius, qui avait été institué héritier *si le pupille venait à mourir avant d'être arrivé à la puberté*, ne pouvait être héritier, puisqu'aucun fils n'était né. Que ne dit-il pas du droit relatif aux testaments? des anciennes formules? de ce qu'il aurait fallu écrire, pour qu'il fût héritier, même alors qu'un fils ne venait pas à naître? »

Il paraît que cette cause fit beaucoup de bruit; Cicéron y revient fréquemment.

No 53. (Nos 197 et suiv.) On trouve l'analyse du plaidoyer de Crassus. On y rencontre ces expressions : « *Centumvirale judicium hereditatis.* » Ce qui veut dire : « une action en pétition d'hérédité de la compétence du tribunal centumviral. » « *Deinde hoc voluisse eum, qui testamentum fecisset, hoc sensisse, quoquo modo filius non esset, qui in suam tutelam veniret, sive non natus, sive ante mortuus, Curius heres ut esset.* »

« Le testateur avait voulu, avait pensé que, du moment où il n'aurait pas de fils qui arrivât à la puberté, soit que le fils ne vînt pas à naître, soit qu'il mourût avant l'âge voulu, Curius fût héritier. »

N° 58. (N° 212.) « *Quid Crassum, inquam, illum senses, istius Liciniæ filium, Crassi testamento qui fuit adoptatus?* »

« Que pensez-vous de ce Crassus, fils de Licinia, qui fut adopté par le testament de Crassus? »

Mais l'adoption n'avait pas lieu par testament, de là une difficulté sur ce passage. Cujas (Obser., liv. 7, chap. 7) enseigne que l'adoption ainsi faite par testament devait être confirmée par le peuple; car il s'agit ici de l'adoption d'un *sui juris*, c'est-à-dire, de l'adrogation. Marcellus (loi 38, Digeste, *De adoptionibus*, liv. 1er, tit. 7) dit : « *Adoptio non jure facta, a principe confirmatur.* » L'empereur avait succédé au peuple dans les actes du pouvoir législatif, et l'adrogation se fit plus tard par rescrit du prince, au lieu de se faire devant les comices. C'est ainsi, ajoute Cujas, que le testament de César qui adoptait Octave, dut être confirmé par une *lex curiata*.

Parlant ensuite de Scipion Nasica, Cicéron dit : « *Qui ex dominatu Tib. Gracchi privatus in libertatem rempublicam vindicavit.* » (Voy. sur les expressions *vindicare in servitutem, in libertatem*, p. 8.) La république était *en fait* sous la domination de Gracchus, Scipion Nasica la revendiqua, pour jouir de la liberté.

N° 59. (N° 213.) *Pupillus* traduit par *mineur*. (Voy. nos observations, p. 338.)

N° 68. (N° 241.) Cicéron parle d'un Stalenus qui s'appelait Élius, et « *qui se ipse adoptaverat.* » On voit que le vol des noms de famille n'est pas chose nouvelle. Ce Stalenus était, à ce qu'il paraît, d'une naissance très-obscure.

N° 79. (N° 275.) « Qua de re agitur *autem, illud quod multis locis in jurisconsultorum includitur formulis, id ubi esset, videbat.* »

« Il voyait de suite où résidait la *question dont s'agit*, ce qui est renfermé dans les formules des jurisconsultes. »

Nous avons cité (Topiques, N° 17, p. 86) une formule d'action de bonne foi, telle que nous l'a laissée Gaius (Comm. 4, § 47). On sait que la première partie de la formule était appelée *demonstratio*. Elle indiquait ce qui donnait lieu au procès : QUA DE RE AGITUR, et ces mots s'y trouvaient écrits.

Cicéron cite un certain orateur nommé Calidius, qui avait le talent de saisir le fond de la question, le *qua de re agitur* (ce qui est un véritable talent). Et, ajoute-t-il, il n'avait cependant pas la formule d'un jurisconsulte pour le guider.

N° 89. (N° 306.) L'auteur rappelle qu'il suivit assidûment les leçons de Quintus Mucius Scévola, fils de Publius Mucius Scévola.

ORATOR.

N° 21. (N° 72.) « *Quam enim indecorum est, de stillicidiis quum apud unum judicem dicas, amplissimis verbis et locis uti communibus; de majestate populi romani summisse et subtiliter!* »

« Qu'y a-t-il de plus inconvenant, alors qu'on plaide devant un seul juge sur la servitude d'égoût, de se servir de grands mots et de lieux communs, et lorsqu'on parle de la majesté du peuple romain, d'employer des termes familiers et simples? »

N° 29. (N° 102.) Cicéron, donnant des préceptes sur l'art oratoire, dit : « *Tota mihi causa pro Cæcina de verbis interdicti fuit : res involutas definiendo explicavimus; jus civile laudavimus; verba ambigua distinximus.* »

« Toute la cause de Cécina roula sur les termes de l'interdit. Je débrouillai les choses obscures en les définissant; je louai le Droit civil, j'expliquai les termes équivoques. »

(Voy. ce discours et nos explications, p. 228 et suiv. Nous avons souvent répété que le défenseur plaidait une mauvaise cause.)

N° 34. (N° 120.) « *Quid est enim turpius, quam legitimarum et civilium controversiarum patrocinia suscipere, quum sis legum et civilis juris ignarus?* »

« Y a-t-il quelque chose de plus honteux que de se charger de la défense des causes civiles et légales, alors qu'on ignore les lois et le Droit civil? »

Quel conseil méconnu aujourd'hui par ceux qui mendient l'honneur de *jus dicere*, de dire le Droit!

N° 41. (N° 141.) Parlant de la science du Droit civil qui occupe le second rang après l'éloquence, il dit : « *Persecutionum, cautionumque præceptio.* » *Persecutio* est ici pris dans le sens général de poursuite, et *cautio* dans le sens de défense. Ce n'est plus la signification essentiellement juridique.

N° 42. (N° 144.) Il fait l'éloge de ceux qui enseignaient le Droit : « *An, quibus verbis sacrorum alienatio fiat, docere honestum est; quibus ipsa sacra retineri defendique possint, non honestum est?* »

On sait ce qu'on entend par choses sacrées (voy. p. 352). La chose pouvait probablement, à l'aide d'une certaine cérémonie, cesser d'être sacrée, redevenir profane et rentrer dans le commerce.

Cicéron dit donc : « Eh quoi, il serait honnête d'enseigner d'après quelles paroles l'aliénation des choses sacrées peut avoir lieu, et il serait honteux d'enseigner l'art de défendre la consécration même! »

DE PARTITIONE ORATORIA.

Nº 2. (Nº 6.) Cicéron cite de nouveau, parmi les témoignages humains : « *scripta, pacta, promissa, jurata, quæsita* (questions). »

Nº 14. (Nº 50.) Il parle de la question, preuve jadis si usitée dans les procédures criminelles.

« *Sæpe etiam quæstionibus resistendum est, quod et dolorem fugientes multi in tormentis ementiti persæpe sunt, morique maluerunt falsum fatendo, quam infitiando dolere. Multi etiam suam vitam neglexerunt, ut eos, qui his cariores, quam ipsi sibi essent, liberarent; alii autem aut natura corporis, aut consuetudine dolendi, aut metu supplicii ac mortis, vim tormentorum pertulerunt; alii ementiti sunt in eos, quos oderant.* »

Nº 28. (Nºs 98 et suiv.) Il développe les moyens oratoires propres au genre judiciaire.

« *Atque ejus quidem generis finis est æquitas;..... aut quum hereditatis, sine lege, aut sine testamento, petitur possessio; in quibus causis quid æquius, æquissimumve sit, quæritur....... Atque etiam ante judicium, de constituendo ipso judicio solet esse contentio, quum aut, sitne actio illi, qui agit, aut jamne sit, aut num jam esse desierit, aut illane lege, hisne verbis sit actio, quæritur. Quæ etiam si ante, quam res in judicium venit, aut concertata, aut dijudicata, aut confecta non sunt; tamen in ipsis judiciis permagnum sæpe habent pondus, quum ita dicitur : Plus petisti; sero petisti; non fuit tua petitio; non a me, non hac lege, non his verbis, non hoc judicio..... Quare de constituendis actionibus, accipiendis subeundisque judiciis, de excipienda iniquitate actionis, de comparanda æquitate, quod ea fere generis ejus sunt, ut, quanquam in ipsum judicium sæpe delabantur, tamen ante judicium tractanda videantur, paululum ea separo a judiciis, tempore magis agendi, quam dissimilitudine generis.* »

Nous savons que le Droit civil déférait l'hérédité en premier lieu à l'héritier testamentaire, en second lieu à l'héritier appelé par la loi des XII Tables; mais le préteur, avons-nous dit, avait organisé un système de succession parallèlement au Droit civil. Tantôt il contrariait le Droit civil, tantôt il suppléait à ses lacunes (voy. p. 34). La succession prétorienne s'appelait *possession de biens.*

Cicéron dit donc d'abord : « Le genre judiciaire a pour but l'équité....... Lorsque la possession d'une hérédité est réclamée sans que la loi ou que le testament défère l'hérédité, on recherche ce qu'il y a de plus équitable. »

Il s'agit évidemment du cas où le préteur supplée à ce qui manque dans le Droit civil et défère la possession à un individu qui n'est appelé ni par un testament, ni par la loi. On peut citer la possession de biens donnée aux cognats, et qui s'appelait *unde cognati.* Les agnats seuls étaient appelés par le Droit civil. (Voy. sur ces expressions agnats et cognats, p. 55 et suiv.)

Nous avons vu aussi plus haut, soit dans la Rhétorique ou dans l'Invention, qu'il existe des *translationes* ou fins de non-recevoir. (P. 386, 394 et 409.)

« Avant la délivrance de la formule (*judicium*), on peut élever la controverse sur la constitution même de la formule (voy. p. 72, sur le sens du mot *judicium*). On peut rechercher si le demandeur a qualité pour agir, si l'action est prématurée (*jamne sit*), ou si elle doit être intentée en vertu de la loi, d'après ces termes. Lors même que ces moyens n'ont pas été proposés, examinés, discutés avant que la cause ne soit soumise au *judex* (*venit in judicium*), cependant, devant le *judex* (*in ipsis magnis judiciis*) ils ont beaucoup de poids, comme quand on dit : vous demandez plus (sur la plus-pétition, p. 155) ; vous demandez trop tard ; vous n'aviez pas qualité (*non fuit tua petitio*) ; ce n'était point contre moi, en vertu de cette loi, en ces termes, d'après cette formule d'action, qu'il fallait intenter votre poursuite..... Les questions sur la manière dont l'action est intentée, sur celle de savoir s'il faut accepter la formule, sur l'iniquité de l'action, sur l'équité, quoique se présentant souvent alors que l'instance est engagée, paraissent cependant devoir être traitées auparavant (questions préjudicielles). Je sépare ces questions des instances elles-mêmes (*a judiciis*) plutôt par le moment où on les soulève, que pour indiquer une différence fondamentale. »

Ce passage, quoiqu'assez vague, est facile à saisir, pourvu qu'on se réfère aux explications que nous avons données sur le mot *judicium* — *formula* — *actio* (voy. p. 72); sur la plus-pétition, voy. p. 155. Le mot *judicium* y emprunte différents sens, mais dans tous ces cas, il ne signifie pas *jugement*.

N° 31. (N° 107.) « *Sed in gravissimis firmamentis etiam illa ponenda sunt, si qua ex scripto legis, aut testamenti, aut verborum ipsius judicii, aut alicujus stipulationis, aut cautionis opponuntur defensioni contraria.* »

« Il faut ranger parmi les preuves les plus fortes qu'on puisse opposer à la défense, celles qu'on tire d'une disposition de la loi, d'un testament, des termes de la formule même (*ipsius judicii*), d'une stipulation (voy. p. 71), ou d'un billet probatoire (*cautionis*). » (Voy. p. 72.)

Cautio, d'une manière générale, désigne une garantie quelconque; parmi ces garanties figure le billet, l'écrit qu'a le créancier pour faire reconnaître son droit; on l'appelle *cautio*.

« *Quum ex testamentis, quid sit penus, aut quum ex lege prædii quæritur, quæ sint ruta cæsa.* »

« Question de savoir ce que comprend dans un testament le legs de provisions alimentaires (*penus*), et dans une vente (*lex prædii*) ce qui est renfermé dans le mot *ruta cæsa*, c'est-à-dire, effets mobiliers. »

Un testateur a légué *penus*, et un vendeur a vendu sa maison avec les effets mobiliers qui s'y trouvent; de là naît une question d'interprétation.

N° 32. (N° 110.) « *Sed accusatorem pro omni actore et petitore appello.* » « Par accusateur, j'entends quiconque intente une action. »

Actor, c'est le demandeur dans l'action dite *in personam*, par laquelle on se prétend créancier; *petitor*, c'est le demandeur dans l'action dite *in rem*, par laquelle on se prétend propriétaire.

N° 37. (N° 130.) Cicéron revient sur la division du Droit. — On rencontre les expressions : *Tabulæ, pactum conventum, stipulatio;* « registres, pactes, stipulation. » (Voy. p. 71 et 138.)

ACADEMICA. — DE FINIBUS BONORUM ET MALORUM.

ACADEMICA. — LIVRE DEUXIÈME. — N° 30. (N° 97.) « *Tribunum aliquem censeo adeant : a me istam exceptionem numquam impetrabunt.* »

Ciceron se suppose préteur et refusant une exception, c'est-à-dire, ne voulant pas l'insérer dans la formule (voy. p. 387). Le défendeur pouvait en appeler aux tribuns. (Voy. sur cet appel p. 110.)

DE FINIBUS BONORUM ET MALORUM. — Nous ferons remarquer tout d'abord l'expression *de finibus*. — On a vu (Topiques, p. 45) que les *fines* étaient un espace de cinq pieds qui, d'après la loi des XII Tables, devait être maintenu entre les héritages ruraux. Nous avons également vu que les parties avaient l'action *finium regundorum* pour faire fixer ces *fines*. *De finibus bonorum et malorum* veut donc dire des limites qui séparent le bien du mal. Le titre de cet ouvrage, dit avec raison M. Victor Leclerc, pourrait être traduit littéralement : *des bornes des biens et des maux.*

LIVRE PREMIER. — N° 4. (N° 12.) « AN, PARTUS ANCILLÆ SITNE IN FRUCTU HABENDUS ? *Disseretur inter principes civitatis, P. Scævolam, M. Manilium, ab hisque M. Brutus dissentiet.* »

« L'enfant d'une femme esclave doit-il être considéré comme un fruit? La question est discutée entre les principaux jurisconsultes de la ville, entre P. Scévola et Manilius d'une part, et M. Brutus de l'autre. »

Nous avons vu (Topiques, p. 27) que l'usufruitier avait le droit de percevoir les produits *qui peuvent se renouveler* et qui sont des *fruits.* Pour que le produit soit un *fruit,* la destination de la chose soumise à l'usufruit doit être de le donner d'une manière périodique.

On a quelquefois à rechercher si tel ou tel produit est un *fruit,* pour savoir s'il doit appartenir au nu-propriétaire ou à l'usufruitier ?

Entre autres questions qui furent agitées parmi les jurisconsultes romains figure celle à laquelle Cicéron fait allusion. Une femme esclave est soumise à l'usufruit, son enfant *(partus)* sera-t-il un fruit? Si on le considérait comme *fruit*, il devait appartenir à l'usufruitier, sinon, au nu-propriétaire.

Cette dernière opinion avait prévalu; on lit en effet (loi 68, *De usufructu,* au Digeste, livre 7, titre 1) : « *Vetus fuit questio, an partus ad fructuarium pertineret? Sed Bruti sententia obtinuit, fructuarium in eo locum non habere.* » L'avis de Brutus, opposé à celui de Scévola et de Manilius, avait donc prévalu.

Mais pourquoi? Ulpien ajoute (même loi) : « *Neque enim in fructu hominis homo esse potest.* » « L'homme ne peut pas être considéré comme un fruit destiné à un autre homme. » Gaius (loi 28, § 1er, *De usuris,* au Digeste, liv. 22, tit. 1) ajoute : « *Absurdum enim videbatur, hominem in fructu esse, cum omnes fructus rerum natura hominum gratia comparaverit.* » « Il était absurde que l'homme, pour qui tous les fruits avaient été créés, figurât lui-même parmi les fruits. » C'est la même décision et le même texte que Justinien reproduit. (Institutes, liv. 2, tit. 1er, § 37.)

Ces motifs n'ont aucune valeur. Pourquoi, en effet, l'enfant de la femme esclave n'appartiendrait-il pas à l'usufruitier, puisque sa mère est soumise à l'usufruit? Cet enfant n'est-il pas d'ailleurs sous le *dominium* du nu-propriétaire ? Et dès lors, que devient le motif sentimental de Gaius, à savoir, que celui pour qui Dieu a créé les fruits ne saurait être un fruit? Le nu-propriétaire le prendra à titre de *produit* provenant de sa chose.

Le motif juridique est donné dans un autre texte d'Ulpien (loi 27, *De petit. hereditatis,* liv. 5, tit. 3, au Digeste) : « *Quia non temere ancillæ ejus rei causa comparantur, ut pariant.* » « Parce que la destination d'une femme esclave n'est pas d'avoir des enfants. »

On voit, en effet, que les jurisconsultes romains discutèrent aussi, pour savoir si le croît *(fœtus)* du troupeau était un *fruit*. On finit par admettre l'affirmative, parce que le troupeau doit se renouveler; c'est là sa destination, et ce que recherche un bon père de famille.

Mais il n'en était pas de même d'une femme esclave. Sa destination était de travailler et non d'avoir des enfants, aussi le *partus* était un produit et non un *fruit*, parce qu'il n'était pas *périodique* et qu'il ne devait pas se renouveler.

N° 7. (N° 24.) Cicéron parle d'un certain Torquatus qui avait un fils « *Quem in adoptionem D. Silano emancipaverat.* » Ces quelques mots méritent une explication importante.

Nous avons eu occasion de parler des *capitis diminutiones* (voy. Topiques, p. 32). Parmi les causes qui faisaient perdre le *status familiæ*, nous avons signalé l'adoption et l'émancipation. L'adoption se subdivisait en deux : l'adrogation et l'adoption proprement dite. L'adrogation se faisait devant les comices et ne s'appliquait qu'aux *sui juris*, qui tombaient ainsi sous la puissance du père adrogeant et devenaient *alieni juris*. L'adoption proprement dite concernait un *alieni juris* qui était donné en adoption par son père de famille à un autre père de famille appelé *père adoptif*. L'enfant donné en adoption quittait la *familia* du père naturel pour passer dans celle du père adoptif. (Voy. p. 344.)

Comment avaient lieu et l'émancipation et l'adoption proprement dite? Et d'abord, quant à l'*émancipation*, il fallait briser les liens de la puissance paternelle qui unissaient l'enfant à son père et en faisaient un *alieni juris*, pour qu'il devint un père de famille, un *sui juris*.

La loi des XII Tables était muette sur ce point. Seulement, elle renfermait le texte suivant, dont on se servit pour arriver à l'émancipation : « SI PATER FILIUM TER VENUM DUIT, FILIUS A PATRE LIBER ESTO. » « Si le père de famille a vendu son fils trois fois, que le fils soit libre de la puissance paternelle. »

D'après ce texte, le père pouvait vendre son fils qui tombait *in mancipio* de l'acheteur, c'est-à-dire, *servorum loco* (voy. Topiques, p. 16). Le fils affranchi par ce dernier n'était pas *sui juris*, mais retombait sous la puissance de son père; celui-ci pouvait le revendre une seconde fois, et si le nouvel acheteur l'affranchissait de nouveau, le fils rentrait sous la puissance paternelle. Après une troisième vente, le père avait épuisé son droit, le fils était dorénavant *liber a patre*. Si le nouvel acheteur l'affranchissait, il restait *sui juris*. La loi des XII Tables avait ainsi limité l'abus de l'exercice de la puissance paternelle. S'agissait-il d'un petit-fils ou d'une fille, une seule mancipation suffisait pour produire le même résultat. De suite, le petit-fils ou la fille étaient à l'abri de la *patria potestas*.

Le père de famille voulait *émanciper* son fils, en faire un *sui juris* et non un *alieni juris* qui restât sous le *mancipium* de l'acheteur. Il prit son point d'appui dans le texte présenté pour briser la puissance paternelle, à l'aide de trois mancipations. — Après la troisième vente, accompagnée des formes de la *mancipatio*, le fils était dans le *mancipium* de l'acheteur. Mais le père avait soin de joindre à la *mancipatio* le contrat de fiducie. L'acheteur s'engageait à affranchir trois fois le fils qui lui avait été mancipé, et s'il ne l'affranchissait pas, le père agissait contre lui par l'action *fiduciæ* (voy. sur le contrat de *fiducie*, p. 79). Une fois affranchi la troisième fois par l'acheteur, le fils était *sui juris*.

Comme on le voit, le texte de la loi des XII Tables amena le père à briser le lien de la *patria potestas*. Le fils tombait *in mancipio* de l'acheteur, et toutefois ce n'était que pour un moment; l'acheteur, grâce au contrat de fiducie qui accompagnait la *mancipatio*, affranchissant le fils, et celui-ci devenant ainsi *sui juris*.

Écoutons Gaius (Comm. 1er, § 132) : « *Emancipatione quoque desinunt liberi in potestate parentium esse; sed filius quidem tertia demum mancipatione; cæteri vero liberi, sive masculini sexus sive feminini, una mancipatione exeunt de parentium potestate : lex enim XII tantum in persona filii de tribus mancipationibus loquitur his verbis :* SI PATER FILIUM TER VENUM DUIT, FILIUS A PATRE LIBER ESTO ; *eaque res ita agitur. Mancipat pater filium alicui, is eum vindicta manumittit, eo facto revertitur in potestatem patris; is eum iterum mancipat vel eidem vel alii, sed in usu est eidem mancipari; isque eum postea similiter vindicta manumittit : quo facto rursus in potestatem patris sui revertitur; tunc tertio pater eum mancipat vel eidem vel alii, sed hoc in usu est ut eidem mancipetur : eaque mancipatione desinit in potestate patri sesse, etiam si nondum manumissus sit, sed adhuc in causa mancipii.* »

« La chose se passe ainsi, dit Gaius : le père mancipe son fils à un autre citoyen romain; celui-ci affranchit le fils par la *vindicte* (sur la *vindicta,* voy. Topiques, p. 6, l'acheteur était obligé d'affranchir à cause du contrat de fiducie). Après cet affranchissement, le fils retombe sous la puissance paternelle. Le père le mancipe une seconde fois au même citoyen romain ou à un autre, mais ordinairement au même, qui l'affranchit également par la vindicte. L'enfant tombe de nouveau sous la puissance paternelle, le père le mancipe une troisième fois au même citoyen ou à un autre, mais le plus souvent au même : cette mancipation a épuisé la puissance paternelle, le fils n'est plus *sub patria potestate,* même s'il n'est point encore affranchi et s'il est encore *in mancipio.* »

Ici finit le paragraphe de Gaius. Le manuscrit offre une lacune qu'il est, au reste, facile de suppléer à l'aide des textes de ce jurisconsulte qui ont été insérés dans le bréviaire d'Alaric.

Gaius enseignait qu'après cette troisième mancipation l'acheteur devait affranchir le fils, qui était alors *sui juris* et émancipé.

Une seule mancipation faite avec le contrat de fiducie produisait ce résultat pour le petit-fils et la fille. De suite, la *patria potestas* était brisée, et l'acheteur, en affranchissant d'après le contrat de fiducie, faisait du petit-fils et de la fille un *sui juris.*

Si les choses se passaient ainsi que nous venons de le rapporter, l'acheteur se trouvait être le *quasi-patron* de l'enfant émancipé. En effet, celui-ci était tombé un instant *in mancipio, servorum loco.* Il avait été affranchi par la *vindicte,* le *cens* ou le *testament* (Gaius, Comm. 1er, § 138). Comme un esclave, il était donc un *quasi-affranchi,* ayant le *manumissor* pour *quasi-patron.*

De là les deux conséquences suivantes : 1° l'hérédité du fils émancipé était dévolue à celui qui l'avait affranchi (on l'appelait *manumissor extraneus*), comme celle de l'affranchi au patron; 2° la tutelle légitime, par suite, appartenait aussi à ce *manumissor extraneus,* car l'héritier *ab intestat* était tuteur en vertu du principe : « *Ubi successionis est emolumentum, ibi tutelæ onus esse debet.* » D'ailleurs, l'héritier *ab intestat* était le plus intéressé à être tuteur. Ce tuteur s'appelait *tutor* FIDUCIARIUS, à cause du contrat de fiducie qui était intervenu.

S'agissait-il d'une fille de famille *pubère* qui eût été émancipée, le *manumissor* en était encore le tuteur fiduciaire, car les femmes étaient, comme on l'a vu, en une tutelle perpétuelle, qui était d'ailleurs plutôt nominale que réelle, puisqu'alors le tuteur pouvait être contraint par le magistrat à donner son *auctoritas*. (Voy. p. 30.)

Le père de famille avait un moyen de conserver l'hérédité et la tutelle qu'il ne devait voir lui échapper qu'à regret. Il pouvait convenir avec l'acheteur qu'après la troisième mancipation (ou après l'unique mancipation), cet acheteur qui avait l'enfant *in mancipio* le lui remanciperait. De cette façon, après les mancipations intervenues en nombre voulu, l'enfant était *in mancipio* de l'acheteur. Celui-ci le remancipait au père, qui acquérait sur son fils le *mancipium*, et substituait ainsi au lien de la *patria potestas*, difficile à dissoudre, celui du *mancipium*. Puis ce père, acheteur de son propre fils, l'affranchissait et devenait son *quasi-patron*, qualité qui lui procurait les droits d'hérédité et de tutelle.

Cette tutelle, appliquée à une fille de famille pubère, puis émancipée, était sérieuse (voy. Topiques, p. 30). Gaius, Comm. 1er, § 192, s'exprime ainsi : « *Sane patronorum et* PARENTIUM *legitimæ tutelæ vim aliquam habere intelliguntur...* »

Quoique le contrat de fiducie fût encore intervenu dans cette circonstance et que l'acheteur se fût engagé à remanciper l'enfant à son père, cependant ce dernier portait, par honneur, le nom de tuteur légitime. Gaius (Comm. 1er, § 175) dit en effet : « *Patroni autem loco habemus etiam parentem qui in mancipatam et sibi remancipatam filiam, neptemve aut proneptem, manumissione* LEGITIMAM *tutelam nactus est.* » Et § 172 : « *Cum is et* LEGITIMUS *tutor habeatur, et non minus huic quam patronis honor præstandus est.* »

Telles étaient les formalités de l'*émancipation*, et de là son nom qui a passé dans notre langue moderne.

On peut rapprocher de ce que nous venons de dire les passages suivants des Topiques, sur la *coemptio* de la femme à son mari *fiduciæ causa* (p. 20 et 21), ou à un étranger *tutelæ evitandæ causa* (p. 31). Tous ces passages s'expliquent encore mieux les uns par les autres, car ils tiennent au même ordre d'idées.

Arrivons actuellement aux formes de l'adoption proprement dite. Le père qui voulait donner ses enfants en adoption devait d'abord briser le lien de la puissance paternelle, puis ensuite reconstituer ce lien au profit du père adoptif. Il ne s'agissait pas de faire de l'enfant un *sui juris*, mais bien de le laisser *alieni juris* seulement sous la puissance d'un autre chef de famille.

La première partie de l'opération qui consistait à briser la *patria potestas* s'opérait, comme nous venons de le voir, à l'aide des trois mancipations ou d'une seule; les deux premières devant être accompagnées de l'affranchissement qui faisait rentrer le fils sous la puissance paternelle.

Une fois l'enfant *in mancipio* de l'acheteur, celui-ci, qui jouait le rôle de père adoptif, le remancipait au père naturel qui avait alors son enfant *in mancipio*. Il s'agissait actuellement de reconstituer la *patria potestas* au profit du père adoptif.

Ce dernier allait devant le magistrat (*in jure*) avec le père naturel qui avait son enfant *in mancipio*, et là, en désignant l'enfant, il disait : « *Aio hunc esse meum filium ex jure Quiritium.* » « Je prétends que cet homme est mon fils d'après le droit des Quirites. » Le père naturel ne contredisait pas; le préteur disait le droit, et constatait que l'enfant était sous la *patria potestas* du père adoptif qui l'avait revendiqué.

On voit que cette seconde formalité n'était autre chose que la *cessio in jure*, dont nous avons suffisamment décrit les formes et les conséquences (voy. Topiques, N° 2, p. 7). Le père naturel, devant le magistrat, cédait sa puissance paternelle au père adoptif; seulement, il fallait que préalablement il eût mancipé son enfant et qu'il l'eût délivré de la puissance paternelle. Le but que l'on se proposait étant complexe, il fallait une double opération.

Gaius (Comm. 1er, § 134) dit : « *Prœterea parentes, liberis in adoptionem datis, in potestate eos habere desinunt; et in filio quidem, si in adoptionem datur, tres mancipationes et duœ intercedentes manumissiones proinde fiunt, ac fieri solent, cum ita eum pater de potestate dimittit ut sui juris efficiatur. Deinde aut patri remancipatur, et ab eo is qui adoptat* (le père adoptif), *vindicat apud Prœtorem filium suum esse, et, illo contra non vindicante Prœtore vindicanti filius addicitur.* »

Gaius ajoute que pour les filles et les petits-fils, il suffit d'une seule mancipation.

On comprend actuellement ces mots de Cicéron : « *Quem in adoptionem D. Silano emancipaverat.* » Torquatus avait d'abord mancipé son fils, et l'avait ensuite donné en adoption à Silanus.

LIVRE DEUXIÈME. — N° 2. (N° 3.) Cicéron avance que dans toute discussion réglée et méthodique, on doit préciser l'état de la question.

« *Præscribere primum debet (ut quibusdam in formulis, ea res agetur), ut, inter quos disseritur, conveniat, quid sit id, de quo disseratur.* »

« On doit tout d'abord insérer la *præscriptio* (comme dans certaines formules où on trouve *ea res agetur*), afin que le sujet sur lequel on discute soit bien établi entre ceux qui se livrent à la discussion. »

Allusion notamment à la *præscriptio* EA RES AGATUR CUJUS DIES FUIT, que nous avons expliquée très au long, N° 37, liv. 1er, *De Oratore.* (P. 422.)

On a vu que le créancier devait, dans son intérêt, réduire l'étendue des droits qu'il déduisait en justice, et avoir soin de bien préciser qu'il ne demandait que les droits *nés* et *acquis*, et non les droits *futurs*.

N° 12. (N° 36.) « *Privatarum litium judices sumus. Nihil enim possumus judicare, nisi quod est nostri judicii. In quo frustra judices solent, quum sententiam pronuntiant, addere, si quid mei judicii est : si enim non fuit eorum judicii, nihilo magis, hoc non addito, illud est judicatum.* »

Ce passage n'offre aucune difficulté. Il suffit de le transcrire. Un juge ne rend jamais un jugement valable que dans les limites de sa compétence.

N° 17. (N° 55.) « *Memini me adesse P. Sextilio Rufo, quum is ad amicos rem ita deferret, se esse heredem Q. Fadio Gallo; cujus in testamento scriptum esset, se ab eo rogatum, ut omnis hereditas ad filiam perveniret. Id Sextilius factum negabat. Poterat autem impune : quis enim redargueret? Nemo nostrum credebat : eratque verisimilius, hunc mentiri, cujus interesset, quam illum, qui id se rogasse scripsisset, quod debuisset rogare. Addebat etiam, se in legem Voconiam juratum contra eam facere non audere, nisi aliter amicis videretur. Aderamus nos quidem adolescentes, sed etiam multi amplissimi viri : quorum nemo censuit plus Fadiæ dandum, quam posset ad eam lege Voconia pervenire. Tenuit permagnam Sextilius hereditatem : unde, si secutus esset eorum sententiam, qui honesta et recta emolumentis omnibus et commodis anteponerent, ne nummum quidem unum attigisset.* »

La loi Voconia (Gaius, Comm. 2, § 274) défendait au testateur qui avait une fortune de plus de 100,000 as d'instituer une femme pour héritière (voy. p. 191 et 392). Les Romains inventèrent alors le fidéicommis. Ils instituèrent héritier un individu capable, en le priant de restituer l'hérédité à la femme incapable. Celui qui était chargé de restituer s'appelait *fiduciaire,* celle à laquelle devait se faire la restitution portait le nom de *fidéicommissaire.* Dans l'origine, ces fidéiscommis n'étaient pas obligatoires, car, comme le dit Justinien (Instit., liv. 2, tit. 23, § 1er) : « *Sciendum itaque et omnia fideicommissa primis temporibus infirma esse, quia nemo invitus cogebatur præstare id de quo rogatus erat.* » De là le passage de Cicéron.

Q. Fadius Gallus avait prié Sextilius Rutus, son héritier institué, de restituer son hérédité à sa fille Fadia, qu'il ne pouvait instituer d'après la loi *Voconia.* Sextilius Rufus niait d'abord qu'il fût chargé du fidéicommis; puis il alléguait le serment qu'il avait prêté à la loi Voconia. Il avait assemblé, dit Cicéron, plusieurs jeunes gens avec de très-graves personnages, et aucun ne fut d'avis qu'il donnât plus à Fadia que ce qu'elle devait avoir par la loi Voconia.

Suivent les réflexions de Cicéron, auxquelles on peut joindre celles de Montesquieu. (*Esprit des lois,* chap. 27.)

Plus tard, les fidéicommis devinrent obligatoires et prirent place parmi les institutions romaines; mais on exigea des fidéicommissaires la même capacité que des héritiers institués directement (voy. Gaius, Comm. 2, § 284 et suiv.). Toutefois, du temps de Gaius, la femme pouvait recevoir *par fidéicommis* l'hérédité d'un testateur qui avait plus de 100,000 as (voy. Comm. 2, § 274). La décision rappelée par Cicéron ne se fût donc pas reproduite à son époque.

N° 18. (N° 58.) « *Si te amicus tuus moriens rogaverit, ut hereditatem reddas suæ filiæ, nec usquam id scripserit, ut scripsit Fadius, nec cuiquam dixerit : quid facies? Tu quidem reddes; ipse Epicurus fortasse redderet : ut Sext. Peducæus....... Quum sciret nemo, eum rogatum a C. Plotio, equite romano splendido, Nursino, ultro ad mulierem venit, eique nihil opinanti viri mandatum exposuit, hereditatemque reddidit.* »

On voit que Sextus Peducéus ne se conduisit pas comme Sextilius Rufus. Personne ne savait qu'on l'eût prié de restituer l'hérédité à la femme du testateur, et il la restitua comme un fidèle mandataire. (Joindre Montesquieu, liv. 27, *Esprit des lois.*)

N° 22. (N° 74.) Cicéron, s'adressant à Torquatus, lui dit : « *Est enim tibi edicendum, quæ sis observaturus in jure dicendo.* »

« Vous devrez promulguer par un édit les règles que vous suivrez en disant le droit, ou en exerçant la juridiction. » (Voy. sur les préteurs et leur mode d'agir, *in Verrem,* p. 184.)

Puis il ajoute : « *Dic in judicio.* » — Par opposition à l'édit promulgué *in jure.* On sait que *judicium* désigne l'instance devant le *judex.* (Voy. p. 72.)

Enfin Cicéron met au défi l'interlocuteur de proclamer soit *in jure,* soit *in judicio,* que la volupté est le souverain bien.

N° 24. (N° 79.) Expression : « *Vades,* » qui veut dire *garant, caution.* (Voy. p. 100.)

N° 35. (N° 117.) « *Nec enim, si tuam ob causam cuiquam commodes, beneficium illud habendum est, sed fœneratio.* »

« Prêter dans son propre intérêt à quelqu'un, ce n'est plus rendre un bienfait, c'est faire l'usure. »

Le prêt est, en principe, gratuit, et par suite constitue un acte de bienfaisance; mais si on stipule des intérêts, il devient ce que l'on appelle un contrat *à titre onéreux.*

Livre troisième. — Nous nous contentons de signaler les numéros 20 et 21, qui contiennent des principes philosophiques sur le Droit.

Livre quatrième. — N° 9. (N° 22.) On rencontre l'expression *publicationem bonorum,* vente à l'encan des biens. (Voy. p. 92, discours *Pro Roscio Amerino.)*

Livre cinquième. — N° 29. (N° 88.) « *Ut in actionibus præscribi solet, de re eadem egit, alio modo.* »

Cela est assez difficile à comprendre. En principe, la chose jugée *(res judicata)* est considérée comme la vérité pour les *parties en cause (pro veritate accipitur).* Ainsi, *Primus et Secundus* ont un procès sur une question qui les divise : il interviendra une décision *définitive* qui sera considérée comme une vérité *relative* pour ces deux plaideurs, et celui qui succombera ne pourra plus renouveler le procès *sur la même question*, sans être repoussé par ce que l'on appelle l'exception *rei judicatæ*.

Cette doctrine est la clef de voûte de l'édifice social, et Cicéron a dit *(Pro Sylla)* : « *Status enim reipublicæ maxime judicatis rebus continetur.* »

Les jurisconsultes romains distinguaient le procès qui roulait sur une question de propriété ou sur une question de créance.

Ainsi, Primus se prétendait créancier de Secundus; il succombait; le juge déclarait que sa demande était mal fondée et prononçait l'absolution de Secundus. Primus pouvait encore se prétendre créancier, mais en vertu d'une autre cause *(ex alia causa)*; et Secundus, absous lors de la première instance, ne pouvait pas lui opposer l'*exceptio rei judicatæ* : par exemple, si Primus alléguait pour cause de sa créance de 100 une *stipulation*. La formule d'action portait : « SI PARET SECUNDUM CENTUM DARE OPORTERE PRIMO EX STIPULATU. » Primus n'avait déduit dans l'instance que la créance provenant de la stipulation (voy p. 71). S'il succombait, il ne pouvait plus renouveler le procès en se prétendant toujours créancier *ex stipulatu;* mais il pouvait intenter une nouvelle action contre Secundus, en invoquant la créance résultant d'un legs *per damnationem* (voy. p. 385 pour cette expression), qui aurait été imposé à Secundus l'héritier. — La formule d'action portait alors : « SI PARET CENTUM DARE OPORTERE EX TESTAMENTO. » Secundus ne pouvait prétendre qu'il avait été déjà jugé qu'il n'était pas débiteur, car il avait été décidé qu'il ne l'était pas *ex causa stipulationis,* mais non *ex causa testamenti.* C'était donc une autre question qui était soumise au *judex,* et l'on ne pouvait la repousser par l'*exceptio rei judicatæ*.

Parmi les conditions indispensables pour qu'il y ait lieu à l'exception de la chose jugée, il faut, en effet, 1° que le nouveau procès s'agite entre les parties qui ont figuré dans le premier; 2° que la question posée au nouveau *judex* soit la même que celle qui a été précédemment examinée, autrement dit : *eadem causa petendi.*

Dans notre espèce, Primus avait ou prétendait avoir *deux créances* contre Secundus; dès-lors, s'il succombait pour l'une, rien ne l'empêchait de réclamer la seconde.

Mais le procès pouvait avoir trait à une question de propriété. Primus se prétendait propriétaire d'une chose que détenait Secundus, il intentait la revendication contre ce dernier. La formule portait : SI PARET REM ESSE PRIMI (voy. la formule complète p. 212). Le juge devait rechercher si Primus était propriétaire de la chose détenue par Secundus. Telle était la *question* du procès. Primus pouvait être propriétaire en vertu de divers modes d'acquisition. Ainsi, la chose lui avait été mancipée ou cédée *in jure* (voy. Topiques, p. 3 et 7) par le propriétaire, ou bien elle lui avait été léguée *per vindicationem* (voy. p. 385); c'était à lui de faire valoir tous ces modes d'acquisition pour établir qu'il était *dominus*. Quand même ils se seraient tous réalisés en sa personne, ce n'étaient que des moyens divers d'arriver à la propriété; il n'avait qu'un droit unique, le droit de propriété qui lui avait été procuré par ces diverses sources.

Le procès engagé, Primus invoquait seulement la mancipation; il succombait, le juge renvoyait Secundus absous. Plus tard, Primus intentait de nouveau la revendication contre Secundus, et se prétendait propriétaire en vertu du legs *per vindicationem*. Y avait-il *alia causa petendi?* Devait-il être repoussé par l'exception *rei judicatæ*? Il fallait faire une distinction.

Si le legs *per vindicationem* avait été fait à Primus après la sentence d'absolution prononcée au profit de Secundus, il pouvait renouveler le procès, car ce *moyen* de prouver qu'il était propriétaire n'existant pas lors du premier procès, n'avait pu être déduit *in judicium*.

Mais si ce legs avait déjà été fait à Primus, alors qu'il intentait la première action, il en était autrement. En effet, la formule d'action portant que Primus se prétendait propriétaire, c'était à lui à invoquer tous ses moyens. D'après les termes généraux de la formule, ils avaient tous été déduits *in judicium*. En venant invoquer plus tard le legs *per vindicationem*, il était donc repoussé par l'exception *rei judicatæ*.

Cette doctrine tenait, en définitive, à la rédaction de la formule. Dans l'action *in personam*, c'est-à-dire, dans celle dirigée par le créancier contre son débiteur, la formule désignait la *causa*, autrement dit, le fait générateur de la créance invoquée. Dans l'action *in rem*, les termes de la formule étaient plus généraux, ils ne restreignaient pas les prétentions du demandeur à une seule *cause*. Tous les faits générateurs *existant lors de la déli-*

vrance de la formule, étaient implicitement déduits *in judicium.*

Cette doctrine pouvait être dangereuse dans la pratique. En effet, il pouvait se faire que le demandeur ignorât les moyens qu'il pouvait invoquer à l'appui de sa demande : ainsi, il pouvait ne pas connaître la mort du testateur, et par suite le legs *per vindicationem* qui lui avait été fait; et cependant, s'il venait plus tard invoquer ce moyen, il était repoussé par l'exception *rei judicatæ.*

Pour éviter ce résultat, il fallait limiter la généralité des termes de la formule, et indiquer que l'on ne se prétendait propriétaire qu'en vertu d'une *cause déterminée.* Ainsi, Primus, en revendiquant, pouvait mettre en tête de la formule (*præscribere,* c'était une *præscriptio*) qu'il n'agissait que *ex causa mancipationis.* De cette façon, il n'avait déduit *in judicium* que cette cause, et s'il succombait, il pouvait recommencer le procès en se disant propriétaire *ex causa legati.* On ne pouvait le repousser par l'exception *rei judicatæ,* car il soulevait une nouvelle question. Dans le premier procès, il avait soutenu qu'il était propriétaire *ex causa mancipationis;* dans le second, il soutenait qu'il l'était *ex causa legati.*

Cette doctrine est résumée dans le texte suivant du jurisconsulte Paul (loi 14, § 2, au Digeste, liv. 44, tit. 2) : « *Actiones in personam ab actionibus in rem in hoc differunt : quod cum eadem res ab eodem mihi debeatur, singulas obligationes singulæ causæ sequuntur, nec ulla earum alterius petitione vitiatur. At cum in rem ago* NON EXPRESSA CAUSA, *ex qua rem meam esse dico : omnes causæ una petitione apprehenduntur. Neque enim amplius, quam semel res mea esse potest; sæpius autem deberi potest.* »

« Les actions *in personam* (ce sont les actions du créancier contre le débiteur) diffèrent des actions *in rem* (ce sont les actions en revendication, notamment du droit de propriété). Lorsqu'une même chose m'est due plusieurs fois par le même débiteur, chaque *cause,* chaque fait générateur, engendre des obligations diverses, et la demande de l'une ne porte aucun préjudice à l'autre. Mais quand j'agis *in rem,* sans indiquer la cause en vertu de laquelle je me prétends propriétaire (on pouvait donc par une *præscriptio* indiquer la *causa* en vertu de laquelle on agissait), toutes les causes sont comprises dans la demande unique.

Une chose ne peut m'appartenir qu'une seule fois, tandis que je puis être plusieurs fois créancier de la même chose. »

Revenons à Cicéron. Il dit que le philosophe Zénon reproduisit les idées de Socrate et qu'il traita le même sujet, mais *alio modo*, en invoquant d'autres arguments, d'autres termes, ainsi que cela a lieu à l'aide d'une *præscriptio* dans les formules. Zénon est donc comparé au propriétaire qui, grâce à la *præscriptio* qu'il a insérée (*expressa causa*), peut de nouveau revendiquer la même chose (*eamdem rem*), mais *alio modo*, en alléguant d'autres modes d'acquisition que ceux sur lesquels il s'est appuyé lors de la première instance (1).

(1) Voy. t. 6, Savigny, *Traité de Droit Romain* (traduction Guénoux), appendice 17e, p. 511 et suiv. Cet auteur développe la doctrine romaine, et à la page 519 il cite le texte de Cicéron.

TUSCULANÆ QUÆSTIONES.

LIVRE PREMIER. — N° 14. (N° 31.) Cicéron, voulant prouver l'immortalité de l'âme, s'écrie : « *Quid procreatio liberorum, quid propagatio nominis, quid adoptiones filiorum, quid testamentorum diligentia, quid ipsa sepulcrorum monumenta, quid elogia significant, nisi nos futura etiam cogitare?* »

« Que signifient le désir d'avoir des enfants, de propager son nom, l'adoption, le soin avec lequel on fait son testament ; que signifient les tombeaux, les éloges, si ce n'est que nous pensons à l'avenir? »

N° 16. (N° 38.) « *Fuit enim meo regnante gentili.* » Allusion à Servius Tullius. Ce passage, pris au sérieux, tendrait à établir que la gentilité consistait simplement dans l'homonymie ; mais il est probable que Cicéron se permettait une plaisanterie. (Voy., du reste, sur la gentilité, Topiques, N° 6, p. 54; voy. aussi note 19 de M. Victor Leclerc, p. 162, 28e vol., 2e édit.)

N° 35. (N° 85.) Parlant des fils de Priam : « *Justa uxore nati.* » *Justa uxor* veut dire une épouse unie conformément au Droit. (Voy. p. 22.)

N° 39. (N° 93.) D'après Cicéron, la nature prête la vie comme on prête quelquefois l'argent, sans fixer l'époque de la restitution.

« *At ea quidem dedit usuram vitæ, tanquam pecuniæ, nulla præstituta die.* »

Le livre deuxième ne contient aucun passage qui mérite d'être signalé.

LIVRE TROISIÈME. — N° 5. (N° 11.) Parlant de la fureur d'Ajax et d'Oreste, il ajoute : « *Qui ita sit affectus, eum dominum esse rerum suarum vetant Duodecim Tabulæ. Itaque non est scriptum,* SI INSANUS, SED SI FURIOSUS ESSIT. »

« Celui qui est atteint de cette maladie est privé de la gestion de ses biens, d'après la loi des XII Tables. Il n'est pas écrit *si insanus,* mais bien *si furiosus.* » (Voy. le texte cité, Rhétorique, Nº 13, p. 388, et nos explications.)

Nº 17. (Nº 36.) « *Et graviter feras, te, quod utendum acceperis, reddidisse.* »

« Vous êtes injuste de ne pas vouloir rendre à la nature ce qu'elle vous a prêté. »

LIVRE QUATRIÈME. — Nº 2. (Nº 4.) « *Quanquam id quidem etiam XII Tabulæ declarant, condi jam tum solitum esse carmen; quod ne liceret fieri ad alterius injuriam, lege sanxerunt.* »

« La loi des XII Tables atteste qu'à cette époque on faisait déjà des vers, car cette loi défend d'en faire d'injurieux. »

La loi des XII Tables (table 8e) punissait l'auteur du *carmen* de la peine du fouet, du moins si l'on en croit les textes restitués. Cicéron (*De republica,* liv. 4, Nº 10) parle même de la peine capitale; mais, comme le fait remarquer M. Victor Leclerc (p. 90, note 5, 29e vol.), la peine du fouet était une peine capitale. Gaius dit en effet (Comm. 3, § 189) que, d'après la loi des XII Tables, le voleur manifeste subissait une peine capitale. « *Nam liber verberatus addicebatur ei qui furtum fecerat.* » On voit que le jurisconsulte emploie le mot *capitalis pœna*, parce que cette peine entraînait la mort civile.

Nº 23. (Nº 51.) « *Hæc quum constituta sunt judicio atque sententia.* » *Judicium,* c'est l'instance engagée devant le *judex* ou la formule même (voy. p. 72). *Sententia,* c'est la décision du *judex.*

LIVRE CINQUIÈME. — Nº 6. (Nº 15.) Sur l'expression *præscribere,* voy. p. 422.

Nº 11. (Nº 33.) « *Tabellis absignatis.* » (Sur les *Tabulæ,* p. 138.)

Nº 22. (Nº 63.) Sur l'expression *vadem,* caution, voy. p. 100.

Nº 41. (Nº 120.) Carnéade, dit Cicéron, jugeait ce dissentiment « *tanquam honorarius arbiter.* » (Sur l'arbitre, voy. p. 88.)

DE NATURA DEORUM.

LIVRE PREMIER. — N° 20. (N° 56.) « *His terroribus ab Epicuro soluti, et in libertatem vindicati.* » (Sur cette expression *in libertatem vindicati,* voy. Topiques, N° 2, p. 8.)

LIVRE DEUXIÈME. — N° 3. (N° 9.) Cicéron signale la décadence du testament *in procinctu,* qui était fait par le militaire prêt à partir pour la bataille. Gaius (Comm. 2, § 101) dit : « *Procinctus est enim expeditus et armatus exercitus.* » (Voy. du reste p. 437.)

LIVRE TROISIÈME. — N° 18. (N° 45.) « *Ut enim in jure civili, qui est matre libera, liber est : item jure naturæ, qui dea matre est, Deus sit necesse est.* »

Nous avons vu (Topiques, N° 4, p. 39) que les enfants qui ne naissaient pas des justes noces suivaient la condition de leur mère au moment de la naissance; si donc leur mère était libre, ils étaient libres. L'enfant issu des justes noces suivait la condition de son père au moment de la conception. Cicéron dit : « Comme dans le Droit civil, celui qui naît d'une mère libre est libre; de même, d'après la nature, celui qui a pour mère une déesse est nécessairement un Dieu. »

N° 30. (N° 74.) Allons au Forum, dit-il, le préteur va juger. « *Quid....... Qui transcripserit tabulas publicas.* » « Quoi....... Celui qui a falsifié les registres publics. » Puis il parle de la falsification d'un *chirographum* (voy. p. 144). Enfin, signalant les affaires de tous les jours : « *Inde illa actio, ope consilioque tuo furtum aio factum esse.* » C'était la formule de l'action *furti,* délivrée contre le complice d'un vol.

Gaius (Comm. 3, § 202) dit en effet : « *Interdum furti tenetur qui ipse furtum non fecerit, qualis est cujus ope consilio furtum factum est.* » Il donne ensuite des exemples de complicité. (*Ops, opis*, veut dire *assistance; consilium*, intention mauvaise. Il n'y avait de complicité que par une assistance réelle donnée au vol et donnée avec intention.)

Cicéron continue : « *Inde tot judicia de fide mala, tutelæ, mandati, pro socio, fiduciæ; reliqua, quæ ex empto, aut vendito, aut conducto, aut locato contra fidem fiunt.* »

« De là, toutes ces actions où il est question de mauvaise foi, de tutelle, de mandat, entre associés, de fiducie et autres qui prévoient les choses qui, dans une vente ou un louage, ont eu lieu contre la bonne foi. »

Nous avons vu (Topiques, p. 81) qu'il existait des contrats de bonne foi garantis par des actions de bonne foi, et des contrats de droit strict sanctionnés par des actions de droit strict. Les actions citées par Cicéron étaient toutes de bonne foi, et dès lors, on devait examiner ce qui était contraire à l'équité.

On a déjà vu (même endroit) ce que l'on entendait par actions *tutelæ, mandati, pro socio, fiduciæ*. L'action *ex vendito* était l'action donnée au vendeur; *ex empto*, celle donnée à l'acheteur. L'action *ex locato* était conférée au bailleur; *ex conducto*, au preneur à bail (les traducteurs rendent *judicium* par le mot jugement; c'est toujours la même erreur. Voy. p. 72.)

Cicéron ajoute : « *Inde judicium publicum rei privatæ lege Lætoria.* » Les Romains faisaient cesser la tutelle à la puberté, de sorte que, dès ce moment, le père de famille était capable, et capable à 14 ans, comme s'il eût été âgé de 30 ans. Cependant, comme le dit Justinien (Instit., liv. 1er, tit. 23) : « *Licet puberes sint, tamen ejus ætatis sunt ut sua negotia tueri non possint.* »

La première loi qui remédia à cet état de choses fut la *lex Lætoria* ou plutôt *Plætoria* (1). Cette *lex* était un plébiscite rendu pendant la deuxième guerre Punique; on en place la date à l'an 568 de Rome. Elle fixait à 25 ans accomplis l'âge qu'on appelait *perfecta ætas*. Voulant protéger les personnes qui n'avaient pas

(1) Voy. M. Ortolan, Instit. expliquées, 1er vol., p. 295, 3e édit., *sic* M. du Caurroy, 7e édit., 1er vol., p. 179.

atteint cet âge, et que l'on désignait sous le nom de *mineurs* de 25 ans, elle soumettait à un *judicum publicum*, c'est-à-dire, à une action intentée par *quivis e populo*, quiconque abusait frauduleusement de l'inexpérience du mineur en traitant avec lui. La condamnation qui était prononcée contre l'auteur de la fraude était pécuniaire et infamante ; et l'on sait d'une manière certaine que le condamné devenait incapable de faire partie de l'ordre municipal d'une ville. (Fragment de la table d'Héraclée, p. 85, édit. Bonjean.)

Cicéron fait une antithèse par ces mots : *rei privatæ* et *judicium publicum*. En effet, ordinairement, une contestation sur un intérêt privé ne donnait lieu qu'à une action privée *(judicium privatum)*; mais il y avait lieu ici à une action publique (*judicium publicum*). Si la loi n'eût permis qu'au mineur d'agir en justice, elle eût été incomplète, car la faiblesse de l'âge qui l'avait fait tomber dans le piége l'eût également empêché d'agir, et le coupable eût été impuni. La loi confia donc la protection du mineur au peuple entier, *cuivis ex populo*.

Traçant toujours la physionomie du *Forum*, il continue : « *Inde everriculum malitiarum omnium, judicium de dolo malo : quod C. Aquillius, familiaris noster, protulit ; quem dolum idem Aquillius tum teneri putat, quum aliud sit simulatum, aliud actum.* »

« De là ce filet où se prennent toutes les malices, l'action *de dolo malo* qu'a introduite Aquillius, notre ami ; or, y a dol lorsque l'on simule une chose et que l'on en fait une autre. »

Avant Aquillius Gallus, le Droit Romain ne réprimait pas le dol ; du moins, dans beaucoup de circonstances, l'auteur du dol était impuni. Aquillius remédia à cet état de choses. Étant préteur, il introduisit l'action *de dolo malo (judicium de dolo malo)* contre celui qui commettait un dol ; action infamante qui n'était donnée qu'à défaut d'autre moyen, c'était un *ultimium subsidium* fourni à la victime de la fraude. (Loi 1, § 4, *De dolo malo*, liv. 4, tit 3, Digeste.)

Cicéron représente donc ce *judicium de dolo malo* comme un filet où viennent aboutir toutes les malices, toutes les fraudes qui jusqu'alors étaient impunies, et qui, grâce à la préture d'Aquillius, furent dorénavant réprimées.

On sait, du reste, qu'il y avait un dol bon et un dol mauvais (voy. Topiques, p. 79); mais quand y avait-il *dolus malus?* Écoutons Ulpien (loi 1, § 2, *De dolo malo*, liv. 4, tit. 3, Dijeste) : « *Dolum malum Servius quidem ita definit, machinationem quamdam alterius decipiendi causa, cum aliud simulatur, et aliud agitur.* » « Servius Sulpicius avait adopté la définition d'Aquillius; mais Labéon critiqua cette définition. Ulpien ajoute en effet : « *Labeo autem, posse et sine simulatione id agi, ut quis circumveniatur : posse et sine dolo malo aliud agi, aliud simulari : sicuti faciunt, qui per ejusmodi dissimulationem deserviant, et tuentur vel sua vel aliena. Itaque ipse (Labeo) sic definiit dolum malum esse :* OMNEM CALLIDITATEM, FALLACIAM, MACHINATIONEM AD CIRCUMVENIENDUM, FALLENDUM, DECIPIENDUM ALTERUM ADHIBITAM. » La définition de Labéon fut adoptée par les jurisconsultes romains, car Ulpien ajoute : « *Labeonis definitio vera est.* »

DE DIVINATIONE. — DE OFFICIIS.

De divinatione. — Ce traité ne contient aucun passage relatif au Droit privé. On peut signaler seulement cette phrase du nº 35 (nº 74), qui peut offrir un certain intérêt pour l'histoire du Droit. « *Quod quidem institutum* (Cicéron parle des auspices) *reipublicæ causa est, ut comitiorum, vel in judiciis populi, vel in jure legum, vel in creandis magistratibus, principes civitatis essent interpretes.* »

De Officiis. — livre premier. Nº 1. L'auteur dit à son fils que, pour la science du philosophe, il le cède à bien d'autres, mais il ajoute : « *Quod est oratoris proprium, apte, distincte, ornateque dicere, quoniam in eo studio ætatem consumpsi, si id mihi assumo,* videor id meo jure quodam modo vindicare. » Quant à l'art oratoire, il déclare le revendiquer comme lui appartenant, et il se compare à un propriétaire qui revendique la chose objet de son droit de propriété.

Nº 7. (Nºs 20 et 21.) Nous croyons devoir transcrire le passage suivant : « *Sed justitiæ primum munus est, ut ne cui quis noceat,* nisi lacessitus injuria (voy., comme application de l'exception, discours *Pro Milone*, nº 4, texte de la loi des XII Tables, p. 368). *Deinde ut communibus utatur pro communibus, privatis ut suis* (c'est la distinction entre les choses du domaine public et du domaine privé, voy. plus haut, p. 393). *Sunt autem privata nulla natura : sed aut veteri occupatione, ut qui quondam in vacua venerunt* (l'occupation est la première manière d'acquérir la propriété d'une chose qui n'a pas de propriétaire; elle consiste à prendre possession d'une *res nullius :* les jurisconsultes disaient qu'elle dérivait du Droit des gens). *Aut victoria, ut qui bello potiti sunt* (pour Cicéron comme pour Gaius, voy. p. 10, la conquête est un titre légitime d'acquisition. « *Maxima sua esse credebant,* dit ce dernier, *quæ ex hostibus cepissent).* » « *Aut lege, pactione, conditione, sorte,* » ajoute Cicéron, puis : » *Ex quo fit, ut ager Arpinas Arpinatum dicatur ; Tusculanus, Tusculanorum : similisque est privatarum possessionum descriptio. Ex quo, quia suum cujusque fit eorum, quæ natura fuerant communia, quod cuique obtigit, id quisque teneat : e quo si qui sibi appetet, violabit jus humanæ societatis.* »

N°s 10. (N°s 32 et 33.) « *Jam illis promissis standum non esse, quis non videt, quæ coactus quis metu, quæ deceptus dolo promiserit? Quæ quidem pleraque jure prætorio liberantur, nonnulla legibus.* »

Nous savons que par promesse on entendait la réponse faite par le débiteur à l'interrogation du créancier. *Promittis ne mihi centum?* disait le créancier. *Promitto,* répondait le débiteur. L'ensemble de l'opération s'appelait *stipulatio* (voy. p. 71). Une fois cette réponse faite, le débiteur était tenu, d'après le Droit civil, quelle que fût *la cause véritable* de sa promesse; ainsi, bien qu'il eût promis sous l'empire de la violence et du dol, il était obligé, parce que le contrat était de *Droit strict* et non de *bonne foi,* et que le juge devait seulement rechercher *si* le débiteur avait promis, c'est-à-dire, s'il avait prononcé la formule, et non *pourquoi* il l'avait prononcée. (Voy. notamment plus haut, *in Verrem,* p. 223.)

Mais si le Droit strict *(ipsum jus)* consacrait cette doctrine, l'équité en exigeait une autre; aussi, le préteur permettait-il au débiteur de faire insérer dans la formule l'exception soit *quod metus causa,* soit *de dolo malo,* de sorte que, dans cette circonstance, le créancier demandeur avait une action fondée *jure civili,* car il était réellement créancier; mais *jure prætorio,* le défendeur avait une *exception* pour paralyser son action (Voy. Rhétorique, p. 387.)

Cicéron, se plaçant donc au point de vue philosophique, s'écrie : « Que l'on n'est pas obligé de respecter les promesses arrachées par la violence et surprises par dol, que le Droit prétorien, et quelquefois les lois elles-mêmes, libèrent le débiteur. »

On trouve, même numéro, les expressions *fines* (voy. p. 44), et le trait de ce Romain qui, nommé arbitre entre les habitants de Naples et de Nôle, après les avoir engagés de part et d'autre à restreindre leurs prétentions, adjugea au peuple romain le terrain que ces trop fidèles exécuteurs de son conseil avaient laissé vacant. *(Populo romano adjudicavit.)*

L'arbitre de l'action *finium regundorum* avait le droit de prononcer une *adjudicatio*, c'est-à-dire, de dépouiller l'une des parties au profit de l'autre, pour éviter les querelles futures. Que si l'arbitre jugeait que les *fines* étaient mal placés, il pouvait les reculer, et, par exemple, *adjuger* au défendeur une parcelle de terrain qui appartenait au demandeur, mais, bien entendu, en le condamnant à en payer la valeur. Cette déclaration de l'arbitre s'appelait *adjudicatio* (voy. sur ce pouvoir, § 6, liv. 4, tit. 17, *De officio judicis,* Instit. de Justinien). — La formule elle-même lui en donnait le pouvoir; on y rencontrait la partie appelée *adjudicatio*. Gaius (Comm. 4, § 42), dit : « *Adjudicatio est ea pars formulæ qua permittitur judici rem alicui ex litigatoribus adjudicare : velut si....... inter vicinos* FINIUM REGUNDORUM; *nam illic ita est :* QUANTUM ADJUDICARI OPORTET, JUDEX TITIO ADJUDICATO. »

Il est évident que l'arbitre ne pouvait faire comme ce Q. Fabius Labéon, qui adjugea le terrain vacant au peuple romain dont il était le représentant.

N° 12. (N° 37.) « *Equidem illud etiam animadverto, quod, qui proprio nomine perduellis esset, is hostis vocaretur, lenitate verbi tristitiam rei mitigatam. Hostis enim apud majores nostros is dicebatur, quem nunc peregrinum dicimus. Indicant Duodecim Tabulæ :* AUT STATUS DIES CUM HOSTE. *Itemque,* ADVERSUS HOSTEM ÆTERNA AUCTORITAS. »

L'étranger, chez le peuple romain, fut appelé PERDUELLIS, *ennemi acharné;* puis, pour adoucir le mot, au temps de la loi des XII Tables, on l'appela HOSTIS, et plus tard, enfin, PEREGRINUS. Les mots sont ici l'indice de la civilisation qui s'étendit toujours et qui fit tomber, en partie du moins, les barrières que le vieux Droit Romain avait opposées à l'étranger. Le pérégrin, toujours tenu par le Droit civil sur le pied d'infériorité avec le *civis romanus*, était arrivé à être pour ainsi dire son égal d'après le Droit prétorien. Le Droit des gens, comme nous l'avons dit, avait fait irruption dans la législation romaine.

Cicéron cite deux textes. Nous avons vu ce que signifiait *auctoritas* (voy. p. 248). « Le droit subsiste toujours contre l'étranger, » c'est-à-dire : jamais l'étranger ne pourra devenir propriétaire par l'usucapion, toujours le citoyen romain sera à l'abri de l'éviction provenant de l'étranger, il aura *æternam auctoritatem*, une garantie éternelle contre l'action de l'*hostis*. Ce texte était dans la troisième table.

Le premier voulait dire : « s'il y a jour pris pour un procès avec l'*hostis*. » Il se trouvait dans la seconde table.

N° 13. (N° 41.) Cicéron parle du traitement que l'on doit employer vis-à-vis des esclaves : « *Meminerimus autem, etiam adversus infimos justitiam esse servandam. Est autem infima conditio et fortuna servorum : quibus, non male præcipiunt, qui ita jubent uti, ut mercenariis; operam exigendam, justa præbenda.* »

La première disposition législative prise en faveur des esclaves date d'Antonin-le-Pieux; elle est rapportée par Gaius dans son Comm. 1er, § 53.

N° 18. (N° 59.) « *At si lis in judicio sit.* » — « Si le procès est arrivé à l'instance devant le *judex.* » (Voy. plus haut, p. 72, sur l'expression *judicium.*)

N° 25. (N° 85.) « *Ut enim tutela, sic procuratio reipublicæ ad utilitatem eorum qui commissi sunt, non ad eorum quibus commissa est, gerenda est.* »

« Comme la tutelle, l'administration des affaires de la république doit être dirigée pour l'utilité de ceux dont les affaires sont gérées, et non pour l'avantage de ceux à qui cette administration est confiée. »

C'est le principe d'équité que Cicéron rappelle ; mais nous avons déjà dit que la tutelle légitime était organisée, d'après la loi des XII Tables, dans l'intérêt du tuteur et non du pupille.

N° 34. (N° 124.) « *Est igitur proprium munus magistratus, intelligere, se gerere personam civitatis.* »

Ceci était encore une réalité juridique. L'administrateur d'une cité représentait la cité, même sous l'empire des actions de la loi, époque où la représentation n'était point admise (voy. plus haut, p. 106). Gaius (Comm. 4, § 82), cite comme exception : « *Nisi pro populo.* »

Cicéron emploie l'expression *personam civitatis;* c'est qu'en effet, la cité était une personne capable d'avoir des droits et d'être astreinte à des devoirs, ce que nous appelons un être moral, « *qui in intellectu constitit.* »

N° 43. (N° 153.) « *Illa autem sapientia, quam principem dixi, rerum est divinarum atque humanarum scientia.* »

« Ulpien définissait la jurisprudence : « *Jurisprudentia est divinarum atque humanarum rerum notitia.* »

Livre deuxième. — N° 2. (N° 5.) Même idée : « *Sapientia autem est (ut a veteribus philosophis definitum est), rerum divinarum et humanarum, causarumque, quibus hæ res continentur, scientia.* »

N° 8. (N° 27.) « *Hasta posita.* » (Voy. plus haut, p. 92.)

N° 11. (N° 40.) On rencontre les expressions suivantes : « *Qui vendunt, emunt, conducunt, locant.* » On voit que les Romains exprimaient d'une manière distincte la vente *(venditio)*, l'achat *(emptio)*, l'action de donner à bail *(locatio)*, l'action de prendre à bail *(conductio)*. En France, nous disons : *vente — louage.*

N° 13. (N° 47.) Cicéron fait l'éloge de P. Rutilius et de son maître, Publius Mucius Scévola, puis de Crassus. (Joindre les § 39 et 40, *De origine juris,* du jurisconsulte Pomponius, liv. 1er, tit. 2, au Digeste.)

N° 14. (N° 50.) Éloge du jurisconsulte Brutus. (Voy. le § 39 du fragment cité.)

N° 18. (N° 64.) « *In omnique re contrahenda, vendendo, emendo, conducendo, locando, vicinitatibus et confiniis, æquum et facilem.* » (Sur ces expressions, voy. plus haut, N° 11.)

N° 19. (N° 65.) « *In jure cavere.* » — Le mot *cavere* veut dire, en général, donner une garantie, une *cautio — in jure,* devant le tribunal du magistrat. On peut citer comme exemple d'une *cautio in jure*, la *cautio damni infecti* (p. 43). Mais ici, *cavere in jure* veut dire : offrir *par ses conseils* des garanties aux citoyens qui sont appelés devant le magistrat. Il s'agit du jurisconsulte qui, par ses études, peut acquérir du crédit.

« *Itaque quum multa præclara majorum, tum quod optime constituti juris civilis summo semper in honore fuit cognitio atque interpretatio : quam quidem ante hanc confusionem temporum in possessione sua principes retinuerunt.* »

(Voy., pour l'explication de ce passage, p. 9). Nous avons vu que les patriciens avaient retenu pour eux l'interprétation du Droit civil.

Livre troisième. N° 5. (N° 23.) Cicéron, après avoir rappelé des principes de morale, ajoute : « *Neque vero hoc solum natura, id est, jure gentium, sed etiam legibus populorum, quibus in singulis civitatibus respublica continetur, eodem modo constitutum est; ut non liceat sui commodi causa nocere alteri.* »

On voit la distinction que nous avons signalée (Topiques, N° 2, p. 2) entre le Droit civil et le Droit des gens, qui n'est autre chose que le Droit naturel.

N° 10. (N° 45.) « *Itaque præclarum a majoribus accepimus morem rogandi judicis, si eum teneremus,* QUÆ SALVA FIDE FACERE POSSIT. »

Sous l'empire de la procédure des actions de la loi (p. 8), il y avait une action dite *judicis postulatio* (voy. Gaius, Comm. 4, § 12). Les commentateurs modernes pensent que l'on y recourait pour les demandes qui devaient être jugées non d'après le Droit strict, mais d'après l'équité, et M. Bonjean (Traité des actions, 2e vol., p. 219), qui adopte cette opinion, cite ce texte à l'appui de sa thèse.

Cicéron dirait donc : « Nos ancêtres nous ont transmis ce magnifique usage de demander un juge qui puisse juger *en ayant égard à la bonne foi ;* nous devrions observer cette coutume. »

D'après ces commentateurs, on aurait eu recours à la *judicis postulatio* pour les demandes qui, plus tard, devinrent des actions de bonne foi sous la procédure formulaire (p. 81). Le manuscrit de Gaius offre sur ce point une lacune complète.

Racontant le trait célèbre de Damon et de Phintias, il dit : « *Vas factus sit alter ejus sistendi.* » On a vu (discours *Pro Publio Quintio,* p. 100) que le *vadimonium* consistait à promettre que l'on se représenterait devant la justice *(in judicio* ou *in jure sisti),* et cette promesse devait être garantie par une personne qui portait le nom de *vas, vadis,* caution.

Nos 12 et 13. (N° 50 et suiv.) Cicéron, dans ce passage, examine la question de savoir si un honnête marchand venu à Rhodes avec une cargaison de blé, trouvant l'île pressée par la disette et le prix des grains très-élevé, doit prévenir les Rhodiens qu'il a rencontré dans son trajet des vaisseaux chargés de blé qui se dirigent vers leur île.

D'après un stoïcien appelé *Antipater* : « *Omnia patefacienda, ut ne quid omnino, quod venditor norit, emtor ignoret.* » Se fondant sur l'équité et le Droit naturel, ce philosophe prétendait que le vendeur devait déclarer à l'acheteur tout ce qu'il savait. Mais son maître, un autre stoïcien, Diogène de Babylone, répondait : « *Venditorem, quatenus jure civili constitutum sit, dicere vitia oportere; cetera sine insidiis agere, et quoniam vendat, velle quam optime vendere.* » « Le vendeur doit révéler les vices de la chose vendue, si le Droit civil l'exige; il doit s'abstenir pour le reste de tout artifice; et puisqu'il vend, il doit vouloir vendre le mieux qu'il peut. » Ce stoïcien ajoutait : « *Advexi, exposui, vendo meum non pluris, quam ceteri; fortasse etiam minoris, quum major est copia : cui fit injuria?* » Et plus loin, Cicéron lui prête cette simple réflexion, en réponse aux principes d'Antipater, qui soutenait que l'homme devait se rendre utile à la société et déclarer ce qui pouvait être avantageux à ses semblables : « *Quod si ita est, ne vendendum quidquam est, sed donandum.* » « S'il en est ainsi, il ne faut plus vendre, il faut donner. »

N° 13. Le moraliste reporte ensuite la discussion sur la vente d'une maison malsaine, insalubre, et il se demande : « *Quæro, si hoc emptoribus venditor non dixerit, ædesque vendiderit pluris multo, quam se venditurum putarit, num id injuste, an improbe fecerit?* » Antipater répondait que le vendeur était coupable, et Diogène, au contraire, que rien ne forçait l'acheteur à acheter. D'ailleurs : « *Ubi enim judicium emtoris est, ibi fraus venditoris quæ potest esse?* » « L'acheteur pouvait juger lui-même; le vendeur n'a donc commis aucune fraude; » puis : « *Sin autem dictum non omne præstandum est, quod dictum non est, id præstandum putas? Quid vero est stultius, quam venditorem, ejus rei, quam vendat, vitia narrare? Quid autem tam absurdum, quam si domini jussu ita præco prædicet, domum pestilentem vendo.* »

Le vendeur n'est pas obligé de prester tout ce qu'il a promis dans l'affiche, et dès lors il n'est pas tenu de procurer ce qu'il n'a pas même déclaré. Ainsi, comme le dit Diogène, quand même le vendeur eût annoncé *une maison belle et bien bâtie*, l'acheteur ne pourrait se plaindre si la maison n'avait pas ces qualités, et.

d'ailleurs, il est absurde d'obliger le vendeur à dire qu'il met en vente une maison *insalubre et malsaine*.

Cicéron finit par donner raison à Antipater, et il adopte la solution la plus rigoureuse soit pour le marchand de Rhodes, soit pour le vendeur de la *villa*. Cette solution, sur la premiere question, ne peut être accueillie par le droit positif; aussi le moraliste ne l'adopte-t-il qu'en vertu du droit naturel; mais doit-elle même être admise pour le for de la conscience?

Pothier, dans son Traité de la Vente, N° 241, examine la question traitée par Cicéron à propos du marchand de Rhodes, et ajoute: « La décision de Cicéron souffre beaucoup de difficulté, *même dans le for de la conscience*. La plupart de ceux qui ont écrit sur le droit naturel ont regardé cette décision comme outrée. » Cependant, Pothier finit par adopter l'avis de Cicéron.

D'après nous, cette doctrine est exagérée, même dans le for de la conscience, et nous ne voyons pas ce que l'on peut raisonnablement répondre aux arguments que Pothier lui-même rappelle dans ce N° 241.

« Ces auteurs pensent que la bonne foi qui doit régner dans le contrat de vente n'oblige le vendeur à autre chose qu'à faire connaître à l'acheteur la chose qu'il lui vend pour ce qu'elle est, sans lui rien dissimuler de ses défauts, et à ne la pas vendre au-delà du prix qu'elle a lors du contrat; qu'il ne commet aucune injustice en la vendant à ce prix, quoiqu'il sache que ce prix doive de beaucoup diminuer par la suite; qu'il n'est pas obligé de faire part à l'acheteur de la connaissance qu'il a des circonstances qui doivent causer cette diminution, l'acheteur n'ayant pas plus de droit d'exiger de lui qu'il lui fasse part de cette connaissance, que d'exiger qu'il lui fasse part de son bien. S'il la lui faisait, ce serait un acte gratuit de bénéficence qu'il n'est obligé d'exercer qu'envers ceux qui sont dans le besoin, tels que n'étaient pas les Rhodiens qui ne manquaient que de blé, et qui ne manquaient pas d'argent pour acheter celui que ce marchand leur vendait. Le profit qu'il fait en vendant son blé au prix qu'il vaut aujourd'hui, quoiqu'il sache qu'il vaudra beaucoup moins dans peu, n'a rien d'injuste; c'est une juste récompense de la diligence qu'il a faite pour arriver le premier, et du risque qu'il a couru de perdre sur sa marchandise si quelque accident, auquel il était exposé, l'eût empêché d'arriver à temps. Il n'est pas plus défendu de vendre au prix courant une marchandise sans avertir des circonstances qui la doivent faire diminuer, que de l'acheter au prix courant sans avertir des circonstances qui la doivent faire augmenter. Or, on ne s'est jamais avisé d'accuser d'injustice Joseph, qui profita de la connaissance qu'il avait des années de stérilité, pour faire acheter à Pharaon la cinquième partie des blés de ses sujets au prix courant, sans les avertir de ces années de stérilité qui devaient arriver. »

Saint Thomas, dans sa Somme théologique (quest. 77e, art, 3e, sous la rubrique *de la fraude dans les achats et les ventes*), répond aussi : « C'est à l'avenir, qu'on s'attend à voir baisser le prix de la marchandise par suite de l'arrivée des marchands, ce que l'acheteur ignore. Par conséquent, le vendeur qui vend une chose pour le prix qu'il en trouve ne paraît pas agir contre la justice s'il ne fait pas connaître ce qui doit arriver. Si cependant il le faisait, et qu'en conséquence il abaissât son prix, sa vertu serait plus parfaite, quoiqu'il n'y soit pas obligé à titre de justice. »

Le sentiment de saint Thomas est partagé, dit-on, par la plupart des théologiens.

Cicéron était l'organe de la doctrine stoïque la plus exagérée, et Pothier l'a reproduite parce qu'elle se rapprochait de la morale janséniste, à laquelle son âme si honnête et si pure était profondément attachée. Mais il faut bien le reconnaître, de pareils principes ne peuvent être appliqués que par des âmes d'élite, et ne sauraient être la règle du commun des mortels. Aussi l'Église s'est-elle toujours maintenue entre les exagérations d'une morale trop tendue et celles d'une morale trop relâchée.

Dans ces questions si délicates, l'on doit, comme le fait saint Thomas, enseigner une doctrine *exacte*, et l'individu peut ensuite s'appliquer la plus sévère.

Quand on examine attentivement cette question, on voit que la morale de Cicéron et de Pothier anéantirait le commerce, qui est cependant, en soi, un acte très-licite, et de plus, très-nécessaire pour la société. Mais si le commerce est licite, on doit adopter les moyens *licites* de faire le commerce; et si cette doctrine sévère avait été accueillie par tous les marchands de blé, les Rhodiens eussent couru le risque de mourir de faim.

Telle paraît être aussi l'opinion de M. Victor Leclerc, note 11, p. 380, 33e vol. 2e édit., 1826.

Quant à la solution adoptée par Cicéron sur la seconde question, nous en reparlerons tout à l'heure.

N° 14. (Nos 58, 59, 60.) Ce passage renferme la narration piquante relative au chevalier romain Canius, trompé si adroitement par le banquier syracusain Pythius. Mais pour bien saisir la ruse du banquier, il faut connaître les principes du Droit Romain.

Canius, vaincu par les artifices de Pythius, acheta la *villa* syracusaine. « *Emit homo cupidus, et locuples, tanti, quanti Pythius voluit, et emit instructos.* » Puis Cicéron ajoute : « *Nomina facit.* »

Nous avons vu (discours *Pro Roscio comœdo*) que les banquiers (*argentarii*), tenaient des registres sur lesquels ils inscrivaient leurs créances et leurs dettes. Ce registre avait deux colonnes : le *codex accepti*, où le banquier portait ce qu'il recevait et ce qui constituait son passif; le *codex depensi*, où il relatait les sommes qu'il avait pesées et qui composaient son actif.

Nous avons vu également qu'un citoyen romain pouvait convenir avec son créancier que celui-ci le porterait sur ses registres comme ayant reçu la pesée d'une somme qu'il n'avait pas réellement reçue. Si cette inscription avait lieu du consentement du débiteur, l'obligation était formée *litteris*. Le débiteur était tenu en vertu de l'*expensilatio*, et on disait du créancier qu'il avait créé, constitué une créance; *nomina facit* (voy. plus haut, p. 142). Ce contrat formé par l'écriture, qui était venue s'ajouter à la convention, était de Droit strict. Le juge ne pouvait, d'après le Droit civil, examiner la cause véritable de l'obligation; il devait seulement rechercher *si* l'écriture était portée sur les registres, et *si* le débiteur y avait consenti (voy., notamment, p. 137). Une fois ces deux points établis, le juge devait condamner sans s'inquiéter du *pourquoi;* particulièrement, si le débiteur avait été amené à consentir par suite de manœuvres frauduleuses, le juge, après avoir reconnu que le consentement existait, ne pouvait se préoccuper de ces manœuvres. En un mot, il en était de l'*expensilatio* comme de la *stipulatio*. (Voy. p. 137, 223 et 387.)

D'un autre côté, la vente était un contrat de bonne foi dans lequel le juge devait examiner les obligations des parties contractantes, *ex bono et æquo*. (Voy. Topiques, p. 81).

Si donc l'acheteur avait traité sous l'empire du dol pratiqué par le vendeur, il pouvait se soustraire à l'obligation contractée, l'équité exigeant que l'acheteur eût le droit de répudier un achat auquel il n'avait consenti que par suite de manœuvres frauduleuses, telles que, sans ces manœuvres, il n'eût pas consenti. Le dol était alors considéré comme *dans causam contractui.*

Pithius, le banquier, connaissait tous ces principes de Droit. Aussi, que fit-il? Une fois la vente convenue, comme Canius eût pu la repousser si les choses en étaient restées là, il se hâta de la *nover* par une *expensilatio,* et il substitua à un contrat de bonne foi un contrat de Droit strict. Canius consentit à être porté sur les registres du vendeur qui était précisément un banquier, de telle sorte qu'il fut tenu en vertu non plus de la *vente*, mais bien de l'*expensilatio*, et dès lors il lui fut impossible d'invoquer le dol que Pithius avait pratiqué envers lui.

On remarquera que Gaius (voy. p. 140) indique justement l'*expensilatio* comme pouvant servir à nover une obligation résultant d'une vente.

Ainsi, *nomina facit* veut dire : il se constitue une créance sur ses registres; ou bien, il devient créancier par suite de l'*expensilatio;* en un mot, il substitue à la vente une obligation littérale.

Tout cela est confirmé par la fin de cette narration où Cicéron ajoute: « *Stomachari Canius. Sed quid faceret? nondum enim Aquillius, collega et familiaris meus, protulerat de dolo malo formulas.* » « Canius découvre la fraude, il se récrie. Que faire? Aquillius, mon collègue et ami, n'avait point encore inventé ses formules sur le dol. »

On a déjà vu (plus haut p. 475) qu'Aquillius avait été l'inventeur de l'action *de dolo;* il le fut aussi de l'exception de dol donnée au défendeur, pour paralyser l'action du demandeur qui était fondée *jure civili.* Canius, poursuivi par Pithius, aurait donc demandé au préteur l'insertion dans la formule de l'exception : SI IN EA RE NIHIL DOLO MALO PITHII FACTUM SIT; et en prouvant le dol, il n'aurait point été condamné. (Voy. sur cette exception et autres développements, n° 12, Traité de la Rhétorique; n° 30, liv. 3, *De natura deorum*, p. 387 et 475).

A l'aide de cette exception, Aquillius chassa le dol des contrats de Droit strict; tandis que dans ceux de bonne foi il ne fut pas nécessaire de recourir à un pareil expédient, tout étant apprécié *ex bono et æquo*. Mais la novation s'étant accomplie dans l'espèce, avant Aquillius, Canius avait été obligé de payer Pithius, car il n'avait pu paralyser l'action par ce moyen de défense, dit *exception de dol,* qui n'avait pas encore été inventé.

Ce morceau a été traduit par bien des littérateurs. Rollin, empruntant la traduction de M. Dubois (Traité des études, 2 vol., ch. 3, art. 1, § 1, n° 6), en fait ressortir toute l'élégance et toute la finesse; cette traduction porte : NOMINA FACIT, *on fait le contrat. On passe le contrat*, répètent d'autres traductions; *il fait son obligation*, dit un autre traducteur (M. de Barett), et c'est celui-ci qui approche le plus du véritable sens. Il faudrait dire simplement : Pithius fait un *nomen* ou une *expensilatio,* et une note explicative ferait connaître la pensée de Cicéron qui par ces deux mots révèle toute l'astuce du banquier de Syracuse.

A la fin de ce même paragraphe, Cicéron rappelle la définition du dol donnée par Aquillius: « *cum esset aliud simulatum, aliud actum.* » (Voy. plus haut, p. 79.)

N° 15. (N° 60 et suivants.) « *Atque iste dolus malus etiam legibus erat vindicatus; ut tutela XII Tabulis, et circumscriptio adolescentium lege Lætoria; et sine lege, judiciis, in quibus additur,* EX FIDE BONA. *Reliquorum autem judiciorum hæc verba maxime excellunt; in arbitrio rei uxoriæ,* MELIUS ÆQUIUS; *in fiducia,* UT INTER BONOS BENE AGIER. *Quid ergo? aut in eo, quod* MELIUS, ÆQUIUS, *potest ulla pars inesse fraudis? aut quum dicitur,* INTER BONOS BENE AGIER, *quidquam agi dolose, aut malitiose potest?* »

Ce passage important rappelle des principes précédemment exposés.

Cicéron affirme d'abord que la loi des XII Tables réprimait le dol commis par le tuteur. C'est une allusion à l'action *de rationibus distrahendis* donnée contre le tuteur infidèle (voy. n° 36, liv. 1, *De oratore,* p. 420), qui, condamné, était noté d'infamie. La loi *Lætoria* (ou plutôt *Plætoria)* punissait celui qui profitait de la faiblesse du mineur de 25 ans pour le tromper (voy. n° 30, *De natura deorum,* liv. 3, p. 474). Puis il ajoute : « Et sans loi, dans les formules *(judiciis,* voy. p. 72) où l'on ajoute d'*après la bonne foi*. En d'autres formules ces paroles sont encore plus énergiques; ainsi, dans l'action (voy. p. 89) *rei uxoriæ,* on trouve les mots, *tout ce qu'il y a de mieux, tout ce qu'il y a de plus équitable* (voy. Topiques, n° 17, p. 89); dans l'action de fiducie (p. 79), on rencontre les expressions, *comme cela se passe entre gens de bien.* Quoi donc! Dans une formule qui porte *tout ce qu'il y a de mieux, de plus équitable,* la fraude peut-elle se glisser? Ou quand il est dit : *ainsi que cela se passe entre gens de bien,* peut-on agir avec dol ou malice? » (Voy. p. 85.)

Dans certaines traductions l'on rencontre le mot JUDICIIS rendu par *transaction,* tandis que *judicium* signifie la formule même délivrée par le préteur (voy. p. 72); les expressions REI UXORIÆ ARBITRIUM sont traduites par *conventions matrimoniales,* et le mot FIDUCIÆ par *fidéicommis.* Un traducteur du dernier siècle est même allé jusqu'à rendre le mot FIDUCIÆ par *confidences,* et le reste est à l'avenant.

N° 16. (N° 65 et suiv.) « *Ac de jure quidem prædiorum sancitum est apud nos jure civili, ut in his vendendis vitia dicerentur, quæ nota essent venditori. Nam, quum ex XII Tabulis satis esset* EA PRÆSTARI, QUÆ ESSENT LINGUA NUNCUPATA; *quæ qui inficiatus esset, dupli pœnam subiret : a jureconsultis etiam reticentiæ pœna est constituta. Quidquid enim esset in prædio vitii, id statuerunt, si venditor sciret, nisi nominatim dictum esset, præstari oportere.* »

« Au sujet des biens fonds, le Droit civil a fini par décider que le vendeur devait déclarer les vices qu'il connaissait. D'après la loi des XII Tables, il suffisait de garantir ce que l'on avait formellement déclaré. Si l'on venait à le dénier, on était condamné au double. Mais les jurisconsultes ont puni même la réticence, et ils ont décidé que tout vice qui se trouverait dans un héritage et qui serait connu du vendeur devrait être révélé, sous peine pour celui-ci d'être tenu à la garantie. »

La vente, au temps de la loi des XII Tables, était de *Droit strict* comme tous les contrats; elle était soumise au principe « *Cum nexum faciet mancipiumque uti lingua nuncupassit ita jus esto.* »

« Lorsqu'il y aura un *nexum* (sur les sens différents de cette expression, voy. Topiques, N° 5, p. 52; ***Pro Murena***, N° 2, p. 329, et *infra,* lettre 653e) ou une *mancipatio,* que ce que la langue aura prononcé soit le droit. » Le vendeur aliénait la chose par la *mancipatio*, et à ce moment intervenaient les conventions qui accompagnaient l'aliénation; il y avait *nuncupatio* (voy. *Pro Murena*, 2, p. 329.) *Nuncupare* voulait dire *palam declarare*.

Le vendeur devait ce qu'il avait déclaré, rien de plus, rien de moins; mais s'il voulait s'y soustraire, il était condamné au double.

Plus tard, la vente devint un contrat de bonne foi, et les jurisconsultes exigèrent du vendeur la déclaration expresse des vices qu'il connaissait; c'est pourquoi il fut désormais garant non plus seulement de ce qu'il avait déclaré, mais encore des vices connus par lui, qu'il n'avait pas révélés.

Toutefois, cela ne doit pas être pris trop à la lettre. Ainsi, nous avons déjà dit qu'il n'était garant des servitudes grevant le fonds vendu que s'il l'avait vendu *uti optimus maximusque* (voy. *supra*, p. 430); et d'un autre côté, il n'était pas garant des vices *apparents* dont l'acheteur avait pu se convaincre lui-même.

Ainsi, la décision de Cicéron, quand il s'agissait de la vente d'une maison, était encore trop rigoureuse, en ce qu'il imposait au vendeur l'obligation d'aller au devant de l'acheteur et de lui révéler tous les défauts de la chose vendue, tout aussi bien ceux qui étaient *cachés* que ceux qui étaient apparents.

Saint Thomas examine encore la question de savoir si le vendeur est tenu de divulguer le vice de la chose qu'il a vendue (quest. 77e, art. 3e), et il conclut ainsi : « Le vendeur peut quelquefois, en indemnisant l'acheteur, taire un défaut *occulte* dans la chose qu'il vend, pourvu que ce défaut ne cause pas de tort à l'acheteur, ou ne l'expose pas à quelque péril. »

Plus loin, saint Thomas, dans ses raisonnements, ajoute : « Le vendeur qui met une chose en vente fournit par là même à l'acheteur une occasion de perte ou de péril, s'il lui offre une chose vicieuse qui lui fasse encourir, par suite de ses défauts, quelque perte ou quelque danger. En effet, il y a perte si le défaut de la chose vendue en abaisse le prix, et que malgré cela il n'ait fait aucune remise; il y a péril, si l'usage de la chose devient difficile ou nuisible par suite de ce défaut; par exemple, si on vend à quelqu'un un cheval boiteux pour un cheval de course; une maison qui menace ruine pour une maison solide; une nourriture malsaine et empoisonnée pour de bons aliments. Par conséquent, si ces défauts sont *cachés* et que le vendeur ne les découvre pas, sa vente est illicite et frauduleuse, et il est tenu de réparer le dommage. Mais si le vice est *manifeste*, comme quand un cheval est borgne, quand la chose, quoiqu'elle ne convienne pas au vendeur, peut cependant convenir à d'autres; si le vendeur a baissé son prix autant que le défaut l'exige, il n'est pas tenu de le découvrir, parce que l'acheteur voudrait peut-être qu'on lui fît dans ce cas là une remise trop forte. Le vendeur peut donc vendre licitement son objet sans en faire connaître les défauts, du moment qu'il a justement indemnisé l'acheteur. »

Les articles 1642, 1643 et suiv. du Code Napoléon ont sanctionné cette doctrine, en distinguant les vices apparents des vices cachés. Jamais l'acheteur ne peut se plaindre des vices apparents; seulement, dans le for de la conscience, le vendeur qui n'a pas diminué son prix, d'après la doctrine de saint Thomas, doit évidemment ne pas profiter de l'ignorance de l'acheteur. Quant aux vices *cachés*, l'acheteur peut se plaindre soit que le vendeur les connût, soit qu'il les ignorât; mais il faut que les vices rendent la chose impropre à l'usage auquel on la destinait, ou bien qu'ils diminuent tellement cet usage que l'acheteur ne l'aurait pas acquise, ou n'en aurait donné qu'un moindre prix, s'il les eût connus. (Art. 1641.)

Pothier (vente, N° 237) trouve la décision de saint Thomas contraire à la justice, et préfère, dit-il, la doctrine des jurisconsultes romains. Mais cette doctrine est celle de notre code, ainsi qu'il est facile de s'en convaincre.

Notre code et saint Thomas ne sont en désaccord que sur deux points. D'après saint Thomas, si le vendeur n'a pas baissé son prix, il ne doit pas profiter de ce que le vice qui s'est manifesté est un vice *apparent;* au lieu que d'après le code, l'acheteur n'a rien à réclamer conformément à la décision de la loi romaine (loi 14, § 10, *De ædilitio edicto,* liv. 21, tit. 1er). C'est donc saint Thomas qui, dans cette circonstance, impose au vendeur des obligations plus sévères.

En second lieu, dans le Droit Romain, si le vice était caché, le vendeur qui le connaissait était tenu de le déclarer, et même, s'il l'ignorait, il en était garant. L'acheteur pouvait, en effet, soit demander la résolution de la vente (auquel cas le vice était dit *rédhibitoire*), soit réclamer une diminution de prix — (loi 1, § 2, *De ædilit. edicto,* — liv. 21, tit. 1er). — C'est ce que répète le Code Napoléon. — Saint Thomas enseigne que le vendeur peut dissimuler le vice *occulte* à condition de ne causer ni perte, ni dommage à l'acheteur; et s'il n'a pas diminué son prix, ou si le vice doit causer du dommage à l'acheteur, le docteur qualifie la vente de frauduleuse et d'illicite. D'après le Code et le Droit Romain, si le vendeur a diminué son prix, il est évident que l'acheteur ne peut demander une diminution déjà accordée; seulement, l'acheteur peut conclure encore à la résolution de la vente, en se fondant sur ce qu'il n'eût pas acheté s'il eût connu le vice, et c'est sur ce point que Pothier attaque la décision de saint Thomas : « De même, dit-il, que le vendeur est parfaitement libre de vendre ou de ne pas vendre, il doit laisser à l'acheteur une parfaite liberté d'acheter ou de ne pas acheter, même pour le juste prix. Si ce prix ne convient pas à l'acheteur, c'est une injustice que de tendre un piége à cette liberté dont l'acheteur doit jouir, en lui cachant un vice de la chose, pour lui faire acheter cette chose qu'il n'eût pas voulu acheter pour le prix qu'on la lui a vendue s'il eût connu le vice. »

L'observation de Pothier est fort juste, mais il nous semble que saint Thomas y avait fait droit. Il enseigne que s'il y a péril, si l'usage de la chose devient difficile ou nuisible par suite de ce défaut caché, la vente est illicite et frauduleuse. C'est bien prévoir le cas où le vendeur dissimule un défaut caché qui rend la chose impropre à l'usage auquel on la destinait, et tel que l'acheteur ne l'eût pas achetée, s'il l'eût connu.

Ainsi, saint Thomas, suivant nous, a fait l'application de la doctrine romaine adoptée par notre Code, en décidant : 1° que le vendeur doit diminuer le prix quand il y a un vice caché; 2° qu'il ne doit pas dissimuler le vice, si ce vice doit procurer un dommage à l'acheteur. Dans le premier cas, le Droit Romain et le Code donnent l'action en diminution du prix dite *quanto minoris,* si le vendeur n'a pas lui-même fait une diminution; dans le second, ils donnent l'action dite rédhibitoire, par laquelle on demande l'annulation de la vente.

Que saint Thomas n'ait pas toute la précision d'un jurisconsulte, nous le concédons, mais il nous semble que sa doctrine est très-raisonnable (1).

Faut-il, avec Cicéron et Pothier, soutenir, sans distinction, que le vendeur doit déclarer tous les vices quelconques, tant ceux cachés que ceux apparents? Nous ne le pensons pas; cette doctrine nous paraît exagérée.

Peut-être, au surplus, au temps de Cicéron, la vente était-elle déjà devenue tellement un contrat de bonne foi, que des jurisconsultes auraient soutenu que le vendeur devait déclarer tous les vices qui détérioraient la chose vendue. Il ne serait pas impossible que la réaction contre le droit strict, en faveur de l'équité, eût été poussée jusque-là. Notre texte et celui que nous avons rencontré, N° 39, liv. 1er, *De oratore,* sembleraient même l'établir. Mais les jurisconsultes durent s'apercevoir bientôt que les nécessités commerciales exigeaient que l'on restreignît un peu les exagérations que l'on pouvait tirer des principes de l'équité, et cette restriction eut lieu dans le sens que nous venons d'indiquer.

Cicéron donne l'exemple curieux d'un certain Claudius Centumalus qui vendit une maison que les augures avaient condamnée à être démolie, parce qu'elle gênait leurs observations. Calpurnius Lanius l'acheta sans connaître le décret des augures, dit Cicéron : « *Arbitrum illum adegit,* QUIDQUID SIBI DARE, FACERE OPORTERET EX FIDE BONA. » « Il se fit délivrer cette formule d'action (*arbitrum,* voy. p. 88) : *tout ce qu'il devait donner et faire d'après la bonne foi.* »

On a déjà dit que le juge de l'action de bonne foi (vente dans l'espèce) s'appelait *arbiter*. Les autres expressions sont celles qui étaient contenues dans la formule d'une action de bonne foi (voy. Topiques, N° 17, p. 86). *Dare* veut dire transférer la propriété ; *facere,* accomplir un fait.

Caton, père du grand Caton, dit Cicéron : « *Pronuntiavit : quum in venumdando rem eam scisset, et non pronuntiasset, emtori damnum præstari oportere.* » « Il prononça que le vendeur connais-

(1) Saint Thomas ne s'expliquait pas sur le cas où le vendeur ignorait les vices, parce qu'il supposait des cas de fraude intervenus dans une vente.

sant, lors de la vente, l'ordre des augures et ne l'ayant pas déclaré, devait prester à l'acheteur le dommage causé, c'est-à-dire, qu'il devait garantie à l'acheteur. » — Il y avait là effectivement un vice *caché*, et la décision de Caton était très-équitable. Cicéron a tort d'en conclure que les vendeurs sont tenus de divulguer tous les vices quelconques, et, de plus, que le marchand de blé devait révéler aux Rhodiens l'arrivée prochaine des navires.

Il ajoute : « *M. Marius Gratidianus, propinquus noster, C. Sergio Oratæ vendiderat ædes eas, quas ab eodem ipse paucis ante annis emerat. Hæ Sergio serviebant; sed hoc in mancipio Marius non dixerat. Adducta res in judicium est. Oratam Crassus, Gratidianum defendebat Antonius. Jus Crassus urgebat; quod vitii venditor non dixisset sciens, id oportere præstari : æquitatem Antonius; quoniam id vitium ignotum Sergio non fuisset, qui illas ædes vendidisset, nihil fuisse necesse dici; nec eum esse deceptum, qui id, quod emerat, quo jure esset, teneret.* »

« Marius Gratidianus, notre parent, avait revendu à Sergius Orata, des maisons qu'il en avait achetées peu d'années auparavant. Ces maisons étaient grevées d'une servitude en faveur d'un certain Sergius (autre que l'acheteur). Marius n'en avait rien dit lors de la mancipation (*in mancipio*, voy. p. 430). La chose fut donc portée devant le *judex (adducta est in judicium*, p. 72). Orata était défendu par Crassus, et Gratidianus par Antoine. Crassus invoquait le Droit et prétendait que le vendeur n'ayant pas déclaré le vice qu'il connaissait devait la garantie, c'est-à-dire, devait réparer le dommage causé à son client. Antoine, au contraire, appelait à son aide l'équité, en se fondant sur ce que Sergius connaissant le vice des maisons qu'il avait déjà vendues, le vendeur n'avait rien eu à déclarer à l'acheteur qui n'avait pu être trompé sur l'état des maisons qu'il avait achetées. »

Cette affaire doit être rapprochée du N° 39, *De oratore*, liv. 1er, p. 430. D'après l'opinion qui avait prévalu, le vendeur n'était tenu de garantir l'acheteur contre l'existence des servitudes que s'il avait vendu le fonds, *uti optimus maximusque*.

N° 17. (N° 69 et suiv.) « *Itaque majores aliud jus gentium, aliud jus civile esse voluerunt. Quod civile, non idem continuo gentium; quod autem gentium, idem civile esse debet.* »

« Nos ancêtres ont distingué le Droit civil du Droit des gens. Le

Droit civil n'est pas toujours le Droit des gens, mais le Droit des gens doit être le Droit civil. » (Voy. notre explication, Topiques, N° 2, p. 2.)

« *Nam quanti verba illa*, UTINE PROPTER TE, FIDEMVE TUAM CAPTUS, FRAUDATUSVE SIEM? *Quam illa aurea*, UT INTER BONOS BENE AGIER OPORTET, ET SINE FRAUDATIONE? *Sed qui sint boni, et quid sit bene agi, magna quæstio est. Q. quidem Scævola, pontifex maximus, summam vim dicebat esse in omnibus iis arbitriis, in quibus adderetur, ex fide bona; fideique bonæ nomen existimabat manare latissime, idque versari in tutelis, societatibus, fiduciis, mandatis, rebus emtis, venditis, conductis, locatis, quibus vitæ societas contineretur; in his magni esse judicis, statuere (præsertim quum in plerisque essent judicia contraria), quid quemque cuique præstare oporteret.* »

Ce passage, très-important, est relatif aux actions de bonne foi, et il est déjà expliqué par ce que nous avons dit, Topiques, N° 17, p. 85.

« De quel prix, en effet, ne sont point ces paroles : *Afin que de vous et de votre bonne foi, je ne reçoive ni tromperie, ni fraude?* Celles-ci sont d'or : *Comme il convient d'agir entre honnêtes gens et sans fraude* (c'était la formule de l'action *fiduciæ*, p. 86). Mais qu'entend-on par honnêtes gens? Qu'entend-on par bien agir? Telle est la question. Quintus Mucius Scévola, grand pontife, disait, à la vérité, que les actions dans lesquelles on ajoutait *d'après la bonne foi,* avaient une grande importance (voy., p. 86, la formule d'une action de bonne foi d'après Gaius). Ces mots : *la bonne foi,* avaient, disait-il, une grande étendue, et on les rencontrait dans les actions de tutelle, de société, de fiducie (voy. p. 85), de mandat, dans l'action *empti, venditi,* dans celle *conducti, locati,* qui ont trait à des contrats usuels dans la vie; dans ces actions, il appartient à un bon juge de déterminer (surtout parce que dans la plupart il y a des actions contraires) ce que chacune des parties contractantes doit à l'autre. »

On sait que, dans l'action de bonne foi, le juge s'appelle *arbiter* et l'action délivrée par le préteur *arbitrium*, ce mot désignant ici l'écrit lui-même ou la formule dans laquelle on trouvait les mots *ex fide bona.* (Voy. p. 88.)

A la fin, Cicéron fait allusion à la *compensation* qui était admise dans les contrats de bonne foi, en vertu du principe de l'équité.

Ce point a été suffisamment développé (voy. Topiques, N° 17, p. 87). Mais, ajoute-t-il en parenthèse : *præsertim quum in plerisque essent judicia contraria.*

Parmi les contrats, il en est qui n'obligent jamais qu'une des parties contractantes. Tels sont le *mutuum* (prêt d'une quantité, d'argent, par exemple), la *stipulatio* et l'*expensilatio*. Dans le premier cas, l'emprunteur seul est obligé; dans le second, le promettant (voy. p. 71); dans le dernier, celui qui a consenti à être porté sur les registres du créancier (voy. p. 137). Ces contrats sont dits unilatéraux, et ils ne peuvent être qu'unilatéraux; jamais le créancier ne peut devenir obligé *en vertu de ce même contrat* (*ex eadem causa*, voy. p. 87).

En d'autres cas, dès le moment où le contrat est formé, des obligations réciproques naissent réciproquement; par exemple : dans la vente, le louage, la société. On appelle ces contrats : *synallagmatiques*. Le vendeur a l'action *venditi;* l'acheteur, l'action *empti;* le *locator*, l'action *locati;* le *conductor*, l'action *conducti;* les associés, l'action *pro socio.*

Entre ces deux classes de contrats s'en place une troisième renfermant des contrats unilatéraux à l'origine, qui peuvent devenir synallagmatiques *ex postfacto.*

Ainsi, dans le mandat, le mandataire est tenu par l'action *mandati directa ;* dès la formation du contrat, le mandant a cette action pour contraindre le mandataire à exécuter le mandat qu'il a accepté, ou bien pour le faire condamner à des dommages-intérêts. Si le mandataire, de son côté, éprouve un préjudice par suite de l'exécution du mandat, si notamment il fait des avances, il a l'action *mandati contraria* contre le mandant, à l'effet de se faire indemniser. Cette action ne naît qu'accidentellement, à la différence de la première que l'on appelle *directa*, et qui existe nécessairement dès la perfection du contrat.

De même du tuteur : il est soumis à l'action *tutelæ directa* intentée par le pupille auquel il doit rendre ses comptes; mais s'il a fait des avances, il doit aussi avoir contre le pupille l'action *tutelæ contraria.*

Enfin, le débiteur qui a consenti l'aliénation de l'objet donné en gage avec le contrat de fiducie (p. 79) a, lorsque la dette a été payée, contre le créancier gagiste l'action *fiduciæ directa*, pour se faire restituer cet objet; mais si le créancier a été obligé, pour *conserver* le gage, de faire des impenses, il a pour les recouvrer l'action *fiduciæ contraria*, qui n'est donnée encore qu'accidentellement.

Des commentateurs ont appelé ces contrats unilatéraux, dès le principe, qui peuvent engendrer plus tard une autre obligation en sens inverse : *contrats synallagmatiques* IMPARFAITS, par opposition aux contrats synallagmatiques PARFAITS, comme la vente et le louage, qui dès leur origine donnent lieu à deux actions.

Nous avons vu (Topiques, n° 17, p. 87) que toutes les fois que le défendeur était créancier du demandeur *ex eadem causa*, en vertu du même contrat, le juge devait établir la compensation entre les deux dettes et les deux créances, et Cicéron ajoute : « Cela est d'autant plus juste, qu'il existe dans ces contrats de bonne foi des actions *contraires.* » Ainsi, le mandataire ayant contre le mandant l'action *mandati contraria*, il est équitable que, poursuivi par ce dernier, il puisse opposer en compensation ce que le mandant lui doit; quoi de plus juste qu'il puisse, étant défendeur, réclamer par voie d'*exception*, ce que, demandeur, il pourrait obtenir par voie d'*action;* car « *melius est non solvere, quam solutum repetere.* » Et ce que nous disons du mandat s'applique à la tutelle et au contrat de fiducie.

Des traductions portent : « *Qu'il fallait des juges bien éclairés pour faire droit à chacun dans ces sortes d'affaires, quand, sur la plupart, on avait rendu des jugements contradictoires.* » D'autres disent : « *Que comme ces affaires avaient différentes faces, l'habileté du juge consistait à saisir la vraie, pour en déduire le droit et l'obligation de chaque partie.* »

Cicéron ajoute un peu plus loin : « *Nec vero in prædiis solum jus civile, ductum a natura, malitiam fraudemque vindicat; sed etiam in mancipiorum venditione fraus venditoris omnis excluditur : qui enim scire debuit, de sanitate, de fuga, de furtis, præstat edicto ædilium : heredum alia causa est.* »

« Ce n'est pas seulement à l'égard des biens-fonds que le Droit civil, puisé dans la nature, interdit la ruse et la fraude, mais encore dans la vente des esclaves la fraude est condamnée; car l'édit des édiles décide que le vendeur doit garantir les vices qui se rencontrent dans l'esclave de mauvaise santé, dans celui habitué à prendre la fuite ou à commettre des vols, vices que le vendeur a dû connaître. Il en est autrement des héritiers du vendeur. »

Les édiles curules s'étaient occupés de la vente des esclaves, et quand il se manifestait un vice *caché* dans l'esclave vendu, si, par exemple, il était de mauvaise santé, s'il avait l'habitude de prendre la fuite ou de commettre des vols, l'acheteur avait, soit l'action rédhibitoire pour faire résoudre la vente, soit l'action *quanto minoris* pour faire diminuer le prix. Nous avons vu que l'on avait fini par donner ces actions quand il apparaissait un vice caché dans un immeuble vendu.

Ulpien (loi 1, liv. 21, tit. 1, *De ædilitio edicto*) dit : « *Labeo scribit, Edictum Ædilium curulium de venditionibus rerum esse, tam earum quæ* SOLI *sint, quam earum quæ mobiles aut se moventes.* »

Cette action rédhibitoire ou *quanto minoris* était donnée même contre le vendeur de bonne foi qui ignorait ces vices, et dès lors elle était délivrée contre son héritier.

La loi 1, § 2 (*De ædilitio edicto*, liv. 21, tit. 1) porte : « *Dummodo sciamus, venditorem,* ETIAM SI IGNORAVERIT EA, QUÆ ÆDILES PRÆSTARI JUBENT, TAMEN TENERI DEBERE. *Nec est hoc iniquum, potuit enim ea nota habere venditor : neque enim interest emptoris, cur fallatur, ignorantia venditoris, an calliditate.* »

La loi 23, § 5, du même titre et du même jurisconsulte, ajoute : « *Hæ actiones, quæ ex hoc Edicto oriuntur, etiam adversus heredes omnes competunt.* »

Mais il paraît qu'outre ces actions données par les édiles, l'édit prévoyait le cas où le vendeur coupable de dol n'avait pas révélé les défauts cachés qu'il connaissait. Voici en effet ce qu'on lit dans la loi 1, § 1, au Digeste (*De ædilitio edicto*, liv. 21, tit. 1), qui renferme le texte de l'édit des édiles curules : « HOC AMPLIUS, *si quis adversus ea sciens dolo malo vendidisse dicetur, judicium dabimus.* »

Comment l'édit réprimait-il le dol du vendeur? C'est ce que nous ne savons pas. Pothier, dans ses Pandectes (t. 2, p. 2, édit. La Truffe, 1821), pense, en s'appuyant sur un texte du code de Justinien, que le vendeur devait non-seulement restituer le prix de l'esclave, mais encore réparer tout le dommage que l'esclave vicieux pouvait avoir causé à l'acheteur. Du reste, le dol étant personnel, les héritiers du vendeur ne devaient pas être tenus de cette action.

Cicéron se place dans l'hypothèse du vendeur coupable de dol par réticence. Aussi dit-il que l'édit des édiles n'atteint pas les héritiers. « *Heredum alia causa est.* »

Des traductions portent : « *Il en est autrement des esclaves provenant d'un héritage* » (il faudrait dire d'une *hérédité*). Ce qui s'explique par cette considération, que le vendeur peut ignorer les vices des esclaves dont il hérite. Mais *heres, heredis*, n'a jamais voulu dire qu'*héritier* et jamais *héritage*, ni *hérédité*. Le sens naturel est donc le suivant : *Il en est autrement pour les héritiers du vendeur.*

N° 19. (N° 77.) « *Quum is sponsionem fecisset,* NI BONUS VIR ESSET. » « Lorsqu'il avait fait la SPONSIO : *S'il n'était pas homme de bien.* » (Sur la *sponsio*, voy. p. 112; c'était une gageure faite dans les formes de la stipulation, *spondes — spondeo.*)

N° 23. (N° 89.) Le mot *familia* est pris dans le sens d'*esclaves.*

N° 23. (N°s 91 et 92.) « *In mancipio vendendo, dicendane vitia, non ea, quæ nisi dixeris, redhibeatur mancipium jure civili; sed hæc, mendacem esse, aleatorem, furacem, ebriosum?* »

« En vendant un esclave, faut-il déclarer ses défauts? Je ne parle pas seulement de ceux qui, lorsqu'ils sont dissimulés, donnent lieu, d'après le Droit civil, à l'action rédhibitoire (voy. p. 498). Mais faut-il dire qu'il est menteur, joueur, voleur, ivrogne? »

Tous les vices de la chose vendue n'étaient pas rédhibitoires et ne donnaient pas lieu aux actions dont nous parlions tout-à-l'heure; Cicéron se demande donc si le vendeur doit déclarer les vices, même ceux dont l'acheteur ne peut pas se plaindre en vertu du droit positif. (Voy. plus haut, p. 493.)

Puis il ajoute : « *Si quis aurum vendens, orichalcum se putet vendere, indicetne ei vir bonus, aurum illud esse, an emat denario, quod sit mille denarium?* »

« Un homme vend de l'or, croyant que c'est du laiton. Un homme de bien lui fera-t-il voir son erreur, ou achètera-t-il un denier ce qui en vaut mille? »

N° 24. (N° 92.) « *Pacta et promissa semperne servanda sint, quæ nec vi, nec dolo malo (ut prætores solent) facta sint?*

« Est-on tenu d'observer les pactes et les promesses auxquels, comme disent les préteurs, la violence et le dol n'ont eu aucune part? »

Quand il y avait violence ou dol, le préteur donnait une exception au promettant. (Voy. du reste ce passage expliqué, *De officiis*, liv. 1er, N° 10, p. 478.)

N° 24. (N° 93.) « *Quid? Si quis sapiens rogatus sit ab eo, qui eum heredem faciat, quum ei testamento sestertium millies relinquatur, ut ante, quam hereditatem adeat, luce palam in foro saltet, idque se facturum promiserit, quod aliter eum hæredem scripturus ille non esset : faciat, quod promiserit, necne?* »

« Quoi? un homme sage est institué héritier par un testateur qui laisse un million de sesterces, à condition qu'avant de faire adition d'hérédité il ira en plein jour, en public, sauter dans le Forum; et si ce sage a promis d'accomplir cette condition sans laquelle il n'eût pas été institué héritier, devra-t-il, oui ou non, réaliser sa promesse? »

Nous avons expliqué ce que l'on entendait par faire *adition d'hérédité*. (Voy. plus haut, p. 41.)

N° 31. (N° 111.) Cicéron enseigne quelle est la valeur du serment, et il ajoute : « *Id indicant leges in XII Tabulis.* » Il paraît que le faux témoin était précipité de la roche Tarpéienne. (Voy. Bonjean, texte restitué, note 6 et N° 2.)

N° 31. (N° 112.) « *Pomponius, tribunus plebis, diem dixit.* » C'est-à-dire, *ajourna*.

DE AMICITIA. — PARADOXA.

De Amicitia. — N° 19. (N° 70.) « *Ut in fabulis, qui aliquandiu propter ignorationem stirpis et generis in famulatu fuerunt.* »

« Comme dans les fables, ceux qui pendant quelque temps, par suite de l'ignorance où ils étaient de leur *stirps* ou de leur *gens*, ont été en esclavage. »

Sur les expressions *stirps*, *gens* (voy. p. 54 et 428); *in famulatu esse* veut dire que les héros dont parlent ces fables étaient, *en fait,* dans l'état d'esclavage. (Voy. p. 314.)

Paradoxa. — Préface adressée à Brutus : « *Hoc tamen opus in acceptum ut referas, nihil postulo.* »

« Je ne vous demande pas de porter ce livre sur votre *codex accepti.* »

Cicéron fait allusion aux registres que tenaient les citoyens romains (voy., *Pro Roscio comœdo,* nos développements, p. 138). Celui qui recevait de l'argent en portait la mention au *codex accepti,* c'est-à-dire, à la colonne de son passif.

En offrant son ouvrage à Brutus, il l'assure qu'il ne lui demande pas de se considérer comme son débiteur.

Paradoxe Premier. — N° 1. (N° 2.) « *In quo equidem continentissimorum hominum, majorum nostrorum, sæpe requiro prudentiam, qui hæc imbecilla et commutabilia pecuniæ membra, verbo* BONA *putaverunt appellanda, quum re ac factis longe aliter judicavissent.* »

Le jurisconsulte Ulpien, dans la loi 49, *De verborum significatione,* au Digeste (liv. 50, tit. 16), dit : « *Bonorum appellatio aut naturalis aut civilis est : naturaliter bona ex eo dicuntur, quod beant, hoc est beatos faciunt : beare est prodesse.* »

Paradoxe Cinquième. — N° 1. Les méchants, dit Cicéron, sont esclaves, et il ajoute : « *Non enim ita dicunt eos esse servos, ut mancipia, quæ sunt dominorum facta nexu, aut aliquo jure civili.* »

On peut entendre ce passage de deux manières :

Première interprétation : « Ils ne sont pas esclaves comme ceux qui sont devenus la propriété de leurs maîtres par la mancipation ou un autre mode du Droit civil. » On sait que les esclaves, *res mancipi*, devaient être aliénés dans les formes de la *mancipatio*, ou de la *cessio in jure* (voy. Topiques, N° 2, p. 3 et 7). Nous avons vu également (Topiques, N° 5, p. 52) que par *nexum* on pouvait entendre la mancipation. *Aliquo jure civili* serait une allusion à d'autres modes de transférer la propriété d'après le Droit civil, à la *cessio in jure*, par exemple.

Deuxième interprétation : Le débiteur qui se donnait en gage à son créancier pour sûreté de la dette qu'il contractait était dit *nexus;* il tombait, du moins suivant certains commentateurs, *in mancipio, servorum loco;* il devenait *quasi-esclave* (voy. p. 426). Enfin, on pouvait devenir encore esclave par d'autres modes que reconnaissait le Droit civil.

D'après cette seconde interprétation, Cicéron aurait donc voulu dire : « Ils ne sont pas esclaves comme les *nexi* qui deviennent la propriété du maître, ou comme ceux qui tombent en esclavage d'après un autre mode reconnu par le Droit civil. » Au temps de Cicéron, le *nexum*, dans ce dernier sens, était aboli. (Voy. p. 426.)

N° 2. Le mot *familia* est pris pour *domus*, ou pour une masse d'esclaves.

« *An eorum servitus dubia est, qui cupiditate peculii nullam conditionem recusant durissimæ servitutis* ? »

« Est-elle douteuse, la servitude de ceux qui, par désir d'un pécule, se soumettent aux conditions du plus dur esclavage ? »

Peculium. C'est une portion de son patrimoine que le maître confiait à l'un de ses esclaves pour qu'il l'administrât. (Voy. p. 189.)

N° 3. « *In libertatem vindicari vult.* » (Sur le sens de ces expressions, voy. p. 8). « Il veut revendiquer la liberté. »

Paradoxe Sixième. — N° 1. « *Intercessiones pecuniarum.* » En Droit, *intercedere*, c'est obliger ses biens ou sa personne pour autrui.

DE PETITIONE CONSULATUS. — CONSOLATIO.

De Petitione Consulatus. — Cette lettre est adressée par le frère de Cicéron à ce dernier, qui briguait alors le consulat.

N° 9. Quintus Cicéron conseille à son frère Tullius de se faire accompagner de ceux qu'il a défendus et qui ont été délivrés par lui *a judiciis*, c'est-à-dire, des actions intentées contre eux. (Sur le mot *judicium*, voy. p. 72.)

N° 10. Sur l'expression *spondeto*, voy. p. 112.

Consolatio. — Cet ouvrage, d'après M. Victor Leclerc, n'est point de Cicéron. (Voy., sur ce point, 35e vol., 2e édit. 1827, p. 393 et suiv.)

N° 5. Les femmes, dit l'auteur, sont toujours soumises : « *Aut enim innuptæ parentibus et affinibus; aut nuptæ, maritis parent et serviunt.* »

On peut expliquer ainsi ce passage : non mariée, la femme romaine était sous la puissance de son père ou de ses ascendants paternels *(parentibus); sui juris*, elle était sous la tutelle de ses agnats *(affinibus)*. Mariée, elle pouvait tomber *in manum mariti* (voy. Topiques, p. 16 et suiv). Quant à la *manus*, on sait que déjà, au temps de Cicéron, elle commençait à tomber en désuétude.

N° 9. « *Natura enim usuram nobis vitæ dedit, tanquam pecuniæ, nulla præfinita die. Quod si, quum libet, sua repetit, ea conditione commodata ut restituenda sint, cur accusatur ?* »

Ce passage est la reproduction d'un texte cité plus haut, N° 39, liv. 1er, Questions Tusculanes, p. 471.

N° 12. — L'auteur, parlant de la philosophie, dit : « *Quam ut nemo satis pro dignitate laudare queat, sic quam plurimi mentis tranquillitatem, animi moderationem, in voluptates imperium, in acerba omnia summam quamdam vim ac fortitudinem illi uni* ACCEPTAM REFERANT NECESSE EST. »

Ces dernières expressions renferment une allusion aux registres tenus par les citoyens romains (voy. *Pro Roscio comœdo*, p. 138), et rappellent le passage cité plus haut, préface des Paradoxes, p. 501. Suivant l'auteur, les sages doivent porter sur le *codex accepti* les dons qu'ils reçoivent de la philosophie. — « Ils doivent porter à elle seule ces dons comme reçus. »

N° 24. « *Pontifex, inter solemnium verborum nuncupationem.* »

Le mot *nuncupare* veut dire : faire une déclaration publique. — Sur le principe de la loi des XII Tables : « *uti lingua nuncupassit ita jus esto.* » Voy. plus haut, *De officiis*, liv. 3, N° 16, p. 489.

N° 45. « *Id autem facile consequar, quum is locus, quem tibi delegi, sempiternam habiturus sit religionem.* »

On sait que le lieu qui renfermait les cendres d'un mort était dit religieux et enlevé au commerce.

DE SENECTUTE.

N° 4. (N° 10.) *Quum quidem ille admodum senex suasor legis Cinciæ de donis et muneribus fuit.* » (Voy. sur la loi Cincia, *De oratore*, liv. 2, N° 71, p. 444.)

N° 5. (N° 14.) Cicéron parle de la loi *Voconia*. (Voy. sur cette loi, p. 191, 195 et 358.)

N° 7. (Nos 21 et 22.) — *Vadimonia constituta*. (Sur le *Vadimonium*, voy. le discours, *Pro Publio Quintio*, p. 100.)

« *Sophocles ad summam senectutem tragœdias fecit : quod propter studium, quum rem familiarem* (RES FAMILIARIS, le patrimoine, la chose de la *familia*, de la *domus*), *negligere videretur, a filiis in judicium vocatus est; ut, quemadmodum nostro more male rem gerentibus patribus bonis interdici solet, sic illum, quasi desipientem, a re familiari removerent judices.* »

In judicium vocatus est (voy. p. 72, sur l'expression *judicium*). Mais ici on peut traduire d'une manière plus vague : « *fut appelé en justice*, » car il s'agit d'un Grec. A Rome, on disait : « *Vocare in jus*, » appeler devant le tribunal du magistrat. (Voy. p. 72.)

Le père de famille prodigue était interdit par une formule dont les Sentences de Paul (liv. 3, tit. 4a, § 7) nous ont conservé les termes énergiques : « *Moribus per Prætorem bonis interdicitur, hoc modo* QUANDO TUA BONA, PATERNA AVITAQUE NEQUITIA TUA DISPERDIS, LIBEROSQUE TUOS AD EGESTATEM PERDUCIS, OB EAM REM TIBI EA RE COMMERCIOQUE INTERDICO. »

N° 11. (Nos 37 et 38.) Description du père de famille romain.

« *Quatuor robustos filios, quinque filias, tantam domum, tantas clientelas Appius regebat et senex, et cæcus : intentum enim animum, tanquam arcum, habebat, nec languescens succumbebat senectuti : tenebat non modo auctoritatem, sed etiam imperium in suos : metuebant servi, verebantur liberi, carum omnes habebant : vigebat in illa modo patrius mos et disciplina. Ita enim senectus honesta est, si se ipsa defendit, si jus suum retinet, si nemini emancipata est, si usque ad extremum spiritum dominatur in suos.* »

L'expression *auctoritas* indique moins qu'*imperium*. Le père de famille a la *potestas* proprement dite, l'*imperium*. Un tuteur n'a que l'*auctoritas*, le droit de s'adjoindre à celui qui est en tutelle et qui fait l'acte. Il interpose son *auctoritas*, mais il n'a pas le droit de puissance, *in suos*. (Sur l'expression *siens*, voy. p. 389.)

DE REPUBLICA.

Le Traité du Gouvernement est précieux pour l'histoire du Droit Romain et pour le Droit public de Rome; il contient aussi quelques passages importants sur le Droit privé.

LIVRE PREMIER. — N° 2. « *Nihil enim dicitur a philosophis, quod quidem recte honesteque dicatur, quod non ab his partum confirmatumque sit, a quibus civitatibus jura descripta sunt. Unde enim pietas? aut a quibus religio? unde jus aut gentium, aut hoc ipsum civile quod dicitur?* »

A une certaine époque, sous l'empire, la jurisprudence romaine devint l'écho des doctrines philosophiques, et on ne doit pas douter que les admirables traités de Cicéron aient dû contribuer à ce résultat. Il a été permis de réunir ainsi dans un des plus beaux monuments de l'esprit humain l'ensemble des principes d'équité et de justice que les philosophes de l'antiquité avaient professés, et sous l'influence du christianisme, ces principes n'ont pu que recevoir une plus grande expansion. (Quant à la distinction du *jus civile* et du *jus gentium*, voy. Topiques, n° 2, p. 2.)

N° 4. « *Pigneraretur.* » La patrie est représentée comme prenant pour ainsi dire un gage, « *pignus.* »

N° 13. Un interlocuteur rappelle à Lélius que Scipion lui demandait son avis sur l'apparition d'un double soleil, et Lélius de répondre : « Eh quoi! avons-nous éclairci tout ce qui a rapport à nos maisons ou à la république, pour nous inquiéter de ce qui se passe dans le ciel? » Puis plus bas, Lélius reprend : « *Imo vero te audiamus ; nisi forte Manilius interdictum aliquod inter duos soles putat esse componendum, ut ita cœlum possideant, ut uterque possederit.* »

Nous avons vu, dans le discours *Pro Cæcina*, ce que l'on entendait par interdit (p. 228); nous avons déjà eu occasion de parler des interdits *retinendæ possessionis* (UTI POSSIDETIS pour les immeubles, UTRUBI pour les meubles) donnés au possesseur *troublé* dans l'exercice de la possession. Dans l'interdit *uti possidetis* triomphait celui qui possédait au moment où l'interdit était rendu. Voici quelle en était la formule d'après Gaius (Comm. 4, § 160) : « UTI NUNC POSSIDEATIS, QUOMINUS ITA POSSIDEATIS, VIM FIERI VETO ; » dans l'interdit *utrubi* l'emportait celui qui avait possédé le meuble la plus grande partie de l'année. « UTRUBI HIC HOMO DE QUO AGITUR, APUD QUEM MAJORE PARTE HUJUS ANNI FUIT, QUOMINUS IS EUM DUCAT, VIM FIERI VETO. »

La plaisanterie de Lélius consiste donc à se demander si le jurisconsulte Manilius pense à rendre un interdit entre les deux soleils, afin qu'ils possèdent le ciel suivant la possession de chacun d'eux. On sait que l'interdit avait pour but de maintenir le possesseur dans sa possession *en tant que possesseur* et abstraction faite du droit de propriété.

M. Villemain a été critiqué par M. Jourdan (Thémis, vol. 5, p. 420). « A moins que Manilius, dit-il, ne juge à propos de *régler le litige* entre ces deux soleils, et d'ordonner de part et d'autre le maintien du possessoire. » Et en note, le savant traducteur qualifie l'interdit *de mode interlocutoire*.

N° 17. « *Quam est hic fortunatus putandus, cui soli vere liceat omnia, non Quiritium, sed sapientium jure, pro suis vindicare, nec civili nexo, sed communi lege naturæ, quæ vetat ullam rem esse cujusquam, nisi ejus, qui tractare et uti sciat.* »

« Combien est heureux celui qui peut revendiquer toutes choses comme siennes, non pas d'après le droit des Quirites, mais d'après le droit des sages; non pas en se fondant sur un mode civil (par *nexum* on entend ici la mancipation du Droit civil, mode translatif de propriété, voy. Topiques, n° 5, p. 52), mais d'après cette loi commune de la nature d'après laquelle une chose n'appartient qu'à celui qui en sait la direction et l'usage. »

M. Jourdan (*loco citato*) critique M. Villemain qui rend 1° *jus Quiritium* par ces mots : *le Droit Romain*, quand ces mots indiquent le Droit primitif, strict, rigoureux, par opposition au Droit des gens (voy. Topiques, n° 2, p. 2); 2° *civili nexo* par ceux-ci : *contrat civil.*

N° 18. « *Egregie cordatus homo Catus Ælius Sextus; qui egregie cordatus et catus fuit, et ab Ennio dictus est, non quod ea quærebat, quæ nunquam inveniret, sed quod ea respondebat, quæ eos, qui quæsissent, et cura et negotio solverent.* »

« Elius l'avisé, le prudent et le sage. Il fut prudent et sage, et mérita d'Ennius cet éloge, non pas pour rechercher ce qu'il ne découvrait jamais, mais pour répondre à ceux qui l'interrogeaient et qu'il délivrait d'embarras et d'inquiétude. » (Sur Sextus Ælius, le jurisconsulte, voy. p. 436.)

N° 32. « *Si vero jus suum populi teneant, negant quidquam esse præstantius, liberius, beatius : quippe qui domini sint legum, judiciorum, belli, pacis, fœderum, capitis unius cujusque, pecuniæ.* »

« Si le peuple conserve ses droits, y a-t-il quelque chose de plus glorieux, de plus libre, de plus heureux? Il est l'arbitre des lois, des instances (voy. p. 72), de la guerre, de la paix, des traités, de la vie (*caput*, voy. p. 32, veut dire : l'existence civile), de la fortune de chaque citoyen. »

« *Itaque et a regum, et a patrum dominatione solere in libertatem rem populi vindicari.* »

« C'est pourquoi les peuples ont l'habitude de se soustraire à la domination des rois et des grands, et de revendiquer la liberté. » (Sur les expressions *vindicari in libertatem*, voy. p. 8.)

Livre deuxième. — Ce livre contient des passages du plus haut intérêt pour l'histoire du Droit Romain, pour le Droit public, et notamment pour le Droit criminel. Cicéron est, dans ces matières, d'un très-grand secours au jurisconsulte.

N° 34. « *Quum sunt propter unius libidinem omnia nexa civium liberata, nectierque postea desitum.* »

« A cause de la passion d'un seul, l'esclavage (*nexa*) de tous les citoyens fut aboli, et il fut défendu de se donner comme *nexus*. »

Nous avons déjà dit que le *nexus* était le débiteur qui se donnait en gage à son créancier (voy. p. 382). La loi *Petilia*, en 428, abolit le *nexum*. On peut lire dans Tite-Live (8-28) le drame auquel Cicéron fait allusion. Tite-Live assure que c'est seulement de cette loi que date pour les plébéiens l'ère de la liberté. Mais la loi *Petilia* n'abolit que le *nexum;* et laissa subsister les rigueurs contre le débiteur *condamné* et appelé *judicatus*. Toutefois, elle défendit au citoyen romain de se donner lui-même en gage. (Voy. sur l'*addictus*, p. 174. Il ne faut pas le confondre avec le *nexus*.)

N° 36. Dans ce passage, relatif aux décemvirs et à la loi des XII Tables, se rencontre l'expression *vades*, répondants, cautions. (Voy. p. 100.)

Livre troisième. — N° 5. Cicéron veut présenter, en forme de raisonnement, un argument proposé par les sceptiques contre la justice : « *Jus enim, de quo quærimus, civile est aliquod, naturale nullum : nam si esset; ut calida et frigida, et amara et dulcia, sic essent justa et injusta eadem omnibus.* » C'est le même raisonnement que Pascal fit plus tard. (Pensées, 1re partie, art. 6, N° 8.)

N° 7. « *Genera vero si velim juris, institutorum, morum consuetudinumque describere, non modo in tot gentibus varia, sed in una urbe, vel in hac ipsa, millies mutata demonstrem : ut hic juris noster interpres alia nunc Manilius jura dicat esse de mulierum legatis et hereditatibus, alia solitus sit adolescens dicere, nondum Voconia lege lata; quæ quidem ipsa lex, utilitatis virorum gratia rogata, in mulieres plena est injuriæ. Cur enim pecuniam non habeat mulier? cur virgini vestali sit heres, non sit matri suæ? Cur autem, si pecuniæ modus statuendus sit feminis, P. Crassi filia posset habere, si unica patri esset, æris millies, salva lege; mea tricies non posset?* »

Ce passage mérite plusieurs observations. Il fait d'abord allusion à la loi Voconia. (Voy. p. 191.)

Cette loi fut votée l'an de Rome 585. Elle n'existait pas pendant l'adolescence du jurisconsulte Manilius, de sorte qu'il donnait des consultations différentes suivant les diverses époques de sa vie, pendant sa jeunesse ou pendant sa vieillesse, et Cicéron ajoute, toujours en argumentant contre la justice et dans le sens des sceptiques : « Cette loi, favorable aux hommes, est pleine d'injustice pour les femmes; car, pourquoi la femme n'a-t-elle pas l'hérédité? » Mais il en était de cette loi comme de toutes les lois politiques qui ne s'appuient que sur des principes arbitraires.

Il passe ensuite à un autre ordre d'idées. Les femmes *sui juris* étaient, comme nous l'avons vu, en tutelle perpétuelle, et ne pouvaient faire leur testament sans l'*auctoritas* de leur tuteur (voy. Topiques, p. 29). L'héritier institué par une femme qui testait sans cette *auctoritas* ne pouvait recueillir l'hérédité (voy. p. 36). Mais les vestales n'étaient pas soumises à cette tutelle. (Gaius, Comm. 1er, § 145.)

D'un autre côté, les femmes pouvaient être *alieni juris,* c'est-à-dire, soumises à la puissance de leur père ou à celle de leur mari. Alors, n'ayant rien à elles, elles ne pouvaient faire testament et n'avaient pas de *capacité civile.* Toutefois, les vestales n'étaient pas sous la puissance de leur père (Gaius, Comm. 1er, § 130). D'une part, étant *sui juris,* de l'autre, n'étant pas en tutelle, elles pouvaient donc faire un testament valable et instituer un héritier.

Cicéron dit en conséquence : « Pourquoi une vestale peut-elle avoir un héritier, tandis qu'une mère de famille *sui juris* ou une mère qui est sous la puissance *(sua)* ne peut laisser un héritier? »

Ces mots *matri suæ* sont susceptibles de deux sens. Ils désignent, ou la mère *sui juris* qui était sous la tutelle, ou bien celle qui, étant sous la puissance de son père ou de son mari, était *sua* (voy. p. 389), et ne pouvait faire de testament, comme la première ne pouvait le faire sans l'*auctoritas* de son tuteur.

M. Victor Leclerc dit en note : « Ou peut être d'une mère de famille *juris sui.* »

La fin du passage est assez difficile à comprendre. Crassus était probablement mort avant la loi Voconia, et l'interlocuteur, toujours pour combattre l'idée qu'il existe une justice absolue, dit : « Que la fille de Crassus a pu hériter de cent millions de sesterces *(salva lege),* tandis que la sienne ne pourrait avoir trois millions. » Ou bien la loi Voconia avait-elle fait une exception pour la fille unique instituée héritière par son père? C'est ce que Gaius ne nous dit pas.

No 10. En consultant les institutions divines de Lactance, il paraît que Cicéron s'exprimait ainsi : Si quelque jour, les peuples qui ont eu l'empire, et les Romains à leur tête, voulaient être justes, c'est-à-dire, rendre ce qui ne leur appartient pas, ils n'auraient plus rien et retourneraient habiter des chaumières, excepté les Arcadiens et les Athéniens : « *Qui, credo timentes, hoc interdictum justitiæ ne quando extiteret, commenti sunt se de terra.*

tanquam hos ex arvis musculos, exstitisse. » « Qui, craignant que cet *interdit* de justice ne fût rendu, se sont avisés de prétendre qu'ils étaient sortis de terre, comme ces rats que le sol fait naître sous nos pieds. » (Sur l'*interdit*, voy. p. 228 et suiv.) Ces peuples sont censés craindre l'interdit qui, d'après la justice, les forcerait de restituer la possession qu'ils auraient usurpée.

N° 14. Le passage contenu dans ce paragraphe doit être rapproché du N° 13, *De officiis*, liv. 3, et des explications que nous avons données (p. 483). (Voy. aussi le N° 23 du même liv., p. 499.)

N° 15. Cicéron examine de nouveau les hautes questions de morale qu'il a traitées dans son livre *De officiis*.

N° 17. Nous ne pouvons nous empêcher de citer la belle définition de la loi naturelle : « *Est quidem vera lex, recta ratio, naturæ congruens, diffusa in omnes, constans, sempiterna; quæ vocet ad officium jubendo, vetando a fraude deterreat; quæ tamen neque probos frustra jubet aut vetat, nec improbos jubendo aut vetando movet. Huic legi nec obrogari fas est, neque derogari ex hac aliquid licet, neque tota abrogari potest; nec vero aut per senatum, aut per populum solvi hac lege possumus; neque est quærendus explanator aut interpres ejus alius, nec erit alia lex Romæ, alia Athenis; alia nunc, alia posthac : sed et omnes gentes et omni tempore una lex, et sempiterna, et immutabilis continebit; unusque erit communis quasi magister et imperator omnium Deus, ille legis hujus inventor, disceptator, lator; cui qui non parebit, ipse se fugiet, ac naturam hominis aspernatus, hoc ipso luet maximas pœnas, etiam* SI CETERA SUPPLICIA, QUÆ PUTANTUR, EFFUGERIT. » (Sur les mots *obrogari*, — *derogari*, — *abrogari*, — voy. p. 394, et la citation du jurisconsulte Ulpien, Règles, *De legibus*, § 3.)

N° 24. « *Quid, quum decemviri Romæ sine provocatione fuerunt, tertio illo anno, quum vindicias amisisset ipsa libertas?* »

Gaius, dans son Comm. 4, § 16, décrit les formes de l'action de la loi appelée *sacramenti*. (Voy. ce que nous avons dit, p. 237.)

Nous avons vu (p. 198) que le préteur désignait le possesseur intérimaire qui, devant jouer le rôle de défendeur, donnait la *satisdatio pro præde litis et vindiciarum*. (Voy. sur ces expressions, même page 198, et Gaius, Comm. 4, § 16.)

Quand il s'agissait d'une question de liberté (*causa liberalis*), le magistrat était tenu de constituer libre, pendant l'instance, la partie dont l'état était en question. On disait que le préteur devait : *addicere vindicias secundum libertatem*, adjuger la possession provisoire d'après la liberté. Pour avoir violé cette règle, le décemvir Appius Claudius causa la révolution bien connue. Cicéron fait allusion à ce point historique, en disant « que la liberté avait perdu ses *vindiciæ*, c'est-à-dire, sa possession provisoire. »

N° 25. « *Nec vero convenit, quum furiosorum bona legibus in agnatorum potestate sint.* »

Allusion à la disposition de la loi des XII Tables qui mettait le fou sous la curatelle de ses agnats. (Voy. Rhétorique, N° 13, p. 388.)

Livre Quatrième. — N° 10. « *Nostræ contra Duodecim Tabulæ quum perpaucas res capite sanxissent, in his hanc quoque sanciendam putaverunt, si quis occentavisset, sive carmen condidisset, quod infamiam faceret flagitiumve alteri.* »

« Nos XII Tables, qui frappaient rarement d'une peine capitale, n'hésitèrent pas à la prononcer contre quiconque réciterait ou composerait des vers, des écrits (*carmen*) diffamatoires ou injurieux pour autrui. »

(Voy. ce que nous avons dit, Questions Tusculanes, liv. 4, N° 2, p. 472.) M. Jourdan critique M. Villemain qui a traduit *capite sancire* par condamnation à *la peine de mort*. Nous avons eu déjà plusieurs fois l'occasion de dire que la peine était dite capitale, quand elle faisait encourir une espèce de mort civile.

Montesquieu, *Esprit des Lois* (6—15), dit : « La disposition qui découvre le mieux le dessein des décemvirs est la peine capitale prononcée contre les auteurs de libelles et les poëtes. Cela n'est guère du génie de la république, où le peuple aime à voir les grands humiliés. Mais des gens qui voulaient renverser la liberté craignaient des écrits qui pouvaient rappeler l'esprit de la liberté. »

Livre Cinquième. — N° 2. Nous citerons le passage suivant : « *Nec vero quisquam privatus erat disceptator, aut arbiter litis : sed omnia conficiebantur judiciis regiis.* »

Les rois, comme le prouve ce passage, avaient le pouvoir judiciaire dans toute son étendue.

N° 3. « *Summi juris peritissimus, sine quo justus esse nemo potest; civilis non imperitus.* »

C'est toujours la différence à établir entre le Droit strict et celui résultant de l'équité.

N° 5. « *Ad vitam autem usumque vivendi ea descripta ratio est justis nuptiis, legitimis liberis,* etc. »

(Sur les *justæ nuptiæ*, voy. Topiques, n° 3, p. 39.) Les enfants issus des justes noces suivaient la condition de leur père au jour de la conception, et ils étaient dits *légitimes*, expression qui, en Droit Romain, n'a pas la même signification que dans notre Droit.

En effet, les mots *enfant légitime* désignent un individu sous la puissance du *paterfamilias*. Ainsi, étaient légitimes (*ex lege*) : 1° les enfants issus des justes noces et non émancipés, 2° les enfants pris en adoption et unis simplement par un lien civil. Au contraire, étaient *naturels* les enfants qui n'étaient pas sous la puissance du père de famille. Ainsi, les enfants *émancipés* étaient dits *naturels* quoique issus de parents mariés, parce qu'ils n'étaient plus rattachés au père par le lien de la *patria potestas*. C'était dans le même sens qu'on disait de la mère qu'elle avait seulement des enfants *naturels*, ce qui voulait simplement dire qu'elle n'avait pas la *patria potestas*, ses enfants ne lui étant unis que par les liens *naturels*.

DE LEGIBUS.

Ce traité est surtout important pour celui qui s'occupe du Droit public et de l'histoire du Droit Romain; il offre encore quelques passages relatifs au Droit privé.

Livre premier. — N° 4. (N° 14.) « *Quid hortaris? ut libellos conficiam de stillicidiorum ac de parietum jure? aut ut stipulationum et judiciorum formulas componam?* »

Cicéron, dans ce traité *De legibus*, se place à un point de vue très-élevé, et il est censé répondre à Atticus : « Eh quoi, m'engagez-vous à écrire sur les servitudes d'égout ou sur les murs mitoyens, ou bien voulez-vous que je compose des formules de stipulation ou d'action? »

(Sur le sens du mot *stipulationum*, voy. p. 71, et sur celui de *judiciorum formulas*, voy. p. 72) (1). La rédaction des formules était très-importante et très-digne d'occuper les jurisconsultes; celui qui étudie le Droit Romain est en effet frappé de l'énergique précision avec laquelle toutes ces formules étaient rédigées.

N° 5. (N° 17.) « *Non ergo a prætoris edicto, ut plerique nunc, neque a XII Tabulis, ut superiores, sed penitus ex intima philosophia hauriendam juris disciplinam putas.* » « Je pense que la science du Droit doit être puisée dans la philosophie et non dans l'édit du préteur, comme beaucoup le font actuellement, ni même dans la

(1) M. Charles de Rémusat a donné la traduction de cet ouvrage dans l'édition de M. Victor Leclerc, et la note 17e (p. 366) est très-exacte. Mais il a tort de traduire *judiciorum* par arrêts.

loi des XII Tables, comme le faisaient les anciens. » Cicéron est censé répondre à Atticus : « *Non enim id quærimus hoc sermone, Pomponi, quemadmodum caveamus in jure, aut quid de quaque consultatione respondeamus.* » « Dans ce discours, Pomponius, nous ne recherchons ni les moyens de donner des garanties devant le magistrat, ni la manière dont nous devons répondre à chaque consultation. »

Ce passage confirme l'observation que nous faisions tout à l'heure. Cicéron, dans le traité *De legibus*, s'occupe dans le premier livre du Droit naturel, et c'est alors qu'il pose ce principe si souvent rappelé, que le Droit prend sa source *ex intima philosophia.* Il semble même avoir quelque dédain pour la loi des XII Tables, qu'il a exaltée dans d'autres passages (voy. p. 435), ainsi que pour l'édit du préteur qui suivait cependant les principes de l'équité, et que beaucoup invoquaient déjà de son temps, *ut plerique nunc.* Dans les livres suivants, Cicéron, qui avait d'abord marché sur les traces de Platon et du génie grec, pour découvrir le type du juste dans la loi naturelle, qui n'est autre chose que la loi divine, redescend bientôt aux lois nationales, aux lois romaines, et le génie *pratique* de Rome reprend le dessus.

Cavere in jure. — Donner des cautions, des *garanties* devant le magistrat (*in jure*, voy. p. 43).

N° 7. (N° 23.) « *Ut jam universus hic mundus, una civitas communis deorum atque hominum existimanda; et quod in civitatibus ratione quadam, de qua dicetur idoneo loco,* AGNATIONIBUS *familiarum distinguuntur status, id in rerum natura tanto est magnificentius, tantoque præclarius, ut homines deorum* AGNATIONE ET GENTE *teneantur.* »

(Sur l'*agnatio* et la *gens*, voy. Topiques, n° 6, p. 54) Cicéron dit que les hommes sont tout à la fois agnats et gentils des dieux.

N° 8. (N° 24.) L'âme vient de Dieu, et il ajoute : « *Ex quo vere vel* AGNATIO *nobis cum cælestibus, vel* GENUS, *vel* STIRPS *appellari potest.* » « De là on peut dire que nous sommes les agnats, les *gentiles* des dieux, que nous avons avec eux la même souche (*stirps*). » Plus loin : « *Est igitur homini cum Deo similitudo. Quod quum ita sit, quæ tandem potest esse propior certiorve* COGNATIO? » « L'homme a donc de la ressemblance avec Dieu. Puisqu'il en est ainsi, est-il une parenté plus étroite et plus certaine? »

Sur l'*agnatio*, la *gens*, la *stirps* et la *cognatio*, voy. l'endroit cité, et M. Ortolan, Institutes expliquées (t. 2, p. 34, 3e édit.) L'auteur établit son système de la gentilité, en prenant pour point de départ ces différents textes de Cicéron.

On peut rapprocher aussi le § 39 du liv. 1er, *De oratore*, et les citations que nous avons faites, p. 428 et suiv.

N° 21. (N° 35.) « *Ex hac autem non rerum, sed verborum discordia, controversia nata est de* FINIBUS : *in qua quoniam usucapionem XII Tabulæ intra quinque pedes esse noluerunt, depasci veterem possessionem Academiæ ab hoc acuto homine non sinemus; nec Mamilia lege singuli, sed ex iis tres arbitri* FINES *regemus.* »

« De cette discussion roulant sur les mots et non sur les choses est née une controverse relativement aux confins (*fines*, p. 44) : et à cet égard, nous invoquerons la disposition de la loi des XII Tables, qui réserve cinq pieds, qui ne peuvent être usucapés (voy. p. 44). Nous ne permettrons pas à cet homme rusé de s'emparer de l'ancienne possession de l'Académie, et nous serons trois arbitres pour régler les *fines*, comme le veut la loi des XII Tables (*ex iis :* ce texte est du reste controversé), et non pas seulement deux arbitres, conformément à la loi Mamilia. »

Cicéron prétend que Zénon veut usucaper les limites possédées depuis longtemps par l'Académie, car il répète avec d'autres expressions ce que disaient déjà Aristote et Xénocrate. Cicéron applique aux discussions philosophiques la disposition de la loi des XII Tables, rappelée ci-dessus (p. 44.)

LIVRE DEUXIÈME. — N° 2. (N° 5.) « *Ego mehercule et illi, et omnibus municipibus duas esse censeo patrias, unam naturæ, alteram civitatis : et ille Cato, quum esset Tusculi natus, in populi romani civitatem susceptus est.* »

Tout citoyen romain avait deux patries : celle où il avait le siége de ses affaires, et Rome, patrie commune de tous les habitants de la République.

N° 4. (N° 9.) « *A parvis enim, Quinte, didicimus,* SI IN JUS VOCAT, ATQUE EAT, *ejusmodi alias leges nominare.* »

Les enfants dans les écoles apprenaient la loi des XII Tables. La première table traitait de l'appel devant le tribunal du magistrat (*in jus vocatio*), et elle commençait par les mots que rappelle Cicéron.

N° 9. (N° 23.) Parmi les dispositions légales citées dans ce passage, relevons celle-ci : » *Sacra privata, perpetua manento.* » « Que les sacrifices privés soient perpétuels. »

N° 10. (N° 24.) « *Suade igitur, si placet, istam ipsam legem, ut ego,* UT EI TU ROGAS, *possim dicere.* » « Examinons donc, je vous prie, cette loi, afin que je puisse dire *comme vous le proposez.* »

Le peuple votait les lois. Le citoyen qui approuvait la *rogatio* faite par le magistrat *(velitis jubeatis quirites)* répondait ou écrivait sur le bulletin UTI ROGAS; que s'il la désapprouvait, il écrivait : ANTIQUA PROBO. Je m'en tiens à ce qui existe.

N° 12. (N° 19.) « *Plures autem deorum omnium, singuli singulorum sacerdotes, et* RESPONDENDI JURIS, *et confitendarum religionum facultatem afferunt.* »

Nous avons déjà dit qu'à l'origine, le Droit était renfermé dans le sanctuaire sacerdotal, et que les initiés seuls en avaient la connaissance. Les premiers jurisconsultes furent donc les prêtres, tous alors de la caste patricienne. (Joindre Pomponius, *De origine juris,* au Digeste, liv. 1, tit. 2.)

A la fin de ce numéro, Cicéron fait voir quelle était la puissance des augures, qui pouvaient dissoudre les assemblées et empêcher une loi d'être votée.

N° 16. (N° 41.) « *Voti sponsio, qua obligamur deo.* » (Sur la *sponsio,* voy. p. 112.)

N° 19. (N°s 47, 48 et 49.) « *Sæpe, inquit Publii filius* (Publius Scévola), *ex patre audivi, pontificem neminem bonum esse, nisi qui jus civile cognosset. Totumne? quid ita, quid enim ad pontificem, de jure parietum, aut aquarum, aut ullo omnino? Ergo, quod cum religione conjunctum est. Id autem quantulum est? de sacris, credo, de votis, de feriis, de sepulcris, et si quid ejusmodi est......* »

Cicéron prétend que les jurisconsultes vantent trop leur art, qu'ils divisent à l'infini les questions qui ne font qu'un tout, et il traite d'exagération les paroles des Scévola, tous deux pontifes et tous deux très-profonds dans la science du Droit. Il cite le propos de Quintus Mucius Scévola, en ajoutant : « Qu'a de commun avec le pontife le droit relatif au mur mitoyen, aux servitudes d'aqueduc, etc... »

Puis revenant sur le principe « *perpetua sint sacra,* » il nous donne des passages relatifs au Droit privé. Nous ne proposons que des conjectures, car traitant du Droit pontifical sur lequel il n'existe presque aucun document, Cicéron est nécessairement fort obscur pour nous autres modernes.

« *Hoc uno posito, hæc jura pontificum auctoritate consecuta sunt, ut, ne morte patris familia sacrorum memoria occideret, iis essent ea adjuncta, ad quos ejusdem morte pecunia venerit. Hoc uno posito, quod est ad cognitionem disciplinæ satis, innumerabilia nascuntur, quibus implentur jurisconsultorum libri. Quæruntur enim, qui adstringantur sacris.—Heredum causa justissima est : nulla est enim persona, quæ ad vicem ejus, qui e vita emigraverit, propius accedat. — Deinde, qui morte testamentove ejus tantumdem capiat, quantum omnes heredes. Id quoque ordine : est enim ad id, quod propositum est, accommodatum. — Tertio loco, si nemo sit heres, is, qui de bonis, quæ ejus fuerint, quum moritur, usu ceperit plurimum possidendo. — Quarto, si nemo sit, qui ullam rem ceperit, de creditoribus ejus, qui plurimum servet. — Extrema illa persona est, ut is, qui ei, qui mortuus sit, pecuniam debuerit, neminique eam solverit, perinde habeatur, quasi eam pecuniam ceperit.* »

« Sur ce seul principe (*perpetua sacra sunto*), il a été décidé, par l'autorité des pontifes, que pour empêcher les sacrifices de s'éteindre par suite de la mort du père de famille, l'obligation de les accomplir serait dévolue à ceux qui obtiendraient quelque chose du patrimoine du défunt. De ce même principe, qui suffit pour connaître la doctrine, naissent d'innombrables questions qui remplissent les livres des jurisconsultes. Ils se demandent : qui est astreint aux sacrifices? — En première ligne se présentent les héritiers; et rien n'est plus juste, car nul ne se rapproche plus du défunt. »

Nous avons déjà dit que l'héritier (*heres*) était le représentant de la personne du défunt, tenu de tous ses devoirs et ayant tous ses droits. Il était donc le premier qui devait être astreint à faire les sacrifices.

Cicéron continue : « Après l'héritier, sera obligé celui qui, par suite de la mort ou en vertu du testament, prend à lui seul autant que les héritiers. Cela est dans l'ordre, car ce résultat est conforme au principe posé. » Voici, je crois, la pensée de Cicéron.

Si l'héritier n'accomplit pas son obligation, il sera remplacé par le légataire qui, d'après le testament, a recueilli autant que l'héritier, c'est-à-dire, par le légataire partiaire (*legatarius partiarius*), qui a pris la moitié des biens (1). Ce légataire partiaire, dont nous avons déjà parlé (p. 242), ne représentait pas le défunt, il n'était pas tenu des dettes, en ce sens qu'il ne pouvait être poursuivi par les créanciers de la succession; il n'était donc pas, *en principe*, tenu des sacrifices. Mais à défaut d'héritiers, comme il avait une portion des biens, portion qui était ordinairement la moitié, il était tenu d'après le principe posé ci-dessus.

Cicéron parle aussi de ceux qui, par suite de la mort du défunt, ont recueilli, sans testament, une portion des biens égale à celle que peuvent avoir les héritiers. On peut citer les donataires à cause de mort, qui avaient des donations révocables par le donateur jusqu'au jour de sa mort. En général, ces donataires avaient été assimilés à des légataires, et dès lors ils devaient être astreints aux sacrifices.

L'auteur continue : « A défaut d'héritiers, celui qui aura par l'usucapion acquis la plus forte portion des biens que le défunt avait au jour de son décès. »

Nous avons vu que, dans certains cas, on devenait propriétaire de la chose d'autrui par un usage prolongé (*usu capere, — usu capio,* — voy. p. 4). Mais quand la chose avait été livrée *a non domino* avec l'intention de l'aliéner, il fallait que le possesseur fût de *bonne foi* au moment de la tradition qui lui avait été faite, c'est-à-dire, qu'il crût que celui qui lui livrait la chose était propriétaire, tandis *qu'en fait* le *tradens* ne l'était pas.

Il y avait quelques exceptions à ce principe, et une des plus remarquables nous a été révélée par le manuscrit de Gaius, au Comm. 2, § 52. Ce jurisconsulte nous dit : « *Rursus ex contrario accidit ut, qui sciat alienam rem se possidere, usucapiat : velut si rem hereditariam, cujus possessionem heres nondum nactus est, aliquis possederit ; nam ei concessum capere, si modo ea res est quæ recipit usucapionem. Quæ species possessionis et usucapionis pro herede vocatur.* »

« Il arrive au contraire que celui qui sait posséder la chose d'autrui parvient à l'usucapion : par exemple, si quelqu'un possède une chose héréditaire dont l'héritier n'a pas encore pris pos-

(1) On sait, du reste (voy. p. 41), que tout legs est un prélèvement sur l'hérédité (*delibatio hereditatis*).

session, car il lui est permis de l'usucaper, pourvu que ce soit une chose susceptible d'usucapion. Cette espèce de possession et d'usucapion porte le nom d'usucapion *pro herede.* »

Première particularité. L'on pouvait usucaper de *mauvaise foi* la chose héréditaire, sachant très-bien qu'elle était à autrui. Celui qui s'en emparait n'était pas considéré comme un voleur.

Seconde particularité. L'usucapion des immeubles héréditaires s'accomplissait par un an, et non par deux ans de possession (voy. pour la règle, p. 46, et Gaius, Comm. 2, § 53). Le jurisconsulte donne le motif de cette seconde disposition dans le § 54; elle ne doit pas actuellement nous préoccuper. Mais pourquoi cette usucapion, qui était dite *lucrativa (quia sciens quisque rem alienam lucrifacit,* dit Gaius, § 56), pouvait-elle s'accomplir, même pour le possesseur de mauvaise foi? Le jurisconsulte répond (§ 55) : « *Quare autem omnino tam improba possessio et usucapio concessa sit, illa ratio est, quod voluerunt veteres maturius hereditates adiri,* UT ESSENT QUI SACRA FACERENT, *quorum illis temporibus summa observatio fuit; ut et creditores haberent, a quo suum consequerentur.* »

« Les anciens ont introduit cette usucapion pour exciter les héritiers à faire adition d'hérédité (voy. p. 41, sur cette expression *adire hereditatem*), et cela dans l'intérêt des sacrifices qui étaient autrefois religieusement observés, et ensuite pour que les créanciers du défunt sussent à qui s'adresser pour réclamer le paiement de leurs créances. »

Gaius confirme Cicéron, et d'un autre côté, celui-ci montre aussi que l'on pouvait usucaper *pro herede,* et que l'on était tenu des sacrifices au lieu et place de l'héritier.

Cicéron continue : « A défaut d'héritiers, de légataires, de personnes qui aient usucapé, sera tenu des sacrifices le créancier qui emportera la part la plus considérable des biens. Enfin, en dernier lieu, on regardera comme ayant acquis quelque chose des biens du défunt, le débiteur qui n'aura payé personne » par exemple, s'il ne se présente pas d'héritier.

N° 20. (N°s 49 et suiv.) « *Hæc nos a Scævola didicimus, non ita descripta ab antiquis. Nam illi quidem his verbis docebant, tribus modis sacris adstringi : hereditate; aut, si majorem partem pecuniæ capiat; aut, si major pars pecuniæ legata est, si inde quippiam ceperit.* »

Ce passage est difficile à saisir ; nous hasardons la traduction suivante : « Telle était la doctrine de Scévola, qui n'était pas celle des anciens *(non ita descripta ab antiquis)*. Suivant eux, on pouvait être astreint de trois manières aux sacrifices : en premier lieu, si on était héritier ; en second lieu, si on usucapait la plus grande partie des biens ; en troisième lieu, si, étant légataire de la plus grande partie des biens, on recueillait quelque parcelle de ce legs. »

(*Pecunia* et *bona* sont synonymes). On voit, d'ailleurs, que Scévola et les anciens n'étaient pas d'accord, car Scévola mettait le légataire avant celui qui avait usucapé *pro herede*. Les anciens, au contraire, considérant ce dernier comme ayant usucapé non-seulement les choses corporelles de l'hérédité, mais encore le titre et la qualité d'héritier le plaçaient *loco heredi*, et comme tel il devait être tenu des sacrifices ; tandis que d'un autre côté, ni le créancier, ni le débiteur n'étaient, d'après eux, astreints aux sacrifices.

Cicéron continue : « *Videtis igitur omnia pendere ex uno illo, quod pontifices pecuniam sacris conjungi volunt, iisdemque ferias, et cærimonias adscribendas putant. Atque etiam dant hoc Scævolæ, quod est partitio : ut, si in testamento deductio scripta non sit, ipsique minus ceperint, quam omnibus heredibus relinquatur, sacris ne alligentur : in donatione hoc iidem secus interpretantur : et quod paterfamilias in ejus donatione, qui in ipsius potestate esset, approbavit, ratum est ; quod eo insciente factum est, si id is non approbat, ratum non est.* »

Revenons un instant sur le légataire *partiaire*. Nous avons vu (p. 242) que ce légataire était appelé à recevoir de l'héritier la moitié de l'hérédité. Ce dernier était toujours le représentant du défunt, tenu des dettes et des sacrifices. Il en avait aussi tous les droits, étant propriétaire de tout ce dont le défunt était propriétaire, créancier de tout ce dont il était créancier. Il pouvait conserver tous les biens de l'hérédité et donner au légataire la moitié de leur valeur. (Voy. loi 26, § 1, *De legatis* 1°, liv. 30, tit. 1er, au Digeste.)

En outre, comme le légataire partiaire était appelé à partager les *biens ;* en vertu du principe : *bona non dicuntur nisi deducto ære alieno,* il n'y a de biens que dettes déduites, l'héritier avait le droit de ne délivrer le legs que si le légataire s'obligeait à l'indemniser des dettes qui seraient payées aux créanciers de la succession. Après cet engagement, ceux-ci avaient encore le droit de poursuivre l'héritier, sauf à lui à revenir, par une action récursoire, contre le légataire.

Le légataire partiaire, appelé *à une partie des biens*, pouvait seul être indirectement tenu des dettes, et, comme nous le voyons ici, obligé *subsidiairement* aux sacrifices. Tout autre légataire, du moment qu'il n'était appelé à recueillir que des objets individuels, un ou même plusieurs, n'était astreint ni à l'une ni à l'autre de ces obligations. Sans doute il pouvait bien obtenir une chose qui absorbât, en fait, une grande partie de l'hérédité, mais il ne prenait ni l'ensemble des biens, ni une quote-part de cet ensemble. La masse restait invariable *en droit*, quels que fussent les prélèvements qu'il pût faire. L'héritier était toujours appelé à cette *masse*, et le légataire partiaire seul y prenait part.

Revenons à Cicéron. De son temps, les sacrifices tombaient en désuétude. Nous avons vu (*Pro Murena*, p. 334) que les femmes, tenues des sacrifices, se donnaient *en coemptio* à des vieillards qui succédaient ainsi à leur obligation. Ces vieillards remancipaient ensuite les objets individuels de l'hérédité à la femme, préalablement affranchie, et ces biens lui revenaient francs et quittes de toute obligation à cet égard.

Il paraît aussi que les testateurs trouvaient moyen d'affranchir les légataires partiaires en leur léguant *la valeur du legs partiaire*, c'est-à-dire, en déduisant sur l'hérédité une valeur égale à celle que l'héritier aurait pu payer au légataire, auquel cas celui-ci ne prenait que la *valeur* des biens héréditaires, et non les biens eux-mêmes, ce qui le faisait dispenser des sacrifices. Si le testateur n'avait point fait cette déduction, les légataires prenaient des détours pour arriver au même but. Ainsi, ils avaient soin de ne pas recueillir la totalité de leur legs et d'en prendre moins que la moitié, de sorte qu'ils n'avaient pas autant que les héritiers. Or, Scévola voulait que, pour être astreint aux sacrifices, le légataire recueillît autant que tous les héritiers, tandis que les pontifes anciens l'y astreignaient du moment où il avait retiré quelque profit de son legs.

Traduisons actuellement le passage de Cicéron : « Suivons, dit-il d'abord, le pontife *Scævola.* Vous voyez que tout se réduit à ce point. Les pontifes ne veulent pas séparer les sacrifices des biens, c'est aux biens qu'ils attachent et les fêtes et les cérémonies. Les Scévola ajoutent même comme démonstration (*partitio*) : si dans le testament on ne rencontre pas la *deductio,* c'est-à-dire, si le testateur n'a pas déduit au profit du légataire la valeur des biens, et que cependant le légataire ait pris moins que tous les héritiers, il ne sera pas astreint aux sacrifices. »

M. Charles de Rémusat (note 60, p. 472, édit. Victor Leclerc) dit avec raison que, dans le premier cas, le droit prévalait contre le fait. *En droit,* le légataire n'avait pas une partie de la masse appelée *biens; en fait,* il en avait, il est vrai, la valeur; toutefois, il n'était pas tenu des sacrifices qui étaient attachés aux *biens.* Dans le second cas, *en droit* il était obligé; mais comme *en fait* il s'était arrangé pour avoir moins que tous les héritiers, il était déchargé de l'obligation, et c'était alors le fait qui l'emportait sur le droit.

Venons à la donation. Cicéron parle d'une donation faite à un fils de famille par son père. Le père a voulu transférer à son fils la propriété d'une partie de ses biens pour lui faire un don. L'on rencontre alors une translation de propriété (*datio*) dans un but de libéralité (*animo donandi, donatio, idest, datio dono*). Mais cette donation ne pouvait être valable, car le père et le fils étaient la même personne aux yeux du Droit, et dès lors donner à son fils, c'était se donner à soi-même.

Pour que la donation fût validée, le père devait la confirmer dans son testament; c'est ce que Cicéron suppose. Mais, dans ce cas, le montant de la donation était fixé sur la tête du fils donataire qui ne pouvait plus refuser une partie de l'objet donné pour en conserver une autre partie; si le montant avait été déterminé par le père, de telle sorte que la donation entraînât l'obligation de faire les sacrifices, le fils en était nécessairement tenu, et c'est ce qui fait dire à Cicéron : « Les Scévola donnent une autre interprétation pour la donation. Ce que le père de famille a approuvé à l'égard de la donation faite à son fils est ratifié; mais il n'en est plus de même s'il n'a pas approuvé ce qui a été fait à son insu. »

Quand il s'agissait d'un legs, le légataire, en prenant moins que tous les héritiers, pouvait s'affranchir de son obligation. Si le fils voulait diminuer la donation pour arriver au même résultat, il fallait que cette diminution fût approuvée par le père donateur, car si celui-ci confirmait par testament la donation qui avait été faite de son vivant, il la confirmait pour toute son étendue, et dès lors le donataire n'était pas libéré. Si donc le fils agissait à l'insu du père, ce que le fils avait fait ne pouvait lui être utile.

Cicéron continue toujours : « *His propositis, quæstiunculæ multæ nascuntur; quas qui non intelligat, si ad caput referat, per se ipse facile perspiciat : veluti, si minus quis cepisset, ne sacris alligaretur; ac post de ejus heredibus aliquis exegisset pro sua parte id, quod ab eo, cujus ipse heres esset, prætermissum fuisset; eaque pecunia non minor esset facta cum superiore exactione, quam heredibus omnibus esset relicta : qui eam pecuniam exegisset, solum sine coheredibus, sacris alligari. Quin etiam cavent, ut, cui plus legatum sit, quam sine religione capere liceat, is per æs et libram heredem testamenti solvat, propterea quod eo loco res est, ita soluta hereditate, quasi ea pecunia legata non esset.* »

« De ces propositions naissent une multitude de petites questions. Celui qui ne les comprend pas d'abord pourra, en se référant au principe, les résoudre facilement; par exemple : si quelqu'un a pris moins que son legs afin de n'être pas astreint aux sacrifices, et qu'ensuite un de ses héritiers (héritiers du légataire) vienne réclamer sa part héréditaire dans ce que le défunt a omis de prendre; si la somme qu'il obtient, réunie à celle que le défunt a déjà recueillie, est aussi considérable que la valeur des biens retenus par tous les héritiers, alors ne faut-il pas décider que celui des héritiers qui a réclamé cette somme d'argent sans le concours de ses cohéritiers doit être tenu d'accomplir les sacrifices? »

On peut supposer l'espèce suivante : le testateur avait un héritier, il a ordonné à son héritier de donner les 8/12e au légataire. Celui-ci a pris 5/12e afin de se soustraire à la nécessité de faire les sacrifices. Il est mort laissant deux héritiers; l'un d'eux a réclamé 1/12e et demi, de sorte que le legs a reçu son exécution pour 6/12e, plus un demi-douzième. Cet héritier sera contraint d'accomplir les sacrifices.

Autre question. Pour bien la saisir, il faut savoir qu'il y avait des modes fictifs d'éteindre les obligations sans que le créancier reçût ce qui lui était dû (remise de dette faite d'après certaines formes).

Ainsi, Gaius nous enseigne (Comm. 3, § 173 et suiv.) que le débiteur pouvait faire un paiement fictif au créancier devant cinq témoins et un porte-balance *(libripens)*, en mettant dans la balance une pièce de cuivre qui représentait la somme due. On appelait ce paiement *per æs et libram* (par la balance et le cuivre).

Parmi les personnes qui pouvaient être ainsi libérées figure (§ 175) l'héritier débiteur dans ses rapports avec le légataire créancier, et cela se conçoit d'après les idées romaines. Le testament se faisait *per æs et libram;* le testateur, dans l'origine, mancipait sa *familia,* c'est-à-dire, son patrimoine à un *emptor familiæ* qui était d'abord le véritable héritier, et qui plus tard ne fut plus qu'un héritier apparent, le nom du véritable héritier étant consigné dans des tablettes tenues secrètes qui étaient remises à l'*emptor familiæ*. L'héritier étant tenu des legs *per æs et libram,* pouvait ainsi être libéré par un mode fictif *per æs et libram*, en vertu de ce principe de Droit Romain, que les formes qui avaient servi à constituer une obligation pouvaient servir à l'éteindre.

Cicéron nous apprend donc : « que le légataire qui n'aurait pu recueillir le legs sans être obligé d'accomplir les sacrifices libérait l'héritier par le paiement fictif *per æs et libram,* et l'hérédité était alors dégagée du legs comme si l'argent n'eût jamais été légué. »

Nous allons voir, du reste, que le légataire stipulait de l'héritier la somme qu'il devait recueillir à titre de legs; et il recevait ainsi, en exécution de la stipulation, ce qui lui était précédemment dû en vertu du legs auquel il avait renoncé.

Nº 21. (Nº 52 et suiv.) « *Civilis enim juris scientia jus pontificium quodam modo tollitis. Nam sacra cum pecunia, pontificum auctoritate, nulla lege, conjuncta sunt. Itaque si vos tantummodo pontifices essetis, pontificialis maneret auctoritas; sed quod iidem juris civilis estis peritissimi, hac scientia illam eluditis. Placuit P. Scævolæ et Coruncanio, pontificibus maximis, itemque ceteris, qui tantumdem caperent, quantum omnes heredes, sacris alligari. Habeo jus pontificium. Quid huc accessit ex jure civili? partitionis caput scriptum caute, ut centum nummi deducerentur. Inventa est ratio, cur pecunia sacrorum molestia liberaretur. Quod si hoc, qui testamentum faciebat, cavere noluisset, admonet jurisconsultus hic quidem ipse Mucius, pontifex idem, ut minus capiat, quam omnibus heredibus relinquatur. Super dicebant, qui quid cepisset, adstringi. Rursus sacris liberantur. Hoc vero nihil ad pontificium jus, et e medio est jure civili, ut per æs et libram heredem testamenti solvant, et eodem loco res sit, quasi ea pecunia legata non esset, si is, cui legatum est, stipulatus est id ipsum, quod legatum est, ut ea pecunia ex ea stipulatione debeatur, sitque ea non alligata sacris.* »

« Le droit des pontifes est supprimé par la connaissance du Droit civil. Les sacrifices ont été attachés aux biens, non pas par une loi, mais par l'autorité pontificale. Si donc vous étiez seulement pontifes, votre pouvoir subsisterait; mais parce que vous êtes très-habiles dans le Droit civil, avec cette science vous éludez l'autre. Publius Scévola et Coruncanius, grands pontifes et autres, ont décidé que ceux qui recueilleraient autant que tous les héritiers seraient obligés de faire les sacrifices. Voilà le Droit pontifical. Qu'est venu ajouter le Droit civil? Une remarque écrite avec soin et consistant à dire que le testateur peut user de la *deductio* (*ut centum nummi deducerentur;* voy. ci-dessus, p. 523). On a trouvé ainsi un moyen de dégrever les biens du fardeau des sacrifices. Si le testateur a oublié cette précaution, Mucius lui-même, le pontife, avertit les légataires de s'arranger de façon à prendre moins que tous les héritiers. Tout-à-l'heure, les pontifes disaient que celui qui prenait quelque chose devait être obligé (voy. p. 521 ci-dessus); actuellement, il ne l'est plus. Quant à l'autre expédient, il n'a rien de commun avec le Droit pontifical, car il est puisé dans le Droit civil. Les héritiers peuvent s'acquitter par le paiement fictif, *per æs et libram,* et alors les choses sont au même état que si les biens n'avaient pas été légués; ensuite, le légataire stipule (sur la stipulation, voy. p. 71) ce qui a été légué, et comme ces biens lui sont dus d'après la stipulation, ils sont affranchis de toute obligation. »

Cela est facile à expliquer d'après ce que nous venons de dire. Que prouvaient, du reste, ces critiques adressées par Cicéron aux jurisconsultes? Une seule chose; c'est que toutes ces subtilités, tous ces détours, étaient des machines de guerre employées pour ne plus accomplir des sacrifices qui tombaient déjà en désuétude avec la religion nationale.

N° 22. (N° 55.) « *Jam tanta religio est sepulcrorum, ut extra sacra et gentem inferri fas negent esse.* » (Sur la *gens*, chargé des sacrifices et du service des tombeaux, voy. Topiques, N° 5, p. 54.)

N° 23. (N° 59.) Cicéron rappelle un grand nombre des dispositions de la loi des XII Tables, qui ont trait au Droit sacré, et on rencontre cette phrase : « *Discebamus enim pueri* XII, *ut carmen necessarium; quas jam nemo discit.* »

N° 24. (N° 61.) « *Quod autem* FORUM, *id est vestibulum sepulcri* BUSTUMVE *usucapi vetat, tuetur jus sepulcrorum.* »

« Établir que le sépulcre et son vestibule, et la place même où le mort a été brûlé, ne seront point soumis à l'usucapion, c'est assurer le droit des sépultures. » Nous avons déjà dit que les lieux religieux n'étaient pas dans le commerce.

Livre troisième. — N° 3. (N° 7.) « *Juris disceptator, qui privata judicet, judicarive jubeat, prætor esto.* »

Le préteur quelquefois rendait lui-même la sentence, et le plus souvent renvoyait les parties devant un *judex* chargé de la rendre. (Voy. p. 6.)

N° 8. (N° 18.) Il est honteux de se faire députer pour un intérêt autre que celui de la république. « *Omitto, quemadmodum isti se gerant atque gesserint, qui legatione hereditates, aut syngraphas suas persequuntur.* »

« Je ne dis point comment se sont conduits et se conduisent encore ceux qui, à la faveur de ces députations, ont poursuivi des hérédités, ou le recouvrement de leurs *syngraphæ*. (Voy. sur les *syngraphæ*, le discours *Pro Roscio comœdo*, p. 144.) »

Ouvrages apocryphes. — Viennent ensuite des ouvrages apocryphes (voy. M. Victor Leclerc, vol. 34); nous citerons l'invective de Salluste contre Cicéron et la réponse de ce dernier, ouvrages qui ne sont, à ce qu'il paraît, ni de Salluste, ni de Cicéron.

N° 4. (Invective de Cicéron) : on trouve les mots « *neque me addixi.* » (Sur l'*addictus*, voy. 174.)

N° 5. « *Et cui dubium potest esse, quin mori coegerit eum, quo hic nondum mortuo pro herede gesserit omnia.* »

« Et qui peut douter qu'il n'ait fait mourir son père? car avant sa mort il se comportait déjà en héritier. » (*Gerere pro herede*, voy. p. 404.)

EPISTOLÆ.

Nous suivrons l'ordre chronologique adopté dans l'édition Panckoucke, tout en indiquant la division suivie par d'autres éditeurs.

Première lettre. — (Liv. 1, N° 5, *Ad Atticum.*) « *De Tadiana re mecum Tadius locutus est, te ita scripsisse, nihil esse jam quod laboraretur, quoniam hereditas usucapta esset. Id mirabamur te ignorare, de tutela legitima, in qua dicitur esse puella, nihil usucapi posse.* »

« Tadius a conféré avec moi de son affaire. Vous lui avez écrit, m'a-t-il dit, que vous étiez à l'abri de toute inquiétude, parce que l'hérédité a été usucapée. Nous avons été surpris de vous voir ignorer que la jeune fille étant à ce qu'il paraît sous la tutelle légitime, rien ne peut être usucapé. »

Nous avons vu (Topiques, N° 2, p. 4) que l'usucapion était un moyen de devenir propriétaire par une possession prolongée (*capere usu).*

Nous avons également vu (*De legibus,* liv. 2, N° 19, p. 520) que l'on pouvait usucaper de mauvaise foi des objets faisant partie d'une hérédité, et même les immeubles par un an de possession. Mais autrefois on pouvait usucaper *l'hérédité* elle-même, c'est-à-dire, que celui qui avait possédé pendant un an les objets de l'hérédité avait acquis le *nomen juris,* la chose incorporelle appelée *hérédité,* et par suite, il avait le titre et la qualité d'héritier avec tous les effets qui en découlaient.

Ce point est attesté par Gaius, qui se demande pourquoi l'on usucape de son temps par un an de possession les immeubles faisant partie d'une hérédité. Voici le passage (Comm. 2, § 54) : « *Quare autem etiam hoc casu soli rerum annua constituta sit usucapio, illa ratio est, quod olim rerum hereditariarum possessione velut ipsæ hereditates usucapi credebantur, scilicet anno; lex enim XII Tabularum soli quidem res biennio usucapi jussit, ceteras vero anno. Ergo hereditas in ceteris rebus videbatur esse, quia soli non est, quia neque corporalis est; et quamvis postea creditum sit, ipsas hereditates usucapi non posse, tamen in omnibus rebus hereditariis, etiam quæ solo teneantur, annua usucapio remansit.* »

« Pourquoi, se demande le jurisconsulte, pourquoi, dans ce cas, l'usucapion des immeubles s'accomplit-elle par un an? Parce que jadis les hérédités elles-mêmes étaient considérées comme pouvant être usucapées au bout d'un an. La loi des XII Tables décidait que les immeubles devaient être usucapés par deux ans, et les autres choses (*cæteræ res*, voy. p. 46) par un an. L'hérédité figurait parmi les *autres choses*, car elle n'est ni un immeuble, ni même une chose corporelle (*hereditas* désigne un *nomen juris*); et lorsque plus tard on admit que l'hérédité ne pouvait être usucapée, on continua cependant d'admettre l'usucapion annale pour les immeubles héréditaires. »

Autrefois (*olim*) l'hérédité, chose incorporelle, pouvait être usucapée. Plus tard, une loi que les textes désignent sous le nom de loi *Scribonia* décida que les choses incorporelles, les droits *(jura)*, ne seraient plus dorénavant susceptibles d'usucapion, parce que pour usucaper il fallait posséder, et qu'un droit *(jus)* n'était pas susceptible d'être possédé (1). Mais on continua d'usucaper les objets corporels de l'hérédité, sans devenir héritier. Cette usucapion *de mauvaise foi* s'appela *usucapio pro herede*, et comme l'hérédité comprise sous la dénomination de *cæteræ res* était usucapée par le délai d'un an, les objets corporels, même les immeubles, furent acquis au bout d'une année de possession.

Quand parut cette loi Scribonia? On en place la date à l'an de Rome 720 (34 av. J.-C.) sous le triumvirat de Lépide, d'Antoine et d'Octave.

(1) Voy., pour le raisonnement pris en lui-même, M. Pellat, *De la Propriété*, p. 5 et suiv.

Le passage de Cicéron prouverait qu'en 685, époque où fut écrite la lettre qui nous occupe, l'usucapion de l'hérédité était encore possible, car il s'exprime ainsi : « *Quoniam hereditas usu capta erit.* » Atticus était rassuré, nous dit-il, parce que l'hérédité était usucapée.

Pour comprendre l'objection que fait Cicéron, il faut d'abord se rappeler que les femmes *sui juris* étaient en tutelle perpétuelle (voy. plus haut, p. 29); que cette tutelle n'était sérieuse que lorsqu'elle était légitime, c'est-à-dire déférée par la loi (voy. p. 30); et enfin que la femme, sous cette tutelle, ne pouvait aliéner les *res mancipi* sans l'*auctoritas* de son tuteur, qui pouvait ordinairement la refuser. (Voy. Gaius, Comm. 1, § 192, et nos explications, p. 29 et suiv.)

Une conséquence découlait de ces principes : les *res mancipi* de la femme en tutelle ne pouvaient être usucapées que si elles avaient été livrées avec l'*auctoritas* du tuteur. Autrement, la femme eût pu parvenir à consommer d'une manière indirecte des aliénations qu'elle n'eût pu réaliser directement. Voici, en effet, ce que dit Gaius (Comm. 2, § 47) : « *Item olim mulieris quæ in adgnatorum tutela erat, res mancipi usucapi non poterant, præterquam si ab ipsa tutore auctore traditæ essent : idque ita lege XII Tabularum cautum erat.* »

Cicéron objecte donc à Atticus que la jeune fille étant sous la tutelle légitime, l'hérédité qui lui était déférée n'avait pu être usucapée.

Peut-être, Atticus, répondait-il : les *res mancipi* de la femme ne sont pas susceptibles d'usucapion d'après la loi des XII Tables, mais l'hérédité est une *res nec mancipi* (elle ne figure pas en effet dans l'énumération des *res mancipi;* voy. Ulpien, tit. 19, Règles, § 1er); et dès lors, elle est susceptible d'être usucapée, même contre une femme qui est sous la tutelle légitime.

Lettre 3e. *(Ad Atticum,* liv. 1, N° 7.) « *L. Cincio H-S XXCD constitui me curaturum Idibus febr.* »

« Je me suis engagé à payer à L. Cincius....., aux ides de février. » Il s'agit du pacte de constitut expliqué à propos du discours *Pro Publio Quintio.* (Voy. N° 5, p. 99.)

Lettre 4e. *(Ad Atticum,* liv. 1, N° 8.) « *Cum Acutilio sum locutus. Is sibi negat a suo procuratore quidquam scriptum esse, et miratur istam controversiam fuisse, quod ille recusarit satisdare, amplius abs te non peti.* »

« J'ai parlé à Acutilius : il m'a affirmé que son procureur ne lui avait rien écrit. Il s'étonne que ce dernier ait fait difficulté pour accorder la *satisdatio*, que l'on ne vous adresserait plus aucune réclamation. »

Dans le discours *Pro Publio Quintio* (N° 7, p. 106) nous avons exposé les principes du Droit Romain sur les *cognitores* et les *procuratores ad lites*. Le *procurator* ne représentait pas le mandant, et, dès lors, son adversaire, le défendeur, par exemple, exigeait de lui la promesse que son mandant ratifierait la sentence. Cette promesse devait être garantie par un tiers appelé *fidéjusseur*, et l'on disait qu'il y avait : *satisdatio de rato* ou *ratam rem dominum habiturum*. Si le mandant ressuscitait le procès contre le défendeur absous, celui-ci ne pouvait lui opposer l'autorité de la chose jugée, mais il recourait contre le *procurator* qui avait manqué à son engagement en n'obtenant pas la ratification du mandant. Si le *procurator* était insolvable, le défendeur pouvait agir contre le fidéjusseur.

Acutilius était probablement le demandeur, et Atticus le défendeur. Acutilius avait un *procurator* qui ne voulait pas donner à Atticus la *satisdatio amplius ab Attico non peti.*

Plus loin, on trouve : « *L. Cincio..... curavi.* » Allusion au paiement fait par suite du pacte de constitut. (Voy. plus haut, p. 531.)

« *Tulliola, deliciolæ nostræ, tuum munusculum flagitat, et me ut sponsorem, appellat. Mihi autem abjurare certius est, quam dependere.* »

Le *sponsor* était celui qui garantissait la dette d'autrui par la formule *spondes — spondeo* (voy. plus haut, p. 105). Quand il avait payé, il avait contre le *reus*, c'est-à-dire, le débiteur principal, l'action DEPENSI, ainsi appelée de *dependere*, peser; parce que jadis les paiements en argent se faisaient par la pesée (*nummorum vis in pondere erat, non in mensura. — Item qui dabat pecuniam præsentem, is tum non numerabat eam, sed appendebat*, Gaius, Comm. 1, § 122.)

Tullia réclame à son père le petit présent que lui a promis Atticus. Elle prend Cicéron pour *sponsor ;* mais, dit celui-ci, j'aime mieux nier que payer.

On lit dans une traduction : « La plaisanterie de Cicéron était fondée sur ce que, lorsqu'on ne s'était point engagé par écrit, on était reçu à se purger par serment, comme on l'est encore aujourd'hui, et *abjurare*, en terme de Droit, se disait de ceux qui, en pareil cas, faisaient un faux serment. »

Cette note est au moins très-singulière, car il semblerait en résulter que dans le Droit Romain, et même dans le Droit Français, si on n'est pas obligé par écrit, on peut se dégager par serment. Voici ce qu'il y a de vrai : dans le Droit Romain, le créancier qui invoquait son droit devait prouver qu'il était créancier ; il le prouvait par la preuve testimoniale ou littérale, au lieu qu'en France la première n'est admise que par exception.

Du reste, dans le Droit Romain comme dans le Droit Français, le créancier qui n'avait pas de preuve de son droit pouvait, en dernière analyse, déférer le serment en justice à son adversaire, et s'en remettre à sa bonne foi. Si le défendeur, en effet, jurait qu'il ne devait rien, le demandeur ne pouvait plus lui adresser de réclamation, quand même il aurait prêté un faux serment, parce que le demandeur avait fait la convention suivante avec son adversaire : « Je conviens avec vous que si vous prêtez serment que vous ne me devez rien, tout sera terminé entre nous. » Si le défendeur prêtait serment, il acceptait la convention, et tout était dit. Bien plus, le défendeur devait ou prêter le serment, ou le référer à son adversaire. Il ne pouvait se plaindre de ce que l'on remettait le sort de l'affaire à sa bonne foi. S'il ne prêtait pas serment, ou s'il ne le référait pas, c'est que sa cause était mauvaise. On disait de ce serment qu'il était *nécessaire* ou *décisoire;* NÉCESSAIRE, parce que le défendeur ne pouvait s'y soustraire; DÉCISOIRE, parce que la décision de l'affaire en dépendait.

LETTRE 6e. (*Ad Atticum*, liv. 1er, No 10.) « *Bibliothecam tuam cave cuidam despondeas.* » *Despondere* ou *spondere*. (Voy. p. 105.)

A la fin : « *Tulliola tibi diem dat; sponsorem appellat.* » « Tulliola vous accorde un délai; elle recourt contre le *sponsor*. » (Voy. plus haut, p. 532.)

LETTRE 8e. (*Ad Atticum*, liv. 1, No 3.) « *Tulliolam C. Pisoni L. filio Frugi despondimus.* » Les fiancés s'appelaient *sponsus, sponsa*, parce qu'ils s'engageaient par des promesses faites sous la forme interrogative et responsive SPONDES, SPONDEO.

Lettre 10e. (*Ad Atticum*, liv. 1er, No 1.) « *Cæcilius, avunculus tuus, a P. Vario quum magna pecunia frauderetur, agere cœpit cum ejus fratre Caninio Satrio de iis rebus, quas cum dolo malo mancipio accepisse de Vario diceret. Una agebant ceteri creditores, in quibus erat Lucullus, et P. Scipio, et is, quem putabant magistrum fore, si bona venirent, L. Pontius.* »

Nous avons vu que les créanciers avaient le droit de faire procéder à la vente des biens de leur débiteur insolvable, c'est ce que l'on appelait *emptio bonorum* (voy. le discours *Pro Public Quintio*, p. 102). La vente se faisait en bloc et sous la direction d'un syndic appelé *magister*.

Le débiteur insolvable pouvait avoir aliéné des objets faisant partie de son patrimoine, *en fraude* de ses créanciers, c'est-à-dire, avec l'intention coupable (*dolo malo*) de leur porter préjudice. Dans ce cas, le Droit prétorien donnait aux créanciers fraudés une action par laquelle ils demandaient la rescision de l'acte qui avait consommé l'aliénation faite par le débiteur, et cette rescision prononcée, ils faisaient rentrer le bien aliéné dans le patrimoine de ce dernier.

Justinien (Instit., liv. 4, tit. 6, § 6) dit : « *Item, si quis in fraudem creditorum rem suam alicui tradiderit, bonis ejus a creditoribus ex sententia præsidis possessis, permittitur ipsis creditoribus rescissa traditione eam rem petere, id est, dicere eam rem traditam non esse, et ob id in bonis debitoris mansisse.* »

Ce texte suppose que le débiteur a fait l'aliénation d'une chose par tradition, mais *en fraude* de ses créanciers, avec l'intention coupable de leur enlever ce gage de leurs créances. Les créanciers demandent au président l'envoi en possession des biens, afin de faire constater l'insolvabilité de leur débiteur ; puis il leur est permis de revendiquer cette chose, comme si la tradition n'en avait point eu lieu, et de soutenir qu'elle est restée dans les biens de ce dernier.

La tradition avait consommé une aliénation valable *jure civili*. Le préteur la brisait, et permettait de revendiquer *comme si cette tradition n'avait pas eu lieu*. La formule était ainsi conçue : « Judex esto. — Si fundus Cornelianus esset Auli Agerii (le débiteur) ni hic fundus mancipatus ou traditus fuisset, neque is fundus tuo arbitrio restituatur, tunc, etc. » On voit que la fiction introduite par le préteur consistait à supposer que l'acte translatif de propriété ne s'était pas accompli. Les créanciers soutenaient que la chose était restée dans le patrimoine du débiteur, *comme s'il n'y avait pas eu aliénation.*

Revenons à Cicéron : Cécilius, l'oncle d'Atticus, était créancier d'une forte somme due par Varius, qui l'avait fraudé, en aliénant par mancipation des objets de son patrimoine au profit de son frère Caninius Satrius, « *quas cum dolo malo mancipio accepisse de Vario diceret,* » « que celui-ci, disait-il, avait reçus avec dol de Varius, après mancipation. » (Sur la mancipation, voy. p. 3 ; on sait que c'était une manière d'aliéner les choses *mancipi.*)

Il dit donc : « Cécilius agit contre Caninius Satrius, frère du débiteur et complice de Varius. Les autres créanciers, aussi bien intéressés que Cécilius, agissaient d'accord ; parmi eux figuraient Lucullus, P. Scipion et Pontius, qu'ils pensaient devoir être syndic lorsque les biens seraient vendus, c'est-à-dire, quand il y aurait lieu à l'*emptio bonorum.* »

L'action était donnée ordinairement, après l'envoi en possession, au représentant de la masse, pour qu'il pût ressaisir les biens qui étaient sortis par fraude du patrimoine du débiteur. (1).

LETTRE 15e. (*Ad famil.*, liv. 5, No 6.) « ***Ego autem meis rebus gestis hoc sum assecutus, ut bonum nomen existimer.*** »

Bonum nomen veut dire une *bonne créance* (voy. p. 312). « Par ces actions, dit Cicéron, j'ai obtenu de passer pour un bon débiteur. »

LETTRE 16e. (*Ad Atticum,* liv. 15, No 12.) « *Nam a Cæcilio propinqui minore centesimis nummum movere non possunt.* »

On appelait *centesima usura* ou *legitima usura,* l'intérêt à 1 pour 100, payable par mois, ce qui fait 12 pour 100 par an (2). « Car pour Cécilius, ses parents même n'en tireraient pas un sou, à

(1) Voy. thèse de doctorat (p. 5) de M. Grivart, professeur suppléant provisoire à la Faculté de Droit de Rennes. Des auteurs ne veulent pas voir dans le passage de Cicéron un exemple de l'action dite *Paulienne*, mais seulement celui d'une action de dol.

(2) Voy. M. Pellat, *Commentaire sur la Dot.* p. 32.

moins de 1 pour 100 par mois. » « *Tito mandavi.* » « J'ai donné mandat à Titus. »

LETTRE 18e. (*Ad Atticum*, liv. 1er, No 13.) « *Uxori Cæsarem nuntium remisisse.* » L'époux qui divorçait envoyait un messager (*nuntius*), qui portait le *libellum repudii*.

LETTRE 19e. (*Ad Atticum*, liv. 1er, No 14.) « *Acceptum referre.* » On a déjà dit que le citoyen romain portait sur son *codex accepti* ce dont il était débiteur. (Voy. p. 138.)

« *Operæ Clodianæ pontes occuparant. Tabellæ ministrabantur, ita ut nulla daretur* UTI ROGAS. »

Il paraît que les électeurs passaient sur des espèces de ponts, à l'extrémité desquels ils votaient. Quand ils voulaient accueillir le projet de loi, le bulletin portait UTI ROGAS. La *rogatio* était la proposition même faite au peuple : ROGO VOS QUIRITES VELITIS, JUBEATIS (voy. p. 348.) Que s'ils désiraient, au contraire, rejeter le projet, le bulletin portait ANTIQUA PROBO. J'approuve ce qui existe.

D'après Cicéron, on ne délivrait aucun bulletin pour l'adoption.

LETTRE 21e. (*Ad Atticum*, liv. 1er, No 16.) « *Rem deducere in judicium.* » Ces expressions veulent dire : déduire l'objet du procès dans la formule. (Sur le mot *judicium*, voy. p. 72.)

« *Maculosi senatores, — nudi equites, — tribuni non tam ærati quam, ut appellantur, ærarii.* » La loi Aurélia (A. de Rome, 684) avait partagé le pouvoir judiciaire entre les sénateurs, les chevaliers et les tribuns du trésor. ÆRATI veut dire accablés de dettes. ÆRARII, tribuns du trésor, de l'*ærarium*. — « *Promisit,* » faire une promesse dans les formes de la stipulation (p. 71).— « *Intercessit,* » obliger sa personne ou ses biens pour autrui. — « *dedit,* » faire une translation de propriété : *dare*, aliéner.

« *Desponsam homini jam Syriam ademi.* » Allusion aux fiançailles qui avaient lieu, avons-nous dit, par la formule *spondes, spondeo*.

LETTRE 22e. (*Ad Atticum*, liv. 1, No 17.) On rencontre les expressions *locatio*, action de donner à bail (bailleur); *conductio*, action de prendre à bail (preneur).

LETTRE 24e. (*Ad Atticum*, liv. 1er, No 9.) Cicéron rappelle que, d'après la volonté du sénat, Pompée et lui devaient demeurer à

Rome. « *Quasi pignora reipublicæ retineri videremur.* » *Pignus*, c'est le gage que le débiteur remet à son créancier pour sûreté de la dette, et que celui-ci garde jusqu'à ce qu'il soit désintéressé.

« *Adjudicarit.* » Expression juridique. On appelait *adjudicatio* l'attribution que, dans des cas tout exceptionnels, un juge pouvait faire à l'un des plaideurs, de la chose qui appartenait à un autre plaideur. (Voy. p. 479.)

Lettre 25e. *(Ad Atticum*, liv. 1, No 26.) « *L. Papirius Pætus, vir bonus, amatorque noster, mihi libros eos, quos Servil. Claudius reliquit, donavit. Quum mihi, per legem Ciniam licere capere, Cincius amicus tuus diceret, libenter dixi, me accepturum, si attulisset.* »

La loi Cincia, dont nous avons déjà parlé, avait limité le taux des donations (voy. p. 444). Le Cincius, dont parle Cicéron, portait le nom du tribun qui avait proposé la *lex Cincia*, mais cette loi était antérieure à Cicéron. (On en place la date à l'an 550 de Rome.)

Il dit donc : « L. Papirius Pétus, honnête homme de mes amis, m'a donné les livres que Servius Claudius lui a laissés. Votre ami Cincius m'ayant assuré que la loi Cincia me permettait de les recueillir, j'ai promis de les accepter avec plaisir, quand on me les apporterait. »

Lettre 26e. *(Ad Atticum*, liv. 2, No 1.) « *Quid verius, quam in judicium venire, qui ob rem judicandam pecuniam acceperit?* » « Quoi de plus juste que celui qui a reçu de l'argent pour rendre une sentence vienne en rendre compte à la justice? » (*In judicium venire*, voy, p. 72.)

« *Quid impudentius publicanis renuntiantibus?* » La *renuntiatio* était l'acte par lequel on déclarait renoncer à une association. On envoyait un *nuntius* qui faisait connaître la *renuntiatio*. — « *Mercede conductos.* » L'ouvrier se loue pour une *merces* ou salaire; il est le *locator;* celui qui paie est le *conductor*. « *Vindicem æris alieni.* » *Vindex* désigne un champion, ici, une *caution*, c'est-à-dire, quelqu'un qui garantit le paiement des dettes d'autrui.

Lettre 29e. *(Ad Quintum fratrem*, liv. 1, No 1.) Le frère de Cicéron avait été nommé gouverneur de l'Asie. Celui-ci lui adresse des recommandations, et, entre autres, il lui dit : « *Sit summa in jure dicendo severitas;* » plus loin : « *Jus dici.* » Le gouverneur devait exercer dans la province des actes de juridiction. Il parle aussi des *societates publicanorum*. Ces associations étaient soumises à des règles particulières qui tendaient à leur donner un grand crédit.

Lettre 30e. *(Ad Atticum,* liv. 2, N° 4.) « *Pro eo tibi præsentem pecuniam solvi imperavi; ne tu expensum muneribus ferres.* » Nous avons dit (voy. p. 138) que les citoyens romains avaient des registres tenus en partie double; ils portaient sur le *codex expensi* les sommes dont ils étaient créanciers, qu'ils étaient censés avoir pesées.

« J'ai ordonné qu'on vous le payât comptant (un livre), de peur que vous ne me le portassiez sur votre *codex depensi,* parmi vos présents. »

Cicéron ne veut pas qu'Atticus lui donne ce livre, et qu'il le porte sur ses registres parmi les dons qu'il peut faire et qui y sont mentionnés.

Il parle ensuite d'une affaire qu'il est difficile de bien comprendre. Du reste, les termes qu'il emploie n'offrent aucune difficulté.

Lettre 33e. *(Ad Atticum,* liv. 2, N° 7.) — Sur le *Vadimonium*, voy. p. 100.

Lettre 38e. *(Ad Atticum,* liv. 11, N° 12.) — Cicéron parle de l'adoption de Clodius, qui constituait une adrogation, car Clodius était *sui juris* (voy. plus haut, p. 344). Elle avait donc eu lieu devant les comices, *calatis comitiis.* Aussi dit-il en parlant de César : « *Negat se quicquam de illius adoptione tulisse.* » « Il nie avoir fait aucune proposition touchant l'adoption de Clodius. »

Lettre 42e. (*Ad Atticum,* liv. 2, N° 16.) « *Actiones ipsum præstare debere.* » Expression prise au figuré. Pompée laisse à César le soin de justifier ses actions.

En Droit, on disait d'un créancier qui vendait sa créance qu'il était tenu de *prester ses actions,* c'est-à-dire, de mettre l'acheteur à même d'intenter contre le débiteur de la créance vendue l'action qu'avait le vendeur. Celui-ci devait toujours livrer à l'acheteur la chose vendue, et comme une créance (chose incorporelle) n'était pas susceptible d'être livrée, le vendeur devait établir l'acheteur *procurator,* c'est-à-dire, mandataire à l'effet de poursuivre le débiteur. Ce mandat étant dans l'intérêt exclusif de l'acheteur qui n'était pas tenu de rendre des comptes, on disait en conséquence de celui-ci qu'il était *procurator in rem suam*, et que le vendeur était tenu de lui prêter ses actions. (Joindre p. 108 et 109.)

LETTRE 44e. (*Ad Atticum*, liv. 2, N° 18.) — Cicéron parle « *de Statio manumisso*, » de l'affranchissement d'un nommé Statius. — On disait de l'esclave qu'il était *manumissus*, parce que *manus* désignait la puissance dominicale. Justinien, empruntant le langage d'un juriconsulte romain (Instit., liv. 1er, tit. 5, princ.), dit : « *Manumissio autem est datio libertatis; nam quamdiu quis in servitute est, manui et potestati suppositus est, et manumissus liberatur potestate.* »

LETTRE 50e. (*Ad Atticum*, liv. 2, N° 24.) « *Nunc reus erat apud Crassum divitem Vettius de vi : et, quum esset damnatus, erat indicium postulaturus : quod si impetrasset, judicia fore videbantur.* » — *Reus* veut dire accusé, défendeur, contractant. (Voy. plus haut, p. 442.)

« *Judicia fore videbantur.* » « Il y aura de nouvelles instances. » (Sur le mot *judicium*, voy. p. 72.)

LETTRE 52e (*Ad Quintum fratrem*, liv. 1, N° 2.) « *Nam quum hanc paginam tenerem, L. Flavius prætor designatus ad me venit, homo mihi valde familiaris. Is mihi, te ad procuratores suos litteras misisse, quæ mihi visæ sunt iniquissimæ, ne quid de bonis quæ Octavii Nasonis fuissent, cui L. Flavius heres est, deminuerent antequam C. Fundanio pecuniam solvissent : itemque misisse ad Apollonidienses, ne de bonis quæ Octavii fuissent deminui paterentur, priusquam Fundanio debitum solutum esset. Hæc mihi versimilia non videntur. Sunt enim ab prudentia tua remotissima. Ne diminuat hæres! Quid si inficiatur? Quid si omnino non debetur? Quid! prætor solet judicare deberi? Quid.......! Ut et procuratoribus Flavii remittas de deminuendo, et Appollonidiensibus ne quid perscribas quod contra Flavium sit amplius.* »

D'après ce passage, le préteur Flavius était héritier d'Octave Naso. Le frère de Cicéron avait écrit aux procureurs de Flavius et aux Appollonidiens pour leur défendre de faire disparaître des objets héréditaires avant que Fundanius, créancier du défunt, ne fût payé. Cicéron réprimande son frère : « Est-ce que l'on peut, dit-il, défendre à un héritier de disposer de l'hérédité? Et si Flavius niait la dette? si Fundanius n'est pas créancier? Est-ce que, par hasard, le préteur a l'habitude de juger si la chose est ou n'est pas due? » On sait que le préteur ne terminait pas les contestations, mais qu'il renvoyait devant un citoyen romain auquel il donnait mandat, par une formule écrite, de rendre la sentence. Ce n'était donc pas à Quintus qu'il appartenait de trancher la controverse. Aussi Cicéron ajoute-t-il : « Vous devez révoquer la défense faite aux procureurs de Flavius, et ne rien prescrire aux Appollonidiens contre ses intérêts. »

Plus loin, on trouve le mot : « *de pactione.* » Pacte ou convention se définit : « *In idem placitum consensus.* » « L'accord de deux volontés sur le même point. »

Lettre 70e. (*Ad Atticum,* liv. 3, N° 15.) Cicéron parle des colléges d'artisans qui, d'après la législation romaine, formaient une personne capable d'avoir des droits et d'être soumise à des obligations. Ces corporations devaient être autorisées par les lois ou les Constitutions impériales ; c'était là un principe de Droit public. (On peut consulter sur ce point les lois 1, pr. et § 1, *quod cujus cuique universitatis,* etc., au Digeste, liv. 3, tit. 4.)

Lettre 87e. (*Ad Atticum,* liv. 4, N° 1.) Les consuls donneront à bail la reconstruction de sa maison, *locabunt.* (Voy. sur cette expression, p. 206.)

Lettre 88e. (*Ad Atticum,* liv. 4, N° 2.) Sur l'expression *adjudicata* (voy. p. 479) ; on rencontre aussi les mots *locassent, locarunt,* etc , dans le sens précédemment expliqué.

Lettre 89e. (*Ad Atticum,* liv. 4. N° 3.) « *Locatione consulum.* » « Le bail conféré par les consuls. (Voy. p. 206.) »

Lettre 97e. (*Ad Quintum fratrem,* liv. 2, N° 2.) « *Culleonis auctio facta est.* » *Auctio,* c'est la vente à l'encan au plus offrant et dernier enchérisseur. (Voy. p. 99 et 100.)

Lettre 99e. (*Ad Atticum,* liv. 4, N° 3.) « *Domus tibi ad Lucum Pisonis Liciniana conducta est.* » *Conducere,* c'est prendre à bail.

Lettre 104e. (*Ad Quintum fratrem,* liv. 2, N° 6.) On rencontre l'expression *familia* dans le sens d'un ensemble d'esclaves. — « *Judiciis,* » » pris dans le sens d'instance judiciaire. (Voy. p. 72.)

Lettre 105e. (*Ad Atticum,* liv. 4, N° 4.) « *Si locare voluisses.* » Il s'agit de gladiateurs que l'on aurait pu prendre à bail.

Lettre 110e. (*Ad Atticum,* liv. 4, N° 7.) Par rapport à ce que vous me mandez d'Appollonius, dit Cicéron, que les dieux confondent ce Grec, qui croit pouvoir, comme les chevaliers romains, se moquer impunément de ses créanciers; pour Térentius, c'est son droit. En ce qui concerne Metellus, il n'est point décédé depuis longtemps de citoyen qui...... Mais il faut laisser les morts en repos. Et il ajoute : « *Tibi nummi meo periculo sint : quid enim vereris, quemcumque heredem fecit? nisi Publium fecit?* » « Votre argent est à mes risques et périls, c'est-à-dire, j'en réponds. Que craignez-vous? Qui a-t-il pu instituer héritier, sinon Publius? »

Il en est de ces affaires comme de la plupart de celles dont Cicéron parle dans ses lettres; il y a des sous-entendus qui nous échappent. Toutefois, il semble dire que l'héritier Publius Clodius, avec lequel il était alors réconcilié, était solvable. Mais il ajoute plus loin : « Cette somme a bien l'air de ne pas vouloir rentrer dans vos coffres, une autre fois, vous serez plus prudent. *(Eris cautior.)* »

« *Præsidia locabis.* » « Vous donnerez à bail la garde de ma maison. » (Sur le sens du mot *locatio,* voy. p. 206.)

Lettre 124e. (*Ad famil.*, liv. 7, N° 23.) « *Nomina se facturum, quum venisset, qua ego vellem die.* » « Il me marquait qu'à son arrivée nous consignerions la créance sur ses registres (*nomen facere*, voy. p. 139), et que je prendrais le terme qu'il me conviendrait. » *Dies* désigne le terme de la dette, le moment où elle devient exigible. « *Plus annua postulare* » veut dire : « demander un terme supérieur à une année. »

Lettre 133e. (*Ad famil.*, liv. 7, N° 5.) Expressions *sponsor-spondeo* (voy. p. 112). Parlant à César de Trebatius, le jurisconsulte, Cicéron lui dit : « *Accedit etiam, quod familiam ducit, in jure civili;* » « Il est pour ainsi dire, d'après le Droit civil, père de famille, c'est-à-dire, chef d'école ayant des disciples. » « *Totum denique hominem tibi ita trado de manu (ut aiunt) in manum tuam istam, et victoria et fide præstantem.* »

« Je vous le livre de la main à la main (comme l'on dit), dans cette main que distinguent la victoire et la fidélité. » Allusion à la tradition d'un objet corporel qui se fait le plus souvent *de manu ad manum.*

Lettre 135e. (*Ad famil.*, liv. 7, N° 6.) S'adressant au jurisconsulte Trebatius, Cicéron lui dit : « *Tu qui ceteris cavere didicisti,* » « Vous qui avez appris aux autres à obtenir des garanties. »

Les jurisconsultes sont appelés, par leurs conseils, à indiquer les précautions que l'on peut prendre pour défendre ses droits.

LETTRE 140e. (*Ad Quintum fratrem*, liv. 2, No 15.) Parlant de Trebatius, il s'exprime ainsi : « *Negat enim, in tanta multitudine eorum, qui una essent, quemquam fuisse qui vadimonium concipere posset.* » « Entre tant de gens qui l'entourent, pas un qui pût constituer un *vadimonium.* » (Sur le *vadimonium,* voy. p. 100.)

LETTRE 141e. (*Ad Quintum fratrem,* liv. 2, No 15.) Il est question, dans cette lettre, de Caton pris pour arbitre. « *Compromiserant* » (sur cette expression et son origine, voy. p. 160). La même pensée est exprimée dans la lettre 142e, adressée à Atticus. (Liv. 4, No 15.)

LETTRE 146e. (*Ad Quintum fratrem,* liv. 3, No 1.) « *Calvus aiebat aqua dempta et ejus aquæ jure constituto, ea servitute fundo illi imposita, tamen nos pretium servare posse, si vendere vellemus.* »

Cela demande une courte explication. Quand un propriétaire a deux fonds, le fonds A et le fonds B, il peut établir un aqueduc qui, passant par le fonds A, sert à l'irrigation du fonds B. Il n'y a pas servitude, parce qu'en agissant ainsi le propriétaire exerce le *jus dominii* et non le *jus servitutis (nemini res sua servit).* Mais si le propriétaire aliène le fonds A, il peut convenir que l'aqueduc continuera de subsister sur ce fonds au profit du fonds B. Il y a dès lors servitude prédiale, parce que les deux fonds appartenant à deux propriétaires différents, le propriétaire du fonds B fait dorénavant passer l'eau *jure servitutis,* et non plus *jure dominii.*

Cicéron dit donc : « que même après avoir imposé la servitude d'aqueduc sur le fonds qu'il voulait aliéner, il en retrouverait le prix primitif, celui qu'il avait déboursé. » Et naturellement il devait s'en féliciter, car une servitude diminue toujours la valeur du fonds qui est obligé de la supporter.

Plus loin il s'agit encore de la servitude d'aqueduc, de celle de passage *(via),* et enfin on rencontre l'expression *conductorem,* désignant celui qui prend à bail.

Parlant de Trebatius : « *Ego illum ad Cæsarem misi, qui mihi jam satisfecit. Si ipsi minus, præstare nihil debeo : teque item ab eo vindico et libero.* »

« Je l'ai adressé à César qui m'a déjà donné satisfaction. S'il ne l'a pas encore satisfait, je ne dois rien lui prester (*præstare,* expression juridique qui signifie remettre la possession d'une chose, ou procurer une jouissance), et je ne vous demande rien pour lui, je vous tiens quitte (*te vindico ab eo*, mot à mot, je vous revendique de lui). »

LETTRE 148e. (*Ad famil.*, liv. 1, No 9.) « *Dependendum tibi est, quod mihi pro illo spopondisti.* » « Il vous faudra payer (*dependendum,* parce qu'à l'origine on payait en pesant les monnaies, voy. p. 532) ce que vous m'avez promis pour lui. » (Sur l'expression *spopondisti,* voy. p. 105 et 112.)

Plus loin : « *locatio operis* » (voy. p. 206). « Donner à bail une œuvre à faire. »

LETTRE 149e (*Ad Atticum,* liv. 4, No 16.) « *Locavit* » (voy. p. 206). « *Cum privatis non poterat transigi minore pecunia.* » Il s'agit de l'acquisition de propriétés particulières faite pour embellir une place de Rome. « On ne put transiger avec les particuliers à meilleur compte. »

Il est ensuite question d'une loi *Cincia*. Nous ne pouvons dire si l'on a voulu désigner la loi dont nous avons parlé p. 444.

LETTRE 150e. (*Ad famil.*, liv. 7, No 17.) « *Tanquam enim syngrapham ad imperatorem, non epistolam attulisses; sic pecunia ablata, domum redire properabas : nec tibi in mentem veniebat eos ipsos, qui cum syngraphis venissent Alexandriam, nummum adhuc nullum auferre potuisse.* »

« Il semblait que vous eussiez présenté à César, non une lettre, mais une *syngrapha* (voy. p. 144), et que vous eussiez hâte de retourner chez vous après avoir reçu votre argent. Et vous ne pensiez pas que ceux qui sont venus à Alexandrie avec des *syngraphæ* n'ont pu encore être payés. »

Il y a naturellement une grande différence entre une lettre et un billet souscrit par un débiteur qui doit payer, et qui ne peut se refuser à acquitter sa dette. Telle est la pensée que Cicéron soumet à Trebatius.

LETTRE 151e. (*Ad Quintum fratrem,* liv. 3, No 2.) On trouve l'expression « *redemptoribus;* » le *redemptor* est celui qui prenait à bail un *opus perficiendum* (voy. p. 207), ce que nous appelons l'adjudicataire de travaux publics, l'architecte, l'entrepreneur, etc.

LETTRE 152e. (*Ad Quintum fratrem,* liv. 3, No 3.) « *Diem scito esse nullum, quo die non dicam pro reo.* » (Sur le sens du mot *reus*, voy. p. 442.)

LETTRE 157e. (*Ad Atticum,* liv. 4, No 18.) « *Hæc pactio non verbis, sed nominibus et perscriptionibus, multorum tabulis, quum esse facta diceretur, probata a Memmio est nominibus inductis, auctore Pompeio.* »

« *Pactio* » simple pacte (voy. p. 71.) — « *Nomen, facere nomen,* » veut dire : créance, faire une créance (voy. p. 139). Il s'agit ici d'une convention qui avait été revêtue, non des formes de la stipulation (voy. p. 71), mais de celles de l'écriture portée sur les *codices* (voy. *Pro Roscio comœdo,* p. 138) ; « *sed nominibus et perscriptionibus,* » « qui avait été consignée sur les tablettes, sur les registres de plusieurs, *multorum tabulis.* » Memmius, sur l'instigation de Pompée, l'avait divulguée, en produisant le *nomen,* c'est-à-dire, le registre sur lequel elle avait été portée. « *Nominibus inductis* » veut donc dire : « les registres étant produits. » Les traducteurs n'ont pas bien saisi ce passage.

LETTRE 159e. (*Ad Quintum fratrem,* liv. 3, No 9.) « *De Felicis testamento tum magis querare, si scias. Quas enim tabulas se putavit obsignare, in quibus de unciis firmissimum tenuerat (lapsus est per errorem et suum et Sicuræ servi), non obsignavit; quas noluit, eas obsignavit.* »

« Si vous connaissiez le testament de Félix, vous en seriez très-mécontent. Il pensait apposer son sceau sur les tablettes dans lesquelles il instituait des héritiers, chacun pour une once (on a vu quel était sur ce point l'usage des testateurs romains, voy. p. 244), et par suite de son erreur et de celle de l'esclave de Sicura, il ne l'a pas fait; au contraire, il a mis son sceau sur celles dont il ne voulait pas. »

LETTRE 163e. (*Ad famil.*, liv. 13, No 41.) *Spondeo.* (Voy. p. 112.)

LETTRE 170e. (*Ad famil.*, liv. 7, No 12.) Cicéron a appris, écrit-il à Trebatius, que celui-ci s'était fait épicurien : « *Indicavit mihi Pansa meus, epicureum te esse factum.* » Puis il reprend : « *Sed quonam modo jus civile defendes, quum omnia tua causa facies, non civium? Ubi porro illa erit formula fiduciæ* UT INTER BONOS BENE AGIER? *Quis est enim* BONUS, *qui facit nihil, nisi sua causa! Quod jus statues* COMMUNI DIVIDUNDO, *quum commune nihil possit esse apud eos, qui omnia voluptate sua metiuntur?* »

Les épicuriens rapportaient, dit-on, tout à eux. C'étaient les égoïstes de l'antiquité. Cicéron dit donc d'abord à Trebatius : « Comment pourrez-vous exercer le Droit civil, lorsque vous rapporterez tout à votre intérêt et rien à celui de vos concitoyens? Que deviendra donc cette formule de l'action de fiducie : *Comme cela a lieu entre gens de bien?* » On sait que l'action de fiducie était donnée à celui qui avait aliéné une chose, à condition que si telle circonstance se réalisait, l'acquéreur rétrocéderait la propriété à celui duquel il la tenait (voy. p. 80). L'aliénateur, devenu créancier de sa chose, intentait l'action *fiduciæ* contre le nouveau propriétaire, et la formule portait : UT INTER BONOS BENE AGIER, pour AGITUR.

C'est donc bien à tort que les traducteurs disent : « *Que deviendra donc cet ancien axiome de bonne foi : Il faut bien agir avec les gens de bien?* » Cicéron suppose que Trebatius est désigné comme arbitre, et qu'il y a eu délivrance de la formule qui lui donne pouvoir de statuer d'après l'équité, « *comme cela doit se faire entre gens de bien.* » Il ajoute : « Peut-on être homme de bien quand on ne fait rien que pour soi? »

Puis il continue : « Quel principe appliquerez-vous dans l'action *communi dividundo,* puisque rien ne saurait être commun entre gens qui mesurent tout à leur plaisir? »

Quand deux individus sont copropriétaires du même objet, ils sont dans ce qu'on appelle l'état d'indivision; ils ont un droit fractionné qui pèse, *pro indiviso,* sur chaque particule de la chose. Ainsi, Primus et Secundus sont propriétaires par 1/2 du champ A, ils ont chacun la moitié de chaque motte du champ. Pour sortir de l'indivision, ils intentent l'action en partage, c'est-à-dire qu'ils demandent que l'on substitue à la propriété indivise (*pro indiviso*) une propriété divise (*pro diviso*). Ainsi, le juge peut tracer une ligne de démarcation et décider que Primus sera propriétaire exclusif du côté droit, et Secundus du côté gauche; ils seront alors propriétaires chacun d'une partie divise.

Les Romains avaient deux actions en partage : l'une, l'action *familiæ erciscundæ* (voy. plus haut, p. 244), qui tendait au partage d'une hérédité et était donnée entre cohéritiers; l'autre *communi dividundo,* par laquelle les copropriétaires d'un objet individuel parvenaient au partage de cet objet. C'est de cette action que parle Cicéron. (Joindre Ulpien, tit. 19, § 16.)

LETTRE 171e. *(Ad famil.*, liv. 7, No 13.)

« Non ex jure manu consertum, sed mage ferro
« Rem repetunt. »

(Voy. ce passage expliqué plus haut, p. 336.)

Il continue : « *At tu non soles ad vim faciendam adhiberi; neque est, quod illam exceptionem in interdicto pertimescas :* QUOD TU PRIOR VI HOMINIBUS ARMATIS VENERIS. »

« Mais vous n'avez pas l'habitude de vous livrer à la violence, et vous n'avez pas à craindre l'exception de l'interdit *unde vi : Vous êtes venu le premier exercer la violence avec des hommes armés.* »

Pour bien saisir cette lettre, il faut se reporter à ce que nous avons dit *Pro Cæcina*, p. 228.

Un individu pouvait être chassé par violence de la possession d'un immeuble. Il était dit *dejectus,* et avait l'interdit *unde vi.* — Si la violence était ordinaire, il triomphait contre le *dejiciens,* à moins qu'il ne possédât lui-même *vi, clam, precario ab adversario.* (Voy. p. 232 et suiv.)

Toutefois si l'on avait employé la violence à main armée *(vis armata),* on devait immédiatement restituer la possession, quoique celle du *dejectus* fût vicieuse à l'égard de son adversaire.

Mais, et c'est là l'hypothèse de cette lettre, Primus avait exercé la *vis armata* contre Secundus, qui à son tour, et, si l'on veut, presque immédiatement, l'avait chassé à main armée. Primus, le *dejectus,* invoquait donc l'interdit *de vi armata* contre Secundus, qui lui opposait l'exception « *quod tu prior vi hominibus armatis veneris* ou *non veneris.* » « Que vous êtes venu le premier exercer la violence avec des hommes armés. » Ou bien : « Si vous n'êtes pas venu, etc., *quod non.* » Secundus devait évidemment triompher, car il n'avait fait qu'opposer la violence à la violence.

Telle est l'interprétation de Keller, qui fait remarquer, avec raison, qu'il faut supposer deux *dejectiones* accompagnées de la *vis armata;* car autrement, si Primus, après avoir employé la violence à main armée contre Secundus, avait été chassé à son tour par Secundus, qui ne lui eût fait subir la *dejectio* que par la violence ordinaire *(vis quotidiana)*, ce dernier défendeur dans l'interdit aurait dû se borner à dire que Primus (le *dejectus)* possédait par violence à son égard; il n'aurait pas été obligé de mentionner que la violence avait été commise contre lui, à main armée.

Keller (p. 333, *Pro Cæcina*) fait observer qu'au temps de Gaius et d'Ulpien, Secundus n'aurait pas eu besoin d'exception, car celui qui opposait la violence à la violence n'était pas même censé faire subir une *dejectio,* il retenait son droit et ne tombait pas sous l'application de l'interdit *unde vi,* parce qu'il exerçait le droit naturel de la défense.

Voici la pensée de Cicéron : « Votre science de jurisconsulte vous sert peu auprès de César, devant qui les choses se dénouent plutôt par le fer que par le Droit. Vous ne pouvez pas vous dispenser de combattre; mais malgré cette violence, vous n'avez point à craindre l'exception de l'interdit *de vi armata : Si vous n'êtes pas venu le premier exercer la violence avec des hommes armés*, car vous êtes le dernier au combat; et vous ne réclamez rien par les armes, je pense, lorsque vous êtes obligé de vous défendre. »

LETTRE 173e. (*Ad famil.*, liv. 7, No 18.) « *Itaque, quando vestræ cautiones infirmæ sunt, græculam tibi misi cautionem chirographi mei.* »

On appelait *cautio* un billet qui servait à prouver une créance. — Quant au *chirographum* (voy. ce que nous avons dit p. 144), les billets de Trebatius ne valant rien, Cicéron dit qu'il lui envoie un *chirographum,* qui ne prouvait pas seulement la créance, mais qui la créait, et de là découlaient des conséquences que nous avons signalées. (Voy. p. 144.)

« *Nisi forte tuas formulas.* » — Allusion aux formules de Droit que pouvait construire le jurisconsulte Trebatius.

LETTRE 175e. (*Ad famil.*, liv. 2, No 5.) « *In veterem dignitatem ac libertatem vendicaturus.* »

« Revendiquer l'ancienne dignité, l'ancienne liberté. » (Voy. p. 8.)

LETTRE 176e. (*Ad famil.*, liv. 5, No 17.) « *Nec præstare nullo pacto potest.* » Expressions juridiques expliquées plus haut, *præstare* (voy. p. 538), *pacto.* (Voy. p. 71.)

Lettre 177e. (*Ad famil.*, liv. 2, N° 14.) « *Quod si scribere oblitus es; minus multi jam, te advocato, causa cadent.* »

Causa cadere : perdre son procès par ce que l'on appelait la plus-pétition (voy. p. 155). Trebatius n'écrivant plus, ne rédigeant plus de formules, ne pourra plus faire encourir la plus-pétition à ceux qui s'adresseront à lui.

Lettre 182e. (*Ad famil.*, liv. 7, N° 2.) « *Mandatum tuum curabo diligenter. Sed homo acutus ei mandasti potissimum, cui expediret illud venire quam plurimo. Sed eo vidisti multum, quod præfinisti, quo ne pluris emerem. Quod si mihi permisisses; qui meus amor in te est, confecissem cum coheredibus. Nunc quum tuum pretium novi, licitatorem potius ponam, quam illud minoris veneat. Sed de joco satis est. Tuum negotium agam, sicuti debeo, diligenter.* »

Cicéron avait probablement intérêt à vendre à un bon prix un objet que Marius lui avait donné mandat d'acheter, en déterminant le prix qu'il ne voulait pas dépasser. Il dit donc : « Qu'il a envie d'aposter un enchérisseur (*licitatorem*) qui fera monter le prix; mais tout cela, ajoute-t-il, est un badinage. »

Lettre 184e. (*Ad Atticum,* liv. 5, N° 1.) « *De satisdando vero te rogo, quoad eris Romæ, tu ut satisdes. Et sunt aliquot satisdationes secundum mancipium, vel Memmianorum prædiorum, vel Atilianorum.* »

« *Satisdatio.* » (Voy. p. 105.) — « *Mancipium.* » (Pour la *mancipatio,* voy. p. 3.) Cicéron dit donc à Atticus : » En ce qui concerne les *satisdationes,* je vous prie d'en donner tant que vous serez à Rome. Et quelques-unes de ces *satisdationes* sont conformes à la *mancipatio* des héritages de Memmius et d'Atilius, » c'est-à-dire : elles sont une conséquence de la vente de ces héritages, parce qu'elles ont été promises lors de la mancipation.

Lettre 189e. (*Ad Atticum,* liv. 5, N° 6.) « *De nomine Cæsaris.* » (Sur la créance de César, voy. p. 139.)

Lettre 193e. (*Ad Atticum,* liv. 5, N° 8.) « *Primum, ut in potestate nostra esset res, ne illum malus emptor et alienus mancipiis, quæ permulta secum habet, spoliaret; deinde, ut Faustæ, cui cautum ille voluisset, ratum esset.* » « Nous voulions d'abord empêcher qu'un mauvais acheteur ne le dépouillât des esclaves nombreux qu'il peut avoir, et ensuite nous désirions que les intérêts de Fausta fussent garantis comme il le souhaitait. »

Ce passage est assez obscur, car il s'agit d'une affaire particulière, et nous avons déjà dit qu'il existait dans ce cas des sous-entendus que nous ne pouvions deviner. Au commencement de la lettre, Cicéron dit seulement que Philotime avait mis ses biens en société : « *quod Philotimus socius esset in bonis.* » Il avait peut-être formé une société de tous biens, société dans laquelle chaque associé faisait entrer l'intégralité de son patrimoine, et ce parti avait probablement empêché Philotime de vendre ses biens à un mauvais acheteur. « *Cavere* » veut dire avoir toute espèce de garantie. (Voy. p. 106.)

Lettre 196e. (*Ad Atticum*, liv. 5, N° 10.) « *Quid de Cæsaris, quid de Milonis nominibus actum sit.* » (Sur l'expression *nomen* désignant une créance, voy. p. 139.)

Lettre 197e. (*Ad famil.*, liv. 13, N° 1.) « *Testamentorum jus.* » « Les règles importantes relatives aux testaments. »

Lettre 199e. (*Ad famil.*, liv. 2, N° 8.) « *Ut vadimonia dilata,* » « des *vadimonia* différés. » (Sur le *vadimonium*, voy. p. 100.)

Lettre 202e. (*Ad famil.*, liv. 8, N° 2.) « Je vous recommande la *syngrapha* souscrite par Sittius. » « *Syngrapham Sittianam tibi commendo.* » (Sur les *syngraphæ*, p. 144.)

Lettre 204e. (*Ad Atticum*, liv. 5, N° 14.) « *Dein confectæ pactiones publicanorum.* » « Les traités faits avec les publicains; » puis : « *Erat mihi in animo recte proficisci ad exercitum, æstivos menses reliquos rei militari dare, hibernos jurisdictioni.* » *Juris dictio*, de *dicere jus* : dire le Droit.

Lettre 206e. (*Ad famil.*, liv. 8, N° 4, lettre de Célius à Cicéron.) « *Mentio facta est de legione ea, quam expensam tulit C. Cæsari Pompeius.* » « On a parlé de cette légion que Pompée a portée comme pesée à César. » (Sur l'*expensilatio*, voy. p. 138 ; on a vu que le créancier portait sur ses registres les sommes comme pesées à son débiteur.) Plus loin : « *De syngrapha Sittiana*, » « la *syngrapha* souscrite par Sittius. » (Voy. p. 144.)

Lettre 207e. (*Ad Atticum*, liv. 5, N° 15.) « *Quippe jus Laodiceæ me dicere, quum Romæ A. Plotius dicat?* » « *Jus dicere*, » dire le Droit, ce qui est la fonction du magistrat.

Lettre 211e. (*Ad famil.*, liv. 8, N° 9.) « *Præterea qui nun-*

quam in foro apparuerit, non multum in judiciis versatus sit, agit causas liberales : sed raro post meridiem. »

« Lui qui n'a jamais paru au barreau, qui n'est pas très-versé dans les instances judiciaires, plaide les causes de liberté; mais rarement après midi. » « *Agit causas liberales* » ne veut pas dire plaider généreusement des causes, comme le dit M. de Golbery (édition Panckoucke), mais bien plaider les causes de liberté comme traduit M. Victor Leclerc (voy. sur ce point, Topiques, N° 2, p. 4). « *Syngrapha* » (voy. p. 144). « *Agros, quos fructuarios habent civitates.* » Les cités pouvaient avoir le droit d'usufruit, qui s'éteignait après cent ans.

Lettre 214e. (*Ad Atticum*, liv. 5, N° 18.) « *Sed jam exhibeo pupillum, neque defendo.* » La pensée de Cicéron est assez obscure; cependant, nous croyons la saisir.

Brutus était créancier d'Ariobarzane que le Sénat avait pris sous sa protection. Cicéron, proconsul d'Asie, écrit à Atticus qu'il prend soin des affaires de Brutus, comme celui-ci ne le ferait pas lui-même; puis vient notre phrase.

A Rome, celui qui avait intérêt à ce que l'on exhibât une chose avait le droit d'intenter une action dite *ad exhibendum*. Ainsi, je soupçonnais Primus de cacher un esclave qui m'appartenait : je pouvais intenter l'action *ad exhibendum* pour lui faire exhiber tous les esclaves qu'il avait chez lui, et si parmi ces esclaves je découvrais le mien, je le revendiquais en disant : *Hic homo est meus ex jure quiritium.*

Si le défendeur à l'action *ad exhibendum* ne résistait pas, on disait de lui qu'il ne défendait pas (*non defendebat*).

Cicéron ne pouvant rien obtenir, dit : « Quant à moi, j'exhibe le pupille (*le pupille du Sénat*), et je ne défends pas, c'est-à-dire, je laisse Brutus libre de le poursuivre, de réclamer ce qui lui est dû. »

Lettre 220e. (*Ad Atticum*, liv. 5, N° 19.) « *De Attiliano nomine.* » (Sur le sens du mot *nomen* désignant créance, p. 139.)

Lettre 223e. (*Ad famil.*, liv. 8, N° 8.) Cette lettre de Célius à Cicéron parle d'une affaire criminelle qu'il est, du reste, fort difficile de bien saisir.

Lettre 229e. (*Ad famil.*, liv. 7, N° 32.) Dans cette lettre adressée à Volumnius, Cicéron se plaint de ce que depuis son départ on lui attribue tous les bons mots de Rome, même ceux de Sextius, et il lui dit : « *Parum diligenter possessio salinarum mearum a te procuratore defenditur.* »

Nous savons qu'on pouvait défendre sa possession et s'y faire maintenir par des interdits (voy. p. 228 et suiv.). Il reproche donc à Volumnius, son *procurator,* de n'avoir pas défendu la possession de ses bons mots (*salinarum suarum*), possession qui lui appartenait. (On a vu de nos jours les *Bievriana,* c'étaient alors les *Ciceroniana.*)

« *Ut sacramento contendas mea non esse.* » « Intentez l'action *sacramenti,* et soutenez que ces plaisanteries ne sont pas de moi. » (Sur le *sacramentum* et l'action *sacramenti,* voy. p. 9.)

Puis il ajoute : « *Nam de judiciis quod quereris, multo laboro minus : trahantur per me pedibus omnes rei; sit vel Selius tam eloquens, ut possit probare, se liberum : non laboro. Urbanitatis possessionem, amabo, quibusvis interdictis defendamus, in qua te unum metuo, contemno ceteros.* »

« Je m'inquiète bien moins de ce que vous me dites des instances judiciaires (*de judiciis*). Que les accusés soient mal défendus (*reus,* voy. p. 442), que Selius même soit éloquent au point de prouver qu'il est libre, je ne m'en inquiète pas. Mais je tiens à la possession de l'urbanité; défendons-là par les interdits (voy. p. 228). Je ne crains que vous sur ce point, je méprise tous les autres. »

Lettre 231e. (*Ad famil.*, liv. 13, N° 56.) « *Præterea Philotes Alabandensis* ὑποθήκας *Cluvio dedit. Hæ commissæ sunt. Velim cures, ut aut de hypothecis decedat, easque procuratoribus Cluvii tradat, aut pecuniam solvat. Præterea Heracleotæ, et Bargyletæ, qui item debent, aut pecuniam solvant, aut fructibus suis satisfaciant. Caunii prœterea debent; sed aiunt se depositam pecuniam habuisse. Id velim cognoscas, et, si intellexeris, eos neque ex edicto neque ex decreto depositam habuisse, des operam, ut usuræ Cluvio, instituto tuo, conserventur.* »

L'hypothèque était une institution empruntée à la Grèce, et introduite, dit-on, à Rome par un préteur qui s'appelait Servius (1).

(1) Il serait peut-être plus exact de dire que cette institution fut introduite par le préteur Salvius, auteur de l'interdit Salvien.

Le débiteur pouvait, par un simple pacte, affecter un objet de son patrimoine au paiement de la dette sans se dessaisir de l'objet hypothéqué. Quand le jour de l'exigibilité était arrivé, le créancier avait le droit de poursuivre le possesseur de la chose hypothéquée, en lui demandant ou la possession de la chose, ou son paiement. (*Aut cede, aut solve.*)

Cicéron dit donc : « Philotès a donné des hypothèques à Cluvius. Le moment de les réclamer est venu (*hæ commissæ sunt;* mot à mot, elles sont commises. Quand un droit est né, on dit : *committitur jus*). Ayez la bonté de faire délivrer les *choses hypothéquées* aux procureurs de Cluvius, ou bien d'obliger Philotès à payer (*aut cede, aut solve*). En outre, les Héracléotes et les Bargilites lui doivent aussi : contraignez-les à le payer ou à le satisfaire par leurs revenus (probablement en lui abandonnant des impôts). Les Cauniens lui doivent, ils prétendent qu'ils ont déposé l'argent. Prenez-en connaissance, et voyez si le dépôt a eu lieu d'après un édit ou un décret, sinon, veillez à ce que l'on paie des intérêts à Cluvius. »

Le débiteur qui avait fait des offres et déposé l'argent était déchargé de l'obligation de payer des intérêts; mais il fallait que le dépôt fût fait d'une manière régulière; ici, il s'agissait d'un dépôt qui devait avoir lieu dans les formes administratives.

On a cru pouvoir tirer de ce passage de Cicéron la preuve que l'hypothèque était déjà connue dès le temps de la république; mais M. Bonjean (2e vol., p. 174, note) fait remarquer, avec raison, qu'il ne s'agit pas de l'Italie, mais d'une province grecque, dont Thermus était propréteur.

Lettre 233e. (*Ad famil.*, liv. 13, No 61.) « *T. Pinnio familiarissime me usum esse, scire te arbitror : quod quidem ille testamento declaravit, qui me quum tutorem, tum etiam secundum heredem instituerit.* »

« Je ne crois pas que vous ignoriez combien j'étais lié avec Pinnius. Il me l'a bien témoigné par son testament, en me choisissant pour tuteur et pour second héritier. »

Le père de famille avait le droit de nommer un tuteur testamentaire à son fils. Quant au *secundus heres* ou substitué pupillaire, voy. p. 41.

Lettre 236e. (*Ad famil.*, liv. 13, No 65.) Il s'agit des sociétés de

Publicains et de Terentius Hispon l'un de leurs représentants. (*Magister*.)

LETTRE 237e. (*Ad famil.*, liv. 13, No 9.) « *Promitto et spondeo.* » (Voy. sur le sens exact de ces mots, p. 71 et 112.)

LETTRE 243e. (*Ad famil.*, liv. 8, No 7.) Lettre de *Célius*. « *Cornificius adolescens Orestillæ filiam sibi despondit. Paulla Valeria, soror Triarii, divortium sine causa, quo die vir e provincia venturus erat, fecit. Nuptura est D. Bruto. Nondum retulerat.* »

« Le jeune Cornificius est fiancé avec la fille d'Orestilla (*sponsus*, de *spondeo*, voy. p. 112). — Paulla Valeria, sœur de Triarius, a divorcé sans aucune raison, le jour où son mari revenait de la province. Elle doit se remarier avec D. Brutus. Elle n'a point encore reçu sa dot. »

« *Nondum retulerat*, » c'est-à-dire, Paulla Valeria n'a pas encore porté sur ses registres, sur le *codex accepti* (*acceptum referre*, voy. p. 138), comme reçue, la dot qui doit lui être restituée par son mari.

LETTRE 246e. (*Ad famil.*, liv. 9, No 25.) « *In quibus scriptum erat fundum Herculanensem a Q. Fabio fratre proscriptum esse; qui fundus cum eo communis est.* »

Proscribere désigne la vente à l'encan, au plus offrant et au dernier enchérisseur. Elle avait lieu après l'apposition d'affiches.

LETTRE 247e. (*Ad famil.*, liv. 13, No 59.) Cicéron, écrivant à un préteur, dit qu'il suivra « *edictum et institutum tuum.* »

LETTRE 250e (*Ad Atticum*, liv. 5, No 21.) « *Ne cives romani pauci, qui illic negotiantur, jus sibi dictum negarent.* » « Il ne faut pas que les quelques citoyens romains qui trafiquent dans cet endroit puissent prétendre qu'on ne leur dit pas le droit. »

Cicéron, gouverneur de Cilicie, parle ensuite de Brutus qui lui avait recommandé deux de ses amis, Scaptius et Matinius, créanciers de la ville de Salamine. Les Salaminiens se plaignaient de la *syngrapha* qu'ils avaient souscrite à Scaptius (sur la *syngrapha*, voy. p. 144), c'est-à-dire, du taux d'intérêts qu'ils s'étaient engagés à payer. Cicéron ajoute : « *Interim quum ego in edicto tralatitio centesimas me observaturum haberem cum anatocismo, ille ex syngrapha postulabat quaternas.* »

« Dans mon édit, dont les dispositions étaient empruntées à mes prédécesseurs (voy. sur l'*edictum tralatitium*, p. 196), j'ai déclaré que je donnerais les intérêts à 1 pour 100 par mois (*centesimas usuras;* c'était l'intérêt légal ou *legitimæ usuræ*), avec l'anatocisme (c'est-à-dire, en capitalisant chaque année les intérêts : ανατοχοσ, usure répétée). Scaptius demandait 4 pour 100 par mois, en vertu de sa *syngrapha.* »

Ce dernier produisit un sénatusconsulte déclarant : « *Ut, qui Ciliciam obtineret, jus ex illa syngrapha diceret.* » « Que le gouverneur de Cilicie dirait le droit sur cette *syngrapha.* » D'après ce sénatusconsulte, ce gouverneur devait délivrer la formule d'action (voy. p. 72), à propos de cette *syngrapha* qui était considérée comme valable. « *Cohorrui primo,* ajoute Cicéron, *etenim erat interitus civitatis. Reperio duo senatusconsulta iisdem consulibus de eadem syngrapha.* » « D'abord je frémis; c'était la perte de la cité. Mais je trouve deux sénatusconsultes sur cette affaire. »

Il explique ainsi les faits de la cause : « *Salaminii quum Romæ versuram facere vellent, non poterant, quod e syngrapha jus dici lex Gabinia vetabat. Tum ii Bruti familiares, freti gratia Bruti, dare volebant quaternis, si sibi senatusconsulto caveretur. Fit gratia Bruti senatusconsultum,* UT NEVE SALAMINIIS, NEVE QUI EIS DEDISSET, FRAUDI ESSET. *Pecuniam numerarunt. At postea venit in mentem feneratoribus, nihil se juvare illud senatusconsultum, quod ex syngrapha jus dici lex Gabinia vetaret. Tum fit senatusconsultum,* NON UT ALIO EA SYNGRAPHA JURE ESSET QUAM CETERÆ, SED UT EODEM. »

« Les Salaminiens voulaient emprunter de l'argent à Rome, et ils ne le pouvaient, parce que la loi Gabinia défendait de dire le droit en vertu d'une *syngrapha.* »

On peut consulter, sur ce point, Montesquieu (liv. 22, ch. 22, *Esprit des lois*). Pour éviter les lois qui réprimaient l'usure dans les prêts faits par les citoyens romains, on se servait d'un Latin ou d'un allié qui prêtait son nom et paraissait être le créancier. Intervint la *lex Sempronia,* plébiscite qui défendit le prêt à usure entre un citoyen romain et un allié ou un Latin.

Alors on usa des provinciaux pour éluder cette défense. Mais la loi Gabinia étendit la loi Sempronia à ces derniers, et en outre, par des motifs politiques que signale Montesquieu, elle décida que les provinciaux ne pourraient emprunter de l'argent à Rome. En effet, Cicéron dit que, d'après la loi Gabinia, le magistrat ne devait pas dire le droit, en d'autres termes, ne devait pas délivrer la formule au créancier à propos d'une *syngrapha.* (Nous avons vu que les *syngraphæ* étaient relatives aux pérégrins. Voy. p. 144.)

Il continue : « Les amis de Brutus, appuyés par ce dernier, voulaient bien prêter à 4 pour 100, si un sénatusconsulte leur offrait toutes sûretés. Par l'influence de Brutus, on en rendit un d'après lequel on ne devait inquiéter ni les Salaminiens, ni ceux qui leur prêteraient. On leur compta l'argent. Après cela, les prêteurs pensèrent que ce sénatusconsulte ne pouvait leur être utile, parce que la loi Gabinia défendait de dire le droit en vertu d'une *syngrapha;* alors on en rendit un second, d'après lequel la *syngrapha devait jouir du même droit que toute autre.* »

Cicéron raconte ensuite que les Salaminiens et Scaptius n'étaient pas d'accord sur le montant de ce qui était dû. Les Salaminiens voulaient faire le dépôt pour arrêter le cours des intérêts (voy. plus haut, p. 552). Cicéron ne le permit pas. Il continue : « *Clamare omnes qui aderant, nihil impudentius Scaptio, qui centesimis cum anatocismo contentus non esset : alii, nihil stultius. Mihi autem impudens magis, quam stultus videbatur. Nam aut bono nomine centesimis contentus erat, aut non bono quaternas centesimas sperabat.* »

« Tous ceux qui étaient présents de s'écrier qu'il n'y avait personne de plus impudent que Scaptius, qui ne se contentait pas de 1 pour 100 par mois avec l'anatocisme; suivant les autres, nul n'était plus sot. Pour moi, il me paraissait plus impudent que fou. En effet, où il se contentait d'une bonne créance avec 1 pour 100 par mois (*bonum nomen,* bonne créance, voy. p. 312), ou bien elle ne valait rien, et il espérait cependant avoir 4 pour 100 par mois. »

Enfin, Cicéron termine sur cette affaire en disant : « *Præsertim quum senatusconsultum modo factum sit, puto, postquam tu es profectus, in creditorum causa, ut centesimæ* PERPETUO *fenore ducerentur.* » « Surtout que le sénat, depuis votre départ, a fixé, je crois, l'intérêt à 1 pour 100 par mois, avec défense de capitaliser les intérêts *(perpetuo fenore).* » L'anatocisme était en effet défendu, d'après le Droit Romain. Cicéron voulait, toutefois, accorder à Scaptius 1 pour 100 par mois avec les intérêts capitalisés. Il trouvait que l'ami de Brutus devait s'en contenter, et suivant lui, ce dernier avait tort de se plaindre de sa conduite. Il se fondait sur ce que le sénatusconsulte validait la *syngrapha*, mais dans les limites de l'intérêt légal.

LETTRE 252e. (*Ad Atticum*, liv. 6, N° 1.) Cicéron revient sur l'affaire traitée dans la lettre précédente. Il paraît que l'argent prêté aux Salaminiens appartenait en réalité à Brutus.

« *Nunc cognosce de Salaminiis; quod video tibi etiam novum accidisse, tanquam mihi. Nunquam enim ex illo audivi, illam pecuniam esse suam. Quin etiam libellum ipsius habeo, in quo est : Salaminii pecuniam debent M. Scaptio et P. Matinio, familiaribus meis. Eos mihi commendat : adscribit etiam, et quasi calcar admovet, intercessisse se pro iis magnam pecuniam. Confeceram, ut solverent, centesimis sexennii ductis cum renovatione singulorum annorum. At Scaptius quaternas postulabat. Metui, si impetrasset, ne tu ipse me amare desineres. Nam ab edicto meo recessissem*, etc. »

« Quant à cet argent, dû par les habitants de Salamine, je vois bien que vous ne saviez pas plus que moi que cet argent fût à Brutus. J'ai son mémoire dans lequel il dit : Les Salaminiens doivent de l'argent à M. Scaptius et à P. Matinius, mes amis. Il me les recommande. Il ajoute, et il me le dit pour m'aiguillonner, qu'il s'est porté leur *intercessor* pour une forte somme (*intercedere*, obliger ses biens ou sa personne pour autrui). J'avais obtenu qu'ils payassent en calculant les intérêts à 1 pour 100 par mois pendant six ans, et en capitalisant les intérêts chaque année. Mais Scaptius demandait 4 pour 100 par mois. S'il l'obtenait, je craignais de perdre votre amitié. Car je me fusse éloigné des termes de mon édit, etc... »

Scaptius s'était plaint à Brutus. Cicéron prouve à Atticus que Brutus avait tort ; et on trouve encore ces mots : « *Si Brutus putabit me quaternas centesimas oportuisse decernere, qui in tota provincia singulas observarem, itaque edixissem, idque etiam acerbissimis feneratoribus probaretur.* »

« Si Brutus pense que je devais accorder les intérêts à 4 pour 100 par mois, moi qui, dans toute la province, n'accordais que 1 pour 100, et qui l'avais ainsi déclaré dans mon édit; et cet intérêt a été accepté par les usuriers les plus exigeants. »

« *Illud quidem fatebitur Scaptius, me jus dicente sibi omnem pecuniam ex edicto meo auferendi potestatem fuisse. Addo etiam illud, quod vereor, tibi ipsi ut probem : consistere usura debuit, quæ erat in edicto meo. Deponere volebant : impetravi ab Salaminiis, ut silerent.* »

« Scaptius avouera que, d'après la manière dont j'ai dit le droit, il a pu, en vertu de mon édit, avoir tout l'argent auquel il avait droit. J'ajoute même, et sur ce point je crains votre désapprobation, l'intérêt, d'après mon édit, aurait dû ne pas s'élever si haut. Les Salaminiens voulaient déposer, j'ai obtenu qu'ils n'en fissent rien. » (Sur le dépôt de la somme due, p. 552).

A propos de son livre *De republica* qu'il venait de faire paraître, Cicéron revient sur l'aventure de Flavius. (Voy., p. 331, nos explications sur ce point historique.)

Plus loin : « *Cum hereditate crevisse.* » (Sur la *cretio hereditatis*, voy. p. 404.) Il dit : « L'héritier, en même temps qu'il a fait la *cretio* de l'hérédité de son frère, a dû hériter de l'amitié que le défunt avait pour Cicéron. »

Il a fait, dit-il, insérer dans son édit l'exception suivante : « *Extra quam si ita negotium gestum est, ut eo stari non oporteat,* EX FIDE BONA. » (Voy. sur l'exception, p. 387). « On devra respecter les conventions, excepté s'il y a mauvaise foi. »

Plus loin, il ajoute qu'il a réduit son édit à deux chefs : « *Unum est provinciale, in quo est de rationibus civitatum, de ære alieno, de usura, de syngraphis; in eodem omnia de publicanis : alterum, quod sine edicto satis commode transigi non potest, de hereditatum possessionibus, de bonis possidendis, vendendis, magistris faciendis; quæ ex edicto et postulari et fieri solent. Tertium, de reliquo jure dicundo,* ἄγραφον *reliqui. Dixi me de eo genere mea decreta ad edicta urbana accommodaturum..... Græci vero exsultant, quod peregrinis judicibus utuntur.* »

Il parle de l'édit qu'il publia comme gouverneur de la province.

(Sur les *syngraphæ*, voy. p. 138). « *De hereditatum possessionibus.* » Allusion à la possession de biens que donnait le préteur ou le président de la province, en vertu d'un édit spécial, soit à celui à qui une hérédité était dévolue d'après le Droit civil, soit à celui qui était appelé d'après le Droit prétorien (voy. p. 32). « *De bonis possidendis, vendendis, magistris faciendis.* » Allusion à l'*emptio bonorum* (voy. discours *Pro Publio Quintio*, p. 102). Les créanciers étaient envoyés en possession de biens; on nommait un syndic *(magister)*, puis la vente avait lieu. Dans ce cas, comme dans le précédent, il fallait s'adresser au magistrat et réclamer l'envoi en possession par un édit. Aussi Cicéron dit-il : « *Quod sine edicto satis commode transigi non potest quæ ex edicto et postulari et fieri solent.* » Quant à la juridiction *(de reliquo jure dicundo)*, Cicéron déclare qu'il s'en référera à l'édit Urbain, c'est-à-dire, aux principes de l'édit rédigé par le préteur Urbain, qui devait *jus dicere* entre citoyens romains.

« En ce qui concerne les fermiers de la république, il les engageait à donner un délai à leurs débiteurs; si ceux-ci payaient avant le délai, ils ne donnaient que 1 pour 100 par mois; autrement ils payaient l'intérêt d'après la convention. De cette façon, les débiteurs et les créanciers étaient satisfaits. »

Plus loin, Cicéron parle encore de Flavius (voy. p. 331). « *Proscripsisse.* » Vente à l'encan (p. 99.) Il s'agit d'un débiteur obéré. « *De Egnatii Sidicini Nomine.* » (*Nomen*, créance, voy. p. 139.)

Cette lettre nous amène à dire quelques mots des fonctions générales du préteur. Varron (*De lingua latina*, 5) les indique ainsi : « *Vocantur dies nefasti per quos dies nefas fari prœtorem*, DO, DICO, ADDICO; *itaque non potest agi.* » Le préteur devait d'abord *dare*, c'est-à-dire, déférer la formule d'action, donner un *judex*, un tuteur, la possession des biens; 2° *dicere*, dire le Droit dans ses édits, dans ses interdits; 3° *addicere*, déclarer le propriétaire d'une chose; dans la *cessio in jure*, par exemple. (Voy. p. 6.)

Ovide dit aussi :

Ille nefastus erit per quem TRIA VERBA silentur.

LETTRE 256e. (*Ad Atticum*, liv. 6, N° 2.) Cicéron revient sur l'affaire déjà traitée dans les 250e et 252e lettres. « *Salaminios autem (hos enim poteram coercere) adduxi, ut totum nomen Scaptio vellent solvere; sed centesimis ductis a proxima quidem syngrapha, nec perpetuis, sed renovatis quotannis. Numerabantur nummi : noluit Scaptius. Quid tu? qui ais Brutum cupere aliquid perdere? quaternas habebat in syngrapha. Fieri non poterat : nec, si posset, ego pati possem. Audio omnino Scaptium pœnitere. Nam quod senatusconsultum esse dicebat, ut jus ex syngrapha diceretur, eo consilio fac-*

tum est, quod pecuniam Salaminii contra legem Gabiniam sumscrant. Vetabat autem Auli lex, jus dici de ita sumpta pecunia. Decrevit igitur senatus, ut jus diceretur ista syngrapha. Nunc ista habet juris idem, quod ceteræ, nihil præcipui. »

« J'ai amené les habitants de Salamine (je pouvais d'ailleurs les contraindre) à payer à Scaptius toute la dette, mais en comptant les intérêts à 1 pour 100 par mois depuis la dernière *syngrapha*, et en les réunissant chaque année au capital. Ils comptèrent l'argent, mais Scaptius ne voulut pas recevoir. Vous dites que Brutus ne demandait pas mieux que de perdre quelque chose. Il avait droit, d'après sa *syngrapha*, à 4 pour 100 par mois. Cela ne se pouvait, et d'ailleurs je ne devais pas le souffrir. J'entends dire que Scaptius se repent de n'avoir pas accepté les offres. Le sénatusconsulte qui décidait que l'on devait dire le droit sur cette *syngrapha* avait été rendu parce que les habitants de Salamine avaient emprunté de l'argent contrairement à la loi Gabinia. La loi défendait que l'on dît le droit sur de l'argent ainsi emprunté (voy. p. 554). Le sénat a décrété que l'on dirait le droit sur cette *syngrapha*, mais il a voulu la soumettre aux règles qui régissent les autres *syngraphæ*, bien loin de vouloir lui accorder des faveurs particulières. »

Atticus, à ce qu'il paraît, blâmait Cicéron, et conseillait qu'on employât la violence contre les Salaminiens. Cicéron répond : « *Sed jam solvant Salaminii. Nisi forte id volumus armis efficere, ut fenus quaternis, centesimis ducant.* » « Mais les Salaminiens paient, à moins que vous ne vouliez obtenir par les armes 4 pour 100 d'intérêt par mois. »

Lettre 264e. (*Ad Atticum*, liv. 6, N° 3.) Même affaire. « *Sed Scaptius centesimis, renovato in singulos annos fenore, contentus non fuit.* » « Scaptius ne s'est pas contenté de 1 pour 100 par mois, capitalisés chaque année. »

Lettre 266e. (*Ad famil.*, liv. 15, N° 5.) « *Referre acceptum.* » « Porter comme reçu. » Allusion au *codex accepti*. (Voy. p. 138.)

Lettre 270e. (*Ad Atticum*, liv. 6, N° 7.) « *Percunctando de nominibus Milonis.* » (*Nomen* signifiant créance, voy. p. 139.)

Lettre 271e. (*Ad famil.*, liv. 2, N° 17.) « *Me prædes accepturum.* » (*Præs, prædis* veut dire caution, voy. p. 198).

Lettre 282e. (*Ad Atticum*, liv. 6, N° 9.) « *Procura, quantula-*

cunque est, Precianam hereditatem, prorsus ille ne attingat. »
« Veillez à ce qu'il ne puisse pas mettre la main sur l'hérédité de Precianus, quelque petite qu'elle soit. »

Lettre 283e. (*Ad famil.*, liv. 14, No 5.) « *Hereditate Preciana.* » « Hérédité de Precianus et non *héritage*, comme le portent des traductions. » « *Auctio*, » « vente à l'encan, *sub hasta.* » (Voy. p. 99.)

Lettre 293e. (*Ad Atticum*, liv. 7, No 2.) « *Ejus testamentum deporto Ciceronum signis obsignatum, cohortisque prætoriæ : fecit palam te ex libella, me ex ter uncio.* »

Il nous est difficile d'expliquer ce passage d'après le texte sur lequel l'on n'est pas d'accord (voy. M. Victor Leclerc, note 28, 22e vol., p. 441). Nous rappellerons seulement que l'habitude des Romains était de diviser leur hérédité en 12 onces. (Voy. p. 244.)

Plus loin : « *Itaque usurpavi vetus illud Drusi, ut ferunt, prætoris in eo, qui eadem liber non juraret; me istos liberos non addixisse; præsertim quum adesset nemo, a quo recte vindicarentur.* »

Les maîtres, avant d'affranchir les esclaves, avaient coutume de leur faire prêter serment qu'ils rendraient à leurs patrons certains services que l'on appelait *operæ officiales*, services qui semblaient découler des liens de la reconnaissance et du respect que l'affranchi devait à son patron. Ce serment n'était pas obligatoire pour l'esclave, c'est-à-dire, que, fait à une époque où celui-ci ne pouvait s'obliger *jure civili*, il ne donnait aucune action au patron contre l'affranchi. Il fallait qu'il fût renouvelé après l'affranchissement; alors étant obligatoire *jure civili*, le patron avait une action pour réclamer les *operæ officiales*.

Un jurisconsulte romain dit, dans la loi 44, *De liberali causa*, au Digeste (liv. 40, tit. 12) : « *Licet dubitatum antea fuit, utrum servus duntaxat, an libertus jurando patrono obligaretur in his, quæ libertatis causa imponentur : tamen verius est non aliter quam liberum obligari. Ideo autem solet jusjurandum a servis exigere, ut hi religione adstricti, posteaquam suæ potestatis esse cœpissent, jurandi necessitatem haberent.* »

« On doutait autrefois sur le point de savoir si l'esclave seul ou l'affranchi était obligé, par le serment fait au patron, pour les choses qui lui avaient été imposées comme conditions de l'affranchissement. Cependant, il faut dire que l'affranchi seul est obligé. Les maîtres ont l'habitude d'exiger le serment des esclaves, afin que, retenus par ce lien religieux, ils sentent la nécessité de prêter le serment quand ils deviennent *sui juris.* »

On fera observer que si le patron avait trop exigé comme condition de l'affranchissement, le préteur venait au secours de l'affranchi.

Le Bréviaire d'Alaric, dans un passage emprunté à Gaius (on a appelé ces textes extraits des ouvrages de ce jurisconsulte, *Epitome* de Gaius; mais l'*Epitome* est un abrégé dû au rédacteur du Bréviaire), porte : « *Contrahitur obligatio, si libertus patrono aut donum aut munus aut operas se daturum esse juravit.* »

Il arrivait, et Cicéron nous l'atteste, que des affranchis ne réitéraient pas le serment qu'ils avaient fait étant esclaves.

On n'oubliera pas aussi que l'affranchissement de l'esclave se faisait également par la *vindicta*, forme de la *cessio in jure* (voy. Topiques, N° 2, p. 6). Cette *cessio in jure* avait lieu devant le préteur (*in jure*), et le magistrat disait le Droit (*addicebat prætor*), en constatant que l'esclave était libre.

Cicéron a usé, dit-il, à l'égard de l'affranchi Chrysippe et d'autres, du procédé qu'avait employé le préteur Drusus. Si l'affranchi ne réiterait pas, étant libre, le serment qu'il avait fait alors qu'il était esclave, et s'il était revendiqué comme tel, Drusus déclarait qu'il n'avait pas été *addictus* par le préteur, comme libre. Cicéron ajoute : « Qu'également il ne déclara pas que ces esclaves fussent libres. » « *Me istos liberos non addixisse.* » D'autant plus, continue-t-il, « que personne ne s'était présenté pour revendiquer régulièrement leur liberté. » C'est probablement une allusion à l'*adsertor libertatis*, qui devait figurer dans l'affranchissement par la *vindicta*, et revendiquer la liberté au nom de l'esclave. (Voy. *loco citato,* p. 6.)

Lettre 294e. (*Ad Atticum,* liv. 7, N° 3.) « *A Curio tabulas accepi.* » Curius m'a remis ses tablettes. » (Voy. p. 138.) « *Hortensia legata cognovi.* » (Voy. p. 41, sur le sens du mot *legs.*) « *Auctio,* » vente à l'encan. (Voy. p. 99.) « *Ipsis enim nemo expensum ferret.* » (Voy. sur le sens des mots *expensum ferre, expensilatio, codex expensi,* p. 138 et suiv.) « Personne ne leur prêterait. »

Lettre 299e. (*Ad Atticum*, liv. 7, No 8.) « *Dolabellam video Liviæ testamento cum duobus coheredibus esse in triente, sed juberi mutare nomen.* »

« Livie avait institué Dolabella avec deux héritiers, chacun pour un tiers, mais elle voulait que Dolabella changeât de nom. »

Lettre 302e. (*Ad famil.*, liv. 5, No 20.) « *Docuerunt enim me periti homines, in his quum omnium peritissimus, tum mihi amicissimus, C. Camillus, ad Volusium transferri nomen a Valerio non potuisse, sed prædes Valerianos teneri.* »

« Des hommes habiles, parmi lesquels figure Camille qui est aussi mon ami, m'ont appris que l'on n'avait pu transporter sur Volusius la créance (*nomen*) qu'avait Valerius, mais que les cautions (*prædes*) de Valerius seraient tenues. » Pour bien saisir le motif de cette décision, il faudrait connaître le *sous-entendu* qui nous échappe; mais voilà toujours la traduction littérale de ce passage (voy., sur la novation, p. 140). — Plus loin on rencontre encore l'expression « *prædibus Valerianis.* » « Les cautions de Valerius. » (Voy. p. 198.) — « *Quod si mihi expensa ista H.-S., centum tulisse.* » (Voy. p. 138 et suiv., sur l'*expensilatio* et le *codex expensi.*) « Quand même vous m'auriez porté cette somme comme pesée. »

Lettre 315e. (*Ad Atticum*, liv. 7, No 18.) « *Quintus frater laborat, ut tibi, quod debet, ab Egnatio solvat.* » « Mon frère Quintus s'efforce d'avoir de l'argent auprès d'Egnatius, afin de vous payer. » Cicéron explique ensuite que l'argent est devenu très-rare, et il s'étonne qu'Atticus soit aussi exigeant.

Lettre 333e. (*Ad Atticum*, liv. 8, No 10.) « *Respondit..... alios non solvere, aliorum diem nondum esse, dixit.* » « Il répondit que les uns ne payaient pas, et que pour les autres le jour de l'exigibilité n'était pas encore arrivé. » « *Dies venit* » voulait dire : la dette est exigible.

Lettre 350e. (*Ad Atticum*, liv. 9, No 9.) Dans cette lettre où il s'agit d'un achat intéressant Cicéron, on lit : « *Egi per prædem*, » ce qui veut dire, je crois, « J'ai agi à l'aide d'un répondant, d'une caution. » (*Præs prædis*, voy. p. 198.) Ou je lui fis offrir par une caution.....

Lettre 358e. (*Ad Atticum*, liv. 9, No 12.) « *Prætores jus dicunt.* » « Les préteurs disent le Droit. »

Lettre 368e. (*Ad Atticum*, liv. 10, No 5.) Dans cette lettre, Cicéron parle d'un certain Vectorius qu'il avait chargé d'acheter un petit pied-à-terre (*deversorium*) qui avait appartenu à un nommé Canuléius. Ce mandataire lui écrivit qu'il avait acheté, et lui demanda, ajoute-t-il : « *Cui vellem addici?* » « Au profit de qui il voulait que l'ajudication fût tranchée? »

Cette phrase nous porterait à croire que dans la pratique romaine il se passait ce qui a lieu aujourd'hui. Le mandataire se présente à une adjudication et se réserve le droit de déclarer dans un certain délai quel est son mandant, ce que l'on appelle faire la déclaration *de command.*

Lettre 374e. (*Ad Atticum*, liv. 10, No 8.) « *Tabulas novas.* » Cette expression, que l'on rencontre quelquefois dans Cicéron, est une allusion aux lois sur l'abolition ou la réduction des dettes. On sait que les Romains inscrivaient leurs dettes ou leurs créances sur les tablettes ou registres. (Voy. p. 138.)

Lettre 377e. (*Ad Atticum*, liv. 10, No 11.) « *Quæ dedi ejus filio mutua.* » « Que j'ai prêtés à son fils. » Plus tard, sous l'empire (47 ans ap. J.-C.), un sénatusconsulte, appelé *Macédonien*, défendit en principe les prêts (*mutua*) faits aux fils de famille. On craignait que, couverts de dettes, ils n'attentassent aux jours de leur père.

Lettre 381e. (*Ad Atticum*, liv. 10, No 15.) « *Cui expensum tulerit morari.* » (Voy., sur l'*expensilatio*, p. 138 et suiv.) Cela veut dire que le débiteur retardait son paiement.

Lettre 386e. (*Ad Atticum*, liv. 11, No 1.) « *Salutemque meam benevolentiæ tuæ acceptam referre.* » Nouvelle allusion au *codex accepti* (voy. p. 138). Cicéron suppose « qu'il pourra porter sur son registre son salut comme reçu par la bienveillance d'Atticus, » c'est-à-dire, qu'il sera redevable de son salut à la bienveillance d'Atticus.

Lettre 387e. (*Ad Atticum*, liv. 11, No 2.) « *Litteras tuas accepi pridie nonas februarias eoque ipso die ex testamento crevi hereditatem.* » « J'ai reçu vos lettres la veille des nones de février, et ce jour-là j'ai fait *cretio* de l'hérédité qui m'avait été déférée par le testament. » (Sur la *cretio heredidatis*, voy. p. 404.)

Lettre 407e. (*Ad Atticum*, liv. 11, No 12.) « *Galeonis hereditatem crevi. Puto enim cretionem simplicem fuisse, quoniam ad me nulla missa est.* » « J'ai fait *cretio* de l'hérédité de Galéon. Je pense que la *cretio* devait être simple, car on ne m'a fait part d'aucune autre. » (Sur la *cretio*, voy. p. 404.) La *cretio* simple désignait celle qui devait être faite dans le délai de cent jours. (Voy. *loco citato*.)

LETTRE 410e. *(Ad Atticum*, liv. 11, N° 15.) « *De Fufidianis quare nihil potuit confici? Genus enim conditionis ejusmodi fuit, in quo non solet esse controversia; quum ea pars, quæ videtur esse minor, licitatione expleri posset.* »

Il s'agit du partage de l'hérédité d'un certain Fufidius. Rien, suivant Cicéron, ne doit arrêter les héritiers; si un lot est plus faible, on l'égalise en condamnant les héritiers qui ont des lots plus forts à remettre une soulte ou retour de lots, ou bien on adjuge à l'un des héritiers tous les objets de l'hérédité, en l'obligeant à payer à chaque héritier le montant de sa part héréditaire; c'est ce que l'on appelle la licitation.

LETTRE 416e. *(Ad Atticum*, liv. 11, N° 25.) « *In pensione secunda cæci sumus.* » Allusion au second paiement de la dot, fait à Dolabella son gendre.

LETTRE 417e. (*Ad Atticum*, liv. 11, N° 23.) « *Placet mihi igitur, et idem tibi, nuntium remitti.* » Allusion à la manière dont le divorce avait lieu. Le *nuntius* portait le *libellum divortii*. (P. 38.)

LETTRE 419e. (*Ad famil.*, liv. 14, N° 13.) « *De nuntio remittendo.* » Je pense qu'il s'agit ici ou du divorce de Cicéron avec Terentia, ou de Tullia avec Dolabella. C'est l'expression consacrée. (Voy. notamment, § 121, Fragments du Vatican. « *Qui nuntium divortii misit,* » p. 38; voy. aussi la note 38e, p. 209, 20e vol., M. Victor Leclerc.)

LETTRE 421e. (*Ad Atticum*, liv. 11, N° 24.) « *Scripseras, ut H.-S. XII permutarent.* » Voici, je crois, la pensée de Cicéron : il reproche à Terentia de ne pas l'avoir mis à même de toucher hors de Rome la somme qu'il indique. Les traducteurs croient qu'il s'agit de lettre de change. Pothier dit à ce sujet, dans son Traité du contrat de change (N° 6) :

« Il n'y a aucun vestige de notre contrat de change ni des lettres de change dans le Droit Romain. Ce n'est pas qu'il n'arrivât quelquefois chez les Romains qu'on comptât pour quelqu'un une somme d'argent dans un lieu, à une personne qui se chargeait de lui en faire autant dans un autre lieu. Ainsi, nous voyons dans les lettres de Cicéron à Atticus, que Cicéron voulant envoyer son fils faire ses études à Athènes, s'informe si, pour épargner à son fils de porter lui-même à Athènes l'argent dont il y aurait besoin, on ne trouverait pas quelque occasion de le compter à quelqu'un à Rome, qui se chargerait de lui faire compter à Athènes (*Epist. ad Atticum*, 12, 24 — 15, 25). Mais cela n'était pas la négociation des lettres de change telle qu'elle a lieu parmi nous; cela se faisait par de simples mandats. Cicéron chargeait quelqu'un de ses amis de Rome qui avait de l'argent à recevoir à Athènes, de faire tenir de l'argent à son fils à Athènes, et cet ami, pour exécuter le mandat de Cicéron, écrivait à quelqu'un des débiteurs qu'il avait à Athènes, et le chargeait de compter une somme d'argent au fils de Cicéron. »

Plus loin : « *In jus adeuntem, in* JUS IRE. » Aller devant le magistrat.

LETTRE 430e. (*Ad famil.*, liv. 15, N° 21.) « *Quod ego non modo de me tibi spondere possum, sed de te etiam mihi.* » « Je puis non-seulement vous le promettre, mais vous pouvez aussi me le promettre. » (Sur l'expression *spondere*, voy. p. 112.)

LETTRE 434e. (*Ad famil.*, liv. 13, N° 29.) « *Testamento, quod Romæ Paullo et Marcello consulibus fecerat, heres ex parte dimidia et tertia est Capito : in sextante sunt ii, quorum pars sine ulla cujusquam querela publica potest esse.* »

On sait que les testateurs romains partageaient l'hérédité en douze onces. (Voy. p. 244.)

Capiton avait été institué héritier testamentaire par Antilius, pour 1/2 plus 1/3, en tout 10/12es; restaient 2/12es ou 1/6e qui, d'après Cicéron, pouvaient être confisqués sur les héritiers. »

LETTRE 444e. (*Ad Atticum*, liv. 12, N° 3.) « *Auctio,* » vente à l'encan (voy. p. 99). Cette lettre est une lettre d'affaires; elle est obscure comme toutes ces lettres où il y a des sous-entendus que nous ne pouvons deviner.

Cicéron semble dire qu'il a trois manières d'être payé de sa créance (*nomen*). D'abord : « *Aut emptionem ab hasta,* » c'est-à-dire, en achetant une portion des biens du débiteur vendus à l'encan, *sub hasta* (voy. p. 99). « *Aut delegationem a mancipe :* » On appelle *delegatio* l'opération qui consiste à prendre au lieu et place de son débiteur une autre personne qui s'oblige à payer. — *Delegare est vice sua alium reum creditori dare* (voy. p. 312). « *Delega-*

tionem a mancipe accipere » voudrait donc dire : « Accepter une délégation sur l'adjudicataire. » (*Manceps*, celui qui devient propriétaire par la mancipation). On retrouve le mot « *auctio*, » « vente à l'encan. » (P. 99.)

LETTRE 449e. *(Ad Atticum*, liv. 12, No 5.) « *Mihi etsi kalendæ vitandæ fuerunt*, » les kalendes étaient l'époque du recouvrement des intérêts. Horace a dit aussi (liv. 1, Satire 3) : « *Quum tristes misero venere kalendæ*. »

LETTRE 484e *(Ad famil.*, liv. 13, No 14.) « *Qui Romæ jus dicit*, » « qui dit le Droit à Rome. »

LETTRE 485e. *(Ad famil.*, liv. 13, No 17.) « *Spondebo enim tibi, vel potius spondeo*. » (Voy. sur ces expressions, p. 71 et 112.)

LETTRE 487e. *(Ad famil.*, liv. 13, No 19.) « *Quæ ne singula enumerem, totam tibi domum commendo : in his adolescentem filium ejus, quem C. Memmius Gemellus, cliens meus, quum in calamitate exsilii sui patrensis civis factus esset, Patrensium legibus adoptavit; ut ejus ipsius hereditatis jus causamque tueare*. »

« Pour ne pas entrer dans les détails, je vous recommande toute sa famille, et, entre autres, son jeune fils, que Memmius Gemellius, mon client, devenu pendant son exil citoyen de Patras, adopta conformément aux lois de cette cité. Je vous prie de défendre les droits qu'il peut avoir à l'hérédité de Gemelius. »

On sait que le fils adoptif était l'héritier du père adoptif.

LETTRE 495e. *(Ad famil.*, liv. 13, No 27.) « *Sed tamen non parcam operæ, et ut vos soletis in formulis, sic ego in epistolis de eadem re alio modo*. »

Cicéron fait allusion à ce qui se passait dans l'action en revendication, où on avait l'habitude d'indiquer en tête de la formule que le demandeur n'agissait qu'en vertu de telle ou telle cause qui l'avait rendu propriétaire. Ce point a été longuement développé plus haut, liv. 5, *De finibus bonorum et malorum*, p. 466. Nous croyons qu'il est inutile d'y revenir. Ce texte est également cité par M. de Savigny, *Traité de Droit Romain*, traduction Guenoux, p. 519, appendice du tom. 6e.

Cicéron écrit donc à Servius le jurisconsulte : « Je n'épargnerai pas mes peines, et comme vous avez l'habitude de le faire dans les formules, je traiterai les mêmes sujets dans mes lettres, mais d'une autre manière. » Ce qui veut dire : de même que l'on peut intenter l'action en revendication, par rapport à un objet qui a été déjà soumis à cette action, en invoquant une autre cause d'acquisition que celle qui a déjà été indiquée dans la formule (on agissait *expressa causa)*, de même, dans mes lettres, je reviendrai sur le même sujet, mais *alio modo.*

LETTRE 496e. *(Ad famil.*, liv. 13, No 28.) Cicéron, dans cette lettre adressée à Servius Sulpicius, dit : « *Sed duo quidem te nominatim rogo : primum, ut, si quid satisdandum erit, amplius eo nomine non peti, cures, ut satisdetur fide mea. Deinde, quum fere consistat hereditas in iis rebus, quas avertit Oppia, quæ uxor Mindii fuit,* etc. »

Nous avons déjà dit que le *procurator ad lites,* demandeur, devait promettre que le mandant n'agirait plus par rapport à cette affaire : *amplius eo nomine non peti* (voy. p. 522), et cette promesse devant être garantie par un fidéjusseur, s'appelait *satisdatio.*

Cicéron prie donc Sulpicius de donner cette *satisdatio* pour Mescinius, et de la donner *fide sua,* c'est-à-dire, qu'il se fait fort de garantir Servius contre les conséquences de cette *satisdatio.*

Le reste du passage contient une allusion au détournement qu'un époux pouvait commettre à l'égard d'un autre époux. Dans ce cas, on ne donnait pas les actions intentées ordinairement contre le voleur, mais bien l'action spéciale *rerum amotarum.*

LETTRE 498e. *(Ad famil.*, liv. 13, No 30.) « *Nullam omnino arbitramur de hereditate controversiam eum habiturum; et est hodie in bonis.* »

Par ces mots *est hodie in bonis,* Cicéron veut peut-être simplement dire que l'héritier était en possession, ou que le préteur avait donné la possession de biens. Le possesseur de biens avait, en effet, la chose *in bonis,* et après un an ou deux d'usucapion, suivant qu'il s'agissait d'un meuble ou d'un immeuble, il arrivait à la propriété *ex jure quiritium.* (Voy. ce que nous avons dit p. 4 et 5, et Gaius, Comm. 3, § 80.)

LETTRE 501e. *(Ad famil.*, liv. 13, No 33.) « *Quæ procurant liberti.* » Les affranchis étaient souvent les *procuratores* de leurs anciens maîtres.

LETTRE 505e. *(Ad famil.*, liv. 13, No 37.) « *Ejus bona, quemadmodum ad me delata res est, publice possidentur alieno nomine, contra leges Calactinorum.* »

M. Victor Leclerc traduit ainsi : « On m'apprend que, contre les lois de cette ville, un autre, au nom de l'État, s'est mis en possession de ses biens. » Ce passage est fort obscur. « *Publice possidentur* » serait peut-être une allusion à la *publicatio bonorum.* (Voy. p. 92.)

Lettre 510e. (*Ad famil.*, liv. 13, N° 69.) « *Peto igitur a te, ut in ea controversia, quam habet de fundo cum quodam Colophonio.* » Quelle était cette controverse? Cicéron ne le dit pas.

Lettre 513e. (*Ad famil.*, liv. 13, N° 72.) « *Cærelliæ, necessariæ meæ, rem, nomina, possessiones Asiaticas commendavi tibi præsens in hortis tuis, quam potui diligentissime.* »

Par *rem* on entendait les choses corporelles; les Romains désignaient sous ce nom le droit de propriété (voy. M. Pellat, *De la propriété*, p. 5 et suiv.). « *Nomina,* » « créances. » (P. 139.)

Ces mots, « *possessiones Asiaticas,* » ont trait aux fonds situés en Asie, sur lesquels la protégée de Cicéron était considérée comme n'ayant qu'un droit de possession (voy. p. 230 et 362). Ce dernier avait recommandé les droits de Cerellia en tant que propriétaire (*rem*), ses créances (*nomina*), et enfin ses droits de possession sur des fonds situés en Asie (*possessiones Asiaticas*).

Lettre 519e. (*Ad famil.*, liv. 9, N° 10.) « *Hasta Cæsaris.* » (Sur la vente *sub hasta*, voy. p. 92.)

Lettre 520e. (*Ad famil.*, liv. 15, N° 17.) Même expression.

Lettre 521e. (*Ad famil.*, liv. 6, N° 18.) *Sponsor. — Co-sponsor.* » (Voy. p. 112; *co-sponsor* désigne celui qui promet concurremment avec un autre dans la forme *spondes, spondeo.*)

« *Teneor tamen, dum a Dolabellæ procuratoribus exigam primam pensionem.* »

Dolabella, ayant répudié Tullie, devait restituer la dot qu'il avait reçue. Quand la dot consistait en choses dites *fongibles* ou quantités (*quæ numero — pondere — mensura constant*, choses qui se comptent, qui se pèsent ou se mesurent), le mari pouvait payer en trois termes, *annua, bima, trima die,* c'est-à-dire, un 1/3 au premier anniversaire de la dissolution du mariage, un second 1/3 au second anniversaire, un troisième 1/3 au troisième anniversaire.

La *prima pensio* était probablement le premier terme que devait Dolabella. Cette faveur était accordée au mari, parce qu'il n'avait pas toujours sous la main les quantités dont il était débiteur.

Lettre 522e. (*Ad famil.*, liv. 15, N° 16.) « *Si enim stomachabere, et moleste feres, plura dicemus, postulabimusque, ex qua hæresi, vi, hominibus armatis, dejectus sis, in eam restituare. In hoc interdicto non solet addi, in hoc anno. Quare si jam biennium aut triennium est, quum virtuti nuntium remisisti, delinitus illecebris voluptatis : in integro res nobis erit.* »

Nous avons déjà dit (voy. discours *Pro Cæcina*, p. 231) qu'au cas de violence le préteur donnait un interdit *unde vi* pour faire restituer la possession au *dejectus;* quand la violence avait eu lieu à main armée (*vis armata*), il suivait des règles plus rigoureuses que nous avons longuement développées. Cicéron nous révèle, de plus, que s'il y avait *vis armata* l'interdit était perpétuel et donné sans restriction. Si, au contraire, la violence était privée (*vis privata)*, alors il était annal. On ajoutait dans l'interdit les mots : IN HOC ANNO (voy. p. 280). Keller pense que dans les parties du discours *Pro Tullio* qui manquent, Cicéron mentionnait cette rigueur de l'interdit *de vi armata* qui était perpétuel. Dans le discours *Pro Cæcina*, l'orateur ne rappelle pas cette circonstance, parce qu'il discutait seulement la question de possession; peut-être, ajoute le même auteur (p. 325 et 326), l'interdit, au cas de violence à main armée, devint-il perpétuel dans les vingt années qui séparent le discours *Pro Cæcina* de la lettre à Canius.

Cicéron dit donc : « Si vous vous récriez et si vous le prenez mal, j'en dirai encore plus, et je demanderai que vous soyez replacé dans une secte dont vous avez été arraché à main armée et par violence. On n'a pas l'habitude d'ajouter dans cet interdit : IN HOC ANNO. Quand il y aurait déjà deux ou trois ans que vous eussiez divorcé avec la vertu (*nuntium remittere*, voy. p. 38), et que vous vous seriez laissé amollir par les armes de la volupté, il n'y aurait rien de perdu pour nous. »

Lettre 527e. (*Ad famil.*, liv. 6, n° 10.) *Spondeo*. (Voy. p. 112.)

Lettre 528e. (*Ad Atticum*, liv. 12, n° 12.) « *De dote tanto magis perpurga.* » « Travaillez toujours à me faire payer de la dot de ma fille. » « *Balbi regia conditio est delegandi.* » (Sur la *delegatio*, voy. p. 312.) Voici la pensée de Cicéron : le créancier qui recevait un délégué perdait, en principe, ses droits contre son ancien débiteur qui était censé avoir payé, et le créancier ne pouvait plus poursuivre que le délégué; aussi devait-il bien veiller à ne pas substituer un débiteur insolvable à un solvable. Il y avait donc tyrannie de la part de Balbus, dit Cicéron, à vouloir le contraindre à accepter une délégation.

LETTRE 530e. (*Ad Atticum,* liv. 12, No 14.) « *Quod scribis a Junio te appellatum; omnino Cornificius locuples est : sed tamen scire velim, quando dicar spopondisse, et pro patre, anne pro filio : neque eo minus, ut scribis, procuratores Cornificii, et Apuleium prædiatorem videbis.* »

Cicéron, ou plutôt son *procurator* Atticus était cité en justice par un certain Junius, créancier de Cornificius père et de Cornificius fils, pour lesquels on prétendait que Cicéron s'était porté *sponsor*. (Voy. p. 105 et p. 106 sur le *sponsor* ou *caution.*)

Cicéron répond : « Vous m'écrivez que vous avez été cité par Junius; mais Cornificius est très-riche. Cependant je voudrais connaître le moment où on prétend que j'ai promis (*spopondisse,* voy. p. 112), et si c'est pour le père ou pour le fils. Du reste, il ne faut pas manquer, comme vous le dites, de voir les *procuratores* de Cornificius, ainsi que Apuleius le *prædiator.* » (*Prædiator* désigne celui qui achetait les biens hypothéqués à l'État et vendus par l'État, voy. p. 207.)

Cujas a interprété la pensée de Cicéron de la manière suivante : (Exposition de la Novelle 4e de Justinien, p. 434, t. 2, édition Fabrot.) L'empereur Justinien, dans sa Novelle 4e, a donné aux fidéjusseurs ou cautions un bénéfice que l'on appelle *bénéfice de discussion;* il consiste à permettre à la caution poursuivie de renvoyer le créancier à discuter d'abord les biens du débiteur principal. Le créancier n'a le droit d'atteindre les biens de la caution que lorsqu'il a constaté l'insolvabilité du *reus* ou débiteur. Justinien prétend qu'il rétablit une ancienne loi; mais quelle était cette ancienne loi? Les textes des jurisconsultes romains sont muets sur ce point; de leur temps, ce bénéfice n'existait pas.

Mais Cujas prétend qu'il n'en était pas de même à l'époque de Cicéron, et il se fonde sur le passage de cette lettre. « *Omnino Cornificius locuples est,* » suivant lui, veut dire : j'ai été cité indûment, puisque le débiteur principal est parfaitement solvable : on devait d'abord discuter les biens de Cornificius.

Mais on a répondu que ce texte ne prouvait absolument rien quant au bénéfice de discussion. La pensée de Cicéron pouvait être celle-ci : Cornificius a une très-grande fortune; donc mon recours contre lui est assuré, et en payant la somme due à Junius, je ne ferai qu'une avance comme *sponsor*, et je serai très-prochainement remboursé d'une manière complète (1).

LETTRE 533e. (*Ad Atticum*, liv. 12, N° 18.) « *De sorte mea Sulpicio confido.* » *Sors* veut dire capital; — *prædes*, cautions. (Voy. p. 198.)

LETTRE 534e. (*Ad Atticum*, liv. 12, N° 17.) « *Quod pro Cornificio me abhinc amplius annis* XXV *spopondisse dicit Flavius, etsi reus locuples est, et Apuleius prædiator liberalis, tamen velim des operam, ut investiges ex consponsorum tabulis, sitne ita.* »

C'est la même affaire que nous venons d'expliquer (lettre 530e). « Flavius dit que j'ai répondu il y a plus de 25 ans pour Cornificius. Quoique celui-ci soit riche, quoique Apuléius le *prædiator* soit obligeant, cependant veuillez voir, d'après les registres (*tabulæ* p. 138) des *cosponsores*, si réellement je suis tenu. » Cujas s'appuyait également sur ce texte, pour établir que, du temps de Cicéron, le bénéfice de discussion existait; mais il peut être interprété comme nous l'avons dit précédemment, et même c'est là son interprétation la plus naturelle. On voit que Cicéron compte bien avoir un recours efficace contre Cornificius, mais il préfère ne pas faire les avances.

LETTRE 535e. (*Ad Atticum*, liv. 12, N° 19.) « *De sponsu, si quid perspexeris : et tamen quid procuratores Cornificii dicant, velim scire.* » Même affaire. « Je voudrais bien savoir si vous avez découvert quelque chose sur cette caution, et ce que disent les procureurs de Cornificius. »

Nous trouvons après ces lettres un certain nombre d'autres où Cicéron traite de ses affaires privées. Nous ne ferons pas d'emprunt à ces lettres, qui n'offrent aucun terme juridique proprement dit.

LETTRE 540e. (*Ad Atticum*, liv. 12, N° 22.) « *Usuram pendam.* » Je lui paierai des intérêts; *dependere*, peser. (Voy. p. 532.)

(1) Voy. Thèse de Doctorat de M. Blanc, docteur en Droit de la Faculté de Paris, avocat à la Cour impériale de Lyon (p. 12 et 13).

Lettre 541e. (*Ad Atticum*, liv. 12, N° 23.) « *Mandavi etiam Sicæ. Rescripsit, constitutum se cum eo habere.* » (Sur le pacte de constitut, voy. p. 99.) « J'ai donné mandat à Sica. Il m'a répondu qu'il avait pris jour, qu'il avait fait avec lui le pacte de constitut. »

Lettre 542e. (*Ad Atticum*, liv. 12, N° 24.) Cicéron parlant de son fils : « *Sed quæro, quod illi opus erit Athenis, permutarine possit, an ipsi ferendum sit.* » Voy. le passage de Pothier sur le contrat de change cité plus haut (p. 564). Il explique le texte actuel.

Lettre 543e. (*Ad Atticum*, liv. 12, N° 25.) « *Usuram pendemus.* » « Nous paierons l'intérêt. » (Voy. plus haut, p. 532.)

Lettre 545e. (*Ad Atticum*, liv. 12, N° 27.) « *De Cicerone, ut scribis, ita faciam; ipsi permittam de tempore : nummorum quantum opus erit, ut permutetur, tu videbis.* » (Voy. plus haut, p. 564.)

Lettre 546e. (*Ad Atticum*, liv. 12, N° 28.) « *De Castriciano negotio, si Castricius pro mancipiis pecuniam accipere volet, eamque ei solvi, ut nunc solvitur, certe nihil est commodius : sin autem ita actum est, ut ipsa mancipia abduceret, non mihi videtur esse æquum.* »

« En ce qui concerne l'affaire de Castricius, si celui-ci veut avoir de l'argent pour ses esclaves et qu'on puisse lui payer comme on paie actuellement, rien n'est plus avantageux; mais s'il agit de façon à reprendre les esclaves, cela ne me paraît pas équitable. »

Voici les conjectures qui ont été faites à propos de cette lettre.

Cicéron, ou son frère Quintus, avait acheté des esclaves de Castricius. L'époque du paiement approchait, et l'acheteur n'avait pas d'argent. C'était le moment où César venait de chasser Pompée. Le numéraire était rare, les débiteurs manquaient d'argent pour payer leurs dettes. César avait permis aux débiteurs de faire nommer des arbitres chargés d'estimer les meubles et les immeubles d'après le prix qu'ils avaient avant la guerre, et puis ensuite ils pouvaient les livrer aux créanciers suivant le prix de l'estimation. C'était une *datio in solutum* forcée. (Voy. *De Bello civili*, César, 3-1.)

Cicéron aurait voulu payer Castricius de cette manière (*eamque solvi ut nunc solvitur*). Mais ce dernier avait fait insérer dans la vente la clause qu'en cas de non paiement le vendeur aurait le droit de reprendre les esclaves (*sin autem ita actum est, ut man-*

cipia abduceret). Cicéron ne pensait pas que le vendeur pût équitablement user de cette clause. (Voy. Cujas, Paratitla, code, 2e vol., p. 155, édit. Fabrot.)

LETTRE 550e (*Ad Atticum*, liv. 12, No 32.) « *Mercedes*, » loyer, fermage. « *Conductores*, » preneurs à bail. (Voy. p. 206.)

LETTRE 563e. (*Ad Atticum*, liv. 12, No 38.) « *Heredes Scapulæ, si istos hortos, ut scribis tibi Othonem dixisse, partibus quatuor factis, liceri cogitant, nihil est scilicet emptori loci.* »

La licitation a lieu en adjugeant la chose à l'un des cohéritiers, qui en paie la valeur à ses cohéritiers suivant la proportion de leurs droits. Il arrive quelquefois que les cohéritiers licitent entre eux et écartent les acheteurs étrangers.

LETTRE 566e. (*Ad famil.*, liv. 4, No 12.) Cette lettre est adressée par Sulpicius à Cicéron. Il lui rend compte de l'assassinat de Marcellus son collègue, et ajoute : « *Posteaque curavimus, ut iidem Athenienses in eodem loco monumentum ei marmoreum faciendum locarent.* » Donner à bail la construction du tombeau. (Voy. p. 206, sur l'expression *locarent*.)

LETTRE 577e. (*Ad Atticum*, liv. 12, No 47.) « *Nomen Faberianum.* » Créance sur Faberius. (Voy. p. 139.)

LETTRE 579e. (*Ad Atticum*, liv. 12. No 49.) « *Horti proscripti.* » Vente des jardins faite à l'encan. (Voy. p. 99.)

LETTRE 580e. (*Ad Atticum*, liv. 12, No 50.) « *Auctioni.* » Vente à l'encan. (Voy. p. 99.)

LETTRE 581e. (*Ad Atticum*, liv. 12, No 51.) « *Nominis Cærelliani.* » « Créance sur Cérellia. (Voy. p. 139.)

LETTRE 582e. (*Ad Atticum*, liv. 12, No 52.) « *Præs pro Flaminio sit.* » (Sens du mot *præs*, caution, voy. p. 198.)

LETTRE 585e. (*Ad Atticum*, liv. 13, No 2.) « *Auctio.* » « Vente à l'encan. » (Voy. p. 99.)

LETTRE 586e. (*Ad Atticum*, liv. 13, No 3.) « *Nomina.* » « Créance. » (Voy. p. 139). « *Præs.* » « Caution. » (Voy. p. 198.)

LETTRE 587e. (*Ad Atticum*, liv. 13, No 27.) « *De die tamen auctionis, si quid scies.* » (Sens du mot *auctio*, vente à l'encan, voy. p. 99.)

LETTRE 589e. (*Ad Atticum*, liv. 13, No 29.) « *Dolabellæ nomen.* » « Créance sur Dolabella. » (Voy. p. 139.)

LETTRE 590e. *(Ad Atticum,* liv. 13, N° 30.) « *Auctionem.* » « Vente à l'encan. » (Voy. p. 99.)

LETTRE 593e. *(Ad Atticum,* liv. 13, N° 33.) « *De nomine, tu videbis cum Cispio.* » (*Nomen,* créance, voy. p. 139.)

LETTRE 594e. *(Ad Atticum,* liv. 13, N° 6.) « *Quod reliquos heredes convenisti.* » « Vous avez poursuivi les autres héritiers. » *Convenire* veut dire poursuivre en justice.

LETTRE 595e. (*Ad Atticum,* liv. 13, N° 4.) « *De nominibus.* » « Créances. » (Voy. p. 139.)

LETTRE 602e. (*Ad Atticum,* liv. 13, N° 10.) « *Sponsor.* » (Voy. p. 112.)

LETTRE 604e. (*Ad Atticum,* liv. 13, N° 12.) « *Auctionem.* » « Vente à l'encan. » (Voy. p. 99.)

LETTRE 607e. (*Ad Atticum,* liv. 13, N° 14.) « *Auctionem.* » « Vente à l'encan. » (Voy. p. 99.)

LETTRE 620e. (*Ad Atticum,* liv. 13, N° 35.) « *O rem indignam! gentilis tuus Urbem auget, quam hoc biennio primum vidit.* » » *Gentitis tuus.* » Plaisanterie dans le genre de celle que nous avons déjà signalée, p. 471. (Voy. sur les *Gentiles,* p. 54.)

LETTRE 621e. (*Ad Atticum,* liv. 13, N° 37.) « *De Xenonis nomine.* » « De la créance sur Xénon. » (Voy. p. 139.) — *De auctione proscribenda.* — C'est l'affiche de la vente publique. (Voy. p. 99.)

LETTRE 628e. (*Ad Atticum,* liv. 13, N° 45.) « *Auctionem.* » « Vente à l'encan. » (Voy. p. 99.)

LETTRE 629e. (*Ad Atticum,* liv. 13, N° 46.) « *Tum ex eo cognovi cretionem Cluvii* (*o Vestorium negligentem!*) *liberam cretionem, testibus præsentibus, sexaginta diebus....... Nunc mittendum est, ut meo jussu cernat.* » (Voy. liv. 2, N° 54, de la Rhétorique, p. 404, ce que nous avons dit de la *cretio hereditatis.*)

La *cretio* était, avons-nous dit, un mode solennel de faire adition d'hérédité. C'était un *actus legitimus,* un acte du Droit civil où l'on ne devait pas se faire représenter par procureur. Mais ici le testateur avait imposé à l'héritier une *cretio libera.* Cette *cretio* était restreinte dans un délai de soixante jours, et devait être faite en présence de témoins. Mais il paraît, d'après ce que nous dit Cicéron, qu'elle pouvait avoir lieu par mandataire, car il ajoute :

« *Nunc mittendum est, ut meo jussu cernat.* » C'est peut-être à raison de cette circonstance que Cicéron l'appelle *cretio libera.*

Il est encore question de cette affaire et de cette expression dans la lettre 633e. (*Ad Atticum,* liv. 13, No 47.)

Lettre 634e. (*Ad Atticum,* liv. 13, No 48.) « *Cæsar, opinor, ex uncia : etsi nihil adhuc : sed Lepta ex triente.* » (Sur le partage de l'hérédité en 12 onces, voy. p. 244.)

Lettre 636e. (*Ad famil.*, liv. 7, No 24.) « *Addictum.* » (Sur l'*addictus,* voy. p. 174.)

Lettre 637e. (*Ad Atticum,* liv. 13, No 50.) « *Vestorius ad me scripsit, ut juberem mancipio dare servum suum, pro mea parte, Hetereio cuidam fundum Brinnianum; ut ipse ei Puteolis recte mancipio dare posset.* »

« Vestorius m'a écrit de donner ordre à son esclave de manciper à un certain Hetereius la part sur le fonds Brinnianion qui m'appartient, afin qu'il pût faire régulièrement la mancipation à Pouzzoles. »

(Sur la mancipation, voy. p. 3.) Le pouvoir que Cicéron donnait à l'esclave de Vestorius devait être transmis à ce dernier chargé d'accomplir la mancipation. Du reste, cela est obscur comme tous les passages relatifs à des affaires privées.

Lettre 644e. (*Ad famil.*, liv. 13, No 8.) « *A M. Laberio C. Albinus prædia in æstimationem accepit.* » Il s'agit probablement d'un créancier qui, au lieu de recevoir l'argent qui lui était dû, avait bien voulu accepter des fonds de terre en paiement, *in æstimationem.* Cette opération s'appelle une *dation en paiement.*

« *Si ea prædia dividentur, quæ ipse Cæsar vendidit, quæ tandem in ejus venditionibus esse poterit auctoritas?* » « Si on divise les héritages que César a vendus, quelle pourra être l'autorité de ces ventes? » (*Auctoritas,* voy. p. 248.)

Lettre 645e. (*Ad famil.,* liv. 13, No 7.) « *Locutus sum tecum de agro vectigali municipii Atellani, qui esset in Gallia.* »

Ager vectigalis, ces mots désignaient des fonds appartenant au peuple romain, à des cités ou à des colléges de prêtres ou de vestales, et loués à des particuliers soit à perpétuité, soit pour un temps plus ou moins long, sous la charge d'une certaine redevance annuelle (*vectigal*) consistant en argent ou en fruits.

Lettre 648e. (*Ad famil.,* liv. 7, No 29.) Cette lettre est adressée par Curius à Cicéron : « *Si vales, bene est : sum enim* χρήσει μὲν *tuus,* κτήσει δὲ *Attici nostri. Ergo fructus est tuus, mancipium illius : quod quidem si inter senes coemptionales proscripserit, egerit non multum.* »

Voici la pensée de Curius : « Je suis soumis à votre droit d'usage ou d'usufruit (χρησις veut dire jouissance), et Atticus a sur moi le droit de propriété (κτησει), donc les fruits vous appartiennent; et quant à Atticus, il a le droit de m'aliéner, de me manciper (sur la *mancipatio,* voy. p. 3), et s'il veut me mettre en vente (*proscripserit*) avec de vieux esclaves bons à être vendus (*coemptionales*), il y gagnera peu. »

On sait que le nu-propriétaire peut aliéner son droit, qui consiste surtout dans l'expectative qu'il a de voir le droit d'usufruit faire retour à la nue-propriété.

Lucrèce a dit aussi (liv. 3, vers 895) :

Vitaque mancipio nulli datur, omnibus usu.

Quant à l'expression « *senes coemptionales,* » l'esclave *res mancipi* étant susceptible de *mancipation,* était donc une *res coemptionalis.*

Lettre 653e. (*Ad famil.*, liv. 7, No 30.) Cicéron répond à Curius : « *Cujus quum proprium te esse scribis mancipio, et nexu, meum autem usu, et fructu, contentus isto sum. Id enim est cujusque proprium, quo quisque fruitur atque utitur.* » « Vous m'écrivez que vous lui appartenez en vertu de la mancipation et du *nexum*, et que vous êtes soumis à mon usufruit. J'en suis satisfait, car celui qui a l'usufruit d'une chose en est pour ainsi dire propriétaire. »

Cicéron fait remarquer que l'usufruitier ayant l'usage et la jouissance de la chose, a tous les avantages que peut produire cette chose. Aussi dit-on du propriétaire qu'il a la propriété *nue,* c'est-à-dire, dépouillée de ses émoluments.

Par *nexu* , ou Cicéron désigne la mancipation , il y aurait alors redondance (voy. Topiques, no 5, p. 52), ou bien il fait allusion au débiteur qui se donnait en gage à son créancier, et qui était dit *nexus* dans un sens plus spécial (voy. sur cette seconde signification, p. 426 et 502); ou bien encore il entend par *nexu* l'objet que le débiteur aliénait au profit de son créancier, à condition que si la dette était payée le créancier serait obligé de rétrocéder la propriété. Cette convention s'appelait contrat de fiducie. (Voy. p. 79.)

Le § 27, Comm. 2, de Gaius, nous ferait croire que Cicéron, dans ce passage, désignait par le mot *nexum* cette aliénation spéciale qui avait lieu du reste *per æs et libram*. En effet, ce paragraphe semble donner au mot dont il s'agit ce sens particulier, en décidant que le sol italique est seul susceptible du *nexum*, parce que seul il est *mancipi*. Puis Varron ajoutait que *nexum*, qui signifiait toute opération *per æs et libram*, était pris par Scévola dans un sens plus restreint. « NEXUM *Mucius Scœvola scribit quæcumque per æs et libram fiunt ut* OBLIGENTUR, *præterquam quæ mancipio dantur.* »

Dans l'origine, on désignait sous le nom de *nexum* toute opération civile *per æs et libram*, soit que l'opération eût pour effet de constituer une *aliénation* ou une *obligation*. Puis l'aliénation s'appela *mancipatio*, et l'obligation prit le nom d'*obligatio*. On appela alors plus spécialement *nexus* celui qui se donnait en gage à son créancier par la vente civile *per æs et libram*. En 428, la loi Pétilia abolit cet engagement conventionnel. Le débiteur continua de donner en gage des choses de son patrimoine toujours *per æs et libram*, seulement avec le contrat de fiducie qui obligeait le créancier à rétrocéder la propriété si la dette était acquittée. Ce gage continua de s'appeler *nexum*, ainsi que le prouve le passage de Varron. *Nexum* avait alors un sens plus spécial; il désignait l'opération civile *per æs et libram*, qui avait pour effet d'affecter, d'obliger une personne ou une chose à l'acquittement d'une dette. (*Junge de Aruspicum responsis*, N° 7, p. 355.)

LETTRE 654e. (*Ad famil.*, liv. 13, N° 50.) « *Spondeo.* » (Voy. p. 112.)

LETTRE 655. (*Ad famil.*, liv. 5, N° 10.) Lettre de Vatinius à Cicéron : « *Quid illis respondere possum, qui ob bona direpta, naves expugnatas, fratres, liberos, parentes occisos, actiones postulant ?* »

« *Actiones postulant.* » « Ils demandent des formules d'actions. » (Voy. p. 72.) Vatinius était magistrat dans la province d'Illyrie.

LETTRE 658e. (*Ad famil.*, liv. 9, N° 21.) Le mot *judicium* est employé dans cette lettre pour désigner une instance judiciaire. (Voy. p. 72.)

LETTRE 664e. (*Ad famil.*, liv. 16, N° 14.) « *Medico mercedis, quantum posceł, promitti jubeto.* » Le médecin était considéré, en principe, comme exerçant une profession gratuite; c'était un mandataire; on lui remettait bien un honoraire (*honor remunerandi gratia*, dit le jurisconsulte romain), mais il n'avait pas d'action pour le réclamer devant un *judex;* il pouvait seulement s'adresser au magistrat qui, en connaissance de cause, ordonnait le paiement de l'honoraire; mais jamais il ne délivrait une formule d'action. Toutefois, si le médecin s'était fait promettre dans les formes de la stipulation (voy. sur la stipulation, p. 71), alors il était créancier *ex stipulatu.* C'est ce que suppose Cicéron, car il dit : « Donnez l'ordre de promettre, c'est-à-dire, de se porter débiteur dans la stipulation. (*Promittis ne mihi? — Promitto.*)

Lettre 667e. (*Ad famil.*, liv. 16, No 18.) « *Conducat.* » « Prendre à bail. » (Voy. p. 206.)

Lettre 668e. (*Ad famil.*, liv. 16, No 19.) « *De Aufidiano nomine.* » « De la créance sur Aufidianus. » (Voy. p. 139, sur le sens du mot *nomen.*)

Lettre 686e. (*Ad famil.*, liv. 11, No 1.) Cette lettre est de Brutus. « *Aut aqua et igni nobis interdicatur.* » (Voy. p. 349, sur cette peine.)

Lettre 692e. (*Ad famil.*, liv. 14, No 12.) Cicéron se plaint dans cette lettre que César ait donné le droit de latinité aux Siciliens (*et si latinitas non erat ferenda*), et qu'ensuite Antoine en ait fait des citoyens romains.

Lettre 693e. (*Ad Atticum*, liv. 14, No 13.) « *Satis enim torquetur debitione dotis.* » Le frère de Cicéron venait de répudier la sœur d'Atticus; il devait restituer la dot.

Lettre 696e. (*Ad famil.*, liv. 16, No 23.) « *Syngrapha.* » (Voy. p. 144.)

Lettre 698e. (*Ad Atticum*, liv. 14, No 16.) « *Puto, si quid in homine pudoris est, præstaturum eum, ne pro se quodam modo dependatur.* »

« Je pense que s'il a un peu d'amour-propre, il paiera lui-même, afin que personne ne paie pour lui. « *Dependere*, peser. (Voy. p. 532.)

Lettre 700e. (*Ad famil.*, liv. 9, No 14.) « *A te autem peto, uti me hanc quasi falsam hereditatem alienæ gloriæ sinas cernere, meque aliqua ex parte in societatem tuarum laudum venire patiare.* »

« Je vous prie de me laisser faire la *cretio* de cette fausse hérédité qui comprend la gloire d'autrui, et que je puisse participer en quelque sorte aux louanges qui vous appartiennent. » (Sur l'expression *cernere hereditatem*, voy. p. 404.)

LETTRE 702e. (*Ad Atticum*, liv. 14, No 18.) « *De Patuleiano nomine.* » « Créance sur Patuleianus. » (Voy. p. 139.)

LETTRE 704e. (*Ad Atticum*, liv. 14, No 20.) « *Suam cuique sponsam.* » Les mots *sponsus*, *sponsa*, dérivent de *spondere*, *spondeo*, parce que les fiançailles avaient lieu à l'aide de demandes et de réponses réciproques, faites avec la formule *spondes, spondeo*. (Voy. p. 112.)

LETTRE 709e. (*Ad Atticum*, liv. 15, No 2.) « *Quos tamen secundos heredes, scire vellem, et diem testamenti.* » « Je voudrais connaître les seconds héritiers ou les substitués (voy. p. 41), et la date du testament. »

LETTRE 710e. (*Ad Atticum*, liv. 15, No 3.) « *De tabula Demonici quod tibi curæ est, gratum.* » « *Tabula* » désigne non-seulement les registres (voy. p. 138), mais aussi les tablettes sur lesquelles on inscrivait les ventes faites aux enchères publiques. Cela résulte de plusieurs passages des ouvrages de Cicéron. C'est dans ce dernier sens qu'il faut l'entendre dans cette lettre. « Je vous remercie du soin que vous prenez de la vente des biens de Demonicus. »

LETTRE 721e. (*Ad Atticum*, liv. 25, No 7.) Cicéron parlant du jurisconsulte Servius Sulpicius, qui s'était entremis entre les partis qui divisaient Rome, dit qu'il s'est érigé en pacificateur et qu'il craint les surprises. Et il ajoute : « *Debuerat autem, non ex jure manu consertum, sed quæ sequuntur.* »

(Sur ce que l'on appelle *ex jure manuum consertio*, voy. p. 237.)

Cicéron fait allusion au vers d'Ennius :

> Non ex jure manu consertum, sed mage ferro
> rem repetunt.

(Voy. p. 336.)

Servius aurait dû se souvenir qu'Ennius avait dit : « Ils reprennent la chose plutôt par la force que par les voies légales. » Il aurait dû se rappeler les mots qui suivent ceux-ci : « *Non ex jure manu consertum.* » En d'autres termes, Cicéron ne croyait pas que la mission pacifique du jurisconsulte pût avoir des résultats.

Lettre 725e. (*Ad Atticum*, liv. 15, No 12.) Parlant d'Octave adopté par César, il s'exprime ainsi : « *Sed quid ætati credendum sit, quid nomini, quid hæreditati, quid* κατηχήσει *magni consilii est.* »

On sait que l'adopté prenait le nom de l'adoptant, en modifiant le sien par la terminaison *ianus (Scipio Æmilianus.— Cesar Octavianus.)* De plus, l'adopté devenait l'héritier de l'adoptant.

Lettre 728e. (*Ad Atticum*, liv. 15, No 15.) « *Sponsor promissorum ejus Ammonius.* » « Ammonius *sponsor* de ses promesses. » (Voy. sur l'expression *sponsor*, caution, p. 105 et 106.)

Lettre 729e. (*Ad Atticum*, liv. 15, No 17.) « *Merces insularum.* » Loyer des maisons.

Lettre 731e. (*Ad Atticum*, liv. 15, No 19.) « *Quod decem hominibus referendum acceptum.* » « Ce qu'il faut porter comme reçu par ces dix hommes. » Allusion au *codex accepti.* (Voy. p. 138.)

Lettre 732e. (*Ad Atticum*, liv. 15, No 20.) « *Mihi referes expensum.* » « Vous me les porterez comme pesés. » Allusion au *codex depensi.* (Voy. p. 138.)

« *In his de mercedibus dotalium prædiorum.* » « Les fermages des héritages dotaux. » Ils appartenaient au mari ou au père du mari, si celui-ci était sous la puissance paternelle.

Lettre 733e. (*Ad Atticum*, liv. 15, No 21.) « *Nihil eram suspicatus de tabulis.* » « Je ne connaissais point cette dette. » « *Tabulæ,* » « registres. » Les dettes étaient consignées sur les registres. (Voy. p. 138.)

Lettre 740e. (*Ad Atticum*, liv. 15, No 26.) Cicéron parle de servitudes dites prédiales (voy. p. 270.) « *Servitutis aliquid habituros.* » Puis on rencontre : « *Item de illo Tulliano capite*, etc. » *Caput* veut dire *capital.*

Lettre 745e. (*Ad Atticum*, liv. 16, No 1.) « *Sponderes.* » (Voy. p. 112.) Il est encore question de la manière dont Cicéron faisait tenir les fonds dont son fils avait besoin à Athènes. (Voy. p. 564.)

Lettre 746e. (*Ad Atticum*, liv. 16, No 5.) On rencontre les expressions « *sponderem — sponsores.* » (Voy. p. 112.)

Lettre 752e. (*Ad Atticum*, liv. 16, No 3.) On trouve souvent l'expression « *nomen* — *nomina.* » « Créances. » (Voy. p. 139.)

Lettre 756e. (*Ad Atticum*, liv. 16, No 6.) Même expression. « *Nomina.* » « Créances » (voy. p. 139). *Dies*, pour terme d'exigibilité. *Dies venit*, disent les jurisconsultes romains, la dette est exigible.

Lettre 767e. (*Ad Atticum*, liv. 16, No 11.) « *Stipulationes.* » (Voy. p. 71.)

Lettre 773e. (*Ad Atticum*, liv. 16, No 15.) Cicéron avait une créance contre Dolabella, autrefois son ami et son gendre, mais devenu son ennemi pour avoir embrassé le parti d'Antoine. Dolabella était débiteur principal (*reus*), et avait garanti la dette par des cautions (*sponsores*); il avait donné une *satisdatio.* (Voy. sur cette expression, p. 105.)

Il est aussi une autre expression que nous allons rencontrer : « *Litem contestari* — *litis contestatio.* » (Voy. *Pro Roscio comœdo*, No 11, p. 167.)

Suivant Cujas (même endroit que celui cité plus haut, p. 570), le texte que nous abordons prouve que du temps de Cicéron les *sponsores* ou cautions avaient le bénéfice de discussion, et, comme le dit fort bien M. Blanc dans sa Thèse de Doctorat (p. 13 et suiv.), celui-ci est plus probant que les deux premiers, sur lesquels s'appuyait Cujas. (Voy. ces deux textes cités et commentés plus haut, p. 570.)

Cicéron, en effet, recommande d'abord à Atticus d'agir avec vigueur, *cum dies venerit*, au jour de l'exigibilité. Puis il ajoute : « *Etsi, sponsores appellare, videtur habere quamdam* δυσωπίαν *tamen hoc, quale sit, consideres velim.* » « Cependant, il semble qu'il serait peu convenable, et même qu'il y aurait une sorte de honte à citer en justice les *sponsores* de Dolabella ; mais vous verrez à faire ce qu'il convient. Puis : « *Possumus enim, ut sponsores appellentur, procuratores introducere. Neque enim illi litem contestabuntur :* QUO FACTO, NON SUM NESCIUS, SPONSORES LIBERARI. »

« Nous pouvons désigner des procureurs (*procurator ad lites*, voy. p. 106) qui mettront en cause les *sponsores*. Ceux-ci n'accepteront pas le débat (*non litem contestabuntur*), c'est-à-dire, déclareront qu'ils ne sont pas tenus, ne laisseront pas délivrer la formule contre eux ; car Dolabella étant solvable, ils ne doivent être poursuivis que si le *reus* est insolvable. Ils renverront donc à la discussion des biens; et je n'ignore pas, dit Cicéron, que cela fait ils seront libérés. » Pourquoi seront-ils libérés? Parce que le *reus* étant solvable, ils ne seront pas inquiétés.

Mais, ajoute Cicéron : « *Sed et illi turpe arbitror, eo nomine, quod satisdato debeat, procuratores ejus non dissolvere; et nostræ gravitatis, jus nostrum sine summa illius ignominia persequi.* »

« Je pense qu'il est honteux pour Dolabella que ses procureurs ne paient pas ce qu'il doit comme *reus*, après avoir donné *satisdatio.* Mais il est de notre dignité de poursuivre notre droit sans faire encourir une espèce d'ignominie à Dolabella. »

Voici la pensée de Cicéron : Les *sponsores* seront libérés, mais les procureurs de Dolabella devront payer pour ce dernier, et il ne restera de cette poursuite qu'une tache pour l'honneur de Dolabella dont on aura feint de suspecter la solvabilité, en poursuivant tout d'abord les *sponsores*, comme s'il était insolvable; or, une pareille conduite, même vis-à-vis d'un ennemi, ne convient pas à ma dignité.

On sait que les premières cautions s'appelèrent *sponsores*. Plus tard, on eut des *fidepromissores*, des *fidejussores*, et ceux-ci n'avaient pas le bénéfice de discussion. (Voy. p. 105 et 106.)

Assurément, nous serions dans l'impossibilité de donner une explication satisfaisante de ce texte sans admettre, comme le dit Cujas, que le *sponsor* jouissait du bénéfice de discussion.

C'est aussi la pensée de M. Victor Leclerc, qui (note 140, p. 498, 24e vol.) dit : « C'est qu'alors on ne pouvait avoir son recours contre les cautions que lorsqu'on s'était fait évincer contre le débiteur, et qu'on avait prouvé qu'il n'était pas en état de payer. »

Plus loin, dans cette même lettre, on trouve le passage suivant : « *Scis nos pridem jam constituisse Montani nomine H-S* XXV *dissolvere.* » Allusion au pacte de constitut (p. 99). Puis : « *Nomine.* » « Créance. » (Voy. p. 139.)

Lettre 779. (*Ad famil.*, liv. 16, No 21.) « *Conduxi.* » « J'ai pris à bail. »

Lettre 796e. (*Ad famil.*, liv. 10, No 31.) « *Qui et me et rempublicam vindicare in libertatem paratus sim.* » « Moi qui suis prêt à revendiquer ma liberté et celle de la république. » (Voy. p. 8.)

Lettre 805e. (*Ad famil.*, liv. 12, No 29.) « *Procuratores, — li-*

bertos, — familiam. » Procureurs, — affranchis. — Le mot *familia* a des sens divers que nous avons vus.

Lettre 820e. (*Ad famil.*, liv. 12, N° 30.) « *Sed a magistris quum contenderem de proferendo die, probaverunt mihi, sese, quo minus id facerent, et compromisso et jurejurando impediri.* »

Probablement Lucceius était soumis à l'*emptio bonorum* (voy. p. 102). Cicéron demandait aux syndics (*magistri*, voy. p. 104) de vouloir bien accorder des délais au débiteur ; mais ils répondaient qu'ils ne le pouvaient, engagés qu'ils étaient par un compromis et par un serment. Le *magister* était chargé de la vente des biens du débiteur insolvable.

Lettre 846e. (*Ad famil.*, liv. 10, N° 32.) « *Circulatorem quemdam auctionum.* » « Un coureur de ventes publiques. »

Lettre 856e. (*Ad famil.*, liv. 7, N° 21.) « *Silii causam te docui. Is postea fuit apud me. Quum ei dicerem, tibi videri sponsionem illam nos sine periculo facere posse,* NI BONORUM TURPILIÆ POSSESSIONEM PRÆTOR EX EDICTO SUO MIHI DEDERIT, *negare aiebat Servium, tabulas testamenti esse eas, quas instituisset is, qui factionem testamenti non habuerit.* »

Nous savons ce que l'on entendait par interdit (voy. p. 228). Le préteur donnait la possession de biens, ainsi que nous l'avons vu plus haut (voy. p. 34), soit à certaines personnes appelées à la succession par le Droit civil, soit à d'autres exclues ou seulement oubliées par ce droit. Mais cette possession de biens n'était jamais donnée à l'héritier institué par un testateur qui n'avait pas le droit de *condere testamentum,* qui n'avait pas ce que l'on appelait la *factio testamenti active.* Ainsi, la femme *sui juris* qui était en tutelle perpétuelle ne pouvait faire un testament sans l'*auctoritas* de son tuteur légitime, et le préteur n'accordait pas la possession de biens *secundum tabulas* à l'héritier institué dans un testament fait sans l'*auctoritas* de ce tuteur. (Voy. sur ce point les développements donnés, Topiques, N° 4, p. 34.)

Celui auquel le préteur avait déféré la possession de biens *(bonorum possessor)* obtenait du préteur un interdit pour avoir la possession réelle, effective, des objets corporels que le défunt avait possédés. Cet interdit portait le nom d'interdit *quorum bonorum.* Voici quel en était le texte : « *Quorum bonorum ex edicto meo illi possessio data est : quod de his bonis pro herede aut pro possessore possides, possideresve si nihil usucaptum esset : quod quidem dolo malo fecisti, uti desineres possidere : id illi restituas.* » (Digeste, liv. 43, tit. 2e.)

Voici comment les choses se passaient. Celui qui était appelé par l'édit du préteur à la succession des biens du défunt demandait au magistrat l'envoi en possession ; c'était ce que l'on appelait l'*agnitio bonorum*. Cette formalité devait être accomplie dans un certain délai. L'envoyé en possession voulait se mettre en possession réelle, mais il pouvait trouver des obstacles à cette *prise de possession;* alors il revenait devant le préteur, et réclamait l'interdit dont nous venons de donner le texte.

Le préteur ordonnait à tous ceux qui possédaient les objets corporels de la succession, soit à titre d'héritier (*pro herede*), soit sans titre (*pro possessore*), de les restituer à celui qui, d'après l'édit, avait obtenu l'envoi en possession.

Ce texte se complète par le § 144 du Comm. 4 de Gaius : « *Adipiscendæ possessionis causa interdictum accommodatur bonorum possessori, cujus principium est* QUORUM BONORUM ; *ejusque vis et potestas hæc est, ut quod quisque ex his bonis quorum possessio alicui data est, pro herede aut pro possessore possideret, id ei cui bonorum possessio data est, restituatur. Pro herede autem possidere videtur tam is qui heres est, quam is qui putat se heredem esse; pro possessore is possidet, qui sine causa aliquam rem hereditariam vel etiam totam hereditatem, sciens ad se non pertinere, possidet.* »

Ce passage donne la signification des mots *possedere pro herede aut pro possessore*. Cette matière offre, du reste, de très-grandes difficultés, qu'il est inutile d'aborder pour faire comprendre la lettre actuelle.

Cet interdit était restitutoire (*restituas*). On pouvait agir *per sponsionem*, c'est-à-dire, que le possesseur de biens pouvait dire à son adversaire : *Me promettez-vous tant, si vous avez contrevenu à l'interdit* (*spondes ne*)? L'adversaire répondait : *Spondeo*. C'était la *sponsio*. De son côté, l'adversaire, prenant la parole, disait au possesseur de biens : *Et vous, me promettez-vous tant, si vous m'accusez à tort d'avoir contrevenu à l'interdit?* Le possesseur répondait : *Spondeo*. C'était ce que l'on appelait la *restipulatio*. — Après cette *sponsio* et cette *restipulatio*, le préteur délivrait les formules qui renvoyaient les parties devant le *judex*.

Celui-ci devait examiner si le montant de la *sponsio* et de la *restipulatio* était dû. Or, le montant de la *sponsio* était dû si l'adversaire du possesseur de biens avait contrevenu à l'interdit. — Au contraire, le possesseur de biens qui s'était plaint à tort devait celui de la *restipulatio*.

On agissait donc dans ce cas *cum periculo*, parce que la partie qui succombait devait payer le montant de la *sponsio* ou de la *restipulatio*. On pouvait, du reste, aller directement devant le *judex*, à l'aide d'une *formula arbitraria*, dans laquelle le juge avait à examiner simplement si l'on avait contrevenu ou non à l'interdit. Si on avait contrevenu, il ordonnait la restitution de la chose possédée, mais aucune peine n'était prononcée contre la partie qui succombait. On agissait alors *sine periculo*. Voici ce que dit Gaius (Comm. 4, à la fin du § 141) : « *Et quidem ex prohibitoriis interdictis semper per sponsionem agi solet; ex restitutoriis vel exhibitoriis, modo per sponsionem, modo per formulam agitur quæ arbitraria vocatur.* » (Joindre à tout ce que nous venons de dire les p. 247 et suiv.)

Revenons à Cicéron. La lettre est adressée à Trébatius le jurisconsulte (voy. Topiques, p. 1). « Je vous ai expliqué l'affaire de Silius, dit Cicéron ; il est venu ensuite chez moi. Je lui avais dit que, suivant votre opinion, nous pouvions faire sans danger la *sponsio* suivante : *Si l'édit du préteur m'a accordé la possession des biens de Turpillia.* »

D'après ces paroles, le possesseur de biens soutenait que le préteur avait prononcé en sa faveur l'envoi en possession, et probablement il réclamait la possession réelle des biens de Turpillia. Il avait fait la *sponsio : « Me promettez-vous tant, si le préteur m'a accordé la possession de biens ?* » Il agissait donc *per sponsionem* et *cum periculo*. — Trébatius disait qu'il pouvait agir sans danger, parce qu'il triompherait. Mais, ajoute Cicéron : « Servius (le jurisconsulte Servius Sulpicius) disait que celui qui n'avait pas faction de testament ne pouvait rédiger des tablettes qui fissent donner la possession de biens *secundum tabulas*. » Suivant lui, les *tabulæ* étaient nulles. C'était aussi l'avis d'Offilius, autre jurisconsulte. (Voy. détails, Topiques, N° 4, p. 34 et suiv.)

Lettre 857e. *(Ad famil.*, liv. 7, N° 22.) Cette lettre est encore adressée à Trebatius : « *Illuseras heri inter scyphos, quod dixeram, controversiam esse, possetne heres, quod furtum antea factum esset, recte furti agere. Itaque, etsi domum bene potus seroque redieram, tamen id caput, ubi hæc controversia est, notavi, et descriptum tibi misi, ut scires, id, quod tu neminem sensisse dicebas, Sex. Ælium, M'. Manilium, M. Brutum sensisse. Ego tamen Scævolæ et Testæ assentior.* »

Nous avons répété plusieurs fois que l'héritier devait faire adition d'hérédité (*ire ad hereditatem*, voy p. 41); l'hérédité depuis la mort du défunt jusqu'à cette adition était dite *jacens;* les choses qui en faisaient partie étaient sans maître (Gaius, Comm. 2, § 9. *Nam res hereditariæ, antequam aliquis heres existat, nullius in bonis sunt*). Nous avons vu que celui qui s'en emparait pouvait en devenir propriétaire à l'aide de l'usucapion *pro herede* (voy. p. 520, et Gaius, Comm. 2, § 52 et suiv.); aussi était-il admis que l'on ne pouvait être poursuivi par l'action *furti* pour la soustraction des objets héréditaires. Plus tard, sous Marc-Aurèle, on introduisit une poursuite spéciale contre celui qui dépouillait une hérédité. *(Crimen expilatæ hereditatis.)*

Cicéron dit donc : « Hier vous me raillâtes d'avoir dit qu'il y avait controverse sur la question de savoir si un héritier pouvait intenter l'action *furti* pour un vol commis avant l'adition d'hérédité. Quoiqu'il fût tard et que je fusse appesanti par les fumées du vin, cependant j'ai eu soin de marquer cet endroit et de vous l'envoyer. Vous verrez que Sextus Ælius, M. Manilius et Brutus ont enseigné ce que vous pensiez n'avoir été dit par personne. Cependant, je me range à l'opinion de Scévola et de Testa. »

Cicéron rappelle dans cette lettre le nom de jurisconsultes dont il a parlé ailleurs, et que cite Pomponius dans son livre *De origine juris.*

Lettre 15e, de Brutus à Cicéron. « *Flavius noster de controversia, quam habet cum Dyrrachinis hereditariam, sumpsit te judicem : rogo te, Cicero et Flavius rogat, rem conficias : quin ei, qui Flavium fecit heredem, pecuniam debuerit civitas, non est dubium; neque Dyrrachini inficiantur; sed sibi donatum æs alienum a Cæsare dicunt.* »

« Notre ami Flavius vous a pris pour *judex* dans la controverse qui s'est élevée entre lui et les habitants de Dyrrachium, relativement à l'hérédité qui lui a été laissée. Je vous prie Cicéron, et Flavius vous prie de terminer cette affaire. Que la cité ait dû une somme d'argent à celui qui a institué Flavius héritier, cela n'est pas douteux; les habitants de Dyrrachium ne le nient pas, mais ils disent que César leur a fait remise de leurs dettes. »

Lettre 25e, de Cicéron à Brutus. « *Quum me pro adolescentulo ac pœne puero respublica accepisset vadem, vix videbar, quod promiseram, præstare posse. Est autem gravior et difficilior animi et sententiæ, maximis præsertim in rebus, pro altero, quam pecuniæ obligatio. Hæc enim solvi potest; et est rei familiaris jactura tolerabilis; reipublicæ quod spoponderis, quemadmodum solvas, nisi is dependi facile patitur, pro quo spoponderis?* »

« M'étant rendu la caution (*vas-vadis,* voy. p. 100) d'un jeune homme ou plutôt d'un enfant, il me semblait que je ne pouvais guère prester ce que j'avais promis. Il est plus difficile et plus délicat, surtout dans les affaires importantes, de se rendre garant de l'âme et de l'opinion d'autrui, que de cautionner une dette pécuniaire. Cet engagement peut être facilement rempli, et on peut perdre, sans trop de regret, une portion de son patrimoine (*res familiaris*); mais comment payer à la République ce qu'on a promis, si celui pour lequel vous vous êtes porté *sponsor* ne s'y prête pas? »

Remarquons les expressions *spoponderis* (voy. p. 112) et *dependi*. Le *sponsor* qui avait payé était censé avoir pesé l'argent; il avait l'action *depensi* contre le débiteur principal (*reus*) libéré par son paiement.

Plus loin, Cicéron ajoute : « *Magis enim illum, pro quo spopondi, quam me ipsum obligavi. Nec vero pœnitere potest rempublicam me pro eo spopondisse.* » « J'ai plutôt engagé celui pour lequel je me suis porté *sponsor*, que moi-même, et la République ne peut me reprocher de m'être porté sa caution. »

Lettre à Octave, attribuée à tort à Cicéron. « *Ille ad multorum salutem judicia constituebat.* » *Judicium*, instance judiciaire, *formules*. (Voy. p. 72.)

Plus loin « *Cujus avus fuerit argentarius, adstipulator pater,* » (Sur l'*adstipulator*, voy. p. 124.)

FIN.

TABLE ALPHABÉTIQUE.

ABANDON NOXAL. (*Pro Tullio*, N° 11, p. 305.)

ABOLITION DES DETTES. (2e Catilinaire, N° 8, p. 326. — 6e Philippique, N° 4, p. 375. — 10e Philippique, N° 10, p. 378. — Lettre 374e, p. 563.)

ACCEPTILATIO. (*In Verrem*, act. 2, lib. 3, N° 60, p. 222.)

ACTIONS DE LA LOI. (Topiques, N° 2, p. 8. — *Pro Cæcina*, N° 1, p. 237. — *Pro Murena*, Nos 11 et 12, p. 331.) Et notamment :

ACTION SACRAMENTI. — DE SES FORMES. (Topiques, N° 2, p. 9. — *In Verrem*, act. 2, lib. 1, N° 45, p. 198. — *Pro Cæcina*, Nos 1, 7, 10, 14, 16, 19 et 33, p. 237, 246, 248, 257, 258, 261 et 283. — *Pro Tullio*, N° 4, p. 294. — *Pro Murena*, Nos 11 et 12, p. 331. — *Pro Domo*, N° 29, p. 350. — *Pro Milone*, N° 27, p. 369. — *De Oratore*, liv. 1er, N° 10, p. 419. — *De Republica*, liv. 3, N° 24, p. 512. — Lettres 171e, 229e et 721e, p. 546, 551 et 579.)

ACTION AD EXHIBENDUM. (Lettre 214e, p. 550.)

ACTION AQUÆ PLUVIÆ ARCENDÆ. (Topiques, Nos 4, 9 et 10, p. 45, 78 et 79. — *Pro Murena*, N° 9, p. 330.)

ACTIONS DE BONNE FOI. — CONTRATS DE BONNE FOI. (Topiques, Nos 10 et 17, p. 81 et 85. — *De natura Deorum*, liv. 3, N° 30, p. 474. — *De Officiis*, liv. 3, Nos 12, 13, 14, 15, 17 et 23, p. 482 et suiv. — *De Republica*, liv. 3, Nos 14 et 15, p. 512.)

ACTIONS DE DROIT STRICT. — CONTRATS DE DROIT STRICT. (Topiques, N° 17, p. 85. — *Pro Roscio comœdo*, Nos 5, 8 et 9, p. 161 et suiv. — *Pro Cæcina*, N° 23, p. 266. — *De Officiis*, liv. 3, Nos 14 et 16, p. 482 et suiv.)

ACTION INJURIARUM. (*In Verrem*, act. 2, lib. 2, p. 215. — *Pro Cæcina*,

N°s 3 et 12, p. 241 et 252. — *Pro Cœlio Rufo*, N° 8, p. 361. — Rhétorique, liv. 2, N°s 13 et 26, p. 399 et 401; liv. 4, N°s 25 et 27, p. 402 et 403. — *De Inventione*, liv. 2, N° 20, p. 411. — Questions Tusculanes, liv. 4, N° 2, p. 472.)

Action en revendication. — (*Per sponsionem* ou *per formulam petitoriam*, *in Verrem*, act. 2, lib. 2, N° 12, p. 210 et suiv.)

Action en pétition d'hérédité. — (*In Verrem*, act. 2, lib. 1, N°s 44 et 45, p. 196 et suiv. — *Pro Cæcina*, N° 33, p. 284. — *De Oratore*, liv. 1er, N° 38, p. 425 et suiv.)

Action fiduciæ. (Topiques, N° 17, p. 85. — *De Officiis*, liv. 3, N° 15, p. 488. — Lettre 170e, p. 544 et 545.)

Action finium regundorum. — sens du mot fines. (Topiques, N°s 4 et 10, p. 45 et 81. — *Pro Cæcina*, N° 26, p. 268. — *Pro Tullio*, N° 3, p. 293. — *De Lege agraria*, N° 20, p. 323. — *Pro Murena*, N° 9, p. 330. — *De Oratore*, liv. 1er, N° 58, p. 439. — *De finibus bonorum et malorum*, titre de l'ouvrage, p. 457. — *De Officiis*, liv. 1er, N° 10, p. 478. — *De legibus*, lib. 1er, N° 21, p. 517.)

Action judicati. (*Pro Flacco*, N° 21, p. 339.)

Action rei uxoriæ. (Topiques, N° 17, p. 85. — *De Officiis*, liv. 3, N° 15, p. 488.)

Action rerum amotarum. (Lettre 496e, p. 567.)

Actions dans lesquelles la partie condamnée était notée d'infamie. (*Pro Roscio Amerino*, N°s 38 et 39, p. 93 et suiv. — *Pro Flacco*, N° 18, p. 338. — *De Oratore*, liv. 1er, N° 36, p. 420. — *De Officiis*, liv. 3, N° 15, p. 488.)

Actions en partage. — Communi dividundo. — Familiæ erciscundæ. — Licitation. (*Pro Cæcina*, N° 7, p. 244. — *De Oratore*, liv. 1er, N° 56, p. 438. — Lettres 170^e, 410^e et 563^e, p. 544, 564 et 573.)

Actions contraires. (*De Officiis*, liv. 3, N° 15, p. 496.)

Actor-petitor. (*Partitio oratoria*, N° 32, p. 456.)

Addictus. (*Pro Roscio comœdo*, N° 14, p. 174. — *In Verrem*, act. 2, lib. 3, N° 10, p. 216. — *In Pisonem*, N° 35, p. 363. — *Pro Milone*, N°s 21 et 32, p. 368 et 369. — 2e Philippique, N° 21, p. 373. — 5e Philippique, N° 4, p. 375. — 7e Philippique, N° 5, p. 376. — *De Oratore*, liv. 2, N° 63, p. 442. — Lettre 636e, p. 575.)

Adition d'hérédité. — Cretio. (Topiques, N° 4, p. 41. — *Pro Lege agraria*, 2e harangue, N° 16, p. 322. — *Pro Archia*, N° 5, p. 337. — 2e Philippique, N° 16, p. 372. — Rhétorique, liv. 4, N° 54, p. 404 et 405. — *De Oratore*, liv. 1er, N° 22, p. 419 et 420. — *De Officiis*, liv. 3, N° 24, p. 500. — Lettres 252e, 387e, 407e, 629e, 633e et 700e, p. 557, 563, 574, 575, 579.)

ADJUDICATIO. (*De Officiis*, liv. 1er, N° 10, p. 479. — Lettres 24e et 88e, p. 537 et 540.)

ADOPTION. — ADROGATION. (*Pro Domo*, Nos 13 et 14, p. 344 et suiv. — *De Provinciis consularibus*, N° 19, p. 357. — *Pro Balbo*, N° 25, p. 360. — *Pro Rabirio Postumo*, N° 17, p. 366. — *In Clodium*, N° 3, p. 380. — *De claris Oratoribus*, N° 58, p. 450. — *De finibus bonorum et malorum*, liv. 1er, N° 7, p, 459 et suiv. — Lettres 38e, 487e et 725e, p. 538, 566 et 580.)

ADSTIPULATOR. (*Pro Publio Quintio*, N° 18, p. 124. — *In Pisonem*, N° 9, p. 362. — Lettre à Octave, p. 587.)

AFFRANCHISSEMENT DES ESCLAVES. (Cens, vindicte, testament. — Conditions de l'affranchissement. — Serment. — *Operæ*. — Topiques, N° 2, p. 3 et suiv. — *Pro Milone*, p. 383. — *De Oratore*, liv. 1er, N° 40, p. 433. — Lettres 44e, et 293e, p. 539 et 560.)

AGER COMPASCUUS. (Topiques, N° 3, p. 15.)

AGNATS. — AGNATION. (Topiques, Nos 5 et 6, p. 47, 56 et suiv. — *Pro Flacco*, N° 34, p. 342. — Rhétorique, liv. 1er, N° 13, p. 388. — *De Inventione*, liv. 2, N° 21, p. 412; N° 50, p. 417. — *De Legibus*, liv. 1er, Nos 7 et 8, p. 516 et 517.)

AGER VECTIGALIS. (Lettre 645e, p. 675.)

ALLUVION. (*De Oratore*, liv, 1er, N° 38, p. 425.)

ARBITER. — ARBITRIUM. (Topiques, Nos 17 et 24, p. 85 et suiv., p. 89. — *Pro Roscio comœdo*, n° 4, p. 159.)

AUCTIO. — PROSCRIPTIO. — VENTE SUB HASTA. (*Pro Publio Quintio*, N° 4, p. 99. — *Pro Lege agraria*, 2e harangue, N° 20, p. 322. — *Pro Rege Dejotaro*, N° 5, p. 370. — 2e Philippique, N° 40, p. 374. — 4e Philippique, N° 4, p. 375. — 5e Philippique, N° 4, p. 375. — 8e Philippique, N° 3, p. 376. — 11e Philippique, N° 6, p. 378. — *Pro Æmilio Scauro*, N° 21, p. 382. — Lettres 97e, 246e, 444e, 519e, 579e, 580e, 585e, 587e, 590e, 604e, 607e, 621e, 628e et 846e, p. 540, 553, 565, 568, 573, 574 et 583.)

AUCTORITAS. — AUCTOR. (Topiques, N° 4, p. 46. — *Pro Cæcina*, Nos 10 et 19, p. 248 et 260. — *Pro Murena*, N° 2, p. 329. — *De Aruspicum Responsis*, N° 7, p. 355. — *De Officiis*, liv. 1er, N° 12, p. 479. — Lettre 644e, p. 575.)

AUCTORITAS DU TUTEUR. (Topiques, p. 30 et suiv. — 13e Philippique, N° 7, p. 379. — *De Senectute*, N° 11, p. 506.)

BUTIN PRIS SUR L'ENNEMI. (*De Inventione*, liv. 1er, N° 45, p. 407.)

CALUMNIA. (*Pro Milone*, N° 27, p. 369.)

CAPITIS DIMINUTIO. (Topiques, Nos 4 et 6, p. 32 et suiv., p. 54 et suiv. —

Un grand nombre d'autres textes parlent de l'atteinte portée au *caput.*)

CAUSA LIBERALIS. (Topiques, N° 2, p. 8. — *Pro Flacco*, n° 17, p. 338. — *Pro Domo*, N° 29, p. 350. — Lettre 211e, p. 550.)

CAUTIO. — CAVERE. (*Partitio oratoria*, N° 31, p. 456. — *De Legibus*, liv. 1er, n° 5, p. 516. — Lettres 135e et 193e, p. 541 et 548.)

CAUTIO DAMNI INFECTI. (Topiques, N° 4, p. 43. — *In Verrem*, act. 2, lib. 1er, N° 56, p. 208. — *Pro Æmilio Scauro*, N° 23, p. 382.)

CENS. (Topiques, N° 2, p. 3, — *Pro Cæcina*, N° 34, p. 285. — *Pro Flacco*, N° 32, p. 340. — *De Oratore*, liv. 1er, N° 40, p. 433.)

CENTUMVIRS. (*Pro Cæcina*, N°s 18 et 24, p. 260 et 266. — *De Lege agraria*, 2[e] harangue, N° 17, p. 322. — *De Oratore*, liv. 1er, N° 38, p. 426, — *De claris Oratoribus*, N°s 39 et 53, p. 449.)

CESSIO IN JURE. (Topiques, N°s 2 et 5, p. 6 et suiv., et p. 51. — *Pro Milone*, N° 27, p. 369. — *De finibus bonorum et malorum*, liv. 1er, N° 7, p. 459 et suiv.)

CHOSES MANCIPI OU NEC MANCIPI. (Topiques, N° 2, p. 3. — *Pro Murena*, N° 2, p. 328. — Lettre 1re, p. 53.)

CHOSES CORPORELLES OU INCORPORELLES. (Topiques, N° 5, p. 48. — Lettre 513e, p. 568.)

CHOSES DU DOMAINE PUBLIC. (*De Lege agraria*, 2e harangue, N° 31, p. 323, Rhétorique, liv. 2, N° 4, p. 393. — *De Officiis*, liv. 1er, N° 7, p. 477).

CHOSES SACRÉES. — RELIGIEUSES. (*Pro Domo*, N° 49, p. 352. — *De Aruspicum Responsis*, N° 6, p. 355. — *Pro Balbo*, N°s 14 et 15, p. 360. — Rhétorique, liv. 2, N° 4, p. 393. — *De Inventione*, liv. 1er, N°s 8 et 26, p. 406; liv. 2, N° 18, p. 409. — *Orator*, N° 42, p. 453. — *Consolatio*, N° 45, p. 504. — *De Legibus*, 2e liv., N° 24, p. 528.)

COEMPTIO. (Topiques, N° 3, p. 20 et suiv. — *Pro Murena*, N°s 11 et 12, p. 334. — *Pro Flacco*, N° 34, p. 341 et suiv. — *De Oratore*, liv. 1er, N° 56, p. 438.)

COGNATIO. (Topiques, N° 6, p. 61. — *De Legibus*, liv. 1er, N° 8, p. 516.)

COGNITOR. (*Pro Publio Quintio*, N° 7, p. 106. — *Pro Roscio comœdo*, N°s 11 et 18, p. 167, 176 et 177. — *In Cæcilium Divinatio*, N° 4, p. 181. — *In Verrem*, act. 2, lib. 1er, N° 5, p. 185; act. 2, lib. 2, N° 43, p. 215; act. 2, lib. 3, N°s 59 et 60, p. 221; act. 2, lib. 5, N° 65, p. 217. — *Pro Cæcina*, N° 5, p. 242. — 4e Catilinaire, N° 5, p. 327. *De Aruspicum Responsis*, N° 21, p. 356. — Rhétorique, liv. 2, N° 13, p. 399.)

COLLEGES. (Lettre 70e, p. 540.)

COMMODAT. (Rhétorique, liv. 4, N° 51, p. 404.)

COMPENSATION. (Topiques, N° 17, p. 87. — *De Officiis*, liv. 3, N° 17, p. 495.)

Comperendinatio. (*In Verrem*, act. 1, N° 11, p. 185; act. 2, lib. 1, N°s 7 et 9, p. 186; act. 2, lib. 4, N° 15, p. 225. — *Pro Murena*, N° 12, p. 335. — *Pro Æmilio Scauro*, N° 13, p. 382. — *De claris Oratoribus*, N° 22, p. 448.)

Compromis. (*Pro Roscio comœdo*, N° 4, p. 160. — *In Verrem*, act. 2, lib. 2, N° 27, p. 214. — *Pro Æmilio Scauro*, N° 17, p. 382. — Lettre 141e, p. 542.)

Concubinat. (Topiques, N°s 3 et 4, p. 22 et 39. — *De natura Deorum*, liv. 3, N° 18, p. 473.)

Condictiones. (*Pro Roscio comœdo*, N° 4, p. 152 et suiv. — 2e Philippique, N° 14, p. 372.)

Confarreatio. (Topiques, N° 3, p. 18 et suiv. — *De Aruspicum Responsis*. N° 11, p. 355.)

Créances désignées sous le nom de nomina. (Topiques, N° 3, p. 26 et 27. — *Pro Publio Quintio*, N°s 4 et 11, p. 98 et 120. — *In Verrem*, act. 2, lib. 1, N° 39, p. 189; act. 2, lib. 5, N° 7, p. 226. — *Pro Fonteio*, N° 7, p. 312. — *Pro Flacco*, N° 20, p. 338. — *De Officiis*, liv. 3, N° 14, p. 486 et 487; on trouve cette même expression dans un grand nombre de lettres.)

Curatelle du fou. (Rhétorique, liv. 1er, N° 13, p. 388. — *De inventione*, liv. 2, N° 50, p. 447. — Questions Tusculanes, liv. 3, N° 5, p. 471. — *De Republica*, liv. 3, N° 25, p. 513.)

Dejectio. — Dejectus. (*Pro Publio Quintio*, N° 26, p. 130. — Tout le discours *Pro Cæcina*, p. 228 et suiv. — *Pro Tullio*, N° 7, p. 297. — 14e Philippique, N° 3, p. 379.)

Délégations. (*Pro Fonteio*, N° 7, p. 312. — Lettres 444e et 528e, p. 565 et 569.)

Dépot. — Offres. (Lettre 25e et 252e, p. 552 et 557.)

Dettes de jeu. (2e Philippique, N° 23, p. 373.)

Dies venit. (*Pro Plancio*, N° 28, p. 365. — Lettres 124e, 333e et 756e, p. 541, 562 et 581.)

Divorce. (Topiques, N° 4, p. 37. — Rhétorique, liv. 2, N° 24, p. 400 et 401. — *De Oratore*, liv. 1er, N° 40, p. 434.)

Dol. (Topiques, N° 9, p. 79. — Rhétorique, liv. 2, N° 14, p. 400. — *De natura Deorum*, liv. 3, N° 30, p. 475. — *De Officiis*, liv. 1er, N° 10, p. 478; liv. 3, N°s 14 et 17, p. 486 et suiv. — Lettre 10e, p. 534.)

Dominium. (Topiques, N°s 2 et 3, p. 4 et 5, p. 27. — *De Officiis*, liv. 1er, N° 1er, p. 477. — Lettre 648e, p. 576.)

Donations. (*De Legibus*, liv. 2, N°s 19 et 20, p. 524 et 525.)

Dot. (Topiques, N°s 4 et 17, p. 37 et suiv., p. 85 et suiv. — *Pro Cæcina*,

N° 25, p. 267. — *Pro Flacco*, N° 34, p. 341 et suiv. — *Pro Æmilio Scauro*, N° 7, p. 381. — Lettres, 521ᵉ, 693ᵉ, 732ᵉ, p. 568, 578 et 580.)

Droit civil. (Topiques, N° 2, p. 2.)

Droits de liberté et de cité. (*Pro Cæcina*, N° 33, p. 283 et suiv. — *Pro Domo*, N° 29, p. 349. — *Pro Balbo*, Nᵒˢ 11, 12 et 13, p. 358 et suiv.)

Droit prétorien. (Topiques, N° 4, p. 34; N° 5, p. 50. — *In Verrem*, act. 1, N° 4, p. 184; act. 2, lib. 1, N° 44, p. 196. — *De Inventione*, liv. 2, N° 22, p. 416. — Lettre 252ᵉ, p. 557.)

Droit non écrit. (Topiques, Nᵒˢ 5 et 7, p. 51 et 71.)

Editio actionis. (*Pro Roscio comœdo*, p. 165.)

Emancipation. (*De finibus bonorum et malorum*, liv. 1ᵉʳ, N° 7, p. 459 et suiv.)

Emptio bonorum. (*Pro Publio Quintio*, p. 101 et suiv. — *In Verrem*, act. 2, lib. 2, N° 24, p. 213 et 214. — *Pro Cluentio Avito*, N° 25, p. 318. — Lettres 10ᵉ, 252ᵉ, p. 534 et 557.)

Exceptions. (Rhétorique, liv. 1ᵉʳ, N° 12, p. 386 et suiv. — *De Inventione*, liv. 2, Nᵒˢ 19 et 20, p. 409 et 410. — *De Officiis*, liv. 1ᵉʳ, N° 10, p. 478; liv. 3, Nᵒˢ 14 et 24, p. 486, 487, 488, 500.)

Existimatio. (*Pro Publio Quintio*, Nᵒˢ 15 et 23, p. 122 et 128. — *Pro Roscio comœdo*, N° 6, p. 163. — *In Verrem*, act. 2, lib. 2, p. 210, act. 2, lib. 3, N° 58, p. 219. — *Pro Cæcina*, Nᵒˢ 2 et 3, p. 239. — *Pro Tullio*, Nᵒˢ 1 et 2, p. 289 et suiv. — *Pro Cluentio Avito*, N° 43, p. 320.)

Exhérédation. — Testament inofficieux. — Rupture. (*In Verrem*, act. 2, lib. 1, N° 42, p. 192 et suiv. — *Pro Cæcina*, N° 25, p. 267. — *Pro Cluentio Avito*, N° 48, p. 320. — Rhétorique, liv. 1ᵉʳ, N° 13, p. 389. — *De Oratore*, liv. 1ᵉʳ, N° 57, p. 438.)

Factio testamenti. (Topiques, N° 12, p. 84. — Lettre, 856ᵉ, p. 583.)

Familia. — Sens divers de cette expression. (Topiques, n° 6, p. 56, — *Pro Publio Quintio*, N° 26, p. 131. — *Pro Cæcina*, Nᵒˢ 19 et 20, p. 262 et suiv. — *Pro Tullio*, Nᵒˢ 1 et 7, p. 289 et 297. — *Pro Cluentio Avito*, N° 59, p. 321. — *In Pisonem*, N° 20, p. 362. — Rhétorique, liv. 1ᵉʳ, N° 13, p. 389; liv. 2, N° 21, p. 400; liv. 4, N° 51, p. 404. — Paradoxe 5ᵉ, N° 2, p. 502. — Lettres 104ᵉ et 133ᵉ, p. 540 et 541.)

Fiançailles. (*De Oratore*, liv. 1ᵉʳ, N° 56, p. 438.)

Fidéicommis. (*De finibus bonorum et malorum*, liv. 2, Nᵒˢ 17 et 18, p. 464 et suiv.)

Fiducie. (Topiques, Nᵒˢ 3, 4, 10 et 17, p. 26, 27, 32, 79 et 89; p. 85 et suiv. — *Pro Roscio comœdo*, N° 6, p. 163. — *Pro Cæcina*, N° 3, p. 239

et suiv. — *Pro Flacco*, N° 21, p. 340. — *De officiis*, liv. 3, N° 15, p. 488 et suiv. — Lettre, 170e p. 544.)

FONCTIONS DU PRÉTEUR. (*In Verrem*, act. 1, N° 4, p. 184; act. 2, lib. 1er, N° 42, p. 194. — *Pro Cæcina*, p. 228 et suiv. — *Pro Flacco*, N° 32, p. 340. — 10e Philippique, N° 3, p. 377. — Rhétorique, liv. 2, N° 13, p. 398. — *De finibus bonorum et malorum*, liv. 2, N° 22, p. 466. — *De Legibus*, liv. 3, N° 3, p. 528. — Lettres 52e, 252e et 358, p. 539, 557 et 562.)

FORMULE D'ACTION. — JUDICIUM. (Topiques, Nos 2, 8, 17 et 24, p. 6, 72, 85 et 89. — *Pro Murena*, N° 13, p. 336. — *De Oratore*, liv. 1er, N° 55, p. 437; liv. 2, N° 42, p. 442. — *De claris Oratoribus*, N° 79, p. 450. — *De Legibus*, liv. 1er, N° 4, p. 515. — Lettres 173e et 655e, p. 547 et 577.)

FURTUM. (*De natura Deorum*, liv. 3, N° 30, p. 473 et suiv. — Lettre 857e, p. 586.)

GENS. (Topiques, Nos 5 et 6, p. 47, 54 et suiv. — *Pro Domo*, N° 49, p. 351 et 352. — *De Aruspicum Responsis*, n° 15, p. 356. — *Pro Balbo*, N° 25, p. 360. — *In Clodium*, N° 3, p. 380. — Rhétorique, liv. 1er, N° 13, p. 388. — *De Oratore*, liv. 1er, N° 39, p. 427. — *Questions Tusculanes*, 1re, N° 16, p. 471. — *De Amicitia*, N° 19, p. 501. — *De Legibus*, liv. 1er, Nos 7 et 8, p. 516; liv. 2, N° 22, p. 528. — Lettre 620e, p. 574.)

GESTION D'AFFAIRES. (Topiques, N° 17, p. 85 et 86.)

HÉRÉDITÉ. (Topiques, n° 6, p. 52 et 53. — 10e Philippique, n° 5, p. 378. — *De Inventione*, liv. 2, N° 21, p. 412 et suiv. — SITUATION RÉCIPROQUE DES COHÉRITIERS, *Pro Roscio comœdo*, N° 18, p. 177. — Rhétorique, liv. 2, N° 21, p. 400.) — PARTAGE DE L'HÉRÉDITÉ. (*Pro Cæcina*, Nos 6 et 7, p. 244. — Lettres 434e et 634e, p. 565 et 575.)

HÉRITIERS. (Topiques, N° 4, p. 40 et suiv. — *Pro Cæcina*, N° 7, p. 244.) — CAPACITÉ POUR ÊTRE INSTITUÉ HÉRITIER. (*Pro Cæcina*, Nos 33 et 35, p. 284 et 286. — *Pro Cluentio Avito*, Nos 7 et 8, p. 314 et suiv. — *Pro Archia*, N° 5, p. 337. — *Pro Domo*, N° 32, p. 351. — *De Legibus*, liv. 2, N° 19, p. 518 et suiv.)

HÉRITIERS SIENS. (*In Verrem*, act. 2, lib. 3, N° 7, p. 216. — Rhétorique, liv. 1er, N° 13, p. 389.)

HONORAIRES DU MÉDECIN. (Lettre 664e, p. 577.)

HYPOTHÈQUE. (Lettre 231e, p. 551.)

IN BONIS. (Topiques, N° 2, p. 5. — Lettre 498e, p. 567.)

IN JUS VOCATIO. (*Pro Domo*, N° 41, p. 351. — Rhétorique, liv. 2, N° 13, p. 397. — *De Legibus*, liv. 2, N° 4, p. 517.)

INTERCEDERE. (6e paradoxe, N° 4, p. 502.)

INTERDICTION. (*In Pisonem*, N° 20, p. 362. — *De Senectute*, N° 7, p. 505.)

INTERDICTION DE L'EAU ET DU FEU. (*Pro Domo*, Nos 18, 29 et 30, p. 348, 349 et 351. — 1re Philippique, N° 9, p. 371 et 372. — 6e Philippique, N° 4, p. 375. — Rhétorique, liv. 2, N° 28, p. 401, Lettre 686e, p. 578.)

INTERDIT EN GÉNÉRAL. (*Pro Cæcina* et *Pro Tullio*, voy. p. 228 et suiv.— *In Pisonem*, N° 8, p. 362. — *De Oratore*, liv. 1er, N° 10, p. 418. — *Orator*, N° 29, p. 452. — *De Republica*, liv. 1er, N° 13, p. 507; liv. 3, N° 10, p. 511. — Lettres 229e et 856e, p. 551 et 583.) — INTERDIT UNDE VI. (Le dicours *Pro Cæcina*, p. 228 et suiv. — *Pro Tullio*, nos 7, 8, 9, 12 et 13, p. 289 et suiv. — *De lege Agraria*, 3e harangue, N° 3, p. 325. — Rhétorique, liv. 4, N° 29, p. 403. — *De Oratore*, liv. 1er, N° 10; liv. 3, N° 27, p. 418 et 444. — Lettres 171e et 522e, p. 546 et 569.) — INTERDIT QUORUM BONORUM. (Lettre 856e, p. 583.) — QUOD VI AUT CLAM. (*Pro Tullio*, N° 15, p. 309.)

INTÉRÊTS. (*In Verrem*, act. 2, lib. 3, N° 70, p. 215. — Lettres 16e, 256e et 264e, p. 535, 558 et 559.)

JUSTÆ NUPTIÆ. (Topiques, Nos 3 et 4, p. 22, 23 et 39. — Questions Tusculanes, 1re question, N° 35, p. 471. — *De Republica*, liv. 5, N° 5, p. 514.)

JUS CIVILE, JUS GENTIUM. (Topiques, N° 2, p. 2. — *De Aruspicum Responsis*, N° 14, p. 356. — *De Officiis*, liv. 3, Nos 5 et 17, p. 482 et 494. — *De Republica*, liv. 1er, N° 2, p. 507.)

JUS. — *Lieu où siége le magistrat*. (Topiques, N° 2, p. 6.)

LATINS. (Topiques, n° 2, p. 12 et 13.)

LEGES. (ÆLIA SENTIA, Topiques, N° 2, p. 13. — JUNIA NORBANA, Topiques, N° 2, p. 13. — CINCIA, *de Oratore*, liv. 2, N° 71, p. 444. — *De Senectute*, N° 4, p. 505. — Lettre 25e, p. 537. — AQUILIA, *Pro Roscio comœdo*, N° 11, p. 168. — *Pro Tullio*, p. 291 et suiv. — *De claris Oratoribus*, N° 34, p. 448. — FURIA TESTAMENTARIA, *Pro Balbo*, N° 8, p. 358. — VOCONIA, *In Verrem*, act. 2, lib. 1er, Nos 41, 42 et 43, p. 191 et suiv.— *Pro Balbo*, N° 8, p. 358. — 3e Philippique, N° 15, p. 375. — *De finibus bonorum et malorum*, liv. 2, N° 17, p. 464 et suiv. — *De Senectute*, N° 5, p. 505. — *De Republica*, liv. 3, N° 7, p. 510. — LÆTORIA OU PLÆTORIA, *De natura Deorum*, liv. 3, N° 30, p. 474. — *De Officiis*, liv. 3, N° 15, p. 488.)

LEGS. (Topiques, N° 4, p. 41. — Rhétorique, liv. 1er, N° 12, p. 385. — *De Inventione*, liv. 2, Nos 40 et 41, p. 416.) — LÉGATAIRE PARTIAIRE. (*Pro Cæcina*, N° 4, p. 242. — *De Legibus*, liv. 2, N° 19, p. 519 et suiv. — *Pro Cluentio Avito*, N° 7, p. 314.)

LETTRES DE CHANGE. (Lettres 421e, 542e, 545e et 745e, p. 564, 572 et 580.)

LEX. (Topiques, N° 5, p. 48. — *Pro Flacco*, N° 7, p. 338. — *Pro Domo*, N° 18, p. 348.)

LITIS ÆSTIMATIO. (*Pro Cluentio Avito*, N° 41, p. 320. — *Pro Rabirio Postumo*, N° 4, p. 366. — *In Clodium*, N° 6, p. 381.)

LITIS CONTESTATIO. (*Pro Roscio comœdo*, Nos 11 et 18, p. 167, 168 et 176. — Lettre 773e, p. 581.)

LOCATIO. (*In Verrem*, act. 2, lib. 1er, N° 50, p. 206; act. 2, lib. 3, N° 22, p. 218; act. 2, lib. 4, N° 34, p. 225. — 9e Philippique, N° 7, p. 377. — 14e Philippique, N° 14, p. 379. — *Pro Æmilio Scauro*, N° 23, p. 382 et 383. — *De Inventione*, liv, 1er, N° 30, p. 406; liv. 2, N° 1, p. 408. — Lettres 87e, 88e, 89e, 110e, 148e 151e et 566e, p. 540, 541, 543 et 573.)

MANCIPATIO. (Topiques, Nos 2, 5 et 10, p. 3, 52 et 82. — *Pro Cæcina*, N° 26, p. 268. — *De Aruspicum Responsis*, N° 7, p. 355. — *De Oratore*, liv. 1er, N° 39, p. 430. — Lettre 637e, p. 575.)

MANDAT. (Rhétorique, liv. 2, N° 13, p. 398. — Lettre 368e, p. 563.)

MANUS. (Topiques, Nos 3 et 4, p. 15 et suiv., p. 44. — *Pro Flacco*, N° 34, p. 341.)

MANUS INJECTIO. (*Pro Roscio comœdo*, N° 14, p. 174.)

MINEUR DE 25 ANS. (14e Philippique, N° 3, p. 379. — *De natura Deorum*, liv. 3, N° 30, p. 474. — *De Officiis*, liv. 3, N° 15, p. 488.)

MUTUUM. (*Pro Roscio comœdo*, Nos 4 et 5, p. 157 et suiv. — Lettre 377e, p. 563.)

NEXUS. (Topiques, N° 5, p. 51 et suiv. — *Pro Cæcina*, N° 35, p. 286. — *De Aruspicum Responsis*, N° 7, p. 355. — *Pro Æmilio Scauro*, N° 18, p. 382. — *De Oratore*, liv. 1er, N° 38, p. 425 et suiv.; liv. 3, N° 40, p. 446. — Paradoxe 5e, N° 1, p. 502. — *De Republica*, liv. 1er, N° 17, p. 508; liv. 2, N° 34, p. 509. — Lettre 653e, p. 576.)

NUNCUPATIO. (*De Oratore*, liv. 1er, N° 57, p. 439. — *De Officiis*, liv. 3, N° 16, p. 489. — *Consolatio*, N° 24, p. 504.)

NUNTIUS. (Voir le mot DIVORCE.)

OBLIGATIONS LITTÉRALES. — REGISTRES. — EXPENSILATIO. — SINGRAPHÆ, CHIROGRAPHA. (*Pro Roscio comœdo*, p. 136 et suiv. — *In Verrem*, act. 2, lib. 1er, Nos 23, 36, 39, et 49, p. 186, 187 et suiv; p. 206; act. 2, lib. 2, N° 70, p. 215; act. 2, lib. 4, Nos 6, 12 et 13, p. 225. — *Pro Cæcina*, N° 6, p. 243. — *Pro Fonteio*, Nos 2, 3 et 4, p. 311 et 312. — *Pro Cluentio Avito*, Nos 14 et 30, p. 317 et 319. — *Pro Murena*, N° 17, p. 336. — *Pro Domo*, N° 50, p. 352. — *De Aruspicum Responsis*,

Nos 13 et 16, p. 355 et 356. — *Pro Balbo*, No 5, p. 357. — *Pro Cœlio Rufo*, No 7, p. 361. — *Pro Rabirio Postumo*, Nos 2 et 3, p. 366. — 1re Philippique, No 7, p. 371. — 2e Philippique, Nos 14, 16, 37 et 40, p. 372 et 374. — 5e Philippique, No 4, p. 375. — 6e Philippique, No 5, p. 376. — Rhétorique, liv. 1er, No 9, p. 384; liv. 2, No 13, p. 397. — *De Oratore*, liv. 2, No 23, p. 440. — *De Officiis*, liv. 3, No 14, p. 486 et suiv. — Préface des Paradoxes, p. 501. — *Consolatio*, No 12, p. 504. — Lettres, 19e, 30e, 150e, 157e, 173e, 202e, 206e, 250e, 252e, 256e, 266e, 294e, 302e, 381e, 386e, 696e, 731e, 732e, 733e, p. 536, 538, 543, 544, 547, 549, 553, 556, 558, 559, 561, 562, 563, 578, 580.)

OCCUPATIO. — *De Officiis*, liv. 1er, No 7, p. 477.)

ORGANISATION JUDICIAIRE. (*In Cæcilium Divinatio*, No 3, p. 181. — *Pro Cluentio Avito*, No 43, p. 320. — *Pro Plancio*, No 17, p. 365. — 1re Philippique, No 8, p. 371. — *De Inventione*, liv. 1er, No 49, p. 408. — *De Republica*, liv. 5, No 2, p. 513. — Lettre 21e, p. 536.)

PAIEMENT PER ÆS ET LIBRAM. (*De Legibus*, liv. 2, No 20, p. 526.)

PACTE OU CONVENTION. (Topiques, No 8, p. 71. — Rhétorique, liv. 2, No 13, p. 399. — *De Oratore*, liv. 2, No 24, p. 440.)

PACTE DE CONSTITUT. (*Pro Publio Quintio*, No 5, p. 99. — Lettres 3e, 541e et 773e, p. 531, 532, 572 et 582.)

PARTS VIRILES. (*In Verrem*, act. 2, lib. 4, No 37, p. 225. — *Pro Sextio*, No 66, p. 354. — 13e Philippique, No 4, p. 378.)

PARTUS. (*De finibus bonorum et malorum*, liv. 1er, No 4, p. 457 et suiv.)

PATERFAMILIAS. (*Pro Publio Quintio*, No 3, p. 98. — *De Inventione*, liv. 2, No 17, p. 408. — *De Senectute*, No 11, p. 505 et 506.)

PÉCULES. (*In Verrem*, act. 2, lib. 1er, No 36, p. 189; act. 2, lib. 3, No 38, p. 219; 5e paradoxe, No 2, p. 502.)

PECUNIA. (Topiques, No 6, p. 53. — Paradoxe 1er, No 1, p. 501. — *De Legibus*, liv. 2, No 19, p. 522.)

PIGNUS. (1re Philippique, No 5, p. 371. — 14e Philippique, No 12, p. 379. — *De Oratore*, liv. 3, No 1, p. 444. — *De Republica*, liv. 1er, No 4, p. 507. — Lettre 24e, p. 537.)

POSTLIMINIUM. (Topiques, No 8, p. 73 et suiv. — *Pro Balbo*, Nos 11 et 12, p. 358 et 359. — *De Oratore*, liv. 1er, No 40, p. 433; liv. 2, No 32, p. 441.)

PLUS PETITIO. (*Pro Roscio comœdo*, No 4, p. 155. — Rhétorique, liv. 1er, No 12, p. 386; liv. 2, No 12, p. 395. — *De Inventione*, liv. 2, No 19, p. 409. — *De Oratore*, liv. 1er, No 36, p. 420. — *De Partitione Oratoria* No 28, p. 455. — Lettre 177e, p. 548.)

POSSIDERE ET TENERE. (*Pro Publio Quintio*, No 29, p. 134. — *Pro Cæcina*,

p. 228 et suiv. — *Pro Flacco*, N° 21, p. 340. — *Pro Milone*, N° 33, p. 370. — *De Oratore*, liv. 1er, N° 50, p. 436.)

Possesseur de fonds provinciaux. (*Pro Cæcina*, p. 228. — *Pro Cœlio Rufo*, N° 30, p. 362. — Lettre 513e, p. 568.)

Possesseur de biens. (Topiques, N° 4 et 12, p. 34 et 84. — *In Verrem*, act. 2, lib. 1er, Nos 44 et 45, p. 196 et suiv. — *Pro Cluentio Avito*, Nos 15 et 60, p. 318 et 321. — 2e Philippique, N° 25, p. 373. — *Pro Cornelio*, p. 380. — *De Partitione Oratoria*, N° 28, p. 455. — Lettres 252e et 856e, p. 557 et 583.)

Prædiator. (*In Verrem*, act. 2, lib. 1, N° 54, p. 207. — *Pro Balbo*, N° 20, p. 360. — Lettres 530e et 534e, p. 570 et 571.)

Præjudicium. (*Pro Publio Quintio*, p. 117. — *In Cæcilium divinatio*, p. 182. — *In Verrem*, act. 2, lib. 3, N° 65, p. 224. — *Pro Rabirio Postumo*, N° 11, p. 366. — *De Inventione*, liv. 2, N° 20, p. 410.)

Præscriptiones. (*De Oratore*, liv. 1er, N° 37, p. 422 et suiv. — *De finibus bonorum et malorum*, liv. 2, N° 2, p. 464 et liv. 5, N° 29, p. 466 et suiv. — Lettre 495, p. 566.)

Præs. (*In Verrem*, act. 2, lib. 1er, Nos 45, 52, 55 et 57, p. 198, 207 et 208. — *Pro Rabirio Postumo*, N° 4, p. 366. — 2e Philippique, N° 31, p. 374. — Lettres 271e, 302e, 350e, 533e, 582e et 586e, p. 551, 562, 571 et 573.)

Prestation des actions. (Lettre 42e, p. 538 et 539.)

Procédure formulaire. (Topiques, Nos 8 et 17, p. 72, 85 et suiv. — *In Verrem*, act. 2, lib. 2, N° 12, p. 210 et suiv. — *In Verrem*, act. 2, lib. 3, N° 28, p. 218. — *Pro Murena*, N° 9, p. 329. — Rhétorique, liv. 2, N° 12, p. 398.)

Procurator. (Topiques, N° 10, p. 81. — *Pro Publio Quintio*, N° 7, p. 106 et suiv. — *Pro Cæcina*, N° 20, p. 263. — Lettres, 4e et 496e, p. 532 et 567.)

Publicains. (Lettres 26e et 29e, p. 537.)

Pupille. (Topiques, N° 4, p. 41. — *In Verrem*, act. 2, lib. 1er, N° 50, p. 207. — *Pro Cæcina*, N° 19, p. 261. — *Pro Flacco*, N° 20, p. 338, — *De Inventione*, liv. 2, N° 21, p. 413. — *De Oratore*, liv. 3, N° 41, p. 446.)

Quanti interest. (*Pro Plancio*, N° 32, p. 365.)

Recuperatores. (*In Cæcilium Divinatio*, N° 17, p. 183. — *In Verrem*, act. 2, lib. 3, Nos 11, 28, 59 et 60, p. 216 et suiv.; act. 2, lib. 5, N° 54, p. 226. — *Pro Cæcina*, p. 228 et suiv. — *Pro Tullio*, p. 289 et suiv.— *Pro Flacco*, N° 21, p. 339. — *De Inventione*, liv. 2, N° 20, p. 410.)

REDEMPTOR. (*In Verrem*, act. 2, lib. 1er, No 54, p. 207.)

RENUNTIATIO. (Lettre 26e, p. 537.)

RES JUDICATA. (Topiques, No 5, p. 49. — *Pro Cluentio Avito*, No 22, p. 318. — Rhétorique, liv. 2, Nos 13 et 29, p. 398 et 401. — *De Inventione*, liv. 1er, No 44, p. 407. — *De finibus bonorum et malorum*, liv. 5, No 29, p. 466 et suiv.)

RESTITUTIO IN INTEGRUM. (*In Verrem*, act. 2, lib. 2, No 26, p. 214. — *Pro Flacco*, No 32, p. 340. — 2e Philippique, No 23, p. 373. — 14e Philippique, No 3, p. 379.)

REUS (*De Oratore*, liv. 2, Nos 43 et 79, p. 442 et 444. — Lettres 50e et 152e, p. 539 et 544.)

ROGATIONES. (Topiques, No 5, p. 48. — *Pro Cæcina*, No 33, p. 283. — *Pro Domo*, No 17, p. 348. — Lettre 19e, p. 536.)

SACRAMENTUM. (Voy. actions de la loi, p. 588.)

SATISDATIO EN GÉNÉRAL. (*In Verrem*, act, 2, lib. 1er, No 56, p. 208. — *In Clodium*, No 3, p. 381. — Lettres 184e et 496e, p. 548 et 567.) — SATISDATIO PRO PRÆDE LITIS ET VINDICIARUM. (*In Verrem*, act. 2, lib. 1er, No 45, p. 198 et suiv. — *Pro Cæcina*, No 1, p. 237.) — SATISDATIO JUDICATUM SOLVI. (*Pro Publio Quintio*, Nos 7, 8, 13, 20 et 26, p. 109 et suiv. — *In Verrem*, act. 2, lib. 2, No 24, p. 214.) — SATISDATIO DE RATO. (*Pro Roscio comœdo*, No 12, p. 170. — *De claris Oratoribus*, No 5, p. 417. — Lettre 4e, p. 532.) — SATISDATIO OU CAUTIO DAMNI INFECTI. (Topiques, No 4, p. 43 et 44. — *Pro Æmilio Scauro*, No 23, p. 382.)

SECTOR. — SECTIO. (*Pro Roscio Amerino*, Nos 29 et suiv., p. 92 et suiv. — *In Verrem*, act. 2, lib. 1er, Nos 19 et 23, p. 186 et 187. — *Pro Cluentio Avito*, No 59, p. 321. — *De Lege agraria*, seconde harangue, No 20, p. 323. — *Pro Rabirio Postumo*, No 4, p. 366. — 2e Philippique, No 26, 29 et 30, p. 373 et 374. — 11e Philippique, No 14, p. 378. — 13e Philippique, No 14, p. 379. — *De Inventione*, liv. 1er, No 45, p. 407. — *De finibus bonorum et malorum*, liv. 4, No 9, p. 466. — *De Officiis*, liv. 2, No 8, p. 481.)

SENATUSCONSULTES. (Topiques, No 5, p. 49.)

SERMENT. (Lettres 4e et 293e, p. 533 et 560.)

SERVITUDES. (*Pro Cæcina*, No 26, p. 269. — *De Lege agraria*, 3e harangue, No 2, p. 324. — *De Oratore*, liv. 1er, No 39, p. 430. — *De officiis*, liv. 3, No 16, p. 494. — Lettre 740e, p. 580.)

SERVITUS JUSTA. — ESSE IN SERVITUTE. (*Pro Cæcina*, No 33, p. 283. — *Pro Cluentio Avito*, No 7, p. 314. — *De Amicitia*, No 19, p. 501.)

Société. (*Pro Roscio comœdo*, Nos 6, 12, 17 et 18, p. 163, 169 et suiv; 175 et suiv. — Rhétorique, liv. 2, No 13, p. 397.)

Sponsor. (*Pro Publio Quintio*, Nos 7, 8, 9 et 23, p. 105 et suiv., p. 128.— *De Lege agraria*, seconde harangue, No 36, p. 324. — *Pro Flacco*, No 20, p. 338. — *De provinciis consularibus*, No 18, p. 357. — *Pro Plancio*, No 19, p. 365. — 6e Philippique, No 4, p. 375. — *In Clodium*, No 3, p. 381; lettres 4e, 6e, 133e, 521e, 530e, 534e, 535e, 602e, 728e, 746e et 773e, 25e de Cicéron à Brutus, p. 532, 533, 541, 568, 570, 571, 574, 580, 581, 582 et 587.)

Sponsio et restipulatio. (*Pro Roscio comœdo*, Nos 4, 12 et 13, p. 156 et 172. — *In Verrem*, act. 2, lib. 1er, No 45, p. 199; act. 2, lib. 3, Nos 57 et suiv., p. 219 et suiv. — *Pro Cæcina*, Nos 8 et 28, p. 247 et suiv., p. 272. — *Pro Tullio*, No 15, p. 309. — *Pro Balbo*, No 12, p. 359. — *In Pisonem*, No 23, p. 362. — Rhétorique, liv. 4, No 23, p. 402. — *De Officiis*, liv. 3, No 19, p. 499.)

Stipulations. (Topiques, Nos 8 et 25, p. 71 et 89. — *Pro Roscio comœdo*, Nos 4 et 5, p. 156 et suiv. — *Pro Cæcina*, No 3, p. 239. — *Pro Domo*, No 7, p. 344. — *Pro Cœlio Rufo*, No 32, p. 362. — Rhétorique, liv. 2, No 9, p. 393.)

Substitutions. (Topiques, Nos 4 et 10, p. 41 et 81. — *Pro Cæcina*, Nos 18 et 24, p. 260 et 266. — *Pro Cluentio Avito*, Nos 11 et 12, p. 516. — *De Inventione*, liv. 2, Nos 21 et 42, p. 412 et suiv. — *De Oratore*, liv. 1er, Nos 39 et 57, p. 431 et 438; liv. 2, Nos 6 et 32, p. 440 et 441. — *De claris Oratoribus*, Nos 39, 52 et 53, p. 449. — Lettres 233e et 709e, p. 552 et 579).

Succession entre la mère et l'enfant. (*Pro Cluentio Avito*, No 15, p. 317 et 318.) — De l'affranchi. (*In Verrem*, act. 2, lib. 1er, No 48, p. 204.)

Tabulæ. (Voy. le mot *obligations littérales* et lettre 710e, p. 579.)

Testament. (Topiques, No 2, p. 12; No 4, p. 36. — *Pro Archia*, No 5, p. 337. — 2e Philippe, No 42, p. 374. — Rhétorique, liv. 1er, No 13, p. 391. — *De Inventione*, liv. 2, No 50, p. 417. — *De Oratore*, liv. 1er, No 53, p. 436 et 437. — *De natura Deorum*, liv. 2, No 3, p. 473.)

Tradition. (*Pro Tullio*, No 3, p. 294; lettre 133e, p. 541.)

Tribuns du peuple. (*Pro Publio Quintio*, No 7, p. 110. — *Pro Tullio*, No 11, p. 301.)

Tutelle en général. — Action tutelæ. (Topiques, Nos 10 et 11, p. 79 et suiv. — *Pro Roscio comœdo*, No 6, p. 163. — *Pro Balbo*, No 25, p. 360. — *De Oratore*, liv. 1er, No 36, p. 420.)

Tutelle des femmes. (Topiques, Nos 4 et 11, p. 29 et suiv., p. 82 et suiv.

— *Pro Cæcina*, N° 25, p. 267 et suiv. — *Pro Murena*, N°s 11 et 12, p. 330 et suiv. — *Pro Flacco*, N° 34, p. 341 et 342. — *Pro Cœlio Rufo*, N° 29, p. 362. — *Consolatio*, N° 5, p. 503. — *De Republica*, liv. 3, N° 7, p. 510; lettre 1re, p. 529.)

USUCAPION EN GÉNÉRAL. (Topiques, N°s 2, 3, 4 et 5, p. 4 et suiv. — *Pro Cæcina*, N°s 19 et 26, p. 260 et 269. — *Pro Flacco*, N° 34, p. 341 et 342. — *De Aruspicum Responsis*, N°s 7 et 14, p. 355 et 356. — Rhétorique, liv. 4, N° 29, p. 403. — *De Oratore*, liv. 3, N° 28, p. 445.) — USUCAPIO PRO HEREDE. (*De Oratore*, liv. 2, N° 70, p. 443. — *De Legibus*, liv. 2, N° 19, p. 520 et suiv. — Lettres 1re et 857e, p. 529 et 586.)

USUFRUIT. (Topiques, N° 3, p. 28. — *Pro Cæcina*, N° 7, p. 246. — *De finibus bonorum et malorum*, liv. 1er, N° 4, p. 457 et suiv. — Lettre 648e, p. 576.)

VADIMONIUM. — VAS. — VADES. (*Pro Publio Quintio*, p. 100 et suiv. — *Pro Roscio comœdo*, N° 13, p. 172. — *In Verrem*, act. 2, lib. 3, N° 15, p. 217; act. 2, lib. 5, N°s 13 et 54, p. 226. — *Pro Tullio*, N° 4, p. 294. Catilinaires, 2e harangue, N°s 3 et 10, p. 326 et 327. — *De finibus bonorum et malorum*, liv. 2, N° 24, p. 466. — Questions Tusculanes, liv. 5, N° 22, p. 472. — *De Officiis*, liv. 3, N° 10, p. 482. — *De Senectute*, N° 7, p. 505. — *De Republica*, liv. 2, N° 36, p. 510. — Lettres 33e, 140e et 199e, 25e de Cicéron à Brutus, p. 538, 542, 549, 587.)

VIA. (*Pro Cæcina*, N° 19, p. 260.)

VINDEX. (Topiques, N° 2, p. 14. — Lettre 26e, p. 537.)

VINDICIÆ. (*In Verrem*, act. 2, lib. 1er, N° 45, p. 198 et suiv. — *Pro Miline*, N° 27, p. 369. — *De Republica*, liv. 3, N° 24, p. 812,)

VINDICTA. (Topiques, N° 2, p. 6 et suiv. — *Pro Rabirio*, N° 5, p. 326).

VIOLENCE. (*In Verrem*, act. 2, lib. 3, N° 65, p. 223 et suiv. — *Pro Cæcina*, p. 228 et suiv.) — ACTION VI BONORUM RAPTORUM. (*Pro Tullio*, p. 289. — *De Officiis*, liv. 1er, N° 10, p. 478.)

FIN DE LA TABLE.

RENNES. — IMP. DE CH. CATEL ET Cie.

Printed in Dunstable, United Kingdom

91222221R00348